続 洪庵・適塾の研究

梅溪 昇 著

思文閣出版

口絵１　緒方洪庵塑像写真
（緒方富雄博士旧蔵／本文82頁参照）

口絵２　眉太の大村益次郎が両刀を差した和服姿で椅子に腰をかけ、右手にもった分厚い蘭書を真剣に読んでいる肖像（西本五葉作・旧大阪市東区本町１丁目大阪病院跡の「兵部大輔大村益次郎卿殉難報国之碑」の右袖壁面／本文68頁参照）

口絵 3　緒方洪庵母八十八賀盃（川井潔氏蔵）
（高さ2.9センチ／口径5.9センチ／高台径2.7センチ／水穂舎製／清玩）

口絵 4　緒方洪庵母キヨウ自筆の書(川井潔氏蔵)

口絵５　適塾記念会発会式（昭和27年11月５日）

前列左端より：桑田芳蔵・緒方富雄・緒方準一・宮原清・浜崎照道・真島利行・藤野恒宅・弓倉繁家

中列左より：北沢敬二郎・南大路謙一・（一人おいて）水野鶴之助・市原硬・黒津敏行・（一人おいて）福島寛四・木下良順

後列左より：森東吾・吉田孝一・蔵内数太・武藤智雄・中野操・藤直幹・（一人おいて）藤野恒三郎の各氏

口絵６　龍海寺に葬れる医家先哲を偲ぶ会（鈴木元造氏後裔山川夏子氏提供）

前列右より：緒方四郎・緒方銈次郎・富士川游・浪岡具雄・高安六郎

後列右より：島田文昜・億川攝三・中野操・鈴木元造

（昭和15年５月18日大阪市北区東寺町／龍海寺宕間にて）

続　洪庵・適塾の研究※目次

第Ⅰ部

第Ⅱ部

第Ⅲ部

第Ⅰ部

大阪近代医学の源流——洪庵と西洋医学の出会い——

本日、大阪大学医学部外科開講百二十周年記念行事が取り行われますこと、まことにおめでとうございます。只今、門田守人先生より過分のご紹介に預かり恐縮の至りですが、私ごとき門外漢がこの席で皆様にお話を申し上げることになりましたのは、第五代総長今村荒男先生のご尽力で適塾顕彰のための「適塾記念会」が一九五二年（昭和二十七）秋に発足し、その直後から祖父が適塾生でありました微生物病研究所の藤野恒三郎先生ほかのお手伝いをさせていただきまして、『緒方洪庵と適塾』という簡単なガイドブックを出しておりますことによるものとぞんじます。したがいまして、皆様のお耳をけがすだけに終わるとぞんじますが、目下調査中のことにも関連して、ご案内のテーマでしばらくの間お話しさせていただきます。

本日のテーマでは明治時代以前、近世江戸時代の医学史の展開に触れなければなりませんが、私の専門外のことであり、時間もありませんので、ごくごく特徴的な世界史的・日本史的な歴史的背景を指摘しておきます。

まず一五四三年（天文十二）という年がきわめて重要な日本文化史上の転換点であったことです。周知のように、ヨーロッパではすでに大航海時代に入っていて、この年ポルトガル船が種子島に来て鉄砲を日本へ伝え、六年後ザビエルが鹿児島に来てキリスト教を伝えました。日本文化は一五四三年以前はインド・中国・韓国の東洋文化の移入・影響下にあり、この年以後は東洋文化と異質の新しい西洋文化の影響を受けることになります。また、この一五四三年は、科学史上、西洋においてポーランドのコペルニックスが『天球の回転について』、またベルギーのヴェサリウスが『人体解剖学』七巻を公刊し、一般医学にルネッサンスに通じる自由清新な学風を導入した記念の年であります。

日本では、その約九十年後、一六三五年（寛永十二）江戸幕府が「鎖国令」を出したとされてきましたが、それは誤りで、外国船の入港・貿易を長崎に限り、かつ日本人の海外渡航・帰国を禁じたもので、中国およびオランダとの通交は認めたのであります。

これによりまして、さきにポルトガル・スペインとの通交により南欧（南蛮）文化が日本に入り、そのあとオランダとの通交によって新たに北欧文化の流入を江戸時代にみたもので、幕末から明治にかけての〝日本の近代化〟の素地の形成として注意すべきことであります。

とくに指摘しなければならぬことは、幕府が主として宗教上から通交相手国として選んだオランダが十七世紀には、ヨーロッパでもっとも経済的にも学芸上にも隆盛をきわめ、ライデン大学（創立一五七五年）は同世紀には少なくとも新教国における最高の学府とされていたものであります。したがって、西洋文化の日本への移入の観点からすれば、幕府の日蘭通交の許容は利口で有意義であったといえます。

西洋自然科学は、十七世紀中葉から十八世紀にかけて各方面に新分野が開かれ、種々の学問・学説がその基礎を樹立しました。

一六二八年（寛永　五）：（英）ハーヴェー『血液循環論』
一六八七年（貞享　四）：（英）ニュートン『万有引力の法則』
一七三五年（享保二十）：（瑞典＝スウェーデン）リンネ『自然の系統』
一七八九年（寛政　元）：（仏）ラヴォアジェ『化学要論』
一七九六年（寛政　八）：（英）ジェンナー『牛痘種痘法』

このような西洋文化発展の動向に応じたかたちで、将軍吉宗が十八世紀の初期、一七二〇年（享保五）キリスト教に関係のない洋書の輸入をゆるしてから蘭学が発達しました。杉田玄白の『解体新書』が依拠したオランダ語の解剖書は、ドイツのクルムス『解剖譜』（一七三二）をオランダのディクテンが蘭訳した *Ontleedkundige tafelen*（一七三四）で、この蘭訳本を発刊するより約四十年後、一七七一年（明和八）の腑分けのときに持参して、その実際に符合するのに感じ入って翻訳に取りかかったものであります。蘭訳本の発刊から日本での翻訳・利用までに相当の time lag があったことは当時としてやむないことでありました。

大坂・京都でも大体以上のような歴史的推移のもとに漸次西洋医学の優秀性が認識され、実証的精神の高まりをみたものであります。

そのさい、小川鼎三博士が、「江戸を中心に西洋解剖学を日本に紹介する事業が目覚ましく発展し、杉田・前野・大槻・宇田川らが重要な役割を演じたが、しかしこれらの人びとは蘭書を読むのに長じた学者であるが、実地の解剖には深く立ち入ることがなかった。実地の解剖は山脇東洋いらい（一七五四年、宝暦四）の伝統の故か、京都さらにおくれて大阪において一層多くの成果をあげていることが今日残っている記録によって推測できる」（『明治前日本解剖学史』）と述べられていることは重要な指摘であります。

一七五八年（宝暦八）：伊良子光顕、伏見平戸島にて解屍
一七八三年（天明三）：小石元俊、伏見にて解屍（『平次郎解剖図』）
一七九六年（寛政八）：宮崎或（上総飯野藩主侍医）大坂合掌洲にて解屍（東京大学解剖学教室所蔵絵巻物）
一七九八年（寛政十）：三雲（施薬院）環善、京都にて解屍（『施薬院解男体臟図』）
一八二四年（文政七）：賀川秀哲・中天游・斎藤方策、大坂葭島《よしじま》で婦人の刑屍を解く

私は、洪庵がかように上方で発展していた蘭医学の伝統のうちに育まれ、それを大成して大坂の蘭医学を全国

的にもっとも優れたものにまで発展させ、明治に始まる大阪の近代西洋医学発展の基礎を樹立したという観点から、洪庵が医学者・教育者として大成する素地をつくった最初の師匠である中天游に注目したいのであります(図1)。

中天游(一七八三―一八三五／天明三―天保六)は、京都で育ち一八〇五年(文化二)江戸の大槻玄沢の芝蘭堂に入門、わずか一年ほどで京都へ戻り、のち数か月長崎滞在ののち、かの『ハルマ和解』で著名な海上随鷗《うながみずいおう》が京都、のち大坂にも開いた塾に入り、やがて一八一七年(文化十四)大坂西区京町堀に「思思斎塾」を開きました。洪庵が入門する九年前であります。中天游につきましては、従来そのオランダ語能力の評価もかんばしくなく、その業績についても研究が十分行き届いていないのは残念なことであります。

天游には、周防(山口県)の出身で小石元俊とは芝蘭堂同門として親交のあった斎藤方策(一七七一―一八四九／明和八―嘉永二)と共訳の『把爾翕湮《バルヘイン》解剖図譜』(上下二巻／一八二二年＝文政五)があり、同時に天游の従弟中伊三郎のきわめて精巧な『玉函把尓翕湮《ヨハン・バルヘイン》解剖図』(上下二巻)がついています(図2・3)。

天游みずから『解剖図譜』下編附言には、「原本はオランダ人ヨハン・パルヘィン著、一七一九年刻、のち二四年(一七四三年)ライデンにて再刻、通計七巻合せて一冊とし、小石元俊先生の所蔵である」と記しています。おそらく斎藤方策が小石元俊から原本を借り出し、交友であった中天游とともに訳することにしたものでありましょうが、元来は、元俊に翻訳の意があり、両人に依頼したものであろうと思われます。事実、小石家には元俊の門人橋本宗吉がその一部を翻訳し、元俊が手を加えた「妊娠究源」と題した草稿があります。この原本は今、小石家にはなく、最近私は九州大学医学部解剖学教室所蔵の原本 *Heelkonstige Ontleeding van's Menschen Lichaam*, Leyden, 1733(図4)を見せてもらいましたが、本文中に折り込み銅板解剖図四十葉および付録の「解剖または解剖的記述」の部にも折り込み銅板図が四葉入っています。伊三郎の「解剖図」はこれらの折り込み図を

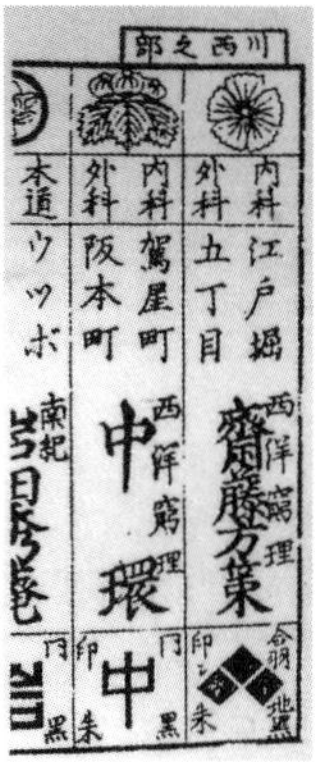

図1　『医家名鑑』（弘化2年）収録の中天游（中環）

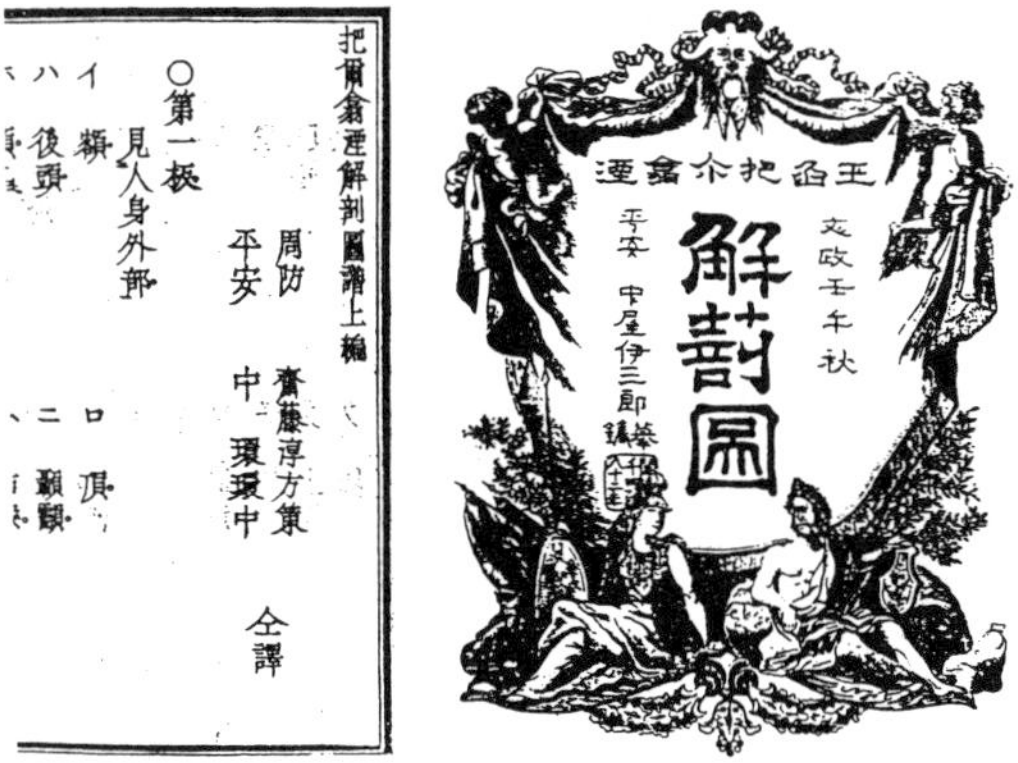

図2　パルヘイン解剖図譜の表紙と初頁（斎藤方策・中環訳／左）とパルヘイン解剖図（中屋伊三郎画）

複製したもので、この「解剖図」についてそれぞれ身体各部の器官・部位の和訳名を記したのが『解剖図譜』で、本文の翻訳にはおよんでいません。このため、その業績を過小評価する向きもありますが、天游はさきの附言につづけて「第一巻は単品即繊維・機里爾《キリール》等、二巻は腹部・諸臓、三巻は胸部諸臓、四巻は頭面及脳、五巻は筋、六巻は骨、七巻は脈管・世奴《セーニュ》、倶に形状・造質・主用を詳論し、傍ら病因に及んでいる。今とくにその図譜を訳した。以前、元俊先生は橋本宗吉をして子宮陰部数篇を訳させ、みずからこれを重訳され、その他は目下、小石・斎藤および余の三家の塾生が分担翻訳している。いずれ嗣子の元瑞先生が元俊先生の志を継いでこれらを発刊されるであろう」と記しているところから

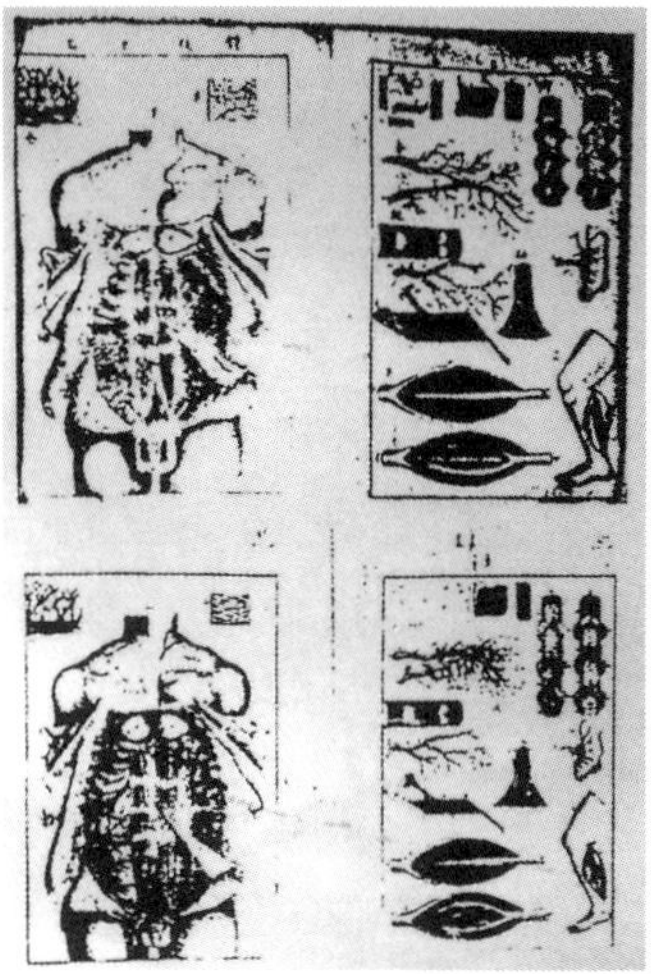

図3　パルヘイン解剖図譜の稿本（下）と刊本（上）

みれば、天游・斎藤両人がよく本文をも理解したうえで図譜を完成したものであることは疑いを入れないもので、両人はその学力を有していたと思われます。

ただ、さきに天游がパルヘィンをオランダ人としたのは誤りで、彼はベルギーのKortrijk生まれの解剖・外科医（一六五〇—一七三〇／寛永三—享保十五）で、分娩鉗子の発明で有名であります。なお、ドイツの医学者伝記辞典では、パルヘィンの上記の書は、ライデン初版は一七一八年、再版は一七三三年で天游の記すところと合致せず、今後調査を要します。

洪庵が中天游を最初の師として医学を勉強しようとした動機について、「天游先生は西洋医学を唱え、人間のからだをよく調べ、病気をよく診療し、予想外のことを言われると聞いた」からであると『病学通論』の自序に記しているのは、上記のような業績を天游が有していて、すでに世評にのぼっていたためであろうと思われます。おそらく、洪庵が一八二六年（文政九）十七歳で天游塾に入門して、最初の西洋医学との出会いは、このパルヘィンの『解剖図譜』と『解剖図』であったにちがいありません。このとき洪庵がいかなる衝撃を受けたか察するに余りがあります。

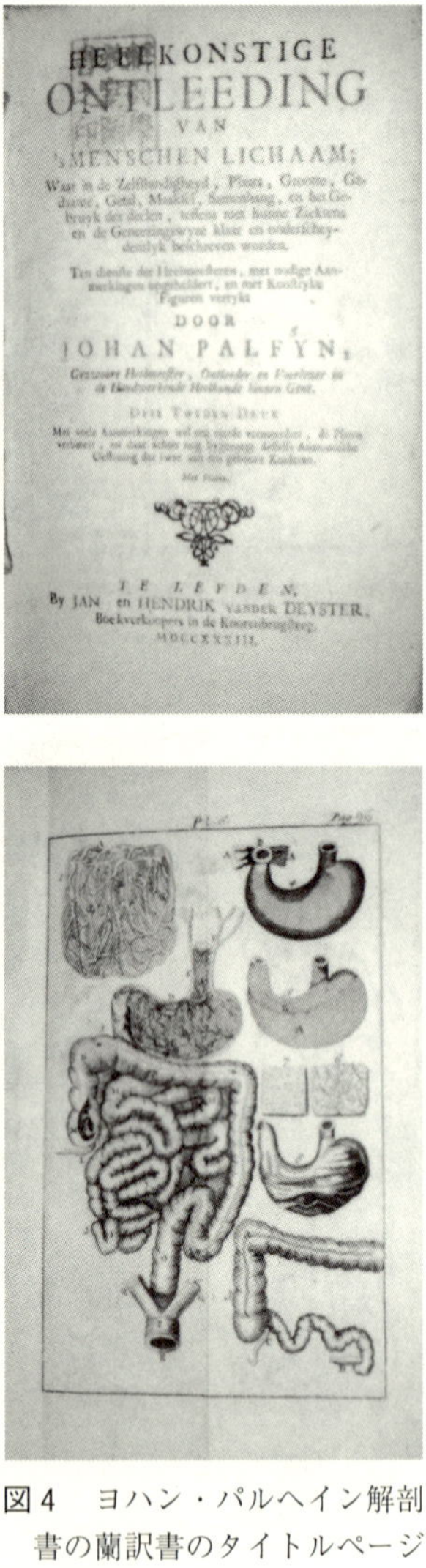

図4　ヨハン・パルヘイン解剖書の蘭訳書のタイトルページと図譜（九州大学附属図書館医学部分館所蔵）

なお、洪庵は、この『解剖図譜』からさらに重要なものを得たと考えられます。天游はその下編の附言において、「西洋の建学の精神は、必ず色々の実徴を取り、少しも憶測を容れないものである。とくに医事においてはこのことは重大である。このため西洋の医制は最もきびしく、考拠が明白で試験が確実でなければ人に施すことができない。中国の医術では徒に議論ばかりして、むなしい処置を人に施すのとは、比べものにならない。病いは生機の変化によるものである。その変化を知ろうと思えば、まず常態を知らなければならない。常態を知ろうとすれば、まず内景を明らかにしなければならない。故に解剖は医の先務である。これが自分がこの図譜を出す所以である」、そして「先師海上先生の言われるには内景の学は必ず精図を要すということであったので伊三郎に以前よりも精巧なものをつくらせた」とも記しています。これほど正確に西洋医学の本質を認識し、かつ解剖学の意義を唱えた文言に未だ接したことがありません。この点をとっても、中天游が大坂における近代西洋医学の源流であると称しても過言ではなく、洪庵は、最初に良き師にめぐり合ったということができます。

なお、パルヘィンの人体解剖書の翻訳が京都・大坂で出なかったのは何故かを問うことも必要かと思われます。すでに江戸では宇田川玄真（一七六九―一八三一／明和六―天保五）の講義を筆記したものを一八〇五年（文化二）に出版した本文と亜欧堂田善作の銅版解剖図とからなる『医範提綱』がありました（図5）。その本文は当時輸入されていた解剖学関係の数書の各説を整理したもので、その中心はオランダの開業医ブランカルトの解剖書（アムステルダム、一六七八年）で、この『医範提綱』を洪庵は天游塾で知っていたと思われます。このブランカルトの解剖書は、小石元俊の勧めで斎藤方策によって一八〇一年（寛政十三）「蒲朗加児都解剖図説」として訳ができていました（米田該典氏――『適塾』三〇号）。

『医範提綱』の本文は、西洋解剖学につづき、生理学から病理学にいたるまでを簡明に述べていますが、洪庵が江戸に行って坪井信道に入門し、ドイツのローゼの人体生理書のエイプマによる蘭訳本（一八〇九年刊）を重訳し

図５　『医範提綱　内象銅板図』
（わが国最初の銅板解剖図／後版では中伊三郎の画に替わる）

て『人身究理学小解』（一八三二＝天保三年）を訳了しているのも、以上のような天游塾での西洋医学との出会いとかかわるところがあるように思われます。

洪庵は、一八三八年（天保九）の開塾後、主著である『病学通論』『扶氏経験遺訓』『虎狼痢治準』などの著述に専念しますが、傍ら開塾四年後（一八四二年）には、義弟緒方郁蔵とはかって解剖社を結び、葭島《よしじま》（木津川の河口、大正区三軒屋東二丁目）に解剖場を設けて適塾生がしばしば解屍を行い、人体構造を研究したとされています。また、一八四五年（弘化二）十月には、洪庵みずから門下生数人を引率し伏見に出かけ、小森家門人らと解屍に当たりました（内山謙吾の「究理堂在塾日記」）。さらに、洪庵が奥医師として東行する四か月前の一八六二年（文久二）四月、洪庵は感冒で出張しなかったのですが、洪庵代人として伊藤慎蔵以下十数人が、淀屋橋下から「適塾」と記したのぼりを、緒方郁蔵の方からもかなりの人員が「南塾」というのぼりを立てて、合計四艘で葭島へいたり、解剖所で罪人二人の頭・胸・腹部の解剖を分担実施しています。そのさい逐一弁論するので傍観者はいずれも筆記し、傍観札を持参する傍観医は六十余人にのぼったとあります（上総・佐貫藩主侍医「三枝俊徳日記」）。

これらの諸事例によって、洪庵が天游先生から最初に受けた西洋医学の本質および医学の先務たる解剖を塾生の実習教育として重視・実践していたことが分かるのであります。適塾が安政期（一八五四―一八五九）に入り、洪庵が時勢を憂いて「当今必要の西洋学者を育成するつもり」といったことなどから、この時期より医学塾から蘭語塾へ変質したかのようにいわれますが、そうではなく、安政期こそ洪庵がその主著の執筆・刊行に精励し、医学塾としての声価を高めたときで、教育面でも大坂を離れるまで医学塾としての性格は堅持されていたものであります。

なお以上のほかに、中天游が医学者でありながら、その後、洪庵が師事した坪井信道・宇田川玄真や伊東玄朴らと異質の学者であったことであります。それは天游には、イギリスの数学・天文学者キール（一六七一―一七二一）のラテン語本をオランダのルロフスが蘭訳した『物理学および天文学入門』（一七四一）の一部を長崎の志筑《しつき》忠雄が訳した『求力法論』を師の随鷗に命じられて改訳した『引律』（一八二四＝文政七年）があり、ニュートンの学説を説明したものであります。また上記のケールの蘭訳本による志筑の主著『暦象新書』（一七九八―一八〇二／寛政十―享和二）を家塾で講義し、洪庵は佐賀出身の同窓大庭雪斎とともに受講したのであります。大坂龍海寺にある洪庵の墓碑銘には、貧窮していた洪庵が江戸に入る前に上総の住職の配慮でこの書を解説して謝金をえて衣類をととのえたというエピソードが記されています。今、適塾にあります『暦象新書』（図6）は「中環（天游）校正并提耳」と各冊にあり、「一八二五年（文政八）」と記された弟子大西宗節の旧蔵書で、赤道遠心力その他の問題について志筑の説を批判し、自説を多く提示していて、その学力のほどを知ることができます。この現適塾所蔵本は、私が国立国会図書館の収書担当者と執拗に交渉してやっと入手したも

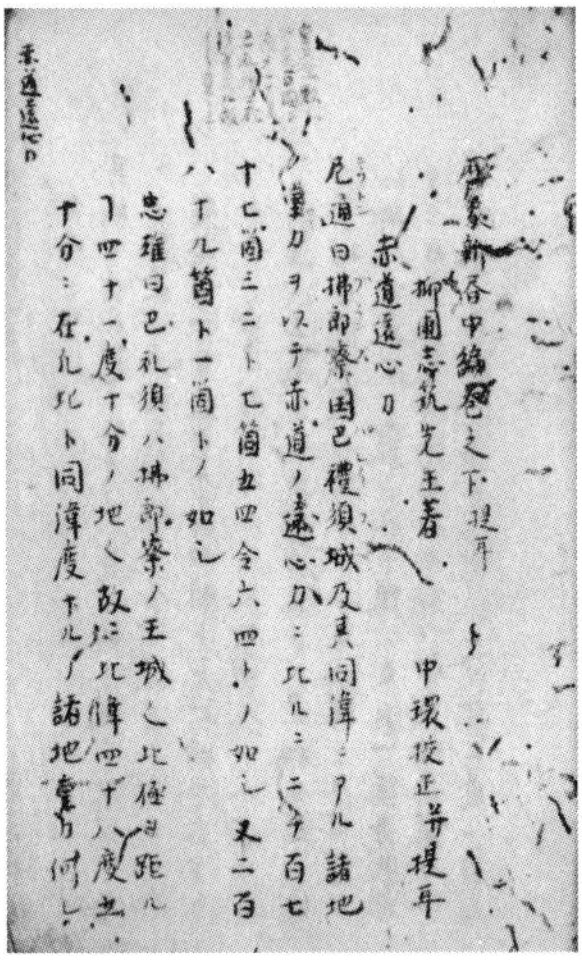
暦象新書中編巻之下
柳圃志筑先生著
中環校正并提耳
赤道遠心力

図6　『暦象新書』中編巻之下巻巻頭（適塾蔵）

ので思い出の代物ですが、この存在を知る人は一、二で、将来専門家の研究調査をぜひお願いする次第です。ほかに天游が屈折光学の原理と眼球の構造、視覚原理を解説した『視学一歩』や『算学一歩』を講義したことも日本学士院所蔵本で明らかであります。

このように洪庵が、天游塾で医学専門書だけでなく、天文学・物理学・光学などの自然科学の教養を受けたことが、洪庵の学的形成にどのような影響をおよぼしたかが問題となります。

これまであまり知られていないものですが、洪庵に写本としてつたわる『物理約説』があります（図7）。緒方富雄博士は、その著『緒方洪庵伝』（岩波書店、第二版増補版第三刷、一九七七年）の中で、『医学入門物理約説』は、（ドイツ人の）イスホルジング原著、エペン蘭訳（一八二六年刊）の医学生のための自然科学教科書を訳したもので、かなり大部のものであると簡単に説明されています。この『物理約説』については、江戸時代の物理学史を研究されている橋本万平氏が、すでに研究に着手されていますが（「緒方洪庵と日本の物理学」、『図書』三五一号、一九七八年）、私は東北大学図書館狩野文庫本（乾・坤二冊）を見せてもらい、その全文のコピーを頼んできましたが、前述の緒方博士の説明の通りかなり大部で、「巻之二」の前には「和蘭紀元一千八百二十六年　訳書　エペン記」とあ

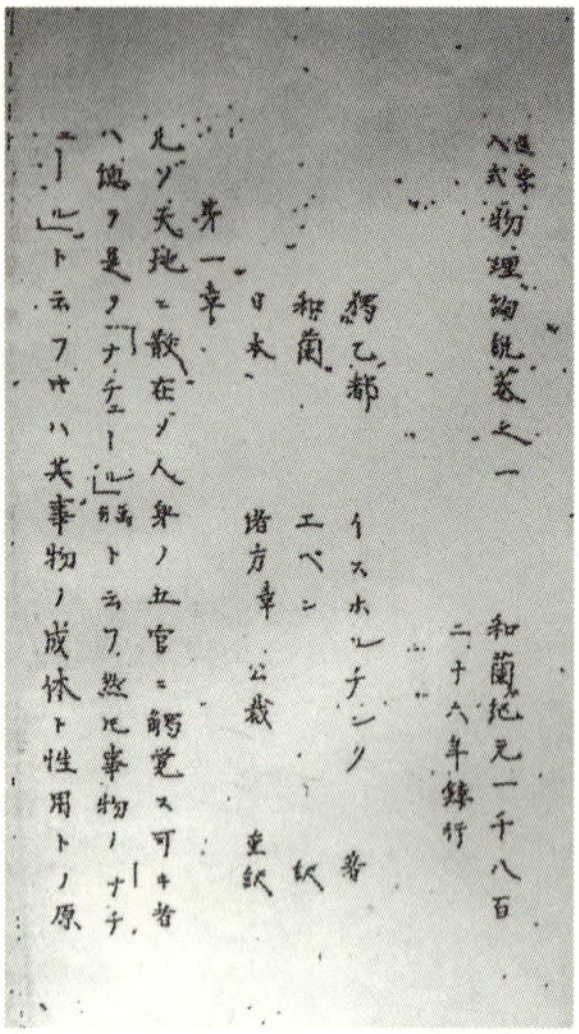

図7　イスホルジング『医学入門　物理約説』（緒方章公裁重訳）の巻頭部分（東北大学附属図書館狩野文庫蔵）

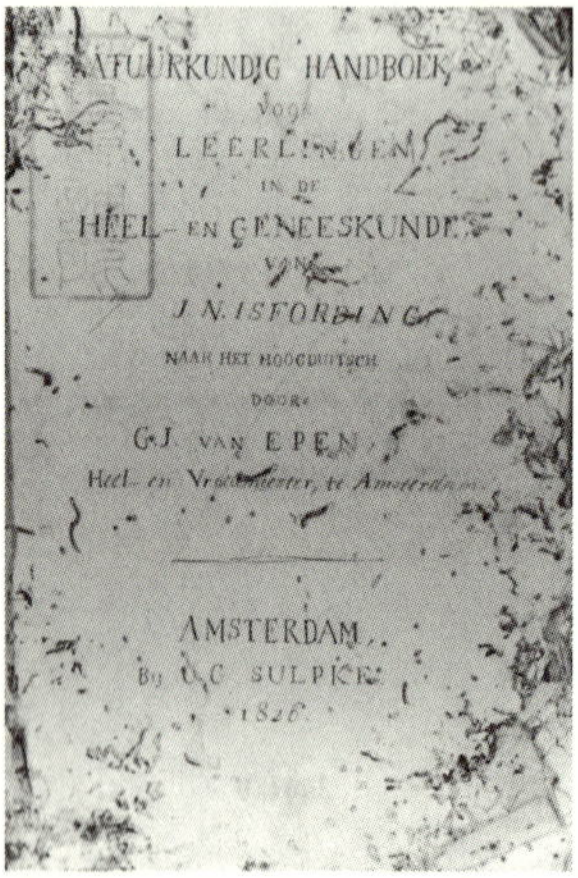

図8　イスホルジング原書（写本／国立国会図書館蔵）

る「医学入門物理訳説序」があるのみで、残念ながら洪庵自身の重訳の序文はありません。このイスホルジング（J. N. Isfording, 1776-1841）の蘭訳書名は *Natuurkundig Handboek voor Leerlingen in de Heel-en Geneeskunde*, van J. N. Isfording; naar het hoogduitsch door G. J. van Epen, Heel-en Vroedmeester, te Amsterdam. Amsterdam, Bij C.G. Sulpke, 1826.（文政九）で、京都大学附属総合図書館が所蔵しています。この原書を筆写したものが旧幕府蕃書調所所蔵本として今、国立国会図書館古典籍課（図8）にあります。東北大学狩野本では、洪庵は蘭訳者エペンの序文を次のように重訳しています。

> 依氏（イスホルジング）此書ヲ著シテ沕念《ウエ》（地名　Weenen：ウィーン）学校ノ生徒ニ付与セント、予カ今是ヲ邦語ニ訳シテ内外科ノ諸学ニ与ント欲スルト其本旨同一ナリ、依氏曰ク予医学ヲ講明スルニ当テ其義ヲ教諭スルニ格物究理ヲ雑ヘ説カサル事ヲ得ス、然レトモ繁忙紛雑屢其条里ヲ失ワザル事能サル者アルカ故ニ、以為ク、物理学中人身ニ関スル者ヲ採集シテ別ニ小冊子ト為シ、以学生ニ与ヘスンハアルヘカラスト、茲ニ於テ此著ヲ為ス。

このイスホルジングの書の内容は、矢島祐利氏の解説をお借りしますと、

> まず著論として、自然といふ言葉のもとに我々は一般に感覚に依つて感知する外界の事物を理解するというやうな事から説を起こし、次に人間の自分自身に対する関係という小見出しで心理学・生理学・医学等につき説明し、人間と外界の事物との関係として数学、天文学の如何なるものかを述べる。次に物の自然的性質としての膨張・凝集等の物性、さらに分析・合成・定性・定量・結晶・沈殿等を述べ、ここまでが緒言。次に大気の章があり、大気の圧力・気圧計・温度計・湿度計や大気の成分・風におよび、次に水の章があり、比重・比重計・硬水・軟水・蒸溜水など。次に地球の章で地理学の説明。次に物質の力学現象の章では、熱・光・電気・磁気。次の熱の章では各種の温度計・熱容量・熱の良導体、不良体など。次の光の章で

ニュートンの発射説、オイレルの振動説、光度計・プリズム・屈折・反射・集歛・発散・焦点・暗箱など。電気の章では、電気石・空中電気・電気の陰陽の別・電気容量・張力・蓄電器・電気魚など。ガルヴァニズムの章ではイタリアのガルヴァニの動物電気の発見、ヴォルタ電池など。磁気の章では磁石の性質・羅針盤など。最後の人間と宇宙との関係の章は、太陽系についての説明

（「イスフォルディングの『理学入門』について」、『学鐙』一九四〇年九月号）

であります。

なお、イスホルジングのドイツ語原書 *Naturlehre für angehende Ärzte und Wundärzte* (1814＝文化11)も、京都大学附属図書館にあります。狩野本でみる限り、洪庵は『物理約説』としていますが、蘭訳本を忠実に完訳しています。橋本万平氏は、広瀬元恭の刊本『理学提要』（一八五六＝安政三年）が日本の物理学史では重視されているが、イスホルジングの原書の完訳ではなく、同書を重要な参考書としているにすぎないと評価されています（『科学史研究』Ⅱ巻三五号、一九九六）。今のところ、この『物理約説』を洪庵がいつごろ翻訳したかは明白でなく、緒方博士は、江戸修業中（一八三〇年代前半）であろうとされていますが、今後よく調査したいと思います。

この洪庵重訳の『物理約説』について連想するのは、『福翁自伝』に出ていて有名な話であります。すなわち、一八五六年か五七年（安政三―四）に筑前黒田侯が大坂通行のさい、御出入医として中之島の屋敷に御機嫌伺いに出向いた洪庵が、侯が一冊八十両という驚くほどの高価で購入した「ワンダーベルト」（註）という最新の英書を蘭訳した物理書を借用して来て塾生に示した。福澤らはこの新舶来の物理書にはファラデーの電気説を土台にして電池の構造法などが出ていましたから、新奇の知識を得たい一心で、一〇〇〇ページもの大部のものを皆筆写するわけにはいかないので、せめてエレキトルのところだけでもと塾生の総力をあげ、二夜三日かかって紙数一五〇～一六〇枚ほど写したとあります。これは洪庵が有用な西洋学者を育成したい気持から借用してきたと考えられ

ますが、そもそも洪庵に物理学への関心がなかったら、黒田侯の貴重書を借り受けることもなかったわけで、洪庵自身物理学への関心がいかに大きかったかが分かります。洪庵は非常に広い視野をもち、いかに当時の日本の科学が西洋にくらべて落差があるかを認識し、科学全体のレベルアップを目指し、科学全体の中の医学を志向した点で比類のない医学者・教育者であったと考えます。このように洪庵をみますと、江戸での坪井信道や宇田川玄真の両先生からの影響ももとより大きいものがありますが、やはりその学的形成のうえで最初の出会いであった中天游先生からの感化が洪庵をして洪庵たらしめる最も重要な原動力ではなかったかと思うのであります。

大坂における近代医学の源流は、以上述べてきましたように、中天游と洪庵との奥深い師弟相互の交流あるいは融合の中に見出すべきではないかというのが私の結論でございます。

［註］「ワンダーベルト」という原書について、従来よくわかりませんでしたが、今年（二〇〇一年）の福沢没後一〇〇年記念展を機に、Burg, Pieter van der, *Eerste Grondbeginselen der Natuurkunde*, Gouda, 1854〔ピーテル・バン・デル・ブルフ〝自然科学基礎入門〟、一八五四年（安政元）版／慶応義塾大学図書館所蔵〕とされるにいたりました（図録『世紀をつらぬく福澤諭吉――没後一〇〇年記念――』一一三頁の「ワンダーベルトの窮理書」参照）。

（平成十三年八月二十六日　大阪大学医学部外科開講一二〇周年記念特別講演）

近代医学と適塾

適塾は、大阪市中央区北浜三丁目にあり、江戸時代における蘭学（洋学）研究の第一人者と仰がれる緒方洪庵の創《はじ》めた学塾であり、現存する唯一の蘭学塾として、国の史跡・文化財に指定されている。洪庵はこの場所において西洋近代医学の研究と普及に顕著な業績を残し、また新日本の建設に携わる幾多の英才に当たった由緒あるところである。「史跡は沈黙せる歴史物語である。声こそたてないが、人間に感興の深い物語をする」といわれている。一人でも多くの皆様が適塾を見学して下さって、全国から雲集した当時の青年学徒の息吹を感得され、心豊かな歴史物語を聴き取って頂きたい。本日は時間も限られているので、お手許へ配布の図録『緒方洪庵と適塾』を見学のさいの手引きとして頂きたく、それについての説明を避け、洪庵・適塾の今日的意義についてお話しさせて頂き、もし若干時間があれば福井県出身の適塾生をめぐる問題に触れることにしたい。

まず一般的にいえば、洪庵・適塾の医学は、今日の進歩した医学から見ると、百数十年前の医学で不十分な点や誤りがある。だからといってこれを無視することはできない。洪庵は医学者・医師として当時の最新西洋医学を日本に移植せんと努め、絶えず時代の先端を行き、現代日本医学の土台を据えた人物といって過言でない。

それでは、どうして洪庵はかかる医学者・医者たりえたのか、また彼が主宰した適塾から他塾に見られない日本近代化を荷う多くの人材がどうして育ったのかを考えて見たい。

第一は、洪庵が当初から強固な医学への立志を抱き、一生涯〝医道は万民を救うの法〟との人生観を貫いたところに、その人格的成長の原動力があったと考えられよう。この点で、洪庵十七歳の出郷のときの置き手紙の内容は注目すべきもので、シーボルトの来日という時勢の変化、その前年のコレラの惨禍に対する洪庵の鋭敏な感受性にもとづく自己の将来に関する決断の見事さに教えられるところが大きい。

第二は、洪庵が医学者として大成する要因として、良き師にめぐまれ、とくに最初の師・中天游の存在が大きいと考えられる。

洪庵は、周知のように江戸の坪井信道・宇田川榛斎の門に入り、信道のもとでブールハーベやフーフェランドの最新西洋医学にふれ、榛斎のもとで薬品に関する研究を積んで、帰坂後の主著である『病学通論』『扶氏経験遺訓』に結実させている。従来最初の師、大坂の中天游については、オランダ語能力の評価もかんばしくなく、軽視されすぎている。天游は、江戸の大槻玄沢や『ハルマ和解』で著名な海上随鷗にも学んでおり、その業績からみて、オランダ語原著を十分読みこなす能力があったとみるべきである。洪庵は、天游塾で、天游が斎藤方策と共訳の『把爾翕湮《バルヘイン》解剖図譜』（上・下二巻、文政五年＝一八二二）によって、はじめて西洋医学との最初の出会いを経験し、かつ「実徴を取り憶測を容れない」西洋建学の精神と「解剖は医の先務」を体得した。また天游は理学に深い関心をもち、『視学一歩』『算学一歩』のほか『引律』『暦象新書校正并堤耳』の著書があり、洪庵も大庭雪斎とともに「暦象新書」をテキストにして受講している。洪庵に「医学入門物理約説」（ドイツのイスホルジング原書、エペン蘭訳一八二六年刊の邦訳）があるが、これは天游塾時代の所産ではなかろうか。このように、洪庵が天游塾で医学だけでなく、天文学・物理学・光学などの幅広い自然科学の教養を身につけたことが、他の医学者と異質の学者たらしめたといえる。『福翁自伝』に出る「ワンダーベルト」（実はPieter van der Burg著『自然科学基礎入門』）という最新の英書を蘭訳した物理書の筆写という出来事も、洪庵のこの方面への関心がなければ黒田侯から借用されず、生じなかったであろう。洪庵は非常に広い視野をもち、いかに当時の日本の科学が西洋にくらべて落差があるかを認識し、科学全体のレベルアップを目指し、科学全体の中の医学を志向した医学者であった。洪庵の学問形成のうえで、最初の出合いであった中天游先生からの感化が洪庵を大成せしめる大きな要因であったと思われる。

第三は、洪庵は西洋の文化・思想方面に対しても柔軟な対応態度の持ち主として、他の蘭医学者にくらべ特異の存在といえよう。古く新井白石は、「西洋はいわゆる形而下なるもののみを知りて、形而上なるものはあずかり知らず」(『西洋紀聞』上巻)とし、幕末にいたって佐久間象山が、「西洋の芸術(技術)、東洋の道徳」としたことは有名である。これに対して、同時期の洪庵が、医学・医術を単に西洋の芸術(技術)としてのみ捉えず、その医学の思想的性分にまで関心をもち、ドイツの内科医フーフェランドの五十年にわたる経験の内科書『医学必携』の「各病治法」の部を『扶氏経験遺訓』として翻訳したにとどまらず、終わりの「医家ノ義務(De verpligtingen des geneesheers)」を「扶氏医戒之略」第一条「医の世に生活するは人の為のみ、をのれがためにあらずといふことを其業の本旨とす」以下、十二条からなる美しい日本文にまとめて自戒ないし門下生への戒めや餞《はなむけ》とした。このフーフェランドの原文は、キリスト教精神の結晶であり、彼自身、原著の冒頭に属す「初歩の実地医家に対する格言と通則」の部の中で、「どの患者も自然の神殿である。その神殿に畏敬の念と厳粛さをもって近づきなさい。軽率さと利己心と非良心的な心をあなたから遠ざけなさい。そうすれば自然は恵み深くあなたに眼差しを向けてその秘密を打ちあけてくれるでしょう」(ドイツ語原書八〇頁)と記しているほどである。このキリスト教精神に根ざすフーフェランドの医戒の文章をキリスト教信者でない洪庵が、見事に換骨奪胎したのが、さきの「扶氏医戒之略」である。原文はフーフェランドのものではあるが、「扶氏医戒之略」はまさに洪庵自身の文章、洪庵の思想的表出である。洪庵が漢学ないし儒学的教養を余り身につけず、和歌を良くし和学的な教養の人であったのが、フーフェランドの思想を受容するのをたやすくしたともいえるが、洪庵がフーフェランドのキリスト教精神に根ざす医学思想をも受容できるヒューマン＝ビヘェビアー（human behaviour）の持ち主、きわめて包容力のある近代的思想家でもあったといえるのではなかろうか。かつて藤野恒三郎は、洪庵の医学観は現代風に「医は愛なり」と表現してもよいのではないかと語っている。

第四に、洪庵が卓越せる教育者であった点に幕末著名の他塾に見られない、日本近代化の広い分野にわたる人材を適塾のみが輩出させた所以を見出すことができる。適塾の塾則第一条が「唯原書を読むのみ、一枚たりとも漫に翻訳は許さず」としたのに対して、江戸坪井塾の塾則第一条に「禁酒」とあるのは大きな違いである。洪庵の教育方針は細則を定めて塾生生活を拘束することをせず、専ら組織だった方法により原書学習主義をとり、各自の努力によって実力を養うことを主眼とした。安政六年（一八五九）の等級別名簿の存在がこれを示す。会読において三か月首席を占めた者にして初めて上級に進んだ。毎月塾の席次が改まり、上席者が有利な場所を占めるならわしのため、塾生の勉強は他塾には見られぬほど激しかった。また全国各地から出自の異なる学生が多く集まったため、恰も「ヲタマ杓子の群鳴するさま」（福澤の表現）で、塾内に切磋琢磨の熱気が漲った。京都究理堂主宰の小石中蔵は、「蘭学稽古浪華の緒方宜し、此学は殊に先生より門人の多勢の方宜しく、かの芋を洗い米を精《しら》ぐ理に候」と書いている。洪庵の塾生に対する態度は温厚で、人を詰責するにも微笑みを帯びて戒めたという。しかし不埒な所行に対しては厳罰をもって臨み、破門もあり、塾頭でもその厄をまぬがれなかった。しかし、一旦破門しても、のち再び許し入塾させる寛容をもっていたことが師弟の関係を緊密ならしめる教育的効果をあげた要因であった。洪庵は、福澤が洪庵の講義を聞いて、その緻密と放胆な卓説に感動しているように、塾生に「〝放射線〟を出す人」（司馬遼太郎のことば）であり、人を引き付けるものを有した。洪庵の学風は、蘭書の翻訳にさいして字句の末節に拘泥せず、要旨を汲みとり意訳する流儀にもよくあらわれている。また洪庵は、学習を医学書に限らず、物理・化学その他にもわたらせ、動物の解剖や化学の実験なども許した。塾生が洪庵の亜流にとどまらず、各自の資質を十分に伸ばし、諸方面に活躍しえたのも、かかる自由な学習の雰囲気に負うところが大きかったであろう。

洪庵は、絶えず海外情報を入手するのに留意し、欧米列強の東アジア進出を知ってわが国の将来に危機感を抱き、ペリー来航の翌年、安政元年（一八五四）三月、甥の藤井高雅宛に「当時は病用省き、当今必要の西洋学者を育立候」と書き送るにいたった。なおその文面には、いずれ近日、露・英夷も来航し、そのうちに「内地不測の変」が生じるやも知れず、何とぞ国威陥《おちい》らざるようにと天地に祈り、〝賤か家にもらさぬ雨ももるまでに、母屋の棟木は何朽にけん〟と詠んでいる。この洪庵の和歌には、世界形勢上、母屋すなわち江戸幕府の衰亡、封建国家体制の行末の予見が示されているようである。洪庵は、このように常に時勢の推移に敏感であり、先見の明があった。塾生の将来についてもよく適確な助言をし、すでに自分の蘭学の時代的限界を自覚し、若き門下生が自分を乗り越えて活躍するのを期待するところがあった。洪庵は、文字通り「国の病を医する名医」を意味する「国手」であった。この洪庵が、適塾を去って全国各地で活躍する門下生と、時には治療法の相談に与かり、あるいは就職を周旋し、または著書の贈呈等々によってしばしば文通を重ねていたことが『緒方洪庵のてがみ』（全五巻）で知られる。その洪庵のてがみの文末には、「道のため、人のため、国のため」という励ましの言葉があった。今日の教育界も一考すべきであろう。

（以上、洪庵・適塾の今日的意義について若干私見を申し上げました。なお、はじめに福井県出身の適塾門下生について触れる予定でしたが、時間の関係上割愛しました）

（平成十六年五月十六日　第八十三回福井県医学会
第五十七回福井県医師会総会特別講演抄録）

適塾（緒方洪庵）と大阪

ただいま、小川嘉誉先生からご紹介にあずかりました大阪大学の名誉教授であります梅溪でございます。しばらくの間、ご案内のような「適塾（緒方洪庵）と大阪」という題で、お耳をけがしたいと思います。時間も限られておりますので、あまり詳しいことは申し上げられませんが、最初にお願いしたいことは、この中にも、適塾をもうご参観いただいた方もおありかと思いますけれども、もし、まだ適塾をご覧になっていらっしゃらない方がおられましたら、何とか都合をつけていただきまして、ここから、タクシーで十分足らずでまいりますし、歩いても大して遠いところではございませんので、ぜひ適塾にお運び下さい。どういうところで昔の若者が勉強したのか。どうしてあれだけの人材が出たのかということをぜひ振り返っていただきたいと思います。そういうことを最初にお願いいたします。

適塾をご参観いただくものとの前提で、あらかじめ、スライドを中心にして簡単なご案内をさせていただきます。

まず、図1上のほうは、洪庵先生と奥さんの八重さん、八重さんというのは、宝塚の向こうの名塩というところのやはりお医者さんの娘さんであったわけであります。下の左のほうは洪庵先生が四十歳のときのものでございまして作者ははっきりいたしません。一番若いときの画像でございます。このほか二、三幅、洪庵先生の画像がございます。右の下は洪庵先生の嗣子、次の代を背負った、緒方惟準《これよし》先生でありまして、明治になって大阪府

図1

図2

の仮病院・医学校を建営し、ついで大阪鎮台病院長とか、最後は初代の陸軍軍医監兼陸軍薬剤監などをやり、明治のなかごろからは大阪へ帰りまして、緒方病院を経営された方で、幕末に長崎へ赴いて蘭医ポンペに学び、慶応三年（一八六七年）ボードイン先生帰国のさい一緒にヨーロッパに医学の勉強に行って、明治元年（一八六八年）七月に帰ってきておられます。

図2左の拙著『緒方洪庵と適塾』は適塾の受付においておりまして、案内を兼ねた概説書でございます。向かって右のほうは昭和五十一年から五十五年まで、文化庁によって適塾の解体修理がおこなわれまして――解体修理した理由は、適塾が周辺のビルの谷間にはまってしまい、だんだん周りの建築が始まり、震動が伝わってきて、古い材木で建てられたものですから、だんだんがたが来まして、もう二階へ見学者があがれないというような状態になりましたものですから、文化庁の予算でこれを解体修理することになり、大体足かけ五年ほどかかって、昭和五十五年（一九八〇）春、完成いたしましたのを契機に、一般公開をするようになったわけで、その記念の展覧会のときに、四、五人の関係者が協力して、急いでつくった図録でございます。手前味噌ですけれども、割合によくできていると思います。たくさんつくっておりますので、五百円で皆さんにお分けしております。

図3に記していますように、適塾というのは、天保九年、一八三八年に緒方洪庵が大坂で開いた蘭学塾でございまして、江戸にも坪井信道の塾、ある

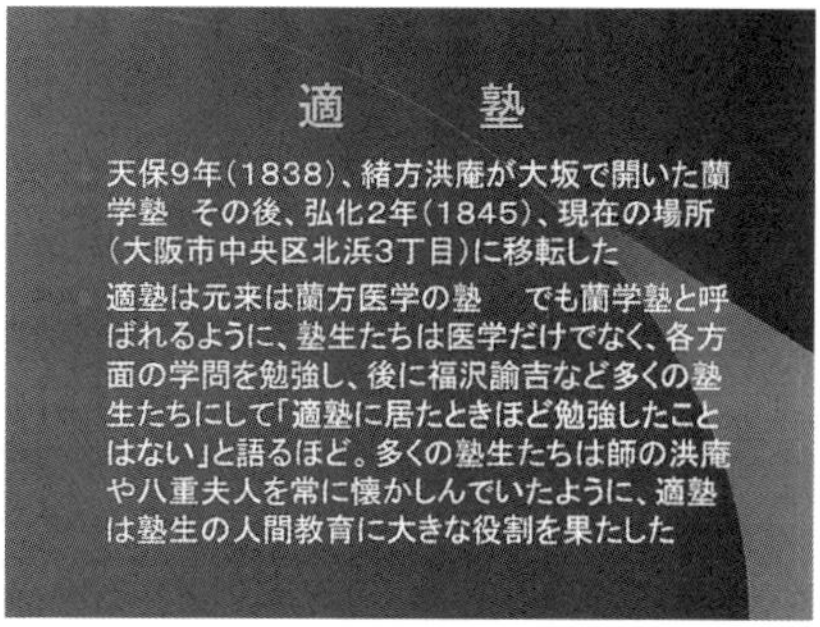
適　塾
天保9年（1838）、緒方洪庵が大坂で開いた蘭学塾　その後、弘化2年（1845）、現在の場所（大阪市中央区北浜3丁目）に移転した
適塾は元来は蘭方医学の塾　でも蘭学塾と呼ばれるように、塾生たちは医学だけでなく、各方面の学問を勉強し、後に福沢諭吉など多くの塾生たちにして「適塾に居たときほど勉強したことはない」と語るほど。多くの塾生たちは師の洪庵や八重夫人を常に懐かしんでいたように、適塾は塾生の人間教育に大きな役割を果たした

図3

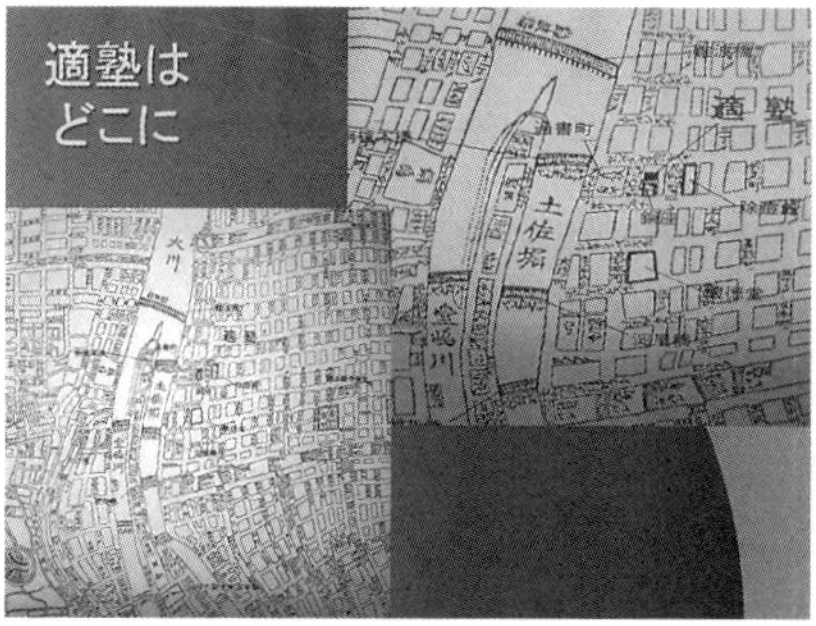
適塾は
どこに
適塾
土佐堀
大川

図4

いは伊東玄朴の塾もあったわけですけれども、今日、跡形もなく消え去っておりますから、その遺構が現存する日本唯一の蘭学塾でございます。その点、非常に価値がございます。最初の適塾というのは、現在のところから、もう少し南のほう、大坂の地図が後で出ますけれども、南のほうの瓦町にありました。今あるところは北浜ですが、北浜から南へ今橋、高麗橋、道修町、平野町、淡路町、その次に瓦町の通りで、その西はしのところ（津村東町）で開塾し、そこから弘化二年、一八四五年に現在のところに移りました。適塾も一般に蘭学塾と呼ばれ大体、蘭方医学を勉強しましたが、江戸の坪井信道、あるいは伊東玄朴の塾のように、医学だけを勉強したのではなくて、物理・化学など幅広く各方面の分野の学問も勉強したわけで、福澤諭吉なども、その一人で、ご承知の通り『福翁自伝』に、「およそ勉強ということについては、実にこの上しようはないというほど勉強した」と言っております。そして、また洪庵先生なり、あるいは八重婦人のことを非常にみな塾生が懐かしんで、適塾での教育がどういうものであったかということを、今日、十分『福翁自伝』で、知ることができると思います。

ちょっとこの地図（図4）が非常に小さいので、申し訳ないのでございますが、ここが今の適塾なんです。地図の下方にあるこの橋、玉江橋のもう少し下流、このあたりがリーガー・ロイヤルホテル、そしてこの国際会議場でございます。この川は堂島川ですけれども、玉江橋と田簑《みの》橋との間の北岸沿いに元の大阪大学医学部附属病院がありまして、今は吹田に移っております。この堂島川と土佐堀川とに挟まれたこの島は中之島ですが、中之島と、そしてこの堂島川の川沿い、そしてこの土佐堀川の川沿いに全国諸藩の蔵屋敷がたくさんありました。要するに各藩でできた産物、主として大事なのは米ですが、そのほか特産物を大坂へ運搬してきて収納し、それをなるべくいい値段で売るという蔵屋敷がたくさんございまして、天保期（一八三〇～一八四四年）ころ、大体百二十ぐらい大坂に蔵屋敷があるうちの半分ぐらいは、この中之島界隈に集中しているのであります。

今、申しました通り、旧阪大病院の西端、すなわち玉江橋の北詰に福澤諭吉が生まれた中津藩（奥平氏、十万石）の蔵屋敷がございました。大阪の人でも、なかには福澤諭吉は九州の中津で生まれたんだと思っていらっしゃる方がありますが、実は大阪のど真ん中、ここで生まれたわけなので、私はこの阪大病院が移った後、慶應義塾大学の塾長先生に、この阪大病院の跡地に、明治初期に京都とともに大阪にもあった大阪慶應義塾をつくられたらどうでしょうか、あるいはこの福澤先生の生まれた中津藩の蔵屋敷の跡を百坪でも二百坪でも福澤諭吉生誕地記念公園になさってはいかがでしょうかということを個人的に申し上げたことがあります。しかし、去年の福澤先生没後百年の記念事業にはついにのぼりませんで、先生が亡くなった三田のところが非常に立派になりました。この生誕の場所には戦後再建の小泉信三先生が書かれた「福澤諭吉誕生地」の碑だけが寂しく立っているだけで、大阪としてはちょっと残念なことだと思います。

さて地図でいうと、ここが適塾でございまして、今、皆さんがおられる大阪国際会議場は、このへんになるわけでございます。そして、この適塾の少し上のほう、ここに難波橋という橋がかかっておりますが、この橋のほとり、今、指示しているところに長崎俵物会所がありました。これは長崎貿易に出すところの俵物、俵に詰めたものです。アワビとか、そういう乾燥したものをここへ集めて、そして、ここから長崎へ船で運びました。また、

図5

図6

長崎からも役人がここへ出向いてきておりまして、この辺りは長崎と非常に関係の深いところなんです。したがって、この辺りを船場、船が着くところで船場と申しますが、この船場の地は長崎と関係の深いところです。長崎は、鎖国時代、唯一ヨーロッパに向けて門戸を開いていたところでありまして、ヨーロッパ文化に非常に近いところに、この適塾が位置していたということは文化史的に重要です。そして、この適塾の西隣りが銅座で、住友が銅を精錬したものを竹を割って、そこに流し込んで、竿銅としましたが、この住友の銅がこの銅座に集められて、十七世紀の終わりから十八世紀の初めにかけて、長崎からオランダまで輸出されたわけであります。そういう関係がございまして、適塾の周辺というのは非常に長崎文化、したがってヨーロッパ文化と近接していた文化的な環境の中で、塾生が勉強したということになるのであります。銅座へはシーボルトも来ておりますし、また出島の蘭館の医者や館員たちも、江戸に行くときにここに宿泊し、かたわらアルバイト的にオランダの書物をここで売ったりしており、洪庵先生も欲しい本があったけれども、高くて買えないということを久坂玄機が書いております。そういうようなのが、この地域の実況であったのです。さて、ちょっと適塾から離れますが、図5・6を御覧頂きながら、適塾の流れを汲んでおります大阪大学医学部の跡地辺りの史跡案内をしておきます。明治二年（一八六九）に大阪府が上本町の大福寺に仮医学校、仮病院をつくりましたときに、先ほど申しました、洪庵の息子でありますから緒方惟準とか、あるいは一番弟子の緒方郁蔵とか、みな適塾生がそのメンバーとして参加しました。それらが明治十三年（一八八〇）大阪府立大阪医学校・大阪府立大阪病院として中之島に正式に発足、やがて大正四年（一九一五）大阪府立医科大学・同附属病院になり、さらに昭和六年（一九三一）国に移管されて、大阪帝国大学医学部・同附属病院になり、今日の阪大の医学部・同附属病院になってきているわけであります。大阪大学は残念なことに、医・理・歯学部とも平成六年（一九九四）この中之島の一等地を離れて、吹田のほうにみな移ってしまいました。今度、この旧医学部の跡地に、大阪大学の中之島センターというものが来年（平成十六年）四月からオープンされます。それは大阪大学の大阪市内の出張所でもございますが、この地域は、芸州藩、すなわち広島藩（浅野氏、四十二万石余）の蔵屋敷の跡でありまして、その西隣りに久留米藩（有馬氏、二十一万石）の蔵屋敷があり、今はちょっと発掘しておりますが、ここに中之島センターというものをつくる予定で、まだあまり建築は進んでおりませんけれども、来年四月オープンする予定で計画が進んでおります。したがって、この辺りは、掘り返しますと、広島からの荷物をつんだ船が堂島川からここへ入るわけですから、船溜まりのあとがあらわれたり、また蔵屋敷の人たちが使っていた品物がたくさん出ます（図5）。これらは旧医学部の正面玄関附近の発掘状況ですが、現在の久留米藩蔵屋敷の場合にも同様なものが出るようです。

これが（図6の左）今、申している幕末の久留米藩の蔵屋敷の景観です。久留米藩もなかなかしっかりした藩でございまして、この絵図に描かれていますように、蔵屋敷の前にタコの松、ちょうどタコが足を伸ばしているような非常に立派な松がありまして、有名であったのです。その大きな松の東に太鼓橋があって、ここからその下をくぐって船が出入りしていたのです。今、申している久留米藩の蔵屋敷、先ほどの芸州藩の蔵屋敷は、堂島川の左岸（南側）にあり、旧阪大病院のありました右岸（北側）と向かい合っていたわけです。ところで、阪大病院の跡地というのは、大阪の方もあまりご存じではありませんが、明治の初めに堂島ステーション、今の大阪駅をここへ持ってこようと思って、国が一万坪を買い上げたんです。それが結局、大阪駅を現在のＪＲの通っている北方へ設定することになり、不用地となりました。そこで大阪府に払い下げられて大体、大阪府の知事の官舎であるとか、動物園とか、いろんなものができ、やがて大正年間後半に大阪府立医科大学附属病院がそこに建ち、大阪大学医学部附属病院へと引きつがれたのであります。この辺りは非常に景色のいい大阪の中心地ですが、阪大本部も吹田に移転しましたけれども、今度中之島センターができますので、また、元通りの故地へ帰って、新しい出発をするということになります。今度できる中之島センターには、ほかの国立・私立の大学も使えるような共同施設ができ、中之島センターで大阪大学も夜間は大学院の何か講座を開講するとか、あるいは適塾関係資料とか、あるいは古く町人の学問所の懐徳堂の本も三千冊から持っており、またそのほか調度品もたくさんございますので、そういうものを皆さんに見ていただくなど、開かれた大学を目ざした計画を目下進めているところでございます。

図７

さて、図７はご見学された方はお分かりのように、現在の適塾のスナップを四つ示したのですが、左上は適塾の東側でもと八木通商会社の建物があったところです。そして西側も空地にしたわけです。西側は日本生命保険社会の建物が建っておりました。これだけ空地にするのに募金事業を大分長いことかかってやりまして、各方面の御協力で、大体三億円ぐらい金を集めて空地にしたわけであります。少しでも火災の難を免れるのではないかと考えたわけです。左下は玄関であります。ここに入っていただくと、受付がございまして、その受付から右下の図の左の縁側を通って奥の間に入っていただくと、右上の図のような洪庵先生がお客様と応対なさる奥座敷があります。右下の図の右手に洪庵の書斎があります。以上は一階でございまして、二階に有名な刀傷の柱がある塾生部屋やゾーフ部屋があります。

次の図8にうつりまして、適塾がどうして大阪大学の管理になったかという経緯に移ります。先ほど申しました瓦町の塾にたくさん塾生が全国から集まってきて、大変狭くなりました。全国から集まってくるというのは、蔵屋敷は、各藩が商売するための出先でもありますが、同時に情報収集する外交機関でもあり、なかなか有能な役人が出向いておりました。従って、大坂の景況とともに適塾の評判も全国諸藩へ広がったからであります。洪庵先生のお父さんの佐伯瀬左衛門惟因《これより》という人も、足守藩の大坂蔵屋敷の留守居役で、責任者であります。福澤諭吉のお父さんの福澤百助という人も、中津藩の大坂蔵屋敷の留守居役であります。たいていの藩がみな窮乏しておりますから、町人と折衝して上手にお金を借り、また有利に自分の藩の産物を売りさばくというようなことをやっておられたわけであります。

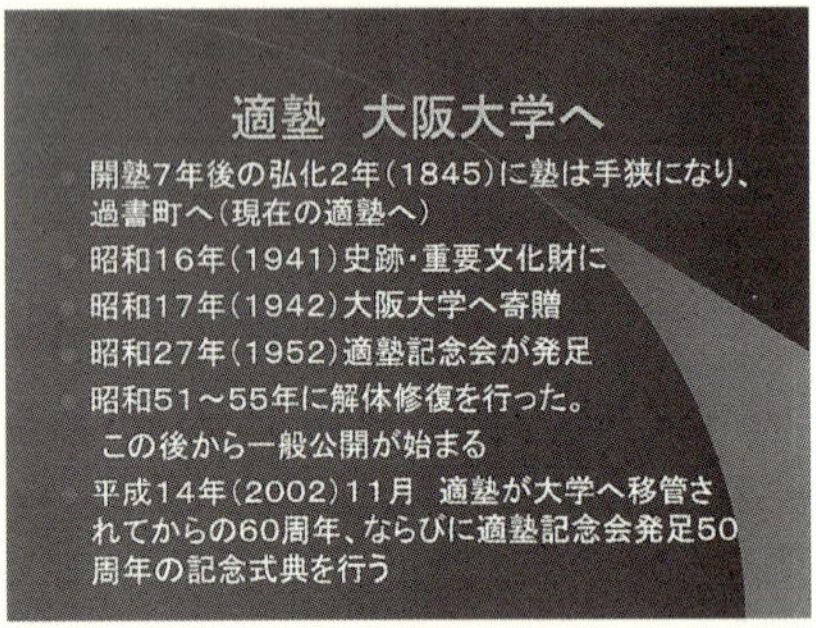
適塾　大阪大学へ
開塾7年後の弘化2年（1845）に塾は手狭になり、過書町へ（現在の適塾へ）
昭和16年（1941）史跡・重要文化財に
昭和17年（1942）大阪大学へ寄贈
昭和27年（1952）適塾記念会が発足
昭和51～55年に解体修復を行った。この後から一般公開が始まる
平成14年（2002）11月　適塾が大学へ移管されてからの60周年、ならびに適塾記念会発足50周年の記念式典を行う

図8

適塾は、この過書《かしょ》町にありました。過書というのは通過する、船が川筋を通行するさい番所を無事通行できる証明書のことです。今は、ここは北浜三丁目というのですが、昔は過書町と申しました。適塾の建物は、緒方家の所有でしたが、一時日本生命保険会社の抵当物件となっていましたが、由緒ある建物であるため、緒方家と日本生命保険会社との合議によって、まず、昭和十六年（一九四一）に、国の史跡重要文化財になり、ついで翌十七年には大阪大学に寄附されることになりました。そして昭和二十七年（一九五二）秋に緒方洪庵および門下生の事蹟を顕彰することを目的とする適塾記念会というのが発足しました。大阪大学の総長が記念会の会長でございますが、特に

大阪財界は慶應の方が多ございますので、慶應の方々のご尽力も得ました。私はその翌年の三月に赴任しましたので、今日では一番古い生き残りになりました。去年（平成十四年）は記念会創立五十周年記念式をこの会場でやったわけであります。

さて、緒方洪庵先生（図9）は、備中の足守藩、簡単にいうと、倉敷からもう少し北へ上がったところ、ちょうど豊臣秀吉の水攻めで有名な高松城跡の西北にありました小藩で、藩主は木下侯。今、岡山市の足守というところになっておりますが、そこの下級武士の家の三男に生まれた方であります（長兄は幼没）。父は三十三俵四人扶持というのですけれども、足守藩は二万五千石の小藩で、もう借金だらけで、幕末になりますと、年々二千両からの借金をしているので、藩士たちはまともに米をもらっていないのであります。大抵四割から六割引きで給料を差し引かれて受取っています。それで少し藩内もごたついておりまして、洪庵先生のお父さんも、この大坂の留守居役でありましたから、そのとばっちりを受けて謹慎を命ぜられたり、一時隠居を命ぜられたりしております。裕福な藩では蔵屋敷というものがだいたい固定するんですけれども、こういう小藩はなかなか固定しません。というのはたいてい大坂町人の持ち家を借りて、そこに蔵屋敷を設定するわけですから。この足守藩の蔵屋敷は転々としたり中断しております。文政八年（一八二五年）には、蔵屋敷の役人にお父さんがなって大阪の西区薩摩堀中筋町に蔵屋敷を開設されたときに、洪庵先生は大坂に始めて来られたわけです。その年はいったん帰藩されたけれども、その翌年にまた大坂へ出てきて、当時、薩摩堀からそう遠くない江戸堀五丁目で開塾の中天游という先生のところに入門して、初めて蘭学医学を勉強された。そして、四年間、中天游先生

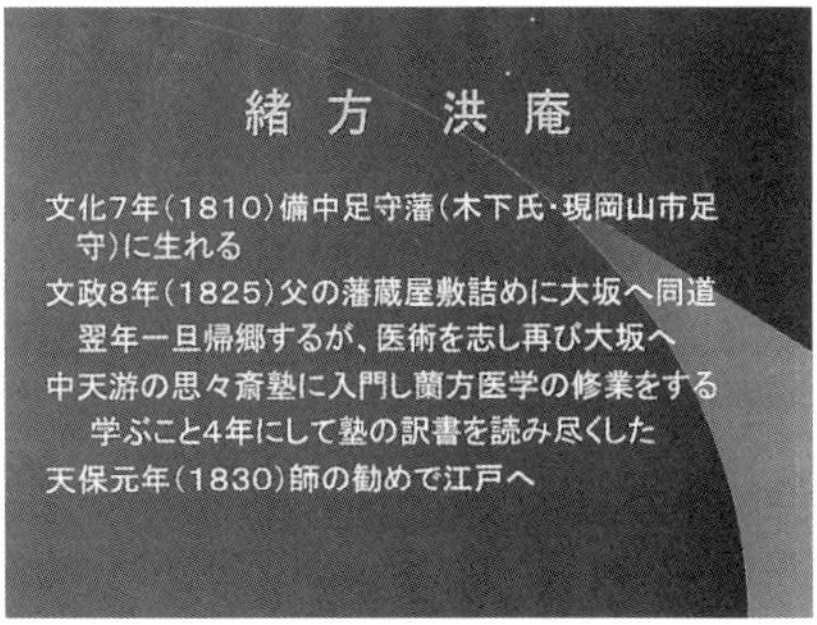
緒方　洪庵
文化7年（1810）備中足守藩（木下氏・現岡山市足守）に生れる
文政8年（1825）父の藩蔵屋敷詰めに大坂へ同道
翌年一旦帰郷するが、医術を志し再び大坂へ
中天游の思々斎塾に入門し蘭方医学の修業をする
学ぶこと4年にして塾の訳書を読み尽くした
天保元年（1830）師の勧めで江戸へ

図９

の塾で、横文字ではなくて、主に漢訳のもの、中国で訳されたような医学書を勉強されたようであります。そして、中天游先生から、やはりオランダの原書を読めるようにしなさいということで、江戸へ勉強に行かれる。それが天保元年（一八三〇年）のことであります。

大坂では、相撲取の番付にならった医者の番付もでております。これは（図10の右）番付ではありませんが、医者の住所別・専門別名簿でありますが、そこに「中環《たまき》　西洋窮理」と出ています。この中環が中天游先生のことであります。この中天游先生の奥さんは海上随鴎《うながみずいおう》という江戸で『ハルマ和解』という最初の蘭日辞書をつくった人の娘さんであります。天游先生は医業の方は奥さんにまかせて、究理学に興味をもち、イギリスのジョン・ケールの書いた天文学書を長崎の志筑忠雄《しづきただお》が翻訳した『暦象新書』というものにいろいろ注釈し、自分の意見を加筆している書物をのこしております（図10の左）。この書物は東京の井上書店の古書目録に出ていて、国立国会図書館の和書収書担当の大西寛氏に頼み、中天游の手が入っているものだから、ぜひ阪大に譲って頂きたいと頼んで、もう今から二十年ほど前に、私が大分努力して阪大に入れました。こういう書物を、中天游先生の下で、テキストとして緒方洪庵は勉強しているんです。だから中天游先生のところはもちろん解剖もやったんですけれども、医学だけでなくて、天文学とか物理学とか数学とか、そういうものを洪庵は若いときに、最初の先生から教わったということが、洪庵先生の学問の幅といいますか、医学者としての幅を持たせたというふうにいってもよいと思います。

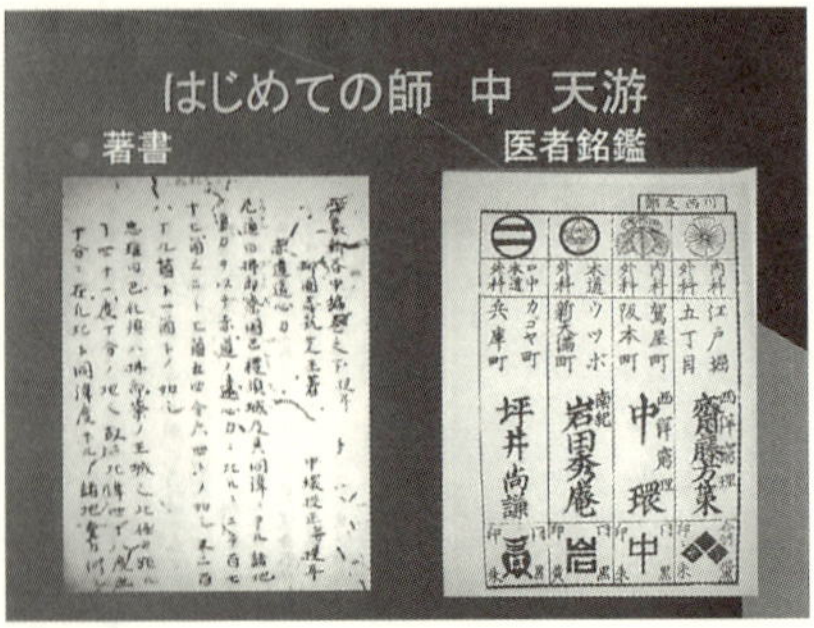

図10

やがて、中天游先生に勧められて、江戸の有名な坪井信道先生の塾に入ったわけでありますが（図11）、非常に貧乏で、まともな着物もない有り様で

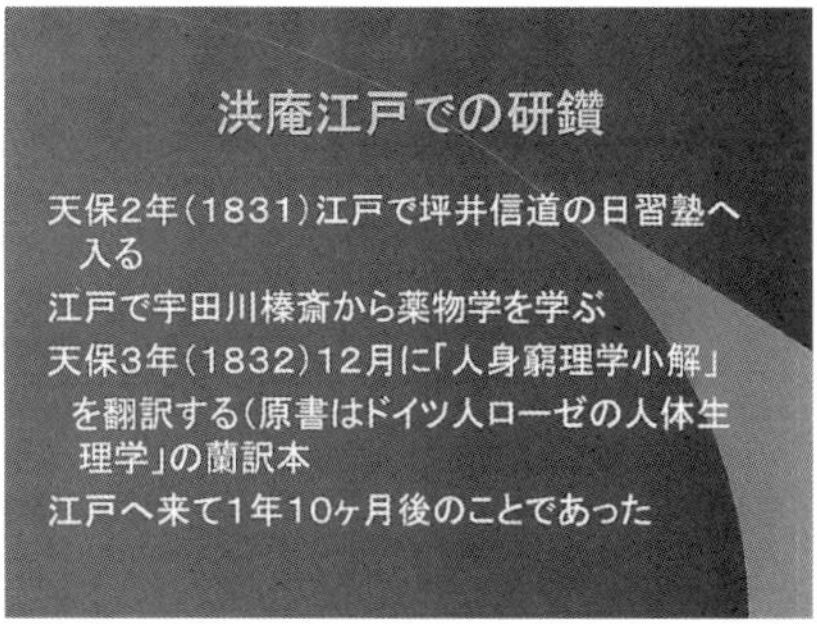
洪庵江戸での研鑽
天保2年（1831）江戸で坪井信道の日習塾へ入る
江戸で宇田川榛斎から薬物学を学ぶ
天保3年（1832）12月に「人身窮理学小解」を翻訳する（原書はドイツ人ローゼの人体生理学」の蘭訳本
江戸へ来て1年10ヶ月後のことであった

図11

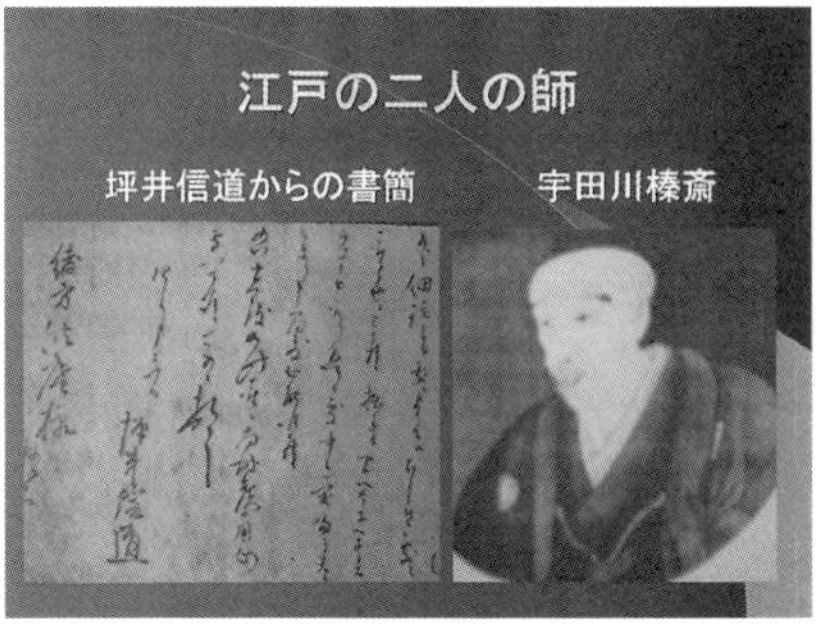
江戸の二人の師
坪井信道からの書簡
宇田川榛斎

図12

あったといわれています。今、私は緒方洪庵の伝記を書いているのですが、ちょっとこの辺の事情がよく分からないのです。大阪の龍海寺にあります洪庵先生のお墓の銘文によりますと、大坂からすぐに江戸に入らないで、今の千葉県の木更津のお寺でしばらく院主の世話になり、そこで近隣の医者らに『暦象新書』の講義をして謝金を貯めようやく衣服をととのえ、坪井信道塾に入ったといわれています。そのお寺がどこかよくわからないのですが、只今のところ例の狸ばやしで有名な證誠寺ではないかと考えています。と、申しますのは證誠寺に遠山孝庵というお医者さんの業績を記した大きな墓碑がございまして、どうも孝庵の子、遠山章甫が洪庵を庇護したのではないかと思うのですけれども確証がございません。また緒方家が、明治四十二年（一九〇九）洪庵贈位祝賀記念として、一族および関係者に頒布した『洪庵先生略伝』には、「木更津に在る旧友某の門を叩き、其食客となり、傍ら村人の子弟に数字や理学を教えて辛うじて学資を蓄えた」とあり、この「旧友某」が誰であったのか、緒方富雄先生も分からずじまいで、今日に至っています。やがて、洪庵は坪井先生の塾に入ったと同時に、坪井先生から勧められて宇田川榛斎先生にも入門しました（図12右）。

榛斎は『和蘭薬鏡』という著書がある薬物学の大家で、この先生のもとで洪庵先生は一生懸命勉強された。この結果として洪庵は非常に薬物学に強かったということが言えると思うのです。洪庵の主著というべき『扶氏経験遺訓』などでも、薬物編というものを一番先に翻訳して出版しているのも、こういうところから来ると思うのです。

そして、天保三年（一八三二）には、この坪井塾で「人身究理学小解」、これはドイツ人のローゼの生理学のオランダ語訳を訳したもので、洪庵先生の最初の業績であったということで注目されます。やがて、天保六年（一八三五）、洪庵先生は、江戸で二人の師について大いに学力をつけ、大坂へ引き上げます。これは中天游先生が亡くなられ、そのあと、塾を継ぐ者がないので、結局、中天游先生の恩義を重んじて、洪庵先生が中天游の塾を一時受け持たれたわけです。そして、やがて、天保七年（一八三六）二月、その中天游先生の息子を連れて、長崎へ遊学されます（図13）。遊学の理由として、国元でお嫁さんが決まっていたのを断るためであったと、洪庵先生のお兄さんの日記に出ていますが、それはやはりつけたりで、宇田川榛斎先生からの遺命である病理学書の完成にあったことは、洪庵の主著の一つ『病理通論』の序文でも明白であります。

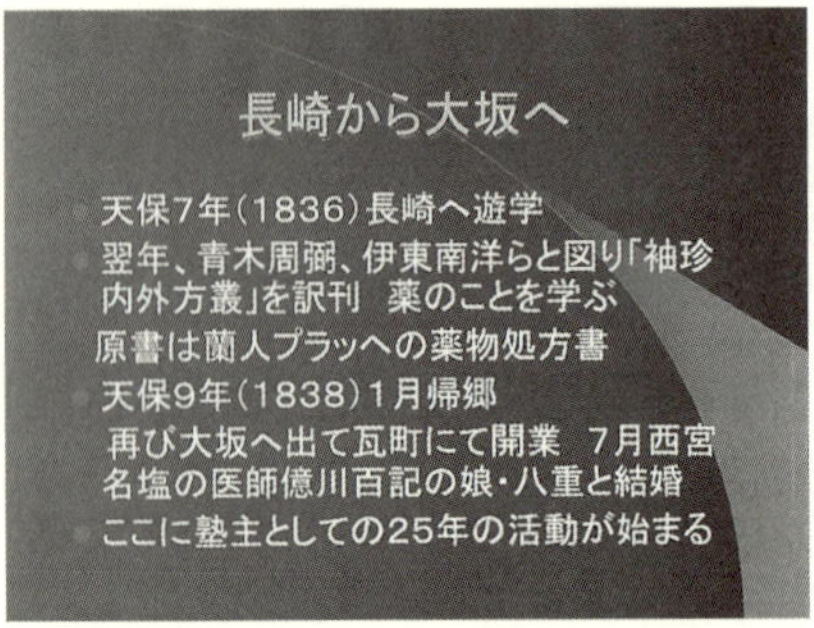

長崎から大坂へ
天保7年（1836）長崎へ遊学
翌年、青木周弼、伊東南洋らと図り「袖珍内外方叢」を訳刊　薬のことを学ぶ
原書は蘭人プラッへの薬物処方書
天保9年（1838）1月帰郷
再び大坂へ出て瓦町にて開業　7月西宮名塩の医師億川百記の娘・八重と結婚
ここに塾主としての25年の活動が始まる

図13

長崎でどういうことを洪庵先生がやっておられたかということはあまりよく分かりません。私も数回長崎に行きましたけれども、分からないのであります。但し、図13に書いてありますように、青木周弼は、坪井信道塾に学び、のち長州藩の藩医、伊東南洋は宇和島藩の医者。こういう人たちと、オランダ人プラッへの著書に取り組み『袖珍内外方叢』という、薬の処方書を長崎で三人寄り合って訳したのは確実です。しかし、ただ、これだけではなかったと思われます。長崎のオランダ通詞のところには、医学書から航海術・天文学、兵学、数学など、新着の蘭書がほとんど全部ついていたようであります。そしてのちにモーニッケの牛痘苗も来るんですけれども。楢林《ならばやし》というオ

ランダ通詞の家がある。ここへ、洪庵先生が出入りされていたことは、楢林栄建・宗建兄弟と親交があったことからもまず間違いはないと思うのです。それは要するに、そこに来ている新着のオランダの医学書を洪庵先生がご覧になりに行かれたというふうに、考えてよいのではないかと思うのであります。

それから例の写真で有名な上野彦馬という人がおりますが、その上野彦馬のお父さんの上野常足のところにも蘭書がたくさんありまして、ここへ洪庵先生が入り浸りになっておられたことは、適塾生で、やがて明治になって、統計学者になった杉亨二の自伝にも、自分が上野先生のところで下働きをしているときに、洪庵先生が出入りをしていたということを書いておりますから、間違いないだろうと思うのです。

出島に近いところに、寺町がありまして、中国寺の崇福寺、そのとなりに大光寺・大音寺とつづき、その大音寺の門前辺りを大音寺籠町《かごまち》（現鍛冶屋町）と言い、そこで、洪庵は医業をしていたということが唯一分かっていることです。本当にどの辺りであったかということは、今日ではなかなか確定はできないのであります。やがて洪庵先生は、二年間の長崎遊学から天保九年（一八三八）一月に、いったん足守に帰り、そして、三月には大坂へ出て瓦町で初めて適塾を開かれたわけであって、名塩の医者・億川百記の娘さんの八重さん（図1）をもらわれたわけです。これより二十五年間にわたって、蘭学者であり、医学者であり、教育者である、三つの方面を兼ね備えた洪庵先生の生活、活動が始まるのであります。

洪庵の学問的業績は、図14に書いてあります通りでくわしく申しませんが、まず『病学通論』というのは、今日でいう病理学原論であって、これは宇田川榛斎の遺命で坪井信道からも励まされて、鋭意努力して刊行したもので、

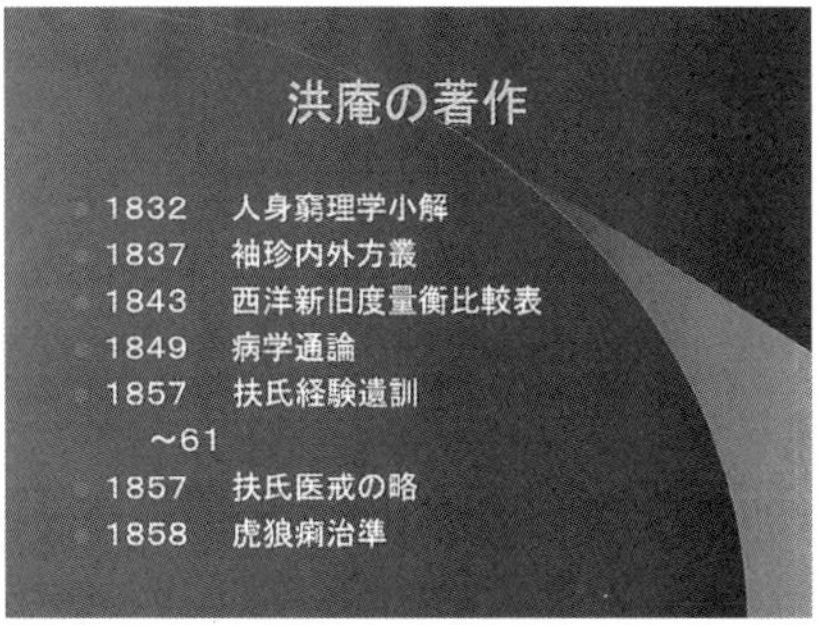

図14

三巻しか出ておりませんが、初めの計画は全十二巻の予定であったのが、三巻で止まっております。その理由は、私にはよく分かりませんが、次の『扶氏経験遺訓』というものを翻訳するのに全精力を打ち込んだというふうに申していいのではないかと思うのであります。

この扶氏というのは、ドイツの内科医であるフーヘランド――あるいは、ヒューヘランドとも書きますが――のことです。フーヘランドが*Enchiridion Medicum*（医学必携）と題して五十年にわたる自己の経験の集積として書いた本で、ラテン語版もありますが、多分、ドイツ語の原書をオランダ人のハーヘマン二世がオランダ語に訳した第二版（一八三六年）を洪庵先生がフーヘランドの医学思想に傾倒し、一生懸命翻訳されたわけです。ただし、原書全部の翻訳じゃなしに、フーヘランドの原書の大体八〇%を洪庵先生が訳されて、『扶氏経験遺訓』とされたものです。原書の最初のほうは、青木浩斎の「察病亀鑑」、それから原書の後ろのほうは、杉田玄白の子孫の杉田成卿の「済生三方」と「医戒」として翻訳が出ています。

図15

さきに述べましたように、この『扶氏経験遺訓』というのは、フーヘランドの原書の大体八〇%は、要するに病気の治療編でありますが、それは全部洪庵先生の翻訳であって、これは三十冊あるんです（図15の右）。ただ注意したいのは翻訳とはいうものの、本編中に洪庵先生の独自の治療経験、時には原著者への批判が含まれていることであり、原著者の記述の足らないところには渡辺卯三郎という門下生の訳業も加えているのです。こういう昔の版でございますから、三十冊も出すには随分長いことかかって出版されたものであります。ここに安政四年（一八五七）の出版と書いてあるんですけれども、安政四年から文久の元年まで、大体七年間ほどかかって、できあがっているんです。なお、さきにも申しましたが、フーヘランドの原書の訳だというけれどもただの訳だけでなくて、付録というものがついているのです。この付録というのは、三十冊の中の一冊で薬品・方術・病証の三巻から成っていますが、それはフーヘランドが書いていないもので、洪庵自身の自分の今までの経験とか、あるいは場合によったら、フーヘランドの見解に対して、自分の意見を述べたりして、独自のものをここで付録として補足したものです。そして、先ほど申しました薬方編は、フーヘランドの薬の処方をそのまま翻訳したもので、これが一番早くできているんですが、附録の薬品の部で多く補足しております。

さて、洪庵先生の「扶氏医戒の略」というのは、図15の左に見るように、いろいろ朱が入っており、推敲を重ねられたものです。この草稿の第一条の「人のために生活して己の為に生活せざるを医業の本体とす」は、のちに「医の世に生活するは人の為のみ、をのれがためにあらずということを其業の本旨とす」となっています。以下、十二条までありますが、杉田成卿の『医戒』がフーヘランドの原文に比較的に忠実な逐語訳であるためきわめて長文で硬い感じがあるのに対して、洪庵先生の「扶氏医戒の略」十二条はよくその大意をとり、よくかみくだかれた味わいのある日本文として、非常に名文だと思うのです。

さらに申したいのは、洪庵は医学者として、書斎で翻訳ばかりやり、象牙の塔に閉じこもっていた学者ではなくて、むしろ医者としての社会的な責任を感じて実践活動にも積極的でした。まず種痘法の普及があります（図16）。そもそもフーヘランドを蘭訳したハーヘマン二世がオランダのアムステルダムで、天然痘の予防のために随分活動しているということは、そのフーヘランドを訳しているころに、タイトル・ページにある訳者の経歴紹介ですでに

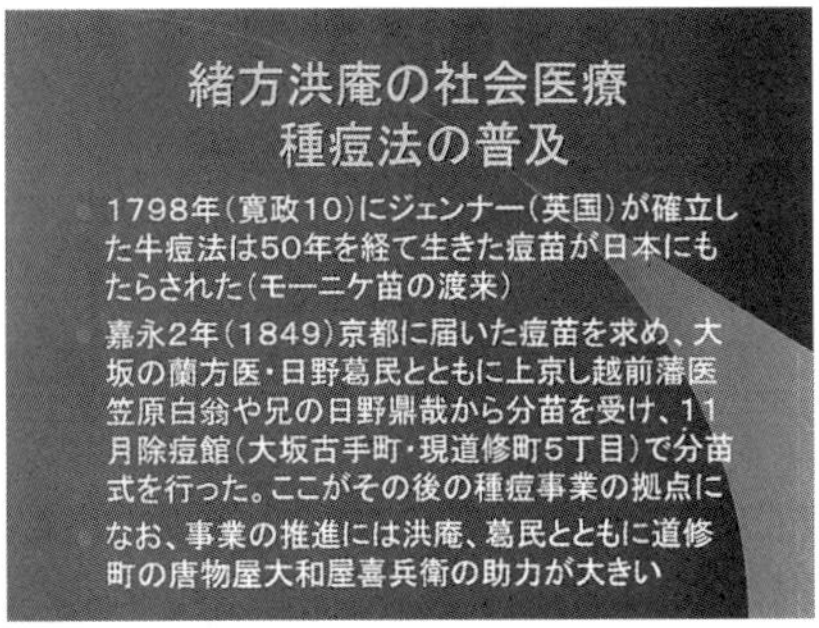
緒方洪庵の社会医療
種痘法の普及
1798年（寛政10）にジェンナー（英国）が確立した牛痘法は50年を経て生きた痘苗が日本にもたらされた（モーニケ苗の渡来）
嘉永2年（1849）京都に届いた痘苗を求め、大坂の蘭方医・日野葛民とともに上京し越前藩医笠原白翁や兄の日野鼎哉から分苗を受け、11月除痘館（大坂古手町・現道修町5丁目）で分苗式を行った。ここがその後の種痘事業の拠点に
なお、事業の推進には洪庵、葛民とともに道修町の唐物屋大和屋喜兵衛の助力が大きい
図16

洪庵は知り、大いに触発されていたと思うのです。天然痘の予防法としてジェンナーの牛痘法が一七九六年（寛政八）ヨーロッパで発見され、二年後の一七九八年その法が確立したということは長崎を通じて、またシーボルトも来ておりますから、みな分かっていたわけなんですけれども、いかんせん、南方の熱いところから来るわけですから、日本へ着くまでに痘苗がみな死んでしまう。やっとモーニッケにより生きた痘苗が日本に来るのが嘉永二年（一八四九）なんです。だから五十年あまり後に、初めてジェンナーの種痘法が日本に入ったということになります。

長崎にもたらされた痘苗は同年京都に届いた。これは越前藩主の松平春嶽の命によって藩医の笠原白翁が取り寄せたものでした。洪庵先生は、蘭方医日野葛民とともに上京して、白翁や兄の日野鼎哉に頼んで分苗を受けて、十一月、大坂の古手町というのは道修町通りの西詰、今の道修町五丁目の除痘館で分苗式を行いました。洪庵らの経営するこの除痘館は、江戸で種痘館の設立されるより八年前のことで、全国に先がけたものであります。この除痘館は、子供たちに植疱瘡をする事業の拠点となりました。これが非常に大きな社会的な貢献であったと思うのであります。そのときに、大坂の町人も、道修町の脇店《わきだな》の大和屋喜兵衛（道修町四丁目、蘭薬店開祖）などが、随分財力でバックアップした。これは私が考えますに、洪庵のお父さんが足守藩の蔵屋敷の留守居役でしたから、大坂町人も、留守居役の息子であるということは、大体知っておって、特に長崎貿易などと関係のある大坂町人の間には洪庵先生の存在はよく知れわたっていて、幼児をはじめ多くの人びとのいのちを救う新事業を、我々も助力しようと考えていたと思うのです。

次はコレラの治療努力であります（図17）。そこにありますように、安政五年（一八五八）に、コレラが大流行して、大坂では、たくさん死人があって、焼き場に死人がうずたかく積まれるぐらいでした。当時はどうにも治療法が分からなかった。これは今日の医学から見れば、まだコレラ菌が発見されていないのでありますから、これ

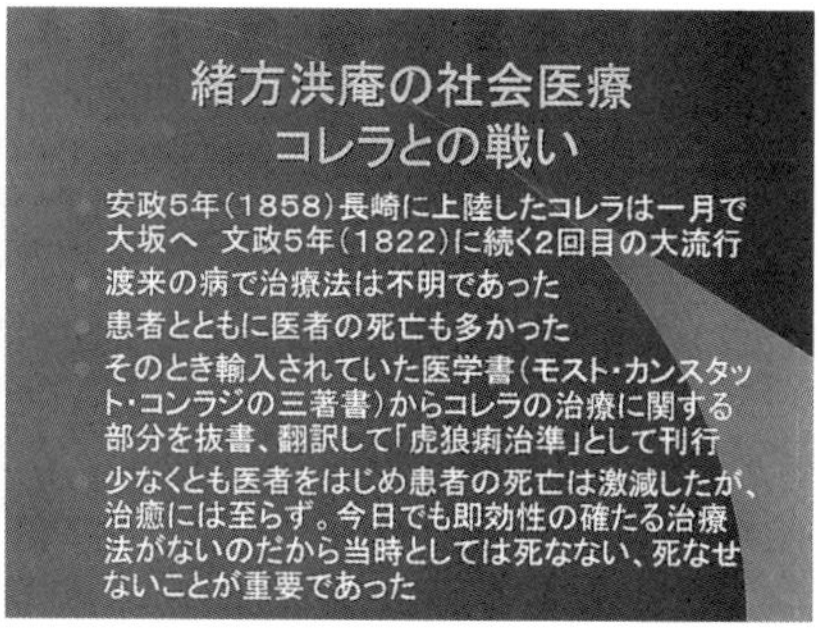
緒方洪庵の社会医療
コレラとの戦い
安政5年（1858）長崎に上陸したコレラは一月で大坂へ　文政5年（1822）に続く2回目の大流行
渡来の病で治療法は不明であった
患者とともに医者の死亡も多かった
そのとき輸入されていた医学書（モスト・カンスタット・コンラジの三著書）からコレラの治療に関する部分を抜書、翻訳して「虎狼痢治準」として刊行
少なくとも医者をはじめ患者の死亡は激減したが、治癒には至らず。今日でも即効性の確たる治療法がないのだから当時としては死なない、死なせないことが重要であった

図17

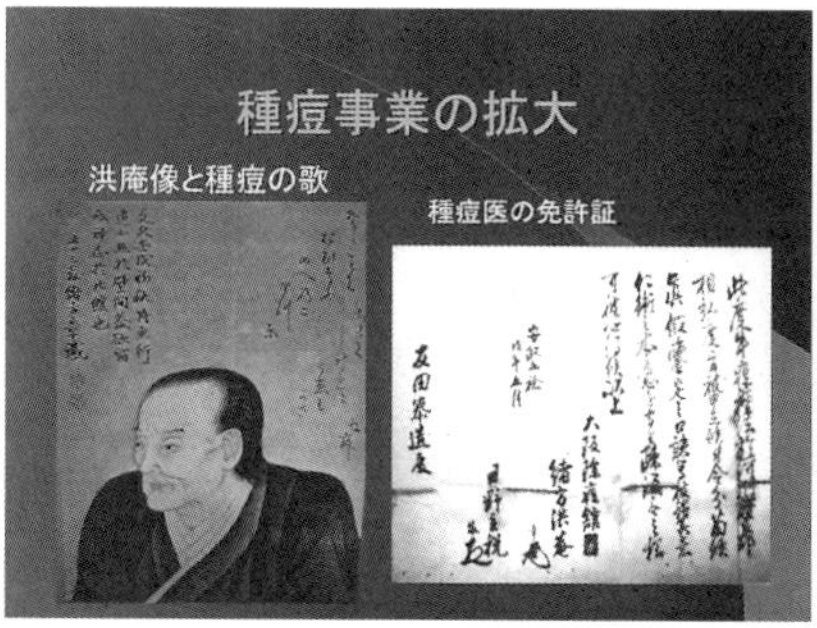
種痘事業の拡大
洪庵像と種痘の歌
種痘医の免許証

図18

はやむを得ないことでした。洪庵先生はただ単に死なないように、とにかく何か治療法を刊行しなければと考えて、西洋医学書の関係部分を抜き書きし、それに自分の所見を加えて、急遽つくったのが、『虎狼痢治準』という本でした。書名にコレラの当て字として中国書に前例がある「虎狼痢《コロリ》」の字を使ったのです。洪庵先生は、各地にいる門下生に、もし、あなたのところで、コレラが流行したら、自分はとりあえず、この本を書いたから、参考にしなさいと送り届けています。

この本によって、少なくとも医者をはじめ患者の死亡というものは激減しましたけれども、完全に治るというところまではとても行きません。今日でも即効性の確たる治療法がないのだから、当時としては死なない、あるいは死なせないということが、この当時としての時代的な限界だったというふうに考えられます。ともかく洪庵先生は畢生の社会的事業として、種痘の普及に精魂を込めて活動しています。

すなわち、洪庵先生は除痘館を中心に各地に分苗所をつくり、数人の医師で組合をつくり痘苗が絶えないようにして関西地方一円に種痘法の普及を図った。そのさい種痘医としての心得として仁術を守り疎漏のないよう戒めたのが種痘医免許証であります（図18右）。

また、図18の左は、洪庵が文久二年（一八六二）、嫌々大坂を発って、幕府の奥医師になって江戸へ行くときに、除痘館の壁に残した自分の肖像と自作

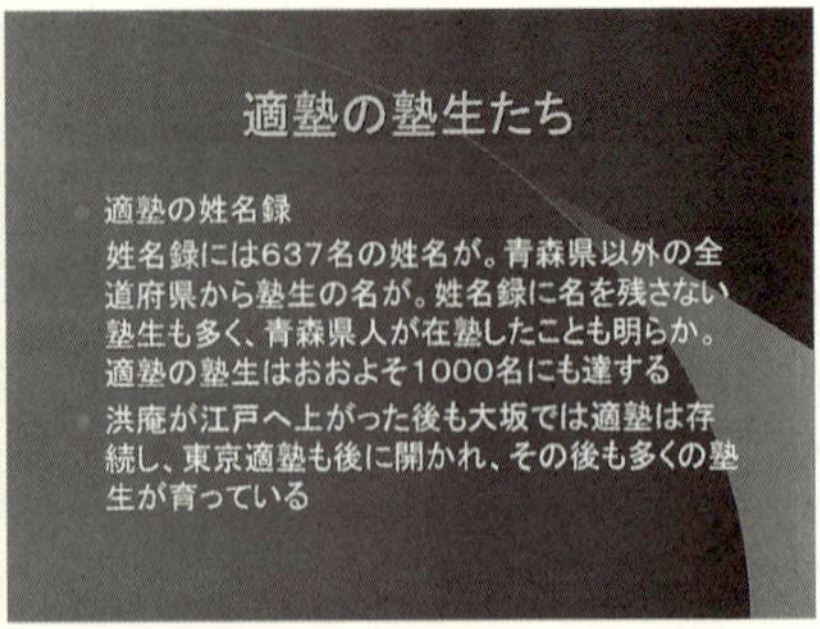
適塾の塾生たち
適塾の姓名録
姓名録には637名の姓名が。青森県以外の全道府県から塾生の名が。姓名録に名を残さない塾生も多く、青森県人が在塾したことも明らか。適塾の塾生はおおよそ1000名にも達する
洪庵が江戸へ上がった後も大坂では適塾は存続し、東京適塾も後に開かれ、その後も多くの塾生が育っている

図19

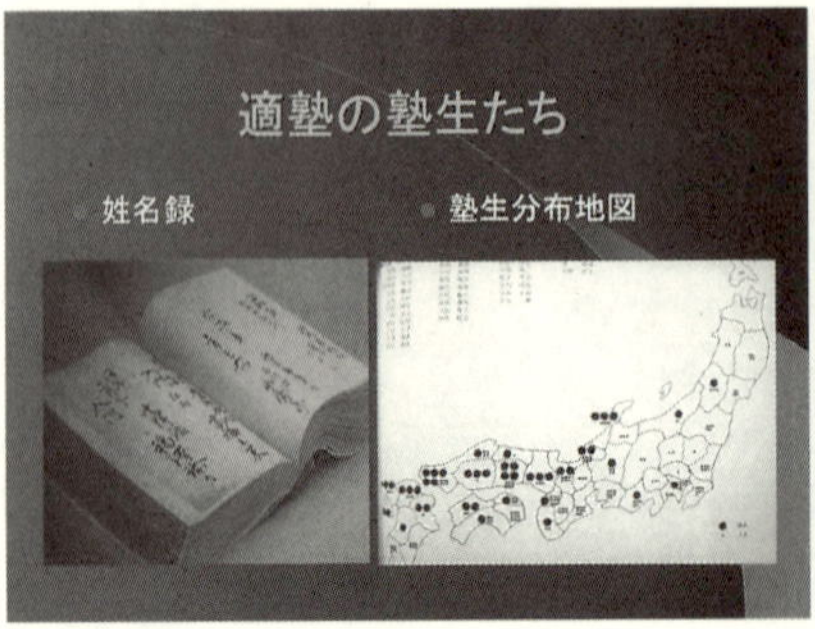
適塾の塾生たち
姓名録
塾生分布地図

図20

のうたであります。このうたは、「としごとに　おひそふのへの　こまつ原ちよにしけれと　うえもかさねむ」とあって、小松原のように、子供は毎年、毎年生まれてくるが、みんな末長く元気な子供に成長するように、植えも重ねんという意味です。植えも重ねんというのは、種痘を植えるということと引っかけて、毎年生まれてくる子供たちが、この種痘をして、天然痘にかかって死ぬことなくすくすくと成長してほしいという自分の本当の気持ちをここに留めておくから、どうか大坂に残って種痘事業に関係する人は、今後、自分に代わって、もっと普及につとめてほしいという言葉です。洪庵の宿志がよく現れています。

　適塾には塾生の姓名録が現存していますことは、坪井塾・伊東塾などまとまったものが残っていないのに対して非常にありがたいことです。その原本は、緒方富雄先生が、上野の学士院へ寄贈されましたが、便利堂からなかなかいい複製が出ております。これが姓名録の原本で、福澤諭吉の署名がある個所ですが（図19の左）、すべてが自署しているわけではありません。図19の右は塾生の出身地分布ですが、青森県だけ丸が入っておりませんが、北海道もちょっとおります。大体、東北地方は少なく、中部より近畿以西のほうに塾生がたくさん来ていたということがこれで分かります。塾生数は、名簿にあるのは六百三十七人ほどございますが（図20）、現在では、まだ完全に調査ができておりません。沖縄県は別として、青森一県を除いて、ほとんど全国

から来ている。名簿にない門下生もいて、千人とも、あるいはもっと多いともいわれます。福澤諭吉とか、後で何人かの肖像が出ますが、そういう著名な人は別として、塾生の大部分はみな自分の故郷へ帰って、そこで医療活動に従事しています。あるいは人の嫌がるような刑務所の医者とか、そういうようなことで、みな、大体は自分の生まれ故郷へ戻って主として、医療を通して、日本の近代化に貢献しました。

適塾記念会では、全国のこの門下生調査を昭和二十七年以来やっておりますが、どうか皆さんも情報はダブってもよろしいですから、もしも皆さん方のなかで適塾生についての情報がございましたら、大学の事務局内に記念会がございますので、どうぞお寄せいただきたいと思います。

この仕事は私よりも芝哲夫名誉教授が、ケミストリーの専門ですけれども、非常に熱心にやっておられて、みんなの要望もありますので、なるべく近いうちに、今までの適塾生調査報告をまとめて本にしたいと、先生も考えておられるようで、記念会としても、そうありたいと思っております。

さて、適塾生はどのような教育条件のもとで勉強したのでしょうか。まず、入門料と塾費はどれ位であったか。福澤はその自伝で安政四年（一八五七）ごろの塾頭時代の経験について「新入生が入門するとき、先生家に束脩《そくしゅう》を納めて、同時に塾長へも金二朱を呈すると規則があるから、一ヵ月に入門生が三人あれば塾長には一分二朱の収入、五人あれば二分二朱にもなる」と記しています。束脩は、先生のもとに入門生が贈呈する礼物で、今日でいえば入学料のことである。嘉永六年（一八五三）入門の一適塾生の父が書き留めていた覚帳によると、先生へ金二百疋、塾頭へ五十疋、塾中へ五十疋、先生扇子代銀三匁とあります。この適塾の額は伊東玄朴の象先堂の場合とだいたい同じですが、象先堂では塾中へ二百疋、奥方へ一百疋、若先生・僕（使用人）らにも各々五十疋などとなっていました。当時、一両＝四分、一分＝四朱、一分＝金一百疋でした。だいたいそのころ米一石＝約一両とされていますから、仮りに今日の米価を一石＝約六万円としますと、洪庵先生は一人あたり約三万円の収入があったことになります。また塾費について、福澤はやはり自伝に、当時「白米一石が三分二朱、酒が一升一六四文から二〇〇文で、書生在塾の入費は一ヵ月一分二朱から三朱あれば足る。一分二朱はその時の相場でおよそ二貫四〇〇文であるから、一日が百文より安い。然るにヅーフ（辞書）を一日に十枚写せば一六四文になるから余るほどであるので、（中略）それが出来るのは蘭学書生に限る特色の商売であった」と書いているので、蘭書の内職さえあれば、容易に塾費を賄えたことが分かります。

つぎに適塾の塾則というものはないと、前に言われておりましたけれども、あにはからんや福澤諭吉の全集を読みますと、自分が入ったときに掲示があり、それは、「ただ原書を読むのみ、一枚たりともみだりに翻訳は許さず」とあったと記しています（図21）。それは第一条でほかはわかりません。坪井塾の塾則第一条が「禁酒」であったのと大違いです。当時、出版・言論について幕府は警戒しましたから、それを考えて、この一条はつくられたと思うのですけれども、実際は適塾でも翻訳しております。福澤諭吉自身もやっております。みな蘭書やヅーフ辞書の筆写を有利な内職としておりました。このヅーフ辞書は、ヅーフハルマといいます。ハルマの蘭仏辞書から、オランダ商館長ヅーフ（ズーフ）が文化十三年（一八一六）オランダ語と日本語の辞書の初稿をつくり、翌年ヅーフ帰国後、長崎通詞らがさらに校訂し完成したのが天保四年（一八三三）です。この辞書は蘭学書生にとっては貴重品で、適塾で帯出禁のこのヅーフ辞書が置かれた、いわゆるヅーフ部屋があったことは周知の通りです。緒方銈次郎氏は、洪庵先生が長崎に行かれたのも、ヅーフ辞書を手に入れたいということも理由の一つではないかと考えられています。洪庵先生が、適塾においておられたヅーフ辞書は、先生が

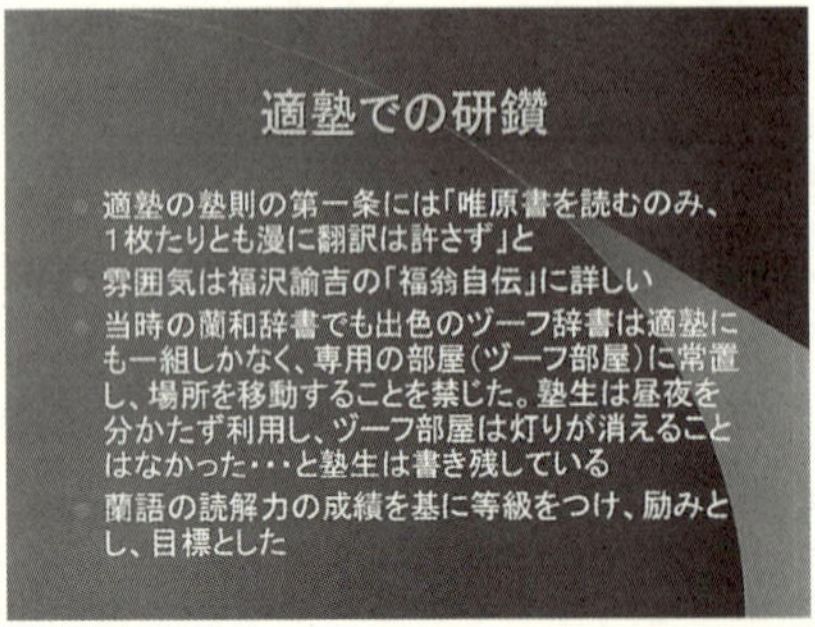
適塾での研鑽
適塾の塾則の第一条には「唯原書を読むのみ、1枚たりとも漫に翻訳は許さず」と
雰囲気は福沢諭吉の「福翁自伝」に詳しい
当時の蘭和辞書でも出色のヅーフ辞書は適塾にも一組しかなく、専用の部屋（ヅーフ部屋）に常置し、場所を移動することを禁じた。塾生は昼夜を分かたず利用し、ヅーフ部屋は灯りが消えることはなかった・・・と塾生は書き残している
蘭語の読解力の成績を基に等級をつけ、励みとし、目標とした
図21

江戸に行かれるときに、紛失してしまいました。今、適塾にあるヅーフ辞書（図22の左）は、塾生であった人が明治の三十年代に、家にあったものを五冊ご寄附いただいたものです。しかしO～S、V～Zの二冊欠本であります。越前大野藩の洋学館蔵書を引継いでいます大野高等学校へ、近く私は行ってこようと思いますが、大野高等学校のヅーフ辞書は全部で十冊本で完本です。大野藩の洋学館は、適塾と姉妹校であって、適塾の伊藤慎蔵という長州出身の非常によくできる塾生が館長として活動したわけで、緒方洪庵の息子たちも、この伊藤慎蔵のところで勉強したいと大聖寺から大野へ脱出し、やむなく一時、洪庵は勘当したのであります。

少し横道へそれましたが、適塾生の学習は、あくまで自学自習でした。自分が明日、演習に当たっている箇所を、自分でつくったペンで、オランダの横文字の本から筆写して、そして演習（会読）に出る。その日の成績に関して会頭の採点があって、自分の分担箇所を完全に解釈できた者は△印、討論で正解の者、すなわち勝者は○印、敗者には●印がつき、△印は○印の三倍ほどの成績に評価された。こうして一カ月間の成績を調べて優秀者を上席とし、三カ月首席を占めた者が一級上がるということでございます。

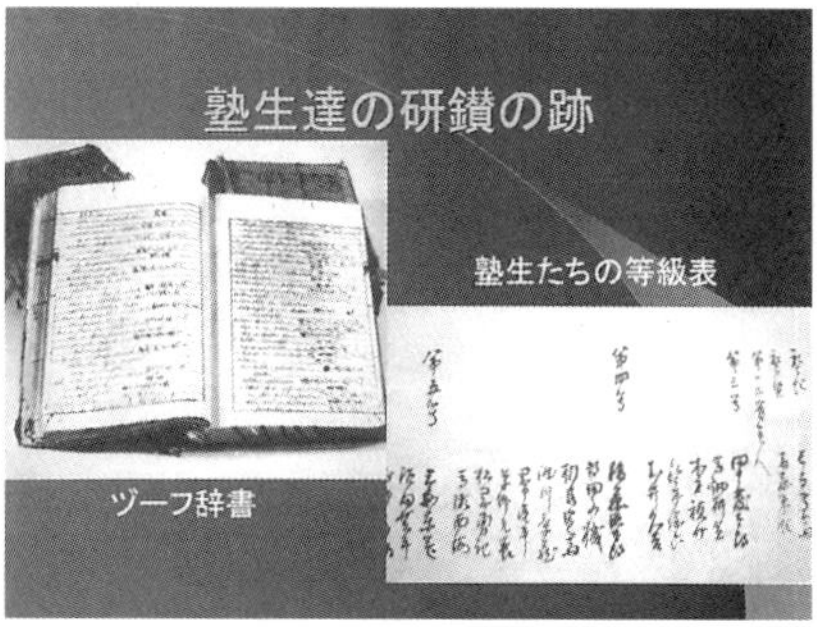

図22

図22の右が等級表でありまして、これは安政五年（一八五八）の等級表でありまして、この時の塾頭は長与専斎、日本の衛生制度をつくった大村藩の長与専斎です。それから塾監斎藤策順がいて、そして第一等、二等は該当なし、三等以下九等までありまして、その九等の下にまだ無等というのがあって、等級に入らないのもいる。だから同じ藩から勉強に来ても、一つも等級が上がらない人もいて、途中でやめてしまう。あるいはとんとん拍子に等級が上がる人もあるし、全くの実力主義である。このように適塾生は、門地身分に

図23

図24

関係なく、自主学習、実力主義のもとで切磋琢磨し、成長していったのであります。

これはもう時間がございせんので、図23・24の門下生はいずれも著名なのでくわしくは説明いたしませんが、日本の軍事面に活動した政府軍の大村益次郎。五稜郭で幕軍側で戦った大鳥圭介・高松凌雲。とくに高松凌雲はパリへ留学して、パリの市民病院で勉強し、箱館病院で敵味方なく負傷者を手当し、のち同愛社を設立した民間救護事業の先がけです。

橋本左内はご承知の通り、福井藩の政治運動に加わり、安政大獄で刑死。しかし、非常に語学がよくでき、医学・数学もよくできたんです。佐野常民は、日本赤十字の開祖、福澤諭吉は申すまでもございません。

晩年（図25）は、洪庵先生は幕府の奥医師に召されて、同時に西洋医学所の頭取に任命されましたが、着任後わずか十カ月足らずで亡くなられたというわけでございます。

図26がその辞令でございます。右は奥医師の辞令。左は医学所頭取兼帯の辞令で、蘭科奥医師とも相談して諸事引受けよとあります。

洪庵の医療の根本思想（図27）がよく現れているのは『扶氏経験遺訓』であり、また「扶氏医戒の略」であろうと思いますが、あとの「扶氏医戒の略」については先にもすでにふれましたが、推敲後の第一条「医の世に生活するは、人の為のみ、をのれがためにあらずといふことを其業の本旨とす」、第二

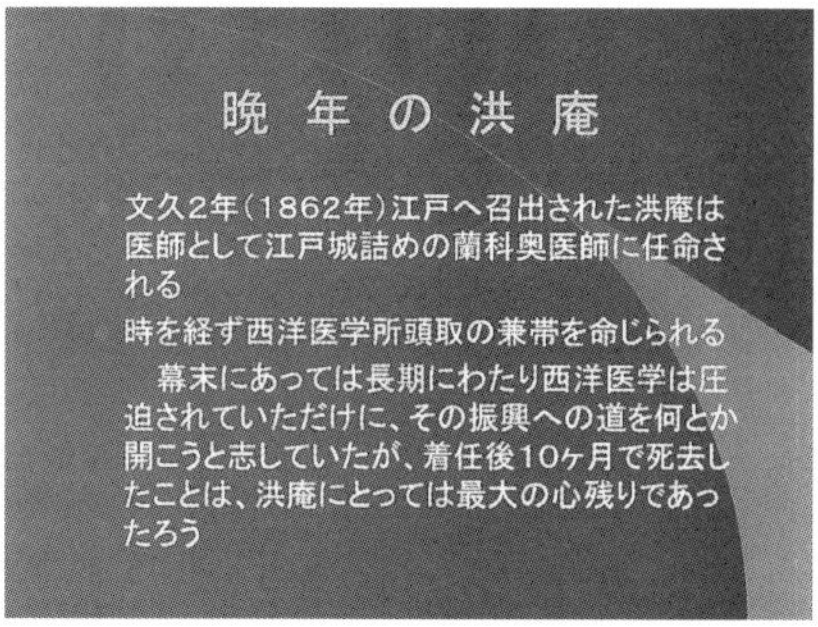

図25

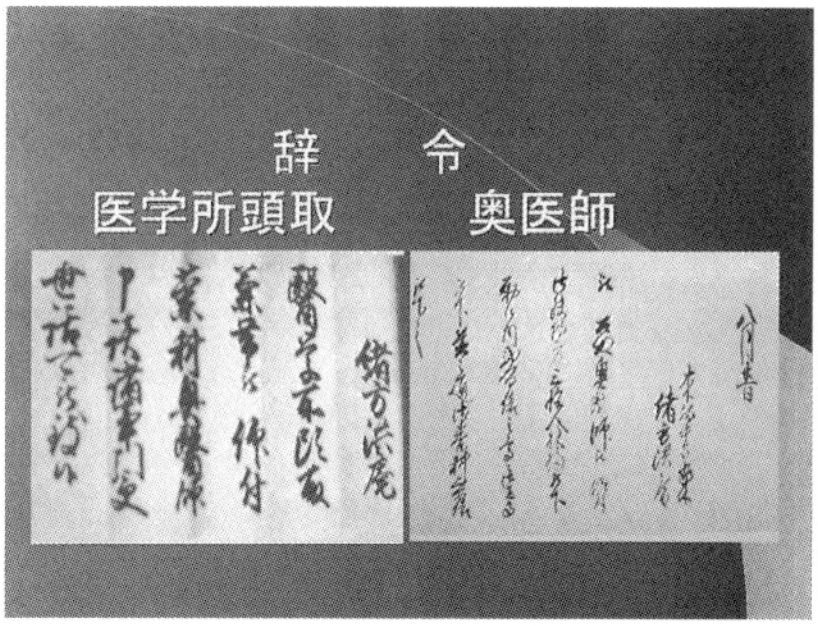

図26

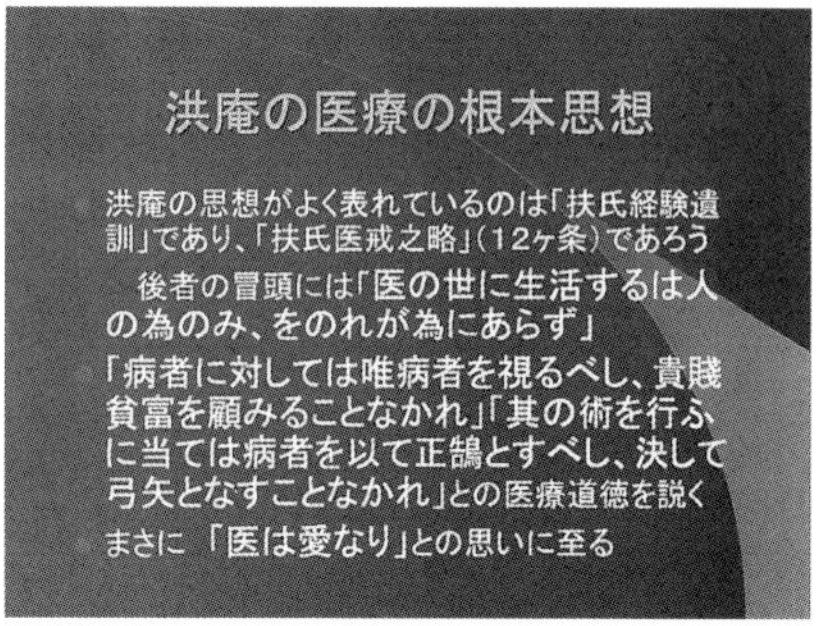

図27

条「病者に対しては、ただ病者を視るべし、貴賤、貧富を顧みることなかれ」、第三条「その術を行うに当たっては、病者をもって正鵠とすべし、決して弓矢となすことなかれ」、などはもともとフーヘランドの文に由来していますが、今や洪庵先生のことば、思想と理解できます。この医戒は洋の東西を問わず、また時の流れにかかわらず通ずる倫理であり、医者のみならず、すべての人びとに通じるものと言えます。洪庵先生は、医というものは、非常に深い人間愛を根底とするもの、究極〝医は愛なり〟（藤野恒三郎先生の表現）ということをモットーとしていたというふうに、私は考えます。

洪庵先生は、塾生が適塾を出たあとでも、塾生とよく文通をされていました（図28）。洪庵先生の書簡を緒方富雄先生とともに編集しましたが、二百五十余通が現存して、まだ、ぼつぼつ新出しております。大変筆まめな方であります。塾生のほうからも、今、こういう患者を診療しているけれども、こういう治療法でいいかというて

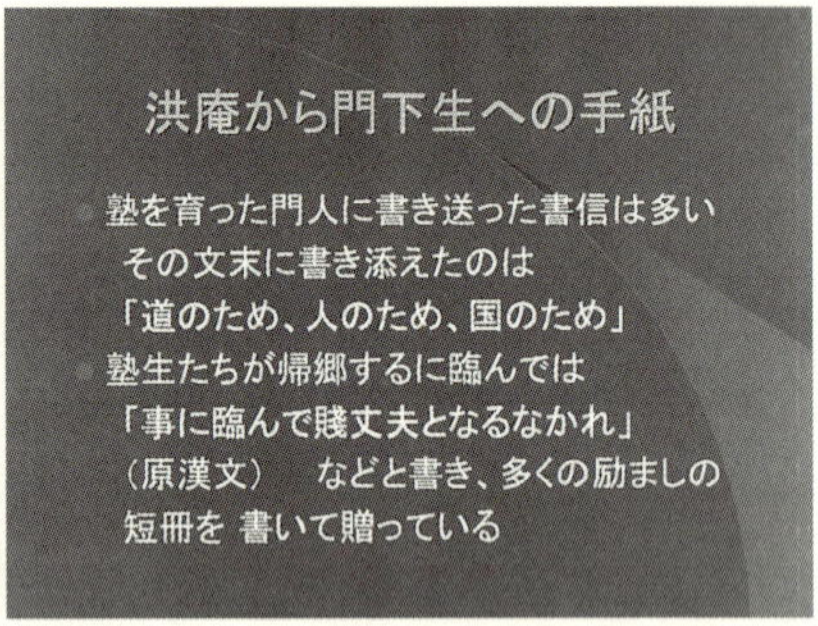
洪庵から門下生への手紙
塾を育った門人に書き送った書信は多い
その文末に書き添えたのは
「道のため、人のため、国のため」
塾生たちが帰郷するに臨んでは
「事に臨んで賤丈夫となるなかれ」
（原漢文）　などと書き、多くの励ましの
短冊を 書いて贈っている

図28

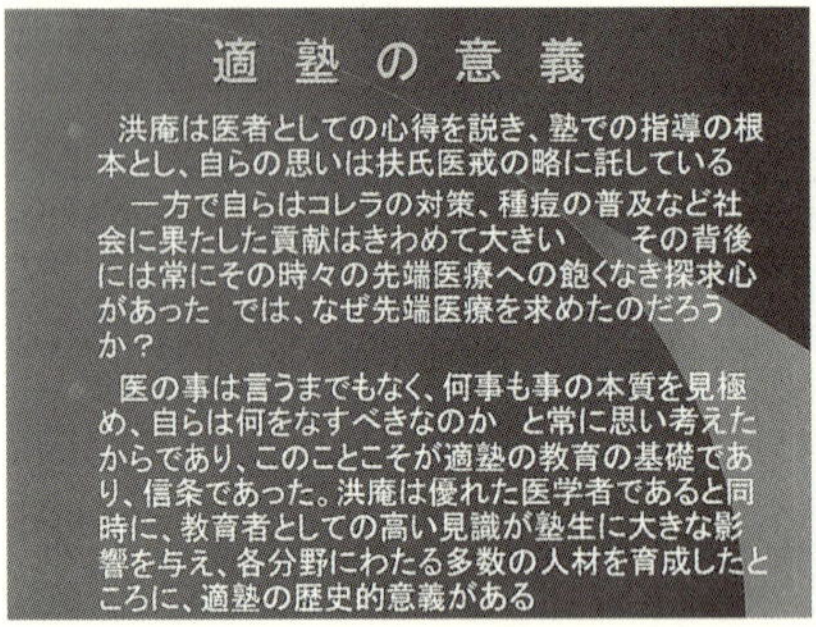
適塾の意義
洪庵は医者としての心得を説き、塾での指導の根本とし、自らの思いは扶氏医戒の略に託している
一方で自らはコレラの対策、種痘の普及など社会に果たした貢献はきわめて大きい　その背後には常にその時々の先端医療への飽くなき探求心があった　では、なぜ先端医療を求めたのだろうか？
医の事は言うまでもなく、何事も事の本質を見極め、自らは何をなすべきなのか　と常に思い考えたからであり、このことこそが適塾の教育の基礎であり、信条であった。洪庵は優れた医学者であると同時に、教育者としての高い見識が塾生に大きな影響を与え、各分野にわたる多数の人材を育成したところに、適塾の歴史的意義がある

図29

がみが、洪庵先生のところにくると、洪庵先生はその文面の行間に、こういうふうにしなさいということを、また塾生に送り返しています。だから、今で言えば、通信教育と言いますか、生涯教育を洪庵はやっていたということになるんです。そして、てがみの文末に、「道のため」、というのは、医学の道のため、そして、「人のため」、世の人びとのため、そして、さらには、医者は、「国手」という言葉があるように、国が病気になったときに、やはり治す、それぐらいの気概を持って、「国のため」にも働けと書いて門下生を激励しています。特にペリー来航いらい、日本も大変非常時ですから、これからは、ただ単に医学者だけでなしに、当今必要な西洋学者を育成するんだと、洪庵先生は決意したのです。このような教育方針があったればこそ、適塾からは他塾に見られない、近代化に活躍する多方面の専門分野の人材が出たと考えます。

私の好きな言葉なんですが、「事に臨んで賤丈夫となるなかれ」という洪庵の言葉があります。賤丈夫というのは心の賤しい人間になるなということで、洪庵はよくこの言葉を門下生に餞《はなむ》けに贈ったのです。私たちは、ややもすれば、何か利益誘導されたり、どうかすると、つい心が賤しくなりますけれども、洪庵先生の戒めを思い出さねばなりません。私は若い人に、この言葉をよくいっているのです。

おわりに適塾の現代的意義は（図29）、結局、私は洪庵が医者としての堅い

信念をもち、塾での指導の根本として、自分の思想を「扶氏医戒の略」に託しているわけですが、一方で、自らは、コレラ、種痘の普及など、予防医学の先駆者として社会に果たした貢献は極めて大きいこと。その背後には常にそのときどきの先端医療のあくなき探究心があったという点にあると思うのです。それでは、なぜ先端医療を求めたのであろうか。これは医療のことだけをいうのではなくて、何事も事の本質を見極めて、今、自分が何をなすべきかということを常に思い考えたからであって、個性の尊重が適塾の教育の基礎にあり、かつ信条でありました。洪庵が優れた医学者であると同時に、教育者としても、海外情報に鋭敏で将来を見通す非常に高い識見を持っていたということが、塾生の心に非常に大きな影響を与えて、自ずから各方面にわたる有為の人材が育成されたというふうに思います。そこに適塾が今日、顧みられる意味があると思うわけであります。

大変急ぎましたが、時間が五、六分超過いたしましたことをお詫び申し上げたいと思います。さぞかしお聞き苦しかったと思いますが、お許しいただきたいと思います。では、これで終わります。

（平成十五年六月十二日　第五十三回日本病院学会・特別講演）

洪庵夫人八重の話

失礼いたします。ただいま曲直部理事長先生から大変過分のご紹介を受けました梅溪でございます。曲直部先生とはただいま先生がおっしゃいましたように、旧制高校の同期生ということで、いろいろと私の方がご厄介になっておる次第でございます。

私が医学部のご卒業の先生方の前でお話するといえば、たまたま大阪大学に長く勤めさせていただきまして、適塾記念会の仕事を手伝わせていただいた関係のことしかございませんので、ご案内の通り、今日は洪庵先生の夫人の八重さんのことについて、少しお話をさせていただきます。

さて、大阪にございます大阪書籍という教科書会社から小学校の国語の教科書に、なにか洪庵先生に関する文章を書いて子供たちによく知らしめたいということで、私に依頼があったんですが、とてもその任ではございませんので、司馬遼太郎さんにお願いいたしましたところ、「洪庵のたいまつ」という非常に立派な文章をお書きになられております。それによりますと、洪庵先生は恩師たちから引き継いだたいまつの火を一層大きくした人であって、そしてまた自分の火を弟子たち一人一人に移し続けた人である、というふうに書かれてあります。このような偉大な洪庵先生の歴史的な役割と言いますか、そういうものを陰で支えた女性として、私は八重さんのことを、適塾を思いますときに忘れてはならないと思うのでございます。

時間も短いことですので、いままでだいたい八重さんについてわかっていることを前半のお話でご紹介申し上げ、さらに今日はこの立派な新しくできた銀杏会館でお話をさせていただくということもございまして、新史料として、二通の八重さんの手紙をはじめてご紹介させていただきたいと思います。それを主として後半でご説明をさせていただきたいと思います。

お手元のプリントの第一枚目が八重さんの大体の年譜でございます。それに従ってごく簡単に前半のご説明を申し上げたいと思います。

八重さんのお生まれは名塩というところでございます。ご承知の通り福知山線に宝塚の駅があり、その次が生瀬という駅で、そこから少し左に入ったところが名塩というところで、有馬温泉へいくところの有馬街道にそっているところでございます。山間部で田地も少のうございますので、あまり土地が豊かでないから、なにか農閑余業をしなければ食べていけないというようなところでありまして、そこでは紙すき、藩札をつくる名塩紙をすく仕事で非常に有名なところでございます。

この八重さんの生家は億川家と言い、億川家もなにか紙すき業をなさっておったんではないかという話もございますが、私の調べではなかなか、紙すき業をやっておられたという確証がつかめません。あるいは八重さんも冬、手にあかぎれをして紙をすかれておったかもわかりませんが、史料的にはなかなか裏付けできないんでございます。

この八重さんのお父さんに百記という方がございまして、この方も最初は紙すきをなさっていたかもわかりませんが、どうも確証がございません。わかっていることは、いまの宝塚市、元の川辺郡米谷村に、山崎文良という漢方医者がいまして、そこの書生に住み込んで漢方医学を勉強され、その後、大阪へ出て堀江の中天游先生につかれたということでございます。この中天游先生のところへあとで入門されたのが洪庵先生であって、そこで同門の先輩後輩という関係ができた。これがやがて、百記の娘であるところの八重さんと緒方洪庵先生とが結ばれる一つの大きな奇縁になったと考えていいと思うのであります。

もう一つわかっていることは、八重さんのお父さんの百記さんは、もう天保のころ、天保のころというと一八三〇年代でございますが、名塩村医師と、明確に記した史料が出てまいりまして、名塩村でお医者さんをなすっていたことははっきりしている。したがって八重さんは医者の娘として、若い洪庵先生の前に現れたということになるわけでございます。また百記という人は、ただお医者さんであるだけでなくて、製薬業、薬を作って販売もしています。輸入洋薬のサフランを主にした雑腹蘭圓《サフランエン》とか、あるいは熱さましとかいろんな薬を名塩でつくり、億川百翁製と、百翁というのは百記の号ですが、百翁製と刷ってある袋がございます。きょう久方ぶりでお目にかかりました岡野錦彌先生によりますとご同期だそうですが、億川新先生、阪急六甲にお住まいで億川家直系のお方でございますが、この億川先生のお宅には百記時代のいろんな薬のチラシの版木が現在残っておりまして、その版木で作った箱火鉢などを、かつて適塾展に出していただいたことがございます。そういうふうに百記さんはお医者さんだけでなしに、製薬業を非常に手広くやって、奥州の岩手・盛岡の辺りまで、あるいは雲州の松江

緒方八重

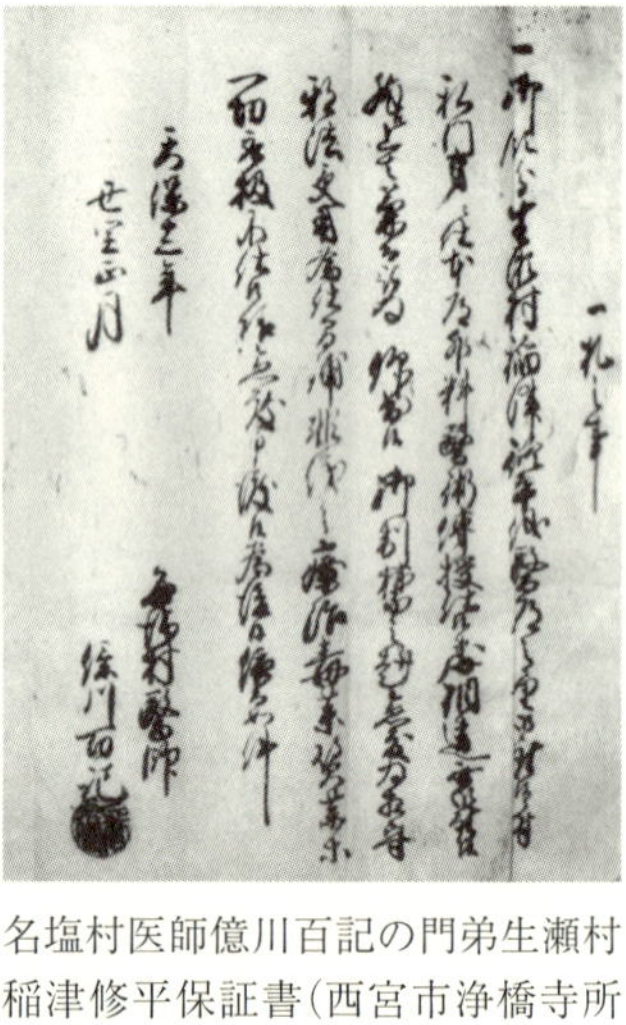

名塩村医師億川百記の門弟生瀬村稲津修平保証書（西宮市浄橋寺所蔵文書）（天保12＝1841年正月）

の辺りまで、そういう製薬の販売業をしておられて、なかなかそういう方面でも才があって、産をなしておられたようであります。洪庵先生のお父さんは足守という小藩の下級武士でございますから、奥さんの実家の方がはるかに裕福であったわけです。洪庵先生が長崎へ留学されるときの学資も、この億川家のお父さんの百記が名塩で頼母子講を作って、送っているということでございます。

どうして八重さんと洪庵が結ばれたかということについては、だれもがいままでいってきたことは、洪庵の先生である中天游先生が仲をとりもって、洪庵がよくできるということで推奨されたので、かねてから自分の愛する娘の良い婿を探していた百記が大変喜んで、洪庵先生を見込んで自分の婿にしたいということになっているわけで、ほぼ大筋においてはそれは間違いなかろうと思いますけれども、婚約が成立しましたのは中天游先生が天保六年（一八三五）三月に亡くなられてからのことであるのは確実でございます。そのころ洪庵先生には、足守の自分の故郷でやはり縁談が進んでいたようでありまして、これはだれがその候補者であったかはよくわかりませんけれども、おそらくやはり足守藩の士族、侍の家の娘さんであったのだろうと思うんですね。ところが天保六年の十二月に洪庵先生は、百記の懇望によって八重さんとの婚約を果たしたのち、足守に帰ってこの足守で進んでいた縁談を断って、そして長崎へ留学されるわけであります。あるいは長崎へ留学するということは、一つには足守の縁談を断る方便であったかもわかりません。もちろん長崎での勉強は、かねてからの洪庵先生の江戸での学業をもう一段と押し進めるためのものであったことは、これまた確実であるわけであります。

結局、八重さんと洪庵先生とが結ばれましたのは、年譜にもございますように、長崎から洪庵先生が帰られた天保九年（一八三八）のことでございまして、大坂で結婚されたわけであります。そしてその仲人は中天游先生の亡くなったあとの二代目の中環という方が媒酌をされております。洪庵先生と八重さんとは大体ひと廻り違うわけで、八重さんが十七歳、洪庵が二十九歳で結婚をされているわけであります。

こうして八重さんは医学者であり、また教育者でもある、適塾を開かれた緒方洪庵先生の奥さんとしての立場になられたわけであります。当初はいまの適塾よりももう少し南の瓦町というところで塾を開かれたわけでございますが、なにもその当時はまだ先生の名が届いていない、有名でもございませんでしたから、生活は非常に苦しくて、後年、八重さんが自らの思い出を語られたところによりますと、嫁ぐときに持って来た帯を質に入れてお金に換えて、風呂桶を買って、当時病身であった洪庵先生に毎日お湯を使わせて、その健康管理と言いますか、健康保持に努められたということでございます。

私たちみな同様でございますが、平生家内というのは空気のような存在でございますが、私自身家内をいま附属病院に預かってもらっておりますと、やっぱり家内の存在というものがなによりも大切だということをしみじみ感じている次第です。

洪庵先生の立派な業績であります『扶氏経験遺訓』や『病学通論』、これらはいずれも洪庵先生が三十三歳から三十五歳、三十歳半ばでの研究の結実でありまして、こういうものができたということの背後には、やはり八重さんの先ほど申しましたような健康管理と言いますか、こまやかな心遣いがあったわけでありまして、もちろん洪庵先生自身のご努力によるのはいうまでもないことですが、八重さんのそういう献身的な努力、あるいは内助の功というものなしには、洪庵先生の業績はなかったのではなかろうかと思うのであります。

洪庵先生と八重さんの生活は非常に質素でありまして、洪庵先生は本来下級武士の家の生まれで裕福ではございませんでしたから、ほとんど着物等を新調しておりませんし、裃などちゃんと揃えていなかったようで、大坂町奉行所へ出るときに必要があって、広瀬旭荘のところに八重さんが借りに行っているような始末であります。また、八重さん自身も、着物などは十年近くも新調したことがないというような、非常につつましやかな暮らしをしておられたようでございます。

しかし、私は八重さんが、名塩の田舎の出でありますが、医者の娘として、非常な見識を持っておられたというふうに思うのであります。それは漢学者であって先ほど名前をだしました広瀬旭荘という人は、洪庵先生と大坂で親交がございまして、塾を持っていました。その広瀬旭荘が洪庵先生の留守中に緒方家を訪ねて、その当時やかましかった開国論・鎖国論に関する幕府への意見書の写しを洪庵先生が所持されていることを知っていて、それを借りたいと八重さんに懇望したところ、八重さんはそれをちゃんと旭荘に貸し与えています。

洪庵先生が天保九年（一八三八）に大坂で塾を開くときも、その前後は非常にキリシタンの弾圧の強いときでありまして、いわゆる蛮社の獄というような事件がおこり、高野長英が捕らえられました。そして高野長英と洪庵先生とは、江戸の天文方でちょっとの間、いっしょにいたことがあって、そのために大坂町奉行所から洪庵先生が呼び出されて、もし脱獄中の高野長英が大坂へ逃げて来てかくまうようなことがあったらもっての他だ、来たときはすぐに届け出よと命じられています。このような、非常に政治的な拘束の強い中で、適塾が開かれているわけであります。そのような政治的な抑圧の激しい中で、八重さんが自分の夫が持っているそういう書き物についても、よく内容を知っていて、しかも、いくら夫の友達である旭荘であるといっても危険が伴うのにもかかわらず、それを独断で貸し与えるというのは、なかなか普通の人にはできないことで、八重さんが自分の見識で振舞える傑物だったと考えてよいと思うのであります。

そのうちに、だんだん洪庵や適塾の名声が全国に広まりました。中之島というところは各藩の蔵屋敷がいっぱい並んでいるところで、蔵屋敷にはみな各藩の非常に優秀な学者が留守居役として来ておるわけでありまして、いわば各藩の外交出張所と言いますか、出先機関であって、いろいろと情報を収集しているところなんです。経済情勢から政治情勢、民心の動向など。やはりそういう地域に近いところに適塾があったということが、洪庵先生の名声が全国におのずと伝播するにいたった大きな理由と思われます。だから弘化二年（一八四五）に洪庵先生が瓦町から北浜の方へ、船場の方へ出て来られたということも、これも一つの見識であったのです。そして適塾の隣りは銅座でありまして、銅座というのは長崎から住友で作った銅が、一時期ですけれども、オランダまで行ったわけであり、また北浜には長崎俵物会所があり、文化的にも経済的にも長崎と一番近い。シーボルトもこの銅座に泊まりましたし、また新しく輸入された洋書も、オランダ商館員たちが同じくここに泊まってアルバイト的に、洪庵らに高く売りつけるというようなこともあったわけでありまして。そういう点でオランダ文化と言いますか、ヨーロッパ文化と非常に近いところに適塾が位置していたといえます。こういうことも適塾あるいは洪庵の名声を全国に広めるのに大きな役割を果たしたというふうにいっていいと思うのです。

こういうふうにしてだんだん適塾が全国に有名になって、青森一県を除いてほとんど全国から塾生が集まってきます。特に安政年間（一八五四〜五九）には非常に大勢の塾生が入門しました。そうなってくると、八重さんは、何十人という塾生の面倒を見なければならなくなり、そこに適塾生の母としての役割というものが、付け加わるということになりました。福澤諭吉などは特に可愛がられて、「私のおっ母さんのような人である」というふうにいっておりますが、逆にまた飯田柔平は山口出身の非常によくできた秀才で、塾頭もしたんですけれども、八重さんに非常ににらまれました。この人は女色が強くて、非常によくできるけれども遊蕩が止らない。洪庵先生はいったんは柔平を許そうとしたんですけれども、八重さんが頑として聞かなくて、ついに柔平は退塾させられてしまいます。橋本左内などもそのことについて、この八重さんの非常に厳しい態度について、手紙を故郷に送っているようなこともございます。このように、一面では非常に塾生というものを可愛がりながら、一面ではその塾生の大成を願うために非常に厳しい一面があったということも、八重さんのお人柄を知る一つの側面かと思うのであります。

やがて幕命により洪庵先生は有難迷惑と思いながら、大坂を発って、奥医師として江戸に行って、一年足らずで大喀血を起こして、文久三年（一八六三）の六月十日に五十四歳で亡くなりました。そのとき八重は四十二歳でございますが、家に子供が六人もいたわけであります。もともと、洪庵先生と八重さんとの間には十三人の子供がいたわけでありまして、そのうち早死したものもあり、また年子《としご》も何人かいるわけであります。惟準とか四郎とかいう次男・三男は、あとで申しますように長崎へ留学したり、あるいはヨーロッパへ行ったりしますが、八重さんは、それ以下の子供たちの生活を見なければならない。奥医師としての洪庵が亡くなると、役宅を出なければならない。なかなか江戸で家を見つけて生活するというのも大変でありまして、ずいぶんお金が高くつく。そういうことで洪庵死後の八重さんの生活について、さらに詳しく知りたいと私は思っておりますけれども、ともかく、この幕末のお米が高い混乱期に、非常に苦労をされたわけであります。やがてのちには大坂へ帰られ、明治十九年（一八八六）に六十五歳で八重さんは亡くなるわけでございます。以上が八重さんの生涯のあらましであります。

さて、後段に移りまして新史料としてご紹介申し上げたいのは、プリントの二枚目でございます。先にちょっとふれましたが、十三人の子供のうちで四人は非常に早く亡くなり、残りの九人が皆ずっと明治まで存命だったわけでありますが、この子育てにかけた八重さんの思い入れと言いますか、気持ち、そういうものが非常によくわかる手紙を、ちょっとご紹介したいと思うのであります。これらはいままで緒方家にありまして、亡くなられました緒方富雄先生もいずれ紹介しようと思われつつ、その儘になっていたものでありますが、近く適塾記念会の援助のもとに続刊を予定しています『緒方洪庵のてがみ』の二冊の中には、これら八重さんの手紙も入れたいと思っております。二通あるんですが、慶応元年（一八六五）十一月五日のものと十二月二十日のものであって、いずれも長崎に留学している洪哉にあてたものであります。洪哉というのは次男、のちの惟準のことであります。大阪大学医学部の前身ともいってよい大阪府医学校病院御用掛となられ、あるいはその前身大福寺の仮病院の院長でもあった緒方惟準先生のことでございます。時間がございませんので全文は非常に長いものでありますが、その一部だけ、両方ともちょっと抜き書きしてみました。

注釈はほとんど要りませんので、まず十一月五日の手紙の一部を読んでみたいと思います。

一つ、承り候へば、夏以来お前殿にもよほど遊所通いもなされ候由、大坂より松本、竹内（医学所の頭取をしていた松本良順、竹内というのは竹内玄同、これも奥医師ですが）その他伝習人（長崎へ留学に行っている者）不身持ち（身持ちが悪いこと）御見届けの御内ゆ（諭）にかん者（スパイ）お入られ候しもひ（秘）せて（こっそりと）右御両人御承知の由、まことにまことにおそるべきこと、どうぞどうぞ以後はくれぐれも御つつしみ、日夜ともご油だんなく御勉強専一に頼み入り申し候。前者の事を見て御あらため肝要に御座候。

というふうに、お前も遊女町に行っているそうだけれども、これからはそんなことはやめて専心勉強しなさいということをいっているわけです。つづけて次のようにあります。

一つ、来秋メイン（これはボードイン先生のことですが）帰国の節、同舟にて渡海の義、何より何より有り難き仕合（幸）せ、大悦仕（つかまつ）り候（大変うれしい）。此上は猶更御勤めなされ候。一度渡海いたし申さず候ては、伊東言伯（これは伊東玄朴の息子玄伯のこと、養子ですが）、林丈海（研海の誤り）殿帰国の上は（二人はいまオランダ留学中ですね）彼の人々の下に付くこと何より何より口お（惜）しく、かなしき事のかぎりと、かねがね其事ばかり心配致しおり候折から、彼の国（オランダ）伝習御用仰せられ候へば、もはや右両人の下にはつくまじと存じ、この上の悦は御座なく候（非常に八重は喜んでいるわけであります）。江戸の母のことはすこしも御案じなく、ただただ御勉強専一に彼の地へ参り候へば、なおさらのこと五十人扶持もらいおり候ゆえ、暮らし方はまことに安心に存じ候。

お母さんのことは心配せずに、オランダへ行ったらしっかり勉強しなさい、ということをいっているわけであります。

次の慶応元年十二月二十日の手紙は、

しかしながら書物などお買い入れの節は、役扶持の二十人扶持は毎月受け取り申しおり候ゆえ、この金子をお遣いなされ候。まずまず有り難きことには二十人扶持勤めにくだされ候こと、仕合（幸）せに存じ候。この上は一入御勉強なされ、よき噂さ承り度、過ぎしころよりおまへ殿にも大分遊所へも（遊女町、丸山の遊郭ですが）行き申され候よう承り申し候。これも折々はほうゆう（朋友）の付き合いも御座候はんと存じ候。（というように、自分の息子に対しては、飯田柔平の放蕩を叱って適塾から追放したのとは、ちょっと違うのでありますが）随分我身をつつしみ、専一に御ざ候。大坂にて竹内法印も松本も、緒方は気ずかいなくご用に立つ人物なりと申され候由承り、うれしき中にもにあひ候。この上一入御勉強し、御父上様（洪庵先生）の御名をけがさぬように、くれぐれも頼み入り申し候。内々承り候えば、何かと翻訳なされ候由（いろいろ翻訳していると）慎蔵様（これは伊藤慎蔵です。適塾生であって、のち越前大野の洋学館教授。さらに名塩・大坂で蘭学を教えました）より申し越し、悦びおり候。随分御出精（精を出すという意味ですが）にて、何かと早く諸国に広め、二代目の緒方先生と人々にうわさをされるように頼み入り候。金子はすじ道のある事の入用ならば、百両や二百両は何時でも遣し申し候。ただただつまらぬ事に多くの金子をついやす事なかれ。くれぐれも頼み入り候。

というふうにいっているわけであります。われわれは、八重の子育てに寄せる熱情にうたれます。

それからもう一枚あとの手紙は、これは明治元年（一八六八）になって江戸から子供たちを引き連れて、やっとこさ大坂に帰って来てからのものです。宛名の渡辺卯三郎というのは北陸の大聖寺藩出身の適塾生で、大聖寺へ帰って塾を開いていました。洪庵先生は洪哉（惟準）・四郎の兄弟をこの渡辺卯三郎塾に入れてまず漢学を勉強させ、そしてそれから医学の勉強をさせようとつかわされたんですが、二人は渡辺塾の厳しさに耐えかねて大聖寺をこっそり逃げだして、自分らを可愛いがってくれた伊藤慎蔵がいる大野の洋学館へ行くわけです。そこで洪庵は怒って兄弟を勘当するということがございます。このとき七十歳をこえた百記は孫かわいさから単身雪の中を大野まで出かけていきます。従って、この渡辺卯三郎というのは、八重さんからいえば自分の息子らを手塩にかけて仕込んでくれた恩人であります。その人とその人のお母さんに宛てたのが、この手紙で、これも非常に長いものでございますが、初めの方は端折《はしお》りまして真ん中ごろからあとの一部分を読んでみます。

この地川口へ（大坂の川口居留地）異人多く参りおり、その中にてよき先生御座候て、その方へつかわし申しおり、勉強つかまつり、この両人（十二郎・十三郎、すなわち収二郎・重三郎のこと）は先代の名（自分の夫洪庵の名）を汚すまじくとあい楽しみおり申し、何分只今の時節ゆえ（明治維新の変革でどうなるかわからない。いつ引っ繰り返るかわからないから）私ことも名塩村に田地求め申し、いつ何どきに兄弟ともお役御免にあい願い候ても、暮らし方の立つようにいたし申し候。もっとも前々よりあい求めおき候田地もこれあり。まずまず何事も何事も、先代の陰にて（夫洪庵のお陰にて）ありがたき御事、くれぐれもご安心遣わされ候。実に兄弟の子供は仕合（幸）せ者に御座候。いづ国にまいり候ても、先代御門人様方多くおいで、彼是万事御心添え下され、昨日は肥後の奥山（静叔）、長州の村田（蔵六）、お立ち寄り下され、久々にて何事も承り、話いたし申し、その他国々の御門人より相変わらずお尋ねくだされ、山々御うれしく、何事も先代陰（先代のお陰）と朝夕悦び入り候。

というふうにいっているわけです。八重さんは、子供を教育するにあたって、夫洪庵、父洪庵の名を汚さないように、洪庵の息子だという自覚を持って、父に恥じないように勉強をしなさいと、たえずよく言い聞かせて子育てをしていたことが、これでよくわかるかと思うのであります。

このあたりに八重さんの内面的な一つの心の動きというものが、非常によく出ているのではないかなと、こう思うのであります。洪庵の妻であり、あるいはまた洪庵の息子たちの母親として、ずっと一生涯、洪庵が亡くなってからも「亡き洪庵いますがごとく」というのは、あとで申します八重さんの父百記は、洪庵が死んだときにすぐに娘八重に手紙を書いて、洪庵が亡くなってもこれからは洪庵いますがごとく、女としての道を尽くし、そして子供を立派に育てよということを、名塩から江戸へ申し送っているわけであります。八重さんは父の言い付けをその通り実行し、一生涯妻の道、母の道に徹したということができます。

なお、もうひとつ考えなければならないのは、先ほどお父さんの百記のことを申しましたけれども、そういう八重さんを八重さんたらしめた億川家のことであります。とくに八重さんのお母さんのジユウさんのことがなかなかよくわからないんです。最近やっと芦屋の緒方家のアルバムから、百記と裏に書かれた写真がでてまいりました。もうセピア色をしておりますが、最近ではうまくきれいになるそうでございますので、適塾記念会で複写させていただくつもりです。そのアルバムの中にはお母さんらしい写真がいくつかあるのですが、どれか特定できないんです。いずれにしろそのお母様は、大勢の子供を大坂で育てている自分の娘を見かねて、ときには二人あるいは三人の子供を名塩の実家へ連れて帰って、しばらく面倒をみ、やがてその子らをまた大坂へ送り届けにきて、また次の子供を実家へ連れて帰る。そういうようにしてお母さんは八重さんの子沢山の養育を助けられたわけです。このような億川家の両親のあり方というものが、おのずと八重さんを八重さんたらしめた、非常に大きな陰の力であったのではなかろうかと思うわけでございます。

以上で粗雑な話を終らせていただきますが、少しの時間をいただいて皆さんにお願いしたいことがございます。それは緒方洪庵の手紙のことで、今日残っているものがおおよそ二百六十通ほどございまして、これまで緒方富雄先生がその一・その二の二冊を出されて、大体百四十通ぐらい収められたわけですが、その後先生が、亡くなられたものですから、私がお手伝いをして、昨年六月先生と共編でその三を出したんです。それで合計百六十六通ぐらい、洪庵の手紙がもう現物がなくなってもいいように写真版にして解読、注解などをつけてあります。まだ残りがあと九十八通ぐらい残っておりますので、これを二冊に分けてその四・その五として、今年度中には適塾記念会のご支援で、菜根出版から刊行する予定にしておりますので、何分ご協力のほどよろしくお願いいたしたいと思います。これで終わらせていただきます。どうもありがとうございました。(拍手)

(平成七年五月二十七日　大阪大学医学部学友会総会特別講演)

〔追記〕　新史料として紹介しました二通の手紙の全文を紹介するよう御申越しの方もありましたので、本年(平成七年)十二月刊行の『適塾』第二十八号に「長崎修行中の緒方洪哉(のち惟準)にあてた母八重のてがみ(二通)」を投稿しておきましたので御関心のおありの方は御覧下さい(本書第Ⅱ部一九六頁以下)。

藤野恒三郎先生の弔辞「藤先生を偲んで」について

今から四十二年前の昭和四十年（一九六五）九月二十五日、私の恩師藤直幹先生（大阪大学文学部国史学教授）の文学部葬が教養部大講義室において挙行されたとき、ご親交のあった藤野恒三郎先生（大阪大学附属微生物病研究所教授）が「藤先生を偲んで」の弔辞をご霊前に捧げられました。この弔辞には参列者一同、とくに藤先生のご闘病の日々を存じている私には忘れられない大きな感銘をうけましたもので、藤野先生のお人柄が最もよくうかがえるものでありました。なお緒方洪庵先生および適塾顕彰の大阪大学における先達であり、かつ医学者の先生ならではのお心のこもったお話が含まれていますため、これを永く後代に伝えなければならないと思った次第です。私は昭和五十九年（一九八四）三月停年退官のさい、この文学部葬関係書類等の中に、この藤野先生の弔辞を録音したテープも入れ、ほかに藤先生より永久保存するよう命じられていた文学部創設にかかる昭和二十三年六月二十一日付の大阪大学総長今村荒男先生の東京大学桑田芳蔵博士宛の書翰（後述のごとく原書翰は所在不明となったが、『写真集大阪大学の五十年』（一九八一年、八〇—八一頁）に写真がある）とともに文学部に残したのであります。しかし、六年後の平成二年（一九九〇）、芝哲夫氏との共著『よみがえる適塾——適塾記念会50年のあゆみ——』編集のさい、この藤野先生の弔辞テープを起こして収載しようとしたが、文学部葬関係書類等の所在が見当らず断念せざるを得ず、適塾記念会の創立事情に関しては、藤野恒三郎「創立のころ」（『適塾』十五号、昭和五十七年）、藤野恒三郎・蔵内数太・森東吾ほか「座談会——適塾記念会創立のころ」（『適塾』十七号、昭和五十九年）に拠り、藤野先生の回顧談を掲げた次第でした（同著、二〇―二一頁）。

ところが、昨年十二月下旬、身辺整理中、私が昭和四十年九月六日（二〇〜二一時）ＮＨＫの教養特集番組「近代日本の歩み――教育勅語――」に神島二郎氏の司会で杉本苑子・宇野哲人・唐沢富太郎・隅谷三喜男・海後宗臣の諸氏と共に出演したときのものを自宅で収録したソニーテープ・スーパー一五〇が出てきて、これをＮＨＫアーカイブの遠藤幹雄・岡崎貞子両氏の尽力によりＣＤ-Ｒに再生して下さったさい、思いもよらず、同年九月二十五日の藤野先生の「藤先生を偲んで」の弔辞（収録時間一二分）が収まっていることが判明しました。これは、文学部葬のときに収録したテープを私が念のために複製しておいたもので、そのことを全く忘れていたのであります。将来、文学部に残した学部葬関係書類等がどこかから発見されるよう願ってやみませんが、ともかく、藤野先生のあの時のお話を直接に拝聴できるのは、この上なく有り難いことであります。今年（二〇〇七年）の八月十五日は、私にとって北満の横道河子で白旗を掲げて停戦の意を表すべしとの五軍司令部の命令を受領したあの日より六十二年、また藤野先生が遠行されてより、すでに十五年が過ぎた御命日でありました。私は先生のご霊前に右のテープのいきさつをご報告し、先生のご人徳を敬慕し、その多大の学恩を感謝しつつ、適塾記念会員一同が藤野先生を中心とする学部の別を越えた同志の諸先生方の初志・熱情を忘れず、今や一層の努力をしなければ相すまないと思った次第であります。

以下に、テープ起こしをした、藤野先生の弔辞の文面を紹介しますので、藤野先生のご心情をよくよくお汲取り頂けましたら幸甚であります。

藤野恒三郎教授の弔辞「藤先生を偲んで」（昭和四十年九月二十五日　文学部葬　於・教養部大講義室）

藤先生の文学部葬におまいりいたしまして、ありったけの花を集めてこの祭壇を飾りたい、百万の言葉を綴って哀悼の誠を捧げたい気持ちでいる一人であります。

昭和二十五年のことでありましたが、医学部大会堂において、学術会議(1)主催の緒方洪庵に関する講演がありました。会場全体から見ればやや小さすぎるような一枚の年表を掲げられ蘭学の全貌をまず説き起こし、やがて洪庵周辺の大坂町人文化人の動向をきめ細かく説明されまして、その一言一句をゆるがせにせず、几帳面に準備されたこの講演(2)は、その幅と深さにおきまして、私が今までに聞いた緒方洪庵に関するもののどれにも見られなかった迫力のあるものでありました。そして私が感じたことは、医者の語る緒方洪庵はあまりにも骨董趣味的であり、それに反してさすがは歴史学者、そこに語られる緒方洪庵は日本文化史上の偉大な人物として明確に浮き彫りされていまして、聞く者に強く迫るものがありました。洪庵書簡の展示室を出られる藤先生に初めてご挨拶申したのであります。

このような専門家を指導者としまして、大阪大学の中の有志を募り、「適塾同好会」といったようなものを作ったならばと考え、医学部の安田龍夫教授(3)と相談いたしまして、時の今村総長(4)にお話しした結果、学内の有力者にも加わってもらい、文学部の蔵内教授と藤教授を学術的な指導者として、今日の適塾記念会は創立されたものと私は思っております。

その後、洪庵の人徳を称える藤先生の文章を頂いた時、洪庵の人柄をかくまでも鮮やかに語った人が今までにあるであろうかと考え、また文章というものはかくまで一字一句を厳しく選択して組み立てるべきものとしての、お手本を示されたような感銘を受けました。

「文《ふみ》は人也」、文章はその人の資質と思想を表現するものでありましょう。同時に文章を作られる藤先生の厳しい態度を知りまして、この方は誠に己に厳しい方であるということを知りました。己に厳しい方はとかく他人にも厳しいものが表れます。この両方が上手くかね合うと、優れた教育者の必要な一つの条件が成り立つように私は考えるようになりました。

もう八年前でありましょうか、藤先生ご不快の様子を小島文学部長(6)より承り、心配してお手紙を差し上げたところ、微研病院で精密検査を受けられることになりまして、その時にはほとんど異常を認められずに無事に退院をされたのでありました。本年の三月十九日、再び芝院長(7)の診断を受けられた時には、すでに石橋分院の検査成績がありまして、今度は手術を受けたいと話しておられたのでありました。しかし四月になりますと、阪大最後の年であるので、新入生に是非講義したいとのことでありまして、ご入院は五月上旬になってしまいました。この四、五十日の間に悪化していなければよいが、と祈る気持ちで私はそれを待っておりました。ところが病室から長文のお手紙を頂きまして、分院において癌の疑いの話をされて不安であることを述べられ、

癌細胞発生活動の疑いがあるならば手術を受けるが、単に胃潰瘍だけであって、将来癌に移行する心配があるから手術をするというのであるならば、それは受けない、その理由は、今年で定年退官、三十五年にわたる教師生活最後の年であるから、できるだけ休みたくはない

というものであります。

誠に藤先生らしいお考えでありますが、実は治療の立場から見るとこれは困るのでありまして、芝院長と相談いたしまして、癌細胞らしいものは見られるけれども、癌でなさそうであるというような説明をすることを協議いたしました。しかし、そのうちに手術を受けたいと受持の紺谷博士(8)に申し出られて、ともどもにホッとしたものであります。

藤先生は、これだけ皆さんに親切にしてもらって、今更手術を断ることはできませんと、心境を語っておられたことがあります。

藤先生の血液型はＡＢ型でありまして、その例が少ないのでどうなるかと思っていましたが、日赤大阪支部血

液銀行に話しましたところ、型を問わずに見合う量の献血があれば必要量のＡＢ型が供給できるということを知りましたので、私は梅溪博士に相談いたしまして、献血志願者に集まっていただくことを頼んだのであります。その時でした。「尊い人様の血液は受けられない」と頑固なことを藤先生が言い出されはしないかと思って、「先生、人々の好意は素直にお受け下さい」と私が話した時に、無言のまま頷いておられましたが、その両方の目からは涙があふれ出てくるのを私は見て、私もそれに感じて、自らの涙のこみ上げてくるのをどうすることもできませんでした。二十人の献血者が赤十字へと事情を聞かされた藤先生は、声を上げて泣かれたそうであります。この時の二十人の方々の温かいお心に、私からも心からお礼を申し上げます。

手術の結果は意外にも、我々が予想した最悪の状況でありまして、さすがの芝院長も根治手術を施し得ず、胆汁の流れを調整する手術だけで終わりました。芝院長の委嘱を受けて、奥様、お兄様、国史研究室の方々に、この真相を冷静に私はお伝えしなければならなくなりました。そのような経験を持たない者でありますので、

「奥様を信頼申して真実を申します」

と前置きしたのです。始めは目を伏せておられましたが、やがてゆっくりと顔を上げられて、

「やはりそうでしたか」

と静かにいわれて、少しも動ぜられなかった。この方は我々以上に深いお考えでもって、あらかじめこのことを覚悟しておられたようであります。

手術のあと、幸いにも病腹部の胆囊は小さくなったために外から触れなくなり、黄疸はなくなり、腰の痛みは解消いたしましたので、藤先生は回復を信じておられたらしく、九月九日の節句には、中国の故事にちなんで、菊の酒とサンシュウのことについて、実際に私に教えてくださる約束ができました。

また、かねての構想に従って、随筆集を完成、入院してから多くの人々から親切を受けられたこと、殊にたく

さんの方々の血液を頂いたことを、締めくくりに入れることにされて、奥様の筆記原稿ができあがったことを話してくださったこともあります。そして七月の終わりには、昨年の秋、赤堀総長(9)より委嘱された、緒方洪庵肖像画説明文を完成して届けてくださいまして、あの、日に日に衰えていかれる体力と精神力の中にあって、よくもこのようなことが成し遂げられたものと、ただただ感服するばかりであります。

六月の上旬に私は、X線検査を受けまして、胃の粘膜異常を見付けられ、胃潰瘍か癌かの判別診断と治療の両方の目的をもって、手術を受ける羽目になりました。どうしようかと考えましたが、思い切って病室に藤先生をお訪ねして、手を握り事情をかいつまんでお話しして、お別れのつもりでお訪ねいたしました。

藤先生は癌細胞に冒され、私には癌細胞は発生していなかった。何故か？　誰にも分からない、その理由は。ただ運だけのものとしか今のところ説明できません。科学的に説明できない原因によって癌細胞は発生し、その怪しくもたくましい活動力によって、藤先生の生命は奪われた。進歩したはずの現代医学も、癌細胞に向かっては、何となしくも弱々しいものだ。医学の中の一員として誠にお恥ずかしく、お詫びの言葉を見いだせえない次第であります。

かくして藤先生の生命は奪い去られましたが、先生がかざされた学問の光だけは、何者によっても消されることはありません。学問の尊さ、それはそこにありましょう。また藤先生の六十二年間に築かれた人徳、それも永久に消えることはなく、藤先生を知るほどの人々、先生の教えを受けられた人々によって必ずや伝承されていくことでありましょう。私達は藤先生亡き後も、その学問と徳を受けて継がれる国史学研究室の方々を学術指導者として仰ぎ、藤先生の残されたお仕事、適塾門下生業績調査のことだけは完成して、いつの日か藤先生のご霊前にそれを捧げたいものであります。終わります。

（1）若干の記憶違いがある。学術会議第七部会は昭和二十五年十一月十日、大阪大学医学部貴賓室で開催。会議のあと余興があり、そのあと緒方洪庵を偲ぶ会が催され、緒方富雄博士の緒方洪庵と適塾門人の話があり、参加者一同が適塾に案内された（『黒津敏行日記』）。

（2）「この講演」すなわち藤直幹博士の講演は、学術会議主催のものではなく、右の学術会議第七部会に先立つこと四日、同年十二月六日に医学部大会堂で開催の大阪大学懐徳堂記念会主催の三講演の一つとして「町人の学問――懐徳堂の周辺――」と題されたもので、その中で山片蟠桃や緒方洪庵の文化史的位置づけをされたものである（以上『よみがえる適塾』二二頁）。

（3）大阪大学医学部病理学教授。大変な愛書家で、よく桜橋の高尾古書店でお出合した。大型の外国医書などたくさん蒐集されていた。

（4）大阪大学第五代総長・適塾記念会会長今村荒男氏（元大阪大学医学部第三内科教授）。

（5）大阪大学文学部理論社会学教授蔵内数太氏。西洋のみならず東洋の古典に通暁し「緒方洪庵と適適塾」（『蔵内数太著作集』第五巻所収）において、洪庵の号適適斎の典拠についての独自の見解を提出されている。

（6）大阪大学文学部国文学教授小島吉雄氏。新古今和歌集、大阪和学の研究で著名。

（7）大阪大学附属微生物病研究所附属病院長芝茂氏（同研究所外科学主任教授）。

（8）同右微生物病研究所附属病院外科学助手紺谷日出雄氏。

（9）「菊の酒とサンシュウ」の話は、藤先生のご病状からして、おそらく藤野先生は聞いておられないと想像している。岩城秀夫氏の〝「采菊」考〟（『文芸論叢』第四十二号、一九九四年三月）には、漢の劉歆の『西京雑記』巻三に記されている次のような引用がある。

九月九日、茱萸を佩び、蓬餌を食い、菊花酒を飲まば、人をして長寿せしむ。菊花舒びる時、茎と葉を并せ採り、黍と米を雑えてこれを醸す。来年の九月九日に至りて始めて熟し、就ち飲む、故にこれを菊花酒という。

このような中国の習俗が我が国にも伝わっていたことは、宗田一氏が、その著『健康と病の民俗誌』（健友館、一九八四年）に「重陽の節は茱萸（しゅゆ）の節とも言い、邪気払いのため、宮中で典薬寮や図書寮の女官たちが、菊と茱萸を入れた袋を献上し、それを近侍の蔵人が清涼殿の昼の御座の御帳の左右の柱に結びつけ、それまでその柱にかけられていた菖蒲の薬玉（くすだま）と取り替える行事があった（『東宮年中行事』）」と記されているのでわかる。なお、宗田氏は『荊楚歳時記』を引いて「後漢の恒景という者が、仙人の言葉に従って、九月九日に家人に赤い嚢を縫わせて、その中に茱萸を入れて臂（ひじ）にかけて山に登り、菊花酒を飲んだために災厄を免れた。これ以来、庶民はこの日、山に登り菊花酒を飲み、茱萸嚢を身に帯び邪気を避け、長寿を祈念したという」とされている。筆者は、我が国で庶民の間で菊花酒を飲む風習があったかどうか知りたいものである。

藤先生が話を約束された菊酒のことは以上で推察できるが、問題は「サンシュウ」である。これはテープ起こしのため、あるいは「サンシュユ」（山茱萸）かも知れない。しかし、「山茱萸」は朝鮮半島原産で早春に葉に先立って鮮黄色の小花をつけ、晩秋に紅色の果実を結び、生薬の山茱萸として強精剤である（『広辞苑』）から重陽の節句とは縁がないであろう。上述の「茱萸（しゅゆ）」は『広辞苑』では「呉茱萸」（ごしゅゆ）の略とされており、中国の呉の地に産する良質の薬用植物で、宗田氏は茱萸はグミではないとされている（前掲書）。その他に「サンシュウ」で考えられるのは、「三酒」か「三秋」である。この筆者の想像について岩城秀夫氏のご教示を乞うたところ、「三酒」とは『周礼』によると、事酒・昔酒・清酒のことを言い、事酒は何か事があるときに飲む酒、昔酒はとくにこれといったこともないときに飲む酒、清酒は祭礼のときに飲む酒であるとのことで、藤先生は御酒は楽しんで少量お飲みになっていたから、菊花酒とあわせて「三酒」のことにも言及しようと思われたのかも知れない。また「三秋」というのは七月・八月・九月の秋の三か月のことであるので、菊花酒と九月九日、三秋とを結びつけてお考えになっていたのかも知れず、また、九月は収穫がすべて終った農事の一段落した時期であることを考えれば、菊花酒と「三秋」は結びつきやすく、「清酒」も祭礼のときに飲む酒ということになると秋祭にも結びつくのではないか、というお教えを頂いた。記してご教示に感謝する次第である。いずれ遠西の国において藤先生から判決が下ることであろう。

（10）　大阪大学第七代総長・適塾記念会会長赤堀四郎氏（元大阪大学理学部長・同附属蛋白質研究所初代所長）

故適塾記念会理事司馬遼太郎氏を偲んで

適塾記念会理事司馬遼太郎氏は、平成八年（一九九六）二月十二日午後八時五十分に、国立大阪病院にて腹部大動脈瘤破裂のため逝去されました。享年七十二歳でした。誠に痛惜の至りであります。

思い起しますと、司馬氏が当記念会の理事に御就任下さったのは、昭和四十八年（一九七三）十二月十日の理事会からでありました。同日午後六時より日本生命中之島ビル講堂において、大阪大学と共催のもとに第二十三回適塾記念会講演会が開かれ、伴忠康理事（医学部教授）司会のもと釜洞醇太郎総長（会長）のあいさつにつづいて、約一時間半にわたり司馬氏に「歴史と人間」と題して御講演をお願い致しました。

氏は、坂本龍馬・西郷隆盛などの例をあげ、史実だけでは後世の人間に分らぬ歴史の転換点は、人物の魅力、その人が出すある種の放射線の作用と考えざるを得ない。そのような歴史を動かした過去の人に一目会えば、その人物の魅力は直ちに分るものであろうが、そういうわけにはいかない。そこに後世のわれわれの想像力が働く。緒方洪庵もそのような放射線を出した人であって、奥医師に招かれた時、見栄でなく有難迷惑とした態度、また長与専斎に自分のところではもう勉強にならぬから長崎のポンペのところへ行けといった気持、それらは大変「平たい心」であるといったお話が続きました。司馬氏の講演のあと「洪庵と一、〇〇〇人の若者たち」が上映され、午後九時きわめて盛会裡に閉会しました。当日来聴の方々から提出していただいた出席者カードの感想欄には「大変結構な企画でした。司馬さんのお話しもっと聞きたく、またもっと多くの人に聞かせたく思いました」

とか「現代に一番必要であり、また一番忘れられてしまっている人間的魅力についての司馬先生の話、有意義なものと思いました」等々が記入されていました。関係者一同、お忙しい中に講演をお引きうけいただき、たくさんの聴衆に大きな感銘を与えて下さった司馬氏の御厚意に謝意を表し、参加者の皆さんの御協力をありがたく思った次第でした。

実はこの年の適塾記念会講演会は、記念会の歴史の上で画期的な意義のあるものでした。と申しますのは、実は適塾記念会復興の旗上げの会であったからです。当記念会は、昭和二十七年(一九五二)十一月、今村荒男阪大総長が初代会長となって創立され、いらい毎年の講演会の開催、小冊子『緒方洪庵と適塾』、機関誌『適塾』の発行のほか、『都道府県別適々斎塾姓名簿』の出版、『扶氏医戒之略』の複製など、相応の活動をしてまいりましたが、残念ながら財政上、その他社会的な諸事情から昭和三十四年(一九五九)九月の『適塾』第六号を一段落として、その後十数年にわたり、会の諸活動が中絶してしまいました。ようやく昭和四十七年(一九七二)七月にいたって大阪大学が適塾の管理者としての責任を自覚し、釜洞総長のもとで学内に「適塾管理運営委員会」を発足させることになりました。時を同じうして、学内外に適塾記念会復興の強い要望が起こり、四十八年七月ごろからその計画が具体化し、十二月にいたって上記の理事会・講演会の開催となった次第です。この準備のための七月はじめの打合会において全員一致で是非司馬氏に記念会の新役員に御就任いただき、かつ記念会の講演もお願いしようということで下交渉にあたりましたところ、すぐに御内諾をえることができました。

司馬氏は、これより先、昭和四十四年(一九六九)十月から四十六年十一月まで、朝日新聞紙上に適塾生大村益次郎を主人公とする『花神』を連載しておられ、当時われわれは夕刊の配達を待ちかねて、その魅力的な作品を読みふけったものでした。『花神』は浪華の塾「適塾」から始まり、「過書町の先生」緒方洪庵が登場し、福澤以下の有名な適塾生の名が出てきます。当時、釜洞総長は、吉田松陰の松下村塾、本居宣長の旧宅鈴屋が全国に知

兵部大輔大村益次郎卿殉難報国之碑（口絵２も参照）

られているのに、「適塾」が知られないのは「残念だ、残念だ」といわれていましたが、この司馬氏の『花神』のおかげで「適塾」の名は一挙に全国に知れわたり、さらにＮＨＫの大河ドラマ化で拍車がかかりました。また司馬氏は『花神』のはじめのところで、美濃赤坂出身の適塾生所郁太郎のことを尋ねに当時堂島西町にあった大阪大学微生物病研究所に藤野恒三郎教授を訪問され、そのとき、藤野教授から「大村益次郎とシーボルトの娘との関係、あれは恋でしたろうね」と謹言な顔で切り出され、あまりに「だしぬけだったので私はしばらく藤野教授の貌《かお》を見ていた」と書かれています。藤野教授はおじい様が適塾生でしたから、阪大の中での記念会活動の最強の推進者でありました。司馬氏が『花神』の執筆過程ですでに藤野教授とこのような深い関係であったことは、記念会の復興にとりまして、まことにありがたいことであり、是非とも司馬氏の御力添えを得なければという声が支配的だったのです。私が講演をお願いに下交渉にあたりまして、すぐに内諾をえることができましたのも、あらかじめ藤野教授から司馬氏へお願い済みのうえのことであったわけでした。

　当記念会がこの四十八年十二月の記念講演会を機に力強く復興し、かつ機関誌『適塾』第七号が釜洞総長（会長）の「機関誌復刊によせて」を巻頭に掲げて復刊に踏み出したのは、翌四十九年十月のことで、いらい今年で第三十号に達し、記念会の諸事業も順調に展開し、「適塾」そのものも昭和五十五年（一九八〇）五月からの一般公開いらいすでに十七年になり、毎日全国各地から多数の参観者を迎えるという盛況ぶりであります。このようになりましたのは、多くの会員や関心をもたれる各位の御協力・御支援の賜物でありますが、なお、今日の「適塾」

の盛名、適塾記念会の隆盛の由って来るところを考えまするに、変革期の人間像を追求して「適塾」とその人びとの生きざまに限りない熱情を注がれた不世出の作家司馬遼太郎氏の文筆活動、その他の多彩な御活躍に負うところ至大であることは誰しも感得しているところでありましょう。

また、たしか昭和六十一年（一九八六）ごろだったと思いますが、小・中学校の教科書を出版している大阪書籍の旧知の編集担当者から、緒方洪庵先生のことを『小学国語』の教科書に載せたいので考えてほしいと申し出がありましたが、それは司馬氏にお願いなさって是非ともお引き受いただくようにと申しました。旬日にして「司馬先生に快く承諾していただきました」とのうれしい知らせを受けました。それが大阪書籍の昭和六十四年（平成元年）度用の『小学国語』五年下に載った、「洪庵のたいまつ」と題した司馬遼太郎氏の文章であります。

「世のためにつくした人の一生ほど、美しいものはない。ここでは、特に美しい生がいを送った人について語りたい。緒方洪庵のことである」に始まり、洪庵の生涯を追いながら、「洪庵は、自分の恩師たちから引きついだたいまつの火を、よりいっそう大きくした人であった。かれの偉大さは、自分の火を弟子たちの一人一人に移し続けたことである。弟子たちのたいまつの火は、後にそれぞれの分野であかあかとかがやいた。やがてその火の群れが、日本の近代を照らす大きな明かりになったのである。後世のわたしたちは、洪庵に感謝しなければならない」と結ばれています。

洪庵先生の「医の世に生活するは人の為のみ」に始まる「扶氏医戒之略」の文章は、本来フーフェランドの書いた独文のオランダ語訳をさらに訳したものでありながら、全くその痕跡をとどめず、洪庵先生の心がよく表われている美しい日本文であります。「洪庵のたいまつ」も末長く日本の子供たちに人の生き方や考え方のお手本を伝えておこうとされた司馬氏のお気持がこもった美しい文章で、この文章を読んで「適塾」を訪れる小学生も非常に多くなりました。わたくしは版権や著作権の問題もあって、簡単にはまいらぬとは思いますが、適塾参観の小学生たちに、この司馬氏の「洪庵のたいまつ」を「こども用適塾のしおり」の中におさめて無償で配布できたらと願うものであります。この「洪庵のたちまつ」が大阪書籍との御縁のはじまりとなり、同社の『小学国語』六年下（平成七年一月十五日文部省検定済）にも司馬氏の「二十一世紀に生きる君たちへ」が載っています。この文章は、氏がこれからの日本の国を思い、将来の日本を背負って立つ少年たちへ期待をこめて贈られた温情あふれる言葉であります。その文中で「ただ、さびしく思うことがある。私が持っていなくて、君たちだけが持っている大きなものがある。未来というものである。私の人生は、すでに持ち時間が少ない。例えば二十一世紀というものを見ることができないにちがいない」と書かれています。はしなくも、この文章が氏の少年たちのみならず、全ての日本人への遺言となりましたことは、本当に悲しいことであります。

私事ながら、司馬氏が『坂の上の雲』を執筆されているころ、親子二代にわたり大阪毎日新聞社の学芸部長をつとめられた薄田泣菫氏の令嗣薄田桂氏のお供をして、わたくしは東大阪市中小阪のお宅をお訪ねしたことがあります。軍艦三笠、金剛の廻航、造艦技術の福井静夫氏のこと、統帥権のこと等々、いろいろとお話し合いする機会をもたせていただいたのも、今となってはなつかしい思いであります。またいつかロイヤルホテルのエレベーターの中で、「高杉晋作と西郷隆盛とが下関で会見したか、しなかったか分からなくて困っている」と申しましたら、「箸を倒して倒れた方にするんですなァ」といわれましたが、それは所詮史実には限界があり、歴史家はもっと想像力を働かせて、客観的な歴史の流れのうえに立って　少し高いところから考察すべきだという御忠告だったような気がします。司馬氏が、その東南角に「兵部大輔大村益次郎殉難報国記念碑」が立っています、『花神』の主人公のなくなった史縁の地、国立大阪病院でその生涯を終えられたことも奇しき因縁と申すべきでありましょう。

終わりに適塾記念会のために陰に陽に絶大な御尽力をして下さいました故適塾記念会理事司馬遼太郎氏の在りし日を偲び、衷心より御礼申し上げますとともに御冥福をお祈り申し上げる次第であります。

故適塾記念会理事緒方正美先生を偲んで

適塾記念会理事として昭和六十三年（一九八八）十一月よりご尽力下さいました緒方正美先生には、平成十六年（二〇〇四）八月十三日午前一〇時五六分逝去されました。享年八十二歳。誠に痛惜の至りであります。

正美先生は、大正十一年（一九二二）七月十日緒方婦人科病院（明治三十五年〔一九〇二〕開設、初代院長緒方正清博士）の第二代院長緒方祐将博士の次男として大阪市中央区今橋三丁目十八番にてお生まれになり、大阪市立愛珠幼稚園・同愛日小学校を卒業、昭和十年（一九三五）四月大阪府立北野中学校入学、昭和十五年三月同校卒業、同年四月第三高等学校理科乙類に入学、昭和十七年九月同校卒業、同年十月京都帝国大学医学部医学科に入学、在学中に日本鱗翅学会創立に関与、昭和二十一年九月医学部を卒業され、直ちに京都帝国大学医学部副手に嘱託されて産科婦人科教室に勤務されました。翌二十二年十月第一二一五三四号をもって医籍に登録され医師免許証を取得、昭和二十三年四月京都大学医学部産科婦人科勤務となり、同年十二月退職。昭和二十四年一月より翌二十五年三月まで三重県北牟婁郡尾鷲町町立尾鷲病院に勤務、産科婦人科を担当されたのち、二十五年四月より産科婦人科緒方病院副院長として勤務されると同時に、京都大学大学院に二十七年まで在学され、昭和二十八年医学博士の学位を取得されました。やがて昭和四十六年六月より、父君祐将博士のあとを継いで、産科婦人科緒方病院の第三代院長に就任され、その専門医としての御力量とお人柄に寄せる世人の信頼は至って大きいものがありました。また、早く昭和二十九年（一九五四）五月、緒方祐将博士を初代理事長として「財団法人洪庵記念会」

が、「大阪府の区域内で、緒方洪庵が適塾においてなせる洋学（蘭学）及び西洋医学の研究、英才の育成及び医は仁術なりの伝統をつぎ、その精神の下に、殊に女性、母性の強化並びに養護に関する施設をなし、社会福祉の増進に寄与する」目的で発足し、諸事業の実施に当られていましたが、正美先生も病院長就任に先立って昭和四十六年四月第二代理事長に就任され、平成十四年（二〇〇二）三月まで同記念会の諸事業に大いに尽力されました。その中でも、われわれの記憶に今ものこっていますのは、第一に、昭和五十三年（一九七八）十月、尼崎町除痘館跡記念銘板を産科婦人科緒方病院本館正門玄関横の壁面に設置なさったことであります。正美先生は、「財団法人洪庵記念会は、その運営する産科婦人科緒方病院が緒方洪庵等の尼崎町除痘館跡にあることから、わが国医学史上記念すべきこの史跡を明かにするため」であると記されています。なお、「銘板製作にあたり御協力を頂いた方々は次の通りである。『除痘館跡』の題字は緒方本家の当主で洪庵の曾孫である緒方準一氏（奈良医科大学名誉教授）に書いて頂いた。その下の碑銘の文は医史に造詣深く、同じく洪庵の曾孫である準一氏の令弟、緒方富雄氏（東京大学名誉教授）より文を頂き、丸山博氏（大阪大学名誉教授・適塾記念会理事）に書いて頂いた。なお洪庵像の下の「緒方洪庵」も同氏の筆になる。緒方洪庵のレリーフは川合敏久氏（大阪府美術家協会会員）の作。氏は彫刻家として全関西美術展等で度々受賞された方で、銘板全体の制作もお願いした」と記し、本銘板成るにあたって御協力された方々の芳名を長く後世に伝えようとされたもので、ここにも正美先生のお人柄の一端が偲ばれます。

第二に、昭和五十八年（一九八三）四月初旬、大阪で第二十一回日本医学会総会において天然痘根絶を記念して特別展示「天然痘ゼロへの道」が催されるにさいし、それに協賛する意味で洪庵記念会がわが国の種痘普及の一拠点となった大阪の除痘館に関する資料を、除痘館跡と知られる由緒ある場所である緒方病院において展示『大阪の除痘館』を開催されたことであります。その圧観は、なんと申しても緒方洪庵先生が生前に描かしめられた四画像（○緒方裁吉氏所蔵の洪庵四十歳・嘉永三年正月篠崎小竹讃・南譲筆　○緒方準一氏所蔵の洪庵五十歳・安政六年後藤松陰賛・藪長水筆　○緒方正美氏所蔵の洪庵五十三歳・文久二年洪庵自作和歌および識語・藪長水筆〔江戸下向のさい、除痘館にのこしたもの〕○緒方正美氏所蔵の洪庵五十三歳・文久二年洪庵自作和歌・藪長水筆〔坐像の背後に刀架が描かれているもの〕）がはじめて一堂に揃って列品されたことで、洪庵先生はやせ型で首が短く、肩幅の広い、身長は普通より大がらであったようで、顔つきは額が広く、長い鼻すじで、まことにおだやかで誠実な人という感じがして深い感慨を覚えたものでした。同時に除痘事業に従事した先人の努力の跡を示す貴重史料を収めた（財）洪庵記念会発行の『大阪の除痘館』（一九八三・四・一）と題した図録は、古西義麿・浅井允晶・吉田巖三氏の御協力をえられ、正美先生みずから編集・解説にあたられたもので、今にいたるまで医史学界に寄与するところ大であります。

さて本適塾記念会の歴史において忘れることができないことは、緒方祐将博士により、さきにも触れました洪庵先生が文久二年八月大阪を発って東行されるにあたり、その神志を歌によまれ、除痘館にのこされた五十三歳のときの肖像画の、原図そのままの見事な原色印刷の複製を作製して、昭和三十九年（一九六四）九月に御寄贈いただいたことであります。前年の昭和三十八年はちょうど洪庵先生没後一〇〇年にあたり、適塾記念会では赤堀四郎会長を中心に実施行事を準備し、同年三月三十一日午前には緒方家ご一統の方々の出席のもと龍海寺で墓前祭を挙行、また同日午後には記念会と第十六回日本医学会総会（総会会頭今村荒男博士）共催、毎日新聞社後援のもとに「緒方洪庵没後百年記念講演会」が行われ、講演終了後、田辺製薬株式会社よりの全額寄付による映画「洪庵と一、〇〇〇人の若者たち」が封切り上映されました。そして昭和三十九年五月には適塾が、「史跡緒方洪庵旧宅及塾」の史跡指定に加えて新たに重要文化財として指定されました。このような洪庵先生および適塾の顕彰事業が高まる中で、祐将博士は東京の緒方富雄先生ともご相談のうえ、図書印刷株式会社川口芳太郎社長の援助により作製された御家蔵の前記洪庵先生肖像画の複製を適塾記念会の事業推進の一助にと赤堀会長に寄贈を申出られたのであります。赤堀会長はこのご厚情にこたえ、理事藤直幹先生による肖像画解説文をつけて希望者や関係者におくられました。のち昭和五十年秋より適塾記念会が適塾現地保存に伴う適塾周辺史跡公園化資金募集をはじめたさいには、正美先生より快くご賛同を賜り、新たに右肖像画の原図通りの複製を作らせていただき、前回同様に藤先生の解説文を添えて募金運動にご協力いただいた各位にお頒ちした次第であります。なお、この洪庵先生の肖像画は適塾の解体修理が竣工したさい、適塾記念会が作成した「史跡・重要文化財　適塾」と題した九枚一組の絵葉集の中にも収めさせていただいているもので、多くの適塾見学者の人びとの間に「緒方洪庵肖像（藪長水画）――画に洪庵の種痘をよんだ和歌一首」としてあまねく知られるようになったものであります。私も正美先生にお願いして拙著『洪庵・適塾の研究』（思文閣出版）の口絵・表紙カバーにも用いさせていただいており、先生のご高配を有り難く感謝しております。

正美先生には、ご診察や院長としてのお忙しい中にあって、機関誌『適塾』に「水帳における除痘館（尼崎町）の記録」「大坂除痘館の種痘証明書」（以上十一号、一九七八年）、「サン・ミケーレ島に緒方惟直の墓を訪ねて」「緒方洪庵先生生誕一八〇年前年祭」（以上二十二号、一九八九年）の玉稿を寄せて下さいました。中でも、正美先生の「ちょっとほりの深い、やさしいおだやかなお顔で、きちんと和服を着て坐っておられたお豊おばさん。（中略）私は父母から折にふれてお豊おばさんが洪庵の第十子、十郎即ち惟直の一人娘であり、母になる方はイタリー婦人であったことなどを聞いていた」に始まる、一九八九年七月の奥様ご同伴でのサン・ミケーレ島の紀行文のすばらしさに魅了され、私もあのような美しい紀行文を書きのこせたらと今も思っている次第です。また正美先生が遺して下さった貴重な史料に「緒方洪庵の家系及びその子孫」（大阪市東区医師会三十周年記念誌『船場の医者』所収、昭和五十七年）があります。緒方家の家系や系図については富雄博士が東大医学部学生のころに書かれた『緒方系譜考』（大正十五年）や、緒方章博士がご一族の協力によりまとめられた「緒方氏系図」（昭和四十一年）がありますが、いずれも私的なもので一般に販売された印刷物ではありません。正美先生のお作りになった右の史料は広く公開されたもので、緒方洪庵という偉大な人物をうみ出した家系・環境とか、その人の残した影響がどのようであったかを見出すことができる研究史料として貴重な意義をもっていると考えられます。この「緒方洪庵の家系及びその子孫」の作成については、家蔵史料の零細なものまでも丹念に検討され、私もお尋ねにあずかったことがありました。それは「六級下消権　西鶴太郎　左氏伝提要（嘉永五年）壬子秋七月写於咸宜園北窓下」と書かれた文書でした。『淡窓全集』の入門簿続巻二十五には、「嘉永四（年）十一月十四日泉州左海西隺《ママ》太郎十八歳（紹介者）伊丹得二」と出ており、咸宜園の消権種目（消権は毎月二回日を定め、決められた書目を解説させること）「六級下　文範講　左伝前半講」とあること、また広瀬旭荘の「日間瑣事備忘」文久三年正月元日の記事に年賀先きとして「春日寛平・緒方鶴太郎（以下略）」などとあることをお知らせしました。正美先生は、これらによって、さきの文書にある「西鶴太郎」がのちの拙斉であることにまちがいないとされたようであります。洪庵の第八子（四女）八千代と夫拙斉の家系を継がれる正美先生が種々拙斉先生についてお調べになられたことは当然で、「拙斉は小倉の出で、豊前吉雄玄索の養子となり、十才頃、親戚になる堺の吉雄竜次のところに預けられた。彼はその後日田の咸宜園で広瀬淡窓に学んだというが、再び堺へもどり、そこから適塾へ入門した。適塾の「姓名録」四百六番に「安政四年（一八五七）三月廿日入門　泉州左海　吉雄卓爾」とあるのが後の拙斉である」というところまで調査されました。拙斉先生は少時から淡窓・旭窓の二先生について学ばれただけに漢詩文に秀で、多くの墨跡や詩稿が正美先生のもとに伝わっております。平成十年（一九九八）三月中旬、緒方裁吉様・米田該典氏のお二人とともに、苦楽園の御新居に参上して、孤松軒主人（今橋の庭前に一大老松があったところからの号）拙斉先生の墨跡や『南湫詩稿』上・下、「洪庵先生出郷の書」（巻子本、箱書には「緒方洪庵先生遺書　壱軸　神々蔵」とある）、閑鷗（洪庵先生の兄上）の和歌短冊、箱入りのさおばかり（箱裏に「東京緒方適々斎所蔵」「元百六拾匁・中五拾匁・下十七夊」と墨書がある）等々を実見させて頂き、また「洪庵先生出郷の書」が神々家《みわ》から伝来した経緯についても正美先生よりうかがいました。今となりましては懐かしい思い出であります。

私は、独りぐらしの身の上を案じてくれる息子らの誘いにより、数年前よりほとんど東京小金井の住人と化しましたが、それ以前は阪大医学部附属病院の内科・外科その他に足繁く受診のために通院しておりましたために、正美先生ご夫妻とはよく病院でお出合いいたしました。いつも適塾のことやご家蔵史料などについてお話をさせて頂きましたが、歴史屋の常として穿鑿がましくなり、ご療養中の先生にとってはさぞかしご迷惑千万であったかと存じます。しかし、先生は温和で気さくなお方で、またほとんど私と同年輩だったからでしょうか、いつも快く話に応じて下さいました。先生に対してかように申し上げるのは大変失礼かと存じますが、同じ大学出の良き親友としてお付き合いさせて頂いたことを感謝しております。一つ正美先生のお許しをえたいことは、昭和五十九年九月のころ、お手紙を頂きました歌碑のことであります。先生によりますと、正清先生の宰相山（真田山）の邸宅にあったものを祐将先生が大正十二年（一九二三）今橋の建物をお建てになった折に移してこられたというものでした。そのさい、先生のお手紙には、「正清の住居はもと呑春楼という料亭であった由で、それを正清が買求めたのだそうで、その歌碑は勿論呑春楼のときからあったものと思います」とあり、できたら何の句が刻んであるか知らせてほしいということでありました。私は先生に『明治大正大阪市史』第一巻に、明治後期の「見晴らし席貸には玉造眞田山の呑春楼と桃山の産湯楼とが知られていた。この呑春楼・産湯楼の二は大阪市の東端田圃に臨んだ丘の高地に在つて、遠く大和・河内の山々に相対し眺望頗る広濶で菜の花の時候になると、黄雲千里に亙るの美観を呈してゐた」とあるのを引いて、〝呑春楼〟の名の由来を知ることができますむねをお知らせし、歌碑の句については、下部に少々剝落があり、「こちの戸をたゝく水鶏《くいな》のさまし□□《(にも)》　ゆめ惜からぬほとゝぎすかな」とよめるのではなかろうかというあやふやなお返事を申し上げました（写真1）。ところが、先生よりは、

「歌碑の件早速にお知らせ頂き有難うございました。お説の通りで筋が通るようで何だかすっきりした感じでございます。気になっていたことが一つ片づいた感じで喜んでおります」というお葉書（一九八四・九・一一消印）を頂きました。あまりの御丁重な文面なので恐縮いたし、いずれ拓本をとって正確なお返事をと思いながら、いたずらに幾星霜を重ね、先生への正確なお返事を差し上げぬまま、お言葉を交わすこともできなくなりました。誠に申訳なく存じます。奥様のおゆるしをえて、できますことなら歌碑をよく調べ、誰がいつごろよんだのかもわかればご報告申し上げたいと存じます。

写真1　呑春楼にあったと伝えられる歌碑

写真2　松華「浪華名所図」（大阪市立中央図書館蔵）の「三光神社　呑春楼」

写真3　真田山（宰相山）の緒方正清邸（元呑春楼／左の洋館は購入後、新たに建増したもの）（緒方歌氏蔵）

終わりに、正美先生が平成八年（一九九六）九月、ＮＨＫのテレビ（歴史たんけん「蘭学のはじまり」）の収録に応じられて、病院の診察室にて白衣を召して、「大阪の町なかで、医師して普通の社会生活をして、人びとの役に立てば結構だというのが洪庵の気持であったと思います。子孫としてそれは非常に心すべきことと思い、私としてはなるべくここで余り特別なことでなく普通の医療の仕事を続けられたらと思っています」という趣旨のお話をなさったことが今も耳にのこっています。私はこのお言葉こそ緒方正美先生の、洪庵先生の衣針をつごうとなさった尊くかつは気高い使命観・人生観であったと存じます。正美先生への追憶は尽きませんが、重ねてご生前のご高誼を感謝し、心から御冥福をお祈り申し上げる次第であります。

（平成一六・一〇・五）

［追記］　文中の歌碑は、上部も欠損したが、その後、西宮市の緒方歌氏邸玄関入口右側に移されている（写真1参照）。またかねてより、大阪市史編纂所長堀田暁生・服部敬両氏に呑春楼の画像を探して頂いていたところ、最近、堀田氏が大阪市中央図書館所蔵の松華「浪華名所図」に「真田山」として画かれていることをお教え下さった（写真2）。裏面に「三光神社　呑春楼」と二行の墨書があり、明治二十年ごろと堀田氏は推測されている。向って右側に画かれている、一階部分が吹き抜けの展望台を呑春楼はもっていたらしい。この画が発見されたので、緒方歌氏に報告したところ、御家蔵の正清先生邸宅（旧呑春楼）写真を提供して頂きました。写真3参照のこと。

（平成一九・八・九追記）

緒方洪庵先生塑像の亡失について

本年（二〇〇三）六月九日夜、芦屋の緒方裁吉様（適塾記念会理事）より、前日の緒方家の洪庵忌に親族が集った席上、奈良の緒方惟之氏（同記念会理事）から洪庵先生塑像の紛失に関する昭和二十九年四月付の中井光次大阪市長より緒方家に対する詫状が見付かったという話があったので、是非今秋の『適塾』誌上にその内容を紹介するよう伝言されたいとの御申出があった。早速、私はそのむね緒方惟之様へ書面をお出ししたところ、写真1として掲載の中井市長の文面を同封して医業多忙のため私にその紹介をするよう御依頼があった。幸い私の手許に、以前東京の緒方研で緒方富雄先生から頂いた洪庵先生塑像写真および明治四十二年七月十日大阪中央公会堂における洪庵先生贈位祝賀会の先生関係資料陳列場における塑像写真の二枚を保管しており、在りし日の当該塑像を偲ぶことができるので、僭越ながら私が紹介させて頂くことにした次第である。

まず、緒方惟之氏の御宅より発見された書面の内容は次の通りである。

拝啓陽春の候貴家益々御隆昌の段お慶び申上げます、平素は大阪城天守閣につき格別の御支援を賜り厚く御礼申上げます、さて御寄託中の御家宝緒方洪庵塑像壹軀の紛失につきましては、先般来格別の御配慮を煩わし恐縮至極に存じます、右につきましては先般係員を遣し御説明を申し上げました通り、終戦直後の占領軍の城内進駐といふ非常の際の出来事といいえ、折角御寄託中の御家宝を紛失いたしましたことは、貴家の御厚志にもとることとて全く遺憾の念を禁じ得ません、茲に深く御詫びを申上げるとともに、何卒事情を御

賢擦（ママ）の上、御宥恕賜りますよう、偏えに御願ひ申上げる次第で御座います　敬具

昭和廿九年四月　日

大阪市長中井光次

緒方準一殿

岡本良一氏編『天守閣三十年史』によると、昭和六年（一九三一）十一月七日復興新天守閣が竣工し、閣内は郷土歴史館として運営されることになった。緒方裁吉氏談によると、昭和四年まで新町の緒方病院にその塑像があったとのことである。この西区新町の緒方病院は経営難などで昭和四年閉鎖したから（大阪市東区医師会三十周年記念誌『船場の医者』、昭和五十七年、一七七頁）、この塑像の置場所として、緒方家から折しも開館の天守閣内郷土歴史館へ寄託されたものであろう。当時、この寄託手続きのために作成された契約書は大阪市・緒方家双方にあったはずであるが、今では見ることもできず、寄託年月日やその約条も判然としない。

この洪庵塑像が寄託された後、天守閣内郷土歴史館で展示されていたのか、それとも寄託品として収蔵庫に納められていたかはわからないが、終戦後九月二十七日、和歌山に上陸した進駐軍は翌二十八日、一日の猶予を与えただけで全ての日本人の大阪城内退去を命じたうえ、二十九日入城してきた。「速急な退去命令を受けた天守閣では苦心のすえ、これも退去作業に忙殺される軍部から、ようやくトラック三台の配車をうけ、大切な展示資料をはじめとして関係書類・什器等を大急ぎでとりあえず天王寺の市立美術館の地下倉庫に運び入れ保管を依頼した。これ以後二十三年（一九四八）八月二十五日進駐軍から返還をうけるまでの約三年間、大阪城は市民にとって鉄のカーテンで包まれたような不可知の存在でしかなかった」（前掲『天守閣三十年史』）。返還をうけたものの「無残な姿をした大阪城であった。なかでも天守閣はひどかった。建物の主体こそ鉄筋コンクリート造りであったからまずまずとしても、窓という窓はガラスが全部こわされ、当時最高級品といわれた約五〇台ほどの鋼鉄製

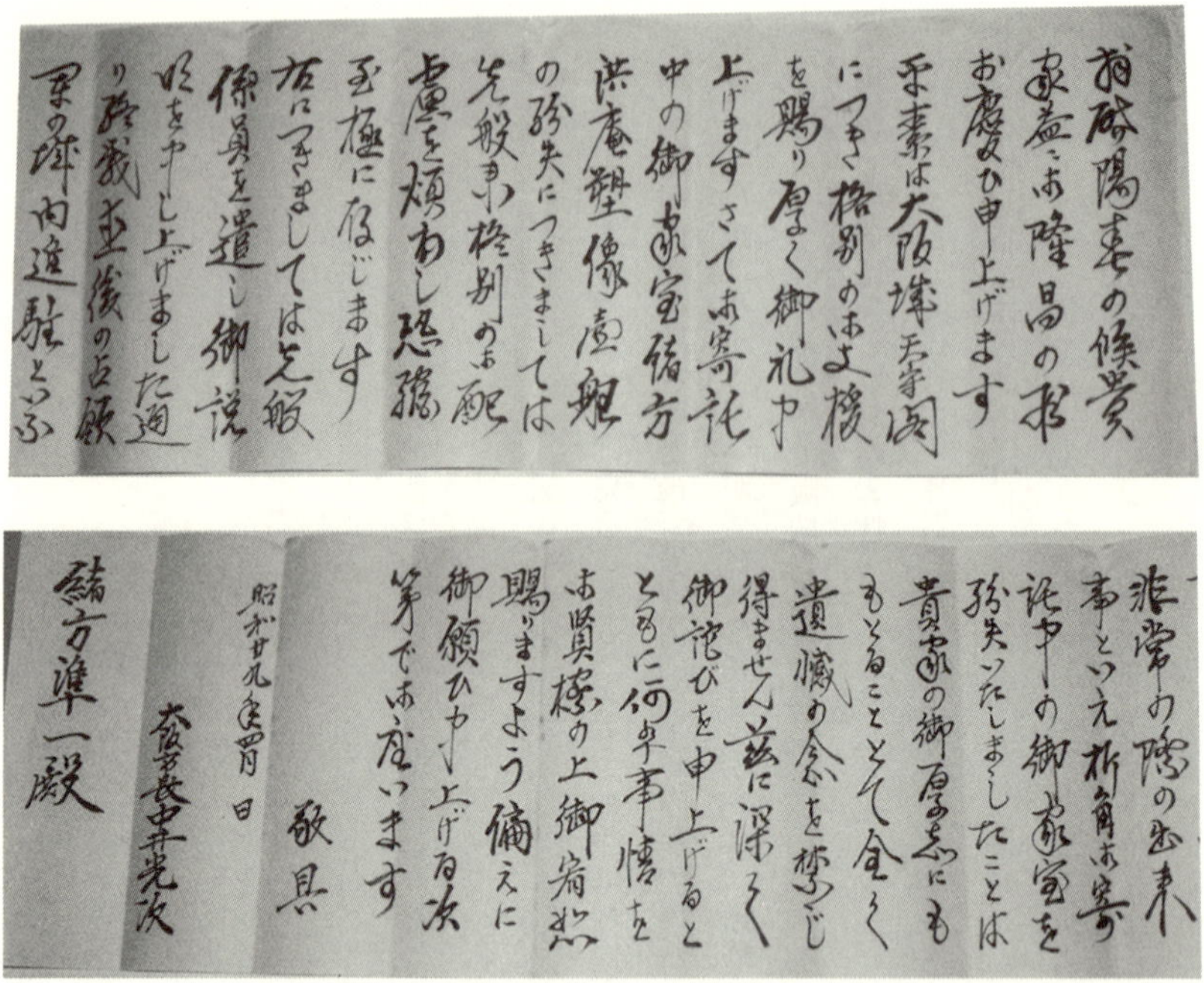
拝啓陽春の候貴
家益々御隆昌の段
お慶び申上げます
平素は大阪城天守閣
につき格別の御支援
を賜り厚く御礼申
上げますさて御寄託
中の御家宝緒方
洪庵塑像壹躯
の紛失につきましては
先般来格別の御配
慮を煩わし恐縮
至極に存じます
右につきましては先般
係員を遣し御説
明を申し上げました通
り我国敗戦後の占領
軍の城内進駐という
非常の際の出来
事とて折角御寄
託中の御家宝を
紛失いたしましたことは
貴家の御厚志にも
もとることとて全く
遺憾の念を禁じ
得ません茲に深く
御詫びを申上げると
ともに何卒事情を
御賢察の上御宥恕
賜りますよう偏えに
御願ひ申上げる次
第で御座います
敬具
昭和廿九年　月　日
大阪市長中井光次
緒方準一殿

写真1　緒方洪庵塑像紛失詫状（緒方惟之氏蔵）

の資料陳列ケースはどれもこれもスクラップ同然にひん曲げられていたほか（中略）一言でいえばまさに手のつけようがない有様であった」（同前）という。もっとも天守閣内郷土歴史館では、昭和十八年頃に、それまで寄託をうけていた相当数の良質展示資料をそれぞれの所蔵者に返却しているが、洪庵先生塑像は返却外としておそらく緒方家の了解のもとに取り残されていたものと思われる。前掲の中井市長書翰から窺われるのは、大阪城並に天守閣の返還後、緒方準一氏より天守閣への寄託中の塑像の存否について照会がなされ、市側でも鋭意調査した結果、「占領軍の進駐という非常の際の出来事」により紛失したものとして緒方家の諒承をえることになったようである。

さて、以上述べてきた緒方洪庵先生塑像の如何なるものかご存じでない方も多いと思われるので、手許の写真を二葉さきに掲げた次

写真２　故緒方洪庵先生贈位祝賀会における陳列品展にみる塑像
（明治42年７月10日／於中之島中央公会堂）

第である。口絵１が塑像正面であり、写真２は明治四十二年（一九〇九）七月十日、大阪中之島中央公会堂における故緒方洪庵先生贈位祝賀会における洪庵ゆかりの遺品類の陳列品展に見える塑像写真である。現在のところ、この洪庵先生塑像がいつごろ、誰によって、どのような発意で製作されたか、あるいは青銅像を作る計画があったのか全く知られていない。なお、この塑像は等身大のものか、高さはいくらかなど不詳である。私自身長らく故緒方富雄先生の御指導・御教示を頂いたが、この写真二葉を頂いただけで、ついぞくわしいお話を聞けなかった。今後、本塑像についてなんらかご存じの御方より御教示を直接記念会の方へお寄せ下さるようお願い申し上げる。

適塾生・奥州手土の南三隆（入門番号六三二）について

まえがき

適塾記念会は、昭和三十五年（一九六〇）緒方洪庵先生生誕百五十年を記念して、適塾門下生の全国的調査事業を各方面の御協力のもとに発足したとき、その資料として急ぎ編集・刊行したのが『都道府県別適々斎塾姓名録』である。南三隆は、この『都道府県別姓名録』では秋田県の部に「元治1・4・28入門　奥州手土　南三隆632」と記入し、その下欄に「手土は出戸《で》の誤か」とある。当時、記念会理事の藤直幹先生の命を受けて右の『都道府県別姓名録』の編集を担当したのはほかならぬ筆者で、今日のような角川書店ほかの各府県の地名辞典がなく、吉田東伍著『大日本地名辞書』（冨山房、明治四十年）『日本地名辞典』（朝倉書房、昭和三十一年）などを参照したが確認できなかった。この南三隆については、門下生調査を今日なお精力的に継続して下さっている芝哲夫先生から秋田県に長く在住され、現在茨木市居住の坂本春吉氏の御教示として秋田県に手土という地名に心当りがなく、また秋田県の医学史その他の文献にも南三隆という人物は出てこないとの報告を受けたので、三隆が秋田県の出身である可能性が少なくなった。そこで改めて手土に通じる東北地方の地名を地図で調べた結果、宮城県仙台市に手戸という地名を見つけた。現在はそれ以上の調査を行っていないが、三隆の出身地については再考すべきであると指摘してくださった右の芝先生のご指摘いらい（『適塾』十三号、一八五五頁、昭和五十六年）、筆者もその御熱意を無にしてはならないと思いながら、最近まで調査を怠っていた。

さて、周知の通り適塾の解体修理の完成、一般公開を機に行われた適塾展で姓名録を全面展示した結果、御子孫の方々から大きな反響があり、その結果、緒方富雄先生いらいの人名の読みに誤りがあることが判明したり、また芝先生の調査によって新知見がえられているので、記念会としては、緒方富雄編著『緒方洪庵　適々斎塾姓名録』（大塚巧芸社印刷、学校教育研究所発行、昭和四十二年）については正誤表を付す必要があり、また現在アウト・オブ・プリントの『都道府県別姓名録』も日蘭学会編『洋学史事典』（雄松堂出版、昭和五十九年）その他に引用されているので、訂正・改版する必要に迫られている次第である。そこで、将来の改版刊行にそなえて、昨年より訂正箇所を整理すべく東北地方から再検討を始めることにした。まず手始めに、冒頭に触れた経緯にもとづいて以下、南三隆の調査結果を報告する。

一　宮城・福島両県立図書館による調査回答

宮城・福島両県立図書館に調査依頼した結果、次の回答に接した。

(1)宮城県立図書館（資料奉仕部調査班担当日野氏）

「宮城県各村字調査」の旧村名「荒巻村」の小字として「手戸」は存在するが、南三隆という人物は宮城県関係資料に出ない（平成一五・一〇・四付回答）。

(2)福島県立図書館（地域資料班辺見美江子氏）

本県の現伊達郡月館町に、「手渡《てど》」という地名あり、『角川日本地名大辞典・福島県』の「手渡村」の項参照のこと。なお、江戸期「手戸村」とも書いたので該当すると思われる。

「南三隆」については、各種関係資料を調査したが、直接本人の記載は見出すことができなかった。しかし、

「手渡村」の「南家」は、代々下手渡藩（藩主立花氏）の医師なること『下手渡藩史』・『福島県医師会史』にあり、『月館町史資料編』の「下手渡藩士の墓碑配置図」の項に「南三省」の名前がある。以上により適塾門下生・奥州手土南三隆は、本県の「手渡村」出身と推定されるが確実ではない。

次に現在の伊達郡月館町の電話帳で南氏を名乗っているのは、大字下手渡町の「南忠雄」様だけで、御存命と思われる。当館に南忠雄著書（『下手渡小学校のあゆみ』平成元年発行）があり、住所・電話番号は、福島県伊達郡月館町大字下手渡字町五三―一、電〇二四五―七二―二九〇一で、南忠雄様に直接伺えば、家系図があるかどうか、わかるかも知れない（平成一五・九・一九付回答）。

さらに、『福島県史』第21巻文化2「近世の学術・思想」に適塾門として「南三隆」（手渡）が出ている（平成一五・一〇・一〇付再回答）。（同巻の信達地方の記述には、「適塾門としては、二本松の近藤玄竜や須賀川の大貫礼蔵らとともにつぎの面々がいる。佐藤周庵（瀬上）・南三隆（手渡）・三浦退之助（福島）」とある――筆者引用、一四一頁）

二　南忠雄氏よりの史料提示

さきの福島県立図書館よりの御回答にもとづき、早速、南忠雄氏へお伺状をお出ししたところ、折返し再度にわたって（十月六日付・十月十四日付）、御家蔵の史料を送って頂いた。今、これらを紹介する。

（イ）南三隆自筆身上書

元三池縣　　祖父南三省醫師

父　南大淵醫師

元高五拾石三人扶持第二大区小九区下手渡村居住

高拾四石　生國岩代國　　南　持

當二拾九歳

旧名　三隆但幼名

久喜多郎

慶應三丁卯年十月於旧三池藩醫家ニテ相續

同戊辰年三月

改業被申付候明治五壬申二月福島縣貫属

右之通相違無之候以上

明治六年二月　　士族　南　持㊞

戸長　氏家又治郎

（ロ）南家家系図

本籍小手村大字下手渡字町二十七番地 現住所　　五十三番地

南家家系 九洲三池立花藩士

（次頁参照）

右の（イ）南三隆自筆身上書によって、南三隆は、祖父が南三省、南大淵とする下手渡藩医師・南家の直系で、

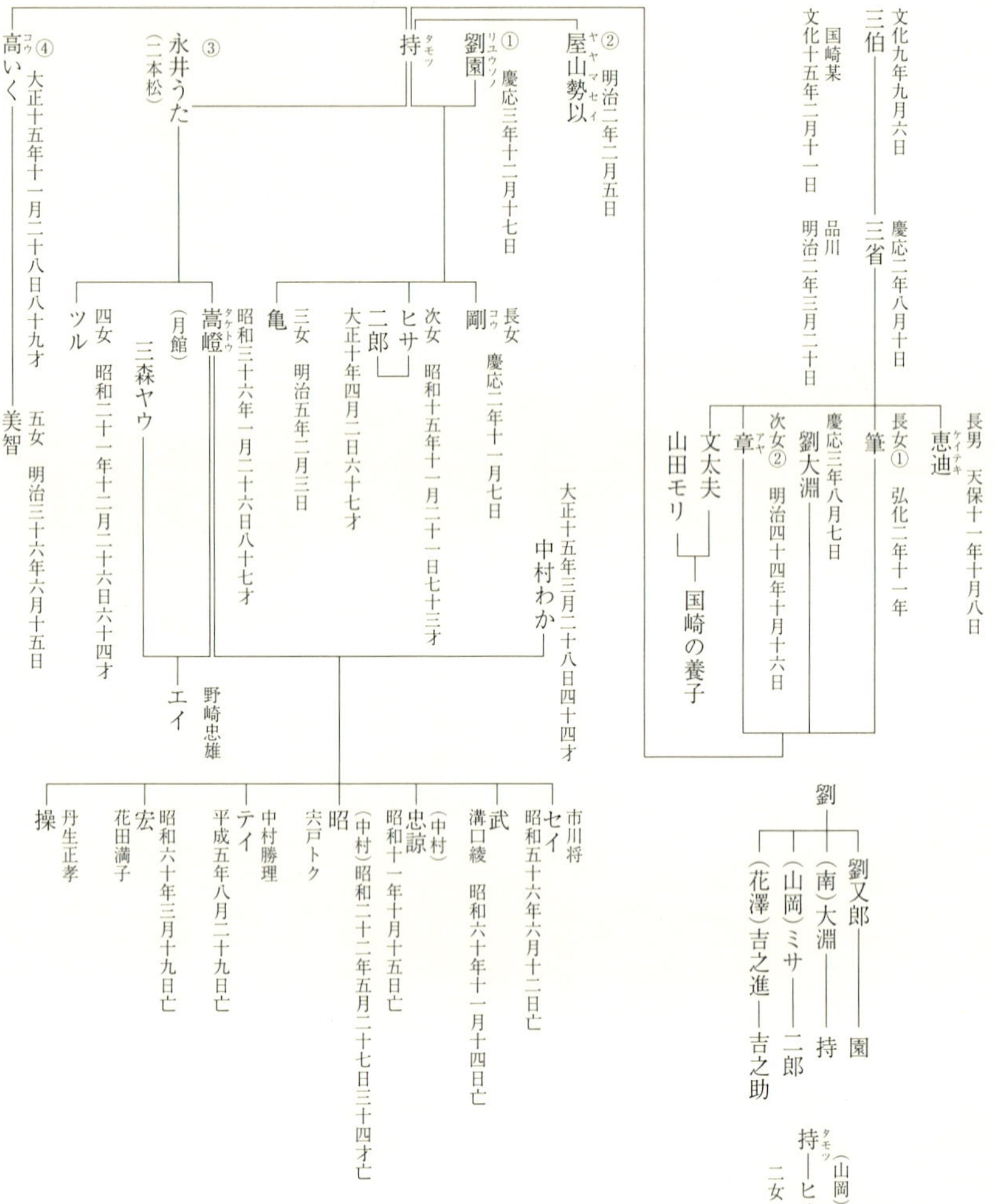

三伯 文化九年九月六日
国崎某 文化十五年二月十一日
三省 慶応二年八月十日
品川 明治二年三月二十日
長男 恵迪《ケイテキ》 天保十一年十月八日
長女① 筆 弘化二年十一年
慶応三年八月七日 劉大淵
次女② 章《アヤ》 明治四十四年十月十六日
文太夫
山田モリ
国崎の養子
② 屋山勢以《ヤヤマセイ》 明治二年二月五日
① 劉園《リユウソノ》 慶応三年十二月十七日
持《タモツ》
③ 永井うた （二本松）
④ 高《コウ》いく 大正十五年十一月二十八日八十九才
長女 剛《コウ》 慶応二年十一月七日
次女 ヒサ 昭和十五年十一月二十一日七十三才
二郎 大正十年四月二日六十七才
三女 亀 明治五年二月三日
嵩嶝《タケトウ》 昭和三十六年一月二十六日八十七才
（月館） 三森ヤウ
四女 ツル 昭和二十一年十二月二十六日六十四才
五女 美智 明治三十六年六月十五日
大正十五年三月二十八日四十四才 中村わか
野崎忠雄
エイ
市川将
セイ 昭和五十六年六月十二日亡
武
溝口綾 昭和六十年十一月十四日亡
（中村）
忠諒 昭和十一年十月十五日亡
昭 （中村）昭和二十二年五月二十七日三十四才亡
宍戸トク
中村勝理
テイ 平成五年八月二十九日亡
宏 昭和六十年三月十九日亡
花田満子
操 丹生正孝
劉
劉又郎—園
（南）大淵—持
（山岡）ミサ—二郎
（花澤）吉之進—吉之助

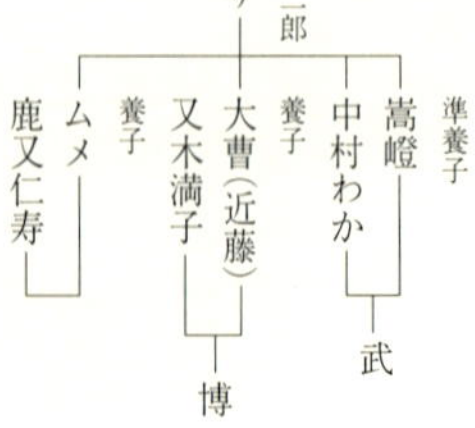

持《タモツ》—ヒサ （山岡）二郎
二女
準養子 嵩嶝
中村わか
武
養子 大曹（近藤）
又木満子
博
養子 ムメ
鹿又仁寿

本名を南持《タモツ》と称し、三隆はその旧名、幼名は久喜多郎といったことが判明した。

さきに福島県立図書館より送付して下さった、吉村五郎著『下手渡藩史』（昭和十三年）所収の明治二年九月「御家中分限帳」には「高五十石三人扶持・南持」（・は下手渡在住のもの）と出ていて、前掲の身上書に合致する。また、南忠雄氏のご教示により、「下手渡藩士墓碑銘緊急調査書」（『月館町史』第三巻近世・資料編Ⅱ所収、平成十四年）には、南亀女、南三省、南三省妻、南大淵、南忠迪・南大淵妻の各墓などが記され、南持（三省）の墓は下手渡耕雲寺にあることも判明した。

ちなみに、『福島県医師会史』上巻（昭和五十六年）によると、南二郎は、安政二年（一八五七）二月生れ。旧二本松藩士山岡常右衛門の次男。幼にして父を失ない、伊達郡下手渡村南持（旧立花藩医）の養嗣子となる。明治十六年（一八八三）東京大学医学部卒。岩手県医学校・島根県医学校教諭、滋賀県大津病院副院長を経て、同二十一年福島県立病院（現、福島県立医科大学附属病院）副院長。同二十三年福島市に南病院を開設、同四十年福島県医師会設立とともに会長、大正二年（一九一三）までその任にあった。

南大曹は、明治十一年（一八七八）生れ。二本松藩士近藤文貞の三男。南二郎の養子となる。東京大学医学部卒。東京京橋に南胃腸病院開業。わが国胃腸病院創成者の一人。筆者のような文科系の者にとっては、南大曹博士といえば、早稲田大学図書館所蔵の同博士旧蔵の洋学者関係書翰の壮観が思い浮ぶ。大阪大学へ赴任の二か月前の昭和二十八年（一九五三）一月、開国百年記念「新文化の漂流・洋学展覧会——自筆本を中心として——」が早稲田大学で開かれ、南大曹博士旧蔵の新井白石・青木昆陽・山脇東洋・前野良沢・杉田玄白・桂川甫周・大槻玄沢・大槻盤渓・杉田玄端・宇田川玄随・宇田川玄真・宇田川榕庵・三浦梅園・林子平・伊能忠敬・中野柳圃（志筑忠雄）・帆足万里・小石玄瑞・渡辺崋山・坪井信道・伊東玄朴（八雲屋八宛を含む）・緒方洪庵（武谷椋亭宛を含む）等々の書翰をはじめて実見させていただき、その感激は今もって記憶にあるが、ここにはからずも南三隆の子孫に南大曹博士があたることが知れ、感慨深いものがある。

このたび貴重な御家蔵史料をお寄せ下った南忠雄氏は、昭和二十四年旧下手渡藩士野崎家から南家へ御養子に入られ、四十年近く教育界で活動されて御退職後、現在月館町議会副議長、同町社会福祉協議会々長をつとめられている。末筆ながら、南忠雄氏および福島県立図書館の御高配に対して衷心お礼申し上げます。

むすび

以上、主として福島県立図書館および南家の現当主南忠雄氏の御厚情により、適塾生の「奥州手士　南三隆」は、現福島県伊達郡月館町大字下手渡（岩代）の出身で、入門の元治元年（一八六四）四月当時下手渡藩医の家柄であったことが明白となった。従って、『都道府県別姓名録』の従来の記載は誤りで訂正することとし、ここに秋田県の部より「南三隆」をはずし、福島県の部に移すこととする次第である。

［付記］　南持（三隆）の身上書には、「元三池県」「旧三池県」「福島県貫属」などと記されているが、これは下手渡藩の歴史的事情によるものであるので、若干説明しておく。

下手渡藩は、文化三年（一八〇六）六月、筑後国三池藩主立花種善《たねよし》が、陸奥国伊達郡下手渡村に国替を命じられて成立した一万石・外様の小藩である（領地は陸奥国伊達郡一〇か村。転封の原因は、前藩主立花種周《たねちか》が文化二年幕閣の内紛に巻き込まれ、奥向きの事を外部に洩らした廉で免職・隠居となる）。のち、嘉永三年（一八五〇）、当時の藩主種恭《たねゆき》のとき、旧封の筑後国三池郡五か村と村替を命じられ、領地は陸奥国伊達郡六か村と筑後国三池郡五か村となった。そのため藩士の大部分は下手渡に居住したが、一部は三池居住のものもあり、また三池に勤務を命じられるものもあった。

下手渡藩は、やがて戊辰の戦乱期には、奥羽列藩からその態度を注視され、同盟に参加していたが、一方では同藩は本家柳川藩主立花氏とともに東北鎮撫を朝廷から命じられた。その時期、藩主種恭は幕政の重職（会計総裁・老中格など）にあったため、藩の去就について苦慮し、勤王・佐幕の態度が明確でなかった。そこで奥羽同盟の盟主・仙台藩から同盟に違反したとして明治元年（一八六八）八月下手渡の陣屋を攻撃された。その後、間もなく、翌九月種恭は筑後三池にまたも転封となり、藩士の多くはこれに従った。しかし、三池転封後も、下手渡藩の旧領（伊達郡八か村）はそのまま三池藩の分領とされた。これより先、南持（三隆）は慶応三年（一八六七）十月下手渡藩において医家を相続したが、三池への転封前に「改業」を命じられている。この事情は今のところ不明である。ともかく南持は、明治元年九月の三池転封にさいして筑後三池へ移らず、下手渡に残り居住した。

明治二年六月の版籍奉還を認められた藩主種恭は三池藩の知藩事となり、引続き下手渡の旧領を支配した（『藩史大事典』第一巻）。やがて明治四年七月の廃藩置県にあたり三池県と改称して、下手渡藩領は三池県に属した。ついで、同年十一月二本松県が設置されると、これに統合されて三池県所属は解かれた（九州三池県は、同年十一月、柳川・久留米の二県と統合して三潴県がおかれている）。二本松県設立後、間もなく同県は福島県に編入されるに至った（『福島県史』第3巻通史編3近世2、一〇六八～七二頁）。

緒方富雄博士編『緒方洪庵のてがみ』その三（最終巻）の完成・刊行について

話に入る前に、本日、緒方富雄先生の畢生のお仕事でありました『緒方洪庵のてがみ』その三（最終巻）が発刊となりましたので、まず先生の遺影の前に拝呈し、ご覧に入れたいと存じます。おこがましく私が先生の共編者として名を列ねておりますのは僭越なことであり、かつできる限り先生の意を汲んで編集につとめたつもりですが、きっと先生からすれば、お目だるい、ご満足いただけない点も多いことと存じますが、なにとぞご海容をお願い申し上げます。

一　最終巻発行の経緯

さて、緒方富雄先生畢生の大事業として、『緒方洪庵のてがみ』その一・その二がそれぞれ発刊されましたのは、昭和五十五年（一九八〇）十月・十二月のことで、この年の十一月初旬には皇太子同妃両殿下（現天皇皇后両陛下）が適塾をご視察された記念の年でもありました。

先生は、その二の「はじめに」で、「わたくしは、この整備中病気のため約四十日間東大病院内科に入院して治療を受け、ほぼ回復して十月に退院した。この空白のため、この巻の編集の計画と印刷のはかどりが大きくくるって、たくさんの方々に御迷惑をかけた。いろいろの資料の検討も十分できなかった部分もある。現在は体調はほとんどもとに復したが、まだ無理は禁ぜられている。この思わぬ事故のために、この巻（「その二」）の発行予定が大きく狂った。この事情をくんでいただき、計画の変更などを了承していただくようおねがいする。終巻（「その三」）で可能な限り補足などして責をふさぎたい」と記しておられ、「その二」の発刊もすでにご病気をおしてなされたものでありました。その後も、先生のご体調は十分に回復せず入退院を繰り返されましたが、その間を縫って先生は最終巻「その三」の編集を鋭意進められていました。この間、各方面で待望の声が高かったにもかかわらず、この最終の第三巻の発刊をみずして、先生は平成元年（一九八九）三月三十一日肺炎のためなくなれました。享年八十七歳。まことに痛惜の至りでありました。

先生がおなくなりになる直前まで続けられていましたご編集の成果は、先生愛用の黒皮のトランクに一杯収められ、令嗣緒方洪章氏が大切に保管されていました。先生没後しばらくして、駒込のお宅へ緒方裁吉様とともに参上して、洪章様から右のトランクを見せていただき、かつお預りして帰りました。よくそれを拝見しますと、すでに再校、三校も済んだものもあり、「その三」の構成を「第三部　身内へのてがみ」、「第四部　洪庵の死とその直後」、「第五部　洪庵の門下生へのてがみ」（補遺）と決めておられたことがわかりした。また、「この巻のはじめに」と題された原稿もできあがっておりまして、病中にもかかわらず、いかに先生がこの最終巻の編集・刊行に情熱を傾けられていたかがうかがわれ、私は大いに感動しました。ここで、先生のお気持ちがきわめてよく出ています「この巻のはじめに」――これには「昭和五十七年」（一九八二）と書かれてあり、「その一」「その二」が出てから二年後のご執筆だということがわかります――を紹介したいと思います。

この巻のはじめに

この巻で『緒方洪庵のてがみ』は終結する。前二巻にひきつづいて、洪庵が身内や門人や知人にあてたてがみをとりあげた。洪庵は文久二年（一八六二）八月に、幕府に召されて、大坂をはなれて江戸で生活するこ

月十日医学所の役宅で急死する。江戸に来てからわずか十カ月である。

とになる。役職は奥医師と西洋医学所（のち医学所）の頭取とである。そして洪庵は文久三年（一八六三）六
　洪庵は江戸に住むようになってからも、公務のいそがしいなかで、あちこちにてがみを書いているのはい
うまでもないが、この時期になって、当然のことながら急に大坂、その他にいる身内、親戚へのものが多く
なる。

　この巻におさめた洪庵のてがみは、大坂時代のものに江戸時代のものがくわわる。しかしあてさきは変わ
らないものが多い。これまでの巻にも江戸からのてがみをとりあげたものがあるが、それは内容の関連に重
点をおいた。これもまた便宜上のことであるが、親戚あてのものをひとまとめにした。このほか、この巻に
は身内が洪庵にあてたてがみのうち、洪庵をよく浮き彫りにするもの数種を選んで掲げた。さきの二巻の補
遺・訂正等もできるかぎり掲げたのはいうまでもない。わたくしは、この洪庵のてがみ三巻によって、洪庵
自身に関することはもとより、洪庵をめぐる種々のできごと、さらにひろげてその時代がうかがえるように
努力したつもりである。欲をいえばきりがないが、資料はこれでほとんど尽きているのであるから、あとは
この本を読まれる方、利用される方々におまかせする。

　わたくしは長年にわたって、緒方洪庵だけを主な目標にして研究し、資料を公表し、提供してきた。洪庵
の子等、親類のものたち、さらには知人や門人の誰彼については、わたくしの仕事のワク外においていた。
ところが、洪庵のてがみをとりあつかうようになって、上述の方針がわたくしの大きな空白として、わたく
しの仕事のはかどりをいちじるしくさまたげた。後悔はしているが、それだからといってどうにもならない。
しりぞいて考えて見れば、わたくしの仕事は、洪庵のてがみの原文を写真復刻版で掲げ、わかる範囲で年月
日の考証を添えておけば、その大半は果たしたことになる。いちいちの「解読」も現代文も「解説」もすべ

て、ただ皆さんの便宜のためということであって、本質的に大事な部分とは思わない。そう考えて、みずからの無力のいいわけをしている。どうか、その点ご海容いただきたい。

最後に、資料を貸していただいたり、また写真をとらせていただいたり、わたくしの質問に答えていただいたり、あらゆる御面倒をおかけした方々に、あつくお礼を申しあげる。なかには亡くなった方もいられる。そのほか、わたくしが三十年も五十年もまえに、原文を書きとらせていただいた資料は、その後どうなったか、跡を追うよしもない。それについては、原文の写真を掲げることができないのは、まことに心残りである。また御親切に御自分で解読して送っていただいた方々のうちにも、その後手がかりがなくなったものもあり、これらについては、原文が掲げられないものが、いくつかある。今後もなお資料が出て来ないとは限らない。その折は、またなんとか考えるつもりである。

わたくしの終結巻を刊行するにあたり、過去十年にもなろうとするこの仕事を見守り、援けてくださった適塾記念会の皆さん、そして労費の多い編集・印刷の仕事をやりとげられた菜根出版の高橋愛子社長をはじめ、斎藤満智子さんその他前後多くの関係者に心より謝意を表したい。

私の余生を考えて、絶えず追いかけられるようなあせりを感じていたが、この巻を出してほんとうにやれやれという気持である。

昭和五十七年　　　　　　　　　　　　　　緒方富雄

このような先生の遺業、ご遺志に接しましたことから、今回の「その三」の発刊具体化へとつながるのですが、もう少し話をさかのぼらせていただき――と申すのは、先生の「てがみ」その一・その二発刊当時の経緯についてご存じの方も少なくなりましたので――若干その当時のことに触れたいと存じます。このことにつきましても資料の保存という立場で、先生ご自身の文章（その一・その二刊行の年より五年前の昭和五十年〔一九七五〕三月のもの）をご披露します。

『緒方洪庵のてがみ』のこと

緒方富雄

緒方洪庵（一八一〇―一八六三）の書翰出版のはなしは、まえにもありましたが、その時は機が熟しませんでした。それがこのたび大阪大学の釜洞総長が会長になっていられる「適塾記念会」の積極的なおすすめと、大阪大学の藤野恒三郎名誉教授、梅溪昇教授、三輪谷俊夫教授の力強い御支援でいよいよ実現することになりました。このはなしが持ちこまれましたのは昨年の五月で、出版社としては「菜根出版」が推薦されました。そのときわたくしは「菜根出版」にこれをやりとげる根気があるかどうかをたしかめたくおもいました。はじめて社長の高橋愛子さんにあったとき、高橋さんは「やりとげる根気はあります」とキッパリいいました。この一言でわたくしもこの仕事をやりとげる決意をかためました。

それで、昨年九月には釜洞会長の依頼状とともにわたくしの依頼状を各方面に出し、洪庵のてがみをお持ちの方にはそれを写真製版して収録させていただくことをおねがいしました。できることなら現存の資料はこうして全部まとめたいと考えたのです。そのほか以前に所在がわかっていて、いま不明のものも、せめて活字で組んでおさめたいと考えました。

われわれの依頼状に応じて、所蔵者から早速御親切に御返事をいただき、資料の使用もこころよく許可してくださいました。そのほかいろいろの「つながり」をたぐって所蔵者をさがしあて、おねがいしたこともありました。ある方は現物を送りとどけてくださいましたし、ある方は貸してくださいました。また写真をとって送っていただいたこともあり、写真をとりにうかがったこともありました。三輪谷教授はわざわざ自分で遠方まで出かけて、たくさん撮影してくださいました。恐縮しています。所蔵者にはいろいろの御迷惑をかけました。おかげでこれまでにおよそ二百五十通の資料があつまりました。

なぜ洪庵の書翰集を出すのか？　いうまでもなく、てがみは、その必要があって書くのですから、そこにはなにかその人にかかわることが書かれているはずです。ですからこれを読む人の見方によって、てがみを書いた人の、そのときどきの心のはたらきや行動や、その人をとりまく環境や社会の様子をひき出してくることができます。こういうことは、個人の伝記などからなかなかうかがい知ることのできないものです。

洪庵は病弱で、よく仕事を休んだり、寝たりしていますが、それでもなかなか筆まめにてがみを書いていますす。しかもどのてがみにもなにか「ひっかかり」になるようなことが書いてあって、それが洪庵についてしらべる、よい資料になるのです。洪庵のそのときの心境、洪庵の身辺、洪庵の属した蘭学社会のこと、世間のことなどが、よく再現されてきます。いろいろのてがみの年代考証と、背後の事情などをそえておけば、読者は自分の関心にしたがって、いろんなことをひき出してこられることでしょう。

どんな体裁のものにするのか？　これについてはいろいろと考えました。まず表題を「緒方洪庵のてがみ」としました。ごく普通に「緒方洪庵書翰集」とすることも考えましたが、ただの書翰集よりはもうすこしいろいろのことをしらべたり考えたりしたものであることをあらわしたいのと、すこしやわらかさを持たせたいので、このようにしました。

この本の主体は、洪庵のてがみをできるかぎり写真版でおさめ、それにその「解読」といろいろの「解説」を加えたものにしました。てがみを活字だけで再現するのでは、どうも見た目の変化にとぼしく、原物のあじわいをいちじるしくそこないますので、実物大に近い感じのする大きさ（一行が約一〇センチ）の写真版を二段組にしました。したがって本の大きさをＡ４判にしました。

ところで、むかしの人のてがみの文を活字にうつしただけの解読（読みくだし）では、現在の多くの利用者にはわかりにくいのではないかという意見も出て、はじめに予定していなかった現代文での「訳文」を入れることにしました。それを「現代文抄」と名づけました。もとより原文の気持をそのまま伝えることはできませんが、実用的にはお役に立つでしょう。それにしても、ここを読んで見当をつけられたら、かならず原文かその解読に目を通してください。

「解説」その他は、まだ十分に想を練っておりません。これは内容全体を見とおしてきめたいとおもっていますが、あて名の人ごとにまとめ、そのなかで、わかるかぎり年代順にならべることはきめていますが、だれにあてたものを、どのような順序にならべるかは考えている最中です。

この本の完成までには、もう一年くらいかかるかとおもいますが、意外に多くの方々がたいへん熱心にわたくしをはげましてくださいますのと、出版をまちわびていられることをうかがい、とりあえず中間報告的にお知らせする次第です。

なお、わたくしは、これで洪庵のてがみは出つくしたとはおもっておりません。どなたかその所在を御承知でしたら、ぜひ御教えください。できるかぎり充実したものに仕上げたいと念じていますので、どうかよろしくおねがいいたします。

これまでいろいろお世話になりました方々の御名前は、いずれ本のなかにかかげて感謝の意をあらわしたいとおもっておりますが、この段階でもあつくお礼を申しあげます。

「菜根出版」の「根気」はまだつづいております。誠意をもって仕事をしてくれています。

昭和五十年三月

（菜根出版発行『緒方洪庵のてがみ――緒方洪庵書翰集――』本文見本刷パンフレット所載）

この文章にも、先生の『緒方洪庵のてがみ』発刊への大きな抱負と並々ならぬ情熱を感じとることができましょう。

また、右の文中にあります釜洞適塾記念会長の依頼状の文面は次のようなものでした。

緒方洪庵書翰集刊行計画についてのお願い

適塾記念会会長
大阪大学総長　釜洞醇太郎

偉大な医学者であり教育者であった緒方洪庵とその門下生が、徳川末期以後の日本文化にどのような影響を及ぼしたかを明かにするために、多くの研究者の協力を得て、適塾門下生調査資料集第Ⅰ集（一九六八）と第Ⅱ集（一九七三）を刊行してきました。

この度緒方富雄博士は、菜根出版（東京）と協議の上で、緒方洪庵書翰集の出版計画をたてられました。適塾記念会としては、これに全面的に協力いたし、立派な医学史資料を世におくられることを期待しています。緒方富雄博士は、洪庵の血縁者であるだけでなく、最高の蘭学研究者であり、洪庵書翰解説者として最適任者であります。

洪庵の書翰の現存するものはかなりの数にのぼり、うち一部は断片的に発表されています。その間に、洪庵著書にみられない医学的新事実がいくつか発見されています。それで適塾記念会内部でも洪庵書翰と関連文書の協同研究を話題にしたことがありますが、それは実現しませんでした。それでこの際、適塾門下生調査資料の出版に御協力くださった方々をはじめとして、医史学、郷土歴史研究者各位に御援助を願って、最良の医学史資料として、緒方洪庵書翰集が学界に登場することを期待いたします。何卒よろしくお願いいたします。

（昭和四十九年）九月一日

追伸

適塾門下生調査資料に当った藤野恒三郎名誉教授と梅溪昇教授が緒方富雄博士に協力することになっていますので、同封の葉書を以て洪庵書翰の所蔵者名と住所を御通報いただき、それ以後の事業進捗に御協力をいただきたく存じます。

このように緒方先生の『洪庵のてがみ』発刊事業には当初より適塾記念会が協力し「その一」発刊のさいは、当時の会長山村雄一大阪大学総長と九州大学医学部の武谷健二教授が、それぞれ「待望の緒方洪庵のてがみ」、「〝洪庵のてがみ〟待望の刊行」と題して推薦文を書いておられます。とくに藤野恒三郎先生は、おじい様が適塾生であり、洪庵の書翰をおもちで、それらを早速緒方先生に提供され、「その二」の口絵（カラー版）と本文中に掲載されています。このように、藤野先生は緒方先生のこのお仕事に当初から積極的にご協力され、緒方先生もそのことを大いに多とされていました。藤野先生はこの緒方先生の「てがみ」全三巻の完成を心待ちにされ、私どもにも完成すれば是非とも何かの賞に推薦したいとしばしばもらされていたものでした。

このような来歴をふまえて、昨年十二月十四日適塾管理運営委員会副委員長の多田羅浩三先生に同運営委員会幹事会を開いてもらい、緒方先生の遺業である「緒方洪庵のてがみ」その三の刊行を推進・協力することを決め、従前からの関係から私が編集のお手伝いをすることになりました。そこで菜根出版の高橋愛子社長様にそのむね連絡して承諾をえ、十二月二十日私と高橋社長とが緒方洪章様にお目にかかり、幸い本巻刊行について御了承、御快諾をえた次第です。

従いまして、緒方洪章様よりも本巻につぎのような文をお寄せいただき、ありがたく思っております（拙名をお出しいただいており恐縮ですが、記録として掲げさせていただきます。以下同じ）。

『緒方洪庵のてがみ　その三』によせて

父は私に自分の研究や仕事に関して殆んど何も語りませんでしたので、『緒方洪庵のてがみ』が全三巻と云う構想でありながら、第三巻が未完になっている事を父の死後、皆様の御話から初めて知りました。今回、梅溪昇先生、適塾記念会の皆様、菜根出版の高橋愛子社長、御協力いただきました多数の方々の御熱意と御好意により第三巻が発刊されました事は、私にとりこの上ない喜びであり、心から厚く御礼を申し上げます。父も皆様に感謝申し上げげつつ大いに喜んでいる事でしょう。機嫌の良い時の笑顔や、ちょっと得意気な話し声が、よみがえってまいります。私の家は洪庵が眠っている高林寺（東京都文京区）からごく近くで、これも何かの御縁かとしばしば墓前を訪れております。子供の頃、はるか年上で実感がもてなかった洪庵でしたが、江戸に出て来た時と同じ年齢に自分がなったせいか、父の研究者的角度から洪庵を思うのとは、又違った意味での親しみを覚える様になって来ました。

一方、あらゆる面で昔の人は大人だったのだと痛感させられ、ただ一つ、画家の私の方が絵は上手だろうと云う事を除けば、とてもとてもかないません。手紙は人の生き方を正直に写し出します。「緒方洪庵のてがみ」を通じて、洪庵が歴史の中に石像の様に固定した人物ではなく、喜んだり、心配したり、悩んだりする生き生きとした人間として、人々の心の中に存在する事が、洪庵の喜びである事を確信し、私の強い願いでもあります。

平成六年（一九九四）三月

緒方洪章

このようにして、緒方先生がおなくなられて五年の歳月がたちますが、ようやく本巻の刊行をみるにいたった次第です。本巻の刊行にさいし、現記念会長の金森順次郎総長も次のようなお心のこもった推薦文を書いて下さいました。関係者の一人として厚くお礼申し上げます。

待望の『緒方洪庵のてがみ』その三

適塾記念会会長
大阪大学総長　金森順次郎

この度、故緒方富雄先生が晩年心血を注がれて執筆編集された『緒方洪庵のてがみ』の最終巻が、故人のご遺志を継がれた梅溪昇先生を始めとする関係者のご努力で完成刊行の運びとなりましたことは、まことに慶賀にたえません。既に刊行された「その一」および「その二」と同様に、書簡原文の写真と解読および現代文への書き直しに加えて、書簡の背景についての懇切な解説が、西洋文明の摂取が始まった十九世紀半ばに、天然痘、コレラ等と格闘した偉大な医師であり、適塾に多数の若者を集めて教育し、日本の近代化の原動力となった緒方洪庵先生の人間像を生き生きと描き出しています。この三巻の書簡集は洪庵先生の多彩な事蹟の側面を伝えると同時に、先生の心遣いや気配りの温もりを感じさせ、また、日本の大きな転換期であった幕末という時代の偉大な先覚者の熱い気概を垣間見せます。第二の開国ともいうべき国際化の波に洗われている現代の我々の心の糧を与える意義深い読物であり、また、貴重な資料でもある本書を心から推薦する次第です。

二　本巻の概要

本巻では、先生のご構想にありました「第五部　洪庵の門下生へのてがみ（補遺）」は分量も多く、編集にはなお調査を要しますので今回は除き、先生の編集が最もよく進んでいました「第三部　身内へのてがみ」、「第四部　洪庵の死とその直後」を収め、全三巻に掲載のてがみの年代順一覧、前二巻の正誤表、全三巻の人名索引、事項索引（一般事項・医学事項）を付けました。従いまして、本巻所収の「てがみ」は次の通りです。

第三部　身内へのてがみ

その一　長崎の二子（平三・城次郎）あて　……………十一通（筆跡欠一）
その二　大坂の拙斎あて…………………………八通（〃　一）
その三　大坂の八重あて…………………………四通（〃　三）
その四　堀家キチあて……………………………一通（〃　一）
その五　佐伯瀬左衛門（兄）・右馬之介（甥）あて……四通（〃　一）
その六　大藤下総守（大藤高雅）あて　…………四通（〃　一）
その七　億川翁介あて……………………………一通
その八　身内より洪庵あて………………………五通（筆跡欠一）
第四部　洪庵の死とその直後……………………七通

全三巻では次の通りです。

「その一」八五通
「その二」三二通
「その三」四五通
総計すると一六六通、そのうち洪庵のてがみ一五八通、洪庵以外の身うちのもの八通。

三　今回割愛分の内容について

今回、編集の都合でやむなく省きました緒方先生の「第五部　洪庵の門下生へのてがみ（補遺）」の総数は八十通です（うち若干通は知人あてをふくむ）。この八十通のうち、原書翰写真を欠くもの二十一通、写真の焼付が小さくて判読しにくいもの七通などがあり、今後これらの原書翰の所在さがしにつとめると共に、年代考証ほか、解説可能な程度にまでおよそ三十人余りの門下生について調査・研究をしたいと存じます。私自身も明日のことはわかりませんからできるだけ作業を急ぎ、一年先きぐらいには緒方先生の本来のご構想が実現できるよう準備を整えたいと思っております。

いずれにしても、今後皆様の御協力・御教示をえなければなりませんので、次にこの八十通の未刊分の内容をご報告しておきます（そのうち原書翰の写真を欠くものをA、写真の焼付が小さくて判読がむつかしいものをBの記号として付しておきます）。

1安東駿蔵宛一通（A）	2秋山弥左衛門宛一通（A）	3石井宗謙宛一通（A）	4伊東南洋宛一通
5池上謙策宛一通（A）	6池田良輔宛四通	7梅谷左門宛一通	8緒方郁蔵宛一通
9大森武介宛一通（A）	10大浦玄尚宛一通	11川本幸民宛一通（A）	12黒川良安宛一通（A）
13後藤浩軒宛一通（A）	14武谷椋亭宛二七通（四A）	15津下成斎宛一通	16塚本道甫宛二通（二A）
17坪井信良宛一通（A）	18長与道全宛一通	19長与専斎宛一通	20西有圭宛四通
21浜口儀兵衛宛一通	22久岡善源太宛一通（A）	23広瀬元恭宛二通	24藤田彦左衛門宛一通（A）
25布野雲平宛三通	26船曳卓介宛四通（二A）	27村上代三郎宛四通（二B）	28守屋庸庵宛三通（三B）
29山鳴剛三宛一通	30山鳴弘斎一通（B）	31山田真順一通（A）	32山崎遷司宛一通
33安田謙曹宛一通（A）	34吉田有秋宛三通		

右のうち、14武谷椋亭宛および6池田良輔宛のてがみについては、三輪谷俊夫先生がみずから福岡・須磨に出張して撮影されたものであります。従って武谷椋亭宛の四通のAは、いずれ後日ネガないし焼付分が見つかるものと思います。これら未刊分についてなにとぞよろしくお力添えを仰ぎたく、かさねてお願い申し上げます。

四　本巻編集余話

なお、本巻の編集をお手伝いさせていただきましたことに関して二、三お話をします。その一つは「その一」「その二」の正誤表は緒方先生がみずから作成されていたもののほかに、伴忠康名誉教授のもとへ昭和五十六年の十月十六日付、十月三十一日夜付、十二月六日付と三回にわたり寄せられた進藤鵜之助様（横浜市港北区大曽根町七六二　大倉山ヒルタウン一の二二）のご指摘も勘案しながら、私の責任にて取捨し、追加作成したものでありますす。その二に、「索引」作成にさいし、医学書名のほかに、薬名・薬書の類がいろいろ出てまいりました。医学書についてはほとんど緒方先生がよくお調べでありましたが、薬については余り注解がなく、もとより私は素人でありますから、その都度、くすり博物館顧問の青木允夫先生や本学薬学部の米田該典先生にお尋ねしなければなりませんでした。そんなことから、今年の適塾の特別展は是非とも洪庵先生の〝くすり〟についておやりいただきたいなどと申し出まして、無理やり米田先生にご苦労をお願いし、芦屋の緒方裁吉様や奈良の緒方惟之様のお宅へ米田先生とともに参上いたし、ご所蔵の薬箱をそれぞれご出品いただくとともに、米田先生のご専門の立場から展示をしてもらい、かつ薬箱の薬の内容調査を進めていただくようになったわけです。いずれ後日、この二つの薬箱の薬の内容や洪庵先生の薬の処方についてのはじめての学術的な報告書が出るものと大いに期待しております。その三は私自身のことで申しあげる必要もないのですが、本巻は丁度洪庵が江戸に召される時代、そして間もなく亡くなる文久二、三年という幕末の朝幕関係が緊張し、尊王攘夷運動の高揚期にあたり、そうした政治情勢がらみの〝てがみ〟が大部分でありましたために、医学史に全く素人の、私のような者が編集をお手伝いし「解説」を担当することができましたわけで、今まで私が馴染んできました幕末明治維新史の研究が役に立ったことをよろこんでいる次第です。

五　緒方富雄先生追想

もう時間も大分たちまして、ボツボツ切りあげるべきでありますが、本夕は「洪庵忌」の催しとしての〝適塾の夕べ〟であり、これまで洪庵や門下生、その他適塾記念会の仕事に尽された先人の遺業を追慕し、記念会の前進のために決意を新たにする機会でもありますので、改めて洪庵顕彰に尽された緒方富雄先生を偲びたいと存じます。

先生がいつから洪庵伝の研究をはじめられたかといえば、それは大正十四年（一九二五）未だ東京大学の医学生のときでありました。先生ご自身、その著『蘭学のころ』（昭和十九年＝一九四四）のはしがきに、

うちあけていふと、私が蘭学のころに関心を持つやうになつたのは、その時代に生きてゐた緒方洪庵の伝をおもひ立つたときからである。医学生のころにオランダ語を勉強して、それから字引をたよりに、蘭学のころのオランダ語にかぢりつき、そこから蘭学の時代にふみわけて行つた。（中略）かうして二十年もたつてみると、蘭学のころについて書いたものがかなりたまつた。そこへ書店のすすめもあったので、私はそれらを一つの本にまとめておく気になつた。

といっておられる。また、緒方富雄著『緒方系譜考』の大正十四年（一九二五）十二月の自序にも、「この小さな書は、何時の頃にか完成される筈の「緒方洪庵伝」という考証的な伝記の序論ともいふべき部分となるものです」とも書いておられます。なお、この『緒方系譜考』のはしがき（大正十四年二月）には、父君の緒方銈次郎様（洪庵の孫）が、「今回私の二男富雄が思立つて、洪庵伝記の執筆に取りかかりました。其伝記の巻頭に載せらるべき者は、当然緒方家の系譜であらねばならぬ。そこで私は富雄を伴つて、昨年来備中及豊後に在る祖先の土地を踏み、それぞれの古蹟を訪れ、一方、色々の方からの御助勢で史蹟伝説其他の参考材料を出来るだけ汎く輯めまし

た云々」とあって、富雄先生の洪庵研究の開始には父君銈次郎様の影響も大いにあったように思われます。銈次郎様の著作には『緒方洪庵と足守』（昭和二年＝一九二六）、『洪庵の恩師中天游先生』（昭和十五年五月、前掲『蘭学のころ』所収）、『七十年の生涯を顧みて』（昭和十六年十二月）などがあって、富雄先生の洪庵伝にもそれらの研究成果が引きつがれています。

先生は、明治三十四年（一九〇一）十一月三日、大阪のお生まれで、偕行社附属小学校、天王寺中学から神戸一中へうつり、三高をへて、大正十一年（一九二二）東大医学部入学。大正十五年三月のご卒業ですから、さきにも述べましたように未だ医学生として在学中の大正十四年二十四歳のときから洪庵の伝記研究をはじめられたわけです。

先生自身、医学部在学中に「モルモット」の由来をオランダ語でしらべたと語られているように、若いときから語学が好きで、とくにオランダ語を苦にせず理解されたし、また森鷗外の「伊沢蘭軒」から歴史的考証の方法を学び、それが自然科学の方法と全く同じだと思ったと記されている（「医学と私　緒方富雄⑦」*Medical Tribune*, 1983. 9. 22）のをみても、性来、自然科学者であると同時に歴史的方面の研究にもすぐれた天分と大きな関心とがおありであったことがわかります。この後者の歴史的研究の最初のすばらしい成果が、昭和三年（一九二八）にご発表の「緒方洪庵の〝扶氏医戒之略〟考」で、オランダ原文と洪庵の訳文とを比較検討されたもので、先生のオランダの語学力と着眼のするどさがよく示されています。やがて先生は昭和十七年（一九四二）『緒方洪庵伝』の初版をお出しになり、翌年には洪庵伝の補遺として家蔵の洪庵の父からの手紙、師坪井信道からの手紙などをとりあげ「蘭学者の生活素描」を『科学思潮』（第二二巻第一号～第八号）に連載されました。この「素描」に早くも先生の〝てがみ〟に対する並々ならぬ関心と愛着とが感じられ、このころから「緒方洪庵のてがみ」への作業がはじまったものと思われます。先生は『洪庵伝』についても、つぎつぎに補筆されて第二版および第二版増補版を上梓され、その完成に努力されました。二十四歳医学生のころから前後六十年余におよぶ先生の洪庵研究の二大結晶は『洪庵伝』とこの「てがみ」全三冊だといってよいと思います。先生の長年の蘊蓄のほどが「てがみ」全三冊の随所にうかがえます。

まず、洪庵の筆跡の「解読」において先生の右に出るものはおりません。洪庵の文字は、みずから和歌をたしなんでいましたから、やわらかな温和な書きぶりですが、富雄先生のお書きになる文字も、長年洪庵の筆跡に馴染んでおられたせいか、同じ趣きがあります。その「現代文」はまさに富雄先生流といってよい、平易なよくこなれた、やわらかな名文で、人びとを魅了するものがあります。私は先生ご自身、このような文章を得意とされ、みずから進んで文章を書くのがお好きだったと思います。前にも述べましたように、お若い時から語学に堪能で、翻訳文や現代文のあり方にご関心があり、早く杉田成卿の「蘭文玉川紀行」ほかを訳され（昭和七年）、また杉田玄白の「蘭学事始」の訳文を出されている（好学社、昭和三十一年、第三版）ことでもわかります。

なお、戦後、旧上野図書館で幕府旧蔵の蘭書がみつかり、それを契機に蘭学資料研究会ができ、先生がその会長をつとめられたのも、先生が蘭学研究の第一人者で――もちろんオランダでお生まれになった大鳥蘭三郎先生もいらっしゃいますが――もっとも会長たるにふさわしい方であったからでした。蘭学塾適塾を顕彰する記念会が今後の事業の発展のためには、緒方先生のようなオランダ語もでき、日本文もできる、スケールの大きな人材を必要とするわけで、私は先生の衣鉢をついで下さる若い方々がきっと多くあらわれて下さるよう期待しています。

さらに、先生は、つねに〝第一級〟を望む方でありました。本日ここに持参いたしましたのは、先生が一九五三年八月、ロンドンの第一回世界医学教育討議会のときの講演（What is Education?）を聞かれて大変感銘され、みずからそのスピーチを訳された、オックスフォード大学の前学長サー・リチャード・リビングストンの「教育と

は何か」と題した小冊子です。先生は、

かれが〝第一級の哲学〟(The Philosophy of the First-Rate) を説き、教育とは青年をして第一級を望み、認め、そして追うように訓練することであると結んだとき、わたくしは自分のどうもうまくいえなかったことを、ズバリといってくれた思いがしました。それで感銘したのです。

といっておられます。私は先生から、この小冊子を何冊かいただき、ご希望の方に差しあげて下さいといわれ、まだ数冊ここにございますので、あとでお渡し申します。私はこのようなお人柄の先生、第一級をめざすphilosophyをおもちの先生にお近づきになれて、有形無形の大きな恩恵を受けることができ本当に仕合わせでした。

私は芝哲夫先生とたびたび緒方研に参上し、なかなか本題に入らない先生のご高説をたのしく拝聴し、お昼には、先生のお心くばりの〝うな重〟をいっしょにご馳走になりました。また、先生が「日本のピポクラテスの木」(『学士会々報』一九七六年一月）にあやかって育てられた「テキジュク蘭」(『適塾』第九号、昭和五十一年に先生の「テキジュクランとピポクラテスの木」なる投稿がのっています）をいただいて帰ったり、適塾で使用の蘭書類その他の史料なども拝見したりしました。かねてからの先生のお約束どおり、これらの蘭書類は先年適塾記念会へ寄贈していただきました。また、先生は適塾史料館の建設については非常にご熱心で、私の手許にはそのサンプルとして水沢の高野長英記念館や外国の史料館の設計図が送られてきています。この適塾資料館の件は、歴代会長、その他関係者のご努力にかかわらず、諸種の事情で未だ実現しないのは残念ですが、もう暫く先生にご猶予をお願いしなければなりません。それにしても、先生が「ふるいものの保存といれもの」(『図書』一九七二年十月号に投稿されています）にご熱心で適塾史料館の建設にも小さくても〝第一級〟のものを目指されていたことを忘れてはなりません。私どもはこのような先生の偉大な足跡を追想し、また適塾記念会を思うてのご遺志を継承・発展させねばと存じます。

最後に附け加えさせていただくことは、皆様が本巻をご覧になって〝これはちょっと変だ〟とか、ギコチないと感じられるところは私が執筆した箇所だとお受け取り下さい。はじめは私がお手伝いした「解読」や「現代文」「解説」に㋒とでも記しておこうと初校段階ではしていたのですが、先生と共同編集というかたちであることから、いろいろ考えた末それはやめにしました。しかし、「解説」についても、なかなか先生のようにこなすことができませんでした。私はつくづく緒方先生が長年打ち込んでこられたご研究の深さとその持ち味とが、この「てがみ」その一・その二、そしてその三の編集のうえにも色濃く反映しているのを今回お手伝いしてみて実感した次第です。

今回積み残した「門下生へのてがみ（補遺）」の刊行についても、私はできることなら、先生の〝第一級〟主義を継承して「その一」いらいの写真復刻版の今までの三巻と同様の刷り、体裁で後世にのこしたいと存じます。なにはともあれ先生のご計画の一部を積み残しましたことは先生に対して誠に申訳のない次第で、私も余生を考えてあせりを禁じえませんが、今後できるだけ努力いたし、その責を果したいと存じておりますので、先生もどうかよろしく見守って下さいますよう、また皆様におかれても、よろしくご援助ご協力賜わりますようお願いして話を終らせていただきます。

[追記]　当日東京より菜根出版社長高橋愛子様、本第三巻の編集・出版を直接担当して下さった同社編集部の井上邦子様のお二人が出席され、本巻を緒方富雄先生の遺影に捧げ、金森記念会長に献呈して下さった。私より来会者の皆様にお二人をご紹介し、高橋社長よりご挨拶があった。

[付記]　本稿は平成六年六月六日の洪庵忌「適塾の夕べ」で行った講演の要旨である。

『緒方洪庵のてがみ』その四・その五のあとがき

一　その四あとがき

さきの『緒方洪庵のてがみ　その三』（平成六年六月刊）の「本巻の刊行にあたって」に記しましたように、緒方富雄先生のご計画では『その三』を最終巻とし、その構成を「第三部　身内へのてがみ」、「第四部　洪庵の死とその直後」、「第五部　洪庵の門下生へのてがみ（補遺）」と決められていましたが、その全部のお仕事が完成しないうちに先生はついになくなられました。その後、先生のお仕事を引き継ぐことになったわたくしは、先生のご編集が最もよく進んでいました「第三部」と「第四部」に「全三巻に掲載のてがみの年代順一覧」・前二巻の正誤表・索引を付けて『その三』として刊行し、「第五部」は分量も多く編集になお時間を要するので、続刊に収めさせていただくことにした次第です。

今回、同時に刊行の続刊『その四』・『その五』は、右の「第五部」をできるだけ補完し、かつ緒方先生がかねてから収集に意を用いられていました洪庵先生夫人八重のてがみを「第六部」として併せ収めました。そのさい、『その四』と『その五』の分量をほぼ同じにするため「第五部」は両巻にまたがることになり、『その四』には「その一　秋山弥左衛門あて」より「その二十二　濱口儀兵衛あて」までを収め、『その五』には「その二十三　久岡喜源太あて」より「その三十六　吉田有秋あて」と「第六部　緒方八重のてがみ」を収めています。

なお「第五部」の副題に「門弟へのてがみ」と記しましたが、門弟の父兄や縁者あてのものも収め、また「第六部」にも八重夫人のてがみに限らず、母や甥よりのてがみも含め、できるだけ洪庵や八重の周辺をこまかく知ることができるよう配慮しました。

なお、ここで附け加えておかなければならないのは緒方富雄先生が、早く昭和十八年（一九四三）の『科学思潮』（第二巻第一〜三号）に「蘭学者の生活素描㈠〜㈢——緒方洪庵伝補遺——」と題して、洪庵の恩師坪井信道から洪庵へあてられたてがみ二十七通、川本幸民からの一通、伊東玄朴からの一通を紹介されていることです。坪井信道からの二十七通は、大部分は大坂の億川摂三先生の御所蔵で、同先生からゆるしをえて緒方先生が大体整理されたもので、紹介にあたり、「いま手許に原品がないので、誤読誤記がすくなくないことと思ふが、それはいづれ機を見て適当に訂正したい」と記されています。このように書いておられるところから信道のてがみ原本一切は、緒方先生からご返却になっていたのでありますが、昭和二十年（一九四五）終戦のとき大阪は数次の空襲を受け、大阪市西区桜川白髪橋の辺りで皮膚科を開業されていた億川先生のお宅も焼夷弾の厄に遭われ、防空壕中のご家族もなくなられ、先生御自身も頭部顔面に大火傷を受け九死に一生を得られましたが、先生の愛蔵されていた万巻の蔵書は家宅とともにすべて烏有に帰した次第で、信道から洪庵あてのてがみ類もこの時焼失したと思われます。今日ならば、緒方先生もゼロックス・コピーをとっておかれたとぞんじますが、当時そうしたものもなく、主として原本を直接解読され、ノートに記録されていたものと思われます。

青木一郎氏は、その著書『坪井信道詩文及書翰集』（昭和五十年四月）に、信道の洪庵あての書翰二十九通を収められていますが、そのうち第二十一号（宝塚市・山崎利恒氏蔵）・第二十八号以外は、さきの緒方富雄先生の『蘭学者の生活素描』を参照、所々抜粋転載したものであるとことわっておられます。ところで、青木氏の著書には、第二十四号・第二十九号の二通の筆跡写真が掲載されていて「緒方富雄氏の好意による」とあるので、あるいは緒方先生も信道のてがみ原本の写真撮影をいくらかなさっていたのかも知れず、この辺りは今後、よく調べさせていただくつもりでおります。

ともかく信道より、洪庵あてのてがみが約三十通も伝わっているのは、一面洪庵が師信道にひんぱんにてがみを書き送った証左であり、事実信道のてがみの冒頭に「何月何日之貴書拝見」とよく書かれています。洪庵が信道に寄せたてがみの内容は、その返書である信道のてがみによっておおよそ推察できます。従って、洪庵から信道へあてたてがみの原本を一通も全五巻中に収めることができなかったのは残念なことですが、緒方先生の『蘭学者の生活素描』や青木氏の前掲『書翰集』をぜひ参照して、洪庵がどのようなてがみを書いたのかを想像していただいきたいものです。

以上の坪井信道・川本幸民・伊東玄朴からのてがみのほかに、洪庵の最初の師、中天游からのてがみ（緒方裁吉氏蔵）も現存していることを書き添えておきます（「緒方洪庵宛の中天游書翰」「緒方洪平先生旧蔵史料の紹介㈢」――拙著『洪庵・適塾の研究』所収）。

おわりに、三輪谷俊夫教授には御忙しいなか、思い出多い本書出版の経緯を序文としてお寄せくださったことに厚くお礼申しあげます。

なお、序文のなかで、武谷椋亭宛洪庵のてがみのうち武谷止孝氏の二十二通および武谷健二氏の二通のことにふれられていますが、うち一通は保存状態がわるく本書にはその原文（筆跡）を掲載できませんでしたこと、しかし別に緒方富雄氏蔵の一通を加え、全二十五通の内容を紹介しておりますことをおことわりしておきます。

平成八年（一九九六）十月

二　その五あとがき

緒方富雄先生が畢生の大事業として情熱を傾けておられました『緒方洪庵のてがみ』の編集・刊行の完成をみずにおなくなりになりましたのは、平成元年（一九八九）三月のことでした。その後しばらく時が流れ、平成五年十二月、令嗣緒方洪章氏、菜根出版社長高橋愛氏、適塾記念会関係者の間で、先生の遺業を発行することが決まり、かねてからの関係でわたくしが先生のご編集をお手伝いして未済部分を補い、翌平成六年（一九九四）六月に『その三』を発行することができました。比較的に短時日で刊行できましたのは、すでに先生が病軀をおして完成に近いまでに同巻の編集を進めておられたからでありました。

同年六月十日、恒例の〝適塾の夕べ――洪庵忌――〟の日に、菜根出版社長高橋愛様と、直接編集を担当の同社編集部の井上邦子様のお二人が出席されました。東京より携えて来られた同日付上梓の『その三』を床の間に安置の緒方先生の遺影に捧げ、ご覧に入れました。そのさい、わたくしは、「おこがましくわたくしが先生の共編者として名をつらねておりますことは、僭越なことであり、かつできる限り先生の意を汲んで編集につとめたつもりですが、お目だるい、ご満足いただけない点も多いこととぞんじますが、なにとぞ御海容をお願い申し上げます」とごあいさつをしました。

さて、この『その三』に引き続き、前巻『その四』のあとがきにも記しましたように、残りの「第五部」（門弟へのてがみ）、「第六部」（八重のてがみ）の編集に取りかかりましたが、――私事にわたり申訳ありませんが――荊妻が平成七年一月阪神大震災直後に入院し、同七月ついに不帰の客となる事態がおこり、病気の性質上覚悟はしておりましたものの、身心ともに大きな衝撃に見舞われました。そのため老残孤独の寂寥に堪えかね、悄然無為の毎日を数か月過しましたことを告白しておきます。しかし中秋を過ぎたころより、妻の遺影が〝大事なお仕事をお引き受けしているのですから、しっかりやりなさい〟といっているような気がしてまいり、以後、話しかけるすべもなく、呼びかけてくれる声も聞こえない書斎で、わたくしなりにひたすら仕事をし、そのためにわびしい思いをそのあいだ忘れることができるのをありがたいと考えるようになりました。亡妻の一周忌を迎えるころになって、仕事の進み具合が気にかかり、絶えずあせりを感じていましたが、ここにようやく『その四』、『その五』の編集を終えることができ、やれやれという気持でいっぱいであります。かえりみますと、わたくしは昭和二十八年（一八五三）三月大阪大学文学部に助教授として赴任し、ただちに前年秋に創立された適塾記念会の仕事を手伝うように当時の文学部教授藤直幹、微生物病研究所教授藤野恒三郎両先生から命じられ、やがて緒方富雄先生にもお近づき願うようになりました。緒方先生とは適塾記念会での関係のみならず、昭和四十二年から始りました、ユネスコ東アジア文化研究センターの「お雇い外国人」を中心とする調査研究会において五年余りご一緒し、センター長の辻直四郎、榎一雄・大久保利謙・矢島祐利らの諸先生とともに緒方先生から興味深くかつ含畜のあるお話をしばしばうかがうことができ、この方面でも大きな学恩を賜わりました。また前巻のはしがきに三輪谷教授がくわしく述べられております『緒方洪庵のてがみ』の刊行計画の当初からわたくしも藤野先生の驥尾に付いて働くよう命じられましたことが、先生なきあと、そのお仕事を引きつぐことになりましたそもそもの由縁であります。

ともかく、みずからの非力をかえりみず、おこがましく先生のお仕事を手伝い、『緒方洪庵のてがみ』の編集・刊行という先生の大事業の完成にあずからせていただけましたことはまことに光栄であり、ありがたくぞんじております。緒方先生はつねに〝第一級の哲学〟（The Philosophy of the First-Rate）を堅持されたお方でありました。長年にわたって先生から有形無形の大きな学恩を受けましたことを心から感謝申し上げる次第です。

今回刊行の『その四』、『その五』の解読・解説等につきましては出来るかぎり過誤のないよう努めたつもりですが、思わぬあやまちをおかしているかも知れず、その点は何卒読者の方々より忌憚のないご批判・ご訂正を頂きたくぞんじます。解説中、医学・薬学方面につきましては全くの素人でありますため、大阪大学名誉教授加藤四郎先生、内藤記念くすり博物館顧問青木允夫先生、大阪大学薬学部助教授米田該典先生にしばしば御教示を仰ぎました。長年にわたりお世話になりました三先生に衷心感謝申しあげます。もしも医学・薬学方面についてあやまちをおかしているとすれば、もとよりわたくしの誤解とお受け取りいただきたいとぞんじます。

なお、『その四』、『その五』において原文（筆跡）の写真を掲げることができないものが数点あります。また未だ知られない洪庵のてがみも存在しているとおもわれます。これらについてご所蔵の方、もしくはお心当たりの方がございましたら、是非とも適塾記念会（〒565大阪府吹田市山田丘一―一　大阪大学事務局内）までお知らせいただきますようお願いいたします。

終わりに、今回の二巻の刊行にあたり、適塾記念会から経費の面で格別のご支援を受けたこと、並びに菜根出版社長高橋愛様の前後二十三年におよぶ一方ならぬご高配、同社編集担当の井上邦子様、金成佳江様、宮地昌子様のご苦労、並に上梓につきディグ社長篠倉正信様および印刷スタッフのご尽力にたいしまして心よりお礼申しあげます。

平成八年（一九九六）十月

『緒方洪庵全集』の編集・刊行事業の発足をのぞむ

「適塾記念会は平成十四年（二〇〇二）十一月創立五〇周年の歴史を経たが、今や次の半世紀を展望して為すべき新しい未来企画は何か」と問われたら、私は即座に「それは『緒方洪庵全集』の編集・刊行」とお答えしたい。これはすでに過去半世紀の歴史をもつ記念会の年来の宿題ないし宿望であるからである。すでに私が芝哲夫氏との共著『よみがえる適塾――適塾記念会50年のあゆみ――』（大阪大学出版会、二〇〇二・一一・一八）中の〝『緒方洪庵のてがみ』全五巻の刊行について〟で記したように、昭和四十九年（一九七四）九月に緒方富雄博士の宿願であった『緒方洪庵のてがみ』の編集に記念会が全面的に協力して、その刊行が具体化したのは、当時大阪大学名誉教授でその祖父が適塾生であり、〝洪庵宗の熱心な宣教師の一人〟と自認されていた藤野恒三郎という仕掛け人があったためである。藤野先生はかねがね適塾記念会で、『緒方洪庵全集』を出版するのをご自分の、また同時に記念会の夢とされ、その難関は書翰集にありといわれていた。そして洪庵書翰の収集と解読・解説については、洪庵の血縁者であるだけでなく最高の蘭学研究者である緒方博士以外に最適任者はないから、是非とも編集・刊行にあたっていただきたいと博士を説得し、緒方先生も快諾され、同時に「後世に残る立派な本を是非とも出したい」という菜根出版の高橋愛子社長とも意気投合され、出版計画ができあがった。大学紛争の処理に挺身しながら同時に適塾の保全・顕彰に人一倍熱心だった時の記念会長釜洞醇太郎総長もこれに大賛成で、この刊行事業について会長名で各方面へ協力方依頼状が発せられた。この『緒方洪庵のてがみ』刊行事業は、途中で緒方富雄先生のご逝去などがあり、前後二十三年かかってようやく平成八年（一九九六）十一月、『緒方洪庵のてがみ』全五巻の刊行をみた。藤野先生は平成四年八月逝去されたが、この全五巻刊行のさい、ご健在であれば、「さァこれから全集の編集に取り掛ろう」と陣頭指揮の覚悟を披瀝されたであろうことは信じて疑わない。

以上、記したように『緒方洪庵のてがみ』編集・刊行事業の具体化は、そもそも『緒方洪庵全集』の編集・刊行を前提とし、それを見通して着手されたものであり、今回提唱する『緒方洪庵全集』の編集・刊行事業を、昭和四十九年（一九七四）適塾記念会の再興を見たことからの宿題ないし宿望であったとする所以である。私などはこのころ、緒方・藤野・釜洞の諸先生らの使い走りに右往左往していたにすぎないが、学内にみなぎっていた澎湃たる洪庵宗徒の熱気を今更のごとく想起する。もう数年すれば二〇一〇年、洪庵先生の生誕二〇〇年記念を迎える。ここ数年で全集の編集・刊行事業が完成するものとは思っていないが、私は記念会の過去をふりかえり、将来を思い、現在を考えるとき、かねてからの一大宿望であった『緒方洪庵全集』の編集・刊行事業を一日も早く発足させることが記念会の今後の活動発展に大きな歴史的意義をもち、かつ記念会の創立・発展に専念された諸先輩の意に副う所以であると考える次第である。

『よみがえる適塾――適塾記念会50年のあゆみ――』の補訂

昨二〇〇二年十一月十八日初版第一刷を芝哲夫理事と共著で大阪大学出版会から発行したが、三二頁に入れた適塾記念会発会式の写真中どうしても特定できないお方がお三人おられた（口絵3）。そのうち「中列左より北沢敬二郎、南大路謙一、一人おいて水野鶌之助……」と記したが、このお一人は高安六郎氏と発刊後判明した（氏は明治十一年生まれ、東大医科を出て、令兄の道成氏とコンビで大阪の高安病院を著名にされた。長兄の高安月郊は詩文に秀で有名であるが、六郎氏も医学のほかに文芸にも秀でた）。

『日本医事新報』第九二九号（昭和十五年六月二十九日発行）の「龍海寺に葬れる医家先哲を偲ぶ会」（昭和十五年五月十八日）と題する記事中に、出席者の集合写真が掲げられていたのを筆者が失念していたため、掲載漏れとなったので失礼をお詫びしたい。その『日本医事新報』掲載と同じ写真を山川夏子様（『よみがえる適塾』一六頁で記した鈴木元造氏の令姪）より頂いているので、なるだけ鮮明であることを期して次に当時のお歴々の風貌を知る貴重な写真史料として紹介させて頂く（口絵4）。

なお、同記念会発会式の写真で最後列向って右はしの藤野恒三郎先生の左隣りのお方、および中列右より福島寛四先生の左隣りのお方のお二人が未だに判明せず、ご存じの方からのご教示をお願いしたい。

終りに筆者の校正ミスで気付いている正誤表を附記します（巻末参照）。ほかにお気付きの各位からご指摘下さるようお願いします。

朝日放送株式会社新社屋建設に伴う
福澤諭吉生誕地記念碑の一時撤去・保管について

大阪大学医学部附属病院（阪大病院）が吹田キャンパスに新築移転（平成五年九月）するまでの中之島時代、その西病棟（旧「山口病館」）前にあった福澤諭吉生誕地記念碑には福澤諭吉協会・適塾記念会の会員の方々や全国からの見学者がひきもきらず、とくに福澤井蹟（産湯の井蹟）などの説明には当時の森井三郎阪大守衛長や筆者もこれにあたったものであった。しかし、阪大病院の吹田移転・建物撤去後は、さら地の囲いの外に記念碑の一部は草ぼうぼうの中に佇む姿となり、その行く末が気掛かりとなった。筆者は福澤諭吉生誕地（福澤井蹟）の保存・顕彰に努力された先人たちの遺志を尊重し、むしろ積極的に蔵屋敷の遺構一つもない大阪に中津藩蔵屋敷の復元をふくむ福澤諭吉生誕地史跡公園としてこの一角を永久保存する処置がとられないものかと考え、当時の慶應義塾（鳥居泰彦塾長）・大阪市の当局者（磯村隆文市長）にも進言したことがあった。また阪大病院跡地の利用を協議される関係諸機関の英断を期待したが、時運に恵まれず、かつての適塾の現地保存のときのような運動は起こらず、時はいたずらに過ぎた。

その間、阪大病院跡地の所管変遷が行われた。すなわち、まず一旦、国立学校財務センター（現㈱国立学校財・経営センター）の所有になった後、都市基盤整備公団（現㈱都市再生機構）に払い下げられ、その後平成十六年三月、都市基盤整備公団から朝日放送㈱に売却され、平成十七年以降新ビルが建築されることになった。こうした跡地の所管・売却に伴い、記念碑の運命にも変遷が生じた（後述）。

右のように病院跡地の利用が決定した結果、平成十六年十二月二十日、朝日放送㈱新社屋建設本部事務局専任局長東條良人および大阪市ゆとりとみどり振興局文化集客部企画観光課課長代理飯田俊子・同担当係長長瀬智幸両氏の来訪を受け、このたび新社屋建設のため当該誕生碑等を現在地より若干西南隅へ移動して顕彰したい旨適塾記念会側に説明があり了承を求められた。当日、筆者と米田該典評議員が三氏に対応し、第一義的には慶應義塾・中津市の了承が先決であるが、記念会としては新社屋の建設上、若干の移転はやむをえないことであり、福澤井蹟の位置などは十分説明をして頂くこととし、朝日放送㈱の十分な顕彰をお願いする旨回答した。同じころ朝日放送㈱と慶應義塾との話し合いが行われたことは、平成十七年一月十六日付で連合三田会会長服部禮次郎氏より拝受した書状にも、「安西祐一郎塾長および担当の吉田和夫常任理事が朝日放送側とは交渉して居る模様で、大阪慶應倶楽部の銭高一善会長もたいへん心配しております。私ももう一度慶應の対応を確認してみます」とあったことによって推察できた。

現在、阪大病院跡地の所管換え、および福澤諭吉生誕地記念碑に関する関係資料の保存・整理が行届いている前記大阪市ゆとりとみどり振興局企画観光課の御教示に基づき、跡地の所管換えに伴う福澤生誕地記念碑管理の変遷経過を後日のため記録として本誌に掲載しておく。

一、昭和二十九年（一九五四）十一月　戦時中に供出された鋳鋼製の記念碑（昭和四年十一月建立／犬養毅筆）の残った台座の位置に記念碑再建。

二、昭和四十一年（一九六六）一月十日　阪大病院の改築工事のため前記戦後再建の記念碑は一時東に移動したのを復元し除幕式挙行。

三、昭和五十八年（一九八三）五月　大分県中津市が「中津藩蔵屋敷跡」碑を建立・寄付。

四、昭和六十年（一九八五）一月十三日　前記昭和四十一年一月復元除幕式を挙行した位置が中津藩蔵屋敷後から東に五〇メートルずれているとして、「福澤諭吉誕生地顕彰会」（会長井上徳治氏、大阪慶應倶楽部会長）と大阪市（経済局）の手で西方へ移動し、新しく「学問ノススメ」の碑（塾長石川忠雄筆）などを建立、除幕式挙行。全施設を大阪大学に寄贈。

五、平成五年（一九九三）

六月　大阪市の佐々木助役に由本元市会議長・阪急百貨店乗岡調査役より保存要望。

七月　大阪慶應倶楽部（阪急電鉄小林公平社長が大阪慶應倶楽部会長）より大阪市長へ保存要望

八月　大阪市教育長より大阪大学附属病院へ現地保存・公開の要望

八月末　阪大病院が吹田市へ移転完了。その後フェンスにより取り囲まれる。

六、平成七年（一九九五）十二月　道路マップに記念碑が掲載されたこともあり、フェンスの移設を実施、福島区役所が当該箇所の管理を開始。

七、平成十三年（二〇〇一）十二月　阪大病院跡地の所管が大阪大学から国立学校財務センターに移る。

八、平成十四年（二〇〇二）三月　国立学校財務センターと都市基盤整備公団で用地交換契約を締結。国立学校財務センターから同公団へ、碑の取り扱いについて覚書締結（碑等の譲渡先に無償で当該土地を貸与する旨記載）。

同年十二月　都市基盤整備公団から大阪市へ同碑（「福澤諭吉誕生地」碑、「記念石」碑、「中津藩蔵屋敷跡」碑）の寄贈。大阪市（ゆとりとみどり振興局長）と都市基盤整備公団（関西支社長）とで土地使用貸借契約書を締結。大阪慶應倶楽部と同公団とで立木二十本について同様の賃貸借契約締結。

九、平成十五年（二〇〇三）　公団が地中構造物撤去のため、碑を一時撤去（平成十五・十二・十二～同十六・三・二十）。移設中の碑の保管及び移転後の現状復旧は公団が実施。移転の告知看板は公団が設置。区役所、地元議員、大阪慶應倶楽部へは公団が説明・了解をえた。

十、平成十六年（二〇〇四）三月　都市基盤整備公団が朝日放送㈱に当該土地を譲渡。大阪市（ゆとりとみどり振興局）と朝日放送㈱（代表取締役社長）とで土地使用賃貸借契約を締結。大阪慶應倶楽部と朝日放送㈱とで立木について同様の賃貸借契約を締結。

さて、その後、いよいよ朝日放送㈱の新社屋建設工事の着工実施に伴い、その期間中における碑の一時撤去は避けられず、遠来の福澤先生生誕地見学者の方々に何らかの掲示・公告が必要であると考えていたが、工事関係責任者のあいだで、以下のような万全の処置をとって下さった次第である。すなわち、平成十七年十一月二十一日（日）大安の日、「福澤諭吉誕生地記念碑及中津藩蔵屋敷跡の碑一時移転式」が行われた。式次第は午前九時三十分より作業所事務所一階大会議室に関係者集合（移転要領の簡単な説明あり）、十時より移転式開会（南側歩道より確認）、はじめに「福澤諭吉誕生地記念碑」移転及び積込み、「天ハ人ノ上ニ人ヲ……」石碑移転及び積込み、「中津藩蔵屋敷跡の碑」移転及び積込みと続き、十一時移転式閉会。以後、床石、六方石他の撤去作業が継続された。

なお、一時収去の植栽、石碑の保管先は以下の通りである。

石碑：大阪府堺市美原町木材通三―一―八　㈱竹中工務店西日本機材センター内

（TEL：〇七二三―六一―〇一六一　FAX：〇七二三―六一―〇五八四）

植栽：大阪府南河内郡河南町山城六三九　株式会社田中造園支店内

（TEL：〇七二一―九三―三一一九　FAX：〇七二一―九三―四六七四）

右の一時移転式のさいの工事写真として〇一時撤去工事着工前の記念碑の状況（二枚）、〇道路側仮囲い設置状況、〇記念碑床石の石割転記、〇碑石まわりの床石めくり、〇植栽撤去完了（現状）など計六枚、および①誕生地記念碑②福澤諭吉碑説明文碑③「天ハ人ノ上ニ人ヲ……」石碑④中津藩蔵屋敷跡の碑の写真と石碑の一時移転先・植栽の一時移転先の各カラー・マップとが作成され、筆者に送付されている。

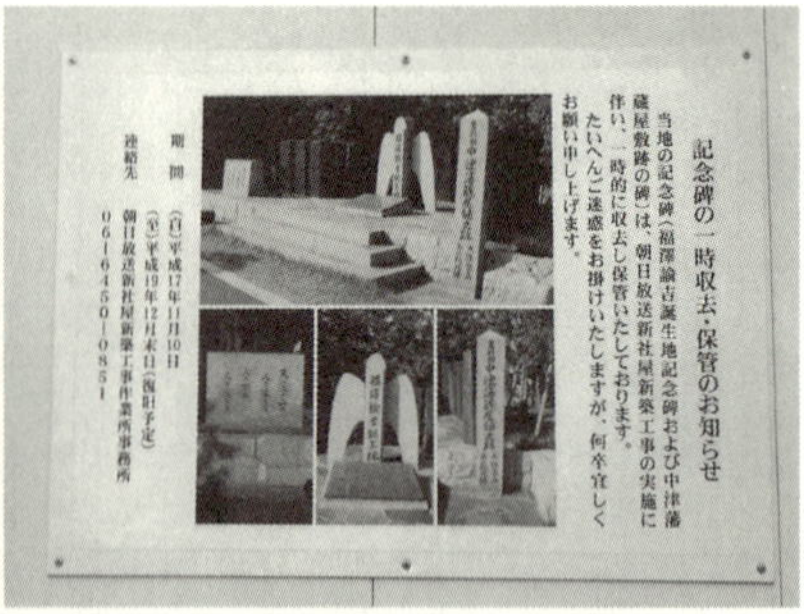

写真１　記念碑の一時収去・保管のお知らせ

写真２　掲示パネルの設置状況

写真３　工事中の様子（プレハブ建物下が碑のあった場所）

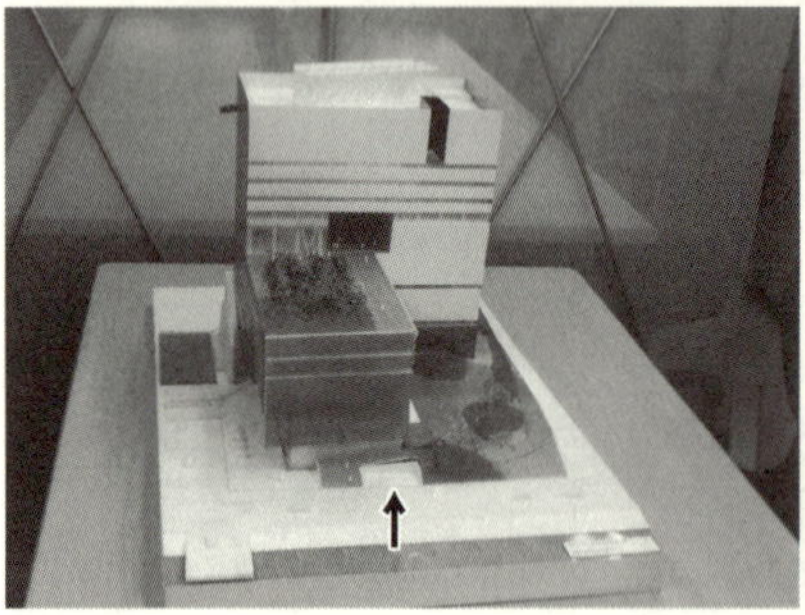

写真４　新社屋竣工後の碑の復元イメージ（手前の芝生と通路にはさまった矢印白い部分／朝日放送㈱所有）

（写真はいずれも松本紀文氏が９月６日に撮影）

従って現在では、この一時移転式のさいの工事が行われた、元の位置に当る工事用外柵には下のような「記念碑の一時収去・保管のお知らせ」の看板（タテ七〇、ヨコ九〇センチ）がビス止めして掲示されている（写真１・２）。工事期間中の福澤先生誕生地見学の各位には、何卒この掲示によって顕彰記念碑の原形を偲んで頂きたい（写真３）。

なお、大阪大学事務局においても右のような工事に伴う福澤遺跡をめぐる配慮の現状をデジタル・カメラに収め、かつ朝日放送㈱より新社屋竣工後の福澤諭吉生誕地記念碑の復元場所イメージ（写真４）を提供して頂いたとの報に接したので、特にお願いしてそれらをここに掲載することができた次第である。

終りに、このような処置を実施して下さった朝日放送㈱の東條良人氏、㈱竹中工務店朝日放送新社屋新築工事作業所事務所長江藤泉氏ら関係各位に適塾記念会として謝意を表したい。また、本稿執筆にあたり、ご協力・ご教示下さった大阪市ゆとりとみどり振興局企画観光課課長代理中西仁茂氏をはじめ、とくに工事関係資料・写真をご配慮頂いた㈱竹中工務店関西大学作業所長金子光三郎氏、元関西大学理事・現学校法人甲子園学院理事徳山喜昭氏、さらに万般協力した下さった大阪大学総務部評価・広報課長松木紀文氏に感謝する次第である（二〇〇六・九・一二記）。

中天游と緒方洪庵

中天游は緒方洪庵が武士の子でありながら、医の道へと志して最初についた師である。この師弟関係の成立、展開のあらましをここで紹介しておきたい。まず、洪庵はその著『病学通論』に載せた自序の冒頭につぎのように記している。

章（洪庵のこと）成童、家君に従い大阪の邸に於て文を学び武を習う。多病にして勉強する能わず。時に聞く、天游中先生なる者ありて西洋医学を唱え、軀骸を覈《しら》べ、疾病を析《たた》く、精密窅頤《ようさく》（深遠なるさま）、人の意表に出づと。是に於て幡然として轍を改め、先生に服従す。（原漢文）

すなわち、洪庵は文政八年（一八二五）五月、十六歳のとき、備中足守藩の蔵屋敷の留守居役となった父についてはじめて来坂、蔵屋敷で文武を修めていたが、病気がちで十分勉強ができなかった。そのころたまたま中天游という先生は西洋の医学を専門として、人のからだのことをよくしらべていて、病気のことにくわしく、精密にして深遠であり、人をハッとさせるような意見をいわれる立派な学者であることを聞き、すっかり今までの方針を改めて、先生につくことにしたとみずから述べている。

洪庵は生来蒲柳の質で武士の道は望み薄であり、かつ三男（長子は早く亡くなっていた）で、いわゆる〝冷や飯食い〟の身分であったことが、天游先生の評判を聞いて、急角度に医の道へひかれた理由であろうと推察される。しかし、それらは洪庵にとって決して最も主体的な要因ではなく歴史的条件ないし環境にすぎなかったと筆者は考える。ここで問題となるのが、翌文政九年十七歳のとき、医を志す決意を述べていよいよ故郷をあとに上坂するにさいして、両親にあてて書き残したと伝えられる〝置き手紙〟である（原漢文）。

> 敬つて章の志を白《もう》す。伏して願くは、癡言《ち》（愚かな言葉）を聞かれんことを。而して是非を分別されれば則ち幸甚々々たり。抑も章尊母の胎を出でし従《よ》り、以来偏に尊大人の深恩を蒙りし也。然れども章不才愚純（鈍）、而して今年已《すで》に十有七歳。唯碌々として更に一事も深恩に報ずる無し。不孝の甚しと謂う可し。且つ願くば、今自《よ》り三歳の暇を賜らん乎否《か》や。若《も》し三歳の暇を賜わらば、則ち不肖と雖も医を学ばんと欲する也。夫れ医の道は、疾病を治するの術。而して万民を扶持するの法也。縦令《たとえ》聖為《た》り賢為《た》るの人、もし疾病有れば、則ち如何乎《か》。然らば則ち医は学ばざる可らざらん與（歟）。章固《もと》より柔弱。而して武と為《な》るの質に非ず。是の故に医を志さんと欲して已《すで》に三歳也。然れども未だ言を発せざるは、若《も》し膝下を離るるに於ては、則ち章に易《やす》くして、而も孝を尽す者無きを恐る。是を以て迷惑久し。然りと雖も碌々人の嘲《あざけ》りを受け、尊名を涜《けが》す、又不孝に非ず耶《や》。伏して願くは癡言を正し、而して免許を賜わらば、則ち章不肖と雖も、孳々《しし》（孜々に同じ。つとめて倦まないこと）として俛《べん》（勉に通ず）す。三歳の後必ず彼の道を成就して尊顔を拝するを得ん。書拙にして思情を伸ばし畢《おわ》るを得ず。伏して願くは、章の心を推察せられんことを。不孝且つ不肖の愚子、敬つて白す

緒方富雄博士は、この〝置き手紙〟の存在をみとめながら、その著『緒方洪庵伝』の中ではとりあげず、一切ふれられていない。この理由について藤野恒三郎博士は「洪庵の医学志望を父へ伝えるものであることは理解できるが、この文章成立の動機とこの文章による影響が不明であるために、これを伝記にとりあげなかったのであろう」とされている（『日本近代医学の歩み』二〇六頁）。浦上五六氏は、医への志望を理解してくれない父へ固い決意を知らせるために〝置き手紙〟を残して父より先に大坂へ出発したと推理し、それは文政九年（一八二六）七月のこととされている（『適塾の人々』二八～三〇頁）。

しかし、そのころ洪庵の父が足守に帰っていた確証は見出されず、むしろ父惟因自筆の「書記」によると、父は文政八年五月十八日洪庵を召連れて大坂へ赴き、その後、同年八月四日二人は足守へ帰り（八月九日着）、再び二人は同年十月五日足守をたって大坂へ出ている（十月十日）。そして、十月十一日、薩摩堀中筋丁の蔵屋敷へ移っている。兄馬之助の「書記」は「同年（文政九年）弟騂之助（洪庵）大坂ニテ中環ト云医家天門《ママ》窮理学入門」と記している。

なお、父自筆の「文政八乙酉年十月ヨリ大坂御留守居役手帳」および前出の「書記」によると、文政八年十月より「御家中諸士騒動」一件にて足守へ引揚げる文政十一年二月二十五日までは父惟因は在坂していることが明らかである。従って洪庵が中天游へ入門する文政九年七月ごろ、父に先立って大坂へ出発するため置き手紙したとされる浦上氏の推理は今日、誤りというほかない（補記参照）。

この「置き手紙」は機会をえて仔細に検討したいが、現所蔵者の緒方正美先生によると、父君祐将先生が昭和のはじめごろ、岡山県総社の神々《みわ》太郎家から譲り受けられたもので、神々家において巻子に仕立てられ箱に納められていたものである由である。神々家は三輪村の大庄屋の家筋で洪庵の佐伯家ときわめて近い縁戚関係にあり、洪庵の兄（次男佐伯馬之助惟正）の後妻は神々弥兵衛義立の女安佐子で、神々太郎はその長男にあたる（神々磐太郎氏作成「佐伯家と神々家の関係」参照）。神々家の墓地は石ヶ端にあり、「閑鷗佐伯惟正　神神氏安佐子の墳」に近接して神々太郎の墓がある。因みにこの墓碑銘をここに記し、洪庵と神々太郎との関係を記しておく。

法名は「正覚院清雲浄心居士」、碑文には、「大神君守惟成通称太郎、佐伯閑鷗君長子、有故冒大神氏、其祖姓也、少壮遊大坂、就叔父緒方洪庵翁修蘭学、又従蘭人某学砲術、既而赴江戸応幕府砲術掛山口氏聘伝其術、居二年、明治三十六年六月六日没、享年七十有二」とある（昭和五十八年三月十三日調）。このような神々家に伝来した「置き手紙」は、たとえ誤字や未訂正の箇所があり、筆に稚拙がみとめられるにせよ、十七歳の洪庵自筆として尊重すべきものではなかろうか。むしろ洪庵の兄馬之助惟正あたりから長男太郎へ伝わったと考えられる。明治以降佐伯・神々両家以外の誰かによってつくられた贋作とは考えられない。

筆者は、この「置き手紙」を右のように考える立場に立って、文中にある「欲志医已三歳也」（医を志さんと欲してすでに三歳なり）の言葉に注目したい。これによると、洪庵がはじめて医を志した時期は、さきに中天游先生の評判を耳にし、先生への入門を決意した文政九年よりさかのぼって文政六年（一八二三）十四歳の時になる。この年七月、シーボルトが長崎へ来たことは周知のごとくで、全国各地から俊秀が彼のもとに雲集した。岡山からも美作の石井宗謙・石坂桑亀、備前の児玉順蔵らが訪れた。岡山の三人のうち最初に従学したのは児玉で、文政五年長崎に出遊し、のちシーボルトに学んで十二年に帰郷、備中矢田村に開業した。次の石坂桑亀は文政六年、長崎へ出てシーボルトに学ぶこと数年、福渡に開業、のち足守藩主から招かれて勝手廻方兼侍医物頭席となり、洪庵とは同僚になった。これは後年のことに属する。目下、いつ桑亀が足守藩に出仕したか未調査であるが、そのころ洪庵の父惟因も同藩の勝手方御用を経て御内所重役を勤めていたから桑亀のことをよく知っていたであろう。石井宗謙もシーボルトの来日を知り、時期はよくわからないが長崎に出遊した。すでに浦上氏が指摘されたように、このように足守の周辺からシーボルト来日とともに従学の徒が出たことは、文政六年、十四歳の洪庵もシーボルトの評判とともに父から聞いたであろうと思われる（浦上五六前掲書、一八頁）。これまた浦上氏の指摘にあるように、前年文政五年秋の朝鮮に発したコレラ流行は熾烈で、対馬を経て九州・中国へひろがり、備中足守もこの疫禍に見舞われた。「置き手紙」の文中にある、聖賢といえども疾病にかかれば脆くも死ぬものとは、十三歳の洪庵がわが国最初のコレラ流行にさいしての深刻な感懐から出た言葉であったもので、医術をもって人々の病苦を救済しなければならぬという立志はここに発していると考えられる。

以上のように、洪庵の医の道の選択は、この文政五～六年の交における内外の医学面における衝撃に対する若かりし洪庵の主体的・積極的な受けとめ方、博愛精神に発するものであったことが明瞭である。このような少年時代からの洪庵の社会的責任感・義務感の強固さは終生かわらなかったといえよう。中天游塾への入門は、洪庵の生涯の軌道を定めたもので、洪庵の人生の第一転期となったものである。父惟因が、この洪庵の天游塾入門のため「一両年間差遣度」として正式に藩に願書を提出したのは、文政十一年七月のことで、実際の入門（文政九年七月）より丸二年後のことであった（拙著『洪庵・適塾の研究』三八二頁）。

こうしてみずからの素志を叶えることができた洪庵の天游塾での様子を知ることができるものに、前出の『病学通論』自序のつづきがある。

先生、章の駑鈍を愍《あわれ》み、教導すること究《きわま》り渥《あつ》く、慈愛特《こと》に深し。居ること四年。当時の訳書は渉猟して殆んど尽《つ》く。頗る西学の大略を闚《うかが》うを得たり。（原漢文）

これによって洪庵の熱心な勉強ぶりがよくうかがえる。また天游が、洪庵の勉学態度に心打たれて、格別に親切に教導したことがわかる。そして四年のあいだに洪庵は当時の訳書をほとんど読みつくし、西洋の学問・医学のおおよそを理解するにいたった。洪庵がここで読破した訳書は何々であったか。おそらく漢訳のほかにわが国で訳された書物も含まれていたと思われるが、洪庵の主著『病学通論』『扶氏経験遺訓』『虎狼痢治準』その他も十分に調査して、洪庵の学的形成の基礎となった天游塾四年間に読破した訳書にどんなものがあったかを究明することが今後の課題であろう。

その中で、特に興味があるのは、天游が志筑忠雄（中野柳圃）の『暦象新書』（一七九八～一八〇〇）をテキストの一つとして使い、洪庵が佐賀藩の大庭雪斎とともにその講義を受けていることである。この事実は、夙に中野操博士が古田東朔氏からの教示として、その著『大坂蘭学史話』の大庭雪斎の項で紹介されているところ（一六八頁）。それによると志筑の『暦象新書』上中下三編に雪斎が刪定を加えて、安政四年（一八五七）に同じ『暦象新書』の名で刊行したものの巻頭には、志筑忠雄の寛政十年六月の自序につづいて雪斎の七ページにわたる序文がある。その文中に「余、往年浪速ニ遊ビ、先師天游先生ニ従ヒ緒方洪庵ト同窓ニテ、其ニ此書ノ説ヲ受ケ、自ら繕写《ぜんしや》（清書のこと）シテ家ニ帰レリ」云々とある。天游の蘭学者としての性格、とくに理学方面に傾斜していたことに関しては、東北大学の吉田忠教授の特別講演（「中天游の蘭学」『適塾』三十号）にくわしいが、洪庵が若いころ医学方面に終始せず、こうした理学方面についても天游から親しく教えられていたことは、のち江戸に出て坪井信道に師事するとともに宇田川榛斎にも師事して薬物の知識を吸収したと同じように、洪庵の医学者としての学問的基礎の広がり、豊かさを形成したものとして看過できないものである。

ここで現在、適塾において展示している『暦象新書并提耳』についてふれておく。この書は「上編巻之上下并附録」「中編巻之上」「中編巻之下并附録」「暦象新書下篇」の四冊からなり、「中編巻の上」以下に「中環（天游をさす）校正并提耳」の記載がある。また、本文および上欄に朱註があり、「中編巻之上」巻末に「文政八　二月廿有三日大西宗節蔵書」とある。大西宗節は大西克知博士の厳父である。この『暦象新書并提耳』は、たしか昭和五十年秋の東京井上書店の目録に出ていたもので、当時筆者は適塾資料専門委員の一員であったので発注の申し込みをしたところ、国立国会図書館の方からも引合いがあり難行したが、結局当方としては中天游の「校正并提耳」であり、「朱註」もあることだから是非譲ってほしいと国会図書館の和書収書担当の大西寛氏に頼み譲っていただき、昭和五十一年三月十五日大阪大学が十万円で購入したものである。こうした経緯もあって、吉田忠教授ら専門学者によって本書が十分に研究され、天游研究に役立つようになったことはよろこばしい次第である。

さきに記したように、天游の指導のもとに洪庵は西洋の学問・医学のあらましを知ることができたが、天游はさらに洪庵に諭すところがあった。同じ『病学通論』の自序に、

先生（天游をさす）章に謂つて曰く。方今西学日に隆《さかん》にして、訳書月に多し。然にそれを以て未だ全備せざる

所有《あ》り。猶《なお》、隔履抓痒《かつかそうよう》の憾《うら》み有り。吾《われ》、老いて為《な》す能わず。卿等《けいら》宜く原書に就いて学べと。（原漢文）

とあって、現在の西洋学問は日進月歩で訳書も多いが、それでもその全部がそろっているとはいえず、はがゆく、もどかしいところがある。自分はもう老いてできないから、おまえたちは原典について学ぶがよいと天游はすすめた。このすすめに、洪庵は決心して文政十三年（天保元年＝一八三〇）四月、江戸へ勉強にいくことにしたのである。時に、洪庵二十一歳、天游四十八歳であった。ここに洪庵の生涯の第二の転期がおとずれた。

洪庵は、嘉永二年（一八四九）四月第一の主著『病学通論』の刊行にあたり、その自序に、上述引用のごとく、師天游のことについてふれ、最後に、

天游、誠軒（江戸の師、坪井信道のこと）二先生の慈恩有るに非ざれば、安《いず》んぞ能く今日有るを得んや

と感謝の真心を披瀝しているのである。坪井信道の学恩の大はいうまでもないが、洪庵が最初の師として天游についたことは洪庵の生涯にとってこの上ない天恵であったというべきであろう。緒方富雄博士は、早く大槻如電翁に会い、大坂における中天游のことを聞き、かつ洪庵夫人八重の話もまじえてまとめられた、「洪庵の師中環先生のこと」（『緒方病院医報』第三号、昭和二年三月、のち『蘭学のころ』所収）に、天游は、「既往は追うべからず。将来期すべからず。丈夫、終身の業、必ず現今の時に決す」を座右銘としていたと記されている。「適々の人」・洪庵は、終生、この天游の座右銘を服膺・実践につとめたということができよう。

ところで、洪庵は東游の最後の年、天保五年（一八三四）八月九日残暑の候に師の天游から一通のてがみを受取っている。このてがみは洪庵の東遊時代と天游晩年の生活の様子を知ることができる貴重な史料である（緒方裁吉氏旧蔵、『洪庵・適塾の研究』口絵および四八九～四九一頁「緒方洪平先生旧蔵史料の紹介」）。このてがみによると、冒頭に「足下病後肝焮腫様之症の由、然し快方ニ向ひ候、先大慶。然し唯大切成ものハ身なり、勤て生力を養ひ玉ふべし」とあって、そのころ洪庵が肝臓を病んでいて、そのことを天游が知って見舞いかたがたその養生を

願っており、その温情がうかがえる。つぎに「横地吉左衛門殿昨日御立寄、今朝御城入故、夜前御尋申緩々話し足下之様子等くわ敷承り候、先安心」とある。横地吉左衛門は横地帯刀のことで、このてがみより十二年後の弘化三年（一八四六）八月二十二日付の坪井信道の洪庵あて書翰に、

横地帯刀殿岡部金十郎殿御事、当年大番ニテ、此間御上坂被成候、右ニ付滞坂中御病気之節相願度、小子より相願呉候様兼て御願御座候。御両人共旧来御懇ニいたし申候、御迷惑トハ存じ候へ共何分宜敷奉希候。

とあり（青木一郎編著『坪井信道詩文集及書翰集』二五二頁）、横地家は本国遠江、高二百十四俵の幕臣で、江戸は本所緑町四丁目に住んで、代々大番をつとめていた（『江戸幕臣人名辞典四』）。天游が来坂の横地を尋ねたのも、坪井信道が洪庵の様子を天游に伝えるべく横地に頼んだのかも知れない。そのあとに、次のような大切なことが記されている。

然し豚児及其他両三人横行文字之為致度、足下当夏帰坂を企望スル所、御親父様（洪庵の父のこと）交代秋ニ相成候由、致し方なく秋を待、此比ニても御帰坂を企望相待候に、吉左衛門殿説ニハ来年ニも相成可申由、、扨々待遠きこと、豚児唯空く月日を送る事残念至極なり。此所御考可被下候。

この文面に、天游が江戸でのかつての弟子洪庵の蘭学者としての成長ぶりを知って、自分の息子や二、三の門弟を洪庵について蘭学を勉強させるべく、いかに洪庵の帰坂を望んでいたかがわかる。のちに洪庵が師天游の死後、息子耕介や師家のために尽したのは、このような師の思念に応えたものである。そのあとには、当時洪庵が天游に相当大部な書物の写本を頼まれていて、その諸入用の支払いをめぐる天游の苦衷が綿々と記されている。

写本先便（洪庵のたより）にハ廿五巻紙数凡千三百枚、大紙諸入用通して壱両二三歩ニ相成可申ところ、補遺之代とも三歩急々と在之故、折良手本《てもと》ニ有合候壱両下し候所御落手之由、承知之所、此度壱両二分斗八月中

ニ差出し候様御尤至極なれ共、旧本之如く困窮之上、米高にて入用多、此七月前も金五十三両之払方汗を流して仕舞申候。当時ハ世帯方八人に托し、金子大不自由大倹約にて、買ものハとんと思ふ儘致し難く、文筆上之入用等ハ手元ニて工面、これも肴料バカリ手本入用ニ致し候。其上以前とハ違ひ、自分内證之入用多く扨て困入申候。急にとてハとても壱両も出来不申候間、工面次第ニ追々に下し可申、どうそ《（ぞ）》写本も少しづつ御頼申候。足下急ニ帰坂なくんハ尚のこと、もし帰坂なるとも親友に御托し置被成候て、あとにても出来可申歟。足下之困窮も十二三分ニ遠察致し候間、まづ写本ハさし置〔取かへニ相成候て小子より下し金をそくてハいよ〳〵気之毒故也〕、小子工面次第、九月節後下し可申候間、右金子着候はそれほどづゝ為取掛被下候様致度。扨々旧来之窮、当時にてハ病家も大分多く、集り金も多けれバ多きほどづゝ、払方も多く、とんと致方なきこと御遠察可被下候。しるし十分工夫追々相弁へ可申と存し候事なり。（〔 〕内は原文二行書き）

これによって、洪庵も諸入用金を心ならずも催促せざるをえない困窮の書生生活にあることをよく承知しながら、天游がみずからの困窮のくらしぶりを赤裸々にさらけ出し、支払の猶予と今後の工面を約束しているところに、その真摯な人柄が偲ばれ、かついかに洪庵を信頼していたかがうかがわれる。このような困難な暮し向きにあってもなお、学問のために「不自由大倹約」をいとわなかった蘭学者の気概も看取することができよう。

中天游は、さきのてがみを洪庵に出してから七ヵ月あまり後の、天保六年（一八三五）三月二十四日（補記参照）、五十三歳でなくなった。この年二月二十日、江戸での修業を終えた洪庵は、江戸勤務を終えて帰国休息を命じられた父の惟因と友人二人とともに足守に帰るため江戸をたち、足守へ着いたのが三月十二日のことであった。天游は洪庵が足守へ帰って間もなく亡くなったことになる。洪庵は翌四月二日足守をたって大坂へ出て、年末まで故中天游塾で蘭学の教授にあたり、また医業を補佐した。翌天保七年二月十日には、故天游の子、中耕介をともなって長崎修業のために大坂を出発した。

故天游の従弟中伊三郎は、大西宗節に宛てたてがみに、洪庵について、「誠ニ篤実ニテ既に先師（天游のこと）死去後次男勤（耕介のこと）廻勤中も一年程後見いたし呉候人にて今頃家事之内外相談仕候方ニ御座候。実ニ天性温順之大家ニ御座候」（緒方銈次郎「洪庵の恩師中天游先生」、前掲『蘭学のころ』五三七〜八頁）と記している。これによってもいかに洪庵が、先師の遺族に対して誠実に尽したかうかがえる。

なお、洪庵が名塩の医師億川百記の娘八重と結婚したのは、父惟因の「書記」によると、天保九年七月二十五日のことで、その媒酌は二代目中環、すなわち前出の中伊三郎であった。また父の同年八月九日付の洪庵あてのてがみによると、婚約・挙式にさいして仲人中環の「御袋」すなわち故中天游の母教戒の姉貞寿も尽力していることがわかる。その婚約については、中天游生前成立説（長濃丈夫説）と天游没後成立説（中野操説）とがあり、筆者は中野説をとるが、それらについては別に論じたので、ここでは割愛したい（以上前掲『洪庵・適塾の研究』七二〜八〇頁）。いずれにせよ、八重の父、億川百記と洪庵とが天游塾の同門であり、中家の口添えや尽力によって結婚が成り立ったのであった。

［補記］洪庵が足守をたった月日は、足守藩の「藩日記」調査の結果、『文政九丙戌年日記三月分御用番二階堂郷八』に「三月五日天気能一佐伯瀬左衛門二男騂之助義、当国明朝出立、大坂表へ罷越ニ付、瀬左衛門留守中ニ付、浦上新左衛門より届有之」と見え、文政九年三月六日と判明した。この前後の大坂と藩地との関係記事より父瀬左衛門は大坂蔵屋鋪に在勤と考えられる。（「藩日記」は平成十五年六月九日調査、当時岡山県庁総務学事課文書整理班保管、現岡山県立記録資料館所蔵）中天游の没年月日については、緒方銈次郎氏が「洪庵の恩師中天游先生」（『日本医事新報』、第九二三号、昭和十五年五月）で、天游の遺児中勤（耕介）の大西宗節あて書簡（富士川游博士蔵）を引用して、「愚父中環事ハ天保六年三月二十四日死去致候」と記されているので、これに従うべきであろう。

緒方洪庵母米寿の賀宴をめぐって

まえがき

緒方洪庵は文久二年（一八六二）四月から六月にかけて足守を中心に中国から四国にかけて旅行した。その目的の中心は、母の八十八の賀の祝いに列するためであった。それは四月二十一日のことで、その日も午前中は宿で病人を診察し、午後は佐伯の家で、親類一同で祝賀の宴をひらいた（緒方富雄『緒方洪庵伝』第二版増補版）。この母の米寿の宴のことや、そのとき洪庵が記念に配った賀盃などについて記してみたい。

ちなみにこの旅行のことは「壬戌旅行日記」と題する洪庵の日記が緒方家に蔵されてきたが、今は適塾史料として保存されている。薄葉紙五十余枚を綴り合せた手帳で、タテ一〇・〇×ヨコ一七・五センチ、全五十九丁（表紙・裏表紙共）、うち二十三丁に記事があり、あとは空白である。旅行日記・人名簿は前掲の『緒方洪庵伝』（三四四〜三六七頁）に収められているが、その他の洪庵自筆の東行餞別到来慰家控、船頭算用、旅行中の諸払控、受取金覚、診察その他の備忘や八重自筆の覚などは収められていない。この未紹介分は、別稿「緒方家旧蔵の四史料について」（本書第Ⅱ部四二九頁以下）において補足してある。

一　洪庵が本旅行を意図した事情について

まず旅行の日記内容から推測されるのは、四月十三日夕の筑前侯との大蔵谷での面会である。このとき筑前侯は京都の政治情勢に鑑み、「御不例のよし」にて大蔵谷駅から東上をやめて引き返している。このときの洪庵と筑前侯との接話の内容は、武谷椋亭の自伝『南柯一夢』の記載から京都における浮浪の徒の情勢を侯が懸念したことなどとある程度推測されるが、洪庵言上の内容はわからない。洪庵はこの日、地図を献上しているから、この年二月ロシア軍艦ポサドニックが占領を企図して対馬に来泊、島民と衝突事件を起こしているなどの対外情勢を洪庵は聴取されたのではなかろうか。なお、「武谷への附録遣す」とは、前年の文久元年十一月に出版の『扶氏経験遺訓附録』三冊のことである。ところで、右の洪庵と筑前侯との接話に関しては、洪庵が接話当日の四月十三日付で、大蔵谷駅の宿屋橋本屋（久兵衛）から椋亭（大蔵谷）に宛てたてがみに、

拙生事伏見へ罷出候様御沙汰に御座候処、無余儀国元迄罷越候義在之、乍自由御途中にて御目通り申上度、当地ニ昨日より御待申上居候、もし御非番にて、御先キ御着にでも在之候ハヾ、一応御目ニ懸り、預メ御相談申度事有之候間、御着次第拙者旅宿まで一寸御為知被下度御頼申候（『緒方洪庵のてがみ』その四、二三三頁）

とあるから、旅行に出る以前に椋亭から筑前侯東上途中の伏見で接見を受ける予定が通報されていたことが明らかである。この通報はかねてから四月二十一日の母の米寿の祝い前に足守に帰省しようと心積りの洪庵のもとへ、おそらく旅行出発日の前日また前々日ぐらいに到着したのであろう。そこで洪庵はにわかに「無余儀国元迄罷越候義在之」との理由で、伏見駅での接見の約束の代りに、帰省途中の須磨寺から明石寄りの大蔵谷駅での接見を希望したようである。そこで「十一日の暁八ツ半（午前三時）大坂乗船、朝六ツ半（午前七時）頃尼崎着、五ツ（午前八時）過尼崎発足、八ツ（午後二時）過兵庫着。翌十二日は朝六ツ半（午前七時）兵庫出立、須磨寺参詣、九ツ半

（午後一時）大蔵谷着。十三日は四ツ（午前十時）頃より松浦元調訪ふ、筑前侯七ツ（午後四時）前御着」と記している。結局、さきに記したように、筑前侯は病気を理由に大蔵谷から引返し、洪庵も西下したため、十七日夕方藤井の宿で筑前侯と洪庵は再会した。日記には、「筑前侯暮前御着、夜五ツ（午後八時）過より本陣へ罷出、御診、御菓子、御酒、御吸物被下、御逢後、関心舎へ密談致す」（前掲『緒方洪庵伝』三四八頁）と記されている。この記事に出る「関心舎」は、筑前藩奥頭取の「関屋舎」のことで、洪庵日記の原文が細字でくずしのため読み誤ったものであることを注記しておく。また「密談」がどのようなものであったか検討に値するが難しい。以上から、筑前侯との接話は、本旅行の要件の一つであり、出発の期日を当初より早めたようであるが、旅行の主目的は「国元へ罷出」る――すなわち、母米寿の賀宴を開くことにあったと見るべきであろう。そのさい、洪庵に近く奥医師として江戸行のことがあり、母や近親者に訣別の意が含まれていたのかどうかが気になる。緒方銈次郎氏は、

文久二年（一八六二）の春よりは伊東長春院・林洞海等からは、屢々書面を以て、または使者を立て切りに出仕を勧めて来た。再三ならず辞退したが容れられない。洪庵はその頃足守にある母の米寿の宴に列するため足守を訪れてゐる（『緒方洪庵と足守』、三八～三九頁）

とか、また後に引用するような篠岡ハナの離杯当時の追懐談（本書一四六～七頁参照）のあとに、「洪庵のこの最後の旅行に訣別の意の含まれてゐたことは勿論であろう」と記している。

右の文久二年春よりの伊東長春院・林洞海等からの書面そのものは現存しないが、書面の到来は後出の通り事実である。

また、田中助一氏の『青木周弼』（青木周弼先生顕彰会編）にも「文久二年三月、伊東玄朴は西洋医学所取締に、林洞海は取締補を命ぜられ、頭取大槻俊斎と図って大いに改善進歩を行はんとしたのであるが、間もなく俊斎が病歿（文久二年四月九日）するに至ったので、玄朴は洞海と相談して優秀な人物を引入れて頭取とし鋭意改革を断

行せんとした。かくて玄朴・洞海は当時地方にあって最も名声の高かつた大阪の緒方洪庵と萩の青木周弼とを候補者とし、先づ緒方に交渉したが、緒方は多病且大阪を離れ難い事情を述べて辞退したので、玄朴は丁度江戸に滞府中であつた青木と面会して頭取就任方を交渉した。青木は伊東・林両人と懇意であり、殊に伊東とは天保初年以来の親交があつたので（中略）結局『老年であり又現在の長州藩を去り難い事情にある』ことを述べて辞退し、同時に緒方が最適任者であるから再交渉を為すべきことを申入れた。伊東も亦これを諒として再三熱心に緒方に交渉したので、遂に緒方も致し方なく承諾し」（四六五～四六八頁）たと記されているが、そこには、同年五月二十五日付の青木周弼よりその弟青木研蔵宛の書翰を引いているだけである。

その書翰には、

先書中進候医学所一件洪庵ナレハ其任當リニ候、萬一洪庵多病不能出仕候節ハ、不得已台命下リ候而も此老懶殊ニ挈家候と申事ハ、不思寄事ニ御座候へハ、断然と伊東翁（玄朴）へ相断置候間、トテモ其案しハ無之候、御懸念被下間敷候、御承知之通四十前後ニ御座候へハ爲斯道一奮勵と申事も有之候へ共、老衰三百（里）《オチ》外へ転居、眞ニ江戸之鬼と相成候迄ニ御座候、大辟易ニ候、勿論洪庵義一番筆ニ御座候故、たとへ防き不申候而も遠慮無之候へ共、爲用心幾応も相断置申候、何も御案し被下間敷候、如此老懶ニ而ハ最早多年御側勤も申上候事ニ御座候へハ程能退隠読書養老悠然就木之外ハ無他願候、右之一事ハたとへ御無人と候へとも謬挙被下間敷候様ニと心事打明し、断然と相辞置申候、少しも案しハ無之候（同著四六七～四六八頁）

とあって、この時点ですでに医学所頭取の台命は自分にはきたらず、必ずや洪庵に下るものと確信していることがわかる。

洪庵側の史料としては、右より二十日余り後の文久二年六月十七日付で、洪庵（大坂）が息子の平三・四郎（長崎）に宛てた書翰があり、極内々申入候、拙者事公辺御召出之風評近年専ラニ在之、且ツ江戸表御役人之内よりも推挙いたし度旨、内々先年より申来り候へ共、老後多病之身、迚而も御奉公抔勤マリかね候事故、種々と相断り罷在候処、此頃江戸伊東長春院殿、林洞海殿両名ニて、極内々愈々可被召出旨ニ御評定相決し候ニ付、内存聞糺し可申旨被仰付候よしの手紙来り、此節御辞退申上候てハ、身の爲め不宜との事に付、不得已台命ニ奉随旨御請いたし申候（『緒方洪庵のてがみ』その三、三三二頁）

とあり、このてがみが上記の鉎次郎の論拠であるのは明らかである。これによると、玄朴・洞海らから内々に江戸表召出しの台命が下ることになったことを洪庵が知ったのは、おそらく六月十七日の一両日前のことであったのであろう。これを受けて直ちに洪庵は留学中の長崎にいる二子に書翰を送ったのである。

この書翰で注目したい点は、文中に洪庵みずから「公辺御召出之風評近年専ラニ在之、且ツ江戸表御役人方之内よりも推挙いたし度旨、内々先年より申来り候」（傍点筆者）と記していることで、鉎次郎の「文久二年春より」、あるいは医学所頭取大槻俊斎の病没（文久二年四月）よりもさかのぼって、文久元年あたりより召出しの議が始まっていることに注意しなければならない。なお、もう一通注目すべきてがみとして河田雄禎宛のものがある。本旅行の終りに近い、文久二年（一八六二）五月二十五・二十六日の両日、洪庵は四国丸亀の門弟河田雄禎宅にて二泊している（『壬戌旅行日記』）。旅行後の文久二年七月十一日付で、洪庵がさきの旅行でいろいろ厄介をかけた礼言とともに、次のように認めているのに注目したい。

過日拝接之節薄々御咄申上候通り、去月廿九日表向キ御用召之御達ニ相成り、早々出府いたし候様被仰付候、冥加之至難有事ニハ候へ共、御案内之通り、多病之身老衰、何之御用ニも相立申間敷恐入候事共に御座候、廿日過ニハ発足之積リ、旅装用意殊之外多事、大取込御察可被下候（傍点筆者、『緒方洪庵のてがみ』その二、一四四頁）

とある。

このてがみの重要なことは、洪庵が河田雄禎に会った機会に、自分が江戸へ召されることをうすうす洩らしていることである。このてがみで御用召が去月（六月）二十九日に正式に通達されたと洪庵が雄禎に知らせているのは、以前に（五月二十五・二十六日）「うすうす」話しをしていたからである。大坂出発後、なんらこの件について知らせを受け取った形跡は日記に見えないから、さらにひろげていえば、洪庵がこのたびの旅行に出る（四月十一日）前に、すでに「御用召」のあることについて十分な覚悟を固めていたことが推察できる。筆者も洪庵は、この最後の郷土旅行において、故郷にいる老母の八十八の賀を催し、近親・縁者や親しい門下生と会い、瀬戸内の各所にも見物の足をのばし、きたるべき江戸行による永訣の意を含めていたものと推察したい。

洪庵が江戸御用召を前に姉の堀家キチ（宮内）に宛てた文久二年七月十六日付のてがみに、

わたくし事もいよいよ江戸より御用召に相成、当月廿八日比ニは出立いたし候積り、右ニ付而は御歓被仰遣難有存上候、実ニ身にとりては冥加ニあまり此上もなき難有仕合ニハ御座候へとも、程遠く相成、此後はしミ〴〵御めに懸り候事も相成りかたくと存候へば、今更御なつかしく存上、落涙いたし申候、何卒御身大事ニ御保養被成候而、母上様へ御孝道被盡候やう御頼申上候、扨御同所様ニも案外御あきられ被遣候趣被仰遣、安心仕候、誠に先日ハ細〴〵と御文遣され、殊ニ送別之御哥いろ〴〵御よミ遣され有かたく感吟いたし申候

（『緒方洪庵のてがみ』その三、一二四頁）

とあり、きょうだいの間にかよう永訣の思いを読み取ることができよう。やがて、洪庵は江戸にあることわずかに十か月で死去した。洪庵は、江戸から母へ十月二十日付で書信を寄せ、「朝暮公方様の御脈を診察ひ」、「九月十三日夜御月見抔には御手づからの御酌にて御酒頂戴抔も仕」り、身にあまる仕合であるが、一方では窮屈で心配多く、その上物入りであると、毎日のくらしぶりを知らせ、またからだは丈夫になり、今日まで風もひかずと安

心させている（『緒方洪庵と足守』五二～五三頁）。佐伯家では洪庵の死を老母には秘した。老母は洪庵の卒去の翌年、九十歳で没した。

二　賀宴の出席者について

当日の四月二十一日条には、次のごとく洪庵は記している。

一午後より佐伯賀盃、

姉君、兄君夫婦、章、お梅、右兵衛、下総守、おいさ、お花、羊五郎、お千枝、渡辺利三郎、石原官平、

其後炭屋又介、佐伯吉右衛門、安田謙造、津下成斎、田野口四度列席、夜半ニ終ル。

右の親戚として宴に連った者について、緒方銈次郎氏は、「母君と兄佐伯惟正夫婦、堀家から姉キチ・右兵衛・大藤下総守・お梅、惟正の子おいさ・お花・羊五郎、三輪から渡辺和太郎其の妻千枝、母方の親類石原官平の方々であった」（『緒方洪庵と足守』四二頁）としている。「日記」に出る「渡辺利三郎」と銈次郎氏の「渡辺和太郎」とは同一人物であるのか疑問であり、あとから宴に加わった人びとのうち、安田謙斎・津下成斎の両門人をのぞく、炭屋又介・佐伯吉右衛門・田野口四度の三人はどのような間柄かわからない。この辺りのことについて、川井潔氏（洪庵兄惟正の次女伊佐の嫁ぎ先である児島郡宇津野大庄屋川井速太家の後裔、現当主）より、平成十九年七月二十一日、詳しい関係図をいただいたので紹介しておく。

Ⓐの関係図（次頁参照）を送ってくださった川井氏の注記によると、①神々《みわ》家の元の姓は渡部《わたべ》で和太郎の代に神々に改姓している（別添資料として清水慶一氏（医師・系図研究家）作成の『神々（渡部）家（窪屋郡常磐村三輪）系図』）。従って「渡辺和太郎」と「神々和太郎」は同一人物である。②渡辺姓について神々家当主に問合せたところ、神々家では「渡辺」姓は名乗らず、「渡部」であること。③「和」と「利」を毛筆で書いた場合、双方の字の旁《つくり》

がよく似ているので読み違いではないか。④神々家当主に「利三郎」なる人物の存否を尋ねたところ、よく似た名で、和太郎の長男利太郎（明治六年没、二十一歳）ありと。さすれば文久二年当時は十歳前後である。洪庵日記の子供たちは名のみである。「渡辺利三郎」と姓まで記されているので「渡辺《部》和太郎」が正しいのではないか、とある。①②は川井・清水両氏のご調査で明白となった事実である。③については洪庵の日記原本にて細字ながら明瞭に「渡辺利三郎」と読める。筆者は、千枝の夫・「神々和太郎」が、もと「渡辺利三郎」と称しており、同一人であるという証明がなければ、前日二十日の「日記」に、「三輪よりお千枝、小児両人同道来る」と記して

Ⓐ洪庵と出席者の関係（川井潔氏作成）

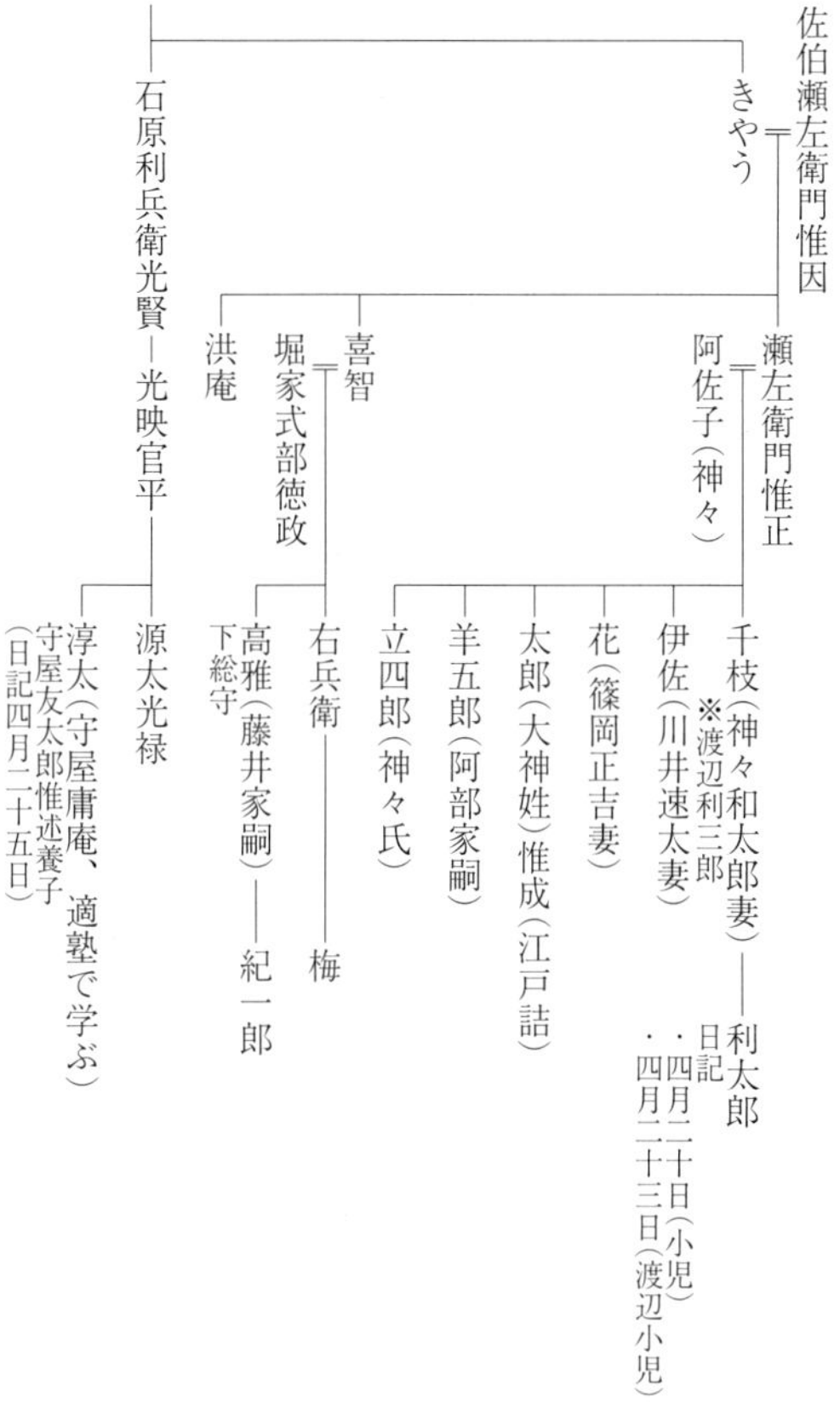

いるから、千枝は夫和太郎と一緒でなく、自分の小児を連れて足守へきていたもので、翌二十一日の「日記」の賀宴の席に出た「渡辺利三郎」とは、さきの川井氏の注記④に出ている和太郎・千枝の長男「利太郎」のことであったと断定してよい。おそらく、洪庵は、「利太郎」を「利三郎」と聞き間違いして記したのであろう。また四月二十三日に「渡辺小兒」とあるのも「利太郎」であろう。さすれば、さきに緒方銈次郎氏が「三輪から渡辺和太郎其の妻千枝」と書いたのは訂正されるべきで、和太郎は列席していないとみるべきである。

さておくれて賀宴に列席した人びとの中で、炭屋又介・佐伯吉右衛門・田野口四度の三人その他は、調査を心がけてきたがこれまで不明のところ、川井氏のご努力の結果、これまた清水慶一氏のご調査の結果、次のように判明した。

Ⓑ四月二十一日条（清水慶一氏作成）

其後炭屋又介、佐伯吉右衛門、安田謙蔵、津下成斎、田野口四度列席、夜半ニ終ル。

このうち、佐伯吉右衛門は次のごとくである。安田・津下は門人。児島郡波知村、下役人、大庄屋、庄屋。

――野田亀五郎季美┬九左衛門
　　　　　　　　└吉右衛門（佐伯家嗣）

積徳院純篤自修居士佐伯吉右衛門継述墓

児島郡波知村野田亀五郎次子　明治十一年七月十六日　（この墓は廃寺田上寺境内墓地にあり――清水慶一記）

右によると、佐伯吉右衛門は、後出篠岡ハナの懐旧談に出る足守佐伯家の分家であろうという以上のことはわからない。炭屋・田野口については依然詳らかでない。

Ⓒ四月二十四日条（川井潔氏作成）

一、午後、中田右門太、大津寄忠右衛門、下総守来り、酒宴す。

この三人と洪庵の関係は次のようになる。酒宴の場所は、宮内の堀家の家。

（佐伯家）　瀬左衛門惟因―┬瀬左衛門惟正
　　　　　　　　　　　　├喜智（堀家徳政妻）
　　　　　　　　　　　　└洪庵

（堀家家）　宮内村吉備津宮社家
　　　　　右兵衛広政――式部徳政（中田氏）＝喜智（佐伯氏）
　　　　　　　　　　　　　　┬右兵衛輔政
　　　　　　　　　　　　　　└下総守 高雅（藤井家嗣）

（中田家）　宮内村庄屋・大庄屋・（本陣）
　　　　　五左衛門重遠―┬右門太孝芳―┬五左衛門重明
　　　　　　　　　　　　│　　　　　　└女（大津寄尚秀妻）
　　　　　　　　　　　　└徳政（堀家廣政養子）

（大津寄家）　井原陣屋代官職
　　　　　重郎左衛門尚令――忠右衛門尚久――忠右衛門尚秀＝室（中田氏）

三　母キヨウ米寿の賀盃について

賀盃について、緒方銈次郎氏はつぎのように記している。

篠岡家（洪庵兄惟正の三女花の嫁ぎ先――筆者注）に蔵されている洪庵の賀盃を見るに磁器製の小形の盃で盃の内面の底には朱色で松と霊芝（万年茸《まんねんたけ》の漢名、サイワイタケともいう――同前）を描き、岩が緑で色取られてある。盃の外面は朱色で米寿の三字を一字に連ねて書いて、底に近き所を廻つて「佐伯家母八十八歳之賀盃」とあり。其の二列の間に洪庵自詠の

あふきつゝいや高山のみ○○○○

千とせのかけにたつそ○○○○　章

といふ和歌が焼付けてある。筆は洪庵自らのものではないらしい。歌の一部が消え去つてゐて判明しない。其の以前に堀家氏（洪庵姉の嫁ぎ先――同前）に蔵せられてゐる同一の盃を見たが、これも同じところが消えてゐる。推するに前は「みねにおふ」とでもなり、後は恐らく「うれしき」となるのであろう。賀盃の製者は「水穂舎」と記されてある（『緒方洪庵と足守』四三頁、昭和二年）

右の解説は今日補正しておく必要がある。すでに適塾の解体修理の完成・一般公開を記念に、適塾記念会が昭和五十五年（一九八〇）に全国的に『適塾展』を開催したときに編集・刊行した図録『緒方洪庵と適塾』に、川井潔氏より特別にご出品いただいた本賀盃の写真およびその解説を収めた（一二三頁）。川井氏蔵の賀盃は洪庵自詠の和歌もよく読めるもので、その解説には「あふぎつつ高山の山まつの千とせのかげにたつぞうれしき（原文には濁点なし――筆者注）」としてある。全部でいくつ作られたかわからないが、出来、不出来が生じた結果であろう。さきに引いた銈次郎氏の解説には、「米寿の三字を一字に連ねて」とあり、これは「米寿の二字を一列に連れて」の校正ミスかも知れないが、現物には「米寿」の二字はなく、「米寿」を示す「佐伯家母八十八歳之賀盃」の十一字である。ところで筆者が平成十五年六月一日、岡山駅前ホテルグランヴィア岡山のロビーで川井潔氏にお目にかかり、ご持参下さった賀盃の測定・撮影をさせていただいたところ、盃は高さ二・九センチ、口径五・九センチ、高台径二・七センチで、外面の文字はすべて朱色で、洪庵の和歌は二行に、その下に「章」、それに「水穂舎製」と連なっている。底に青色で「清玩」とある（口絵3参照）。しかし、銈次郎氏が賀盃について篠岡ハナ（兄惟正の三女、津高郡金川村金川藩士篠岡正吉妻）の懐旧談を記録として残して下さっているのが貴重である。それは次のごときものである（『緒方洪庵と足守』四二～四三頁）。

妾が十九歳の時でした。洪庵の叔父が帰られ、祖母も両親も大悦で、宮内の方からも三輪の方からも親類が集まられまして妾の姉（千枝・伊佐――筆者注）も弟（羊五郎――同前）も列席しました。祖母も大機嫌で喜ばれました。叔父さんも大層な御機嫌で、大阪から態々注文して御持参になつた御自分の賀の歌が焼付けてある陶器の盃を、出席した者に一々記念として御手渡になりました。篠岡の家にも其れが只今でも遺つてゐて大切に保存して居ります。其晩は門人衆やら分家の人やらをお招き申して、それは〳〵賑やかなことでした。津下さんと云ふ叔父の御門人は、坊主頭に鉢巻をなさつてなにか面白い踊をなさつたことを覚えてゐます。

当日の情景をよく知ることができる。この陶器の盃がどこで誰によって製作されたか、筆者はかねてから関心をもち、川井氏にもご協力いただき調査してきた。すなわち、さきの篠岡ハナの談話にある「大阪から態々注文して御持参になつた」というは「大阪から態々御持参になつた」と取るのが通常であろうが、「大阪から態々注文して」ともとれなくはないので、川井氏とともに岡山県立博物館その他の関係者にもご協力をお願いした。それは備前焼はともかくとして、倉敷地方には染付ものを焼いた宇津野焼があるからである。原三正氏の「宇津野焼雑事」、岩崎重徳氏の「宇津野焼後記」（川井潔氏資料提供、以上ともに郷土史シリーズ⑤⑥）、渡辺昌男氏の「宇津野焼」の諸文献には、宇津野焼の窯元川井源一郎氏（今、川井家にある本賀盃の入っている桐箱の裏書には「昭和十九年八月川井源一郎記」とある）に関説して、その屋敷跡から東北にある窯跡の調査記事などがあり、江戸時代の初めより川井家と宇津野焼とのかかわりが縷説されている。なお、『児島風土記』（倉敷の自然をまもる会編）にも「川井家と宇津野焼」の項がある。

筆者は陶器には全くの素人であるが、かつて京都大学人文科学研究所時代に藪内清・吉田光邦両氏らとともに立杭焼・出石焼の研究調査に従事した関係上、登り窯や釉薬などにも若干の興味があり、渡辺氏も宇津野焼の陶土・釉薬等にも言及されている。今日までこの賀盃がどこで焼かれたかについて判定が下されていないのを筆者は至極残念に思い、是非とも専門家諸氏のご協力をお願いしたい。この賀盃が果たして宇津野焼であるか否かだけでもご教示をいただきたい。

　一方、さきに記したように、篠岡ハナの言葉を普通に「大阪から態々御持参になつた」ととる場合でも、素人の筆者には、大阪に思い当る窯はなく、あるいは、京都清水焼であるかも知れない。従って前述のごとくやはり専門家に一日も早く鑑定をお願いしたい。

　そこで、これまで触れなかったが、問題は賀盃に記されている「水穂舎製」である。これまでも陶器大辞典などには「水穂舎」は管見にはないようである。ところで、洪庵は歌人でもあり、大阪にある歌人グループに属していた。この洪庵の歌人グループに関しては、周知の如く、上田穣「緒方洪庵をめぐる社交的側面」（有坂有道編『日本洋学史の研究(Ⅱ)』）、多治比郁夫「近藤芳樹と緒方洪庵」（『適塾』十七号）、管宗次「緒方洪庵と和歌をめぐって――緒方家の人々と和歌――」（『適塾』三十三号）があり、洪庵と親しかった歌人がかなりあがっている。その中に真鍋豊平の名がある。

　上記三方のうち管氏が一番くわしく豊平について発表された論文に、「敷田年治翁について（三十七・三十八）」（『すみのえ』二三五・二三七号、平成十二年新年・夏号）がある。それをみると真鍋豊平の主催する社中を「水穂舎」と称し、豊平の歌集に「水穂舎年々集　初篇」（明治十一年）があり、その初篇には緒方八重の「竹間鶯梅の花散をうしとや呉竹に宿をしかへて鶯のなく」のほか、娘の十重、吉重、九重の歌も入っている。また多治比氏は近藤芳樹と洪庵との交渉にふれた上、弥富破摩雄著『中島広足』（昭和十九年）の中に、洪庵の広足あて書翰が翻刻・紹介されていると報じられている。筆者としては、このことに早く気付いて洪庵のてがみの原本について筆者のご教示を乞うべきであったと悔やまれるが、弥富氏の著に接する機をえて、未見の洪庵のてがみの内容に触れることができた（その内容は別稿「緒方洪庵のてがみ（拾遺２）」本書第Ⅱ部五六三頁以下）。弥富氏は、当時、現存の書翰中から洪庵の広足あての書翰を紹介し、「随分（洪庵が）丁寧な文調を用ゐているので、その関係が思はれる。彼が詠草中に『緒方章が母の九十賀にたぐふべき山もなからん八百萬　世々をかさねん高きよはひは』といふのも見えてゐる」とある。「九十賀」は誤りであるが、広足の歌集の中にあるのであろう。さらに多治比氏は、芳樹の自撰歌集『寄居歌集』（未刊）の山口県文書館所蔵の吉田祥朔氏筆写本の中から洪庵に関する三首を紹介され、その一首「緒方章が母の八十八の賀に　あふみの海千代をとまりとこぐ船ハ八十のミなともとく過にけり」（歌の傍点部分には「よろづよにあふミの海路」「をとまりともせじ」がある）を引用されている。これらをみると、当時洪庵の歌人グループの間では、洪庵母の米寿の賀が近くなるにつれて、あちこちの歌会でその賀歌が詠まれるようになったことがわかる。

推察では、中でも大坂にある真鍋豊平の社中で洪庵母の米寿のお祝いに賀盃を贈る話がまとまり、洪庵もその厚意ある申出を受け入れて、自詠の歌をつくり、その作製を水穂舎なる社中に一切を任せたのではなかろうか。豊平みずからか、あるいは社中の誰かが知合いの京阪の窯元へ作成を依頼したのであろうが、それがどこであったか見当がつかなかった。

そこで「水穂舎」に一応目星がついたので、底にある陶工の銘と覚しき「清玩」を調べることにした。偶然にも最初に開いてみた加藤唐九郎『原色陶器大辞典』（淡交社、昭和四十八年三版）で、「清玩」は亀井半二の銘であることがわかった（二一〇・五二〇頁）。しかし、亀井半二については管見によれば、まず『陶器全集』第一巻（思文閣、昭和五十一年）の「をはりの花　鳥の巻」に左に引用する略歴がある（一六七～一六八頁）。

亀井半二之略歴

半二ハ世に瀬戸の工人なりと言傳ふるも実は名古屋の人にして幼より絵画を好み、名古屋の画伯山本梅逸に従ひ画を学ふ、然共性浮世画に妙を得て却て師の意に適ハず、遂に師の家を辞し去りて、文政年間瀬戸に来り、壕仙堂治兵衛・真陶園半助等の家に遊ひ、各種の陶磁器に絵画を描きたり、時人之を貴して瀬戸半二焼

と呼ふ、然れ共半二八画工にして自ら製したる磁器ハ甚稀少なり

次に、黒田和哉編著『茶碗　窯別銘款』（グラフィック社、平成十年）に、

名古屋の画家で別に石華・玉堂ともいった。初め森高雅に弟子入りして美人画を習い、その後京都の山本梅逸を訪ね入門し、花鳥を描いては巧みであった。（中略）半二の師匠の山本梅逸は尾張藩では御絵師格として優遇され、帯刀を許され、士分に取りたてられていた。門下生として半二も瀬戸の川本治兵衛（埲僊堂）、川本半助（真陶園）らの窯で絵付けをし、中国明代の染付文様をほとんど見分けのつかぬほど巧みに模している。上絵付も試み、金襴手も手がけた。一般にこれを半二焼と称している。嘉永四年（一八五一）五十一歳にて没す。（一六八頁）

とある。ほかには研究がないようである。後者に出る半二の没年である「嘉永四年五十一歳」は何に拠るものであろうか。せめて、その墓碑の所在などでも判明すればと期待する次第である。もし嘉永四年（一八五一）五十一歳が正しければ、洪庵母の賀盃は文久二年（一八六二）に用いられたものであるから、そこにある「清玩」の銘は半二のものではないということになる。逆に清玩の銘をもつ本賀盃そのものが半二の作品であることになれば、半二の没年は文久二年辺りまで下るであろう。それでは賀盃は瀬戸でつくられたのであろうか、あるいは京都か。水穂舎社中の人びとと亀井半二との関係はどのようであったのか、問題は尽きない。ともかく、幸いにも賀盃が現存しているので、専門家の鑑定によって制作場所が確定するのを望む次第である。以上で賀宴をめぐる雑考を終わりにする。

（平成一九・一一・一二記）

【補注】洪庵と親交のあった近藤芳樹の寓居は「平野町心斎橋東へ入所北ノ路次ノ内」（多治比論文による）、真鍋豊平は「伏見町一丁目」、中島広足は、「難波橋の南、北浜一丁目堺筋西北南角」（弥富氏前掲書による）であって、洪庵の北浜過書町の「適塾」からさして遠方ではなく、広足の寓居が一番近かった。

なお、本稿執筆にさいして、川井潔氏より洪庵の母が米寿にあたり絹本に自書した「寿」の書の表装が最近できあがったとして、その写真をご提供いただいたので、賀盃の写真とともに口絵に掲載させていただいた。記してご厚意に衷心謝意を表します。

第Ⅱ部

『洪庵・適塾の研究』補遺四題

——緒方洪庵と後藤松陰・杏雨書屋蔵洪庵の肖像と書・一廻り七日の説・新史料緒方洪庵書翰二通——

I　緒方洪庵と後藤松陰

筆者はさきに「緒方洪庵画像四点の賛について」の中で、安政六年の洪庵画像に「後藤松陰がどのような経緯で賛をなしたかは今詳かにすることができない」と記した（拙著五二頁）。しかし、「大阪の歴史」第一〇号に発表された藤本篤氏（大阪市史編纂所）の史料紹介「山崎僊司あて後藤松陰書状」は右の洪庵と松陰との関係を明示するものがある。ここに補説を試みたい。

藤本氏は文中、山崎僊司について触れられ、㈠僊司の父山崎文良は摂津国川辺郡米谷村（現宝塚市）で医を業とする地方名望家の一人で、後藤松陰とも家族ぐるみの交際があったこと。㈡僊司はその長男として文政九年九月二十二日の出生で（洪庵より二年年下）、十四、五歳のころまで摂津国有馬郡生瀬村の医師稲津修平の許に通って儒を学んだこと。㈢天保十二年の夏、後藤松陰に入門した。最初の師稲津修平もまた松陰門下であり、僊司にとっては同窓の先輩にあたること、を記されている。

右に出る稲津修平については、美濃国人で天保十年生瀬村へ来て名塩村医師億川百記の門人となり医術を修業し、天保十二年、修平の開業にさいして百記が誓約書を認めていることはすでに紹介した通りである（拙著六三頁）。百記は洪庵の妻八重の父であり、はじめ山崎家に書生として住み込み、僊司の父文良から漢方医学を学んだ（藤本前掲論文、九七頁）。従って、洪庵は、百記から山崎家のことや稲津修平のこと、さらに修平の門に入っていた山崎僊司のことを比較的早くから知っていたと思われる。さきに僊司は修平について儒を学んだとあるが、父が医者でありある程度の心得は少年ながら知っており、修平にも儒とともに医を学んだものであろう。

さて、師松陰が門下生僊司に充てた書翰四五通の中で、松陰と洪庵との親しい関係を示すものを引出すと以下の通りである（番号は藤本前掲論文のまま、傍線筆者）。

⑩　拝答、秋冷日増候得共、尊翰及御全家様御揃御多祥被成御入候半と奉欣慰候、柿沢山仍例被贈下、前月廿四日到着仕候て、日々むいて賞味いたし居申候、感謝之至也、小生去八月十六日ニ転宅無滞相済申候、今度之所ハ梶木町御霊筋西へ入（北浜五丁目―筆者注）にて御座候、緒方之筋ナリ、今度ハ大分勝手よろしく候、タヽミノ数五十畳計り、又二階ニ三十五、六畳敷ケ申候、附ケ物カラタヽミ立具抔、大工、手伝等之価金百両余も撒ち申候、御一笑可被下候、御出坂之節ハ必々御来訪可被下候、先は右御答鳴謝迄如此ニ御座候、余随時自愛、不乙、

（弘化三年）九年朔　　後藤　機

尊翁へよろしく御伝へ可被下候、山妻も同様申居申候、以上

山崎僊司雅兄

---

⑭　拝答、種痘段々御流行之由奉賀喜候、何分人之一生之大厄を軽具スル事に候故、損得ニ拘らす只人を救ふと被思召、御骨折被成候様奉祈候、是は陰徳陽報之理ニ候得共、種痘所之三字認差上申候、御注文之節早速認可差上候所、本月十三日より疝痛　腰脚攣痛にて起臥不自由ニ候、漸く昨廿一日より起て講釈抔いたし居申候、今日は大ニ快く相成申候故、諸方之大字を認申候、御省念可被下候、種痘之七言絶句一首あり、先日緒方之注文にて認遣し候、後日認差上可申候哉、先者延答草々不乙

（嘉永三年）正月廿二日　　後藤　機

山崎僊司医伯奉答

⑯　拝答、今月拙者認ものニかゝり居り候処、廿八日ノ御手柬到来、先日之額字之御潤草として金壱封被贈下、忝拝登仕候、又今日墨ノ序ニ候故、種痘之七絶一張認差上申候、〇緒方洪庵氏今一首長篇を被頼申候、今日午前草稿を起し申候、緒方が足守より帰坂有之候ハヽ、浄書可致遣と存候、此作ハ七言二十九句ニ而御座候、若思召有之候ハヽ、後日塗鴉可差出候、萬随時自愛加餐、草々不備

（嘉永三年）正月晦日　　春草　機

僊司医伯奉復

㉒　拝答、乾梅之時候ニ御坐候、御多祥被成御揃奉賀候、扨先日も御手柬被遣、御婚姻之事被仰遣候、早速斎藤（永策のこと）を頼ミ環氏（二代目中環ならん）之事聞合せもらひ候処、是はしかと分り兼申候、○又各務（相二ゆかりの者が─以上すべて藤本氏による）ニ一人有之候由、至極妙らしき事と奉存候、是は先便御手紙之参らぬ前より御噂申居候事ニ御坐候○先ンに御話合御坐候事なれは、（三国之口ナリ）同しくは其方御きめ被成候方可然と奉存候、○易卦もちとむつかしくと奉存候、何分御面上ならては難申尽候○億川老先生（百記のこと）がコチラ味方ニ御成被遣候ハヽ、無子細事と奉存候、何分永続すへき様奉祈候、弥御話之方御熟談ニ相成候ハヽ、合○（ゴウキン、結婚式のこと）後ごて〳〵のなき様ニ、褌を〆て御談合有之事と奉祈候、何事も御面晤ならては難尽筆紙候、萬期面話候、草々不具

（安政元年五月）
蒲月廿二日講書中即答

僊司雅兄　　機

㊻　（本文略）

（文久元年）
十一月六日之夜書　　後藤　春蔵

山崎仙司国手

梧下　　機

（追而書前略）○緒方国手も長々疫症にて大分むつかしく候得共、此節ハ本復ニ御座候、

㊼　乍延引拝答、于今秋炎未退候得共、御多祥被成御揃候半と奉欣悦候、先頃は暑中御見舞と御座候而、炙香魚沢山被賜下、于今相楽居申候、右乍延引御礼迄如此御座候、○緒方洪庵老も江戸より御召抱ニ相成、近日発途と承り申候、可賀事ニ御座候、元来今廿八日上舟之積り候所、長崎遊学之子息今帰坂不致、ソレヲ待居候由ニ御座候、千萬随時自愛加餐、草々不尽

（文久二年）
七月廿八日　　後藤　春蔵

山崎僊司医伯

以上の六通は、いずれも洪庵ないし父百記と松陰との交情のこまやかさを推察させるものであり、とくに⑭⑯は、洪庵より直接に松陰に対して「種痘之七言絶句一首」および同長篇の「七言二十九句」を所望していたことがわかる。これは、いずれも嘉永三年のことであり、

早くから二人の間に親交があって、安政六年の画像に直接洪庵が賛を頼んだと考えてよかろう。なお、すでにみてきたように、山崎家は洪庵の父百記のころから関係があり、また松陰の門下生でもあった僊司は嘉永二年十一月から翌三年正月に至る三か月間、大坂除痘館において洪庵から除痘術を学び、痘医許可証をもらって米谷村に分苗所を開き、松陰筆の「除痘所」の額字を贈られていた。（藤本前掲論文、九四―五頁）。この洪庵と僊司との深い関係も洪庵と松陰との関係を一層親密なものにしていたであろう。なお、松陰の妻まちは、篠崎小竹の娘で（藤本前掲論文九〇頁）、洪庵と小竹とはすでに拙著でも述べた親交があった。これら藤本氏の紹介された山崎僊司あて後藤松陰書翰によって、洪庵と松陰との親交を知ることができ、洪庵がみずからの画像に松陰の賛を頼んだ経緯が明かとなった。

Ⅱ　杏雨書屋蔵・洪庵の肖像と書

筆者は「適塾記念会と中野操先生」の中で、「私が今日まで未見の武田薬品工業株式会社所蔵の緒方洪庵肖像がある」と記した（拙著五〇八頁）。最近、杏雨書屋を訪れる機会があったので、同書屋の斎藤幸男氏を煩わしたところ（平成五年六月四日）、右肖像は佐伯理一郎氏旧蔵の「緒方洪庵肖像」（石版一軸紙本、分類番号は佐伯一〇六）で、拙著の「緒方洪庵画像四点の賛について」中の第四にあたる「よるべぞと思ひしものをなにはがたあしのかりねとなりにけるかな」という自作和歌を洪庵みずから記した、現在緒方正美氏所蔵原本を石版にて複製したうちの一軸であることが判明した。緒方家でこの石版刷がいつ作られたか、今詳かではない。なお、杏雨書屋には緒方洪庵の書軸一本が所蔵されているが、斎藤氏の教示によると、「富家一握之黄金与貧士双眼之感涙其於心軽重如何　記扶氏医戒之語　章」とあるもので、右同様石版である。これもさきの画像と同時に原本を石版にされたものと思われるが、いつごろ作られたか調べていない。今のところ、緒方銈次郎氏の『七十年の生涯を顧みて』を見ると、明治四十二年（一九〇九）洪庵没後五〇年に相当し、六月八日特旨をもって従四位の賜位があり、十月大阪市および大阪医師会の発起により中之島公会堂にて神式祭典を行ない、式後賜位祝賀会が催された。銈次郎氏が遺族代表として式辞を朗読、富士川游、菊地大麓両先生の講演があり、同時に洪庵肖像、著書、遺品、遺墨等数十点が陳列され、当日の来会者一、〇〇〇名を超え、頗る盛会を呈したとある。あるいは右の石版はこの賜位記念式典を機に関係方面に記念として頒布するために緒方家において作られたのかも知れない。筆者は緒方裁吉氏より右石版の画像と書とを頂戴し、軸装所蔵している。

Ⅲ　「一廻り」七日の説

筆者は、「洪庵夫人八重の生涯」の中で、名塩億川家の薬の引札に関連して、薬の服用単位「一廻り」は七日分、「半廻り」は三・五日分であることを、くすり博物館顧問青木允夫氏のご教示にもとづいて記述しておいた（拙著七〇―一頁）。本年七月二十三日、再び同氏より、早く「一廻り」のことが享保十三年（一七二八）の浪華原省庵若一子輯録『俗説正誤夜光璧』巻之上に以下のごとく記されているのを教えて頂いたので、ここに紹介したい。

「七日を療治の一廻《ひとまハ》りといふ説

鍼灸薬あるひハ湯治に七日を一まハリといふこと或人の説に風土記に舒明天皇三年秋九月に有馬に行幸《みゆき》し給ひて温泉《いでゆ》に月のさし入たるを叡覧《えいらん》ありて

三日月《みかづき》の汐湯《しほゆ》にうつる影《かげ》見れば

片輪《かたわ》もなをる七日〳〵に

との御製《ぎよせい》より湯治にいひつたへたるを鍼薬《はりくすり》等にもいひおよぼせるなりと、此説よろしからず、愚按《ぐあん》ずるにいにしへより七日を一廻（まハ）りといふことあるによりての御製と聞《きこ》へ侍《はべ》り、是七日は陰陽《いんやう》のめぐりかへる一周（まハ）りなればなり、易経《ゑき》の複《ふく》の卦《け》の辞《ことば》に曰《い》ハく、反複其道《はんふくそれみちあり》七日来複《にてらいふくす》とあり、これハ天風姤《ふうこう》の封《け》より地雷複《ちらいふく》の卦に至《いた》りて陰陽の周還《しうくわん》七爻《かう》めに来《きた》り複《かへ》るをいへるなり、こゝを以て霊枢《れいすう》の平人《へいにん》絶穀篇《ぜつこくへん》に人の腸胃《ちやうゐ》の中に常《つね》に留《とゞ》まる水穀《すいこく》の分量《ぶんりやう》ありて、食飲《しよくいん》《くひのミ》せざること七日にして死《し》する者《もの》ハ水穀の精《せい》気《き》津液《うかほひ》皆尽《みなつく》る故也《ゆへなり》とあるも此理《り》なり、難経《なんきやう》十二の難《なん》にも此事あり、しかれバ腹中《ふくちう》の食気《しよくき》も七日にてこと〲あらたまるの理なれば療治《れうち》に七日を一周《まハ》りといへるも其故《そのゆへ》なきにハあらず」（五―六丁）

筆者は漢方医について全くの門外漢であるため、一廻り七日分の薬用単位の起源が、果たしてこの『俗説正誤夜光璧巻之上』のごとく易経の複の卦の言葉にもとづくか、それとも霊枢の平人絶穀篇の腹中の食気は七日にて悉く改まるの説によるのか見当がつかないが、中国医学史専攻の学者のご教示をえたい。なお、明治に入ってからも、「一廻り」「半剤」とかの服用単位が用いられたことは、さきの青木氏のご教示で記しておいたが、今日の西洋医学においても薬の服用単位は一週間分、二週間分として処方されている。西洋医学史においても、この七

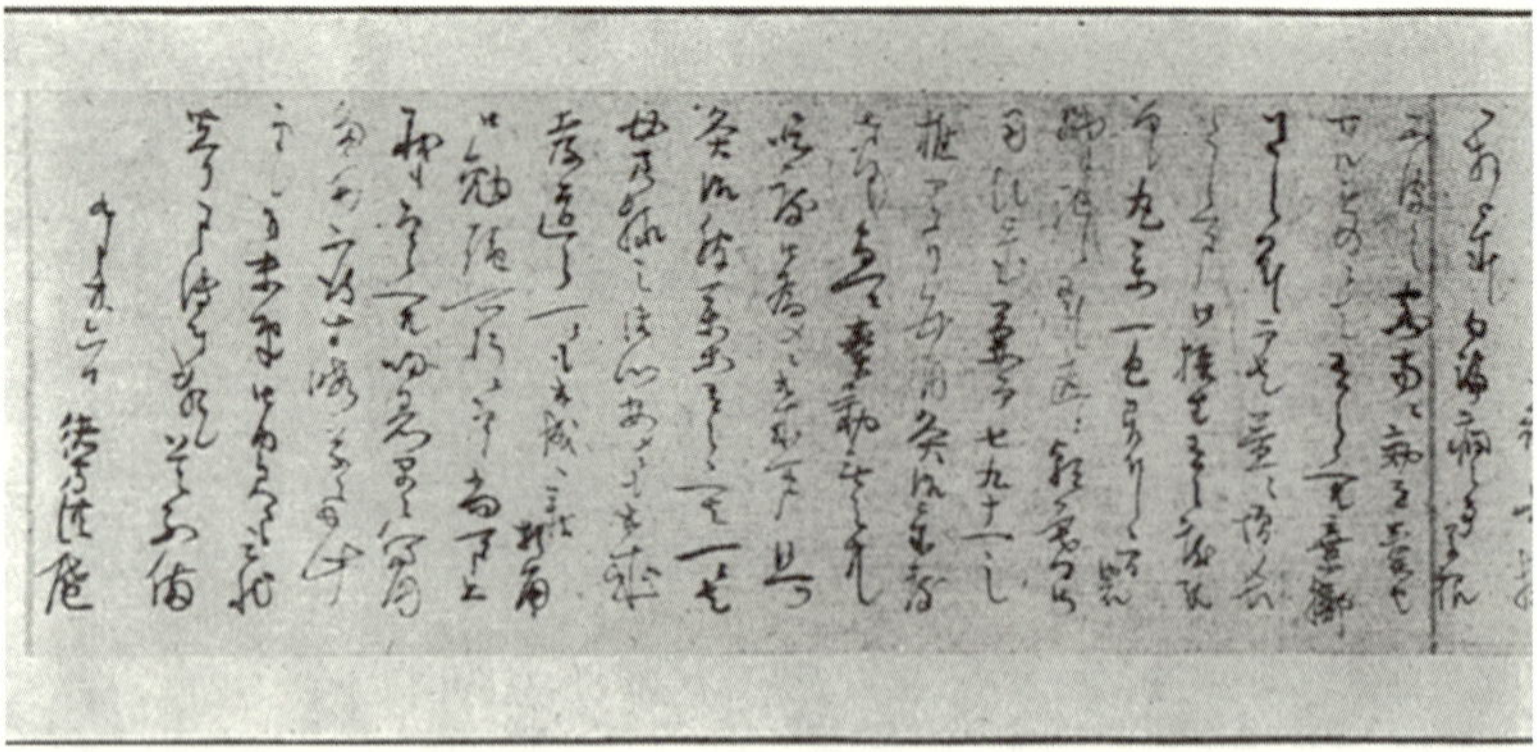

洪庵大藤下総守あて書翰（前）　（和田医学史料館蔵）

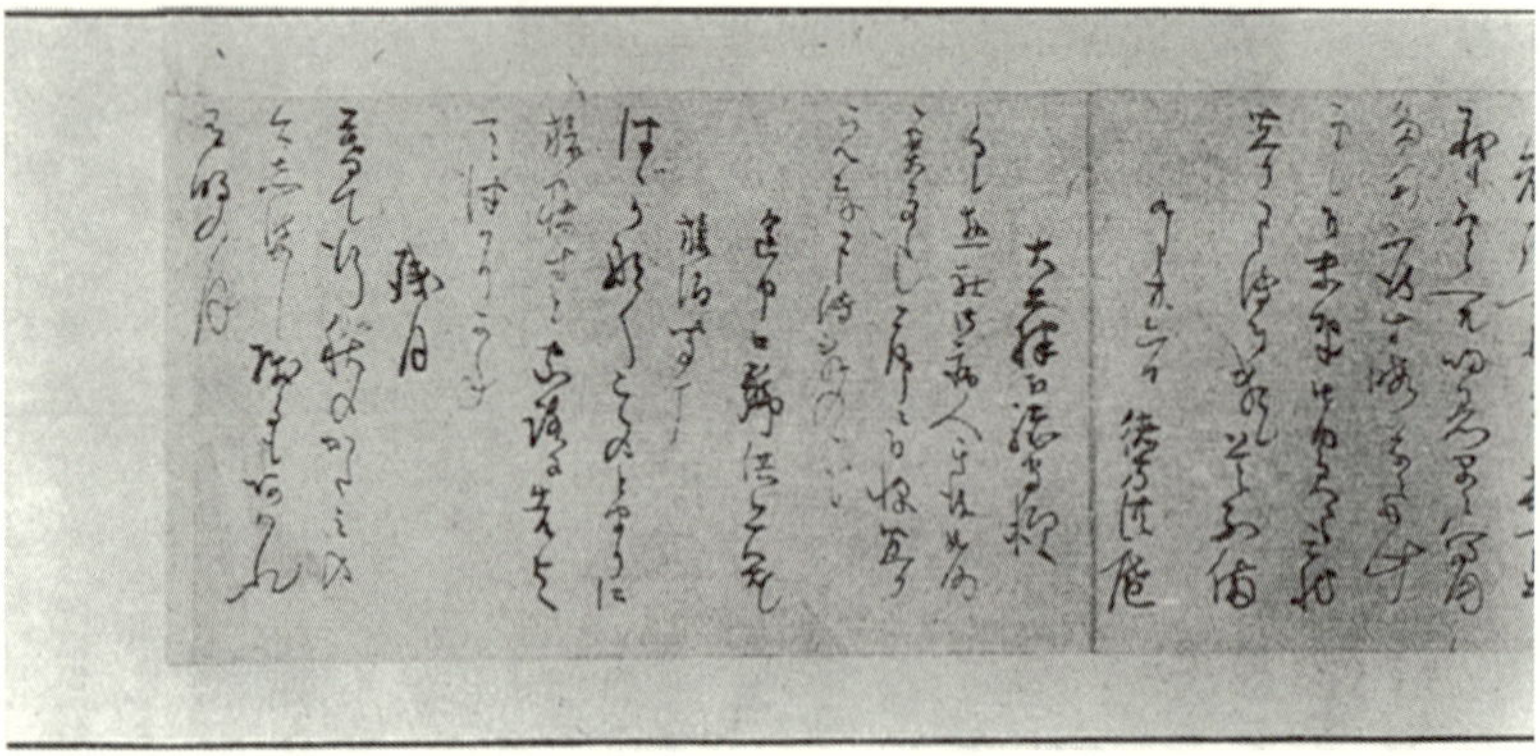

洪庵大藤下総守あて書翰（後）　（和田医学史料館蔵）

日分の単位の起源は、七曜制とは別に何らかの医学的根拠があるのだろうか。素人の素朴な質問として、これ又専門家の教示をえたいところである。

Ⅳ　新史料・緒方洪庵書翰二通

㈠　まず、和田和代史氏の和田医学史料館蔵の「緒方洪庵大藤下総守宛」書翰を同氏の格別のご厚意により紹介する。筆者がはじめて同書翰に接したのは一九九二年四月十二日山中太木先生（大阪医科大学名誉教授・現日本医史学会関西支部長）らと共に京都府北桑田郡美山町宮脇にある和田氏のドルフ美山博物館の展示を参観したときであり、その後、一九九三年四月三日より四月二十五日に至る、思文閣美術館における和田医学史料館蔵「江戸さいえんす――粋な用と美――」展にも展示された。

緒方洪庵　大藤下総守宛書翰

一書拝啓秋冷逐日増加之処、先以愈

御多祥被成御揃奉賀候、随て小生海陸無事去ル廿四日着坂家族一同伏旧申候、乍憚御安慮可被下候、扨出立之砌ハ色々御厄介相懸ケ、其上何共かの御餞別御恵被下御厚志千万辱奉謝候、然は貴兄御事近来御多病之様子、北野様殊の外御案事相成候ニ付、野生より薬勧メ呉候様御頼被成候、勿論痼之事草根木皮之容易に効を奏セサルものニて有之候へ共、棄擲いたし置候ては益々増長いたし可申、御摂生有之度奉存候、丸薬一包差下候間、袋紙に記し置候通り朝暮御用ひ被成、兼て七九十一之椎アタリ毎月灸治被成度奉存候、愈々奏効無之共吃度御為メニ相成可申、且ツ灸治服薬等有之候へは、一ニは母君様之御心安メニも相成、孝道之一ニも相成候義、折角御勉強所祈ニ御座候、尚可申上義も御座候へ共、帰着早々何角匆勾不得寸暇、草々如此御座候、乍末筆御内君へも可然宜ク御申伝奉頼候、草々不備

九月廿六日　　　緒方洪庵

大藤下総守様

尚々惣社御病人其後如何案事申候

御序ニ乍憚宜ク御見舞御申伝頼入候、以上

途中口號供上笑候

旅泊聞雁

つゝかなくこゝのとまりに
旅寝すと家路に告よ
天津かりかね

残月

暮て行秋のかたミの
今しばし残るもあハれ
有明の月

大藤下総守は、吉備津神社の神官藤井高雅のことで、高雅の母は堀家徳政の妻喜知子。喜知子は洪庵の父佐伯瀬左衛門惟因の長女で洪庵の姉にあたる。従って洪庵は高雅の叔父である。本書翰の年代については、二つ考えられる。一つは弘化四年（一八四七）九月二十日洪庵は父快翁（惟因のこと）が八十一歳でなくなり、この時その少し前から洪庵は足守にいた。そして葬儀を済ませて本書翰にあるように九月二十四日帰坂したとも考えられる。しかし、この書翰では高雅も父快翁の死去、葬儀に加わったことと思われるが、そのことに関した記事は全くなく、また、少なくとも初七日を済ませて帰坂したとすると、九月二十四日帰坂は少し早過ぎるようでもある。もう一つは洪庵が安政六年（一八五九）九月下旬、父の

十三回忌墓参のため足守に行った（緒方富雄『緒方洪庵伝』第二版増補版一七〇頁）時のことではないかと考えられる。そこでは、足守行きは「九月下旬」としか判らないが、ここでは九月廿四日墓参から帰坂して二日後に高雅の餞別など心遣いを感謝し、かつその多病を気遣い、丸薬一包を送り、灸治をも勧めたのかも知れない。「北野様」は今、不明。「母君様」は、洪庵の父快翁の長女喜知（キチ）子である。「御内君」は他人の妻の尊敬語。高雅のはじめの妻は、藤井高豊の嫡女松野で、弘化三年十月三日没。後妻は備中総社蒔田家臣池上五郎兵衛宗晶の女、若枝で、安政二年七月十八日没。そのあとは、堀家せいの二女を妾とした（「藤井氏系図」、吉備津神社編『藤井高雅附歌集』昭和十九年所収）。さきに記したように、本書翰の第二の場合は安政六年九月で後妻没後のことになるが、「御内君」とある以上、先妻もしくは後妻生存中の期間（安政二年を下限とする）でなくてはならない。従って上に推定した本書翰の安政六年説は該当しない。さすれば弘化四年説がのこるが、この場合、先妻は没しており、文中の「御内君」は後妻若枝をさすと思われる。かつ、追伸に「惣社御病人」とあるのは若枝の実家、惣社の池上家の病人をさすことは間違いない。以上から本書翰は第一に考えた弘化四年九月のものと判定してよかろう。すでに藤井駿氏は「高雅が大藤氏に改めたのは光政家譜（高雅の生家堀家氏）に依ると嘉永元年（弘化四年―筆者注）のこととしている」とされているが（前掲書四二頁）、右の判定はそれと齟齬しない。

因みに、萩原玄道の高雅宛 ⑤嘉永三年（？）十月二十日付書翰に、「過日緒方君御帰坂ニ付承候へば御令姑様大病にて御心配之由に御座候処、今般承候へば終に御遠行被感候よし、扨々御残念之至奉遠察候」とあり、「通泰云ふ、御令姑様は高雅の後妻様池上氏の母なるべし」としている（拙著三三〇頁）。さきの「惣社御病人」は広道書翰の「御令姑様大病」云々に該当するもので、両書翰を勘案すると、この萩原広道書翰は嘉永三年（？）ではなく、弘化四年のものとなろう。

㈡　次に東京大学史料編纂所は、緒方洪庵書翰（写）一通を所蔵している（『文部省維新史料編纂事務局所蔵図書目録』一一五頁）。未紹介であり、緒方富雄博士の『緒方洪庵のてがみ』その三（未刊）にも集収洩れとなっているので、ここに紹介しておく。

安政五年九月六日
緒方弘《ママ》庵書翰久岡東作宛
（武岡豊太家文書ノ内）

Ⅱへ 239-9

秋冷之候愈御清適奉賀候、随而拙家一同無事送光乍憚

御安意可被下候、誠ニ毎々御懇切御状被下候処、いつも御答も不申上失敬之段御仁恕可被下候、然は此度備中倉敷石坂堅操迄大急キニ書物差出し度御座候処、幸便無之御国船ニ托し差出候間、何共憚之段申上かね候へ共、着次第即日賃先払にて倉敷へ御差出被下度、偏ニ御頼申上候

一御聞及も可有之、当地は先月中旬よりコロリ大流行、殊之外死亡多ク可恐之至御座候、拙家ハ幸ヒニ相免レ未タ一人も患ヒ不申乍憚御安意可被下候、右ニ付此節虎狼痢《コロリ》治準と申ス一書急ニ上木仕リ、漸ク今日出来上リ申候、兄ニハ御不用之品ニ御座候得共三部差出し申候、万一貴地ニも流行無之とも申がたく可然医家へ御分配可被下候、價ハ一朱ツヽニ相定メ申候、もし入用之人も御座候ハヽ又々被仰越可被下候、是ハ強而願フニは無之候へ共、万一流行抔いたし候事ナラバ諸氏の為メと存候故、乍序御頼申上候也、右倉敷行一封御願迄、早々如此御座候、恐々頓首

九月六日　　緒方洪庵

久岡東作様

尚々御令兄様へも御序ニよろしく被仰上可被下候也以上

台本出処	兵庫西出町 武岡豊太所蔵		
謄写氏名印	亀井　磯吉 ㊞	写字監督者印	㊞
着手	大正九年　十月廿九日		
完了	大正九年　十月廿九日		
校合終了	大正九年十一月十一日	校合者印	㊞㊞
校正終了	大正九年十一月十一日	校正者印	㊞
校定準拠本出処	同　前		
校定終了	大正九年十一月十一日		
校定者氏名及印	大塚　武松 ㊞		

（維新史料編纂会）

右洪庵書翰の名宛人久岡東作は、塾生名簿第三六九番の「安政三丙辰（一八五六）三月十一日入門備前岡山久岡東作」である。久岡東作はこれまで適塾記念会の門下生調査では報告されたことがなく、若干筆者も調べてみたが岡山県関係の人名辞書にも出ず、今後さらに調査をつづけたい。ただ、本書翰の文面によると、安政五年九月当時、『虎狼痢治準』の上梓も「兄ニハ御不用之品ニ御座候得共云々」とあるから、医業を開いていなかったことと推察できるのである。

また、文中の「備中倉敷石坂堅操」は、姓名録第五五五番の「万延元年(一八六〇)九月念六日　備前岡山石坂一操」の養父に当る。石坂桑亀の養子となった人。この両人に関しては中山沃氏がその著『岡山の医学』(岡山文庫42、昭和四八年刊)および『洋学史事典』所収の両人の項でくわしく解説されている。今これらを参照して堅壮と緒方洪庵との関係を記すことにする。

まず、石坂桑亀(一七八八〜一八五一、天明八〜嘉永四)は岡山県久米郡中央町境の農業石坂多作の子で、京都の吉益南涯に学び、ついで文化十三年(一八一六)大阪の華岡合水堂に学び、青州の弟鹿城に外科を学んだのち帰郷し、近くの御津郡福渡で開業。さらに蘭方医を志して長崎に遊学してシーボルトに学び数年後帰郷、再び福渡で開業した。やがて名医の評判が高いところから足守藩主から招かれ勝手廻方兼侍医物頭席となった。当時、足守藩は疲弊しており、借財に苦しんでいた。桑亀は元来、経済的才能があって藩札の発行や諸制度の改革を行ない藩財政の建て直しを図り、藩主の寵遇を受けた。しかし、旧弊の俗吏とあわず、天保十三年(一八四二)ごろ、藩を辞し、たまたま倉敷の大富豪大橋家に招かれて倉敷に移った。そして開業のかたわら、二男典礼ともに医師の子弟に対し蘭方医学の普及につとめた。一方、長男の典祐も医業をつぎ建部村に住んでいたが、嘉永三年(一八五〇)、三十余歳で死んだ。また桑亀もその翌年の嘉永四年六月九日、六十四歳で死去し、建部町建部上願成寺に葬られた。そこで桑亀の三女かよ子に門人中の俊才、石坂堅壮がめあわされて養嗣となったのは、嘉永三年、長男典祐の没後間もなくのことであったであろう。

さて石坂堅壮(一八一四〜一八九九、文化十一〜明治三十二)は、播州三日月藩船曳五七郎の次男で、石坂桑亀に蘭方医学を学び上述のように養子となった。ついで京都の蘭医小森桃塢およびその塾頭山崎玄東に入門、また船曳紋吉に産科を学んだ。帰郷後、倉敷で開業、ついで備前藩家老池田隼人の侍医となった。のち、明治三年(一八七〇)岡山藩医学館教授、明治十年日本ではじめて「肝臓ジストマ」を発見した人として有名、(以上は上述の通り、中山沃氏の執筆に拠る)。

以上、石坂桑亀および堅壮の経歴をみると、とくに桑亀は、足守藩と関係があり、藩財政の建て直しに関与していたから、同藩の勝手方御用を経て御内所重役をそのころ勤めていた洪庵の父佐伯瀬左衛門もよく知っており、洪庵自身は桑亀より二十二歳も年下であるが、文政九年(一八二六)大阪へ出て医学修業を志すころ、桑亀の蘭方医としての声名を聞き知っていたことと思われ、のち侍医として同僚となった。堅壮は洪庵より四歳年下であるが、ほとんど同年輩であり、堅壮が桑亀の門にあり、その養嗣になる以前からその存在を知り、とくに堅壮が帰郷後倉敷で開業してからのちは一層親交をかさねていたことと思われる。目下のところ、筆者自身は洪庵との直接的な関係を示す史料は、ここに取り上げた洪庵書翰以外承知していない。

　この書翰の第一の意義は、従来、洪庵の『虎狼痢治準』は安政五年（一八五八）八月下旬に「百部絶板」「不許売買」として刊行されたとされてきたのが（緒方富雄『緒方洪庵伝』第二版増補版ほか）、「漸ク今日出来上」ったのは安政五年九月六日であったことが判明した点で、その文面に洪庵が本書の刊行を急いでいた心情がよくにじみ出ている。第二は、この出来上った『虎狼痢治準』を備前藩御国船を利用してでも倉敷の石坂堅操（壮）へ早速届けようとしたのはどのような経緯があったのかということである。

　この点に関して、中山沃先生にお尋ねしたところ、早速にご教示をえた。

　ご恵投下さった森紀久男氏「蘭方医石坂桑亀物語」（学友会報第六十号、昭和十六年三月十日発行別刷）の中で森氏は、

「桑亀と洪庵とは双方共に足守藩の侍医として互に同僚の関係にあった。これは石阪堅壮の左の記述によっても知れよう。『先考桑亀翁、旧足守侯侍医タリ、故アリテ藩ヲ去リ同国倉敷邑ニ寓ス、緒方君ト旧同僚タルヲ以テ、交誼特ニ厚シ、当時君牛痘苗ヲ携ヘテ備中ニ来リ其ノ術ヲ諸子ニ授ク。余（堅壮）モ亦与ル、是ニ於テ其ノ術漸ク遠近ニ施及ス。回顧スレバ今ヲ距ルコト四十年、豈独リ医家ノ賚ナランヤ』（原漢文）

また、同先生のご教示にもとづき松尾耕三著『近世名医伝』巻下、（一三頁）の欄外みれば、左の記述があり、本稿紹介の書翰内容を裏付けるものがある。

　空洞（堅壮）云「虎狼痢病流行之際、余亦甚苦二其治法一、因急裁レ書、聞二之緒方君一、君適著二虎狼痢治準一、即見恵二一本一、由レ此始得二治療之針路一、其為レ賜尤大矣

　これらによって、コレラ流行のさい、その治療法を見出すのに苦しんだ堅壮が、かねてから親交のあった洪庵にその教授方を頼んでいたので、洪庵は『虎狼痢治準』の上梓成るや、堅壮の期待に副うべく、藩公用の船便を利用してでも一日も早く送り届けようとした事情が察せられるのである。また、同時に洪庵が国元でも予想されるコレラ流行に備えて久岡東作に不用の品と知り乍ら三部進呈して然るべく医家への分配を頼んでいるのも洪

庵らしい社会的責任感がよくあらわれている。『岡山県史』、『倉敷市史』にはこの安政五年の流行に関する記載を欠いているが、『岡山市水道誌』資料篇によると（岡山県総合文化センター奉仕課郷土資料室のご教示）、「劇烈之病気流行ニ付、町中安全之御祈禱並右病死人類ノ内、格別困窮之者へ社倉米ノ内一俵ヅヽ被遣候」（国富家文書、安政五年）とか、また「八月中旬ヨリ割《ママ》烈之病気致流行候ニ付、九月七日別紙御式日相立、頭町役人弐人ヅヽ御召被成、流行之病死人多ク御座候ニ付、御奉行様ヨリ御用老へ御進ニ相成、酒折宮ニテ惣町中ノ御祈禱被仰付（中略）町内一統之者参詣致候事」としたうえで、「此節流行之暴瀉病之其療治方、種々ある趣に候得共、素人の心得べき法を示す、予め病を防ぐには、初て身を冷やす事なく、腹には木綿を巻、大酒大食を慎み、其外こなれ難き食物を一切給申間敷候、もし此症催し候はば早々寝床に入りて飲食を慎み、惣身を温め、左ノ記す芳香散といふ薬を用ゆべし」云々と触れが出されている（一六〜七頁）。また翌安政六年六月下旬よりも流行していて、当地方では難波抱節や堅壮らの医薬給付や救患のための尽力があったもので、そのさい、洪庵の『虎狼痢治準』が応急的治療法として効果をあげたことが推察されるのである。

擱筆するにあたり、中山沃先生のご教示に感謝する次第である。

藤野家文書・蘭学者関係書翰の紹介

ここに藤野家文書とは、小石元瑞・小石中蔵・緒方洪庵・緒方平三、四郎・伊藤慎蔵・林雲溪・戸塚柳溪・村上代三郎・飯田柔平・渡辺卯三郎らの藤野升八郎（昇八郎）宛書翰および升八郎の父藤野敬所（勤所）宛の宇田川榛斎・坪井信道の書翰などを内容とする貴重な蘭学者関係書翰群で、藤野恒三郎先生が大切にされていた家蔵史料である。

藤野敬所は早く江戸へ出て宇田川玄真（榛斎）の門に学び、坪井信道もまた同門にいたので二人は特別昵懇であり、小石元瑞の子、中蔵とも宇田川塾で相共に識る間柄であった。敬所はのち京都に移って開業した。その経歴の詳細は今後調べたい。

藤野升八郎は、字は容庵、春道または子山と称し、家督相続して恒宅を襲名した。升八郎は、父敬所の没後、京都に上り、小石元瑞の門に入り、就学二年余、天保十三年（一八四二）帰郷して開業すること数年、やがて遊学の志やみ難く、弘化三年（一八四六）大坂に赴いて緒方洪庵の適塾に入り、在塾中、飯田柔平・伊藤慎蔵らとは親交最も厚かったようである。升八郎は洪庵に就学二年余、帰国して開業したが、なお、江戸遊学を志し、東海道中では名医旧友を歴訪してその言説を聞き、また佐久間象山と共寓して、尊王攘夷を語り、兵学・砲術を論究し、江戸に出て戸塚静海の家に客食すること三か月、川本幸民、宇田川榕庵とはとくに交遊が盛んであった。江戸滞在数か月、病をえて志成らず帰国した。福井藩主松平春嶽は升八郎の帰国を聞いて、登城を命じ、謁見を許し、藩の医官に就任するよう下命したが、升八郎は病弱の故をもってこれを拝辞し、自宅に悠々自適蟄居して漢籍、蘭籍の渉猟につとめた。明治十五年(一八八二)九月十四日、六十歳で没した(以上、敬所、升八郎の経歴については、藤野恒宅・藤野恒三郎「幕末蘭法医家ニ関スル雑考」、「若越医談」第二九号、昭和十二年に主として拠った)。

今は亡き藤野恒三郎先生は、これら曽祖父藤野敬所(勤所)および祖父藤野升八郎(昇八郎)宛の書翰の一部を令兄藤野恒宅氏と連名で、さきにも触れたように、早くも昭和十二年(一九三七)七月「若越医談」第二九号にⒶ「幕末蘭法医家ニ関スル雑考」と題して紹介され、そのあと先生単独で、Ⓑ「越前の適塾門下生」(「医譚」復刊第二号(通巻第一九号)、昭和二八年(一九五三)五月)、Ⓒ「適塾に学んだ人々(加賀の部)」(「適塾」第二号、昭和三一年(一九五六)一〇月)、Ⓓ「百年前のことども」(「適塾」第五号、昭和三三年(一九五八)一〇月)、Ⓔ「適塾門人の友情」(「いずみ」第八巻第六号、昭和三六年(一九六一)六月)と、つぎつぎにこれら家蔵書翰の必要部分を公開された(以上のうちⒷおよびⒺはのち藤野恒三郎『学悦の人』に収められた)。また、先生は、故青木一郎氏の坪井信道の研究、岩治勇一氏の伊藤慎蔵研究、故緒方富雄博士の「緒方洪庵のてがみ」研究には、快く関係の家蔵書翰を提供され、これら各氏の研究成果に引用・掲載されていることは周知のとおりである。ところで一方、先生ご自身、昭和三十一年(一九五六)には、「藤直幹教授の御尽力によって升八郎宛の洋学者の書翰の調査進行中であります」(前掲Ⓒ参照)と記されたように、当時大阪大学文学部教授で先生とともに適塾記念会理事として互いに意気投合して適塾の顕彰にあたられていた藤教授に家蔵書翰の解読・考証などをたのまれ、いずれ藤野家文書の研究をまとめる計画をたてられていたものである。そのころ、藤教授のもとに助教授をつとめていた私にも、先生は協力するよう申し付けられていた。それから数年後、藤教授がご病気になられ、やがて昭和四十年(一九六五)八月おなくなりになり、藤教授の御協力をえて果そうとされた藤野先生の御計画はついに実現しなかった。このような経緯で、私は、藤教授の晩年、藤野家文書を撮影したフィルム一巻とそれをキャビネ版に焼付けた写真一一〇枚を預った。このフィルムは昭和三十一年五月七日、大阪大学附属図書館写真室で撮影されたもので、写真の裏には藤教授の書翰整理番号と備忘記事が書き込まれている。晩年の藤野先生からは、この仕事のことについて、なんら督促めいたお言葉はなかったが、私としてはこの写真の始末をつけずに今日まできたことを藤野、藤両先生にまことに相済まなく思いつづけてきたが、このたび、ともかく、これら書翰の解読のみを一応果して両先生のご霊前に報告し、あわせて今後藤野家文書の活用を広く学界に期待する次第である。なお、本フィルムには書翰以外に短冊類、風聞書、その他が収められているが、本稿では除いた。また本フィルム撮影当時、兵川正洋・山本青丹・有安元洋・花沢玄庵・坂口格・虹前の書翰が写真室にもち込まれたが、おそらく蘭学者関係書翰を重点として藤教授が取捨されたものか、兵川正洋以下のものはフィルムに収められていない（藤教授の撮影メモに拠る）。これらも藤野敬所、升八郎となんらかの関係者であるから、今後これらの人々の書翰も探査したい。ところで、本フィルムには藤野家文書中、重要な橋本左内藤野升八郎宛書翰（処方箋をふくむ）と伊藤慎蔵書翰二通が撮影洩れとなっている。この事情はわからない。前者は、Ⓐおよび図録『緒方洪庵と適塾』（五三頁）に小さい写真が載っており、その解読がⒶⒷに出ているが、これについては適塾展当時、藤野先生から「藤野恒宅の読みに誤りあるやに思われます。御調べの上、御教示賜りたし」とのことであったので、現在藤野俊夫氏所蔵の原書翰（処方箋）に拠り、末尾に番外(三)として紹介した。後者の伊藤慎蔵書翰二通は、以前岩治勇一氏が藤野家文書中の慎蔵関係をすべて撮影・紹介されたなかにある（「大野洋学館教授伊藤慎蔵の書翰（藤野家文書附内山家文書）」、「奥越史料」第七号、一九七八年（昭和五三年））。従って、この二通を岩治氏紹介中から番外(一)(二)として引用させていただいた。最近、岩治氏のご教示によると、藤野先生が晩年、大野にゆかりの深い伊藤慎蔵と林雲溪の書翰を大野市歴史民俗資料館へご寄贈され、同館で大切に保存されているとのことである。岩治氏は、この林雲溪書翰についても「林雲溪の書翰三通」と題して写真と解読を発表されている（「福井県医師会だより」第三二九号、平成元年三月）。

以下、藤教授の書翰整理順（撮影順）に紹介することにする。写真によるため、不分明の箇所を十分確認できず解読・推読に誤りが予想される。いずれ後日、原書翰と校合したいが、読者の御叱正・ご教示をお願いする。今回は解読のみに終わり、書翰についての十分な調査研究ができなかったが、村上代三郎書翰には「塾中変化」云々、飯田柔平書翰には、「適々斎塾退去」「西籍ニ冨罷在候地へ罷越」云々など適塾史上注目すべき記事もあるので、これらもふくめ、できるだけ早い機会に今回の紹介書翰について調査研究を進めて解説を試みるつもりである。末尾ながら藤野俊夫・岩治勇一両氏のご厚情に感謝申し上げる。

一、宇田川榛斎足立（長雋カ）宛書翰

（ウハ書）
足立様　　宇田川

冷気相催候処、尓来益御
健康被成御座奉拝悦候、
扨頃日ハ何寄之御品別て
鮮肉拝賜、枯腸も滋養
仕、千万奉厚謝候、乍憚
御愛様へ宜御礼申上候
一先日西洋品之義、如何
御座候哉、尚又御容子相
伺度候、何レ反顚ニて申
上度と存候、御操合御光
駕可被下候、右乍序御礼
旁如此御座候、頓首
霜月二日

二、宇田川榕庵藤野勤所宛書翰

六月朔出之芳翰忝拝誦致
候、時漸秋気相催申候
処、御満堂御佳□（適）御盛福
之由珍重奉存候、従是は
平□（素カ）大御無音申ワけ無存
候、扨誠ニ不□（相カ）替年甫之
御佳儀として御肴料南鐐壱疋
御恵投被成下、遠□（慮カ）之処
奉感謝候、荆婦よりも御
礼□（申カ）上度申出候
一木場坪井并仲庵え御状
早々相□（届カ）申候、右返書今
日十日迄ニ拙宅まて遣し
候□（而カ）相届可申上旨申遣置
候得共、何か□（無カ）拠用事ニ
も差掛候や、今ニ参リ不
申、何分自私ハ早々両人
え相届申候、左□（様カ）思召可
被下候、万一跡より参候
ハ、福井御城□（下）松代屋某
え相向ケ差出し可申旨□
守候、
一当方ハ時気不服有之、
疫痢□多く御座候、御地
も嘸々御繁用奉□□（察候カ）、書
余後便可申上、草々頓首
閏月十日　宇田川榕
藤野勤所様

○本書翰は一字分の幅ほど下方がやぶれ失われている。

三、坪井信道藤野勤所宛書翰

五月之貴書拝見、愈御清
適被成御座、奉遙賀候、
随て弊宅無変眠食仕候ハ
ハ御省慮可被下候、然ラ
ハ為歳首佳儀金一封御恵
贈被下、遠方之処、御丁
寧之至、毎々被懸御心
頭、実ニ痛却仕候仕合ニ
御座候、此方よりハ毎々
御無沙汰斗リ仕、申訳も
無之奉存候、小子も近来
口腹ニ役セラレ、日々奔
走而已仕、入貴覧候新訳
書も無之候、此節古今治
験相集居申候、出来仕候
ハ、入御覧可申候、何卒
近年之内貴兄ニも御再遊
被成候ハ、所企望御座
候、時候冷気稍加、千万
御自重可被成候、草々頓
首
九月二日　坪井信道
藤野勤所様
侍史

○本書翰は、青木一郎編著『坪井信道詩文及書翰集』第二部九七頁所収。若干筆者の解読と異なるところがある。

四、坪井信道藤野勤所宛書翰

万一(上欠ナラン)如何様ニ□□□(申訳致カ)ても愈勘当ト申□(スカ)事ニ候へハ、致し方も無之候間、勘当を幸い存分修行仕、何卒医道において満面之雲霧を一掃いたし、造物主無比之盛恩を百が一なりとも報じ申度奉存候、しかしながら兄一人弟一人之事ニ候へハ、可相成ハ熟談致し、修行仕度事ニ御座候、此段御察し可被下候

右之仕合ニ御座候得ハ、一向空手ニて参り候てハ事成り申間敷存じ、先日之通り御頼申上候事ニ御座候、尤も旅費之外、さしあたつて入用之儀も有之候、しかし十両ハ大金なり、小生只今之境界にて急ニ御恩を報候事も出来申間敷候得共、末長ク追々に相報い可申上候、ブールハーヘ訳書ハさし当て之軽謝と思召され可被下候、必ずこれを以て十両にあて候事と思召被下間敷候、先書にも申上候通り老兄を知己ト存し候ニ付、斯る卒尓ナル事も申上候、万々御諒察可被下候

一上京発足ハ三月中旬ト先書ニハ申上候得共、少々故障之儀御座候て四月二十日前後にも発足可仕候、左様御承知可被下候、京師ニての逗留ハ一月餘とあらかじめ定め申候、

右之段可得尊意、貴報旁如此御座候、返ス〳〵も汗顔之至ニ御座候、草々頓首

二月十二日　坪井信道

藤野敬處様

侍史

二白

榛斎翁ハ当時薬鏡へ取リ掛リ被申候、近々上梓可仕候、小生ハ不相替ブールハーヘ読ミ罷在候、塾中にてハ新渡神経熱之書、隔朝会読仕、これも翻訳ハ小生仕候、四五冊斗りにも相成可申候、出来候ハヾ入御覧可申候、

頓首

○本書翰は、早くⒶに紹介され、のち前掲青木一郎編著の第二部八四―八六頁に所収。但し、若干筆者の解読と異なるところがある。

五、坪井信道新宮涼庭宛書翰

残暑却甚敷御座候処、益御清寧被遊御座奉拝賀候、此地無変消光申候、乍憚御省意可被下候、然ハ此藤野勤処と申人ハ先年江戸ニて宇田川家へ参候人にて小子至て懇意之人ニ御座候、何卒貴家へ罷出、時々御高話承度、因て小子より一書差上呉候様ニ頼来候ニ付、此段申上候、同人可然罷出候ハヽ、乍御面倒御逢被下候様奉頼上候、右可得貴意、草々如此御座候、頓首

六月廿六日　坪井信道

新宮涼庭様

侍史

○本書翰は前掲青木一郎編著第二部三六頁所収。

六、坪井信道藤野勤所宛書翰

（前欠）憚御佳意可被下候、右年始御祝詞貴酬申上度、草々如此御座候、餘ハ後信可申上候、恐惶謹言

三月五日　坪井信道

藤野勤處様

侍史

別啓

如例白金一封、新年為御賀儀御恵贈被下、御芳情不浅奉感謝候、

扨去年夏初、名物考、薬鏡等相登セ候処、早速相達候趣、被仰越安心仕候、其後金弐百疋入書状ニ、御頼越し之書物も、早速越前様御上屋敷中野長栄ト申人へ頼ミ秋田運之助殿行名当にて差出し申候、其後薬鏡四篇目出来候節も一帙相贈申候、是レも同家へ相頼差出し申候、定て最早相達し可申候、其節御状中小子ト居御祝儀金百疋御贈リ被下難有奉存候、書物相贈候時、以愚書御礼申上候、定て御披見可被下奉存候、今般新芽山牛房、蓍草各小半斤被仰越節、差上申上候、御落掌可被下候、洞庭藍ハ無之故上不申候、

扨貴兄御事、此節京都ニて御治療御始被成候処、逐々御開運にも可相成との御事、千万奉拝賀候、且又御治験二三御示諭被下、一々感佩仕候、小子も近来少々病人有之、治験も少々ハ御座候、認入貴覧候、

深川仲町松本清左衛門男子年十六、去臘十一二日之比より神経熱ニかゝり、漢医数輩困苦仕候処、病勢漸々相進、最後小生へ治ヲ請フ、同月十九日の夜行て診す、患者譫妄休ます、煩躁時々搐搦し、絶粒已ニ四日、皮膚枯燥、舌赤色乾燥して苔なく、眼ハ昨日より不開、強てこれを推しひらけハ烏晴上竄し、小便赤渋、脉甚細数にして次序なく、時々絶して不来、前医投するところの剤ハ柴胡剤ニ出ず、一も効を得るものなし、此日医者一診して辞し去るもの四人、予立候、麝香一分をとり纈草、幾那の煎汁ニて溶かし、これをのましめ、足腓芥子泥を貼し、四肢及腹部ニ龍脳精を塗り、ホフマンスドロップを少しく服さしむ、患者麝香を服する事一回、譫妄、搐搦頓ニ休ミ、始て快寝す、翌朝は能く人事を省し、始て予が面を認め、始て稀粥少許を食フ、其後少しもの進退あれ共、逐日快復し発汗、尿澄等逐々あらはれ、二月十日全休薬申候、

海賊橋牧野侯侍医勢家友三、年三十四、正月十日より神経熱にかゝり、医者数輩共ニ効を得ず、最後予を請ふ、同月十八日行て始て診す、初発より絶食にして時々嘔気あり、心下痞硬時々微痛す、脉細数ニして次序なし、舌上汚苔甚厚し、予乃ちブラーカウェインスラインを与へてこれを吐セしむ、快吐して後胸腹稍々軽快を覚ふ、其翌再ヒ吐剤を与へ、此時も忙吐一升許なり、此ニおいて大半病苦を除く、其後幾那、纈草、龍膽の浸剤を用ゐ、時々大黄、芒硝之下剤を与ふ、其後漸次快復を告け、此四五日以前より剃髪浴湯し近辺を逍遥する事を得るに至ル、始メ二度めの吐剤を与ふる翌日大ニ神経之諸症を致し、譫妄も時々有之、四肢搐搦して止ます、虚煩頻ニ至り、夜ニ入て尤も甚し、其夜二更、麝香壱分、龍脳五厘を纈草幾那の浸剤に溶和し、これにホフマンスドロップを滴加し、頻々与へ服せしむ、夜半ニ至て諸症大半減し、翌日譫妄全く止ミ、搐搦虚煩等ハ逐日減退せり、此症ハ胃腸の汚物甚夥しく、始め再度の吐剤ニて吐するところ二升許、其後与ふる所下剤ニて下るところ悪臭の滑便、日々通する事一升ニ下らず、此のごとき事五六日なり、其間食物ハ唯稀粥一小碗ツヽ、一日両回位にすきす、其中蚘を下ス事二條なり、今に至て腹部ハ全くハ和せず、心下微々拘急する事なり、故ニ此症ハ神経熱にして胃腸熱を兼ね、蛔も亦これをたすけ、稍々腐敗崩解の候も有ルもの也、前条松本清左衛門ハの純粋神経熱にして、始終此下剤を与へす、神経剤のみにて復治申候

○越州の僧雲晴、去年より東都ニ雲遊して深川網打場ニ客居し、日々同盟一両輩ト托鉢勧化して薪米の価に充つ、餘力ニハ日夜師家ニ就て其道を研究せり、頗ふる辛苦之状を見る、去年十一月下旬より最初冒寒の状にて微熱微咳、此症久々不止、夜々盗汗し、十二月下旬ニ至て漸々虚羸し、咳嗽大ニ増進し、粘液を吐する事一日之間、はいふきに五六杯に至ル、時々胸痛となり、夜中ハ殊ニ甚し、此ニ至ルまて漢医の療治にて此嶮症までに及ぼせり、十二月廿六日予が治を乞ふ、行て診するに、諸症右之如く苦痛尤も可憐、只頼とするところハ未だ下利《ママ》の候なく且ツ食欲甚減せす、脉細数なれともいまだ甚しからず、予此において胸上ニ大発泡膏を貼し、依蘭苔、幾那、葵根、玫瑰の煎汁を与へ、外ニ施すところなし、二三日之後咳半を減し、胸痛全く止

ミ、盗汗も止ミ、其後少しの進退ハあれとも、正月下旬ニ至り臥蓐を離れ、二月十日より本所ニて同宗の寺々役僧奉公ニ参リ、同月十九日深川仲町尽く焼失の最中、火事ばをりを着し、かい〳〵しく見舞ニ来ル、神色平日ニ減せす、呼吸息迫等の患少もなし、

○津山侯医官渡辺元端年三十八、去冬十一月初旬雨中遠行し途中頻ニ寒慄す、急ニ舟を倩て家に帰る、其レより熱解しかたく、夜ニ盗汗襦衣を浸すかことく、漸々枯痩せり、前医以て神経熱とし、麝香、纈草等を施す、漏汗愈々甚しく、痩容日ニ加ハる、毎日、日晡所熱を発す、甚しきときハ人事を省セざるニ至ル事あり、大便自利《ママ》して自ら覚へさる事なとも時々これあり、正月六日、予が治を請ふ、行て診するに、脉頗ふ《ママ》細数也、全身已ニ骨立す、只怪しむところハ患者能く食する事、始終平日の半ニ減せす、時として平日ほとの食を得る事もあり、予此ニ於て、此レハ是レ真の消耗熱なる事を察し、急ニ纈草、麝香等の催運剤を止めさせ、幾那一味少シ橙皮を加へ、煎剤となして与へ、乳剤を与へ、鶏肉煮汁を服せしめり、此のことくする事三四日にして盗汗止み、日晡の熱発せす、精神頗ふる開爽なるを覚ふ、又十日めほどに前症再ひ萌す、予幾那の患者ニなれたる事を察し、これを止むる事二日、其間玫瑰煎を以てこれにかへ、又幾那を始めしむ、此ニおいて幾那再ひ効を奏セリ、これより幾那一日、鼈甲煎汁一日、乳剤、鶏肉煮汁ハ日々これを用いしむ。これによって、幾那も患者になれる事なく、始終よく効を奏し、諸症次第ニ退き、二月廿日蓐を離し、近郊を逍遙するに至ル、今猶、幾那を服せり、

右之外少しツ、の治験ハ御座候、不治の話もあれとも、これハおもしろからす故ニ不申上也、

此趣にて近来大分勢を得しかたちに御座候、万一逐々ほどよく参り候ハヽ、何卒多く有志の書生を集め、相共ニ研究いたしたき存念ニ御座候、是レ小弟生涯の志願ニ候、長兄其地ニて不遠御開運ニ相成候て、御助力をも頼上申候、いづれ同志戮力ニあらざれハ事ハならぬものニ御座候、

右数条、可得尊意、草々如此御座候、尚春寒退兼申候、御自愛専一奉存候、頓首

○本書翰の一部はⒶに紹介され、のち全文は前掲青木一郎編著第二部八九―九六頁所載。青木氏が「蓍蒿」・「尿渣」とされたのは「蓍草」・「尿澄」の誤読である。後者は「小便

赤渋」に対応し、また「澄」の旁りのくずし方は、「橙」のくずしと同じ。その他、原文二行の脱落を補った。

七、坪井信道藤野勤所宛書翰

正月二日出之御状辱拝見仕候、如来諭新春之佳祥、千里同風日出度申納候、貴兄愈御安静御超歳被成御座奉至祝候、小生無事加算仕候、乍憚御省慮可被下候、扨又為年頭御祝儀白金一方御恵贈被成下、御芳情不浅奉謝候、右御答如此御座候、尚期一春日之時候、頓首

二月廿一日　坪井信道

藤野敬所様

別啓

去冬痘流行にて大ニ御心配被成候由、御苦労千万奉存候、被仰越候四人之児之如きハ何レに致しても難治之症ト奉存候、御考之御療法も随分御尤御座候、然とも撮真模床目上竄譫語等之症、何レも虚実之別御座候、依之症候同様也といへとも療法ハ全く相反し申候、此変《マヽ》能〱御思慮可被成候、此両途間違ニてハ幾多高貴之薬を施しても尽害を為し申候、運行太過即実症にして血脳中へ壓迫し神経之起原を攪擾壓塞し、因て撮真譫語等を発し候者、刺絡、清涼稀釈剤、寛和之キリステル、足部之気浴等共ニ必要之術ニ御座候、若し天資薄弱神経并ニ脳質感動之易きより、右之諸症を発し候者ハ即虚症強脳剤を以て最勝之方ニ候、即纈草、麝香、龍脳、洎夫藍之類是なり、症之虚実ニ拘ハらす危急之時ニ臨てハ阿芙蓉を与ふるより捷効を得るハ無御座候、しかし運行太過成ルものハ刺絡、キリステル等を先づ施しおき、次ニ阿芙蓉を用ふるに非れハ必す害を為し申候、

右之如ク匆々貴酬申上候、精敷事ハ患者に就き御相談申候にあらされハ分リ不申候、これハほんの大格なり、御自身御苦心被成候て妙処を御入手可被成候、拝答

○本書翰の本文は前掲青木一郎編著第二部九八頁所載。ただし、何故か「別啓」は全文省略されている。今、補う。

八、小石元瑞藤野春道（昇八郎）宛書翰

新禧賀帖端午ニ相達、愈御多真御迎陽之状承候て相悦申候、例之賀隗一封御送、忝致拝受候、長篇正削之事、又押付御頼、大ニ窘リ申候得共、強て正削返達申候、韻法句法能〱御考被成候、右御答迨如此御座候、手痛不愈、何事も困リ申候、草々

五月十四日　拙翁

春道子

○藤野春道は藤野升八郎のことである。(以下の六通すべて
じ。)

九、小石中蔵藤野春道(昇八郎)宛書翰

御蔭ニテ僕所蔵之書も過誤相改呉候も忝奉存候、已上

新正二日之貴書五月端午到着、謹誦仕候、向暑之節御座候処、逾御多祥奉遠賀候、弊堂無異消日仕候、乍憚御省念可被下候、爾後誠ニ御無音而已、失数之至多罪御容免可被下候、扨兼て拝借仕候御書籍実ニ延滞ニ相成申訳も無之次第、漸此節校正相済、御返済申上候積ニ御座候処、兄之御郷里は通路チト六ケ鋪様飛脚屋ラ申候、澹斎子え頼候得は一二も無之候得共、是も如何やと邪念迷疑仕居候処、此度決定、矢張井代氏え頼遣申候、御落手可被下候、実は此度幸便有之候故へ、是又亘敷通路御座候ハヽ、御序之節承慶奉願候、毎々御国産之雲丹御恵投忝謹納仕候、先は御落書延滞御断旁御返詞申上度、草々頓首

五月十三日　(小石中蔵)蘭屋拝

藤野春衢様帳下

○「衢」は、すなわちミチ「道」に同じ。
「井代氏」は後出四十五、四十六号文書参看。

十、小石元瑞藤野春道(昇八郎)宛書翰

新禧賀帖並去月十一日出同月廿四日ニ到、遠方入御意候義、殊ニ例之賀隗一封御送り忝存候、扨去年来意外之病気御悩之由、乍然春来一ト先即今ニてハ御快復と承、相悦申候、先尊人之業と云、父母之遺體ニて、足下身分ハ自己之物之様ニ被心得候事、大ニ誤リニて、万一之事有之候ハヽ、家産も他人之有となり、先尊地下被成、多之御恨ニ可有之哉、御省悔御尤ニ候、詩集一覧返し申候、以来全御断も難申候得共、如此大巻は此後は御断申候、二枚三枚迄ニて御為悦相成候、門人中は元来皆々断り申候、近来諸名家又は交友中之稿集り、実医事之外之労多候上ニ候故、医学之門人之詩迄正削申候ては実不可堪候、其上ニ諸賛題跋之類之需も、書之需も多ク半儒ニ候、御一咲労苦御察可被下候、草々

五月望　元瑞

春道子

十一、小石元瑞某氏宛書翰

去月十四日之書十七日到、其以前暁斎子並御病児之御親眷御出ニて鄙見申置候、何レ諳厄症ニて不治とは存候得共、万一も冀望ニ候ハヽ、上京無

之ては此上之事は不相分候、定て右之人之帰郷ニて御聞可被成と存候、去春以来三度御音信有之候内、一度も達し不申、其上辺鄙より之音信は京ニても何方え出し候て相達候と申、先方を御申越無之ては此返書も致し方無覚束候、先越前飛脚え出し見申候、以来其心得ニ有之候、草々

五月十一日　元瑞

（名宛欠）

○本書翰は宛名を欠いているが、春道（昇八郎）の知人宛ならん。

十二、小石元瑞藤野春道（昇八郎）宛書翰

新禧之賀帖三月念三到、遠方被入御念候義且為賀隗一封御送忝事ニ存候、拙書御望之内、則三幅達し申候、御落手可被成候、中蔵答書疾より預リ居申候、乍延引相付申候、是亦御落手可被成候、草々

五月十二日　元瑞

春道子

十三、小石元瑞藤野春道（昇八郎）宛書翰

尚々八月廿五日之書九月五日ニ相達候得共、為拙用事無之ニ付、草々御答不申候、改名之承知申候、以上

十一月朔日之書到、以先

御母公様御義御長病中種々被尽御心、老夫も乍遠方彼是御心添申候処、其甲斐も無之、九月末御棄世之由、嘸皆様御哀傷察入候、三郎子立寄御診察申候由、能社《こそ》御尋申候事と存候、其内打続痛利御悩ミ、足下ニは九死之一生を被得候由、此上之義と存候、寒中御自愛可被成候、為菊儀一封被贈下忝致拝受候、早速御印届旁御答可申筈、今年は冬分至て事多、大ニ延引申候、御免可被下候、右迄、草々

十二月十七日　元瑞

春道子

十四、緒方洪庵藤野昇八郎宛書翰

尚々荆妻よりもよろしく申上候様申出候

其後は打絶御無音、先以愈御清適被成御起居奉賀候、随て拙家一同無異、乍憚御安襟可被下候、過日は大野へ御越之よし、其節ハ豚児共へ何寄之品御恵投被下候よし、奉謝候、拙訳扶氏遺訓兼て御贈り可申と乍存延引いたし居候処、伊藤慎蔵へ御咄も御座候よし、同人より申来候、此度幸便有之候ニ付、大野まで差出し申候、着候ハヽ、御笑留可被下候、右用事而已、草々如此御座候、為道為人千万自重所祈候　恐々謹言

卯月十六日夜　　洪庵

昇八郎様

○本書翰は緒方富雄編『緒方洪庵のてがみ』その二、一六〇頁以下に所収。安政五年（一八五八）のもの。

十五、緒方洪庵伊藤慎蔵宛追啓

追啓

藤野昇八郎より遺訓附録懇望之よし、是ハ未タ草稿も出来居不申候、本編全備之上と存、未タ筆も執り不申事ニ御座候、宜ク御断事達し可被下候、青木氏の東西亀鑑とか御申越ニ候へ共、定メテ察病亀鑑の事ナルベク奉存候故、一部相求メ下し申候、金弐分御遣之内、右本代弐朱取、一分弐朱御返却申候、宜ク御申達御頼申候、以上

二月五日　　洪庵

慎蔵様

十六、緒方洪庵藤野昇八郎宛返翰（昇八郎よりの来翰の行間に朱筆で回答を書き入れたもの）

諸徴治準ニ被掲候通但此地之患者皆肝部ニ當テ硬〔上方諸地之患者肝部之熱在之もの甚稀なり〕結有之候、他医ニ問合候所、亦皆如此由、其故小〔抗抵期ニ当テハ肝蔵焮衝脳焮衝殊之外多シ〕生ハ正始之胆液熱之如ク見做処治仕候、併初頭ニ〔大ニ奇験アリ吐剤ハ尚更不可歃〕於てハ概シテ瀉血仕候、此ハ実に奏無比之奇効候、扨て其後或医輩セメンシーナを特効薬之如ク〔可笑々々〕頻りに称用仕候、夫より波都下之幾那塩ニ同敷流俗一般此病と看より直に之を服用仕事ニ相成候、小生抔ハ経験尤寡少ニ候へハ先

大先生へ質問之上と存、未タ試用不仕候、実に当地之患者ハ吐瀉間毎常多少之蚘を雑申候、〔此地も昨年之流行ニは甚多し〕此ハ蟲之騒擾ニ由リ、固有之流行病性を挑発スル歟、又は蛔ハたゞ一時夾有之標症と作可療歟、〔蛔ノ為メニ流行病を導クニアラス流行病の為ニ蛔ノ騒擾を起スなり〕此両岐迷泣之一事ニ御座候、尚又摂緜之於虎狼痢若幾那と間歇熱一種消毒之妙功アル事、西医新近之発明ナル歟、〔決シテ無之候〕何卒此段御明教被下度、偏ニ奉願上候、又此地春来蚘を兼る粘液熱流行仕、小児尤多ク此病ニ罹リ申候、初起一二日大渇脉疾数、無程陰性ニ移リ候、小子ハ大約解疑緩和薬を施、折にハ甘須を相用候、併荏苒延日至三四十日者まゝ有之、兎角分利不分明ニ御座候、此もセメン葯刺巴なとにて攻撃可仕哉、〔勿論セメン所用ヤラッパハ必しも要せず〕可然御慈誨奉願上候、

四年前鄰家之児を療さん為ニセメンを投すること十余日其間日々蚘を得、大凡蟲を下ス事二百余条、為之元運竭耗、遂に不亦振、殤死仕候、〔是レセメンの殺すニアラズ唯衰弱ノ為メニ斃レタ（カ）ルなり何ソセメンを恐ル、事アラン〕別于今悔吝不能忘故に呉家之喘可有之歟、御仁察被下度候、

一婦人頑悪之痛風〔間歇アルイー〕

クに安質硫加尔基を製し与へ、得偉験申候、是等師家に於てハ御家常之茶飯同然に御座候へ共、今
生も毎々試ミ一とも未タト確乎タル妙効ヲ得不申尚相試可申と存候
日索居、実際偶得、不知手之舞足之蹈、御一笑可被下候

○本書翰は緒方富雄編『緒方洪庵のてがみ』その二の巻頭にアート写真版にて掲載され、藤野恒三郎『学悦の人』三〇一－二頁に解読あり。但し、原文に忠実ならず。つぎの十七号文書と関連し本書翰は万延元年（一八六〇）のもの。

十七、緒方洪庵藤野昇八郎宛書翰

華帖忝拝読、時下向暑之処、先以愈御佳適被成御起居、欣然之至奉賀候、随て拙家老少無異送光罷在候条、乍憚御安襟可被下候、然は拙著相呈し候ニ付、御丁寧之御謝辞痛入候次第、殊に又不存寄何より之品御恵投被下、御懇情之至千万奉謝候、家族一同御礼宜ク申上候様申出候、貴地も昨年ハ虎狼痢流行いたし候由、先ハ幸に御免レ所祝候、実ニ可恐之悪病、何卒已後流行無之様所祈なり、当地ハ両年打継キ流行、数千之人命を亡し申候、治療之事貴説御尤ニ奉存候、乍失礼来簡中朱字相加へ置申候、拙者治準写本にて御所持之よし、其後追加もいたし候事故、旁以一本呈し申候、昨年ハキナ塩頻りニ試申候処、実ニ奇効在之候、厥冷期ノ初頭ニ当テ多量ニ用フルヲ佳トス、併治準追加ニ出シタル分量ハ日本人ニは過度なり、試ルに十二瓦ヲ四度ニ用フル位日本人ニハ適当ト被考申候、総テ治疫之要唯前徴期ニアリ、初メニ吐剤ヲ用ヒ、次テドーヘルス類ノ鎮止剤を用ひ、発表剤を処スルニアリ、大概是ニテ預防足り申候、真ニ全発セルものは人力ノ及フ所ニアラズ、良能ノ強キものノミ助ル事と被存申候、右御答御礼申上度、草々如此候、為人為道千万御自愛所祈候、恐々頓首

五月廿九日　緒方洪庵

藤野昇八郎様

尚々来簡ニ恒と御記し在之候へ共、是ハ御実名と存候故、御旧名を記し申候、当時御俗称如何承り度奉存候、以上

○本書翰は早くⒶおよびⒹに前出十六号文書とともに掲載され、のち緒方富雄編『緒方洪庵のてがみ』その二、一六三頁以下に所収。万延元年（一八六〇）のもの。本書翰中に「乍失礼来簡中朱字相加へ置申候」とあるのは、前出の十六号文書に該当。

十八、緒方洪庵藤野昇八郎宛書翰

華帖辱拝読、如愈寒威甚敷御座候処、御清適被成御起居奉賀候、随而草堂長少無異送光、乍憚御安

意可被下候、扨先頃は諸国大地震大変之至に候処、先々御別条も無之趣、大慶之至奉存候、当地ハ高浪之患も有之、死亡も多く有之候へ共、幸ニ拙家無別条罷在申候、御懸念被下間敷候、特又御懇情ニ何寄之品御恵投被下、辱奉謝候、大兄にも近来御刀圭御隆盛之趣、雀躍之至奉存候、折角御勉強所祈候、右御答旁御礼まで如此御座候、恐々頓首

臘月十九日　緒方洪庵

藤野升八郎様

尚々時候千万御自重所祈候、以上

○本書翰は、緒方富雄編『緒方洪庵のてがみ』その二、一五七頁以下所収。安政元年（一八五四）のもの。

十九、緒方洪庵藤野恒宅（昇八郎）宛書翰

過日は御念書被下忝拝見、時下厳寒ニ相成候処、先以御全家御揃愈御佳適被成御起居奉賀候、随而拙家老少無事依旧申候、乍憚御安襟可被下候、扨不存寄結構之品御恵贈被下、殊ニ重宝之器械別而難有存候、遠地御懇情之至千万奉謝候、御賢弟には御多病之よし、扨々御困りと察入申候、乍憚宜御申通じ可被下候、右御礼答旁草々如此御座候、恐々不備

霜月晦日　緒方洪庵

藤野恒宅様

尚々時候千万御自愛所祈候、以上、

○本書翰は、緒方富雄編『緒方洪庵のてがみ』その二、一六八頁以下所収。万延元年（一八六〇）のもの。

二十、緒方洪庵藤野恒宅宛書翰

其後は久々御無音打過申候、時下甚寒愈御佳適と奉賀候、随而拙家一同無異乍憚御省念可被下候、拙著遺訓附録出来ニ付、一本呈し申候、御笑留可被下候、近来別而多病、万事嬾怠、校合不行届、何卒御校正奉頼候、右まで、草々如此御座候、恐々不備

十二月七日　緒方洪庵

藤野恒宅様

○本書翰は、緒方富雄編『緒方洪庵のてがみ』その二、一七〇頁以下所載。文久元年（一八六一）のもの。

二十一、緒方平三、四郎藤野昇八郎宛書翰

拝顔而来、愈御壮栄奉珍賀候、然は今朝預御遠贈千万奉多謝候、扨て先日御子息様早々御修行ニ御出し被成候様之御談話御座候、如何相成候哉、日々相待申候、乍憚宜敷申上被下候、右早々御礼旁申上度、如斯御座候、猶期後便之時候、頓首百拝

三月八日　　緒方平三　　　　同　四郎
　　　　　　　準縄　　　　　　　縄直

藤野昇八郎様
　梧下

〇本書翰は、Ⓑに紹介され、のち藤野恒三郎『学悦の人』三七四頁に所収。安政三年（一八五六）のもので、大野から出されたものと推定されている。

二十二、伊藤慎蔵藤野昇八郎宛書翰

芳書難有拝見仕候、愈以御安泰抃喜仕候、ニニ草堂無変罷在候間、此段御降心可被下候、此度ハ態人被下、結構之品数々御恵被下、難有仕合奉存候、乍毎度御礼之申上様無御座候、被仰下候扶氏遺訓之義ハ、出来次第一部宛参候事にて、師家より尊兄へ呈上仕候訳ニ御坐候得は、代料御遣しに及不申候、新話之義ハ先達て上木ハ仕候得共、其節人任せに仕置候事ニ候得は、誤謬沢山ニ付、此度再校正仕候間、校正本出来次第差上可申候、遺訓附録之義ハ早速大阪表へ可申遣候間、左様御承知可被下候、青木ノヘルケンニンク同断御坐候、今以御宿痾荏苒之由、御気之毒千万何卒来春にも相成候ハヽ、御保養旁御登阪にて華陰メース共、御相談之義、可然哉と奉存候、小生方にも親共北国之寒気に堪兼候訳も有之、旁以当秋より登阪為仕、緒方之近所裏屋ニ住居為仕候、右ニ付、小生も十一月十日出立にて登阪、同廿八日帰郷仕候、右ニ付独身にて公私之用向紛紜困入申候、軽少之品に御座候得共、猪肉わさび少々呈上仕候、御笑留可被下候、兎ハ色々心配仕得共、頓ト手に入不申、後便差上可申候、何卒已来ハ過分之御進物等御断申上候、全ク品ものを以交り候訳にハ無御坐候ニ付、御気之毒千万之至御坐候、主侯も来七月にハ帰国旁以諸稽古も賑候訳ニ御坐候間、八月鮎時分御保養旁御曳杖奉待候、常ニハ御承知之通山地御地走（馳）も無之、御気之毒のミニ御坐候、常邊焼又々御送被下、一ト品頂戴仕候、嘸々御心配之義と奉察候、最早十分ニ御坐候間、此上御心配及不申候、金弐百匹御送り被下落手仕候、扶氏附録とヘルケンニングノ代料差引、後便御返却可申上候、内山へ御進物早速相届申候、緒方小供へ乍毎度難有奉存候、橋本左内之話先日大阪にて始て承り驚入候事に御坐候得共、頓ト実談難承、水府公之談も道中雲助之話位之事、一切相分不申候、乍尓京摂之間ハ御取締至て厳重之事ニ御坐候、頂戴之ブリハ至て結構にて此節之独身酒ニ肴に大仕

合仕候、先ハ右貴答迄荒々申上候、其内時気御保養肝要奉存候、早々頓首

十二月十三日　慎蔵拝

藤野盟兄

○本書翰は、岩治勇一氏「大野洋学館教授伊藤慎蔵の書翰」（「奥越史料」第七号、一九七八年）に、⑦文書として紹介あり。同氏の推定は、安政四年（一八五七）。

二十三、伊藤慎蔵藤野昇八郎宛書翰

寒威日増相募候処、先以御安清抃喜仕候、二ニ草堂一同無事、御降心可被下候、遺訓第五帙到来、差送申候間、御落手可被下候、先便軽少之二品呈上仕候間、相届申候哉、御尋申上候、先ハ右用事荒々、其内時気御加養専一奉存候、早々頓首

十一月晦日　慎蔵拝

藤野盟兄
梧下

二陳橋本事御聞及ニ可有之候間、扨々悲歎ニ不堪至ニ御坐候、左程之悪謀有之者共不覚候間、如何之天網ニ御坐候哉

〆略封御免

伊藤慎蔵

藤野恒宅様

書籍一添帙

○本書翰の二陳の部分は早く⑪に紹介され、のち全文は前掲岩治氏論文⑬文書として紹介あり。同氏の推定は安政六年（一八五九）。

二十四、伊藤慎蔵藤野昇八郎宛書翰

先日ハ態人被下、難有奉存候、其後愈御清適欣然仕候、然ハ其節御注文品色々詮《ママ》儀仕候処、糸口と機糸之義ハ頓ト手ニ入兼申候、実ハ交易ニ付、織物糸物直段違之事より、当地此節織ものサッパリ已メニ相成候事故と被相察申候、尚此後入手次第、早速御送リ可申上候、牛首つむぎ帯地ハ手ニ入申候付、乍軽少呈上仕候、御笑留被下候ハヽ、難有奉存候、師家より此度遺訓六七両帙到来、即御送リ申上候間、御落手可被下候、此にて本編丈ハ大成之由、華陰翁も嘸々御満足と被察候、附録之義も到来次第、差上可申候間、此ハ何れ今少々及延引可申候様被相考申候、先ハ右用事荒々、其内御自愛肝要奉存候、早々不備

初夏ニ　慎蔵拝

藤野様
梧下

二陳此節真之遊事ニ夫のヱンゲルセ、スプラーカキユンスト」少々試申候処、甚敷難キニ非ス様覚申候、随分両三年之功を積申候ハヽ、実用ニ相叶可申候、此亦一楽ニ御坐候、以上

（紙背）
帆遠未移客閑尚留
一團緑冷遮野雲楼
新樹扶
山下帰帆遠橋頭客注眸
一團新樹観應有雲楼
未知有何楼

○本書翰は、前掲岩治氏論文⑮文書として紹介あり。但し、紙背の記載はない。同氏の推定は文久元年（一八六一）。

二十五、伊藤慎蔵藤野昇八郎宛書翰

尓後打絶失禮仕候、愈以御安泰抃喜仕候、ニ〻小生無事御降心可被下候、先達てハ殊之外御馳走難有奉存候、御禮大延引御海恕可被下候、当四月両親呼寄、尚師家の二男四郎も預、旁以大家内に相成申候、其後御待申候得共、一切御出無之候、最早当年ハ気候も寒相成申候間、何卒来春ハ雪融次第御来駕奉待候、且小生も来る十六七日比より一寸登阪仕、来月差入帰着之積ニ御坐候、干鮎少々呈上仕候間、御笑納可被下候、可然御序も御坐候ハヽ、柿原屋へ内十程御配り奉頼上候、当年ハ勝手不知故、不出来、来年よりハ好品呈上可仕候、来春ハ是非ニ御待申上候、竹田氏ハ来七月迄ハ江戸在番に御坐候、先ハ用事荒々、其内時気御保養肝要に奉存候、早々不備

十月八日　　慎蔵

昇八郎様

先達ての誠軒翁書牘奉願上候

○本書翰は、前掲岩治氏論文②文書として紹介あり。同氏の推定は安政三年（一八五六）。

二十六、伊藤慎蔵藤野昇八郎宛書翰

煙草代不足も御座候ハヽ、被仰下候様奉願上候

尓後愈御安泰御帰郷奉察候、御来臨之節ハ御承知之山中、為何風情も無之、御気毒千万之至奉存候、誠に僻地無御厭御尋被下、本快不過之候、此度ハ態人被下御遣、結構之品、数々御送被下、千万難有奉存候、ヒストールの義ハ内山之書状并金弐朱相添差上申候間、御落掌可被下候、御疎ハ有之間敷候得共、発炮後之掃除御怠不相成候様、可然奉存候、扶氏遺訓之義ハ明日浪華便御坐候付、即申遣候間、左様御承知可被下候、重て御用向御坐候ハヽ、早速被仰越可被下候、先ハ貴答迄、荒々申上候、其内時気御保養肝要奉存候、早々不備

四月七日　　伊藤慎蔵

藤野恒宅様

二陳小児事御叮嚀に御尋被下難有奉存候、已に四月より漸々快方、今日当りハ餘程宜敷御降心可被下候、以上

○本書翰は、前掲岩治氏論文⑨文書として紹介あり、同氏の推定は安政五年（一八五八）。

二十七、伊藤慎蔵藤野昇八郎宛書翰

梅天不順之気候、先以御安寧被為在、欣然仕候、

二ニ草堂一同無事、御省念可被下候、浪華より遣訓第四帙参候ニ付、差上申候、近来打絶御沙無汰而已、甚以背本意候得共、実ハ何分本業多忙、不悪思召取可被下候、交易も愈本事ニ相成、一大変革之時、随て学事も一変可仕候と被察申候、先ハ右用事斗荒々、其内時候御保養肝要奉存候、早々頓首

五月廿二日　慎蔵

藤野盟兄　梧下

○本書翰は、早くⒶに紹介され、のち前掲岩治氏論文⑫文書として紹介あり。同氏の推定は安政六年（一八五九）。なお、本書翰には後出三十三号文書の「追啓」がある（Ⓐ八六―七頁参照）。なお、後出三十三号文書の注記参看。

二十八、伊藤慎蔵藤野昇八郎宛書翰

過日ハ芳書難有拝見仕候、愈以御安泰之段、欣然仕候、ニニ草堂一同無事御降心可被下候、爾後御宿疾荏苒仕候段、憮々御難儀之儀奉察候、常邊酒罎壱対御恵投被成下、年来之好品を得、万々難有仕合奉存候、此節ハ両眼よりも大事ニ致居候、寒中うさぎ委細承知仕候、早速禮可申上筈之処、被仰越候墨人一条写取旁以大キに延引、偏に御海恕可被下候間、四冊為写申候処、今日詮義仕候に、頓と一冊紛失、不得已三冊差上申候、尚跡より探出次第可入御覧候、尤御返却にハ及不申、御見仕舞に相成申候ハ、、蒔田氏へ為御見被下度奉願上候、尚跡よりも追々可差上候、千万軽少之至、恥入候得共、干鮎三十呈上仕候間、御笑納可被下候、此品製し上旁御答延引候、扶氏薬方編落簡二枚被写差送申候、先日御来駕之節、金百疋差上置候ハ、国分煙草之代料にして、其節早速煙草七玉御送リ被下、右百匹之御勘定ハ相済居申候、他に酒罎之代料ハ差上置不申候ニ付、御送リ之（空白）ハ御返却申候、内山林之御伝言ハ慥ニ相通し申候、先ハ右御答旁其内（カ）御病気御保養肝要奉存候、毎々御遊歩之儀ハ如何哉と奉存候、早々不宣

九月四日　慎蔵拝

藤野盟兄　御侍史

○本書翰は、前掲岩治氏論文③文書として紹介あり。同氏の推定は安政四年（一八五七）。

二十九、伊藤慎蔵藤野昇八郎宛書翰

愈御安泰抃喜仕候、然ハ先日二遍差送り候品、相届申候哉、明日大阪表より扶氏第二編貴家へ遣し呉候様申来候ニ付、即差送り申候、早々頓首

九月十日

（ウハ書）藤野恒宅様　平安　伊藤慎蔵

○本書翰は、前掲岩治氏論文に⑩文書として紹介。同氏の推定は、安政五年（一八五八）。

三十、伊藤慎蔵藤野昇八郎宛書翰

家内向之事御尋被下難有奉存候、色々取扱有之、先月浪華より旧妾呼返し申候

芳書難有拝見仕候、酷寒之節御坐候得共、愈御安寧抃喜仕候、二ニ草堂一同無事消光、乍憚此段御降念被下度奉願上候、此度ハ乍毎度態人被下、殊ニ山中稀有之鮮尾醤油海苔且兼々希望之潮三作酒提壱対御恵被下、御禮難申述次第御坐候、遺訓御返禮之義、御相談被下候処、愚案にハ華陰翁より被相恵候事なれハ、多少ニ不係、貴地産之品物、実情之御禮有之候て可然哉と奉存候、先方も元より道之為にする事なれハ必しモ御厚酬を望にハ有之間敷と被相考申候、乍毎度御招被下難有奉存候、実ハ兼て御約束仕候事も有之候得共、何分外敵百方ニ迫り、一身万緒にて彼之築城書ハ可也卒業仕候得共、其後航海学之一大敵を引受、皇国奮起之一助とも可相成哉と一身を投して寸刻を争候次第ニ御坐候、乍尓明年当り少々遊行之志を脱し候にハ無御坐候

一旭荘滞留間歇熱ニ係り九十月比漸出足

一当地コレラにて四拾人斗死去、割合ニ軽キ方ニ御坐候

一コレラ御論何分急迫故、緩々拝見可仕と相楽居申候

一郁蔵君発狂ハ此節餘程快方にて、亦々久宝寺町へ開業仕居申候

一橋本一件確実之事柄一切相分り不申候

一被仰越候書籍類頓と見当不申候、其内可然者も御坐候ハヽ、早速入貴覧可申候

一方叢ユムカテーテル委細承知仕候

一別段御断申上度段ハ、昨年頂戴仕候長三茶瓶を箱入にして押入之棚ニ入置申候処、鼠之為ニ被毀、誠以申訳一言も無之、赧顔之至恐入次第ニ御坐候、何卒御立腹不被下候様、偏ニ御断申上候、乍尓かん徳利一対ハ毎夜相用候得共、今以無難ニ御坐候、先ハ右差懸り貴酬迠荒々、其内寒気御保養肝要奉存候、早々頓首

十二月十四日　慎蔵拝

藤野盟兄
梧下

○本書翰は早くⒶおよびⒷに紹介され、のち前掲岩治氏論文⑭として紹介あり。同氏の推定は安政六年（一八五九）。旭荘の北陸道遊歴はこの年で、七月上旬大野に入り、「おこり」にかかり藩医の診察を受けている。左内の処刑は同

年十月七日のことで、この書翰が書かれたころ、未だ事件の具体的内容が知れていなかったことがわかる。越前藩でも左内の活動については厳秘に付していたためであろう。

三十一、伊藤慎蔵藤野昇八郎宛書翰

芳書難有拝見仕候、其後愈御佳適被遊御起居芽出度奉存候、二ニ草堂一同無事、乍憚御安襟可被下候、此度ハ乍毎度御態人被下、結構之新鮮魚御恵投、早速拝味仕、千万難有仕合奉存候、且亦ヒストール一件実ハ先達ても及催促候得共、所詮都合出来兼候由、今晩亦々申遣、即他紙答書之通ニ御坐候ニ付、暫時旧銃差上置候、代料ハ答書ニ有之通ニ付、出来之節可申上候

一郁先生死去之説ハ定て虚説にて可有之と被相考候、已ニ両三日前到来有之候得共、為何沙汰も無御坐候

一アメリカへ之御使節中途ニて引戻され候も聞及不申候間、実否相分リ不申候

一本間清一郎と申者ハ如何之者ニ御坐候哉、先達て弊地にも浪士壱人通行いたし申間、右之者共ニてハ無之候哉

一甚以軽少恥入候得共、山芋壱本呈上仕候、実ハ今少シ差上度候得共、今晩折節何れも払底仕候間、不悪思召可被下候

一兼々御約束仕候颶風新話、今以延引、甚以恐入候次第ニ御坐候、実ハ忘却仕候ニハ無之候得共、人頼之上ニ俗吏相手毎ニ間違斗、乍尔此節も頻ニやかましく申遣し置候事ニ御坐候、此も元トノ悪本ならは只今にても此方ニ取寄候分御坐候得共、校正之分と相考心配仕候

一御使へ被仰聞候牛首つむき帯地いと口幷ニきぬ糸ハ今晩調兼候付、私方より後便心配仕候て差上可申候

一鉄ヒストールハ毎々御手入肝要ニ御坐候、左候ハてハ直ニさびを生し甚タ見苦敷相成申候、先ハ右用事荒々其内時候御保養肝要奉存候、早々頓首

閏三月念五　慎蔵拝

藤野盟兄
　梧下

○本書翰は、前掲岩治氏論文⑧文書として紹介あり。同氏の推定は安政五年（一八五八）。しかし、「アメリカ使節」云々および「閏三月」とあって万延元年（一八六〇）である。

三十二、伊藤慎蔵藤野昇八郎宛書翰

甚暑之節御坐候得共、先以御満堂様愈御安泰欣喜仕候、二ニ草堂一同無事御省念可被下候、然ハ此一包華陰翁より御届申上呉候様申遣し候ニ付、即差上申候間、御落掌可被下候、且先便遺訓六七弐帙御送リ申上候間、相届申候哉、御尋申上候、先

ハ右用事御見舞旁其内時気御自愛専一奉存候、恐々頓首

六月廿四日　慎蔵拝

藤野様
侍史

○本書翰は、前掲岩治氏論文⑯文書として紹介あり。同氏の推定は文久元年（一八六一）。

三十三、伊藤慎蔵藤野昇八郎宛書翰

飲中之話

追啓

当秋鮎時御枉駕ハ相成間敷哉、御伺申上候、自分ハ坐て居て人斗り呼付て甚横着ニ似タリ、乍尓只今にてハ実以己之躰を己之自由ニする事能はず、御憐察可被下候、然ハとて強て御地迠行くに行かれぬと申訳もなけれ共、ソレハ〳〵藩中之事と申者ハ、俗吏を相手にして阿房らしき事ニ手間を費し、馬鹿な事ニ心配し、其功能ハ三文もなし、長居すればする程愈インウヱンチへのうるさき事共目ニ懸り、愈英気を挫く事斗リ、最早実ニ厭果申候、然れ共道の為ハ大事なり、此身之荷ハ重し、メッタニ慷慨カンシャクを起す事ハ出来す、然ハ迚此儘朽果る事ハ愈出来す、此か世渡之執行なるへし、右ハ御旧交ニ任セ酔中之書懐を述る而已ニ御坐候、全ク飲中之咄じや思召可被下候、以上

御火中〳〵

藤野殿　慎より

○本書翰は、前掲岩治氏論文に⑰文書として紹介あり。但しⒶに早く紹介されて、前出二十七文書の「追啓」として出ている。これに従うべきである。

三十四、伊藤慎蔵藤野昇八郎宛書翰

甚寒之節愈御安泰奉賀候、二ニ草堂一同無事御降心可被下候、近来ハ打絶御無沙汰而已、偏ニ御海恕可被下候、先日ハ夘三郎罷越、久振にて尽旧話申候、御面会之節弊地近況御聞可被下候、貴兄にも何卒来春当リハ御越奉待候、近頃軽少之至恥入候得共、山中之産物猪肉少々入御覧候間、御笑留可被下候、先ハ御見舞旁餘ハ後鴻可申上候、早々頓首

十一月晦日　伊藤慎蔵

藤野恒宅様

○本書翰は、前掲岩治氏論文⑥文書として紹介あり。同氏の推定は安政四年（一八五七）。

三十五、伊藤慎蔵藤野昇八郎宛書翰

梅雨之節愈御安泰奉賀候、二ニ少生無事御降心可被下候、先達てハ色々御馳走難有奉存候、誠に八

年前之情を思出し、一入面白く御坐候、何分当秋ハ是非ニ御枉駕奉待候、天下之名工と称する鉄炮鍛冶も参り居候、先達て御願申上候誠軒翁の書牘ハ御送り出しに相成候哉否、今以て届不申候、御通達取次福井の何某姓名を忘却仕候間、此も御序の節御知らせ可被下候、此度ハ柿原屋へ酒頼の便に達し申候、先達て大阪表より父母呼寄、愈大野住ト相定る、竹田氏ハ此度御供にて在番、此のミ御来駕の節残念也、乍尓右様の人物ノ大野ニ沢山、此亦一興、此節洋学館成就、少生住居建て継ニ相成候、当秋ハ鮎の御馳走ハ天狗なり、是非ニ御待申候、其内御用心肝要、早々頓首

五月廿三日　慎蔵

昇八郎様

○本書翰は、前掲岩治氏論文①文書として紹介あり。同氏の推定は、安政三年（一八五六）。

三十六、伊藤慎蔵藤野昇八郎宛書翰

其後愈御安清抃喜仕候、二ニ小生無事研精仕候、乍憚此段御降念可被下候、過る朔日猪肉少々呈上仕候間、定て相届申候と奉察候、其節御約束申上候鮎すし、不出来ニ御坐候得共、此度差上申候間、御笑留被下候ハヽ千万難有奉存候、来月差入比より御口開キ被成候て宜敷御坐候、夫迠ハ到着後、早速重もしを手強く被成候て、鼠之用慎ハ肝要也、且亦甚些少恥入候得共、わさび到来ニ任セ献呈仕候間、是亦御笑納可被下候、先ハ右御見舞旁其内御用慎肝要奉存候、早々頓首

十一月六日　慎蔵拝

藤野盟兄
梧下

二陳颶風新話校正人任セ、兎角延引勝、此節漸調進申候間、正月比迠にハ取寄、呈上仕候積ニ御坐候、以上

○本書翰は、前掲岩治氏論文⑤文書として紹介あり。同氏の推定は安政四年（一八五七）。

番外（一）　伊藤慎蔵藤野昇八郎宛書翰

寒冷日増募候得共、愈御安寧欣然仕候、二ニ小生無異研究仕候間、乍憚此段御降念可被下候、近来打絶御無沙汰而已、甚以背本意候段、不悪思召可被下候、実ハ兎角多忙意外之至御座候、然ハ猪肉随分新鮮之品手ニ入申候付、呈上仕候間、御笑留被下候得者、千万難有仕合奉存候、当年ハ無人ニ付、鮎之製法ニ込り入、馴れすしニ仕置候、乍爾今以馴れ不申候ニ付、後便差上申積ニ御座候、先ハ右用事荒々、其内時気御保養肝要奉存候、早々

頓首
十一月朔（安政四年）
慎蔵拝
藤野盟兄
梧下

番外（二）　伊藤慎蔵藤野昇八郎宛書翰

其後□（虫喰）仕候、ニニ爰許無変御降心被下度候、先日御恵被下候ブリ、追々相味仕候処、至而好味新鮮之品と同様ニ御座候、頻ニ兎之心配仕候得共、当年ハ至而払底込り入候処、今日疵付ニハ御座候得共、壱羽入手仕候付、早速差送り申候間、御笑留被下候ハヾ、難有奉存候、跡ハ亦々入手次第差上候積御座候間、不悪思召被下候、先ハ為兵荒々、其内時気御保養肝要奉存候、早々頓首

十二月廿日（安政五年）
慎蔵拝
藤野盟兄
函丈

○右の番外（一）（二）の二通は、岩治氏前掲論文に④、⑪文書として掲載されているものよりの転載。

三十七、林雲渓藤野昇八郎宛書翰

華墨拝見、得貴諭、時下寒力難堪、将窮鬼訪来之時節、梧下益御多祥拝喜之至、奉拝賀候、近来御踈潤如何御渡光且御肺疾ハ御快候哉窺候、随分御保護奉祈候、扨去秋以来コレラ大ニ被行候得ども、先々御互ニ被相遁珍喜之至、右ニ付、神宮(新)氏著書拝見被仰付、御真情多謝、難尽筆紙候、既ニ当秋従京師壱巻相送候人有之由ニて今渡一見仕候、右ニ付此書御返上致候間、御落手被下候、又々珍書御手ニ入候ハヽ、拝見仰所候、内外方叢ハ未難求困居候、万一御不用ニ候ハヽ、拝見相願度候、瘍科瑣言今しばらく之内恩借奉願候、中上度儀種々御座候得共、餘リも急便、此寸楮サヘヤットト相認候位、御高免可被下候、不備

臘十三日午時　雲渓
恒宅盟兄
梧右

尚々時下御摂養奉祈候、蛤壱曲黒海苔壱対難有、又不相替小子よりハ蕎麦弐袋相捧候、不備拝

○林雲渓は大野出身の適塾門下生（入門番号六四）。本書翰以下の三通については、すでに岩治論文「林雲渓の書翰三通」（『福井県医師会だより』第三二九号、平成元年三月）に紹介がある。本書翰は岩治氏によると安政五年（一八五八）。

三十八、林雲渓藤野昇八郎宛書翰

（端裏）廿五日着、金壱歩三朱有

芳牘拝誦、時下薄暑可相続候処、不順ニ御座候、盟臺益御多祥拝喜之至、奉雀躍候、扨尓来は意外之御踈潤多罪ニて、御海容奉存候、殊は先年は御蔵書拝借相願、拝見之上早々返書可致、即秘録

は拝見相終候得ども、方叢は日常施術之方書ニ付、為写揃候処、兎角果々敷筆耕者無之、盟兄梧右之書永々拝借相願候は、甚以奉恐入候得共、従来之御懇情と少生疏懶と自然相怠候、当春秋之拝借多罪ハ自断難尽候、乍併盟臺寛大之御厚志ニて漸旧冬騰写ニ相成、猶為春来、校正稍相済、御蔭ニて裨益不少、難有仕合奉存候、唯々道兄之芳意を違背候義は、何と申訳可致候哉ト恐縮之至、御仁恕伏て所仰候、即返上致候間、御落掌被成下候様ニ奉願候、将瘍科秘録之義は、願之通御譲り被下候様被仰下候ニ付、惶命頂戴致置候、右被仰下候直段書付之通弐拾五匁差上候得ども、当節から物価騰貴ニ相成候へは、猶過直之義、無御遠慮被仰遣被下候様、奉願候、右は貴酬且御詫迨捧寸紙候、恐惶不宣

四月十三日　林雲溪拝具

藤盟臺拝啓梧右下

再伸時勢とハ乍謂、不計御疎情、扨小生は先年盟兄弊邑御枉駕之已来は、日々俗事粉々、一昨春より年々主人家供ニて、東都勤番、奔走栖ニ大閉口致候、旧臘主人上京之供は、先相遁れ、久々ニテ当春ハ故園之正月餅相喫候、夫故か元来之粗工益々粗ニ粗ヲ加ヱ当坐釘付細工斗ニ渡光致候、何とぞ々々早ク隠居いたし度奉存候得共、昨春嫡男麻疹後労瘵状ニて相失、大閉口致候、次男病弱未不能其儀、最早来年は例之門徒衆之定命ニも相成候得共、万支無関係致積り、先山中湯治より越前漫遊、其節は盟兄拝謁可致相楽ミ居候、扨小典(腆)之弊邑著(薯)蕷呈進仕度相求候得共、春来残雪ニて山間未難耨、其中出次第進呈可致候、そば粉上度候へども、初夏已来はいけまへんで、晩秋後之新蕎麦当冬差上べく候

一伊東慎《ママ》三《ママ》君東都開成所教授手伝被仰付、廿人扶持、金拾五両被下候ニ付、先日下向被致候、乍併大野主人家三年は未不相離候

一佐久間修理三月三日赦命ニて上京被致候由、其他いろ〳〵御議論拝聴致度候得ども、拝謁之砌と相残候、不具

〇「故園」は故郷、小典（腆）は小国の意。Ⓐに、四月十三日付林雲溪藤野盟台宛書翰が一通紹介されているが、これには何故か右の三十七および三十八書翰のそれぞれの一部分が混入していて、脱文も多く、史料として利用できない。本書翰は岩治氏によると元治元年（一八六四）。

三十九、林雲溪藤野昇八郎宛書翰

（袖書）尚々肺病御自重願所候

朶雲到来、既ニ黄□（宵カ）、酒

唳一盞欲傾時、態（々脱カ）之御使節、美酒壱樽幷ニ蛤壱曲御恵贈、不打置拝味、芳情不残奉拝受候、御帰途定て御難儀奉遠察候、瘍科書拝見被仰付、暫時拝借奉願候、山僻之地呈上之品乏敷、山ノいも一簣、そば粉三袋御笑留可被下候、右は貴酬迨、捧寸楮候、恐惶不備

四月七日　林雲溪拝

藤　恒宅君　侍史

尚々時下御保護専一、新梓之訳書手ニ入次第、早々備貴覧候、書外重鴻続ニ申上べく候

○岩治氏によると安政五年（一八五八）以前。

四十、渡辺卯三郎藤野昇八郎宛書翰

如貴諭、一雨後秋冷相催し候、扨先刻も御尋被下候処、折悪敷在下不申、失敬至極、残念之至奉存候、内外方叢三冊御使之者へ指上申候、御落手可被下候、尚繰合後刻一寸なり共、得拝顔度心得ニ御座候、其節褸々可申上候、頓首

八月二日

坂行之御状慥ニ落手仕候、早速指出可申候

渡辺卯三郎

藤野道兄　貴答

○渡辺卯三郎は、加賀大聖寺出身の適塾門下生（入門番号一三一）。

○本書翰は、早く©に紹介され、のち前掲『学悦の人』に収められた。そこに「内外方叢」についての解説がある。

四十一、村上代三郎藤野昇八郎宛書翰

向寒之切（ママ）ニ御座候処、愈御安穆御研精之条、奉壮賀候、次ニ小生無条、当時江戸伊東ニ滞留仕候、此条御消意可被下候、扨過日ハ御親切之御書状下され、万々難有奉存候、此切掛川ニ御滞留之由、貴地之御様子如何、御聞セ可被下候、尚御都合次第、東都えも御越し被成候てハ如何、日夜奉待候、○此切緒方塾中変化之次第畧承り候、委曲ハ玄英君より御聞セ可被下候、殊ニ飯田氏ニ付、陽気之沙汰も御座候、御一笑〳〵、先ハ右御返事迨、畧文ながら如此御座候、尚拝眉之上御話申上度、早々頓首

今岡君へ宜敷御傳へ可被下候、東海之柳先生ハ如何、矢張府中ニ御滞留被成や（ママ）、御序之切宜敷御傳言可被下候

○本書翰は、年月日付および名宛なし。しかし昇八郎宛ならん。袖書に「村上代三郎」と自署あり。

四十二、戸塚柳溪、藤野昇八郎紹介状

久々御疎濶之罪、御海函　ニ候、諸軍兄動止勝常

否、然は此藤野升八郎と
申人は緒門之人ニて、僕
之旧友也、此度東行之
処、初て之事ニて道中は
不案内故、僕に添書致呉
候様被申候ニ付、東道之
諸兄御憐接可被下、同人
事ハ其為人随分御益友と
も可相成人ニ御座候、其
才学之処ハ中々僕輩之啄
を弄する処ニ非ズ、諸君
一面御情和之上相分リ可
申候、草々不一
三月廿一日

駿府江河町
村松良叔様
由比
成嶋元章様
沼津大手前
深澤雄甫様
浦和御奉行御屋敷前
田中杉溪様

二白諸君他ニ書状差上可
申之処、此節脳病ニて筆
を揮事甚六ケ敷、御覧之
通之乱筆、御海容是祈、
少生之近頃藤生より御聴
可被下候
掛川より
戸塚柳溪
病床再拝

○戸塚柳溪は、駿州府中出身の適塾門下生（入門番号九三）。
○本書翰については、Ⓔに記事がある（のち前掲『学悦の人』所収）。なお、深澤雄甫は沼津出身の 適塾門下生（入門番号六八）。

四十三、飯田柔平藤野昇八郎宛書翰

貴翰今朝到来、僕黄昏帰
塾、踔躍令開鍼(緘)候、此地
分襟後は貴国御掩留ト斗
リ相心得居候処、豈料神
速之御先登、於僕慚愧不
少奉存候、僕も先月上旬
国君より檄書到着、最早
適々塾退去仕候て、西籍
ニ冨罷在候地へ罷越、勉
強可仕候旨、内分御沙汰
有是、其行資ニシテ銀三
十枚頂戴被仰付候、依是
去冬来之積逋大抵一掃仕
候上、首途之用意も相応
ニ相調居候処、今四五金
無之ては起程相出来兼、
迷惑仕居候故、先月柳溪
君迠、此旨相頼遣置候得
共、到今何の返答も無是
候、小生も先達て師家ニ
暇相願、最早首途前ニ相
成リ因循ニシテ滞阪仕居
候ては、師家之手前蔵屋
敷役人共ニ相対シ、太ダ
面目無是、誠ニ煩悶仕居
申候、兼て柳溪子ト約束
之事も有是候故、是耳倚
頼仕候処、胸算且吾仕途
方を失申候、何卒貴兄可
相成事ニ御座候得は柳溪
子御舎兄へ此旨御相談被
下間敷哉、相調候事ニ御
座候得は、小生之大幸ニ
御座候、何分多年之滞阪
ニ御座候故、案外之雑費
実ニ難渋千万ニ御座候、
御推察之呈(程)奉頼上候、何
卒有無之御貴酬鶴立奉待
候、先は拝答 旁用 事而
已、餘奉期後鴻候
謹白
七月廿七日　飯田柔平
尚々時下残炎別墩、
為道御自愛専一ニ奉
存候
藤野升八良様
玉梧畔

○飯田柔平は、防州降松出身の適塾門下生（入門番号十一）。
○本書翰は早くⒶに紹介され、のちⒺ（のち『学悦の人』所収）にも記載されているが、中略ないし下略があり、かつ「岡君」とあるは「国君」の誤読である。

四十四、藤井久藤野昇八郎宛書翰

三月念五華白卯月十二日到来、捧読仕候、薄暑之時節、先以御壮祥至祝ニ候、弊屋無異事旦暮仕候間、御安神可被下候、尓来御疎濶如何と存居候処、長御細書如得貴顔且亦金子壱封五拾疋御恵投被下、御懇篤之思召、千万辱感佩仕候、従此方ハ一向御無沙汰ニ致居候処、赤面痛却仕候、御後決てケ様之御斗慮被下間舗候、扨緒方大夫子も昨年六月於東都御死去之趣、八月下旬ニ承申候て、大ニ愁悼仕候事ニ御座候、老兄ハ昨冬当地之多田某ト申人より御聞ニ相成候条、此度右為凶事慰金子入御状申遣度、且又伊藤慎蔵君へ金子入壱封、右両書壱封ニして直様大阪飛脚へ託し、緒方へ向差上候、此段御承知可被下候

一近年来京地之騒擾、日々粉々之取沙汰、喧敷事ニ御座候、其説暫クハ善、暫クハ悪、未タ成策一致之場合ニ不相成やうニ被存候、畢竟小田原評議と可申候、交易不相替盛ニ相成、吾国物価ハ絶古今騰飛し、拼郎子何仙丁子大黄其它（他）都て洋物等日々下リ、幾落地ニ差当、本邦日用之品々高直ニ一統困入候、其大略與已前

菜蔬	倍価
塩噌	〃
炭薪	〃
米価	〃
木棉布	〃
魚類	〃
油蝋	三倍
材木	〃
緒并糸	〃
銅錫	三―

其它不可牧挙候

菜蔬如肉、布如緒物価騰飛、絶古今、惟有月花、依旧額春宵一刻価千金

右ハ岩垣之作ニ御座候、今年も将軍家御上洛、当地ハ大ニ賑ヒ候得共、只因循苟且耳被存候、此頃芸州備前、土州細川筑前侯等追々御帰国ニ相成、薩州三郎殿も一両日中ニ御帰国と申事ニ御座候、今年伊勢参宮格別群参之趣御座候、道中ニて、萩ハてる〳〵薩摩ハくもる

会津中川（弾正尹宮也）雨がふる

など不事変ニ歌ひ候よし、此通其節認置候処、旧郷婚礼事御座候ニ付、八九日它行、漸今廿二日帰宅、乍遅延御報申上候、嶋津大隅守殿即三郎殿四五日前ニ御帰国被成候

一珍敷医書且時勢之新説

等も可申上之旨、被仰
処、拝承仕候、取調へ後
信ニ可申上候
一暢堂之画、麁扇ニ候得
とも、任到来壱握呈上仕
候、御叱納可被下候、草
々不宣
四月廿二日　藤井久頓首
藤野老盟臺　侍史

○藤井久は、金沢出身の適塾生藤井宗朔又は藤井大元のいずれか。それとも別人か。

四十五、井代淡斎藤野昇八郎宛書翰

花時之風雨、殊更生憎之
御事ニ御座候、此時節承
候得ハ、御不快之御容
子、折角御保護可被成
候、此中は御小児御出之
処、折悪敷都合不宜、残
念存候、然ハ来ル十七日
接痘可申上候得は御出し
可被成候、右為御案内具
啓候、草々頓首
三月廿三日　井代拝
藤野様　用書

四十六、井代淡斎藤野昇八郎宛書翰

真痘感発順良、不及再種
十月十四日　草略啓上
井　淡斎
藤野容菴様　侍史

番外（三）　橋本左内藤野恒宅宛書翰と処方箋

過日ハ御投書ニ預り、
披閲申候、時下梅天之候
相成候処、御病境逐々爽
快ニ向候条、同喜之至ニ
御座候、左胸之痛は如何
ニも真胸部ニては有之間
敷、腹臓辺より胸肋膜等
え牽攣致候義ニて可有之
被存候、乍去久敷衰盛不
止時は、間変して本患と
相成恐も有之候得は、必
ず打棄置候ハ其後来大患
害之胚胎とも相成可申、
何分貴要部分之所患ハ精
々大切ニ取扱ノ方可然被
存候
騎馬舟行抔は御試難被成
現御尤ニ候、乍併日々軽
々なり共運動され言様致
度候、何分全身弛脆ニ傾
ニ方りては、運動程的実
之摂養は無之義と被存候
食料、大麦、蕎麦之類は
随分苦間敷、但し団子等
ニ仕立、難消化物ト相成
候品、強て相用候ハ宜カ
ル間敷、別て前条之如御
腹部固と見込候上ハ、此
等之食料ハ瘤滞閉溜之障
も可生候まゝ、先当分団
子丈ハ、見合候方可然義
と被存候、右ハ幸便ニ付
匆々一書上発申出候、尚
期後信類候、早々不一
閏月六日　橋本左内
藤野恒宅老　直披
本荘下番
両膊芫菁膏部ハ痛強由、
若哉膏之力過酷ニて刺戟
之厲石申義ニては無之候

哉、総て持久之打膿法
ハ、軟膏を芫菁よりハ百
倍之量ニ致、為指刺痛不
覚様致方至当ニ候

煎剤

蒲公英大　野芥蒿中
茴香中ノ小　甘草小
芍薬大ノ小　加密中

散薬

ヒヨシア越幾斯　三氏
ジキタリス末　一氏半
金硫黄　一氏

右和糖分三裹
両膊

打膿方

毎日徐行、逍遙或ハ
騎馬、舟行等之運動
食餌
易消化物
鶏卵
赤物類 生肉
鳥肉
折々相用方可然候

○本書翰・処方箋（軸装）は、藤野明氏のご周旋により藤野俊夫氏のご厚意で閲覧することができた。衷心感謝申し上げます。

長崎修業中の緒方洪哉（のち惟準）にあてた母八重のてがみ（二通）

はしがき

本年五月二十七日開催の大阪大学医学部学友会総会（於銀杏会館三階阪急電鉄・三和銀行ホール）の特別講演において、私は「洪庵の妻・八重の話」と題して八重の人となりについて触れ、その二、三のてがみの一部を紹介した。幸いに各位の関心を惹くものがあり、とくに標題にかかげた史料の全文を紹介するようご希望の向きもあったので、ここに史料紹介をすることにした次第である。この二通は故緒方富雄博士が『緒方洪庵のてがみ』編集のために大切にされていた緒方家伝来のもので、その原物は東京緒方家（緒方洪章氏）に所蔵されている。

目下、『緒方洪庵のてがみ　その三』（平成六年六月六日、菜根出版発行）に引きつづき、『その四』、『その五』の編集を進めている最中で、他の八重のてがみとの関係等について十分な解説ができないが、現在判明している限りの注解を付けておく。以下、二通のてがみを、

(A)（慶応元年）十一月五日付のてがみ

(B)（慶応元年）十二月二十日付のてがみ

として、それぞれ解読・注解を掲げる。

(A)（慶応元年）十一月五日付のてがみ

解読

神無月四日出御書状同廿三日相達申候、

早々拜見仕候、先々御病後も

近々御快よく御勉強被成居

めて度嬉しく、江戸にても母始一同

無事ニ暮居申候、呉々も御安心

可被下候、扨大槻事又々上郎之由
扨々困り入候、人物其後奉行所の
改も相済候哉承り度、此まゝ
病気ニしても帰され候ては
ま事ニ致方無、又表向帰され
候てハ猶更悪敷、いつれ悪事
千里のならいにて、江戸に聞へ事ハ
早くト存申候、長与に母より出候所ま事ニ
御同人も御心配被成、此書状渡遣しニ
相成り申し以後御いけん被成候て、
出清《(ママ)》致候様被成候、乍併同人事ハ
とても学門《(ママ)》の出ける人には
御座無候、於京事もふひんにて候得共
是も今更致方も御さ無存申候、
長与より御まへ殿へも書状参り申候、
又々御返事被成候、呉々も大槻にハ
困リ者ト存候
一過日吉野清七郎殿に御遣しの
書状共しやしん上敷十月二日に
相達し候得共、吉野ハ御出ハ
御座無、大垣迠御出のよし申事也、
一先達大坂より金三十両饋《おく》り候よふ
申越候処、弐十五両のよし、扨々
拙斎にも其後又々饋り候よふニハ
申居候得共、如何やら大坂よりハ板木の
すりちんも書物もすこしも江戸にハ
遣し不申、其上に名塩の金子も
皆々相済、拙斎ほうに遣こみ、
扨々困り者に御座候、尤も時節も
悪敷、伊東様御逗留にて諸入用も
多ハ候得共、何分若き者のする事
ゆへつまらぬ事多、母事も一度登り
何事も取きめ致度存候得共、何分
世の中穏ならす見合居申候、
九月初に池田ニ一度ニ母より
金子十両替せ致申候、相達し
候哉承り度、御手向米いまた
江戸て渡とも長崎て渡るとも
わかり不申候、又々金子入用ならハ
御申越被成候、書物も御あつらへ
被成候由、是も無てならぬ物ゆへ
よろしく存候、先々冬分の所ハ
彼十両にて御暮被成候、乍併
何国も諸品高直、扨々困り入申候、

其御地も御困リト遠察仕候、
一何事も能御承知にハ候得共、
此御時節から上様にも中々〳〵
御心配中殊に過しより京都にて
ほんとふの御病気ニ付、此節も
又々御隠居の御願出候よふな事、
其中ニ兄弟ニも大金を出して
学門御さし下され、其上に江戸の
家にハ此高き米を毎日〳〵
五十人扶持も下され候事、誠に
身取此上も無有難仕合、此御恩
をわすれ、不勉強の上また遊女ニ
かよい候事、不思不義不考(ママ)行、
こんこトウたン、此上ハ御座無候、
一承リ候へハ夏以来ハ御まへ殿にも
よほと遊女かよひも被成候由、
大坂より松本竹内其地伝習人
不身もち御見届の御内ゆニ
かん者御入られ候しもひせて
右御両人御承知の由、ま事ニ〳〵
おそるへき事、とふそ〳〵以後ハ
呉々も御つゝしみ、日夜とも

御ゆたん無御勉強専一ニ頼入申候、
前着の事を見て御あらため
かん用ニ御座候
一来秋メイン帰国の節、同舟にて
渡海之義何より〳〵有難仕合
大悦仕候、此上ハ猶更御勤被成候、
一度渡海致不申候てハ伊東言(ママ)伯
林丈(ママ)海殿帰国の上ハ彼人々の
下ニ付事何寄〳〵口おしく
かなしき事のかきりとかね〳〵
其事斗心配致居候折から
彼国傳習御用被仰候へハもはや
右両人の下にハつくましくと
存、此上の悦ハ御座無候、江戸の
母の事ハすこしも御案事無、
只々御勉強専一ニ彼地へ参リ
候へハ猶更の事、五十人扶持ももらい
居候ゆへ暮方ハま事ニ安心ニ存候、
吉重も近々何事もよく
相心へ申し嬉しく存候、すこしも
御心配無御出清祈まいらせ候、
一十郎事も御申越のことく近々

成人致申候、此節ハレイマチスハよろしく
候得共、ひせんにて困り入申候、乍併
是も近々よろしく候まゝ春に
相成候へハ馬之助殿と相談致
其上御地ニ遣し申度存候、只今
よきそトく《（素読）》の先生心安き
人を内へ壱人かゝへ毎日〳〵
三人とも出清致居申候、もはや
十郎十二郎も四書五きう《（経）》も上り
八月より文ぜん《（選）》をひとりよみニ
いたし居候、十二郎事ハま事ニ
よくよみ申候、此節しき《書物》を一人
よみ申候、もはやひとりよみ申候、
所々ふしんを聞候へハよろしく候、
十三郎事も近々上りもはや
四書ハ今年中ニ上り申候、皆々
毎日母より御父上様此世に
御出亡、母壱人ゆへ学門せつハ
人々に見さけられ出清もなり
不申と申聞候へハ三人とも
父の無事をよく思、なんても
此上ハ書物よむ外御座無ト

存居候様ニ相見へ申、嬉しく存候、
三人の事も呉々も御安心可被下候、
朝も七ツよりおき申候、呉々も
御安心可被下候、大槻弟源二《（次）》郎殿ハ
十二郎よりよめ不申、扨々気のとく
千萬な子供達ニ御座候、
申遣度事山々ながら大井ニ
いそき早々めて度かしこ

十一月五日　母より

洪哉殿

尚々随分〳〵時こふ御用心宜々
頼入申候、四郎事も今比ハ
いつ国の海上ニ居候事か
案事申居候、伝書事御帰しの
よし是もよろしく御座候、
又々舟便ニ衣ふくさし上候、
嘸かし御困りと存候、
又々御入用の物候へハ早々御申
越なされ候、母事ハ丈夫ニくらし
すこしも御心配被成ましく候、
只々御出清神ニいのり申候、

遊所へハかならす御出御無用
頼入申候、めて度くかしこ

注解

○洪庵のうち、成人した男子は洪哉（はじめ平三、のち惟準）・四郎（のち城次郎・惟孝）が実質上の兄弟のなかの最年長であった。洪哉は、はじめ安政六年（一八五九）秋に洪庵のすすめによって長崎伝習所に入り、ポンペに学んだ。しかし一時大坂によびもどされた。その後、四郎が文久元年（一八六一）に同じく長崎へ修業に出たが、この年秋洪哉が二度目に長崎へ行ったので、兄弟二人が長崎で学ぶことになった。

文久三年六月十日洪庵が急死したとき、四郎はすでに帰府していて母八重と一緒であったが、洪哉は未だ長崎にいて修業中で、伊東長春院（玄朴）から父の死が直ちに洪哉のもとへ知らされた。しかし、洪哉はそのころすでに長崎を立って父子対面の日を待ちわびながら江戸に向っていて、江戸に帰着してみれば父洪庵は既に十日前に死去していた（緒方家所蔵「緒方惟準自伝草稿」三種）。このころ洪哉が長崎を立ったのは、生麦事件による英国との交渉が切迫し容易ならない情勢となったので、文久三年五月十五日長崎奉行が松本良順外六人の医学伝習に対し帰府を命じたのに基づくのであろう（倉沢剛著『幕末教育史の研究一』五三四頁）。但し、四郎がいつ長崎を発ったのかはわからないが、洪哉より早く帰府していた。やがて洪哉（二十一歳）は、父の百ケ日をすぎて家督相続を認められ、奥詰医師兼医学所教授職に任命されて禄高二百俵二十人扶持が給せられた（因みに、父洪庵は三十人扶持）。翌元治元年（一八六四）十月、洪哉は御番医師並・医学所勤向見習大槻玄俊（元西洋医学所頭取大槻俊斎の子）ら六人とともに長崎表での医学伝習の命を受け、翌慶応元年（一八六五）正月十四日には長崎に到着した。三度目の長崎行である。

ここに紹介する八重のてがみ(A)(B)二通はいずれもこのときのものである。

○「大槻事又々上郎之由」とある「大槻」は、さきに記した洪哉と同じ長崎伝習中の大槻玄俊のことで、八重からすれば娘婿にあたる。すなわち、洪哉の妹七重（三女）は文久三年十月二十八日十五歳で玄俊（当時二十三歳）と結婚した。のちの文中に「於京事もふひんにて」云々と出る「於京（おきょう）」

は七重のことで、大槻家では「喜代（きよ）」と記している（「大槻家系譜」）。「上郎」は「女郎」ないし「上楼」の宛字として用いたものと思われ、遊里へ趣くことを指している。松本良順以下の医学伝習生が長崎丸山遊廓に入り浸っていたのは事実であった。元治元年頃と思われる「外国掛評議留」にも、「是迄伝習として罷越居候松本良順を初御医師忰とも、いつれも放蕩もの多、丸山町ニ滞在、勤中借財多ニ罷成、伝習御用之方ハ甚不精ニ有之候間、松本良順初是迄罷越候もの被遣候儀ハ御さし止、其余之もの御人撰ニて被遣候方可然と申聞候間、猶御評議可然奉存候」と記されるほどであった（前掲『幕末教育史の研究一』五三五頁）。未だ若い七重の将来を気遣い、夫玄俊の放蕩をやめさせようとしている母八重の衷情がよくあらわれている。

○「吉野清七郎殿」は、よくわからないが、『てがみ』その三の二五頁に出る「吉野」のことか。吉野は城次郎（四郎）の執行金を取扱っている。

○「大坂よりハ板木のすりちん」云々は、洪庵没後の緒方家の収入は、幕府から受ける三十人扶持と洪庵著書の版木による収入などが主たるものであった（緒方富雄『蘭学のころ』四九二、五七一頁）。

○「伊東様御逗留にて」の「伊東様」は、玄朴の長子哲之助のことで、元治元年九月十六日講武所頭取並となり、同二十四日将軍征長の役に従って京坂の地に進発し、しばしば大坂の拙斎の世話になった。このさいの伊東・緒方両家の交誼を示す書翰が『伊東玄朴伝』二一三―五頁に二通収められている。哲之助はやがて慶応元年十月二十四日二条城にて講武所頭取に昇進している（『伊東玄朴伝』二五二頁、「昭徳院殿御在坂日次記」慶応元・十・廿四条、『続徳川実紀』第四篇八〇〇頁）。

○「池田ニ一度母より」云々の「池田」は池田謙斎（旧姓入澤）で、当時奥詰御医師・医学所預り・同所頭取助手伝（池田）玄仲養子惣領で、慶応元年正月洪哉ら一行七人のうちにあって長崎に着き、伝習中であった。池田謙斎は、堀江健也氏によって池田玄仲の養子となる前に緒方洪庵の養子になっていることが明かにされ、謙斎が「父緒方洪庵」の「二男」と記された戸籍簿も掲示されている。（長門谷洋治「池田謙斎伝補遺」『明治天皇の侍医池田謙斎』一九九一年）。

この件については、謙斎みずから「回顧録」に、「緒方の隠居即ち洪庵先生の未亡人から話があった。お前が池田へ養子に往けば今度伝習の御用で長崎へ行かれるかも知れぬから、思ひ切って養子に行きなさいという勧め、（中略）養父（玄仲）はかねがね緒方の未亡人に向ひ、あなたの御門人の中で一人シッカリした人があれば是非養子に貰ひ受けたいと頼み込むで居たため、それを未亡人が私に持込んだのじゃ」と記している。

こうした事情があったので、八重は実子洪哉同様に長崎伝習中の池田にも学資を送ったのであろう。

○「御手向米」は、伝習生に給与される御手当米のことを指している。

○「上様にも中々〳〵御心配中殊に過しより京都にてほんとふの御病気ニ付、此節も又々御隠居の御願出候よふな事」云々とある。これによって、このてがみが慶応元年のものであることが明白となる。「上様は将軍家茂で、長州征討のため慶応元年五月十六日江戸城を発して上洛の途につき、閏五月二十二日参内、同二十四日大坂城に入っている。長州再征については異論多く、ようやくにして同年九月二十二日再征の勅許が下ったが、その時に当り四国艦隊が摂海に入航し、条約勅許・兵庫先期開港の要求が英仏米蘭四国から提議され、時局は紛糾し京坂の情勢は緊迫した。幕議も沸騰して遂には将軍の職責も尽し難いから、将軍はその大任を辞して東帰せられたしと説く者もあった。結局、将軍は老中と議して遂に条約勅許・兵庫開港を奏請し、将軍職を一橋慶喜に譲ることを決め、直ちに将軍職の辞表を草し、十月朔日朝廷に提出した（『維新史』第四巻二八三―七頁）。八重が江戸で将軍の「御隠居の御願出」と認めたのは、この間の京情を耳にしていたからである。将軍家茂は翌慶応二年七月二十日大坂城で死去、時に二十一歳。さきの将軍職の辞表の文にも「臣家茂幼弱不才之身」「職掌ヲ汚シ可申ト痛心之余、胸痛強欝閉罷在候」とあるごとく、内外の難問題に直面して苦心し、その健康を害ねていたことを八重は奥医師辺から知り、「中々〳〵御心配」「京都にてほんとふの御病気ニ付」とか記したのであろう。慶応二年四月頃よりの病状に関しては胸痛、咽喉靡爛、胃腸障害、脚腫等が出たことが判っているが（『維新史』第四巻、五三八頁）、前年の十月将軍職辞表の提出前後の病状如何を記した資料は存在するのであろうか。

○「大坂より松本竹内其他伝習人不身もち御見届の御内ゆニかん者御入られ候しもひせて右御両人御承知

の由」云々とあって、このころ将軍在城の大坂の地より長崎医学伝習生の取締責任者であった竹内渭川院と松本良順とが幕閣の内諭に従い、ひそかに間者を入れて伝習生の行状を探り、その報告を入手していたことがわかる。これによって、洪哉も夏いらいしばしば遊里に通っているのをひそかに松本・竹内両人は承知していた。この両人から直接に八重に通報するようなことはないであろう。しかし、どこからか両人が洪哉の遊所通いを承知しているのを耳にしたので、このてがみでまず大槻玄俊のことにふれ、ここで改めて真正面から洪哉に対し、今後はぜひとも身をつつしみ油断なく日夜勉学に専念するよう訓戒している。母として「頼入申候、前者の事を見て御あらためかん用ニ御座候」と結んでいるところに子を思う大きな愛情が滲み出ている。

○「来秋メイン帰国の節、同舟にて渡海之義」云々の「メイン」は「メイス」、Meester の略で、ここではボードイン先生を指す。ボードインは周知のごとく、オランダ医官ポンペの後任として文久二年（一八六二）九月長崎養生所医師として招聘されて来日した。その御雇期限は当初慶応元年（一八六五）九月迄となっていたが、元治元年十月には近く江戸より医学伝習生の派遣、またボードイン申立の窮理分析所の近々落成のこともあって、なお二か年延長、引続き教授に当って呉れるよう幕府側から交渉が始められた。やがて、翌慶応元年六月三日（一八六五年七月二十五日）には、オランダ公使ポルスブルック（Polsbroek）より、「日本御雇医師ボウドインより日本門人ヲカタ（緒方洪哉）ヲーツキ（大槻玄俊）マツモト（松本銈太郎）并シナカワ（篠原俊庵）格別医学上達有之、就ては猶医学通暁之為め和蘭国之差遣可然、左候ハヽ大医と相成、其国の大益と相成可申儀と希望いたし候との趣」が「江戸外国事務宰相」あてに申立がなされ、またボードインみずからも同年六月七日（七・二九）には長崎奉行あてに同趣旨を申出ている。しかし、この申出は勘定奉行らの協議の結果、「先ツ御見合相成候方哉と奉存」ことに落着し、八月八日老中水野和泉守（忠精）よりポルスブルック公使あてに「来示之通り極て国益之基礎とも可相成候得とも方今種々差障之廉もありて其好意に難応」と婉曲にその申出を謝絶している（以上、「蘭医」ボードイン及マンスフェル徴雇一件」、外務省編纂『続通信全覧』類輯之部二四、所収）。右のような幕府事情まで洪哉がボードインから聞いていたか否かわからないが、八重の文面にあるように、「来秋（中略）帰国の節、同舟にて」オランダ留学のことをボードインがみずから洪哉らに直接語るところがあり、これを洪哉が母に報じたのであろう。慶応二年五月のボードインと交代の蘭医呼寄せ（マンスフェルト）に関する外国奉行の評議にも「ボートウイン儀去丑（慶応元年）九月迄ニて御雇年限相満帰国期限ニ付、猶二ケ年滞在之儀申談置候処、今度は品々差支之廉有之趣を以当九月（千八百六十六年第十一月一日）迄ニて是非帰国仕度段猶遮て中立事実無拠儀」云々（前出「蘭医ボードイン及マンスフェル徴雇一件」）とあるから、ボードインの「来秋帰国」の決心が固かったことがうかがわれる。しかし、その帰国は現実には慶応三年五月頃になった。

○「伊東言伯林丈海帰国の上ハ」云々の「言伯」は玄伯、「丈海」は研海のことで、前者は奥医師玄朴の養子、後者は同じく奥医師洞海の忰で、ポンペのすすめで両名は文久二年六月オランダ留学生となり、翌文久三年四月十六日（一八六三年六月二十日）オランダに着いている。これら両名に負けないよう洪哉にもオランダ留学をさせ、追抜かせたいという八重の念願、気概にはすさまじいものがある。

○「吉重」は、久世大和守の御抱医三澤良益の娘で、嘉永四年（一八五一）三月十一日生。叔父松本良順の仲立ちで、十四歳で緒方家へ入り、洪哉の妻となった。それは洪庵死去の翌年元治元年のことで、洪哉二十一歳であった。慶応二年吉重十六歳のとき、洪哉は長崎から帰り、しばらく塾生を教へ、やがてオランダへ留学する（「祖母上の話」緒方富雄『蘭学のころ』所収）。

○「十郎」「十二郎」「十三郎」は、それぞれ十郎（五男、のち惟直）、収二郎（六男）、重三郎（七男）のことである。

○「四書五経」の四書は「礼記」中の大学・中庸の二編と論語・孟子、五経は易経・書経・詩経・礼（らい）記・春秋（左氏春秋）の五つ。

○「文ぜん」（もんぜん）は文選で、中国の周から梁に至る千年間の文章・詩賦などを細目に分けて編纂した書。三〇巻。

○「毎日母より御父上様此世に御出無母壱人ゆへ学門せつハ人々に見さけられ」云々に、八重の子供の仕付け方、教育法がよく示されている。また、子供らも母のいいつけをよく守っていて、家庭の健全さがよく保たれ、八重の精神確固たる賢母ぶりがうかがえる。
○「朝も七ツ」とは午前四時頃のこと。
○「大槻弟源二郎殿」は、大槻家系譜に靖（オサム）嘉永三年十二月七日養子、妻きんは手塚良仙長女、初め源次郎とあるのみで、その経歴は明かでない。
○尚々書きの「四郎も今比ハいつ国の海上ニ居候事か」とあるが、これもこのてがみの年代を示している。すなわち、四郎は慶応元年七月二十八日ロシア留学生として箱館を出港、長崎、香港、シンガポールを経て印度洋へ入り、十月二十七日には南アフリカ最南端サイモンズタウンに入港、十一月十八日には同港を出港している（西岡まさ子『緒方洪庵の息子たち』四八頁の「ロシア留学生の渡航図」参照）。
○「遊所へハかならす御出御無用」と最後を締めくくっているのは、このことが当時の八重の大きな心配事であったことをよくあらわしている。

(B)（慶応元年）十二月二十日付のてがみ

久敷文も遣不申、嘸々御案事被成候半ト
おし斗候、先々御機嫌よく寒気の
御障りも無、日夜御勉強被成重々存、
めて度嬉敷、江戸にても母始一同無事
御安心可被下候、扨過しより金子も嘸々御待かね
諸色高く御困被成、此暮も御手向金も
参らす嘸々御待被成候半と山々おし斗、
よふ〳〵此節役手向も下り候よふに
相成候得共、来春よりハ米て無ト金子にて
一ケ年百八十両下され候由、月に十五両のよし、
是より外にハ一文も下リ不申候よし、
中沢より承り候、一入御困りと存候、乍併
長崎傳習斗て無、外々役々も来年よりハ
皆々御手向ハべり申ゆへ致方御座無候、
近日江戸にて受取り申候半金九十両ハ
早々替《ママ》にて遣し候、是にて半年分也、
六ケ月御暮被成候、又跡九十両ハ
七月におくり申候、此上ハ衣ふくも
中々ちりめん羽重《（二）》にてハ勤る事も
相成不申、随分衣ふく大事ニ被成候、
乍併書物杯御かい入の節ハ、役扶持、
二十人ふちハ毎月受取申居候ゆへ
此金子を御つかい被成候、先々有難事にハ
二十人扶持勤ニ下され候事仕合存候、
此上ハ一入御勉強被成、よき噂承り度、
過し比より御まへ殿にも大分遊所へも

行申され候様承り申候、是も折々ハ
ほうゆうのつき合も御座候半と存候、
随分我身をつゝしミ専一ニ御さ候、
大坂にて竹内法院も松本も
緒方ハ氣ずかい無御用ニ立人物也ト
申され候由承り、嬉しき中にも
にあひ候、此上一入御勉強
御父上様の御名をけかさぬよふニ
呉々も頼入申候、内々承り候へハ何角
本やく被成候由、慎蔵様より申越悦居候、
随分御出清にて何角はやく諸国に
ひろめ二代目の緒方先生と人々に
噂をされるよふニ頼入候、金子ハ
すじ道の有事の入用ならハ
百両や弐百両ハ何時ても遣し申候、
只々つまらぬ事に多の金子を
ついやす事なかれ、呉々も頼入候、
一四郎事もホンコンよりの書状御遣し下され
安心致候、其後も諸国をめくり今比ハ
何国ニ参り居候哉書状も遣し度ハ
存候共、何国をあてに出スやらそれも
しれす、御まへ殿より宜敷便舟も候へハ

書状御遣し下され候、母よりハ箱立（ママ）役所へ
出し候得共、是ハロシア本国へ遣し候事ゆへ
彼地着舟の上ならてハ四郎の手に入
不申候、上様にも今に大坂ニ御在城ゆへ
拙斎方も伊東様御逗留ゆへいろ〳〵
入用多困り候由、其上大槻事今に
大坂拙斎方に逗留にてとふか此節
ほ兵かき兵の御醫者に出候様相成候よし、
竹内松本のほねおりニ御座候、何にしても
人々のうけ悪敷実ニ困り者ニ存候、
其地の消用金も多少御座候由、皆々親類ゆへ
ト申御まへ殿に取ニ参り候由、無々
御困り被成候半と大槻老母もま事ニ
御まへ殿に気の毒かり、私よりあつくも
御礼申呉ト申され候、すこしもくぐみハ
いたし不申、於京を取返されるかと
大井ニ老母ハ心配致居申候、是も
取返し度ハ山々なれとそうもならす
扨々困り入候事也、伊東□□（玄泰カ）様にも
過日御帰府ニ相成、其地の様子大槻の
した分も委しく承り候、
一おまへ殿へ衣ふくも饋り度浅草のりも

遣し度沢山かい申居候得共、よろしき
たよりも無、其内舟たよりニ遣し候、
一太田ニことつけ候荷物ハ今に行
所もわかり不申、扨々おしき事也、
一御見付被成本やく書ハ、随分御いそき
被成一べんたけてもはやく御出板を
待入候、いつれ本国行も近々ハ
出かけ申候、竹内も緒方洪哉事ハ
せひ〳〵本国傳習ニ遣し度との
事大坂にても申され候由ゆへ、近々ハ
相叶申候、御たのしミ被成、此上も
御身の行たゝしく日夜御出清の
ほと頼入候、金子ハ入用なれハ
御申越被成候へハ早々遣し候、尤も
九十両ハ受取次第遣し申候、左やら
思召下され候、母事も来春は
大坂ニ登り一度拙斎方の
取しまりもいたし度存候、同人事ハ
名塩の金子も板木の金も皆々
取込、母より申遣候品々もすこしも遣し不申、
扨々困り入候、重箱も火はちも
今年も下し不申候ゆへ、春ハ登り

入用の品々皆々江戸に持ち帰り
外の出入金の事も取しらへ度、
其上ましま億川よりも申越候事も
御座候ゆへ二月比ハ登リ度存候、
留主番ハすこしも御案事
被成ましく、吉重も近々に
よく気も付申候、留主はんにハ
三澤の母ても頼申度、佐賀年(根)
良吉殿も今に役付不申、ま事ニ
きのとくニ御座候、私方のこトハ此春の
末ニてん宅致、今ハ中沢の
相成候、うらの家ハ
うり拂大井ニ
仲沢もうらニ参
都合もよろしく其
塾をなおし
是にてま事ニ
申遣返事申上候
十二月廿日
緒方
尚々　今年
来春何
(破レ)

注解

○「来春よりハ米て無ト金子にて」云々は、幕府が莫大な征長費による財政窮乏や米価高騰のために役手当の現物給与を来春（慶応二年）から取りやめ現金給与にすることにしたことを報じている。

○「中沢より承り候」の「中沢」は詳かでないが、文久三年ごろの洪哉への辞令書（緒方家蔵）には松本良順と並んで中澤玄司の名が記されている。

○「過し比より御まへ殿にも大分遊所へも行申され候、是も折々ハほうゆうのつき合も御座候半と存候」と記しているのは、さきの十一月五日付のてがみで厳しく戒めたことから考えると、八重に若干の心境変化があったようである。しかし遊所通いをつつしむよう戒めているのに変りはない。

○「大坂にて竹内法院も松本も」云々は、前出のごとく「竹内法院」は竹内玄同、「松本」は松本良順である。両人が洪哉を将来有用の人物だとほめたのを聞き、八重は嬉しく思いながらも、それは洪哉にふさわしい、もっともなことだとしているところに信頼と自信のほどがうかがえる。

○「御父上様の御名をけかさぬよふニ呉々も頼入申候」は八重の洪哉ら子に対する口癖のような言葉である。いかに八重が夫洪庵を思慕し、その名をけがさないよう子らをしつけていたかがうかがえる。

○「何角本やく被成候由、慎蔵様より申越」とある「本やく」（翻訳）が何であるか今詳かでない。「慎蔵様」は適塾出身の伊藤慎蔵。慎蔵は大野洋学館で洪哉に蘭書を教え、よく面倒をみた。慎蔵が大野を去ってからの動静は明かでないが、後妻の療養のため文久二年妻の郷里名塩に移り、開塾し、翻訳に従事した。のち元治元年春には大坂に出て蘭学教授をしていたようで（天野俊也「伊藤慎蔵と大野藩」、「若越郷土研究」第一四巻第六号、昭和四十五年）、長崎の洪哉と文通があったので、洪哉の近況を八重に報じたのであろう。あるいは洪哉も慎蔵の翻訳に関係していたのかも知れない。

○「御出清」は御出精の意で書いている。

○「二代目の緒方先生と人々に噂をされるよふニ頼入候」とは、八重の惣領息子洪哉の大成を祈る気持がうかがえる。また、

○「すじ道の有事の入用ならハ百両や弐百両ハ何時ても遣し申候」に、八重の気丈と周到な用意のほどがわかる。

○「四郎事もホンコンよりの書状御遣し下され安心仕

候」は、このてがみの年代を示すもので、さきの十一月五日付のてがみのあと、四郎が香港より出したてがみが八重のもとに届いたことを示している。四郎は、さきに注したように、慶応元年七月二十五日箱館を出て、香港に八月二十八日着、九月八日出港している。四郎はこのころ母へてがみを書いたが、その文面が残っていないのは遺憾である。

○「箱立役所」は箱館役所。出精を「出清」と書いているのと同様、ごく打とけた書きぶりである。

○「上様にも今に大坂ニ御在城」も、このてがみの年代を示すもので、さきのてがみに記した注参照のこと。

○「拙斎方も伊東様御逗留」についてもさきのてがみの注参照のこと。

○「大槻事」は大槻玄俊であろう。玄俊の動静はよくわからないが、慶応元年八月オランダ留学を幕府が見合せたあとも洪哉が長崎修業をつづけたのに対して、玄俊は長崎を引上げてこの頃拙斎宅にいたことがわかる。そして竹内・松本の周旋でどうにか歩兵か騎兵の御医者になったようである。玄俊が長崎を引上げたのも文面から察するに借金事件などが絡んでいるようである。

○「伊東□□（玄泰カ）様」は、玄朴弟家系の池田玄泰らしく、八重は彼から長崎での大槻の行状を聞いている。池田玄泰は『伊東玄朴伝』所収の池田系譜（玄朴弟家系）によると、母は玄朴の姉、玄朴弟池田玄瑞について医を学び、象先堂塾に入り、長崎に往きボードインに学ぶこと一年余りで帰塾す。玄朴の紹介によるなりとある（三二頁）。

○「太田」は太田精一のことで、洪庵在世中から長崎での洪哉・四郎の後見役をつとめていた。『てがみ』その三の一一頁注解参照のこと。

○「竹内も緒方洪哉事ハせひ〳〵本国傳習ニ遣し度との事……近々ハ相叶申候、御たのしミ被成」とあるが、これは『長崎医学百年史』（一三〇―五頁）に記されている、「幕閣内の一部の反対を押し切って緒方洪哉をオランダ留学に派遣することに決め同年（慶応元年）九月二十四日に出発を予定した」（古西義麿「幕末における第二回オランダ留学生」所引、横田健一先生還暦記念『日本史論叢』昭和五十一年）のを八重が耳にしたからであろうか。しかし、この辺の事情はさらによく事実関係を調べる必要があろう。その後、翌慶応二年十一月には洪哉はじめ池田謙斎・松本銈太郎の三名は幕府のフランス留学生として選抜されるよう伊東玄朴から願書が出されるなど、きわめ紆余曲折を経て、やっと慶応三年に入ってから洪哉のオランダ留学が実現する。
○「母事も来春は大坂ニ登り一度拙斎方の取しまり」云々とあって、当時大坂の緒方の家政向きに八重が心を痛めていたことがわかる。
○「ましま億川より」云々の「ましま」は「真島」で洪庵のころから親交があり、『てがみ　その三』にも真島隆斎（今橋二丁目の眼科医）や久太郎町の真島が出てくる（「人名索引」参照）。これらの真島とどのような縁つづきがわからないが、大坂の緒方家（八千代とその養子拙斎）の子平吉の妻嫩江（わかえ）は真島氏で、平吉が一時真島氏の養子として真島平吉と名のり、のち緒方姓に復している（「緒方氏系図」昭和四十七年）。手許の小冊子「洪庵先生略伝」の口絵にある緒方一家集合の写真には真島平吉、真島嫩江子、真島襄一郎その他真島秀香子・美香子・桂枝子が写っている。真島襄一郎は、後藤象二郎の設立した蓬萊社を引きついで明治九年より中之島で製紙業を経営した人物である。
○「吉重」は前出のてがみの注参照。
○「佐賀年良吉殿」は、嵯峨根良吉で、丹後竹野郡蓬島村に嵯峨根丹海季重を父として天保八年（一八三七）生れ。喜永七年（一八五四）五月二十二日適塾入門（入門番号二九三）。姓名録の署名は「嵯峨根良起」（通称良起をやめて右に見龍と書いている）。のち長崎に赴いて英学・兵術を修め、また江川塾で砲術を教え、斎藤弥九郎塾で師範代となる。後年、薩藩士寺島宗則の推薦で同藩に招かれ、翌三年藩士となり、さらに開成所助教に任ぜられたが、明治元年（一八六八）六月二十七日没。未だ三十二歳であった。このてがみの当時は彼が薩藩へ招かれる以前のことで、八重と洪哉との間で嵯峨根の就職について何らかの配慮がなされていたのであろう。

緒方惟準・収二郎・銈次郎関係書翰等の紹介

先年緒方裁吉氏より緒方惟準・収二郎・銈次郎関係の原本史料計三点をご提示頂いたことがある。また別に緒方富雄先生よりお手許に保管されていた緒方惟準のてがみ二通（写し）を示されたことがある。いずれも貴重なものであるので、茲に年代順に紹介する。

(1) 明治十年十月九日付　緒方収二郎徴兵年齢につき免役出願のため学科証下付願　（緒方裁吉氏蔵）

願

東京府下第四大区一ノ小区
駿河台南甲賀町十七番地
東京府士族
緒方惟準弟
四等本科生（第七級）

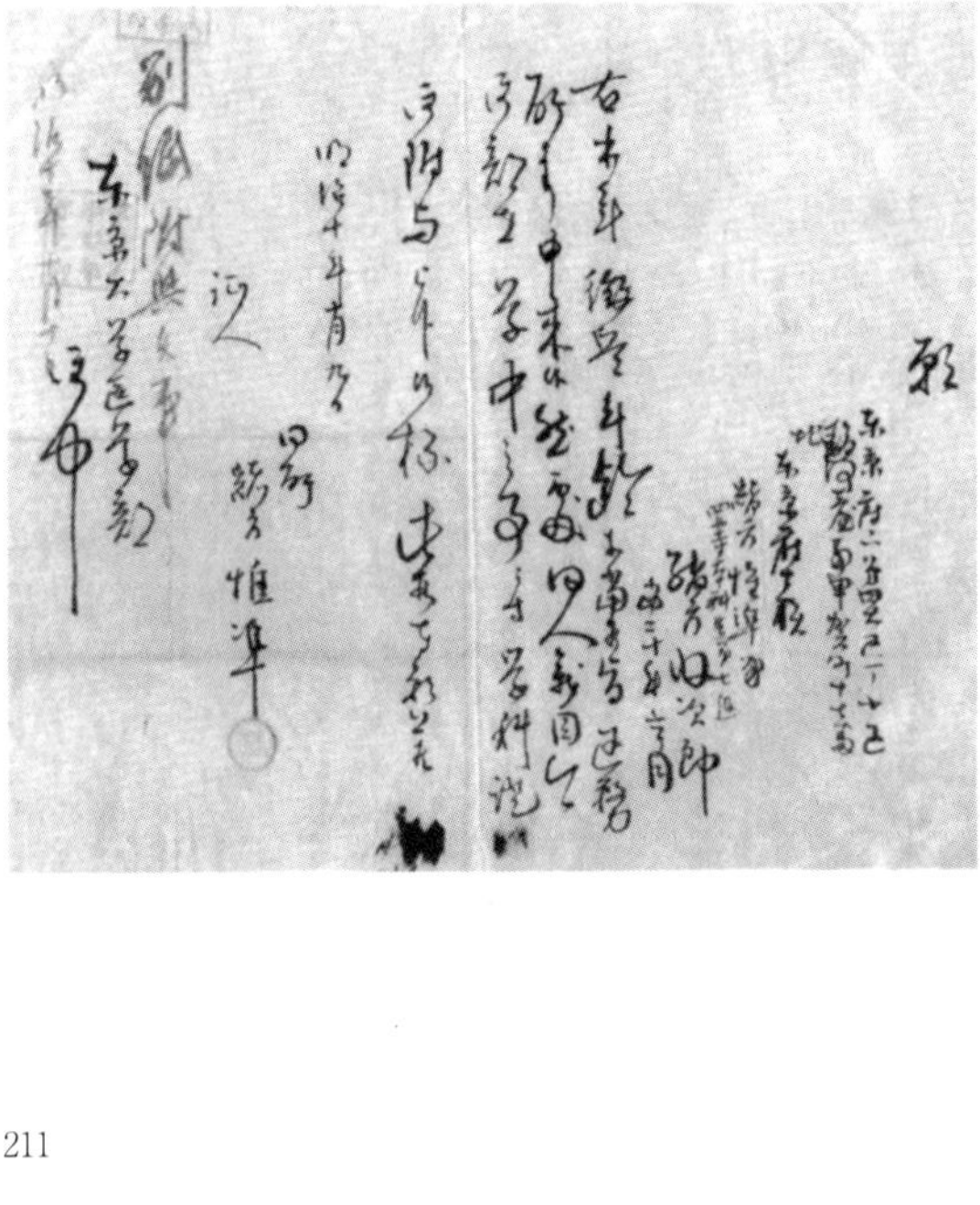

緒方収次郎

当二十年六ヶ月

右本年徴兵年齢相当候旨区務所より申来候、然処同人義目下御部在学中之事ニ付、学科証御附与被下候様、此段奉願上候

明治十年十月九日

同所

緒方惟準 ㊞

証人

（朱割印）

（朱字）別紙附與候事

東京大学医学部

（朱角印）御中

（朱字）明治十年十月十日

右の朱割印と朱角印は同じ「東京大学医学部之印」である。この別紙の写しは残されていない。因みに、明治六年一月十日施行の徴兵令の第三章常備兵免役概則の第五章に「文部工部其ノ他ノ公塾ニ学ヒタル専門生徒及ヒ洋行修業ノ者並ニ医術・馬術ノ医学ヲ学フ者但教官ノ証書並ヒニ何等ノ科目ノ免許書アル者（科目ノ等未定）」とあり、本願書はこの条項に基づいて免役を出願するためのものであった。

(2)-A 明治十六年八月卅一日付 緒方惟準 緒方整あて書翰

（緒方富雄氏収集保管）

一書申入候、未夕残暑甚敷候得共、留守宅一同無事御暮し候よし悦敷存候、私事も大坂ニ今日迄滞在、午前十時之汽車ニて神戸参り《ママ》、東京表より参り候者え面会、皆々無事之よし承り、悦居候、大坂ニては母上は勿論北濱一同ニも無事ニて不一方世話ニ相成、殊ニ十重事万端世話被致呉、悦ヒ仕合存候、序之節□之礼申遣可被下候、父事も大ニ悦居候ト御申出可被下候、西京ニ両日滞在、母上ト収二郎同道ニ参り、処々見物して大坂え返り、堺之濱え拙斎さんの御馳走ニ参り、田村丸亀屋子供有多勢ニて賑敷事候、夫より返りニ田村え一泊、翌日も引止ニて滞留、一昨晩はおたけのむすこの義太夫ニて相楽候、処々より馳走ニ被招困切申候、出入之ものも多く参り候、土産物も下行分とも遣尽し、又々下行キハ大坂ニテ相求申候、大坂ニ立寄候故、僅カ九日間ニ五十圓《エン》も遣切申候、実ニ金ノ入ルニハ驚き

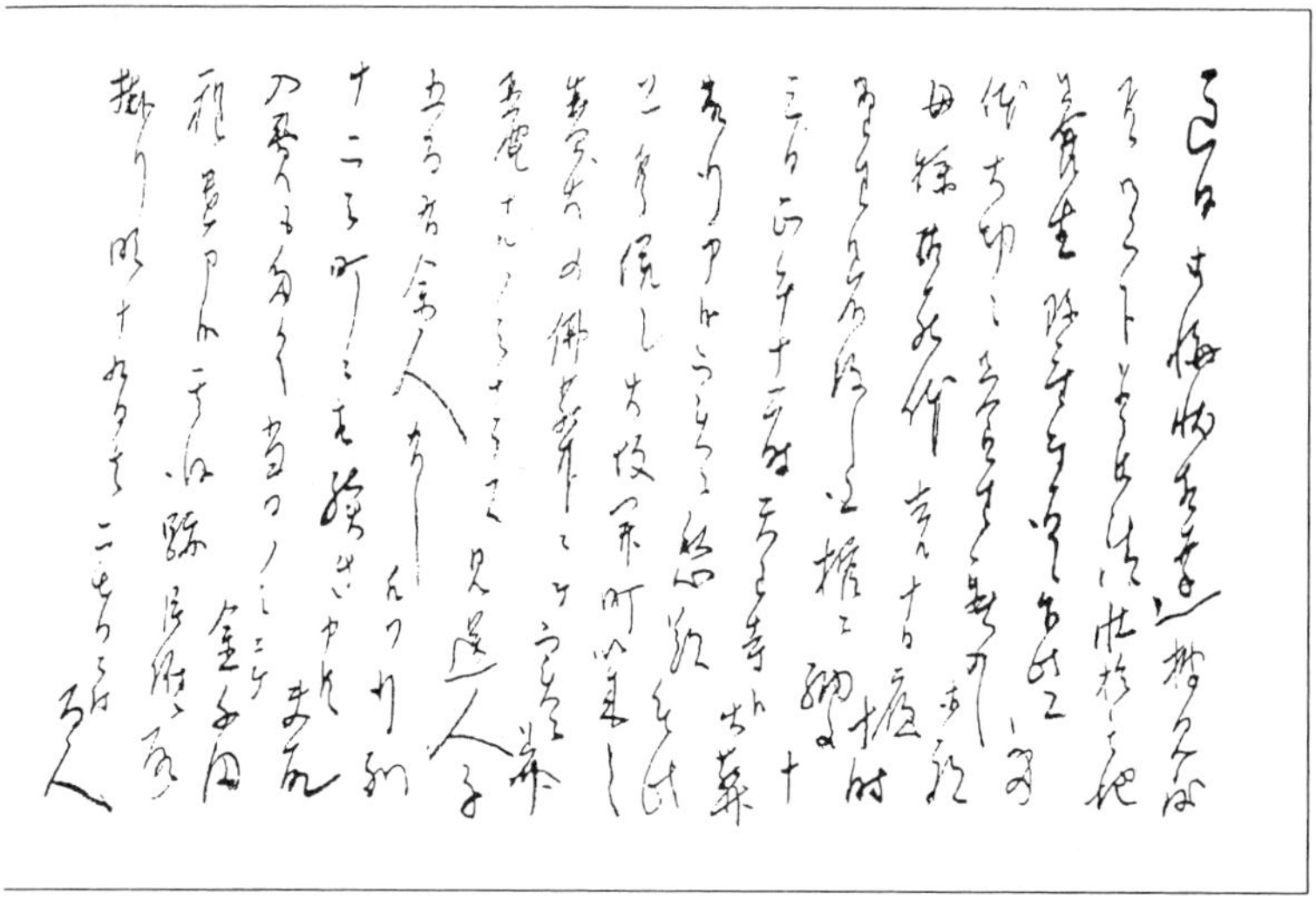

書翰(2)－B

申候、此度は北の新地より近々引き出しニ参り候とも
三軒の茶屋之女も閉口致し返り申候、大坂ニは多くハ
居ラヌ故ナリ、今晩六時ニ当港出帆ニて松山え参り候、
明日十二時頃ニは松山ニ着致候、尚彼地着候上は申入
候、留守宅火の用心ト子供ニ風引けがさせぬ様頼入候、
右申入度早々如此、

以上　父より

八月卅一日午後一時

尚々三澤氏ハ明日頃帰京のよし、又収二郎□七日頃
帰京之事ニ付、同人より万事御聞取可被下候、三澤姉
エ田村當作とのぎ御兄よおし申候間、御安心可被下候、
以上

(封筒表)

東京神田区猿楽町二丁目五番地
緒方　整様
無異　緒方惟準

(封筒裏)

ⓑ 八月三十一日
ⓐ 従神戸西村店
名札落手仕候已上

(スタンプⓐ「東京・一六・九・一・リ便」)、
(スタンプⓑ「神戸・一六・八・三一・へ便」)

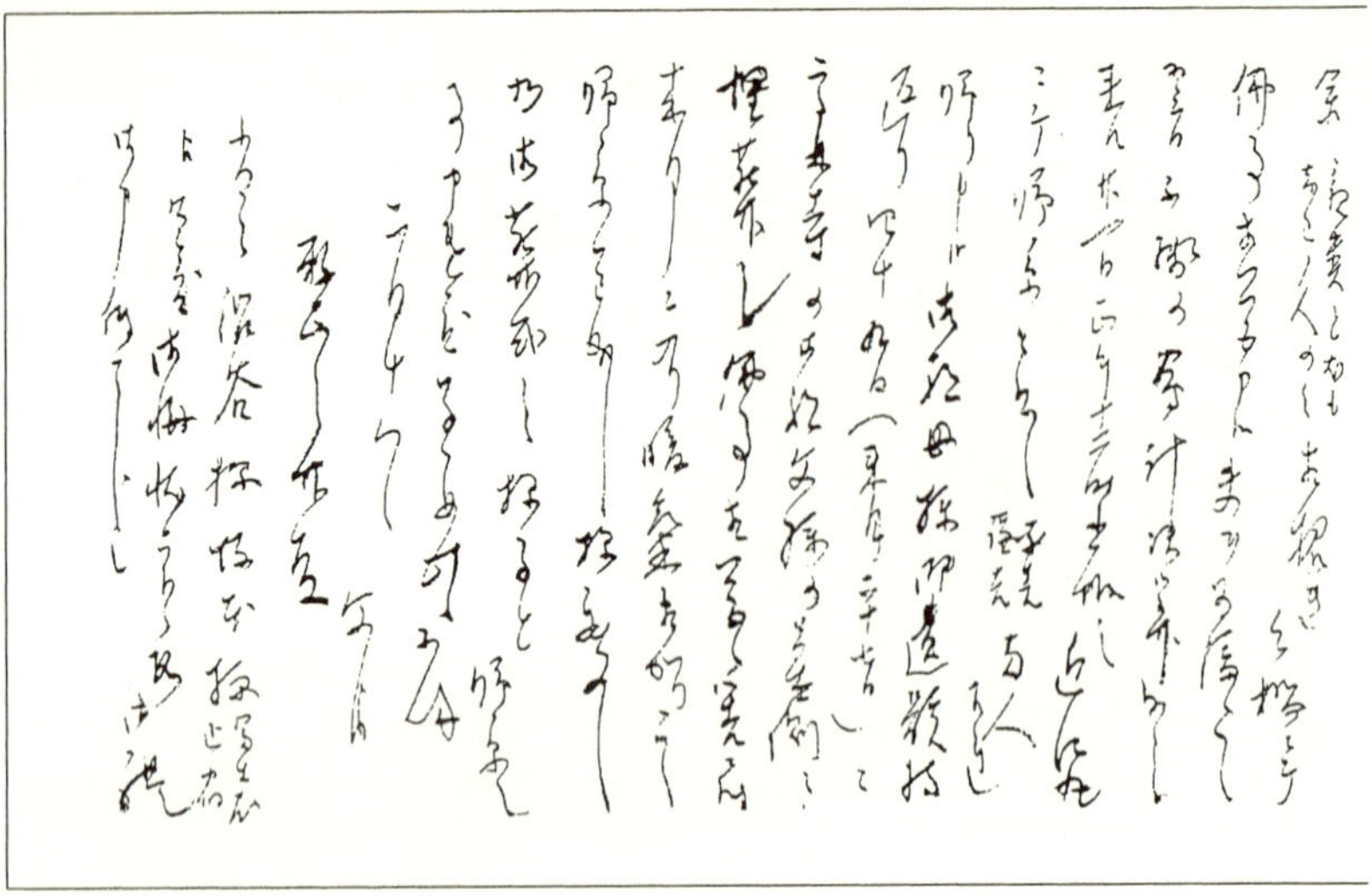

⑵－B　明治十九年二月十九日付　緒方惟準　緒方整之介あて書翰　（緒方富雄氏収集保管）

過日御悔状相達披見致候、足下益御清壮於其地御養生珍重奉存候、乍此上身体大切ニ御養生頼入候、御祖母様御死体去ル十日夜十時野生着坂之上棺ニ納メ、十三日正午十二時天王寺え火葬執行申候、実ニ愁歎無此上候、併し大坂開町以来之盛大の佛葬ニテ実ニ美麗ナルノミナラス見送人千五百有余人有之、凡ソ行列十二三町ニ相続き申候、夫故入費も多ク当日ノミニテ金千円程遣申候、其後跡片附ニ取掛り明十九日は二七日ニ付百人余親類と尤も知己の人のミ相招き今橋ニテ佛事相営申候、夫ヲ又済候て翌日不残の会計決算致し、来ル廿一日正午十二時出帆之近江丸ニテ帰京を致候平吉謙吉両人相連帰り申候、御祖母様御遺骸持返り四十九日（来月二十七日）ニ高林寺の御祖父様の墓側ニ埋葬し佛事相営候筈ニ付、来月ニ入り暖気相加り候ハヽ、帰京可被成候様頼入候、右御葬式之様子と帰京之事申遣度、草々如此、不備

二月十八日　父より

整之介殿

尚々渋谷様坂本様富士屋止宿え宜敷御悔状被下候故御禮御申伝可被下候、以上

（封筒表）

□《豆》州熱海村温泉場
□《皆カ》誠社ニテ
緒方整之介殿
貴酬　　緒方惟準

（Aスタンプ「伊豆熱海・一九・二・二三・ニ便」）

（封筒裏）

従大坂今橋三丁目
二月十八日

（Bスタンプ「大阪・一九・二・一八・リ便」）

右の緒方整（整之介）は惟準の長男で銈次郎の兄にあたる。生来からだが弱く、明治二十一年二月十一日、二十歳でなくなっている。祖母八重がなくなったときは伊豆熱海の温泉場に保養に出かけていて葬儀に参列できなかった。それで、父に手紙を送ったらしく、その返事が、この(2)—bの惟準のてがみである。□《皆カ》誠社は今まで調べていない。このてがみで八重の盛大な葬儀とその後のようすがよくわかる。

---

(3) 昭和八年十月廿六日付　億川摂三　緒方収二郎あて書翰

（緒方裁吉氏蔵）

粛啓　祖父信哉五十回忌に際し結構なる御茶御恵贈被下、加之懐旧の御句拝誦致し、感涙にむせび申候、弊家一同無事消光致居候、廿二日記念の為母を中心として撮影致候、億川を名のる者唯之だけの心細きに御座候、祖父の墳墓の写真と共に封入致候間、御覧下され度候、近作采蕈七絶一首御目にかけ申候間、御笑覧被成下候

一隊部人入翠野　松間簇々傘菌香
将嘗真率山家味　洗盡浮華肉食膓
数寸霜苗翠満園　一筐摘去到黄昏
誰知味外多甘味　七十年来咬此根

右ハ南湫先生の御作摘菜よりヒントを得たるものに有之候
奥様、洪平様、皆々様へよろしく御伝へ被下度候、

草々拝伏
昭和八年十月廿六日
億川摂三
緒方収二郎先生

（封筒表）

緒方収二郎先生
侍史

（封筒裏）

大阪市西区長堀南通四丁目六番地
億川攝三（印刷）
摂三（自署）

南湫先生は緒方拙斎をさす。

(4) 昭和十二年五月付　緒方銈次郎　飯島茂あて書翰

（ペン書き）　（緒方裁吉氏蔵）

拜啓時下新緑益御清安賀上候、陳者今回亦御著「再大村兵部大輔の遭難に就いて」を御送与被下、御繁情千万拜謝申上候、諸方より御蒐集の数多の文献により御詮推相成り候との事さて〳〵多大の御労作感服之至奉存、早速拜読、幼時故大輔が大阪北濱の拙斎宅に老生亡母（洪庵夫人八重儀）を訪来の節、生亦侍座しありて大輔より訓諭を辱ふせしを偲び出て丶懐旧の情に不堪、若し如貴諭同氏の著書日記等空ク湮滅せしむるは実に千載の恨事在之付、子爵家が何らかの機会に於て或は陸軍に於て鉛槧に付され、諸地の公私書籍館に寄贈し被置候ハヾと存候、右御禮申上かた〳〵如斯候、草々拜具

五月　　　緒方生

飯島賢台

玉几下

因に堀内北濱ハ故陸軍々医監堀内利国氏の壮時名に候、元来同氏北濱ハ号にて、後歳ニ至るも同号を用ひ被在候、以上

差出人「緒方生」は緒方銈次郎、あて名の飯島氏は当時東京在住の陸軍軍医中将飯島茂氏である。堀内利国は洪庵の五女九重の婿。文中にある飯島氏の論文(上)(下)は、昭和十二年四月十七日および四月二十日発行の「日本医事新報」第七六二および七六三号に掲載されている。当時銈次郎氏も飯島氏とともに、昭和十五年十一月龍海寺に竣工をみた「大村兵部大輔埋腿骨之地碑」のことに尽力されていた。

今治市河野美術館所蔵の緒方洪庵および適塾出身者の書翰

まえがき

今治市河野美術館（今治市旭町一丁目四番地八）は、今治市出身の故河野信一氏（明治二四―昭和四七、一八九一―一九七二）が出版業界で大成の傍ら、長年にわたり収集の古今の筆墨典籍一万数千点と私財二億余円とを市に寄付し、文化館の建設と運営の一切をまかされ、昭和四三年（一九六八）四月落成・開館をみたものである。

筆者は、本年六月二日、同館を訪問し、多数の館蔵品の中に、緒方洪庵はじめ、村田蔵六（大村益次郎）・箕作秋坪・大鳥圭介・長与専斎ら適塾出身者の書翰や書軸等が収められていることを教えられ、その一々をわざわざ展示していただき、つぶさに拝見することができた。いずれも筆者にとり初対面の新史料であり、まことに得難い機会を与えられたことに感謝した次第である。退館に当り、本誌にこれら適塾関係の新史料を紹介させていただきたいむね申し出たところ、同館副理事長越智晋策・館長矢野嘉伸両氏の御厚情により、おゆるしをいただいたので、以下に紹介することにする。

なお、同館学芸員羽藤公二氏には館務御多用の中、右関係史料の写真撮影に関する一切の仕事をお引受けいただき、坪井信道・塩谷甲蔵（宕陰）らの書翰も御送り下さったが、今回は紙数も限られているので、洪庵以下適塾出身者の書翰のみの紹介にとどめ、その書軸や坪井・塩谷の両書翰は他日に譲ることにする。紹介を試みにあたり、改めて右三氏に心より厚く御礼申し上げます。

1、緒方洪庵堀内忠亮宛書翰 （年欠）三月十八日付

然は一書拝啓仕候。時下春暖之時節ニ御座候處、高門益御清寧被成御揃欣抃之至、奉恐賀候。随て草堂長少無異、依舊送光仕在候条、乍憚御降念可被下候。然は先頃近玄庵事参リ候ハヾ、早々御爲知可申上様被仰下、心懸居候處、頓と寄信無之、長崎へでも参り候事歟ニ哉と存居候處へ、昨十七日夜フト奴僕壱人召連レ参リ申候。篤と承り糺候處、昨年十一月より京都にて開業いたし居候との事。当地へ病用等有之、草堂尋訪旁罷下リ申候との事ニ御座候。今朝直様京都へ罷帰り申候。心を附て種々話等いたし試候ニ、前後間違候事も不相見、唯思ひなし乎先年とハ少し調子替り候事も可有之乎位之事ニ御座候。召連レ参リ候奴僕へも内々様子相尋候處、更ニ間違居候模様ハ見受不申との事。先々御安心可被成下候。奴僕ニ承リ候に、当正月比御国許より人参り、御懸合ニ有之執行之御願も相叶候よしニ申居候へ共、兼て御頼越ニ相成居候事故、不取敢早々御爲知申上候。居處ハ京都高倉松原下ル処と申事ニ御座候。爲念一寸申上候。右御一左右申上度、草々如此御座候。万々奉期后便候。恐惶謹言

三月十八日　　緒方洪庵

堀内忠亮様

尚々近来御病気如何被爲入候哉、爲道爲人千万御自重被成度奉祈候。以上

解説

一、用件

○このあいだ堀内忠亮から玄庵が訪問するようなことがあれば、すぐにその様子を知らすよう頼まれていた洪庵が、前日夜従者一人をつれてやってきた玄庵の様子をくわしく報じたもの。当時、忠亮は病気であったことが追伸でわかる。

二、注解

○堀内忠亮（享和元―嘉永七、一八〇一―一八五四）は、代々米沢藩医の堀内家五代で忠竜・忠寛（素堂）ともいった。幕末の蘭方小児科医として有名。嘉永六年（一八五三）の夏に病をえたため辞職を申し出たが許されず、養生を命じられるほど、藩主の信任があつかった。翌七年一月再び病をえて、同年三月十八日死去した。五十四歳。この洪庵のてがみの年代は詳かではないが、忠亮晩年の嘉永六、七年のものかも知れない。もし七年のものであれば、発信月日は死去のそれと同一で、この洪庵のてがみは、生前の忠亮が手にすることができなかったものであろう。忠

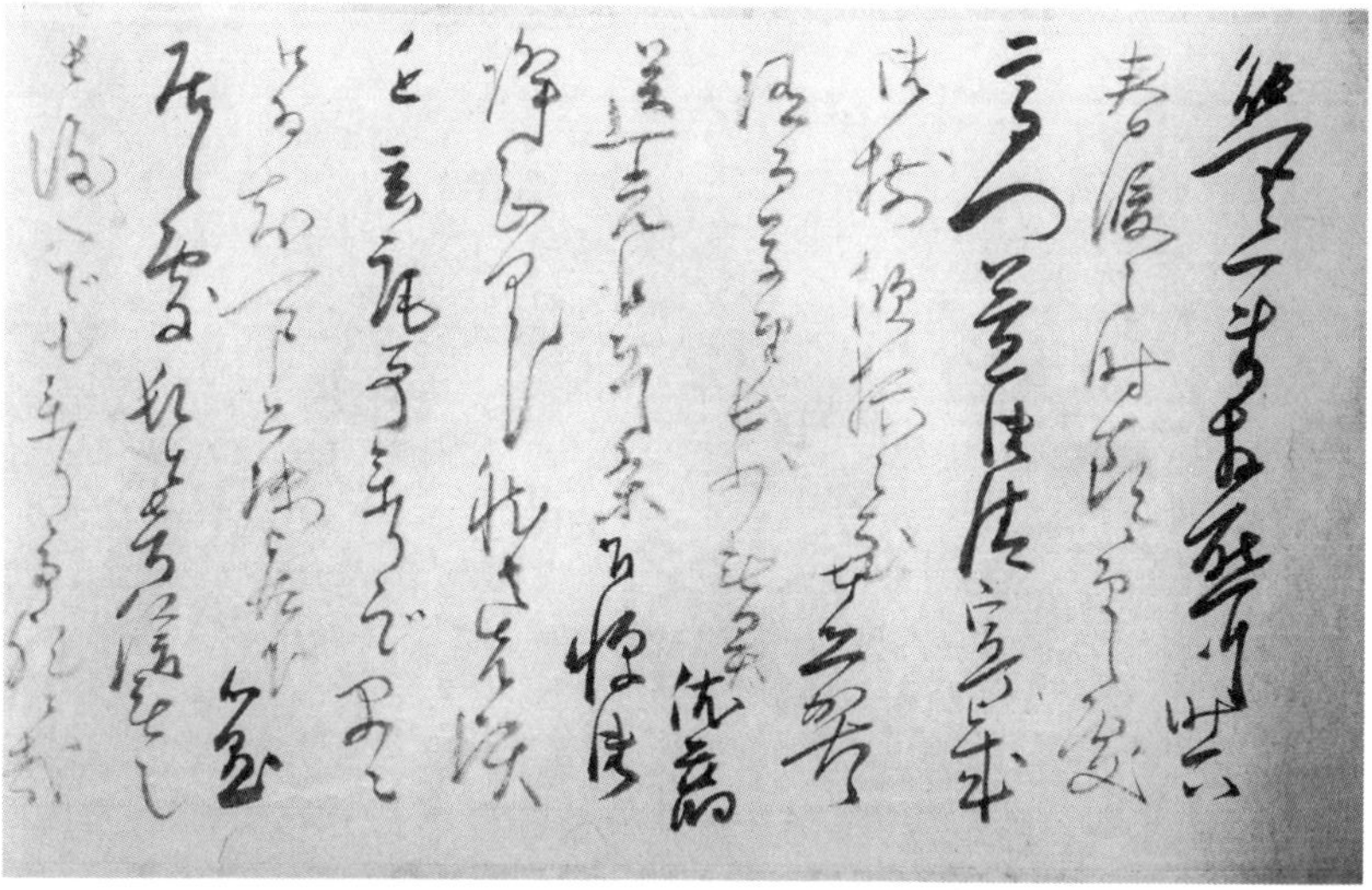

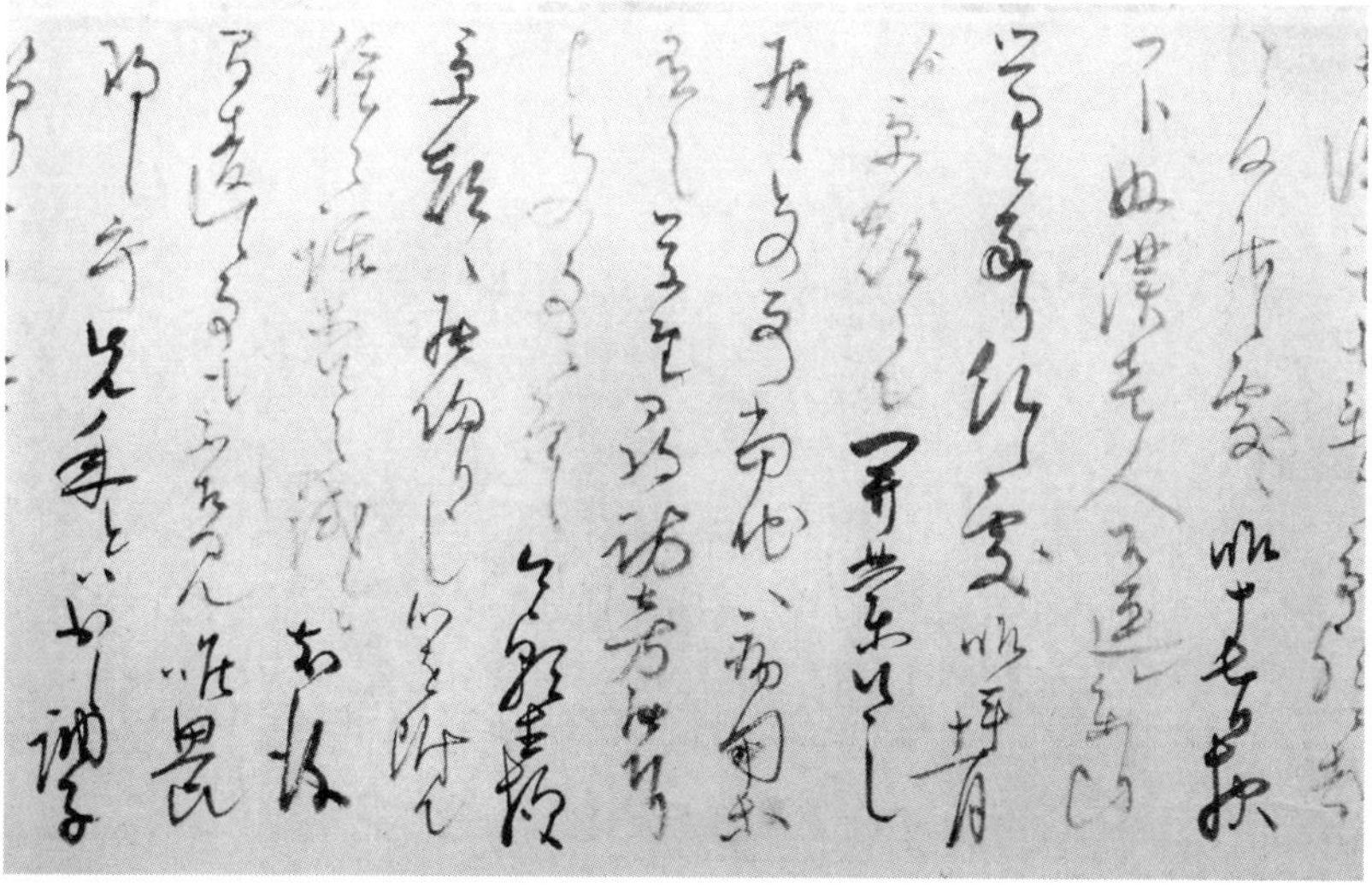

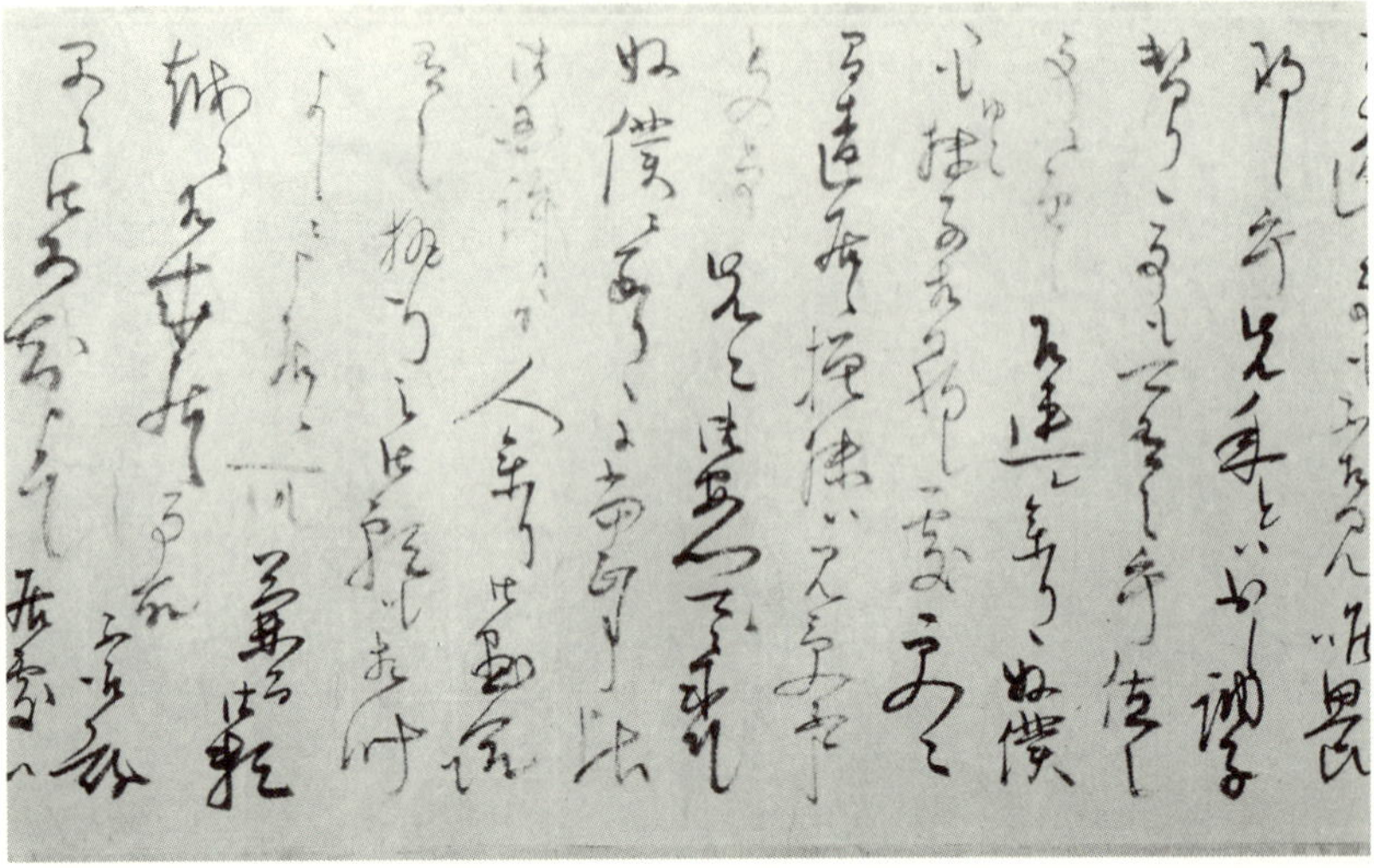

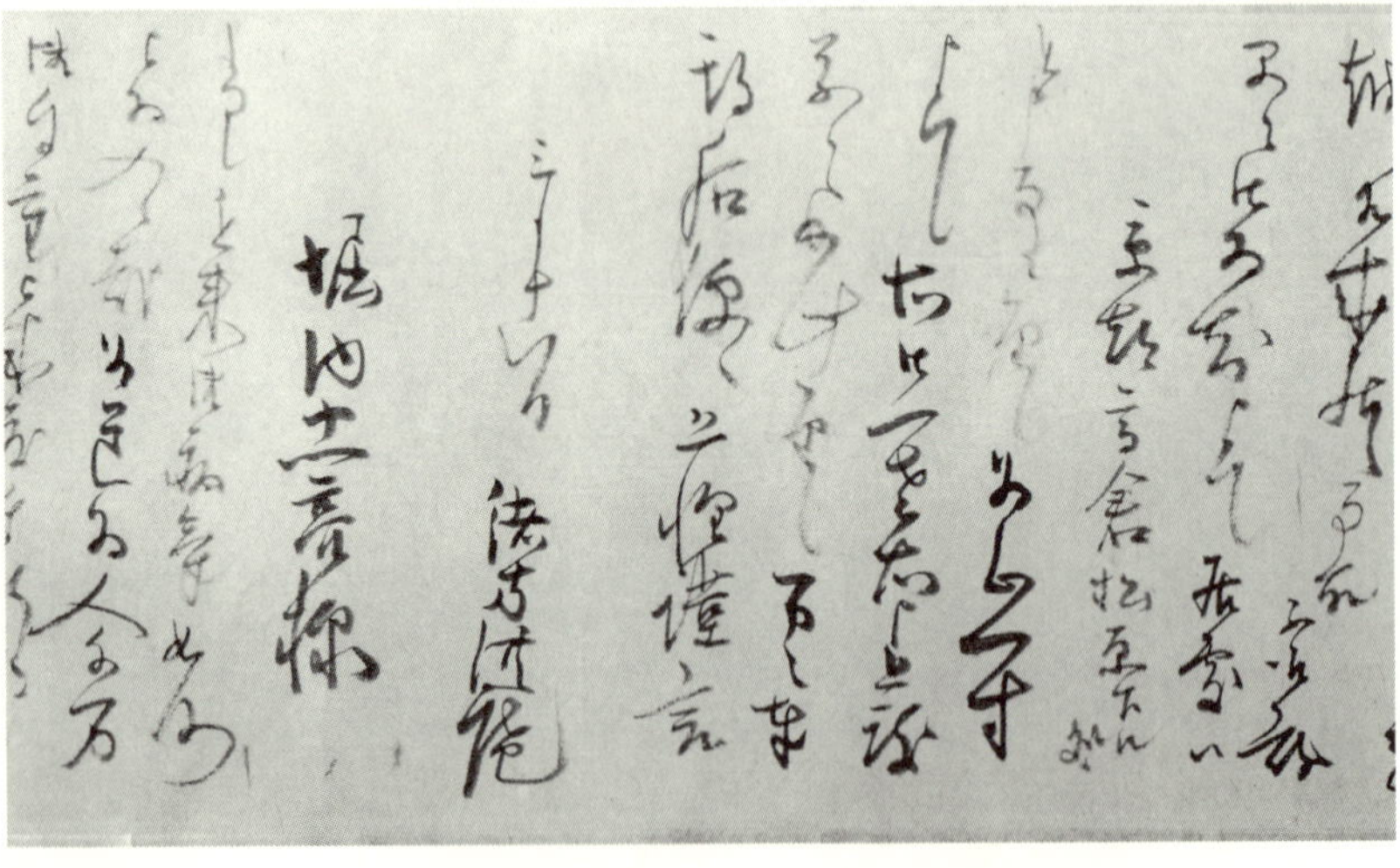

亮については堀内亮一著『堀内素堂』がくわしい。

○忠亮が気遣っていた「玄庵」は、目下のところ、堀内家の門生譜」（片桐一男「堀内文書の研究　九」、「日本医史学雑誌」第一九巻第四号、昭和四八年二月所収第二七一号文書）等の忠亮関係資料および洪庵の「適塾姓名録」や京都関係の「天保医鑑」・「藩医人名録」等にも該当者を見出すことができない。

○また今のところ、玄庵の「御国許」がどこかもわからない。

なお、以下に前出の堀内亮一著『堀内素堂』（五九―六〇頁）に解読・紹介されている洪庵書翰（原文書堀内家現蔵か未確認）も看過されているので、ここに引用しておく（括弧は筆者）。

○　新禧千里同風芽出度収候。先以高門益御清穆可被成御超歳、欣然之至奉恐賀候。随而草堂少長無異、重妙〔奴〕齢申候。乍憚御救慮可被下候。然者昨年七月御認之花簡、大延着ニ而昨臘其地より罷帰リ候商人持参、謹而拝見仕候。廣瀬坪井へ之御帖、早々夫々相届申候。扨貴地一商寒河江佐右衛門とか申候もの、患症、縷々詳ニ被仰下委細拝見仕候。右者同人取引キ仕候当地之商家、扇谷與兵衛と申すものより、一昨年も容體申出、薬差出し呉候様に頼候得共、素人之容體書に而者、分り不申と断り置候処、此度玉手を労し候趣、恐入候義に御座候。久年之ベルールテ右身手足拘攣不遂之症、殊に種々御手も被盡、御治療相成候上之事、中々小生輩殊ニ遠国之事、治療居〔ママ〕くべきことには無之、其趣右之扇與ナルものへも断り申候得共、何分病人久々戀望いたし居候事故、兎も角も薬遣し呉と、強而頼出候ニ付、不得已在合せ之ホルクハルス、アコニット、甘汞龍脳之丸薬と、ホウトダランキ差出申候。可然宜く御説得奉願候。坪井信友事御尋被下、難有奉存候。今に伯父、老賤之方ニ寄宿仕居申候。追々ハ大坂へも差出し候之よし。何卒舊師之跡を継ぐべき様いたし度ものには御座候へ共、生得柔弱之性如何と案事申候。尚申上度事も多々御座候へども多用不得閑暇、疎疎申残候。先は御答迄。乍延引、草々如此御座候。恐惶謹言

三月十九日　　　緒方洪庵

堀内忠亮様

尚々、平日意外之御無音、重々奉恐入候。已上

解説

○本書翰は冒頭に紹介した洪庵書翰とともに『緒方洪

庵のてがみ』（全五巻）には収集洩れである。
○「治療居く」は「治療届く」の誤植か。
○「坪井信友」は、坪井信道の長子。父信道の没後四年、嘉永五年（一八五二）春適塾に入ることになって（「適塾姓名録」嘉永五年の部、入門番号一三九）、師の堀内忠亮に別れを告げにいった。そのとき、忠亮は、「送㆔坪井信友遊㆓浪華㆒」と題する長詩を作って信友を励ました（青木一郎編著『坪井信道詩文及書翰集』（一四九頁）。このような関係から、忠亮は洪庵に在坂の消息を尋ねたものである。
○「今に伯父、老賤之方ニ寄宿」云々とある「伯父」とは、現宝塚市の清荒神清澄寺にいる伯父浄界（信道の兄）のことである。洪庵が、「何卒旧師（坪井信道）の跡を継ぐべき様いたしたきのもには御座候へ共、生来柔弱の性、如何と案事申候」と書き送っているように、信友は萩藩医、山口で世子元徳の副侍医、医学館長兼病院総督になったが、慶応三年（一八六七）三十六歳で没した。おそらく肺結核であったのではないかとされている。
○信友は、嘉永五年春適塾入門直後から放蕩にふけり、洪庵の怒りを買い、四月末か五月はじめに江戸へ帰された。翌嘉永六年信友が広瀬旭荘を通じて適塾への再入門を頼んだので、洪庵は信友が本当に「克己改過」するのであれば許すとした。その後、信友は江戸より洪庵へてがみを出しているが、適塾へは再来していない（拙著『緒方洪庵と適塾生』一五五、一六七頁）。従って、本書翰は、嘉永五年（一八五二）のものとしてよい。
○なお、洪庵は、嘉永六年（一八五三）十月二十一日付で、堀内忠亮のてがみを受取り、それを広瀬旭荘のもとへ持参している。それには忠亮が病気で休みを乞い、郷里で静養していたが、平癒したことや、南部地方の農民一揆のことが報じられていた（前掲拙著一六五頁）。

2　村田蔵六、宮原寿三郎宛　（年欠）九月二日付

過日ハ推参仕、種々御馳走被仰付、忝奉存候。然ハ其節ハ御不快ニ被為在候処、其後如何被遊候哉、御伺も不申上候。定て最早御全快被遊候ト奉存候。兼て御願置候長州留主居方より、是非御同伴申呉候様、毎々催促仕候。乍御苦労御操合被付下、御都合次第御下リ懸ケ御立寄被下度候。此段御聞合申上度候。小生参堂可申上候処、短日萬縷取紛、失敬候。余ハ拝眉之節可得貴意。草々頓首

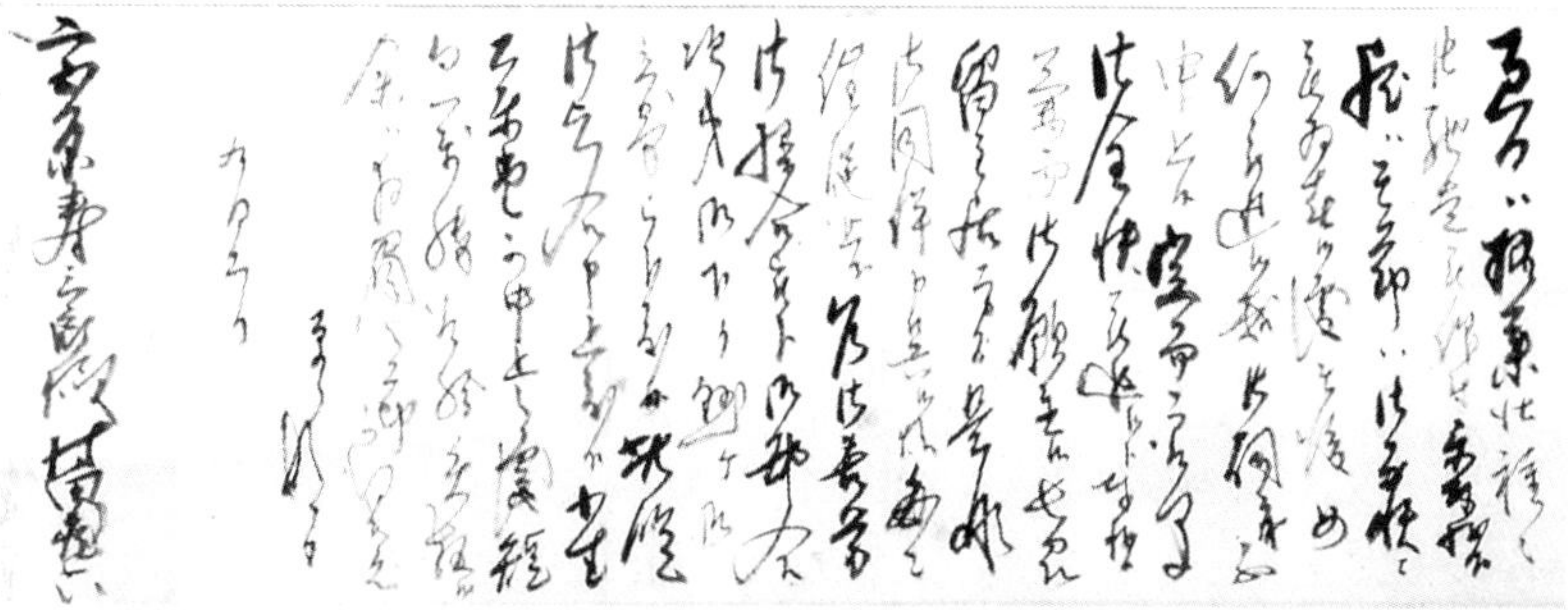

九月二日
宮原寿三郎様　村田蔵六

解説

一、用件

○宛名の宮原寿三郎は今のところわからないが、このてがみは蔵六が過日御馳走になった御礼と見舞を兼ねて、以前から長州藩留守居役に頼まれていた、蔵六の同伴で宮原の蔵屋敷への立寄りの件につき、その都合・時日を問合わせたもの。

二、注解

○「宮原寿三郎」は、『防長回天史』総合索引、『大村益次郎文書目録』、『明治維新人名辞典』等にも見出すことができない。しかし、蔵六とはきわめて懇意であったことがわかる。今後の調査に俟つ。

○「長州留主居方」、「御都合次第御下リ懸ケ」とあるから、当時宮原は江戸にあり、この「長州留主居」は大坂の長州藩蔵屋敷留守居役をさすものと思われる。

○「村田蔵六」が大村益次郎と改名するのは、慶応元年（一八六五）十二月のことであるから、本書翰はそれ以前のものであることになる。蔵六は、宇和島から安政六年（一八五九）六月江戸に着き、それより万延年間にかけて博習堂で蘭学、兵学を教え、文久元年（一八六一）正月藩命で江戸発足、帰国の途につき、帰萩している。同年十二月再び江戸詰を命じられ、翌文久三年六月緒方洪庵の死には通夜す。この年の秋、江戸の塾舎を閉じて帰藩し、十月には手当防禦事務用掛となっている。以後元治・慶応にかけて内外に敵を受けた長州藩の軍防のため大活躍する。従って、本書翰は、文久元年のものかも知れないが、上述のごとく文久三年五月下関での外国艦船砲撃に伴い、仏英米蘭四国の長州藩攻撃の決議ならびに八月十八日の政変による七卿落ち等の内外情勢の緊迫のもと蔵六に帰藩の命が下り、蔵六はその年の秋帰藩し、下関での新しい任務をついていること、この文面に漂う蔵六の宮原の同道西下を督促している気持を勘案すると、おそらく本書翰は文久三年のものではなかろうかと思われる。

3　大村益次郎、清岡公張宛書翰

（明治元年）十一月四日付

尓来御多祥御精勤被成、珍重奉拝賀候。然ハ過日土方より示談相成候平川和太郎被召出候儀、其後条公ぇより拝謁不致、明日　宮御発輿相成、彼是取紛、相運ひ不申候。何レ軍曹名義并ニ支配等評決之上、相運ひ候様、精々取斗可申候。此段御答申上候。恐々頓首

十一月四日　　大村拝

（巻封表）
清岡盟兄

解説

一、用件

○大村益次郎が土方久元・清岡公張らより頼まれた平川和太郎の任官周旋について清岡にその進行状況を報じたもの。

二、注解

○「土方」は、土佐藩士出身の土方久元（天保四～大正七、一八三三～一九一八）。幕末、八月十八日の政変で七卿に随従して西下したことは有名。維新後新政府に仕え、明治元年五月徴士江戸府判事、七月東京府判事、十月辨官。のち元老院議官・宮内大臣・枢密顧問官などの要職を歴任した。

○「平川和太郎」も土佐藩士、生没年不明。明治元年には東山道先鋒総督府斥候として関東地方に活躍した。

○「条公」は太政大臣三条実美。

○「宮」は、彰義隊に推戴され、会津へ脱走した輪王寺宮（北白川宮）のこと。宮は、明治元年十一月三日津藩の警護のもと千住駅に着き、四日謹慎を命じられた。宮は直に千住を発して東海道を経て、十九日夜京都伏見宮第に入って謹慎した（『明治天皇紀』第一、明治元年十一月四日条）。宮は本書翰にあるごとく五日出発したものと思われる。これによって本書翰は明治元年のものである。

○宛名の「清岡」は、同じく土佐藩士出身の清岡公張《たかとも》（天保一二～明治三四、一八四一～一九〇一）で、土方同様、七卿落ちに随行。王政復古により五卿の

罪が許されるとともに入京。明治元年東山道鎮撫総督府大監察、十月甲斐府権判事。のち元老院議官・枢密顧問官を歴任した。

○以上のごとく、土方・清岡・平川ら三人はともに土佐藩出身で土方・清岡は三条公とつながりがあり、清岡・平川はともに東山道鎮撫に関係していた。こうした旧藩いらいの史縁が維新後の人事に大きな役割を果しているのが看取できる。

4　箕作秋坪、大槻復三郎宛書翰

（明治二年）十月十二日付

八月念八并ニ九月念七日芳牘一昨日一度ニ相達拝誦。尊候益御平安、恭喜不過之、奉賀候。尊大人様御事、今以御免之御沙汰も無之由、彼是御心配之ほと奏遠察居候。併益御壮健之趣大慶不過之奉存候。尤近々御所置も相済可申奉存候。

一星生再遊、拙宅へ寄寓いたし居候。中々世話と申ほどの事ハ出来不申候。何れ御出府之上ハ御相談可仕奉存候へ共、此人之篤志ハ相感至候ても、齢殆ント三十ニ近く、只今より横文ニ従事しても成業之処如何可有候哉。或は半上落下生涯を誤た抔之事も氣の毒ニ被存候。何歟当人之天禀ニ稱ひ候業ニ轉し候得ハ、活計も

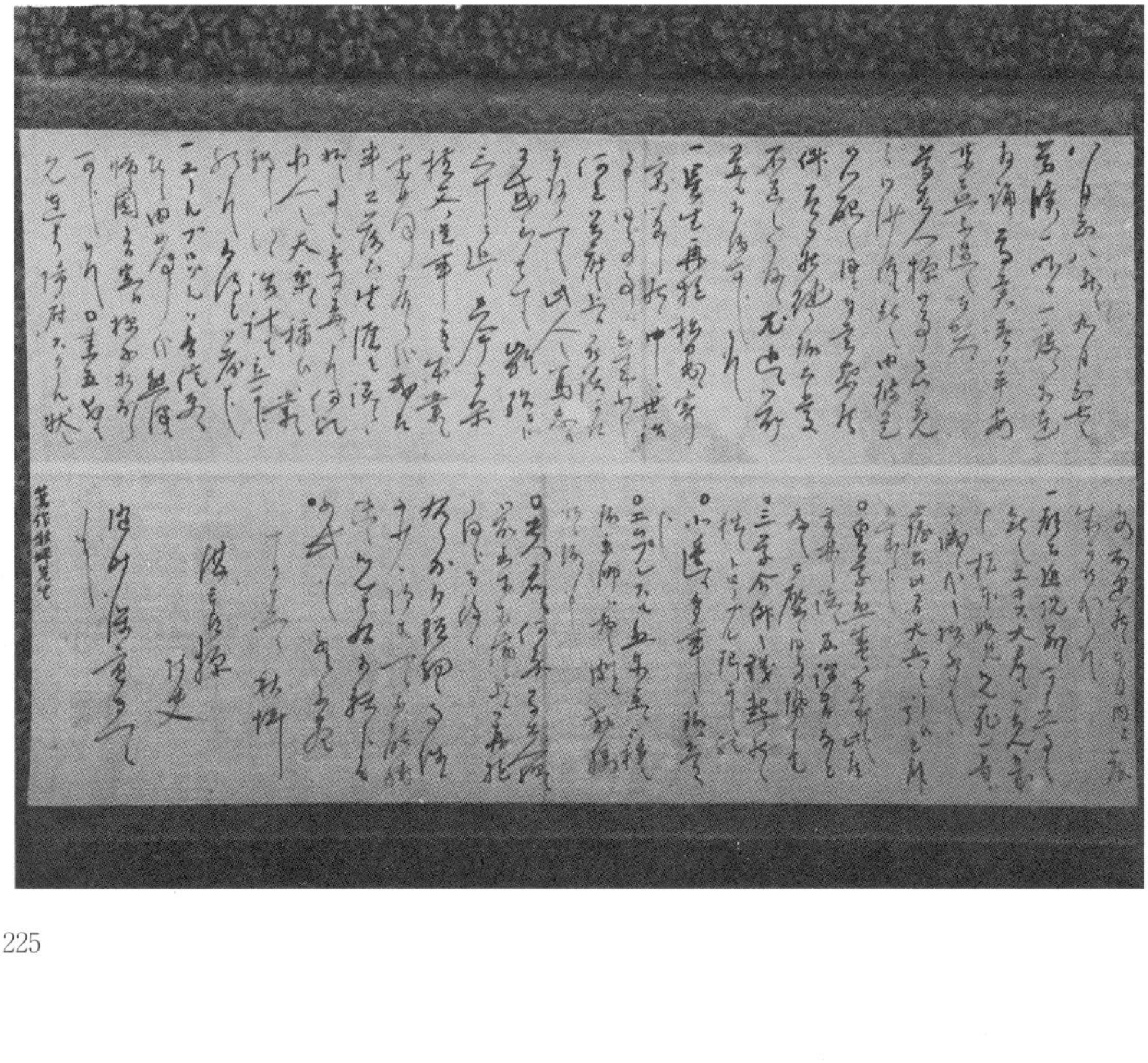

立可申歟被存候。尚得と御考可被下候。
一ユールブロゾル御音信更ニ無之由、如何哉。熊澤も帰国候間、定て様子相分リ可申被存候。
○圭五儀も先達より帰府、スクール状之もの取建居候。本月内ニハ落成可仕哉と存候。
一都て近況別ニ可申上事も無之。エキス大君も御免ニ相成申候。榎本始め先死一等ハ被減候哉之様子ニ御座候。薩公此間大兵を引ひ出府相成申候。
○皇学愈盛ニ相成申候。此節書林之談ニ反譯書なと爲之被壓候ほとの勢ニ御座候。
○三学合併之議起リ居候。往々トローブル起リ可申歟。
○北邊も多事之趣ニ相聞申候。
○エムプレスも愈東京へ御移之趣、京師ハ爲之頗ル動揺仕候趣ニ御座候。
○貴君も何卒尊大人様之御所置等相済候上ハ、御再遊之ほど奉待候。右之外瑣細之事件ハ不少候得共、一々不能縷述候。先は右相願申、如此御座候。草々不尽

十月十二日　秋坪

復三郎様　侍史

隨時御保重専一ニ可被下候。

（封筒表）
大槻復三郎様
拝答急用　箕作秋坪

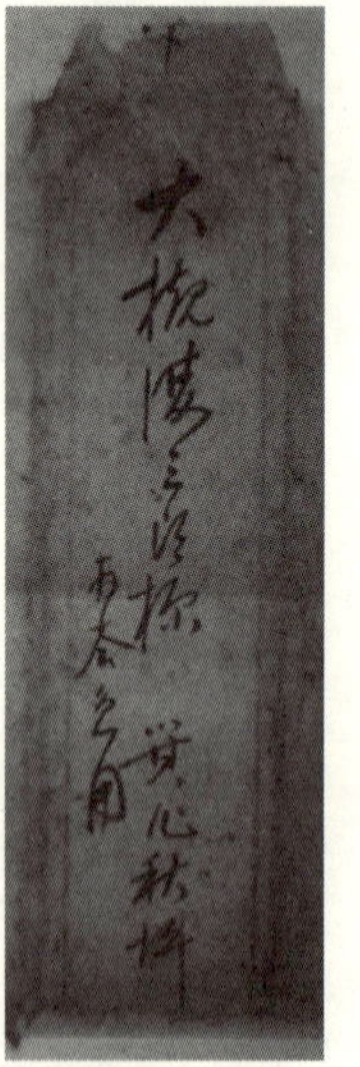

解説

一、用件

○大槻復《ふく》三郎（のち大槻文彦）の二度にわたる書翰に箕作秋坪が答えたので、復三郎および秋坪の身辺や当時の時勢の推移がよくうかがわれる。

二、注解

○箕作秋坪（文政八～明治一九、一八二五～一八八六）は、幕末洋学者箕作阮甫の養子で嘉永二年（一八四九）適塾入門。洪庵の『扶氏経験遺訓』の出版に尽力。幕末渡欧し、明治になって三叉学舎を設立、明六社の創立に参画したことなど有名である。詳細は治郎丸憲三著『箕作秋坪とその周辺』（昭和四五年）を参照されたい。

○名宛人の大槻復三郎（弘化四〜昭和三、一八四七〜一九二八）は、仙台藩の儒者大槻磐渓の三男として江戸木挽町生まれ。未年の十一月十五日生まれ、この日は冬至であったから一陽来復の義で、父が復三郎と名づけたもの。祖父に玄沢（磐水）、修二（如電）は兄。文久二年江戸開成所入り。慶応二年仙台藩より洋学稽古人を命ぜられ、再び江戸開成所に入り、のち英国宣教師ベーリー氏主宰の万国新聞紙の編輯員となり、さらに米国人バラおよびタムソンに英学を学ぶ。明治元年藩命により横浜で洋学修業、のち江戸に潜伏し仙台藩の探偵となり、さらに西洋帆船に乗り彰義隊の残党を率いて帰国。同年九月、仙台藩、官軍に降伏、藩論一変して召捕えられんとして横浜に逃れ、父磐渓は仙台で親類預となる。明治二年四月、鎮撫使下向し大獄を起し、磐渓も亦入牢す。五月上旬、父の急を聞き七昼夜にして帰国し、父の難を救わんとした。本書翰はこうした復三郎の身辺に関係している。復三郎は、のち明治三年五月大学南校に入り、翌四年三月本書翰差出人・箕作秋坪の英学私塾（三叉学舎）に入り、九月にはその塾長（幹事）となる。明治五年六月、名を文彦と改めた。以下、経歴を略すが、『言海』を編集した国語学者として著名。詳細は、篁五百里編「大槻文彦博士年譜」、大槻茂雄『磐渓事畧』参照のこと。

○「尊大人様御事」云々は上記のごとく父磐渓の入牢を指している。

○「星生」は、仙台藩士星恂太郎（天保一一〜明治九、一八四〇〜一八七六）のことであろう。星は戊辰戦争に洋式軍隊額兵隊を結成したが、藩論が帰順に決したのを不満として榎本武揚の艦隊に投じ、五稜郭に戦った。投降後赦されて開拓使大主典となった。この書翰はこの前後のものであろう。秋坪と復三郎とが、星の将来を気遣っていろいろ配慮しているのがわかる。

○「ユールブロゾル」はyour brotherのことであろう。復三郎の兄、大槻修二（如電）をさすと思われる。このころ兄の消息がつかめなかったことがわかる。

○「熊澤」は熊沢善庵（弘化二〜明治三九、一八四五〜一九〇六）をさすであろう。善庵は郡山藩医の熊沢了岱の長男で江戸藩邸に生まれ、大槻家の門に学び伊東玄朴・坪井信良のもとで薬学・化学・英語・独語を学んだ。熊沢了岱は、もと磐渓が上方へ遊歴したときお供として随行した茂沢文沢が郡山の医者で磐水の門人であった熊沢昌庵という人の養子となって、その名を改めたものである。この了岱が媒妁して藩中の娘を磐渓の二度目の妻としたことから大槻家と熊沢家とは親類同様であった（前出『磐渓事畧』）。善庵は、明治三年大学南校少助教、翌年ドイツへ留学、同七年帰国、東京開成学校製作場の教授補（化学担当）となる。文中の「帰国」は仙台藩へ帰ったことを指すものと思われる。

○「圭五」は箕作秋坪の長男、奎吾（嘉永五～明治四、一八五二～一八七一）のことで、慶応二年十月、幕府派遣のイギリス留学生一行に加えられて渡欧、幕府倒壊のため明治元年（一八六八）六月帰国。明治二年十一月大学中助教、翌三年正月大助教、同八月少博士となる。これより先、明治元年秋坪は致仕して退隠、奎吾に家督を譲り、英語私塾三叉学舎を自宅に開設した。奎吾は父の教授を大いに助け、才学人望は多大であったが、惜くも明治四年六月隅田川で水泳中に心臓マヒのため二十歳の短い一生を終った。墓碑文「箕作奎五墓誌」）は大槻復三郎（文彦）が撰した。

○「スクール状之もの」は三叉学舎のことであろう。

○「エキス大君」は、「ex 大君」すなわち前将軍（徳川慶喜）のこと。明治二年九月、慶喜に対する寛宥の詔として「名義を明にし、順逆を審にし、反省自新して盛意に対膺すべし」との御沙汰があってその謹慎が解かれた（『徳川慶喜公伝巻四』）。

○「榎本」が降伏したのは、明治二年五月のことである。

○「三学」とは皇学・漢学・洋学のこと。

○「三学合併之議起り」云々は明治二年六月の「大学校規則」の内容にも見ることができる。また、「トローブル」は、trouble のこと。

○「北邊も多事」とは、明治二年六月、ロシアが日本の樺太統治の中心地域である久春古丹（大泊）一帯を占據する事件も起こっている。

○「エムプレス」は empress 皇后。明治二年九月十九日、皇后の京都より東京行啓の期日を十月五日と布告され、京都の群衆は各神社に参詣して行啓の中止を祈願し、京都府等へ出頭して中止の歎願に及ぶものが多数にのぼった。

○「尊大人様之御所置」は、「明治三年正月元旦、父磐渓出牢、親類預となる」（前出「大槻文彦博士年譜」）に相当し、復三郎は同年「三月、江戸に出づ」（同上年譜）とあるから、本書翰は前記諸注と勘案すると明治二年のものであることが明かである。

5　大鳥圭介、伊藤博文宛書翰

（明治八年）二月二十三日付

（全文ペン書き。冒頭上欄に Bangkok Feb. 22*d*, 1875. と記してあり。末尾の日付には「二月二十三日」とあって、長文ゆえに両日にわたったものならん。括弧内は筆者注。）

従香港呈一書已来不得郵船の便候ニ付、意外之御無音仕候。先以御清穆被爲渉恭賀。次ニ我共一行何れも無異、炎暑を凌居候。御安懐被下度候。扨香港より申上候通、彼地ニて第一月三十日墺国公使と共ニ同国軍艦ニ乗組出帆、海上風波平静、暑気平均八十二三度、二月三日朝マニラ濯へ入り、同日マニラ府へ上陸仕候。海上凡六百里英里之水程殆と四昼夜を費し申候。右ハ軍艦平日ハ蒸気を用ひず帆のミを以て風力を頼候間、かく延着ニ相成候事ニ御座候。麻尼羅府ハ年来舊府ニてパシックと申湾の両岸ニあり。其一半を都府と称し、其一半を土人住居の部と唱へ、都府の部ハ家屋何れも石造ニて西洋の小市中と大体同様ニ有之、周囲ハ石造の胸壁を繞し、中々要害の姿ニ見へ申候。両部合して人口凡八万人。市中ハ多く西洋人の商店ニて随分盛大ニ御座候。土人住居の町家も大通りハ石造の大屋有之。洋人支那人土人等之商店を開き随分便利の地ニ有之候。但し全躰の地形平垣卑湿ニして飲水あしく、然れ共暑気ハ兼て想像いたし候よりハ宜敷、大抵八十四五度内外ニ御座候。是れ元来熱地なりといへとも曇天多く、折々驟雨来り炎暑を洗ふニ由るなり。Hotel d（原文のママ） Lalaary と

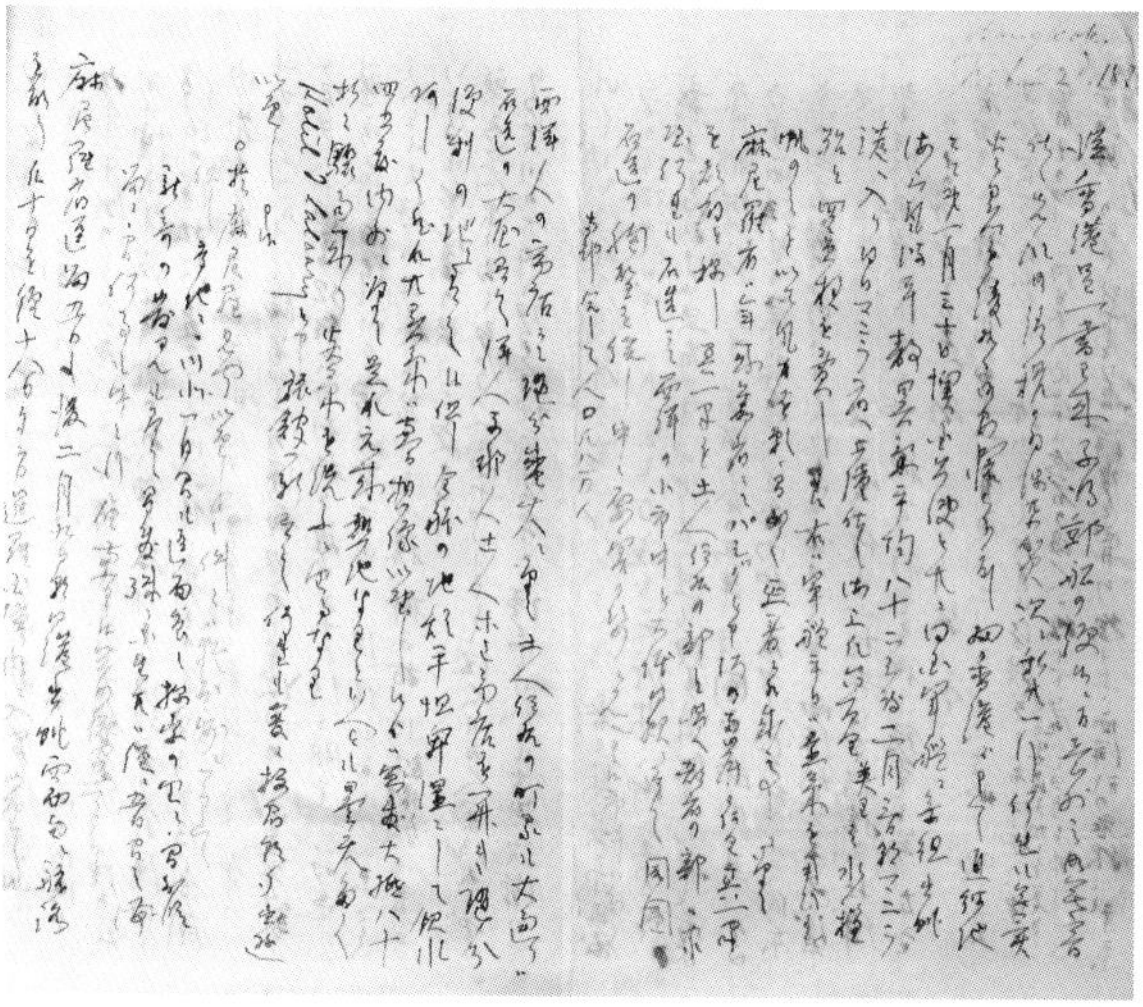

申旅館一軒有之、何れも爰ニ投宿。朝夕出遊いたし申候。

○於麻尼見物いたし候件々ハ猶別帋ニ可申上候。但し当地ニハ川北一月間も逗留、色々探索の由ニ候間、別段新奇の発見も有之間敷、殊ニ小生共ハ僅ニ五日間之滞留ニ候間、何事も中々行届兼申候。宜御諒察可被下候。

麻尼羅府逗留五日之後、二月九日朝同港出帆、西西南ニ航路を取り、凡十日を経、十八日夕方暹羅国湾内ニ入津いたし候。同国府盤谷ハ海岸より英里ニて凡ニ十七八里川奥ニあり。河流ハ水深しといへとも、大坂川口の如く入津の處、水甚浅く、一面の沙洲を有し、干潮のときハ僅ニ三尺の深サと相成、大船の通行ハ難相成、故ニ墺国軍艦も浅瀬の外ニ錨を投し申候。同船着の節湾内ニ停泊の洋船六隻有之、内二隻ハ英国の軍艦ニて、今般当国内乱の一条ニ付、シンガホールよりGovernor を載来り候由ニ御座候。十九日一日ハ船中ニ滞留、翌朝暹羅政府より公使迎の川小蒸気参り候間、夫へ一同乗組、朝六時本船を離れ、メナム河ニ溯り、十一時過盤谷府ニ着仕候。川の両岸地勢甚卑し。流ニ沿ひ多く人家有之候へとも、大抵水上ニ竹を架し屋を構へ椰子樹の皮ニて屋根を葺き、いかにも貧窶の姿ニ見受申候。

磐谷ハ人家も多く即今人口四十万も有之。洋人も百人余住居の由ニ候得共、川の両岸ニありて地形甚卑く陸上といへとも大抵沼澤の如くニて、住居の健康ニハ甚害ありと被存候。着已来暑気甚敷、三日の間試候ニ、日中ハ九十二三度、夜分ハ大ニ冷気ニて、聊昼の熱を忘れ申候。夫故日中の他出ハ迚も難出来、朝夕小舟を雇ひ、處々徘徊の積ニ御座候。着府の本日、馬車ニて国王の邸内ニ遊候處、過半西洋風の建築随分宜敷、内部ハ存不申候得共、外見ハ大抵東京の諸省廰の姿ニ有之、近邊の市中も多く西洋形の石造又ハ塗屋ニて、何れも一階なり。右王宮ニ続き一梵寺あり。結構甚壮偉。堂塔ハ磁器の小片を以て積上ケ、彩色を施し鍍金を成し、本堂ハ日本の佛寺と日光の廟とを合せし姿ニ御座候。

府内住民種類甚多し。一ニ暹羅人、二ニマライ、三ニ支那人、四ニラオス、其他ビルマ人、印度人等も澤山有之。何れも皆跣足ニて市中横行、中々文明国の中ニハ難算入見へ申候。政府の役人ハ腰より下ハ風呂敷の如き切レを巻き、尻ハシヨリを成し、西洋婦人の如き沓下を着け、洋沓を穿ク。腰より上ハ西洋形の衣服ニて、東京官員の形ニ近く御座候。

市中僧徒甚多く、何れも黄色の衣の肩ニかけ、是も同く赤脚ニて甚可悪躰ニ御座候。暹羅人ハ素より、何れの人種も腰邊ニ木綿の片を纏ふのミニて裸體跣足、かく男女とも檳榔子を食するがゆへ紅唇黒歯実ニ可恐可驚の形ニ御座候。且男女とも同様の形ニて、両三日位の旅人ニてハ迚も見分ケハ附不申候。右ニ付ても日本婦人の染歯の悪習を思出し不覚歎息戦慄仕候。

昨日墺国公使旅館ニ於て会食の節、政府の接對(待)人ワットと申人ニ出会致し候處、同人ハ先年使節随行ニて英佛へも参り候由ニて随分英語を話し申候。

当地内乱の顚末未詳。旦余リ探索いたし候てハ却て嫌疑の廉も不少と態と聞合も不仕候間、申上候程の確証を得不申候、但し此国元来二王あり。第一の王ハ当年二十一歳ニて随分才略有之由。又第二の王ハ三十八歳ニて古風因循の人。故ニ第一王の国政改革を悦ず。是迄屢々議論の合さる事有之。終ニ此度の騒乱ニ至り、愈反逆と申事ニ相成候得は死刑の国律なれとも、英の領事館ニ逃去リ、英領新嘉坡の総督過日渡来、右事件取扱、平和ニ事治リ候。第二王は已前の如く職位を可奉趣ニ承申候。しかし委曲の内情ハ少しも洩れ不申、追々分り次第可申上候。其他申上ケ度、縷々猶再鴻の節ニ譲申候。敬白

二月二十三日　　於盤谷旅館

伊藤博文様

閣下

途上の野吟之一二右ニ記し入御覧候。御一咲可被下候。

海上即事

千里逍遥絶海濱。緑葉紅花四時春。妻児不識南洋熱。雪夜団欒遠人。

麻尼羅旗亭

椰子檳榔嫩緑濃。一年一季不知冬。静坐捲簾涼気動。晩風吹雨度前峰。

船中述懐

航海元期費用徴。多任帆力用機稀。洋心風死船如坐。不似行人神若飛。風柔海水静於油。船向西南不暫休。千里自驚家国遠。地平線上北辰遙。

○墺国軍艦ハコルフェット形ニて、大砲十二門を備へ、乗組の惣人員二百五十三人、船将バロン、トビアス小生ニハ別室一個を貸し、跡三人へハ病院を渡し、何れも風入宜敷、航海も格別難澁ニ無之、殊ニ船将始め惣士官至極懇情ニて一同安心大ニ旅情を慰め申候。何れ帰朝之上ハ政府より本船への謝儀可申立心得ニ御座候。

墺国公使ハ二週間も当地逗留、夫より支那へ赴き候見込の由。軍艦ハ当湾滞泊十日之後、新嘉坡へ向け出帆との事ニ承申候。

本裕軒　通用

解説

一、用件

○大鳥圭介（天保四～明治四四、一八三三～一九一一）は、播磨国赤穂郡赤松村の医者小林直輔の子に生まれ、備前の閑谷黌で漢学を修め、嘉永五年適塾に入り蘭学を学んだ。のち幕臣として活動し、戊辰戦争では陸軍奉行として箱館を守った。降伏して東京の獄に投ぜられ、明治五年出獄、明治政府に出仕し、大蔵少丞・陸軍省四等出仕を経て工部省に転じ、工部頭・工部大学校長らを歴任。明治二十二年いらい外交界で活躍し、特命全権清国駐剳公使となり、二十六年には朝鮮駐剳を兼任、日清戦争に重要な役割を果したことは周知の通りである。

○本書翰は、山崎有信著『大鳥圭介伝』でも触れられていない暹羅国への視察旅行に関する貴重な伊藤博文（当時工部卿）あての報告書翰の一つである。大鳥圭介は、明治八年一月十八日陸軍省四等出仕から工部省四等出仕に転補され、この暹羅国の風土・民情の視察の命を受け、大蔵省官吏とともに、墺国（オーストリア）弁理公使シェッフル（Chevalier de Schaffer）と結伴し、墺国軍艦に乗って横浜を出発、途中、香港・呂宋（ルソン）島マニラ・新嘉坡（シンガポール）等を経て二月十八日暹羅国に着き、二十日盤谷（バンコク）に入った。皇帝に謁し、同国政府の款待をえて四月七日帰国した。

　圭介は往路、まず香港から第一信を明治八年一月二十七日に工部卿伊藤博文にあて出している。そのあと、盤谷から第二信として同じく伊藤にあてたのがこの本書翰である。これら第一・第二信とも伊藤博文関係文書研究会編『伊藤博文関係文書　三』（一九七五年）の（八八　大鳥圭介書簡）一、二に収められている。しかし、そこに収められている第二信は、今回紹介の本書翰からみると、かなりの脱文や誤読があり、明かに本書翰が原文書であるから、『伊藤博文関係文書　三』所収の第二文書は訂正・増補しなければならない。これは『伊藤博文関係文書』編集のさいに、底本とした「伊藤博文文書」（憲政資料室所蔵）中にはこの文書の原文書がなく、やむなく『伊藤家文書』（平塚篤編）中にあるこの文書（写本）をその儘採用したことによるもので、その写本が原文書と十分に校合されていなかったことに起因していると思われる。

○圭介はこの暹羅国視察から明治八年四月七日帰国し、その日午後四時、宮中に召されて天皇に暹羅国の国情を言上し、三条太政大臣以下、木戸・大久保・板垣・大木・寺島の各参議らも陪聴し、終って御座所で圭介は三条とともに陪食を仰付られている。同年九月、工部省（大鳥圭介等）編『暹羅紀行』

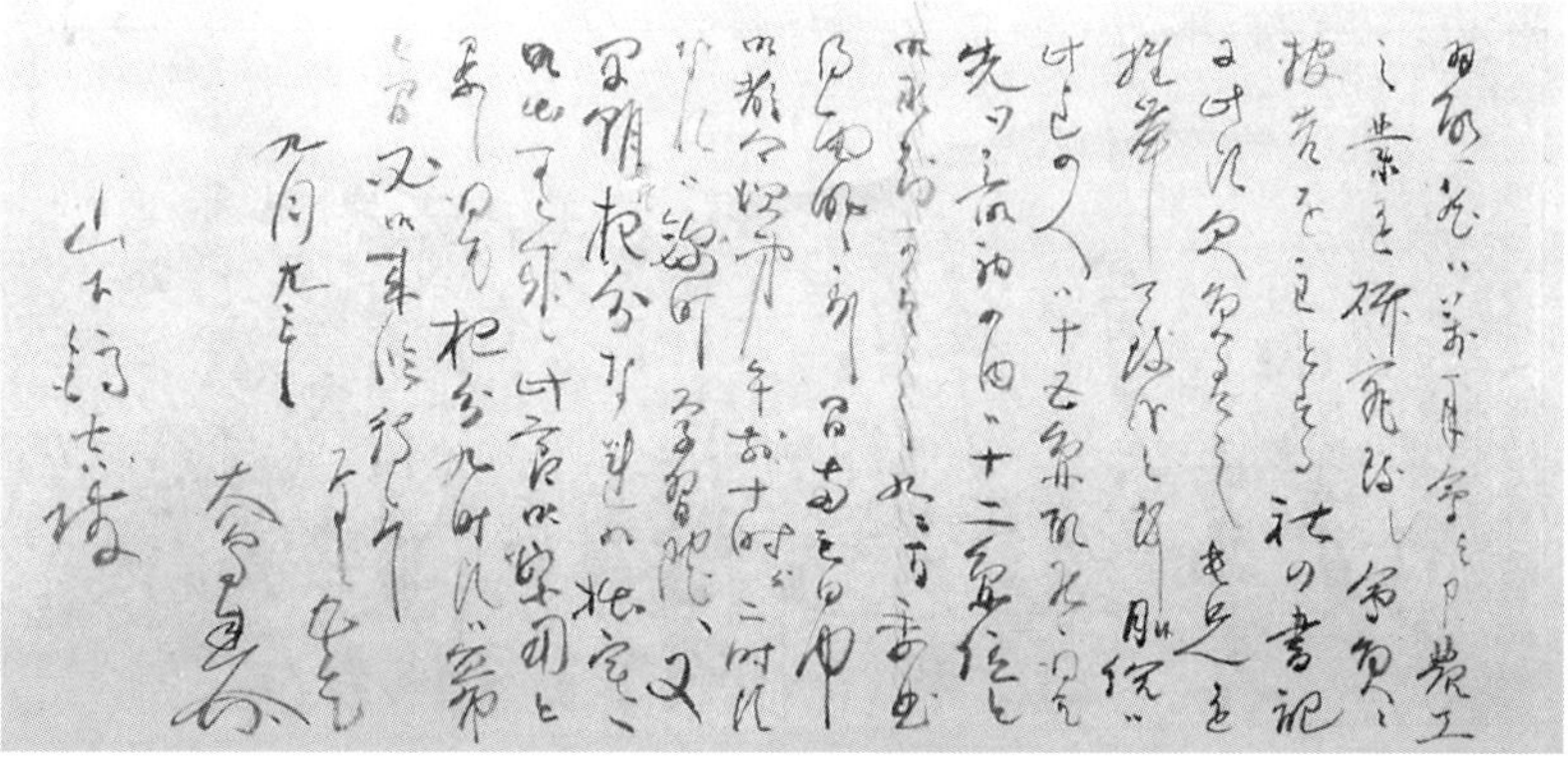

および『暹羅紀行図』（五鋪合綴、銅版）が公刊されている（『明治天皇紀　第三』四三〇頁、「工部省沿革報告」工部本省・『明治前期財政経済史料集成第十七巻ノ一』一六頁、『内閣文庫明治時代洋装図書分類目録』九三、九六頁）。

6　大鳥圭介、山下鎬吉宛　（年欠）九月二十三日付

拝啓然ハ萬年会と申農工之業を研究致し、会員ニ報告を主とする社の書記に此頃欠員有之。貴兄を推挙可致儀と存候。月給ハ此迄の任ハ十五圓取居候得共、先ツ最初の内ハ十二圓位と御承知可有之歟ニ付、委曲得面晤度候間、両三日中御都合次第、午前十時より二時頃なれハ錦町学習院へ、又早朝歟夜分なれハ拙宅へ御出可被成候。此節御繁用と察候得共、夜分九時頃ハ宜布候間、必御来臨待上候。草々頓首

九月廿三日　　大鳥圭介

山下鎬吉様

解説

一、用件

○大鳥圭介が、農・工業の研究・報告団体の萬年会の書記に欠員が出来たので、貴兄を代りに推挙したく、

もっとも前任者の月給は十五円であったが、まず初任の間は十二円位と承知してほしいが、くわしいことはお目にかかってからにしたいので、二三日中に来てほしいとして、面会の時間と場所をいろいろと指定したものである。

二、注解

○「萬年会」について大島は、「農工之業を研究致し、会員ニ報告を主とする社」と記している。この萬年会に関して、さきに引いたことのある「大槻文彦博士年譜」には、「明治十七年一月二十五日、大槻文彦等七氏、東京市京橋区西紺屋町十九番地の萬年会に会し、語学社（ことはのとも）第一回を開く」。とあり、当時、萬年会の存在が確認できる。

○「山下鎬吉」は、目下不詳。

○大島圭介のこの方面の活動については全く知られていない。また「萬年会」のことも調査されていず、本書翰の年代を推定するには至らない。今後調査したい。

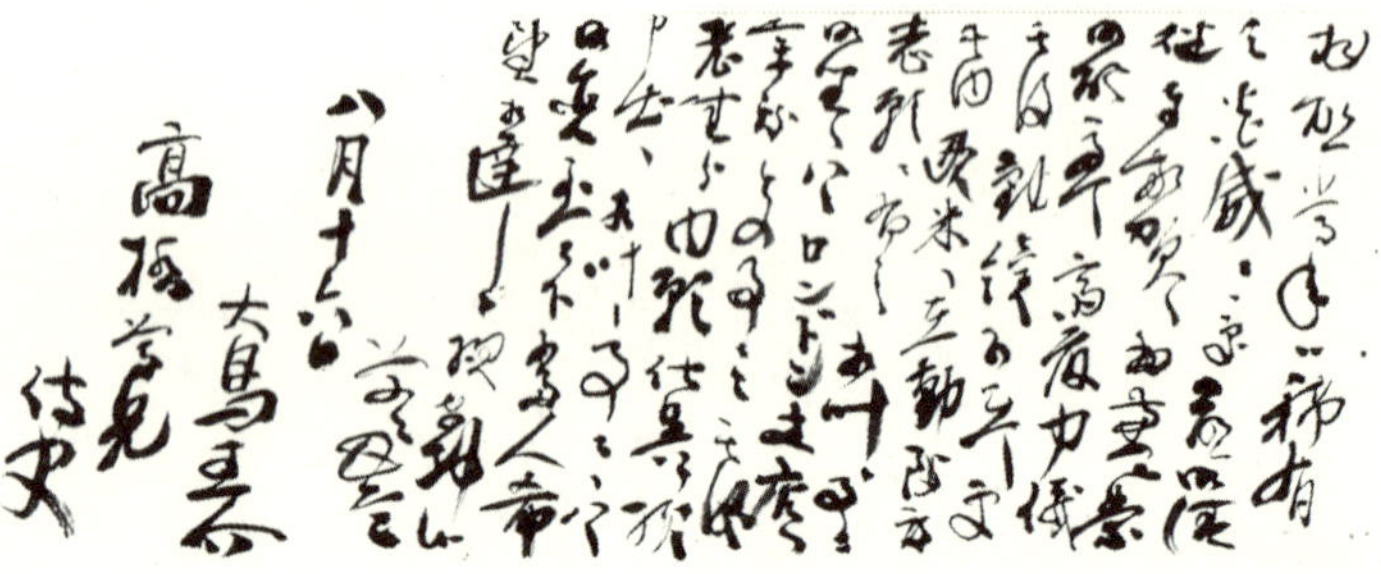

7 大島圭介、高橋是清宛

明治四十二年八月十七日付

拝啓　当年ハ稀有之炎威ニ候処、愈御清健奉敬賀候。扨兼て蒙御配慮候斎藤力儀、其後勤続罷在候処、其内欧米へ在勤致度志願ニ有之。相叶候事ニ御座候ハ丶、ロンドン支店へ参度との事ニて、其儀老生より内願仕呉候様申出候。相叶候事ニ候ハ丶、御含置被下、当人希望相達し候様、奉納候。草々頓首

八月十六日　大島圭介

高橋学兄

侍史

（封筒表）

東京赤阪表町三ノ一

高橋是清様

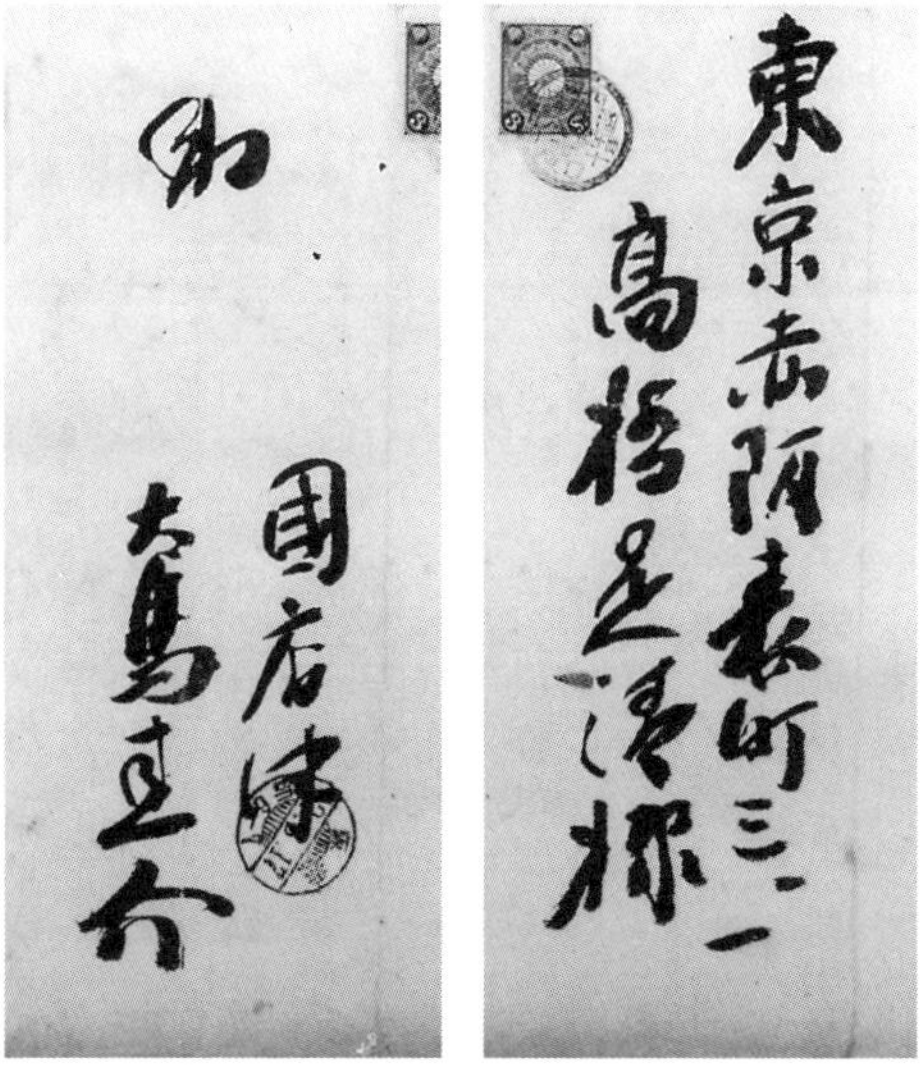

（切手消印（国府津・四十二年八月十七日、口便））

（同裏書）

封　国府津
　　大鳥圭介

（スタンプ（赤阪・42・8・17、后6－7））

解説

一、用件

○本書翰は、大鳥圭介がその晩年、斎藤力なる人物の欧米在勤、とくに横浜正金銀行ロンドン支店勤務の希望を叶えさせてやってほしいと高橋是清へたのんだもの。

二、注解

○「斎藤力」は目下不詳。横浜正金銀行関係者と考えられる。今後調査したい。

○「其後勤続罷在候」とあるから、すでに高橋の世話で現職場に入っていたことがわかる。

○「高橋是清」（嘉永七～昭和一一、一八五四～一九三六）は、明治二十五年（一八九二）日本銀行に入り、同三十二年日本銀行副総裁となり、同三十九年三月横浜正金銀行頭取を兼任。同四十四年六月日本銀行総裁となったので、横浜正金銀行頭取兼任を免ぜられた（『横浜正金銀行史』）。従って本書翰当時は、日本銀行副総裁・横浜正金銀行頭取兼任時代であった。

○「ロンドン店」は、横浜正金銀行ロンドン支店のことで、はじめロンドン出張所であったのが、明治十七年（一八八四）十二月一日支店に昇格したものである（前掲『横浜正金銀行史』）。

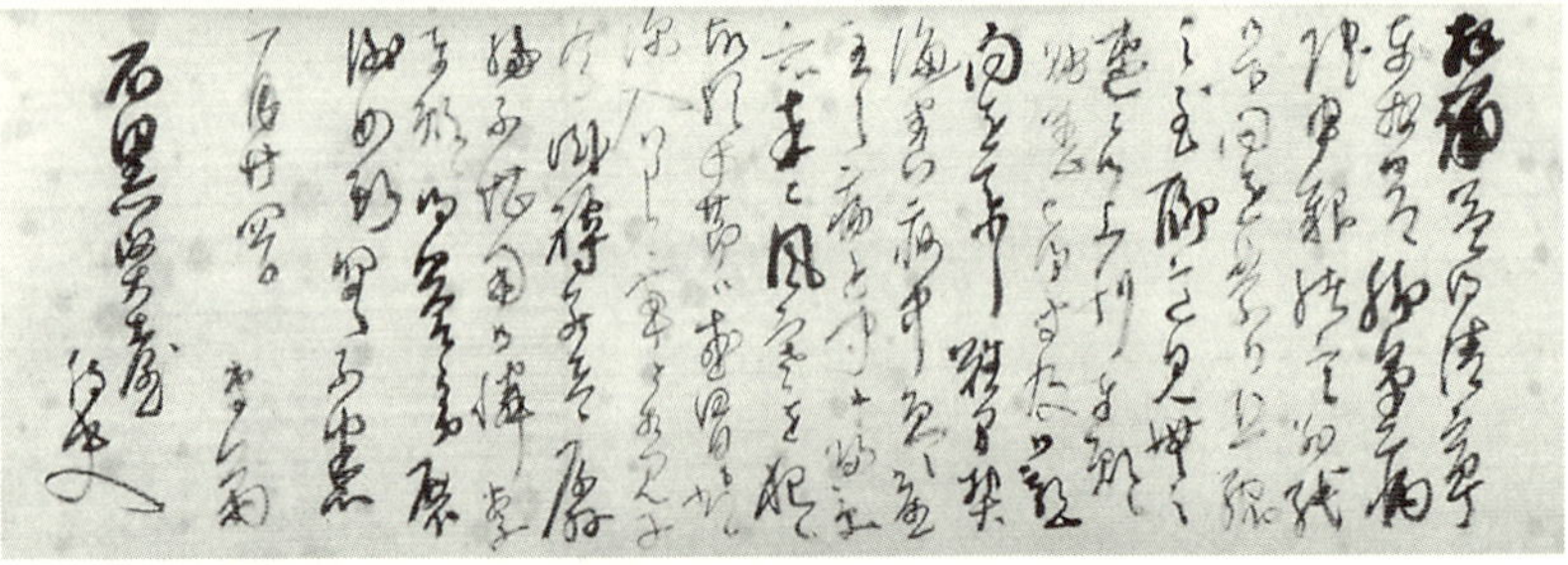

8　長與専斎、石黒忠悳宛

（年欠）一月二十四日付

拝誦益御清寧奉拝賀候。脚氣病院申報緒言別紙御下問を蒙り、恐縮之至。聊意見無之、速ニ御上刊奉願候。賤恙被御聞及御懇問を忝し難有。熱海養病中、急ニ命有之、病と申出帰京候所、卒ニ風寒を犯候故歟、此節ハ感冒も出候。深入り申候事と相見、于今臥褥罷在候。孱弱不堪用、御憐察奉願候。御答旁展謝如斯。勿々不悉

一月廿四日　専斎

石黒賢台

侍史

解説

一、用件

○本翰は、福島県出身の医学者、石黒忠悳（弘化二～昭和一六、一八四五～一九四一）が、内務省御用掛として『脚気論』を著わし、明治十一年（一八七八）脚気病院設立委員となって東京駒込に設立した同病院の申報の緒言を執筆して同省衛生局長の専斎の意見を開き、同時に専斎の病気見舞のてがみを出したのに対して、専斎が認めた返事である。

二、注解

○脚気は、当時病源について諸説紛々で正確な治療法もなく、医学上の難問題であり、明治天皇も脚気の気味で、内務卿大久保利通にその治療法について研究せよと命ぜられて、内務卿は明治十一年に脚気病院をつくった。「脚気病院申報（報告）」は、年々内務卿の手を経て、天皇の御手許へ捧呈されたと『懐旧九十年』にみずから石黒は記しているが、筆者はその『申報（報告）』未見である。

○従って正確なことはいえないが、おそらく第一回の申報緒言に関するものと考えられ、明治十二年（一八七九）のものと思われる。今後、調査したい。

9　長與専斎、加藤尚志宛書翰　（年欠）二月五日付

村岡技補申上候件可問合事

今般諸所 厘（釐）正ニ付ては、試験所ニ於て尓後験明之

事業は相廃し、単に請求試験ト阿片之件を受抱候もの
トスレバ、極減員シテ何人ニテ調理スルカ。
右之人員ヲ定メタル後は、不用ト見倣ス可キ人ノ姓
名ヲ一二順ニ報ス可シ。但一二順は最初ニ可除者ヲ一
トシ之ニ順次ス。

二月五日　　長與専斎（楕円の朱印）

加藤尚志殿

解説

一、用件

○本翰は、適塾出身で、明治八年（一八七五）内務省初代衛生局長に就任いらい明治二十四年まで十六年間、衛生行政の中心にあった長与専斎が試験所の業務整理ならびにそれに伴う人員減について同試験所の加藤尚志に指示したもの。

二、注解

○「村岡技補」の「村岡」は今不詳。

○「厘正」は、正しくは「釐正」で、〝ただす〟こと。

○「試験所」とは、横浜司薬場が明治十六年（一八八三）五月内務省衛生局横浜試験所と改正されたものをさす。従って、本書翰は明治十六年五月以降のものである。

○宛名の「加藤尚志」は、手許の『改正官員録　甲』（明治二十年五月）には、衛生局の項は、局長長与専斎、同次長石黒忠悳、局長書記清水友輔・大給近徳等が見えるが、加藤の名はない。同上官員録（明治二十七年）の衛生局には、すでに専斎は退職しており、局長高田善一についで局長書記二級加藤尚志（愛知）の名があがっている。今、筆者は二十一年〜二十六年の官員録に当る余裕がないが、専斎局長在任の明治二十一年から明治二十六年の間に加藤が局長書記を勤めていたと思われる。従って本書翰の大凡の年代推定が可能で、専斎局長時代の終わりに近いものである。他日、官員録を精査して年代を更に絞り込みたいと考えている。なお、大正元年の中央通信社編『現代人名辞典』（第二版）（日本図書センター『明治人名辞典』上巻、一九八七年復刻）によると、「加藤尚志」は高知県人、加藤博の養嗣子、安政二年（一八五五）十一月二日生。内務属から台湾へ赴き、台北庁長、のち休職とある。内務属の経歴を記しているから本書翰の「加藤尚志」と同一人であろう。参考のため記しておく。

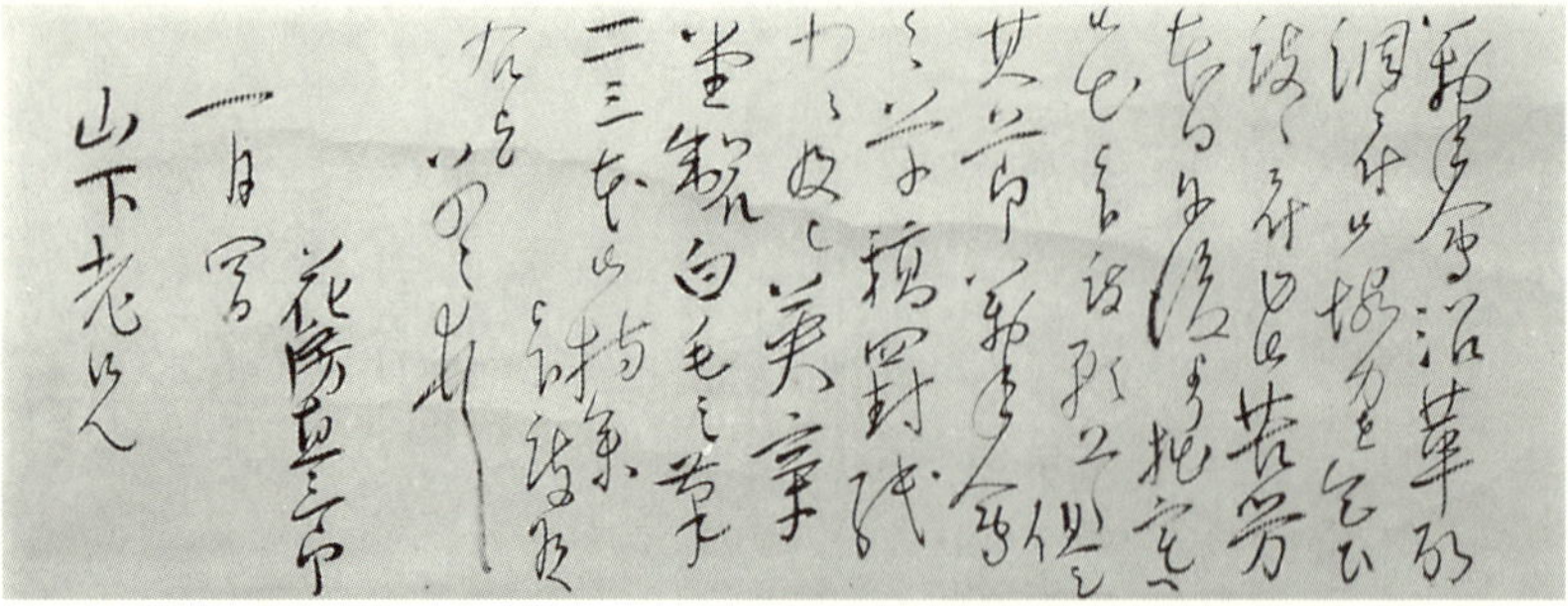

10　花房直三郎、山下鎬吉宛　（年欠）一月四日付

萬年会沿革取調ニ付、御協力を乞ひ度候ニ付、乍御苦労、本日午後より拙宅へ御出被下度願上候。但し其節萬年会之草稿罫紙少々及英氣堂製白毛之筆二三本持参被下度候。右迄。草々頓首

花房直三郎

一月四日

山下老兄

解説

一、用件

○本書翰の宛名「山下老兄」は、山下鎬吉のこと（前出の大鳥圭介、山下鎬吉宛書翰参照）。花房直三郎が萬年会沿革の取調に山下の協力を乞い、その打合せのため来宅その他を頼んだもの。

二、注解

○「花房直三郎」は、適塾生出身で対朝鮮外交で活躍した花房義質《よしもと》（天保一三～大正六、一八四二～一九一七）の五人兄弟のうちの末弟。直三郎は法学博士、内閣統計局長などを勤めた。

○「萬年会」のことは前出の大鳥圭介、山下鎬吉宛翰に出ている。

○「英気堂」なる文房具店はその場所等不明。

○本書翰の「花房直三郎」は、適塾出身者ではないが、兄義質の弟として、とくに紹介した。

今治市河野美術館所蔵の緒方洪庵および適塾出身者の書翰（つづき、完）

まえがき

本稿は、先年（「適塾」No.30、平成九年）発表した同標題の史料紹介の続報である。

まず、前回の緒方洪庵堀内忠亮宛書翰についての注解の訂正、および堀内亮一著『堀内素堂』（五九―六〇頁）に解読されている洪庵堀内忠亮宛（年欠三月十九日）のその後の調査、さらに村田蔵六宮原寿三郎宛の注解に対して御教示をえたので訂正したい。そのあと、同美術館諸氏からお送り頂いていて紙数の関係上他日に譲ると約束した坪井信道・塩谷甲蔵（宕陰）らの書翰および適塾出身者等の書軸を紹介することにする。

1、緒方洪庵堀内忠亮宛（年欠三月十八日付）書翰について

本書翰の注解において、洪庵の文中に「先頃近玄庵事参り候ハヾ、早々御為知可申上様被仰下」云々と忠亮が気遣っていた「玄庵」について、前回筆者は迂闊にも忠亮の門下生と速断して、片桐一男氏の堀内家の「門生譜」ほかの諸資料に該当者を見出すことができないと記したが、その後、間もなくこれは筆者の全くの不覚であったことに気付いたので訂正する。すなわち、この「玄庵」は、適塾生（入門番号一二三）「嘉永元・四・廿九入塾　羽州置賜郡米沢藩　花澤玄庵（盈）」である。この花澤玄庵に関しては、昭和五十五年秋の適塾展終了後、

「消息判明・洪庵の門弟」（日経新聞、昭和五五・九・三付）と題した筆者の記事を読まれた医師北条元一氏（米沢市城北一丁目三―一五）より、同氏の花澤玄庵（近玄庵）についての研究―「近玄庵(1)・(2)」（「続おしゃべりダック」所収）―を寄せられたことを失念していたもので、私自身の不明を恥じ、失礼をお詫びする。北条氏によると、玄庵は安政四年（一八五七）三月一日、三十二歳で惜しくも亡くなっている。近家は代々の生薬屋で、屋号は花澤屋、安右衛門が通称であった。長崎へ遊学、その後適塾に学んだものと思われ、嘉永三年には帰郷したと思われる。なお、玄庵が米沢で医療に従事した記録として、安政二年十一月藩内に疱瘡が流行したとき、「近郷種痘懸（掛）」を命じられている（芝哲夫「適塾門下生に関する情報収集および調査報告―適塾展を中心として―」、「適塾」No.13、昭和五十六年参照。なお、「適塾」No.14にも、芝氏「適塾門下生に関する調査報告」にも玄庵に関する詳しい続報がある。）

前述のごとく、玄庵が嘉永三年には帰郷しているとすれば、本書翰にみえる「昨年十一月より京都（高倉松原下ル）にて開業いたし居候」とある「昨年」はおそらく嘉永三年で、従って本書翰は嘉永三年（一八五〇）春のものであろう。また、文面から忠亮は、玄庵に行動不審の噂があるのを耳にして何か病状ではなかろうかと心配し、洪庵に報告を頼んでいたことが判る。

2、堀内亮一著『堀内素堂』所収の緒方洪庵堀内忠亮宛（年欠三月十九日付）書翰について

本書翰は、片桐一男氏の「堀内文書稿」（「日本医史学雑誌」第十六巻第三号、昭和四十五年九月）にも挙げられておらず、片桐氏が堀内亮一氏の『堀内素堂』の編集にふれて、「この中には失われた文書のうち、緒方洪庵・大槻盤溪・佐久間象山らの書翰若干は翻字掲載されている。」と記されているものに該当すると思われる。この点に関して片桐氏のお勧めにより、最近改めて現御当主堀内淳一先生（博慈会記念総合病院健康管理センター長・放射線科部長・日本医科大学客員教授・医学博士）にお尋ねしたところ、以下のようなお返事を頂いた。「結論から言えば残念ながら堀内家に存在せず」、「祖父・堀内亮一編纂の『堀内素堂』に掲載してある緒方洪庵、佐久間象山らの書簡が失われたのは恐らく昭和二〇年四月一三日の東京空襲で焼夷弾の直撃を受けた際と思われます。開業医であった父の話では、祖父母の疎開先の千葉県市川市に保管してあったのを市川も危なくなったので、長

野県に移すべく、一旦、北千住の家に戻した際に運悪く空襲にあったのです。（中略）父は全部焼失したものと落胆しておりましたが、別に保存してあったので難を免れたものと思います。なお、『堀内素堂』に引用された書簡が悉く『堀内文書目録稿』に見当たらないのは、表装して先祖の書、絵画、薬籠などと一緒に最重要資料として保存してあったので焼けてしまったものと考えます。」と現存あるいは亡失の家蔵資料についてくわしくご教示下さった（平成十五年五月二十六日付筆者宛書翰）。戦火から貴重な家蔵資料を保護しようとされたご家族皆様のご努力、にもかかわらず遂にそのうちの最貴重資料を失われたご無念の程は察するに余りがある。このようにこの洪庵書翰の原物は亡失したが、亮一先生によってその内容が今日に伝わったことは有難い次第である。

本書翰の解説で「今に伯父、老賎之方に寄宿」云々について「伯父」は坪井信友（坪井信道の長男）の伯父、すなわち坪井信道の兄、浄界（当時、現宝塚市の清荒神清澄寺にいた）に当ることを指摘したが、「老賎」の二字については疑問を抱き原書翰を実見したいと考えていた。今、それはできなくなったので確言はできないが、「賎」と「師」との崩しはよく似ているので、おそらく原文には「伯父、老師」と洪庵は書き記していたものと推察する。これに関連して、広瀬旭荘（在大坂）から素堂あてのものには、「信友猶在其伯父界公（浄界）之許、童心未除困入候」とある（年欠正月十二日付広瀬謙吉堀内忠亮宛であるが、辛亥元日の詩がついているので嘉永四年である。前掲『堀内素堂』八二頁所載）。これらによって、素堂は洪庵および旭荘に対し大坂へ出た信友の動静を案じててがみを送り、両人から上記のような返報を受けていたことがわかる。洪庵の返書は年欠三月十九日付であるが、おそらく旭荘のそれと同年の嘉永四年と思われる。因みに何故にこのように信友のことを素堂が気にかけていたかは以下の事情からである。かねてから信友は素堂に入門して学んでおり、素堂は信友が生れつき身体が弱く、父信道の後をつぐことができるかどうかを案じ不安を感じていたと思われるからである。やがて、信友が適塾に学ぶため（父の信友は生前、養子信良を弘化四年〔一八四七年〕洪庵に託し、いずれ長男信友も洪庵に学ばせようと考えていた。）大坂におもむくにあたり、「送坪井信友遊浪華」と題する送別の詩を作って与えているほどである（青木一郎編著『坪井信道詩文及書翰集』詩文篇二二九頁以下）。信友が、この素堂の送別の詩を受け、江戸を発って大坂の旭荘のもとへ着いたのは嘉永三年（一八五〇）二月十九日で、適塾へ入るのは、この年より二年後の嘉永五年春のことである。この間、宝塚清澄寺にいる伯父の浄界のもとにいたのである。信友は適塾入門後間もなく洪庵を困惑させるような「無状」の振舞があり、同年四、五月ごろには江戸へ戻ったらしい。翌六年三月十三日旭荘は江戸にいる信友の適塾再入門の希望を洪庵へ伝えたらしく、洪庵は信友が本当に「克己改過」するのであれば、自分としてこれを許す積りである。その場合には必ずしも再来して過ちを謝す必要はないと旭荘に語っている（以上、拙著『緒方洪庵と適塾生―「日間瑣事備忘」にみえる―』、一五五―六頁）。信友は再入門していない。

なお、この洪庵のてがみに出る病名・薬名について注解を書き加えておく。

〔注解〕

○ベルールテ Beroerte 卒中、脳出血

○ホルクハルス　適斎堀内先生（素堂の子、忠淳）著『医家必携』巻一・二三の「朴屈華爾斯」（ホックハルスのことか。多量長服して通利を促す。また慢性僂麻質痛風を治すとある。

○アコニット　右同書巻一・二四の「雙鸞菊」アコニット（今日では鳥頭トリカブトと表記する）。同書に衝動発汗剤とあり、有毒の品にして多量なれば瞑眩を発すること他の麻酔薬に同じとある。

○甘汞龍脳之丸薬　甘汞と竜脳の合剤。

○ホウトダランキ　「福鳥篤飲」「福鳥多飲」のこと。右同書巻一・二二に「朴屈福鳥多」ホックホウト解凝、発汗、衝動、利尿の効あり、胃及び諸臓を健にし云々とあり、小森桃塢訳撰『泰西方鑑』巻五・一四四に「福鳥篤飲」とあり、「朴窟福鳥篤」を使用しているので同じものと思われる。ダランキは、清涼剤 Koel Drank クゥルダランキ（『蘭療方』上、三一三）の如く、飲み物、水薬の意に用いられ多く「飲」と訳しているのが多い。

右の注解は、くすり博物館顧問青木允夫先生の御教示に拠った。記してお礼申し上げる。『医家必携』・『泰西方鑑』は、ともにくすり博物館蔵本。

3、村田蔵六宮原寿三宛（年欠九月二日付）について

本書翰の注解において名宛人宮原寿三郎は、『防長回天史』総合索引、『大村益次郎文書目録』『明治維新人名辞典』等にもその名を見出すことができず、今のところわからない。しかし蔵六とはきわめて懇意であったことがわかる。今後の調査に俟つ、と記した。この記事に対

して、しばらくして福山城博物館の園尾裕氏からご教示頂いた（平成十四年四月二十四日付）。その紹介が今日まで遅れたことをお許し頂きたい。すなわち、園尾氏より備中後月郡《しつき》（岡山県井原市）の一橋家郷校「興譲館」の阪谷朗盧に教えを受けた宮原寿三郎であることを教えて下さった。そのさい、関係文献として桑原伸介氏「幕末一洋学者の手紙」（『みすず』三〇六号～三一二号）のコピー、のちまた、大塚宰平氏「宮原木石―宮原家の人々―」（『史談いばら』22号、井原史談会発行、平成七年）も頂いた。桑原氏の文献は国立国会図書館の阪谷朗盧関係文書中の宮原寿三郎の朗盧宛の四十余通の手紙をもとにこれまで知られなかった幕末の一洋学者としての寿三郎の生涯を明かにしたものであり、大塚氏の文献は、氏が同郷の宮原家との深いつながりから、若い時から宮原家に関心を抱かれ、資料を渉猟された成果である宮原木石（生涯六通りの名乗を用いた。すなわち①宮原胤寿、②宮原寿太郎、のちになって③宮原寿三郎、④千葉圭介⑤宮原久卿⑥宮原木石）の貴重な研究である。右の二文献をもとに、当面の注解として宮原寿三郎の略歴を記しておく。寿三郎は文政十年（一八二七）、現井原市大江に生まれた。十四歳の時、天保十一年（一八四〇）福山の大念寺で私塾を開いた関藤藤陰に儒学を学び、やがて嘉永三年（一八五〇）江戸の昌平黌に入った。翌年母の死去により、やむなく帰郷。嘉永五年藤陰に勧められて、そのころ後月郡簗瀬村の桜渓で開塾していた阪谷朗盧に学ぶ。安政二年（一八五五）春、再び江戸へ出て昌平黌に入ったが、海外情勢が緊迫する時勢に感じて、翌安政三年昌平黌を退き、同年十一月、江戸番町に家塾鳩居堂を開いた村田蔵六（大村益次郎）について蘭学を学んだ。寿三郎は海外留学を望み、それを果たすため、幕府の御家人株を入手し、その志望を達成しようと考えたが、海外行は遂に成らなかった。藤陰の助言で蕃書調所頭取の古賀茶渓と親しい朗盧に頼み、その紹介状を茶渓に出してもらって、ようやく万延元年（一八六〇）八月、蕃書調所教授手伝並出役となり、英書・蘭訳書の翻訳に従事することになった。寿三郎三十四歳の時であった。翌文久元年（一八六一）四月、御徒目付、同年十二月横浜御開港御取締御用、文久三年九月大坂に転勤し、近辺の西宮・兵庫・明石・泉州辺の海岸防備状況の見回り、翌元治元年（一八六四）二月、いったん江戸へ帰り、同年八月長崎へ目付の役で赴くことになり、船便で大坂へ至り、尾道まで陸路西下し、途中七日市宿に泊って、阪谷朗盧に会って久闊を叙し、再び尾道より長崎へ向った。長崎より帰府した寿三郎は、慶応二年（一八六六）九月には横須賀に派遣され、十一月には京都に在勤した。翌慶応三年兵庫開港勅許後の九月、御徒目付から兵庫奉行支配調役に昇進した。幕府倒壊後、慶応四年三月、慶喜から御儒者衆の一人に加えられ学問所詰を命じられ、同年九月改元の明治元年十月駿府（静岡）学問所二等教授として漢学を教授した。寿三郎は、明治二十二年四月五日、六十三歳で静岡の地に没した（以上、大塚氏の論文に拠った）。寿三郎の生涯は以上であるが、前回紹介した村田蔵六寿三郎宛のてがみの年代を確定できる資料は見出すことができず、目下のところ、さきのごとく文久三年ごろとの推定の侭としたい。筆者には蔵六が帰藩の命を受けたころ、蔵六が寿三郎の長州藩出仕を藩重役に推薦していたと思われるのである。

以上で前回紹介の輔筆訂正を終わり、以下、洪庵・適塾門下生および関係人物の書跡を紹介する。

（一）緒方洪庵二行書幅（整理番号一七—三二）（句点・返点筆者以下同じ）

「冨家一握之黄金與貧士雙眼之
感涙其於心軽量如何
譯扶氏醫戒之語　章□□（常用印章）」

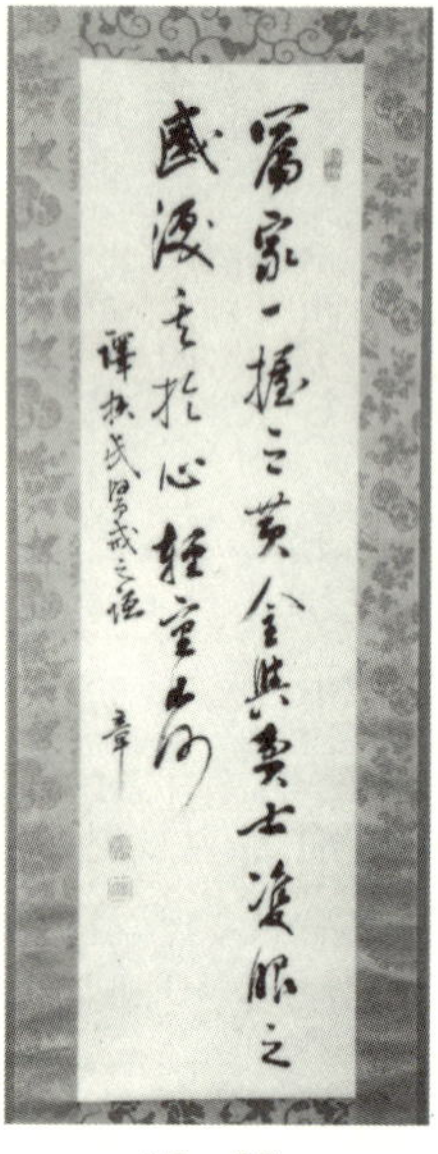

17−32

（二）佐野常民一行書幅（整理番号一二—二三八）

「運用之妙存一身《心》」○「身」を「心」と訂正している。

常民書

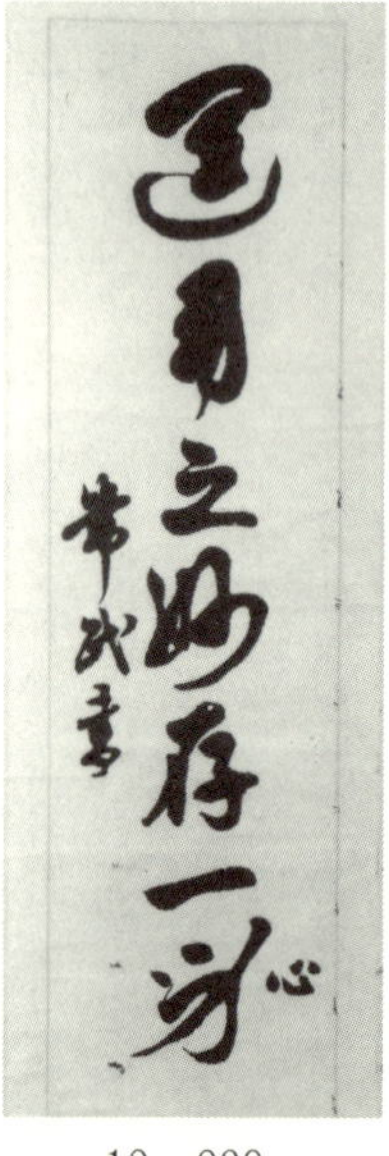

12−238

（三）橋本左内（聯）双幅（整理番号一五—一一八）

「福不可求、茲佳境、揆日《ルニ》　賀客如星」
「稽《ルニ》篋篚免《レンコトヲ》、謝絶《ニハ》設詞擯《ケ》弗留《メヨ》懐《ニ》進」

黎園小史□□」

○本書軸は難解で、左内は内外の古典籍から適意の文章・語句を沢山書き留めているが、この書の語句は見出せない。今、中国文学の岩城秀夫先生のご教示に拠り試訳して以下のように解しておく。

福は求むべからず、茲《こ》れ佳境、日を揆《はか》るに賀客は星の如し。

福はこちらから求めなくても佳境なのだから、日を観測してみるに、祝《いわい》の客が星のように多くやって来るだろう。

篋篚《きょうひ》（進物）免《まぬ》がれんことを稽《かんがう》るに、謝絶には詞を設けて擯《しりぞ》け（辞退し）、懐《おもい》を進（物）に留《とど》めざれのことに心を留めないようにせよ）。本書は自戒か、それとも教訓か。

なお、本書軸について、福井市立郷土歴史博物館の角鹿尚計氏に問合せたところ、左内は晩年藜園《れいえん》と号したが、みずから藜園と書いたものは、幽囚中に座右に置いた筆記帳「鈴韜雑録」に「三月念四藜園」と記したのが唯一のものであり、世に「藜園小史」と落款のある一書軸も贋物と鑑定されている（同氏「福井市立郷土歴史博物館における歴史講座〝贋物鑑賞について〟」、『博物館研究』第二七巻第九号、通巻二九二号、平成四年九月発行参照）。加えて本書軸の落款には「藜（あかざ）園小史」を「黎（もちあわ）園小史」と誤っていて、左内自筆ではないと思われる。

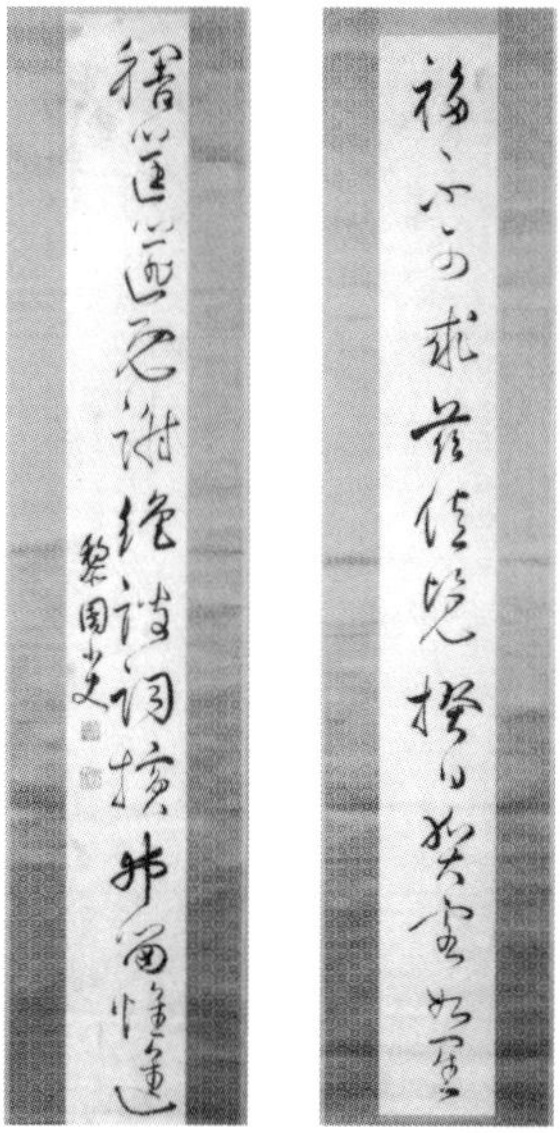

15－118

（四）大鳥圭介二行書幅（整理番号一二―一一五）

「臺湾遙与九州連、中有琉球地縁傳、一帯航之幾未到、邦教竪子着先鞭
聞臺湾戦報而記感　如楓生口」

○「竪子」は「豎子《じゅし》」に同じ。子供あるいは未熟者の意。植民地化教育の必要をまず考えていることがわかる。明治二八年（一八九五）三月二三日、混成一ヶ旅団が澎湖島に上陸。三月二六日占領の報を聞いて詠んだもの。

（五）大鳥圭介三行書幅（整理番号一二―一一三）

「一國一心盈八洲、三軍偉績
照千秋、日東風勢震山
岳、瞿粟花飛四百州
如楓圭介□□」

○「瞿粟《おうぞく》」は、けしの異名。「四百州」は中国全土の異称。前者と同様、日清戦争の戦勝を詠んだもの。

（六）大鳥圭介三行書幅（整理番号一二―一一〇）

「田園富貴定如何、茄軟瓜肥味已多、細笋已穿段
砌《サイ》出、
新蟬時上樹梢軋、池心水凸知魚集、荷葉珠跳見
雨過、
一咲柴門迎客到、黄昏倚閣待婦娥
田家夏日爲米山老兄　如楓散人□□」

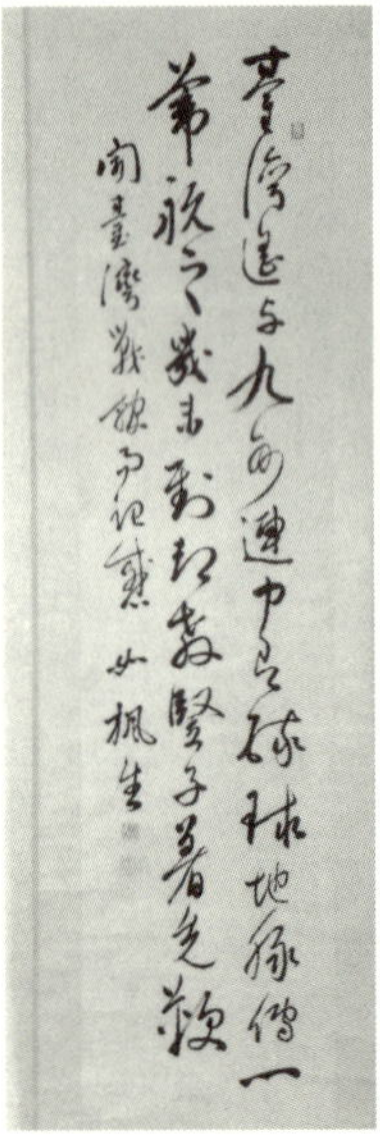

12－115

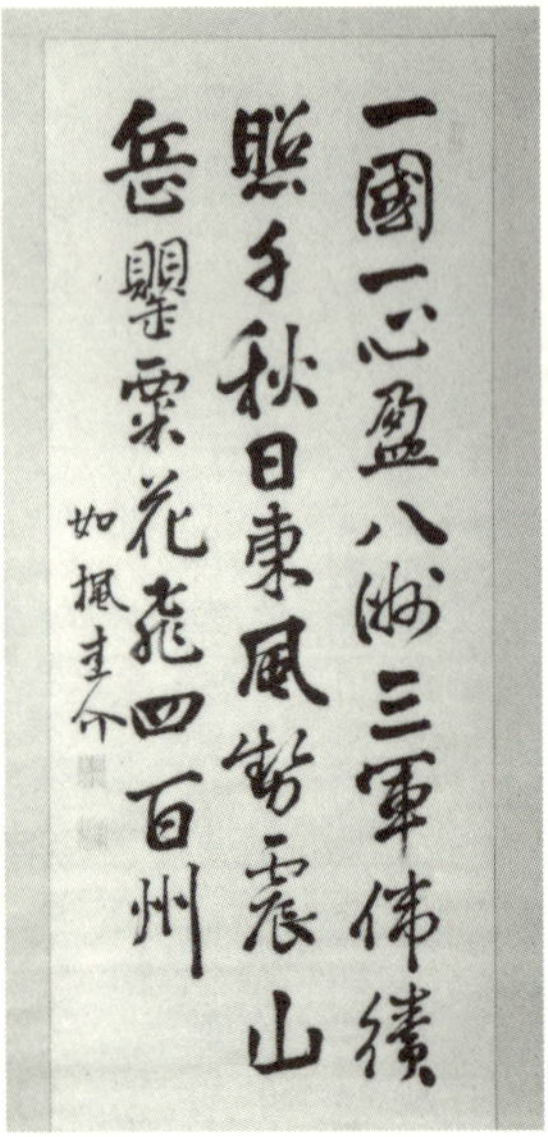

12－113

○田園の富貴を定めるのは如何ぞ。茄（なすび）は軟（やわらか）、瓜（うり）は肥え、味は已に多（まさ）る。細い笋（筍、竹の子）も已に段砌

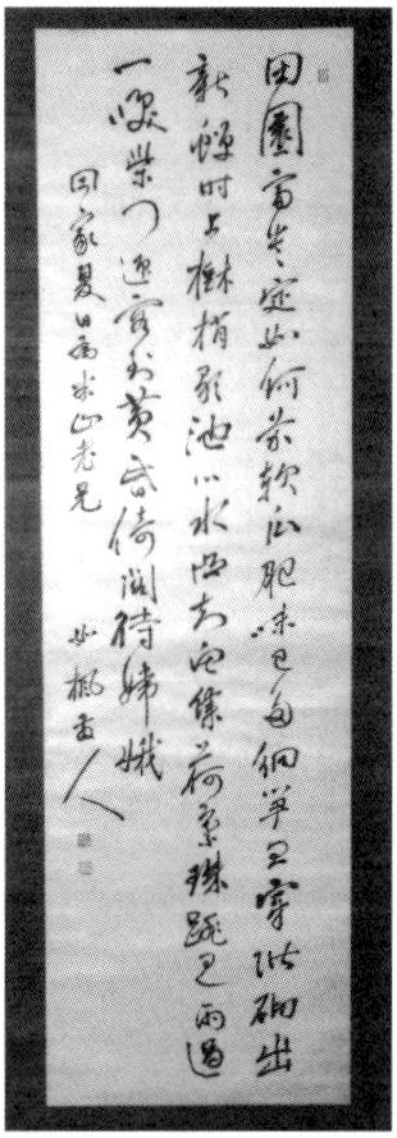

12−110

(段のある石たたみ)を穿(うが)って出る。新(しく生まれた)蝉も丁度樹梢に昇って軋(きし)るように鳴いている。池の中心の水は凸(高)くして魚の集るを知り、荷葉(蓮の葉)の珠(水たま)は跳(おど)り雨が行き過ぎるのを見る。にっこり笑って柴門(しばの戸、転じてわび住い)に来客を迎え、黄昏(たそがれ)には閣(たかどの)にもたれかかり婦娥(ふが、みめよき女)を待つ。田家の夏日、米山老兄の爲に　如楓散人

今、「米山老兄」は不詳。

(七)大島圭介三行書幅(整理番号一二—一一二)

「電線縦横網《ス》帝京《ヲ》、遐迩相通《ジ》談話種、何人《ゾ》唐突問《フ》何事《ヲ》、壁上《ノ》呼鈴鳴《リテ》有《リ》聲　電話　如楓圭介□□」

「遐迩《かじ》(邇)」は、遠近のこと。

○東京・横浜両市内および両市間に電話交換が始まったのは、一八九〇年(明治二三)のことである。

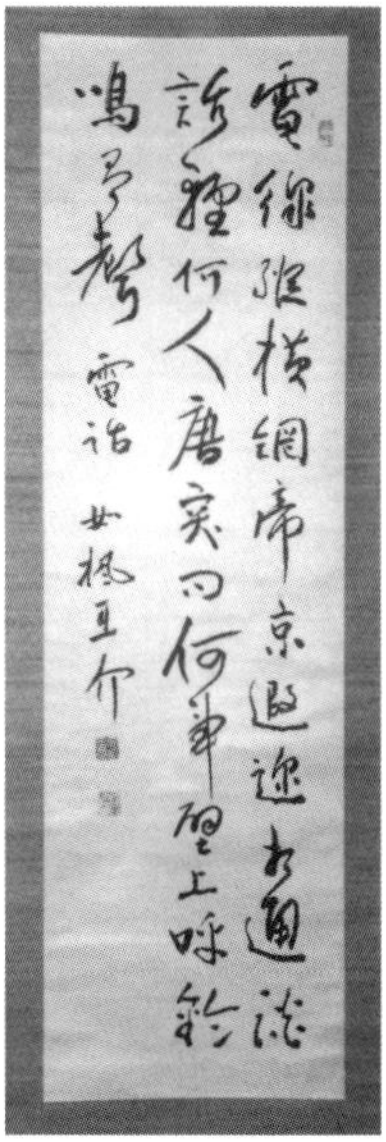

12−112

(八)長与専斎三行書幅(整理番号一七—一〇一)

「深擁《シ》権《ヲ》就《ク》佞海《ノ》原《ニ》九郎精眼早捺《ク》珠、可憐《シテ》未着《セ》管《ニ》往《ク》奥《ニ》　於《ヨリハ》把扇竿《ヲ》戦武夫　花鳥懐古　松香草□□」

○「就佞海原」は、「佞」おもねり、よこしまの海原へ向うこと。「九郎」源義経の精眼は早くから「捺珠《としゅ》(珠を取り出す)」、すなわちその本質を見抜いていた。「管」は「館」に同じ。「於把扇竿」、

軍扇や旗竿を把（と）る大将よりは一介の戦う武士（もののふ）の意。自然とそれにまつわる昔の人事（花鳥）のことをなつかしく思う。松香（専斎の別号）

以上で、洪庵および適塾門下生の書の紹介を終わり、洪庵と親交のあった坪井信道・伊東玄朴等の書翰等をあわせ紹介しておく。

（九）坪井信道堀内忠亮宛（整理番号五―三〇―二二）

「寸楮拝呈仕候、寒冷相催申候處、益御佳適奉寿候、然ハ過日相願候皃僂屈帯、来ル廿四日迄是非出来仕候様、被仰付度頼上候、御添書被成下候ハヽ、此もの直ニ麻布へ遣レ可申候、段々御面倒奉恐縮候、ガルハニイ一件職人へ申付、亜鉛探索爲仕候處、少々斗御座候趣、尤も高價之由、四本分亜鉛目方三百匁も入り可申候、亜鉛之代料大凡金壱両三歩位かゝり可申哉申聞候、愈御製之儀ニ御座候ハヽ、早速可申付候、但ニ一本にても宜敷候間（哉）、思召之程被仰聞度候

一例会来月より相始度事ニ御座候、一昨夜占斎へ相談仕候處、来月迄延引仕度旨ニ御座候、其中御考置

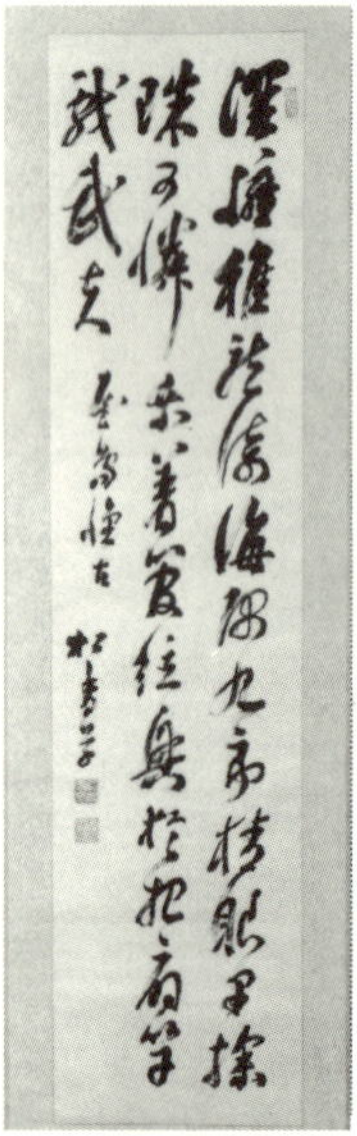
17－101

被下度、先ハ右用事耳、草々頓首

十七日」

（封書表書）

堀内忠亮様　坪井信道

侍史要用

○「堀内文書目録稿」（『日本医史学雑誌』第十六巻第三号、昭和四十五年九月）には坪井信道堀内忠亮（素堂）宛書翰が二三通収められている（青木一郎編著『坪井信道詩文及書翰集』、昭和五十年にも同様二三通所収）。しかし、本書翰は、その中に含まれていない。但し、その内容上、「堀内文書の研究一」（前掲雑誌第十六巻第四号、昭和四十五年十二月）所収の第九七号・第一〇三号・第一〇四号文書と関連している。「皃僂屈」は、

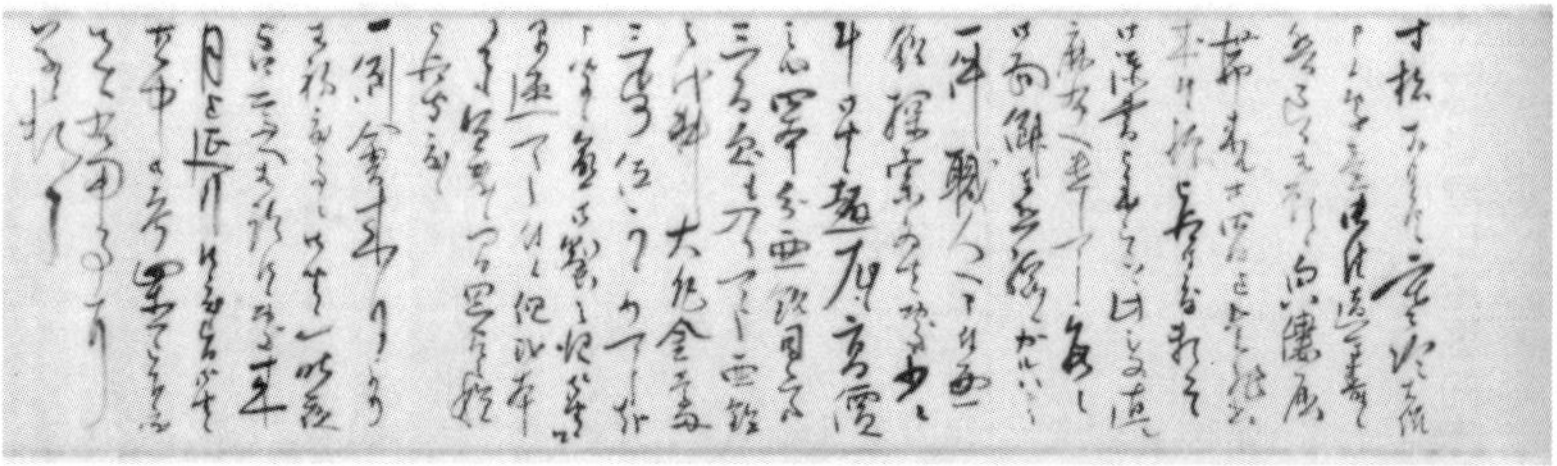

5−30−22

Breukブレーク、すなわちHernia脱腸。従って「兒僂屈帯」Breuk band脱腸帯（ヘルニア帯）である。「ガルハニイ」は、Galvanisatie直流通電療法器のことである。「占斎」は不詳。

（十）伊東玄朴堀内忠亮宛
（整理番号五―三〇―二二）

（端裏）
「堀内忠亮様　伊東玄朴」
　　　貴答

「拝読仕候、春来御無音奉恐入候、跋文蒋塘江御書セ被下難有奉存候、右ニ付印章差出候様奉畏候、落款餘リ大キク名ノ下ニ入レ兼候間、別ニ致し差上申候、切抜キ可然場所ニ御居可被下候、関旁餘リ不面白語ニ御座候間、二ッ入御讀候、何レカ御撰可被下候、何レ近日参堂萬々可申上候、先は如是御座候、　草々頓首
　　　正月念六（二十六）」

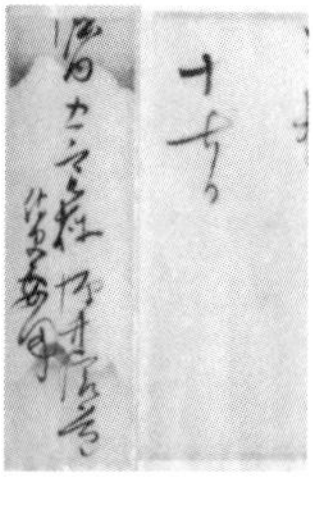

○「堀内文書目録稿」（前出）には、伊東玄朴堀内忠龍宛（第一五四号文書）・伊東玄朴大槻俊斎宛（第二四一号文書）が解読され、また『堀内素堂』（前出）には伊東玄朴堀内忠亮宛と玄朴の大槻宛（前出第二四一号文書）が収められているが、しかし本書翰は未紹介のものである。周知のごとく、素堂には西洋小児科医学を最初に紹介した『幼幼精義』七巻七冊がある。原本は扶歇蘭土《フーフェランド》の著書Bemerkung über die natürlichen und inoculierten Blattern, verschiedene Kinderkrankheiten, 1798, dritte Auflage. で、これをオランダの薩窟設《サクセ》(J.A.Saxe) が蘭訳したWaarnemingen over de naturlyke en ingeënte Kinderpokjes, over de Ziekten der kinderen, enz. Utrecht, 1802を邦訳し、天保十年（一八三九）自序を書いたもの。第一輯は巻一～三で、小児病の原病論、用薬等に名

称義略を付したもの。その序文は「天保癸卯（十四年）秋日坪井信道」、跋文は「天保十四年龍集《りょうしゅう》（龍集は年号の下に記す語）癸卯杉田立卿」である。第二輯は巻四〜七で、専ら痘瘡論である。第二輯の序文は「嘉永紀元蒲月美作箕作阮甫」、その跋文は「嘉永紀元之夏蒲月（五月）上浣（上旬）西肥伊東玄朴」である（静嘉堂文庫所蔵）。

右の事実により、本書翰は伊東玄朴が素堂より自著『幼幼精義』の第二輯跋文を依頼されたことに関係するもので、日付の「正月念六（二十六）」日は、おそらく嘉永元年（一八四八）と推定してよかろう。玄朴の跋文の落款の部分は次図（次頁右上段）の如くで「落款餘リ大キク名ノ下ニ入レ兼候」云々によく符合するものがある。
○文中の「蒋塘《しょうとう》」は書家「石舟山史」の号か。また「関旁《かんぼう》」云々は跋文として『幼幼精義』の内容に関係あるふさわしい文とあまりにも偏している文とが混入していることを告げたものと解することができよう。

（十一）塩屋甲蔵堀内忠亮宛（整理番号五―三〇―二二）

（端裏）

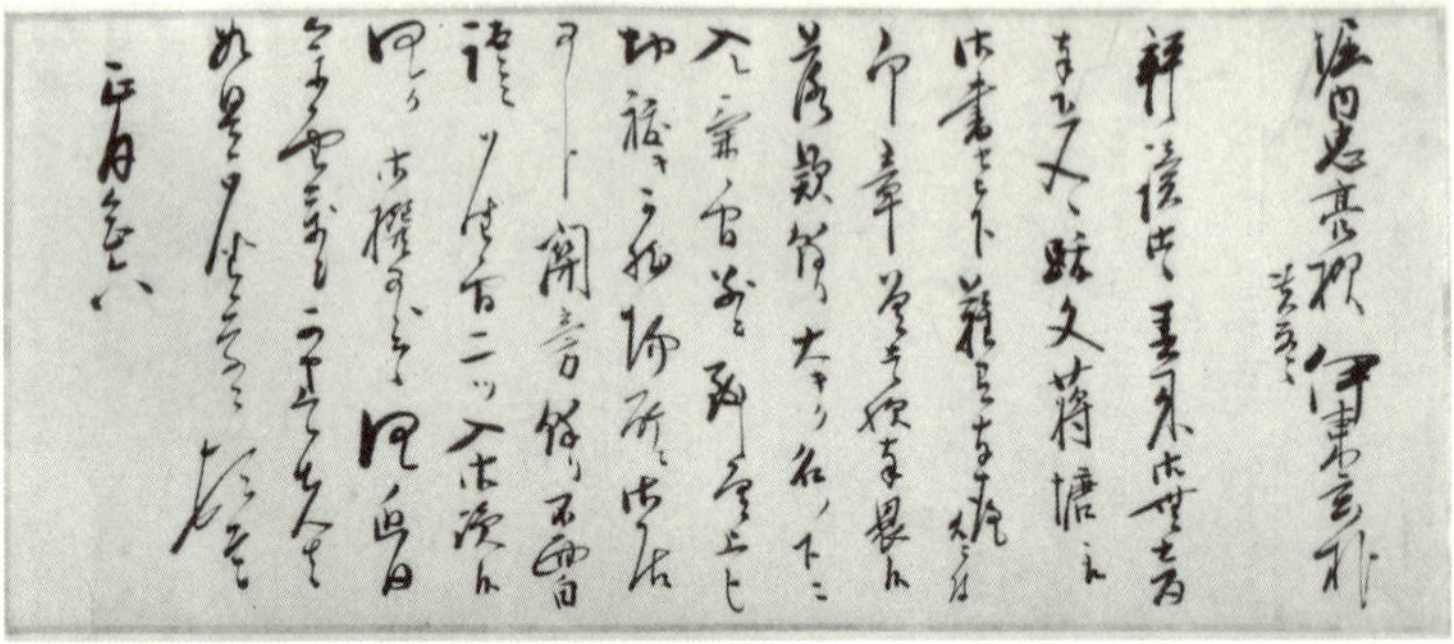

5－30－22

「堀内忠亮様　塩
屋甲蔵」
鄙翰拝呈、時下寒
冷相催候処、御全
家被為揃益御安
祥可被成御起居
奉鶴賀候、然は
過月河内養正より
書状ニて承知仕候
処、愈御退隠御心
愿《ゲン》之通被為蒙仰
候旨御安心之御儀
奉存候、此節ハ
定て悠緩御栖遅《セイチ》之
御景境羨敷御座候、
却下墨魯二夷之事
廟議御勇断無御
座候、（歎白候御

書付定て御聞及と被存候、御聞届之有無は不被仰問と候事ニては半上落下之御處置、交易御許容ニ成候方ヨリは遙ニ下策ニ出、恐入候事ニ御座候へ共、靖康建炎よりも劣候世之有様、不堪悲憤事ニ御座候へ共、詮方も無之、年暮之世之中高處ヨリ御見物可被成、嘸コソ御羨山敷御事ニ奉存候、色々申上度事如山御座候へ其筆紙難尽、先は時候伺度、

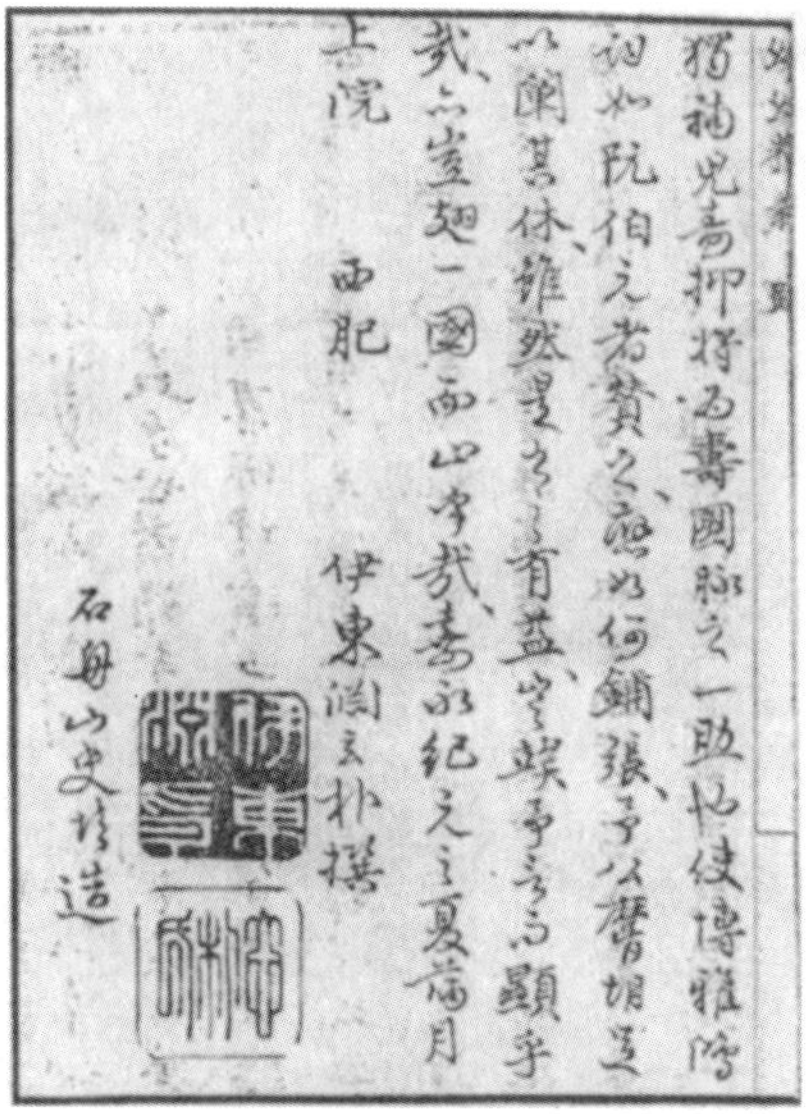

伊東玄朴の『幼幼精義』第二輯跋文末尾

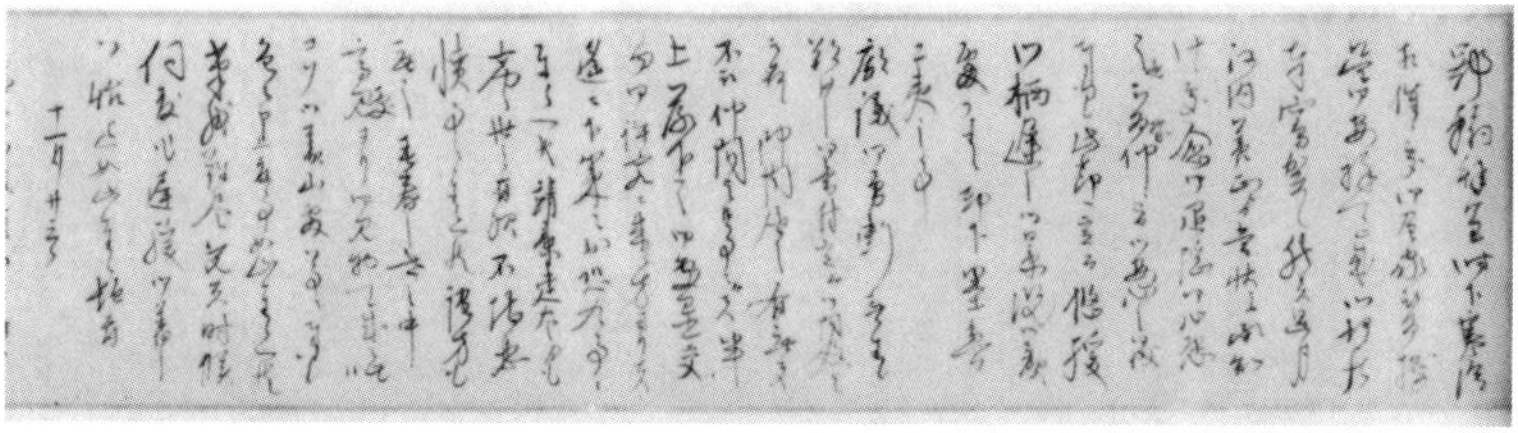

5－30－22

乍遅緩御暮し御怡《ヨロコビ》迄如此、

草々頓首

（嘉永六年）十一月廿三日

尚々前後仕候、御在府中ハ永々御懇ニ大被成下、殊ニ病気之節ハ不一形御尊教被下御礼指上ニ難尽、御子息様へも乍憚宜敷被仰伝可被下候、餘ハ後鴻を相期し萬申洩候、以上

○「堀内文書目録稿」（前掲）には、二〇三号〜二一一号にいたる十一通の塩谷《しおのや》甲蔵（宕陰《とういん》）の堀内忠亮・忠迪・忠良ら宛の書翰が記載されているが、いずれも六代堀内忠淳宛のものであり、十一回にわたる「堀内文書の研究」には未紹介のようである。しかし発信の年月から本書翰は右の十一

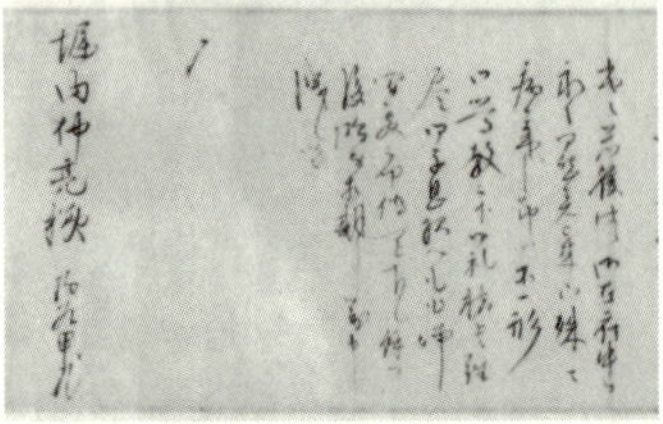

通には含まれて居ない。本書翰は、文面の上から明かにペリー、ついでロシアのプチャーチン来航の嘉永六年（一八五三）のものであり、かつ忠亮の「御退隠」云々ともあって、この忠亮は五代堀内素堂が同年夏に病をえたため藩医辞職を申し出たが許されず、養生を命ぜられるほど藩主の信任があつかった事実にも符合するものである（深瀬泰旦「堀内素堂」『洋学史事典』（参照）。甲蔵がいつごろから素堂と親交するようになったかは未だよく調べていないが、甲蔵が「鷹山公之御遺事ヲ伺度愚存ニ付、尊国（米沢藩）へ游歴願差出候処、（中略）早速願も相済」と忠亮（素堂）宛に差出した「（年欠）十月十四日夜認」の書翰があり、「坪井信友大坂に参候筈に相成候由、御同然先ッ安心仕候」と尚々書きにある（前掲『堀内素堂』七二―三頁）。既述の通り、信友の大坂着は嘉永三年二月のことであるので、右書翰は嘉永三年十月のものとしてよかろう。すでにこのころ甲蔵は素堂とは親交があったが、それ以前の嘉永元年八月には、それまで素堂のもとにわが長子信友を托していた信道が、甲蔵の塾へ信友を移すべく甲蔵に頼み、甲蔵はこれを引きうけている（年欠八月十二日付坪井信道堀内素堂宛、青木一郎編著前掲書、第二部書翰集第一五九―一六〇頁、堀内文書第一〇一号文書に該当）。従って甲蔵と素堂とはともに信道の長子信友を託された間柄であり、信道および素堂の没後、二人の墓碣銘をともに甲蔵が撰している。

　さて塩谷《しおのや》甲蔵（文化六年―慶応三年、一八〇九―一八六七）は宕陰《とういん》と号した。甲蔵は林桃蹊（羽前大館の人）の子、文化六年（一八〇九）江戸愛宕山下に生まれ、一六歳で昌平黌に入り、松崎慊堂に学び、安井息軒と共にその高弟となった。のち、師の推挙で浜松藩主水野忠邦に仕えた。やがて清国のアヘン戦争のことを聞き、「籌海私議」などを著わし、海防を論じた。嘉永六年六月ペリーが来航・開国を要請した際は数々の建白書を作り幕府の要路に上ったことはよく知られている。本書面に甲蔵の幕府のいわゆる〝ぶらかし政策〟に対する批判・不満の気持がよく窺われている。

以下注解を若干記しておく。

〔注解〕

○「河内養定」は、素堂の「門生譜」（堀内文書の研究九）に出ている。師素堂の退隠事情を甲蔵に報じているところをみると、米沢藩士ないし関係者であろう。今後、精査する。

○「御心愿《しんげん》」愿は心つつしむこと。

○「悠緩」気持のゆるやかなこと。

○「栖遅《せいち》」官に仕えず民間にあること。遊息、ゆっくりやすむこと。

○「半上落下」は、「半上半下」あいまい、どっちつかずの意で記したものか。

○「靖康建炎《せいこうけんえん》」は、「靖康之変」と「建炎之和議」。前者の「靖康」は北宋の欽宗のときの年号（一一二六―一一二七）。靖康二年（一一二七）金軍南下して宋都汴京を陥れ、徽宗・欽宗以下を捕えて北へ連れ帰った事変。後者の「建炎」は南宋の高宗（徽宗の子）のときの年号（一一二七―三〇）。当時南宋では主戦論と和平論とが対立、やがて和平論が用いられ、金に対して金帝を君とし宋帝を臣とし、毎年朝貢するという屈辱的和議を結んだことをさす。追伸にて「御在府中」永々懇意にしてもらったお礼を申述べているから、素堂はすでに江戸から米沢へ帰っていたことがわかる。

本甲蔵の素堂宛書翰の意義は、上記のごとく、素堂が嘉永六年夏病をえて藩医辞職を申し出たが許されず、養生を命ぜられるほど藩主の信任があつかったことは正しい記述であるが、果してその佽翌年正月病再発して病没したものか、やはり藩主から病没前に允可をえていたか否かについて、この書翰により、十一月二十三日ごろに、「愈御退隠御心愿之通被為蒙仰候旨御安心之御儀奉存候」と甲蔵が記しているように藩主から正式に退隠の許可がおりたことを河内養正から承知している点にある。これは、甲蔵が「素堂の墓碣銘《けつめい》并序」で「嘉永六年夏、患」瘡乞骸骨。恩旨不允、命帰養輿帰。再請得允。七年正月、病再作。三月十八日竟不起春秋五十有四」。（前掲『堀内素堂』口絵、傍点筆者）と記した、文中の「再請得允」によく符合するものである。

（十二）崇白堀内素堂宛（整理番号五―三〇―一二）

「此間有壁生ヲ以被嘱候送別之拙作、如此綴リ見申候、餘リ変な趣向ニて聞得兼可申候、但し改構

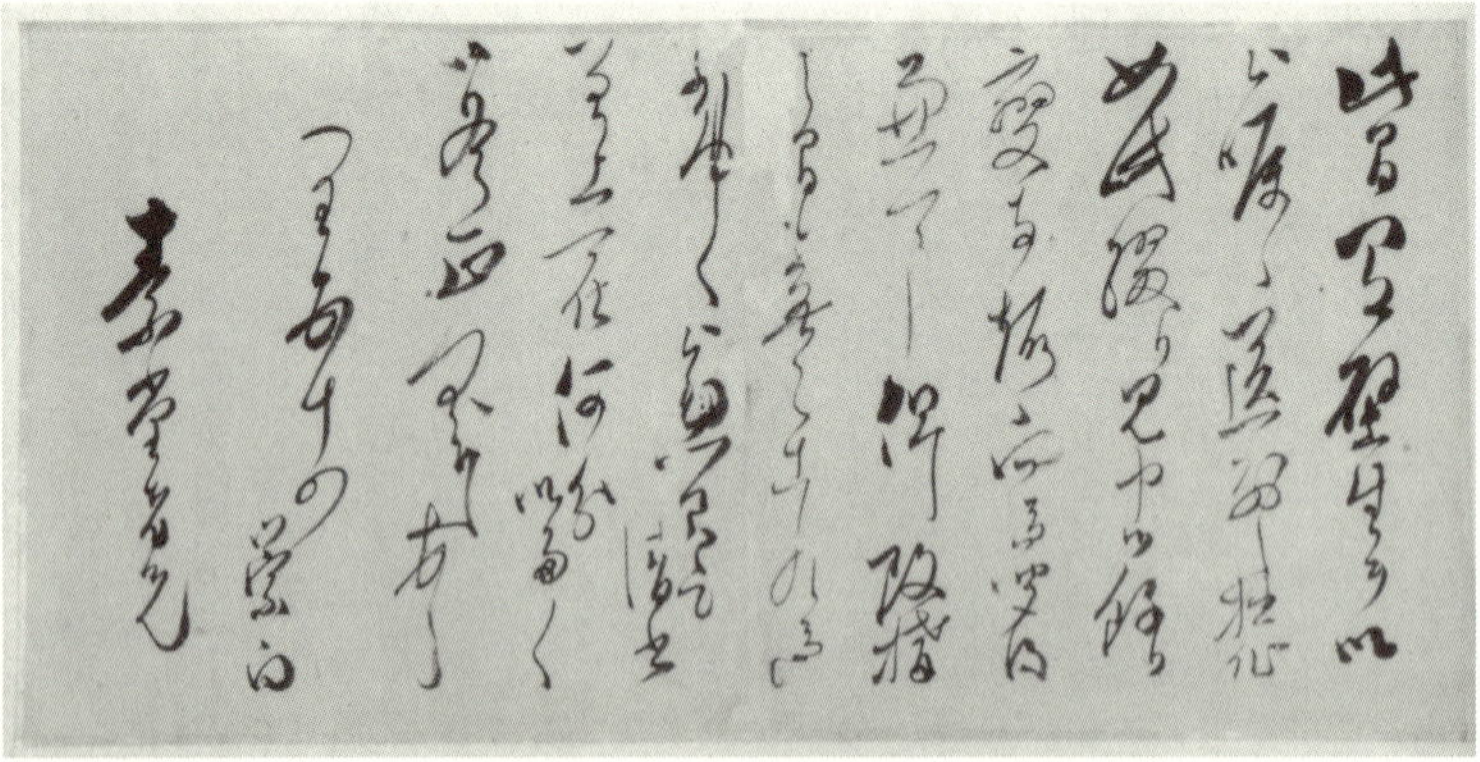

5－30－22

之間も無くこれニてもよろしく被思召候ハヽ清書差上可仕、何分いたく御参（修）正可被下候。頓首

（弘化三年）閏五十八　崇白

素堂老兄

○「有壁生」・「崇白」は目下不詳。

○「閏五」、すなわち閏月五月のある年は、素堂の生涯（一八〇一－一八五四、淳和元－嘉永七）中弘化三年（一八四六）のみで、本書翰の年代が示されている。

以上で先年今治市河野美術館より御送付に預った諸史料の紹介を完了した。（二〇〇三、六、二五稿）

「緒方収二郎宛書簡他」紹介（1）
賀古鶴所より緒方収二郎あて書簡
―明治初期医学事情―

まえがき

今回より「緒方収二郎宛書簡他」（財団法人 日本文学館所蔵）の紹介を始めるにあたり、はじめに本史料の内容解説、紹介の経緯について触れておきたい。

本史料は、次の「要望書」にあるごとく、緒方裁吉氏より日本近代文学館に寄贈されたものである。

要望書

このたび「緒方収二郎宛書簡他」（別紙の通り）を日本近代文学館へ寄贈するに当り、次の事を要望します。

一、資料の寄贈者は緒方裁吉とする。

一、寄贈資料の保管は日本近代文学館が責任をもって行なう。

一、寄贈資料の翻刻を当方で行なう場合は、その旨日本近代文学館へ通知をする。

一、寄贈資料の閲覧、貸出等の利用については日本近代文学館の規定に従って行ない、利用の毎に緒方富雄へ通知をする。

昭和五八年四月一日

芦屋市打出春日町三九―四

芦屋春日コーポラスC棟二〇六号

緒方裁吉㊞

日本近代文学館殿

賀古鶴所（75歳）

（文京区立鷗外記念本郷図書館蔵）

緒方収二郎

（緒方裁吉氏蔵）

このたびは日本近代文学館に左記のとおりの貴重な資料の御恵贈いただきまことにありがたくお礼申しあげます。

御恵贈いただきました資料はひろく公共の用に供するとともに永く保存させていただきます。

今後ともよろしくお願い申しあげます。

昭和五八年四月一日

財団法人日本近代文学館

理事長　小田切　進　印

緒方　裁吉　殿

記

一、別紙一葉の通り　以上

一、緒方収二郎先生宛書簡他　百八点

内訳・収二郎先生書簡　五通

・収二郎先生宛諸家書簡　九十五通

・収二郎先生適塾跡史跡同意書控など　四点

・正清先生及宛書簡　四通

以上

（「収二郎先生適塾跡史蹟同意書ハ裁吉先生ノ申シ出ニヨリ返却」ト備考ニアリ）

財団法人日本近代文学館　平成九年八月一〇日

理事長様　　緒方裁吉

拝啓　時下益々御清栄賀し奉ります。突然出状、申訳無くお許し願います。小生は昭和五八年四月一日付を以ちまして小生祖父緒方収二郎宛書翰他一〇八点を貴館へ寄贈致した者であります。（緒方洪庵の曽孫で、緒方富雄の又従兄弟に当ります）小生は本年九一歳となりましたので記憶の方も可成り衰えて来て居りますため右寄贈当時の事をハッキリと覚えて居りませんが、当時小生の方から御願して右寄贈の各手紙のコピーをワザ〳〵御作成願い、夫れ等を小生宛お送り戴いた訳であります。然し此等のコピーに就きましてはその後スッカリ忘れて居りました処、平成七年一月の阪神淡路大震災の折、小生居住のマンションはお陰様で本体は無事だった訳でありますが、室内の温水ボイラーが倒れ、その水並に水道水が各室内へ浸入、部屋にあったものが全部濡れて了うと云う被害に会いました。此の際前記の手紙の各コピーも濡れ、乾燥に手間取った始末でありました。このような経緯から此の手紙類の事を思い出し、一部のものを取り出し読んで見ました処。其大部分は草書体又は行書体で書かれて居りまして一部判読出来るものもありましたが、殆んど大部分のものは読み下だしが出来ない有様でありました。この様な有様で折角の手紙を読む事が出来ず、残念に思って居りました処（中略）梅渓先生の事を思出し、右収二郎宛の手紙類のコピーを梅渓先生にお見せし、解読をお願いしました処、明治二二年頃から二五年頃までの日本の風俗、或は当時のお雇い外人の事等がいろ〳〵と描き出されていて、梅渓先生の御専門の日本近代史に取っても大変参考となる事が判り、小生がお願いした事を早速快諾して戴けました。この様にして梅渓先生に右手紙類を読んで戴いている間に、先生としては「唯単に小生がその内容を知るだけでなく、この手紙の内容を汎く世間に公開する要がある」との御意向がある事が判りました。依って梅渓先生から「緒方洪庵のてがみ」と同じように現代文に翻訳して出版させて欲しい旨の御依頼を戴きました。就きましては、昭和五八年四月一日付の貴館宛の小生の要望書に基きまして寄附資料を翻刻する場合は貴館の御了承を取付ける要があると存じますので、小生の方で前記緒方収二郎宛書翰その他を編纂の上印刷に附す事をご承引賜り度く、切にお願申上げます。折り返し何分の御回示賜り度御願申し上げます。

先ずは御願迄
敬具

同 意 書

緒方裁吉様　　　　　　　　　　　　　　　　1997年8月20日

東京都目黒区駒場4－3－5

理事長　中村真一郎 ㊞

このたび、先に御寄贈のありました「緒方収二郎書簡」の翻刻、出版につきまして通知をいただきましたので、要望書にしたがって同意することを通知します。なお、出版にあたりましては、原資料が緒方裁吉氏により当館に寄贈されましたことを明記することを希望致します。上記のとおり同意の通知をいたします。

以上のような次第で、筆者としては、成るべく短期間に全部の翻刻を終えたいが、目下の身辺の事情で少し時間がかかるので、取りあえずここに「賀《か》古《こ》鶴所《つるど》より緒方収二郎あて書翰」（全部墨書）をまず紹介することとする。紹介に先立ち、賀古鶴所の略年譜を記す。

鶴所は、安政二年（一八五五）一月二日浜松藩医で蘭医の賀古公斎の長男として浜松に生まれる。森鷗外に七歳の年長。公斎は種痘を施して〝ホーソー医者〟とよばれた。緒方洪庵は公斎に痘痂を贈っている（『癸中年中日次之記』嘉永六年二月十一日条）。祖父の公山は徳島の人、大阪に医業を開き、父公斎にいたって浜松藩藩主井上氏に聘せられた。明治二年（一八六九）藩主は上総国市原郡に移封となり鶴舞町に移る。明治三年（一八七〇）十六歳のとき、藩より東京遊学を命じられ、箕作秋坪塾に学ぶ。明治五年（一八七二）十八歳、下谷和泉橋の第一大学区東京医学校に入学。明治九年（一八七六）二十二歳、校舎が本郷元富士町に移る。明治十年（一八七七）二十三歳、四月、東京医学校が東京大学医学部と改称、鷗外十六歳でその本科生となる。この同級生に鶴所、緒方収二郎、中浜東一郎、小池正直、江口襄らがいた。明治十四年（一八八一）二十七歳、七月東京大学医学部卒業（鷗外と同期）。

明治十七年(一八八四)三十歳。緒方正規について細菌学を学び、軍医学校教官となる。明治二十一年(一八八八)三十四歳、陸軍大学教官兼務、軍陣衛生学講義。欧米巡遊、二十二年十月帰国、その間、ベルリンで耳鼻咽喉科を学ぶ。明治二十五年三十八歳、東京市神田区小川町に賀古耳科院開設、これより公務のかたわら、耳鼻咽喉科の診療に従事。明治二十七年(一八九四)四十歳、日清戦争に一等軍医正(中佐相当)、第一師団第二野戦病院長。明治二十九年(一八九六)四十二歳、第五師団軍医部長に補せられたが、辞職・退役。明治三十七年(一九〇四)五十歳、日露戦争に応召、第二軍兵站軍医部長をへて、遼東守備軍兵站軍医部長となり、とくに営口におけるペストの防疫に貢献。戦役中一等軍医正(大佐相当)、戦後、軍医監(少将相当)に名誉進級。明治三十九年(一九〇六)五十二歳、山県有朋の旨をうけて鷗外とともに常磐会設立。明治四十四年(一九一一)五十七歳、恩賜財団済生会病院の創立発起人となり、森医務局長に協力、同病院に陸軍軍医学校診療担当の件を山県に建議し実現。この年、南北朝正閏問題につき市村鑽次郎、井上通泰らと山県に進言。明治四十五年(一九一二)五十八歳、山県に陳情して、進級令改正案で陸軍次官に辞職を申し立てていた森医務局長を助け、同案を撤回せしめる。大正四年(一九一五)六十一歳、森医務局長退官を前に、その後任と進級令改正問題につき、山県に陳情。大正八年(一九一九)六十五歳、賀古病院火災。大正九年(一九二〇)六十六歳、鷗外と思想・社会・労働問題につき、書簡をしばしば往復。大正十一年(一九二二)六十八歳、七月森鷗外没。鷗外終生の親友でその遺言状の口述筆記に当った。昭和六年(一九三一)七十七歳、一月一日脳出血にて没。晩年に東京帝国大学五十年史の一部資料作成を委嘱さる。墓は駒込吉祥寺。法名は翠巌院玄雲鶴所居士。(以上、松原純一「賀古鶴所」参照、森鷗外記念会「鷗外」第二号、昭和四十一年三月所収)

鶴所と同期生の緒方収二郎(安政四年~昭和十七年、一八五七~一九四二)は、いうまでもなく緒方洪庵の六男、第十二子。森鷗外の『ヰタ・セクスアリス』の「古賀鵠《こく》介」のモデルは、この賀古鶴所、「児島十二郎」のモデルは緒方収二郎である。また『雁《がん》』の主人公「岡田」のモデルも収二郎ともいわれる。

以下、賀古鶴所の緒方収二郎宛書簡を紹介するが、各書簡の番号は、日本近代文学館の整理番号を踏襲した。原書簡との照合の便を考えたにすぎない。

74 鶴所、収二郎あて（明治二十六年四月十九日）

先達正清君[1]に出あひ候處、其夕にも学兄御出京になるやの話ありしに、遂に音もなし。御繁業にて出られざりしにや。もし来ば此度はちと色氣ある遊をなさんとかまへをりしに殘念にぞんじ候。此地相変らざる氣色なれども何となう寂寥に覚え申候。但し我等のみなるやも知れず候。此ごろはすざん歩も飽きまして酒樓に登るなどのことは頓といや氣に相成り、兎角人間は色氣のある中が只わけもなく面白きことならんと被存候。席に侍る妓等にあくびをさするやうになりては、人間はもうだめとあきらめ申候。しやうことなしに森[2]とつれあふて乗馬の稽古を始めたるところ氣分も一新いたし、案外に面白く当時の楽みはまづこれに御座候。其中に小金井[3]へ遠乗せんと楽みをり候。小金井も彼の闊活なる遊びをなしたる者とは殊なりて臨時汽車にて蛆輩がどよ〳〵出かけ、今ははや趣味なき地になりしよし。旅は大小色々なしたれども、こもを被りてミぞれをよけ、濁酒に腹を肥したる當時ほど面白かりしは未だあらず候。此後も復あるまじと覚え申候。夏になりて暇を得られたならばたとひ一週間にてもよし。三人してどこぞで日を暮らし度と存じ候。いかにや。記るすべきことなきまゝ斯の如くに候。

かしこ

四月十九日　　鶴所

収二郎様

維孝[4]さまへよろしく

大坂北濱三

緒方収二郎様

侍史

弐銭切手

（消印）武蔵神田、廿六年四月二十日ロ便

〆

東京神田裏猿楽町

賀古鶴所

四月十九日

摂津大坂・廿六年四月二十一日ロ便

[注]

（1）正清君　収二郎の姉、四女八千代（夫は養子拙斎）の長女である千重の（中村家から入った）婿養子。正清はドイツから帰国後、緒方病院婦人科長となり、のち緒方婦人科病院を起して院長となった。大正八年（一九一九）没。

（2）森　森鷗外。

（3）小金井　武蔵小金井。

（4）維孝　洪庵の三男、大正十一年八月十日病没。

⑺5 鶴所、収二郎あて（明治二十六年四月二十九日）

御書拝見赤さん(1)をあげられ候よし。御芽出度存じ候。和歌の浦之遊びも随分面白かりしならん。此夏は森(2)と同道いたし候て、ちと元氣を養ひ可申と存じ候。なんたらいふ町のすっぽん一式の料理やでむきき○の吸ひものをしてやったことあり、味今に忘られす候。天王寺へもまゐり可申と存じ候。インフルエンザをやられしよし。これは奇妙に候。実は小生も去十三の晩より十五日まで熱が三十五以上にてどうしても下らず、頭がわるゝばかりに病み、外に故障なかりしが、ために一週間ばかりねこみ申候後、快く相成り候てより、少し無理をいたしたる處、ぶり返し候て此四日ばかり、又々伏せりをり、今日は少し氣分よく元氣も晴れ〲いたし候て久しぶりにて役所に出かけ候事に候。君は赤ぼう(3)をもうけて誠に結好なり。生は一昨年十一月生れたる犬を十二月に懐に入れて病院より帰へりそだてあげ候處、猟り犬の胤と見え胴細くてたけ長く敏捷にて小僧〱といひて愛し居り候處、病氣にかゝる前、いつものやうに俥に尾して来り候處、人に採られたるものと見え、ゐなくなり、大にさむしく覚え陰氣にくらし申候。これにつけても小供があったら面白い事であらうと此頃にいたり平常の我慢も折れ申候。かねて御話に入れ候井上通泰(4)先日姫路へ赴任候。桃二(5)福島病院へゆきて中濱(6)のほうひげの白くなったのを見ると、共に氣がひけるやうに思はれ候。あの氣象にてそばの薬を飲むとは心中察しやられ申候。

廿八日　　鶴所

収二郎様
　梧下

大坂東区北濱
緒方収二郎様

不足銭
四銭切手
弐銭切手

此郵便物未納不足税ニ付郵便条例
第二十一条ニ據リ郵便税四銭
集配人ニ渡スベシ
大阪郵便電信局

（消印）
武蔵東京町、廿六年
四月二十六日ホ便

［注］
(1)赤さん　明治二十六年三月一日生れの収二郎の長男緒方洪平。
(2)森　森鷗外。
(3)赤ぼう　(1)に同じ。
(4)井上通泰　常盤会のメンバーで国文学者。
(5)桃二　今、不詳。
(6)中濱　中濱東一郎か。鶴所らと同期生。

76 鶴所、収二郎あて（明治二十六年八月二十五日）

御書拝見仕候。益御清壮御繁務の條大慶に奉存候。一府に二院を設けたるは、実況は存ねども、御説の如く得策にはあらざりしやうに存候。一ヶ所へ吸ひつけてこそ人々の骨折も現はるれ又世間の人の信用の程も知らるれども、広くもあらぬ大坂の西と東へ設けねばならぬ、わけもあるまひが、といふてはパッシィフにてわれ〳〵頑骨連には面白からぬやう思はる。それに病人は田舎と市人と半々位なるべし、現時そうでなき所遠からずそうなるべくと思はれ候。早晩合併若くは分裂の時来るなるべし。然し市人は良医を撰ぶこと《御用心〳〵》を知らず只近きと早う見てもらうことを好むもの故、世間通の目より見なば或は便宜のやうにもあらん歟なれども、大観したる所に、些と大げさのいひ分なり、よれ《ママ》ず愚策のやうに思はる。今はあとの祭にていふだけやぼなんか只々かけ持ち御たいげと御挨拶申上候。大に快くなり候間、昨日当所へまゐり候。今朝氣賀のづゝとさきの茶見世まで徐に散歩いたし帰へりて半里もあるかと氣息せはしく下婢に問ひ候へば僅に四丁しかないといはれ閉口候。まだ此位のありさまにて刺身すら口中にてもぐ〳〵と細にかみくだきて飲みこむといふ塩梅に候。本年はとてもまゐられず候。吉益に愚弄さるゝ学士あるとはなげかはしきことに候。日本医会を歡透《（勧誘カ）》して廻はる医者、高木の如く、あれどもかゝる愚なる会に名を連らねたまはざるやう願はし。日本医学会も同やうに候。此三、四回の衛生療病誌の傍観機関は是非御通読ありたし。いやはやいつも御利巧連の仕事には恐れ入《（も）》り申候。僕一人でをる。ひょっとすると森がくるかる知れぬ諸君へよろしく。

鶴所

（年月日、名あて欠）

大坂北濱
緒方収二郎様
弐銭切手

（消印）
相模宮ノ下・廿六年八月二十五日・ハ便

〆
函根宮の下
賀古鶴所
八月廿五日

（消印）
摂津大坂・廿六年八月二十七日・イ便

⑰ 鶴所、収二郎あて（明治二十六年三月六日）

益御清祥奉大賀候。森への御書拝見候。倍御繁栄ならん。されば先日一寸と申あげ置き候耳科新書(1)漸く出来あがり候間、此状と共にさし出し申候。貴地の医連に知られ候やうの御工夫下され度候。君が病院の研究会雑誌へよきやうに評をのせ下され度候。もし雑誌の後に餘白これあり候は、別紙廣告文(2)をもちとちぢめて御はめ下され候は、幸甚候。先は手前勝手のことのみ如斯に御座候。

早々頓首

三月六日　　鶴所

緒方収二郎様

格下

［注］

(1)耳科新書　賀古鶴所の著書「耳科新書前篇」（明治二十六年三月）「同後篇」（明治二十七年二月）

(2)別紙廣告文　欠

---

⑱ 鶴所、収二郎あて（昭和四年五月二十九日）

昨日帝大総長小野塚氏より書状到来。

本大学ノ五十年史編集(1)ヲ企テ資料蒐集中ダ、差当リ第一期として主として明治十九年以前の資料取纒めゐる。大学設立当時ノ事情及当時ニ於ける我国一般之学術界と本大学との関係ニ就テ特ニ当時実際の事情を知悉しゐる老台始め諸賢の御高話拝承云々デ六月三日晩に学士会館へ来てくれ云々。

ソコデ維新匆々東京ニテハ三田の福澤塾、濱町の箕作秋《（坪）》の塾位て漢学はナカ〳〵盛川田剛、芳野の塾。

ソコテ大学南校、開成校ハ蕃書取調所の変身。此の取調べ所ハ幕府亡びた当時ハ沼津へ一時避け《コレハ要スルニ翻訳局サ》てゐた。○医学所とか病院見たやうなもとニハ戸塚某何海《環?》(2)とかいふのと外ニ某といふのがゐた筈。又江戸で名の売れてゐた坪井某もやはり一時沼津ニゐた。○学校でハ昌平校の教授《コレ等ノ人名ヲ知り居ラ》ナゾ《バ知ラセテクレ》古賀茶溪翁もソウデアッタ。（コレハ曽テ亡父より聞きたる所ナリ。）

明治二年五月濱松カラ上総へ移封(3)の際、東京ヲ通過した時ニ大学東校ナルモノヲ見た。即和泉橋のバラックサ。其折ニハ英医ウヰルイス?(4)とかいふのが一人ゐた。佐藤尚仲（後ニ大教授）シバ（ドンナ字ヲ書ク?）湊海（我々が独乙ヲ学ブ頃ニもゐた人）、足立寛(6)、三宅秀、桐□(洲)?真、○（長谷川泰コレハ後ニ来たの？）種々なる人がゐたやうに思ふ。

五年に英字ヲ廃シテ独乙学ニシタノダ。其折ニ大分変った。佐藤ハやめて湯島ニ病院を建テタ。数年後、長谷川やめて湯生学堂ヲ立テタ。

明治元年より五年先前の事ハボクハ知らぬ。洪庵先生が当初来て居られた様ニ思ふ。唯陛下の御用ノミナラズ（其頃の辞令ハ侍医？典医？何とあったであらう。）

人のいふ所デハ和泉橋の大学東校の前身ハ明治元年上野の戦争の傷病者（官軍と幕府との両側の？）サウデハアルマイ○アノ　アナトミーにゐてデニッツ(7)や田口の下ニ先ツ助手といふやうな人が二人ヰタ。今田と？いふ夕氣のきいた人の方ハ解剖書ヲ作ったりして盛ニ行ハレタ。此ノ人ハ長州人にて即ち上野戦争の時負傷して受療其マ、ついニ病院ニゐついてゐた人だと聞いた事がある。而して其時分の同院の医長ハ松本順ダトいふものもあり又順ハ一旦東京ヲ脱シテ逃遁してゐたトモいふ。

洪庵先生と大学医校又ハ病院との関係ハドンナものであったらふ？ヲ知り度、◎今日蔵ニ入りて洪庵伝ヲ探シタが緒方系譜考(8)ハアッタが伝ハ見あたらぬ。何か伝ニ書いてありハせぬか知り度候。又伝にハ無くても君の知ってゐる事があらバ知らせて下さい。

○曽て山縣元帥公ヨリ維新後（明治二年頃？）軍医が無トテ大ニ究《ママ》し自ラ松本順を家ニ訪ひて此ニ頼み軍医の一切ヲまかせたト云ハれし事あり。これニ由って見ると順翁ハ上野戦争当時の事ハ知らす。兎ニ角一時ハ隠退してゐたものと察せらる。頓首

五月廿九日　　鶴所

収二郎君

別科生即速《ママ》生医者の事も知りたい。

兵庫県武庫郡東芦屋松ノ内

緒方収二郎様

武銭切手

（消印）神田4・5・29、后4－5

封

東京神田小川町

賀古鶴所

五十一

五月廿九日

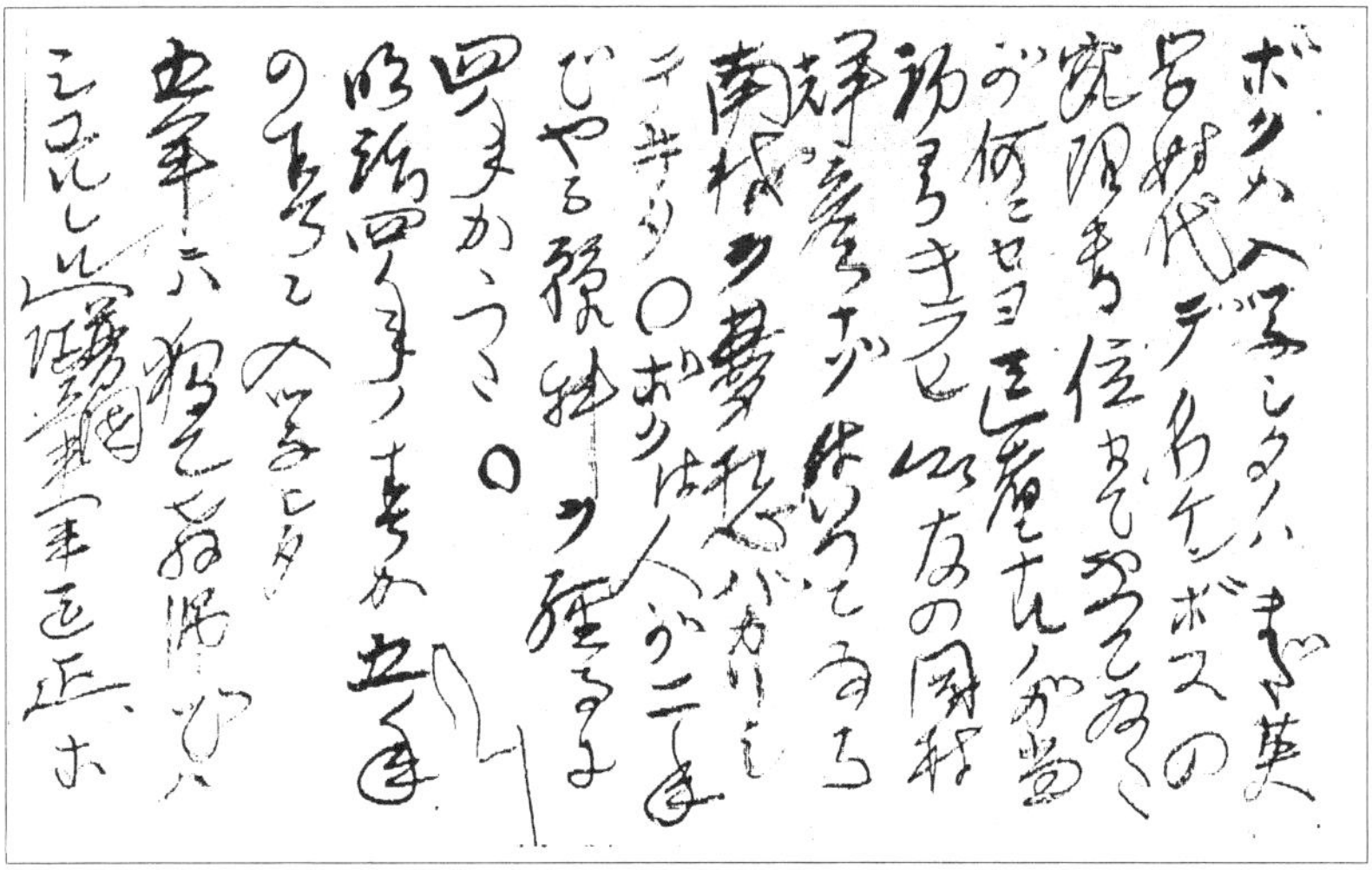

［注］
（1）五十年史編纂　昭和三年五月より始まる。
（2）戸塚某（環？海）　戸塚文海、のちの海軍軍医総監戸塚環海。
（3）移封　浜松藩主井上氏、明治二年上総国市原郡に移封となる。
（4）英医ウヰルイス　ウイリス Wilis, William（一八三七－一八九四）、一八六一年イギリス公使館付医師として来日。幕末から明治にかけて活躍し、わが国にイギリス式医学を定着させた。
（5）シバ　司馬（凌海）。
（6）足立寛　天保十三年（一八四二）－大正六年（一九一七）　緒方洪庵門下。
（7）デニッツ　デーニッツ Donitz, Wilhelm お雇い外国人ドイツ）、東京医学校解剖学および組織学教師。
（8）緒方系譜考　大正十四年十二月緒方銈次郎「はしがき」、緒方富雄「自序」

⑲ 鶴所、収二郎あて（昭和四年六月三日）

ボクハ入学シタノハまだ英学時代デクワケンボスの究理書(1)位までやってゐたが、何ニセヨ医者ニナルノガ当初ヨリキラヒ、郷友の岡村輝彦(2)ナゾはいってゐる南校ヲ夢想バカリシテヰタ。○ボクは人が二年でやる豫科ヲ経るに四年かゝった。○

明治四年ノ春か五年の春ニ入学シタ。五年ニハ独乙教師でハミユルレル(3)（普国陸軍軍医正）、ホフマン(4)海軍一等

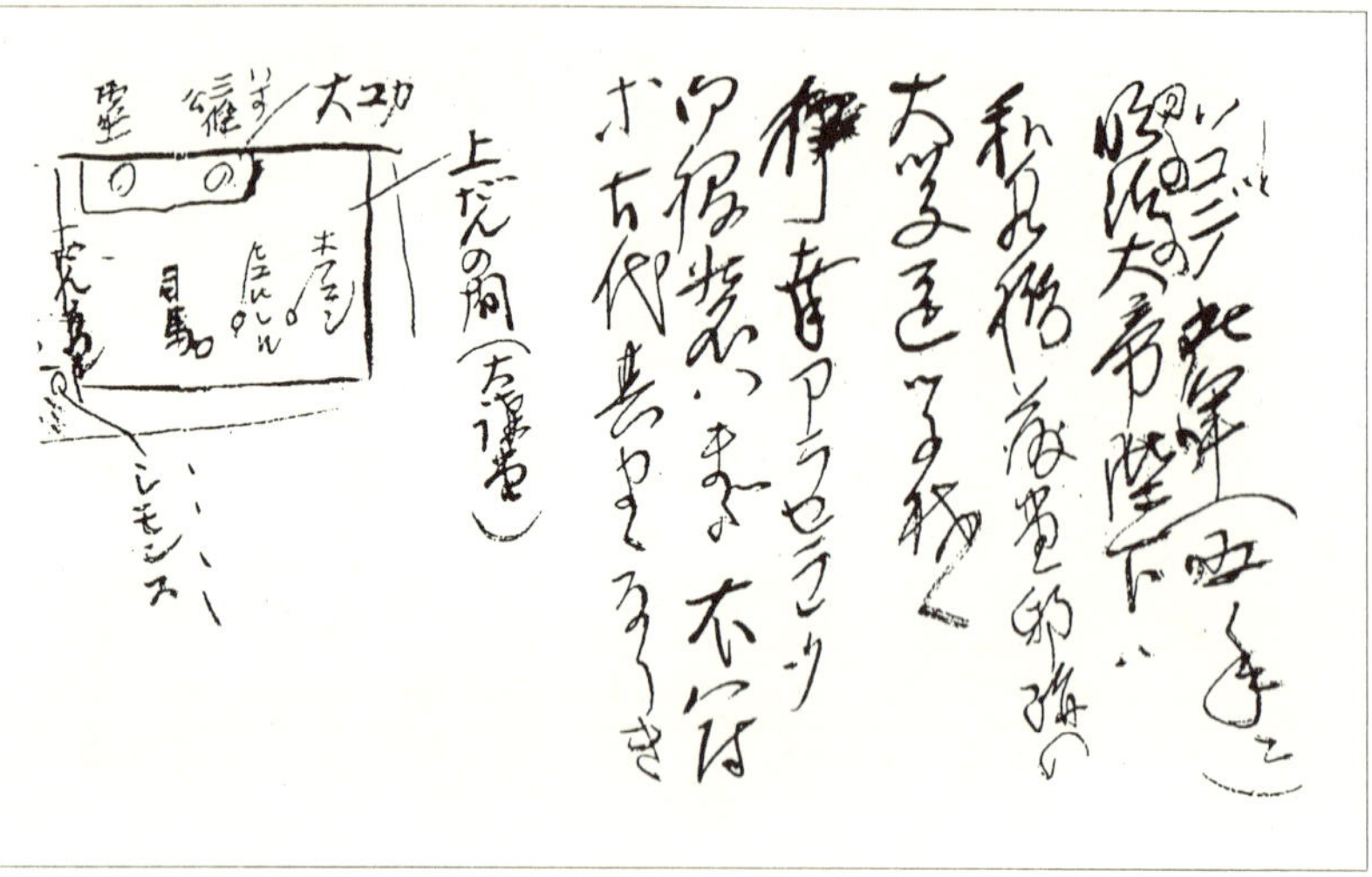

軍医ノミニテ、語学教師ハシモンス(5)（もとハ医師デアッタ）ノミ。ナンデモソレカラ一年たつかたたぬ内也、ドや〳〵と独逸から教師がやってきたのである。

此ノ五年ニハ南校ハ第一区中学といふて東校は第一区大学医学校ト改メラレタ○且つ当時コレハミユルレル等が開成校ヲ一覧シテ此教程ハ中学ダト云と東校ハ既ニ大学教程ヲ教へてゐるといふたとかナントカデ、南校ハ中学ニ蹴落サレタが翌年《医学校終了の》ニハ又開成校ト改メリ。

而して此ノ明治五年ニハ純当ニ筋を正して学び行くものは豫科第一級生アリシノミ。今人名を忘レタが佐々木政声。佐々木文蔚《ママ》（ノルマントンで溺死）、高階経本、佐藤モンキー、大森豊治、とりかた某、ジンナカ、曰ク何、曰ク何デアッタ。此ノ連中ハ英学時代ニ「ボーイ面」と称せられ、特別ニ学バセタものデ、独乙轉学前ニハ既ニ独乙学ヲヒソカニ《ママ》学ンデヰタモノ共也といふ。ドクモ此級ニ（試験の上デ）ニ加へられたのだ○其外ニハ兎モ角モ英学デ解剖生理位迄多少噛ッテヰタ連中や英学時代の下流教員等ヲ一級トナシタルモノがあった。此ニハ成る程ミュルレル、ホフマンが医学ヲ教へた。通辨《ママ》ハ司馬や三宅や樫村デアッタヤウダ。此組が卒業シテ準医学士と称シテヰタ。此者どもがあったので大学医学校と称する事を得たのであらう。

岡、橋、宇野朗、桜井郷二郎、吉田卓準、大川、松澤、渡辺某（洪基ノ弟）、濱野昇、赤鹿、ソレカン沼津ニ引キ

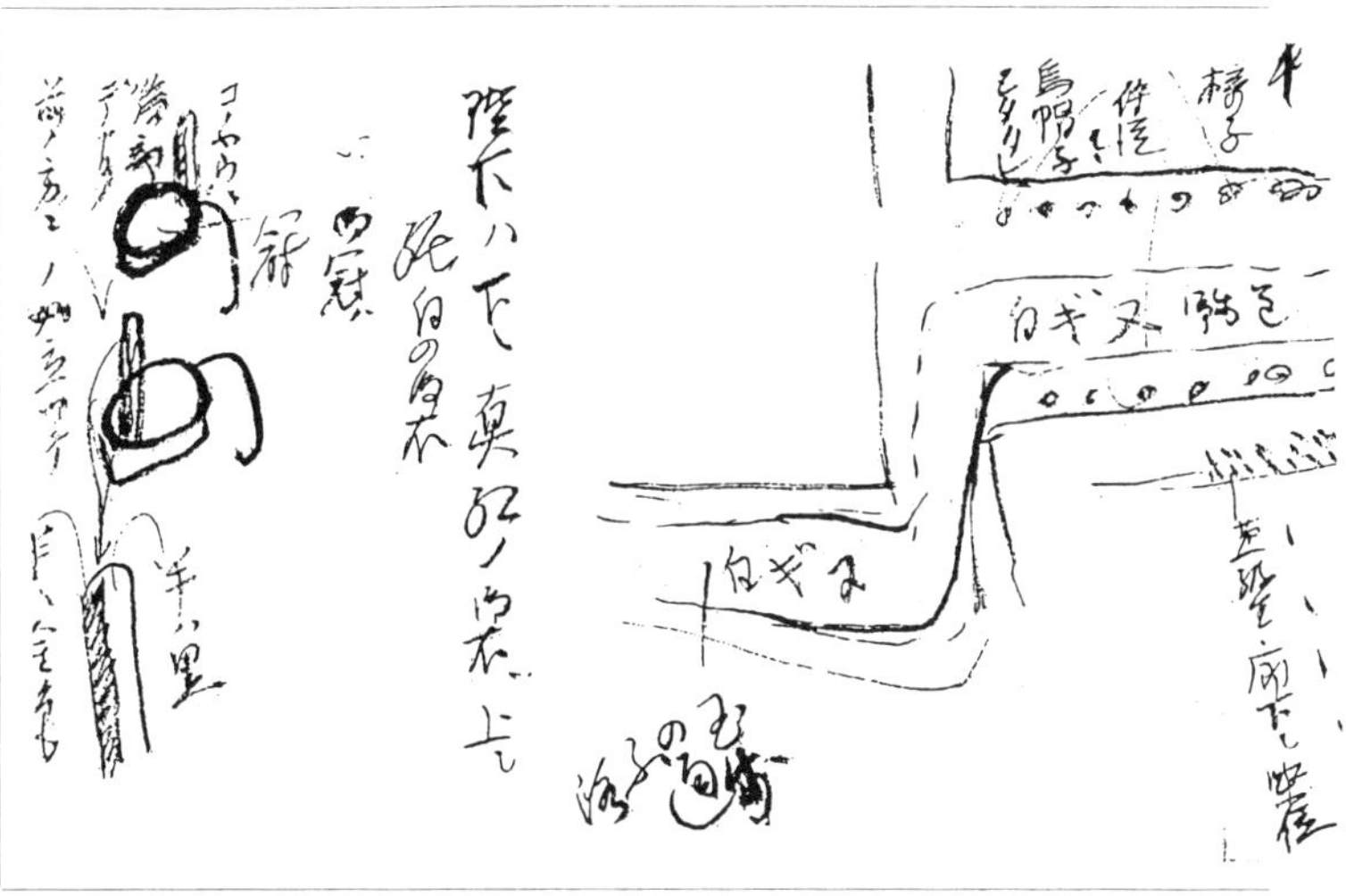

コンデ多額納税者ニナッタ何とかいふ大ビッコ。印《イン》藤東玄《ゲン》トリ連也。

　ソコデ此年（五年ニ）明治大帝陛下ハ和泉橋藤堂邸跡の大学医学校へ行幸アラセラレタ。御服装ハまだ衣冠等古代其まゝなりき。

〔次に上図のごとき、「上だんの間（大講堂）」（A）「玉歩の通ふ路」（B）のスケッチがある。つづいて「陛下ハ下へ真紅ノ御衣、上ニ純白の御衣」「御冠ハ」の文がある。そのあとに「冠」（C）に関するスケッチがある。今、スケッチの説明を記しておく。（A）には、「大ユカ」・「いす」・「三条」・「御坐」・「ホフマン」・「ミュルレル《（ラ）》」・「司馬」・「シモンス」・「一だん高し」とある。（B）には、「椅子」・「侍従？」・「烏帽子」・「シタタレ」・「白ギヌ舗道《しきみち》」・「第一級生廊下ニ坐位」・「白ギヌ」とある。（C）には、「冠」・「コノヤウニ後部デナク前ノ方ニ（5）➘ノ如立ッテヰタ様ニ思ふ」・「半ハ黒　半ハ金色燦然タリ」とある。〕

　剣モ餘りカザリハ無ッタ様ニ覚ユ。

三条公ノハ

　冠ハ全部黒、後ノ方へ垂レタル冠の垂巾ハ豊ニ長クタレテヰタ。

衣、袍ハ美デアッタ或ハ唐草もやうか。

太刀ハ黄金作リテ強クソッテヰタ甚だ美でアッタ

ミュルレルハ畏クモ陛下ハ人身中ニ於テハ脳デアラセラル。百官ハ神経テ脳ノ命スル所ハ此ニ由テ萬機ヲ執行スルト云フ事を演ベタ。ミュレルの態度、司馬の態度、其辨《ママ》説ニハ感嘆セヌものハ無ッタ。後〳〵迄もカタリ草ニナッタ。ソレが済ムトシモンスの指揮(6)テ坐シタマ、デ佐々木政吉がヘステルカナンカニ在る小話デEin in Polen Wohnender Deutcher Fürst云々ソレヲ高経がポーランドニ住ゐました独乙の公爵が雪ノ夜ニ猟セントテ云々ト口訳シタ。

陛下ハ御便殿ニ入らせられ御還御ニナッタ。ソノアトデ御酒下サレがアッタ。学校ノ小吏どもが上下ヲつけて銚子ヲ持って酌をしてまわった。

所デ此の御行幸の事ヲ今日人ニ話すも小金井(7)ハボクハ六年に入学シタ一向ニシラヌト云フ。悲し考へ見るニ三宅秀先生が生き残りか、佐々木政吉氏ハ尚生存するや否不知。デ君ハ此の五年の事ヲ知ラズトモ本郷へ移ッタ翌年ハ十月ダカラ十一年ニ大学医学校へ御行幸アラセラレタ事を知ってゐぬか。鉄門カラ本郷通迄、即チカラタチ寺の前の所迄生徒が並ンテ奉迎シタ事ヲ、知もノ人間の早ク消えて無くなるのニハ何か昔の事を一考スルに便《ママ》（たより）りないのでコマル。

此両件のナゼやかましくボクが曰フかといふニ「大学一覧」ヲ買って見たに、「帝國大学」ト成リ、スコシテカラ明治十九年十月廿九日天皇陛下本学ニ行幸アラセラル。

ト特書セルノミ。其等即畏クモ五年と十一年とニ早クモ大学医学校へ御行幸ニなった事ハ筆を畧してゐる。三学部がまだ医科と合シナイ時分デアルカラデあるか何歟カハ知ラぬとも。

明治二年昌平阪ニ大学ヲ置ク、開成所ヲ大学南校、医学兼病院ヲ大学東校と称ス

の発端よりしニ（テ）見れば、たとひ当時開成校の方デハ此ニ與からさりしかも知らぬが、大学としてハ先以テ持書せねばならぬ事デアロウト思ハル。今晩学士会ニ於てもやうニ由リテハ先つ此の両度の行幸の事を審ニいたしたいと思たり。君ニ御記憶アラバ知らせて下さい。

又明治二、三年頃石黒が東京の医学ニ何かゆかりがあったであらうか。英学を独乙学ニナシタノハ相良知安らデアッテ彼ノ與る知るべき事デない。又陸軍の将軍連の中に立チマジッタ時ナゾニハ私ハ明治三年ニ陸軍ニ出身シタト云フテヰル明治初年ニ於ケル石黒ハ何ヲシテヰタデアロウか○又仲《ナカ》サダカツ（定勝）(8)ト石黒が大ニ議論ムシロ喧嘩《ママ》シタ。ソレハ仲が緒方氏ヲカツイデ松本順の位置ヲ侵フトシタカラダトカ昔時一寸聞キカヂッタ事もある。何

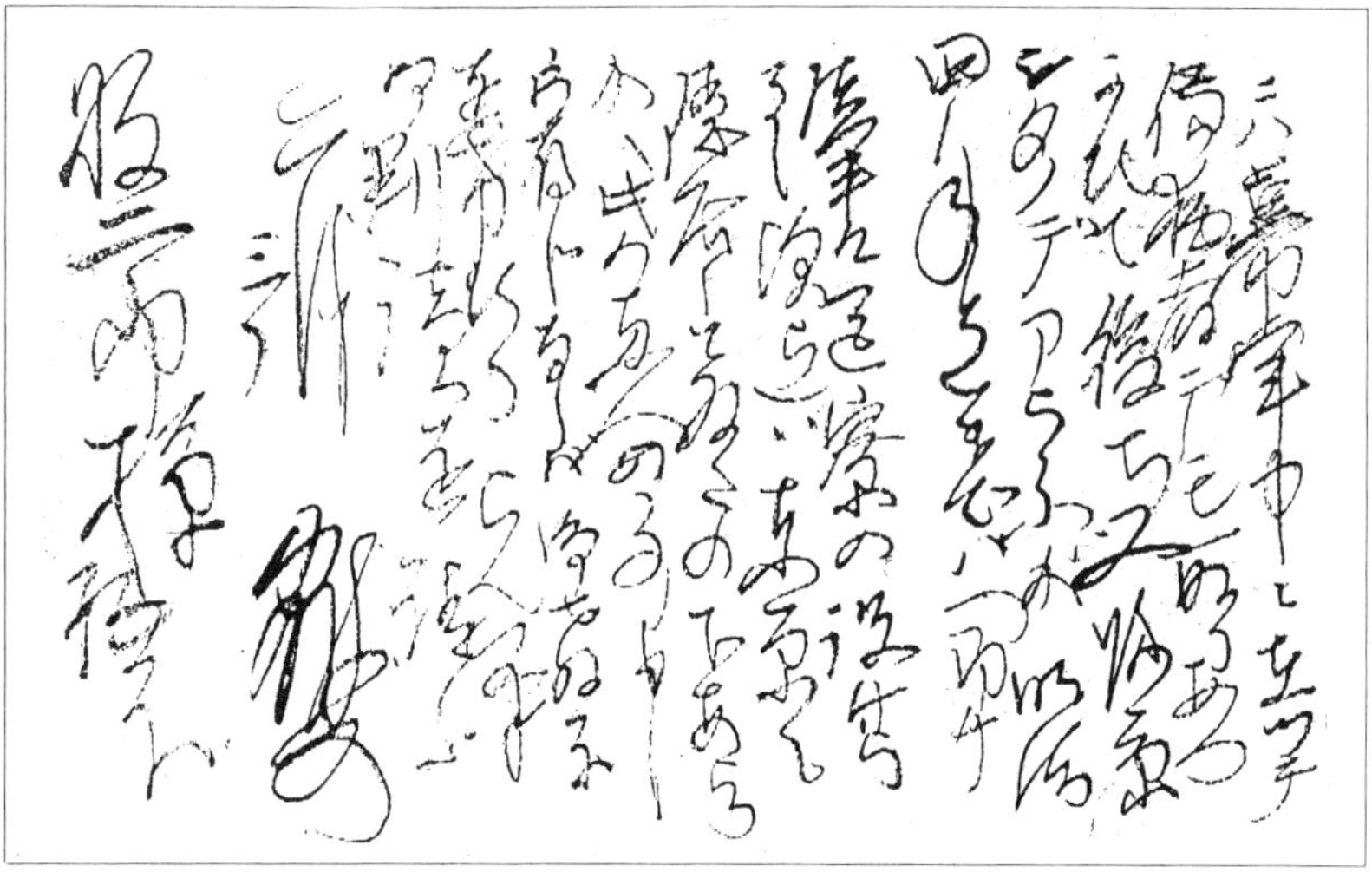

事か此ニ関シテモアリヤ。

松本順ノ上野戦争ニハ幕軍中ニ在ッテ傷病者デモ取りあつかひて後ち、又帰京シタノデアラふが、明治四年先までハ（即チ陸軍々医寮の設けらるし《ママ》頃ら）ハ東京ニ隠居してゐたのであらうか。此の両人の事も御存じならバ御教示を希ひ候。らん筆御判読を請ふ。

六月三日　　鶴所

収二郎様

梧下

兵庫県武庫郡東芦屋松の内

緒方収二郎様

弐銭切手　参銭切手

（消印）（神田4・6・3后4－5）

〆東京神田小川町五十一

六月三日　賀古鶴所

［注］

（1）クワケンボスの究理書　G. A. Quackenbos : A Natural Philosophy

(2)岡村輝彦　適塾に現存のヅーフ辞書を筆写した浜松藩の岡村義昌の長男。明治九年文部省留学生として英国に留学。同十四年帰国。

(3)ミュルレル　Müller, Leopold B. お雇いドイツ人医師。ホフマンとともに明治四年八月来日。東校でわが国近代医学教育の基本路線をひいた。

(4)ホフマン　Hoffmann, Theodor E. ドイツの海軍軍医。東校のお雇い教師。内科・病理・薬物などを教えた。

(5)行幸　明治五年三月十三日（『明治天皇紀』第二）

(6)シモンズ　シモンズ Simmons, O. 大学東校。長崎医学校のドイツ人お雇い医師。

(7)小金井　小金井良精（その妻きみは鷗外の妹）。

(8)中定勝　中天游の子耕介のあとを継いだ人。はじめ大阪少年学舎（幼年学校の前身）時代の軍医。のち裁判官となり、大審院判事。

⑳ 鶴所、収二郎あて（昭和四年六月七日）

[便箋番号]

1） 六日の御書拝見仕候。維新当時の医界のもやう大分ニ明ニなり来り候。左候ハバ

一、兵部省?は、大村兵部大輔が死去前ハやはり大坂ニ在リしものにて、其ころハ令兄維準先生ハ既ニ兵部省ニ出仕致しありて、中定勝[1]氏もやはり兵部ニ出仕シアリシモノカ。

二、明治四年ニ兵部省が東京ニ移り来りたる頃ニ、「山県が自ラ松本順翁ヲ其早稲田ノ家ニ訪ヒテ陸軍に出仕セシメ（コレハ曽テ山縣公ヨリ小生親シク聞キシ事ニ候。いつナリシカ忘レタレトモ確カ軍医校ニ松本翁の銅像ヲ建テタ時カト思フ。軍医学校にて石黒が軍医等と昼めし会食の折ニ「松本翁が陸軍ニ出身シタノハ大西郷が朱ざやの大小ヲさして松本翁の家ニ訪ハレテ出仕ヲ説キ而シテ医務総テヲ翁ニマカシタノダト述ベシ折、又よい加減のうそヲツクトつらにくく思ヒテ、小生ハ先生ソレハ違ヒハしませぬか、山縣公の親話によると山縣公が松本翁ヲ自ラ訪フテ軍医の事ヲ一任シタト承ッテヰマスガト一本つきこミしに例のソシラヌ顔で他事ヲ述べリ居リ候が、其後ハ山縣公が翁ヲ訪ヒテにアラタメテ話スや

2） うニナリ候。）軍医ノ事一任サレタノデ、山縣公ハ当時ハ医者が無クテ殊ニ軍医が無クテコマッタト申シテ居ラレタ。

一、石黒ハ松本翁が陸軍ニ出仕サレタ後チニ出仕シタモノデアルト思フガ、此のへんの事ハ知ラヌカ。又石黒ハいつ何の所デ医学ラシキものヲ学ンダデアロウ故、此も好ク分ラヌ。或ハマダ医学所又ハ大病院ナゾ称セシ頃ニ少シハ其ナカニ入ッテキテ習ッタノカシラト思ハル。○石黒ハ明治の始メ頃?又ハ其前カニ下谷仲御徒町三丁目ノ柳元永（柳ハもと野州の者ニテ佐倉ノ佐藤舜?海方で医ヲ学ン

ダとの事）これの玄関番、即チ俗医ノ書生ヲシテヰタノデアル。柳は亡妻《おけい》の父也。狸村や笹川三男三の妻も同様ナリ。ナンデモ笹川ノ妻ヲ背なかニおふて焼いもナゾ買ヒニ行ッタ事アリト石黒モ云ッタ事アリ。又柳の老妻も石黒ハ寒中ニ寒シトテフスマヲふとんの上ニかぶせてねた事アリナど云ヒシ事アリ。

石黒本年昭和四年、八十五才ト云フヲ信ナリトセバ、笹川三男三ノ妻ハ本年六十三ダ。三才頃石翁ニおんぶヲシタトスレバ（明治＝44、大正＝14、昭和4＝62年ダ）、いつ頃迄柳家ニゐたか分ラヌが、笹妻三才頃マデト假定スレハ明治元ノ前年。即チ慶応三年ニ当ル。当年ニハ石ハ22才ニ当ル。而シテ明治四年ニ陸ニ出身シタト云フ。コノ年ハ22＋4＝26才ニ当ル此間三ヶ年許、即チ明治元年ヨリ同三年迄ハ何ノ所デ何ヲシテヰタカである。明治二年ニハどうやら和泉橋の大病院（東校ニ）ゐたであろうと

3）思ハルルノハ同年五月我藩主、井上河内守ハ、徳川亀之助（今の家達公）が駿遠参の間ニテ七十万石ニ封ゼラレタノデ我藩ハ上総の原ナカへ移ッタ。其頃明治二年五月ニ濱松カラ上総へ行ク途上家父ハ東京ニ数ヶ月留って此ノ大病院へ藩邸カラ握りめし持参デ毎日通ッテ当時の教師ウヰルイスの治療ヲ見学シタ。其筆記がまだ家ニ残ってゐる。ソシテボクも二回バカリ伴ハレテ見ニ行ッタ事アリ。坪井某といふ医ハ家父の曽友であったのだ。足立寛ハ濱松近在ノ者デ東京へ出ル折ニハ家父ヲ問フタ縁故もアッタ。又司馬凌海訳萬物書十八才頃トカ聞キ及ンデヰタ。時の訳書ダトカ聞イテヰタ。凌海ハ学問ガ好ク出来タノデ同輩に忌憚サレ、めしのナカニ針ヲ入レラレタリシタ人ダト小耳ニハサンデヰタ事モアッタ。其折ノ事ヲボクは石黒カラ聞イテヰタが、「君ノおとっさんハ蘭学ヲやってヰテ砲術ヲモヤったげな、白髪紅顔デアッタ、皆人が仙人ト和泉橋デハ云ッテヰタ、緒方ノ弟子カト思フテヰタ云々」。もしコレが真実ナレバ明治二年頃ハ彼レ石黒ハやはり和泉橋の大病院（東校）ニヰタものト思ハル。いづれ医学ハあんまりやってゐたものでハあるまじ、○松本ハ当時山縣ノ頼みヲ引キウケ《ママ》ダガ人が無いノデ何デモ小気テシのキイテヰル医者の雛子ヲカリ集メテ医者と称シタ者ラシイ、○所デ今日ハ老輩ガ大概死失セタノデアノ事モ自分ガヤッタノダ、アレモ己が與ったのダナンデモカンデモカキアツメテゐる。先日の大学の老人会ニ於テモ英学ヲ廃シテ独逸学ニナシタノハ佐賀藩の相良と越前の岩佐純トデアルト云フタガ、自分モ此ニ加ってゐたやうの口気が見えたが、さすがニ大学ニハマダ老人が残ってゐる（他科ニ於テ）故ソウ外デシャベル

4）様に推シ切ッテハ云ヒエナンダの何ニセヨ石黒自作

の石黒伝ニハ小年時代ニ信州ノ佐久間象山ヲ尋ネテ天下ノ形勢ヲ論ジタナゾトだぼらヲ吹イタノヲ、年次を追フテ井上哲次郎がドふも佐久間と石黒とハ年が大分に違フ、察スルニ石黒氏ハ佐久間死後の弟子ナリシカト一本痛クやられた事がアッタ。此ノ井上哲モ先日ハ会シテヰタ」

ドウモ明治二《?》、三年頃の東京の医学所や大病院の事が分明デナイ。ナントカシテモット知ル工夫ハアルマイカ、富士川遊某の書いた日本ノ医学とかいふ書がアルとの事ダガ此も或ハ石黒等のだぼらカラ捻出しタモノカも知れずダ　○体上の事面倒デアロウガ分ったら知らせてくれ給へ。六月七日　鶴所

収君　尚令兄維準先生ヲ陸軍カラ追ひ出しタノハボク等が出身後デアッタ。松本翁ハ一ヶ年中陸軍病院ニ顔ヲ出ス事ハ一両度デ次長が維準先生ト林紀とデアッタ、の
5) ち林が長ニナッテ維準先生ハ近衛師団の軍医部長デアッタ。其頃、夏デアッタカ、兵士が何歟食あたりで一夜吐瀉シタ、かねて機会ヲねらってゐた彼石黒ハ翌朝早ク近衛隊ヲ問フテ、此ノ吐瀉ヲコレラダト大さわぎ立テ維準先生の出勤が寛怠ダト称シテソレ〳〵手ヲマハシテ遂に隠退サセタト覚えてゐる。其頃の者ハ何事も知らぬのうなしで軍医も学問ハ無し、唯石《ママ》のいふま、ニナッテヰタノデある。ナンデモ我々ハ出仕後餘り年ヲ経ぬ頃と思ふ、○今の軍医学校ハ橋本綱常が建テタノデアルガ、明治十七年高嶋鞆之助中将が中部検閲使として名古屋、金沢、大坂師団ヲ検閲シテ帰へ《ママ》タ。時ニ維準先生の意見中ニ軍医学校の必要ヲ説キタル一項アリシヲ覚えあり。又名倉といふて、英学ヲやったとかいふ極めて温厚長者の風ありし人ヲモ、事ヲモうけて熊本の軍医部長ニやり、其後品行不良といふ事デ追出シタ　○彼が毒ニアタッタモノハ少カラス、唯盲従シテゐたものハ長ク登用シテヰ

兵庫県武庫郡東芦屋松ノ内一一一三
緒方収二郎様
参銭切手
消印（神田4年6月破レ）

封　東京神田小川町五十一
六月七日　賀古鶴所

[注]

（1）⑲の注（8）参照。

⑧1 鶴所、収二郎あて（昭和四年六月十二日）

1）君の断報がさすがに確りして順序モ明デ有り難く存し候、外カラモ得たがいづれも手前味噌のもので何の譯《ヤク》にも立たぬのが随分にあり候。

一、岡玄卿(1)ハやはり宇野朗、吉田貞準ナといふ、楼井邦二郎も、(2)後チニ準医学士の組テ、明治九年ニ卒業、後チベルツの助手ヲ長クやってゐた。御互が卒業スル頃ハまだベルツの所ニゐた、侍医ニナッタノハよほど後ちの事と思ふ。君と同行しテ留学シタ頃ハまだ日本橋区の流行医者デアッタ。留学後ニ宮内省へコロゲコんダト思ってゐる、いかが、又原田豊といふ者がゐた。アレハ何所デ習フタモノカ準医学士連トハチト毛色が違フテヰタ様ニ思ハル如何、

○神戸某といふ

2）足が一寸とビッコの様ナ人がゐた。化科物理学の出、アレハどういふ育ち方ヲシテ来タモノデアロウカ、もしも知テゐるナラ聞キタイ。○又序故ニ知リタイガヒリゲンドルフ(3)の書生デよく学草ナゾヲ抱キカ、ヘテヒリゲンの供ヲシテ教場へ来タ松原新之助？ハのち魚類ヲ専攻シテ魚ガシデもて、魚ヲ育テル事ヲ覚え、後チニ農商務省カノ御役人ニナッタ。又大森梃蔵？理学カナンゾニウロ〳〵シテヰタ人ハ丹波数蔵と化学や理学ノ読本ヲ作ってゐた歟、後チ師範校の教師カニナッタ。今一人大概羽披（被）ヲ着て来た、ガンジャウ作りの男アリキ。此人後に蚕の病菌ヲ調べ、カヒ子の種紙につき、其卵子中ニ黴菌のゐるのを粗末ナル顕微鏡ヲ以テ検査しナゾスル事ヲ覚エ、廣ク世間ノものニ教へてうほうガラレテ人ニ知ラレタル者アリ。姓名トモニ忘却候。もし御存じナラバ御教示下され度し。

3）又南校より中根重一、花房直次郎、伊勢錠五郎（以上伊勢ハ医ニナリ、中根と花房ハ解剖学デ避易シテ退学、中根ハ貴院の書記官長で終り、花房ハ内閣書記官長デ終った。其外下山、丹波、吉田、小山、丹羽、三村等の十数人が南校カラ明治六年頃ニ我が大学医学校へ転じ来た。其理ヲ御承知なれハ承り度し。南校にての独逸学が餘りふるはぬので他へ移りかったが、医学ハいやダトいふのをドイツカラ新のぼりの池田がアチラニハハルマツテイテンといふ者アリ。新薬ヲ作りて医者ニ用ヒサスルモノダ、純化学ヲ学ブよりもましだとかいふたのにすがりテ転来シタかのやうウススリ覚えあり、いかゞ。丹羽藤吉郎氏ハナンデモミュルレルが文部省ニ献白シテハルマッテイテンヲ置たのだといふてゐると溝口ハいふが、アノ当時即チ未ダ医学だも完成シテヰヌ頃ニ、ハルマッ

ティテンノ事ナゾミュルレルノ献言スル筈ハナシ。且ツ彼等が卒業シタ時ハ学士ヲ以テ遇セズニ薬剤士とシタノヲアトカラ

4）アノ連中の運動テ学士ニナッタト云フ事也○又彼等の官費生と称セシハ、文部カラデハナクシテ内務省カラの貸費生デアッタ（溝口）。而シテ卒業成績の甲ノ者ハ25円デ、乙ノ者ハ18円位の月給デ東京横濱等の衛生試験所ニ奉職スル事ニナッタノデ、不平萬々。為めに一同申合セテ出謹《ママ》せぬノデ長與ハ出勤セズハ貸シタ金ヲ還セト説諭シタ（ノ）デ、某一人ハ金ヲ返シテやめた。但し陸海軍省等他の官庁へ出勤スル者ニハ貸費テハタラナカッタトいふ（溝口）、此の一件ヲ以テ見ても、ミュルレル献白云々ハ例の手まエミそのつくりことタルハ明ナリト思ふ如何。何カ記憶ハナカロウカ。

桐原真節が、独逸学ニ改革後、湯島三組町アタリニ明治医学舎といふヲ起シテ明治十年頃マデ生徒ヲ養ふてゐた。ソレテ教員ニハ岡玄卿（副長）、原田豊一郎、東玄得、江口襄、梅錦之丞が

5）ゐたナゾトサモ誠シヤカニ（藤田嗣章陸軍々医総監）其校の幹事デアッタもの（自称）、此男ハ医学ハ知ラス履歴免状受収テ、事務ト辨口デ石翁の子分ニナッタソウダッタモノダが書を寄せたが、ナンノ明治七、八年頃まだ下谷の学校ニゐた、生徒ハ門限ガアッテ、日曜全日、夜八時が門限、土曜半日シカ外出ハ許サレナカッタ頃故、ソレニマダ学科ハ進ンデハイズ。私塾校ナゾへ教へニ行カレルモノデハナイト云フヤウナル作り言ヲオメス恐レズ云フテおこすものもアリ、抱腹絶倒の至也。但シ明治医学舎といふものがアッタカシラ。

○済衆舎　佐藤舜海が、英独学改革当時、大学東舎生（即チ昔ノ別課生）ヲ廃シタ頃ニ下谷五軒町アタリニ立テタ。ソシテ東舎生の落武者ヲ集メタ。其教師ハ神戸《カンベ》某、樫村、桐原、算術某、理化学某、後チ此ノ舎ハ明治八年ニ通学生（即別科生）ヲ大学ニ置ク頃迄やってゐたといふ事也。コレハホントウの事ト思フガ、舜海老ハ下総佐久良《（倉）》デハ良ク聞えた人ダガ、東京へ不動然と出テ来テ出開帖ヲやった事がある歟如何。コレハ小生判ラズ、君知ッテ《ママ》知る事がある歟如何。

六月十三日　鶴所

緒方収二郎様

尚種々聞きたい事があるが、一寸いきヲやすめてからニいたしましやう。

○幕末ニ於ける多記《ママ》某、医、代々医育ヲ照シタト先日の記録中ニ見えたが、此ニ附ては面白き談アリ（多記元孝《ママ》云々）多紀遺稿、多紀元堅遺稿三巻、同元胤遺稿一巻、

同元琰遺稿一巻いづれも自筆原稿大正六年七月購得て裏うちして綴しさせ、五巻トナシテ蔵、文章家也。元堅又画ヲ能ス、山水而已ヲ

6） 友人二宮熊次郎氏の斡旋にて購ヒ共ニ家ニ珍蔵致し候、色々森一見、珍畫ヲ得タルヲよろこびくれたり、多記《ママ》桂山、名元簡、字廉夫、称安長、号桂山、又櫟窓、姓丹波、父藍溪ノ業ヲ継ク、寛政二年執政白川侯《ママ》其能ヲ試み侍医ニ擢ンス、法眼ニ進ム、医学教諭ヲ兼ヌ云々

（大日本人名辞書）

兵庫県武庫郡東芦屋松ノ内一、二二二
緒方収二郎様
参銭切手

消印（神田4年6月13日）

封　東京神田小川町五十一
賀古鶴所
六月十三日

［注］

（1）岡玄卿　津山藩士岡芳蔵二男。明治十九年（一八八六）二月五日侍医。明治三十二年二月二日池田謙斎の後任の侍医兼侍医局長となる。

（2）ベルツ　Baelz, Erwin（一八四九～一九一三）東京医学校のお雇いドイツ人教師。

（3）ヒリゲンドルフ　ヒルゲンドルフ　Hilgendorf, Friedrich Martin 東校、東京医学校のお雇いドイツ人教師。

㉜ 鶴所、収二郎あて（昭和四年六月十九日）

（便箋の上欄に）此前ニあけた書紙カ芦屋ヲ書キ落シテ郡の下へ松ガ下ト書キ戻って来テ又出シタノデアル。

1） また駄文ヲ弄シタ。鶴所

今ジャコンナコトデモいふてゐるのが唯一の楽じゃヨ」
何カ書いてよこしてくれ」

冨士川の日本医学史ナルモノハ何所デ発売シテヰルヤ、知リタシ。もし絶板又ハもはや求メ難き書ナラバ君のヲ一寸と借して下さい。一と通り見テ置キタイト思ヒ候。

麦飯爺[1]ヲ通読候テ

明治二年秋大坂ニ兵部省ヲ先づ置き次ニ軍医寮?（軍事病院ヲモ）ヲ置キ（大村兵部大輔?が）シ事「○維準先生―氏も既に出仕シアリシ也。大村増?次郎（益?）が刺客ニやられて没シタノガ明治二年九月ナル事（以上ハ君ノ書ニ由りて）。

又麦飯爺伝中ニハ利国氏[2]二年ニ大坂出テ鈴木町?病院（上欄ニ「鈴木病院トハ名称ガ変ダ」トアリ）、院長高橋正純、緒方郁?三（此人ハ君ノ書中にもいづ。いかなる関係の人?蘭人ボードイン[3]、同

2） ブッケマン[4]がヰタトアル。ブッケマンハ此頃カラ陸

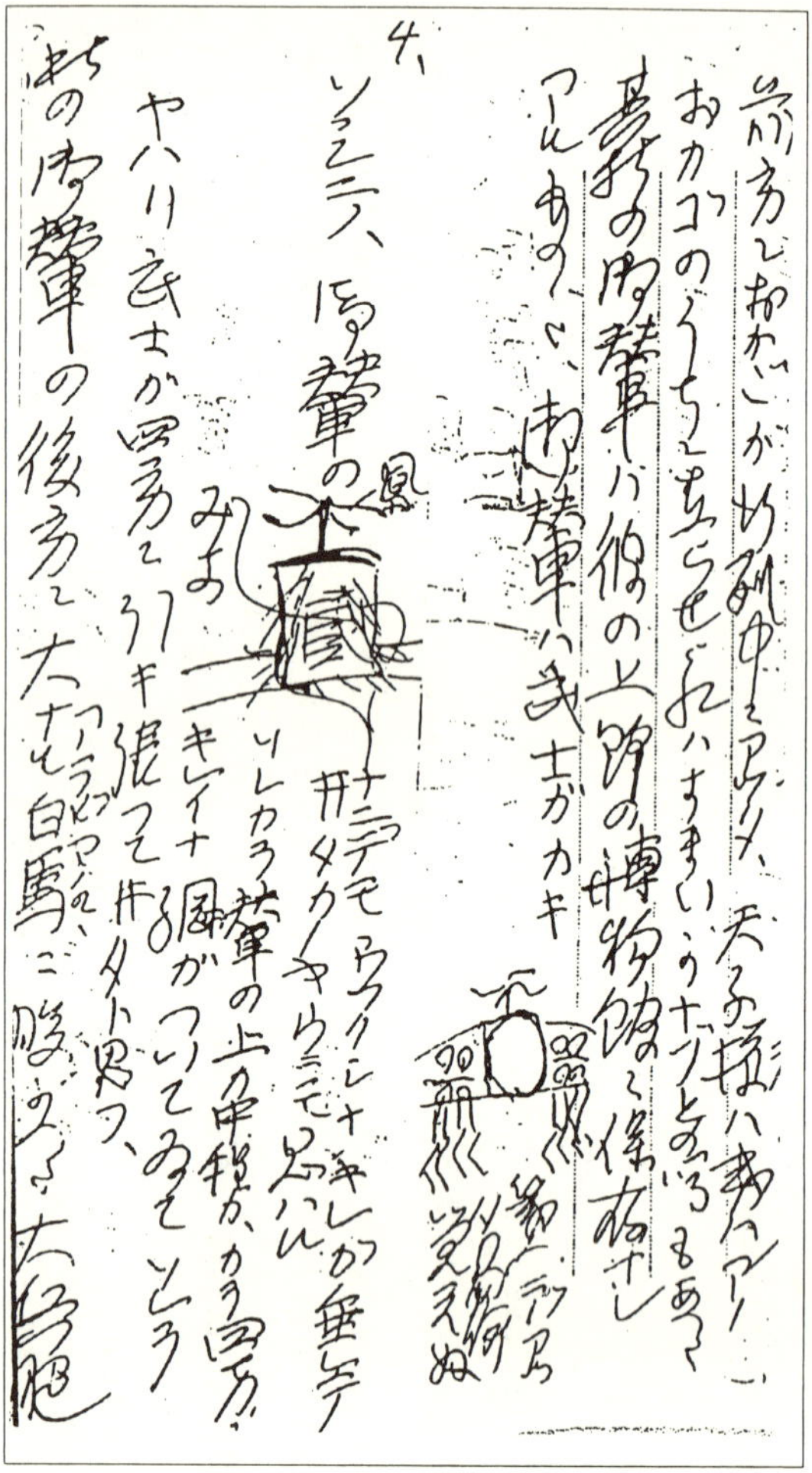

軍の方ニ関係があったし(か欠)ら。ナンデモボク等陸軍ニ出身シタ頃折々軍医の教師タリシブッケマといふ話ヲ耳にハサンダ事ガアル。此ノブッケマンハ大坂の軍医寮時代から引キつゞき東京軍医寮へと引き移り股ガッテ来タノデアロウカ。

大兄維準先生ハ、二年大村死後又ハ三年か、それとも東京ニ松本や石黒が居すわって後チニ大坂より東京へ移って来られた、いはゞ先きの雁があとになったといふ様ナ事デハアルまい歟。ナンデモボク等十四年出仕シタ頃《ママ》ハ松本ハ一向ニ出勤ゼス。唯一度東京衛生病院デ出会シタばかりデあって、林紀、次長が次テ総監ニナリ、準先生が次長、石黒ハ少佐相当官タル医正デアッタヤウニ覚ユ如何。準先生後ニ近衛師団軍医部長デヤメラレタ。

3）大切ナル事ガボクには一ツ記憶がはっきりとせぬ。ソレハボク、マダ幼少の頃濱松ニありし頃、陛下即ち天子様が京から江戸へ御通御ニナル、藩の士ハ町ニ出テテソットデモ拝見スル事ハナラヌト云ハレタノデ、松濱ノ西端《ハヅレ》ナル成子《ナルコ》町といふ所の親シキ忍谷酒屋へソット出カケヲ待ってゐて、丸《マル》腰デ（士分ハ大小ヲササズニ）外出スレバ狂者ニ非ラザル以上御とがめヲ藩より喰ひ閉門又は蟄《チツ》居ヲおほせつかったものだ。まだ小供デアルカラカモウマイと云っ(た欠)ので、ボクだけソット出

かけたのだ。ソシテ、天子様ヲおがむと目がつぶれると
いふので、町家の軒下ニ土下坐ヲシテゐてソット御輦ヲ
拝シタ。御輦の少シク前方におかごが行列中ニアッタ。
天子様ハ或ハアノおカゴのうちニ在らせられハすまいか
ナゾとの噂もあった。其折の御輦ハ彼の上野の博物館ニ
保存サレアルものだ。御輦ハ武士ガカキ

4) ソシテ御輦の鳳　［前頁の図のスケッチ参照］　幾人デアッタカ
みす　勿論覚えぬ。
ナンデモウツクシナキレが垂レテヰタカノヤウニモ思ハル。
ソレカラ輦ノ上カ中程カ、カラ四方ニキレイナ綱がついてゐテ
ヤハリ武士が四方に引き張ってヰタト思フ。

此の御輦の後方ニ大ナル白馬ニ股がった大兵肥満の公
卿が列シタ。此ノ人ハ土佐ノ後藤象二郎といふ豪傑だと
小耳にハサンデヰタ。どうもやはり明治元年デアッタロ
ウト思ハルルが、ドウデアロウ。明治二年五月ニハボク
十四歳デ濱松から上総へ井上河内守（藩主）の御国がへ
で、カゴニ乗ルト吐クカラ、毎日八里ヅメテスタコラ江
戸ヲ経テ上総ノ曠野へ移った。デアルカラ明治元年デア
ロウト思ふが遷都ハ元年デアッタロウカ。書物ハ火災デ
悉皆焼キ尽シタデ分明デナイ、知ラセテクレ。

5) 何ンニセよ其頃の東海道ハハやトコトンヤレナデ幕
軍、慶喜公が騎兵ニマジッテ通ったかと思へバ、ボクら
の家ニモ出水川どめで数日滞留シテ、御直キ参ト云フノ
デ威張りかへってゐた連中が、大将が伏見から艦テ東京（藩主井上も此時の）
へ帰って（相伴ヲシタノダ）シマッテ取り残された兵どもがバラ〳〵になっ
て此度ハ喪家の狗の如クニきちん宿ナゾニ泊って尾ヲマ
ヒテ江戸へ下って往った。其次ニハ宮サン〳〵おん馬の
前にヒラヒラスルノハ何ぢゃイナ（品川弥二郎名作の軍
歌）デ言語も通ぜヌ　クヤ〳〵云う田舎ぶしニ又町家ハ
あらされたといふ。」たしか慶喜公の征長上洛の時旗、

［次頁の図参照］　いはゆる日の丸の馬章、これハすもふ
とりが捧ゲてゐた、やはり綱ヲ二本つ
けてあって武士が引キ張ってゐた。

或ハ城下ヲ通ルトキのみにて、松林のなはて路通行の
時はもっと楽クニ持ってゐたのであらうと思はる。
今より二十年許前に余請ハレテ日の丸を染めし扇の馬
じるし昔おがミしこともあってその懐旧ヲ

6) やった事がある。〇ソレハソウト明治二年即ち上総
ニ移ル路すから父ハ（沼津デ蕃書取調べの連中や、古賀茶溪
翁ヲモタヅネタ）濱町の藩邸ニとゞまりて、下谷の和泉橋
藤堂屋敷の大学病院ニ数ヶ月通わ（れ欠）てウヰルユス（5）といふ英
医のクリニックヲ見て、書きとめた一書がある。ボクも
二回許父について見に行った。ナンデモ坪井といふ昔の
友人ニタヨッテ見たのだ。〇後ちボクが陸軍ニ出身後石

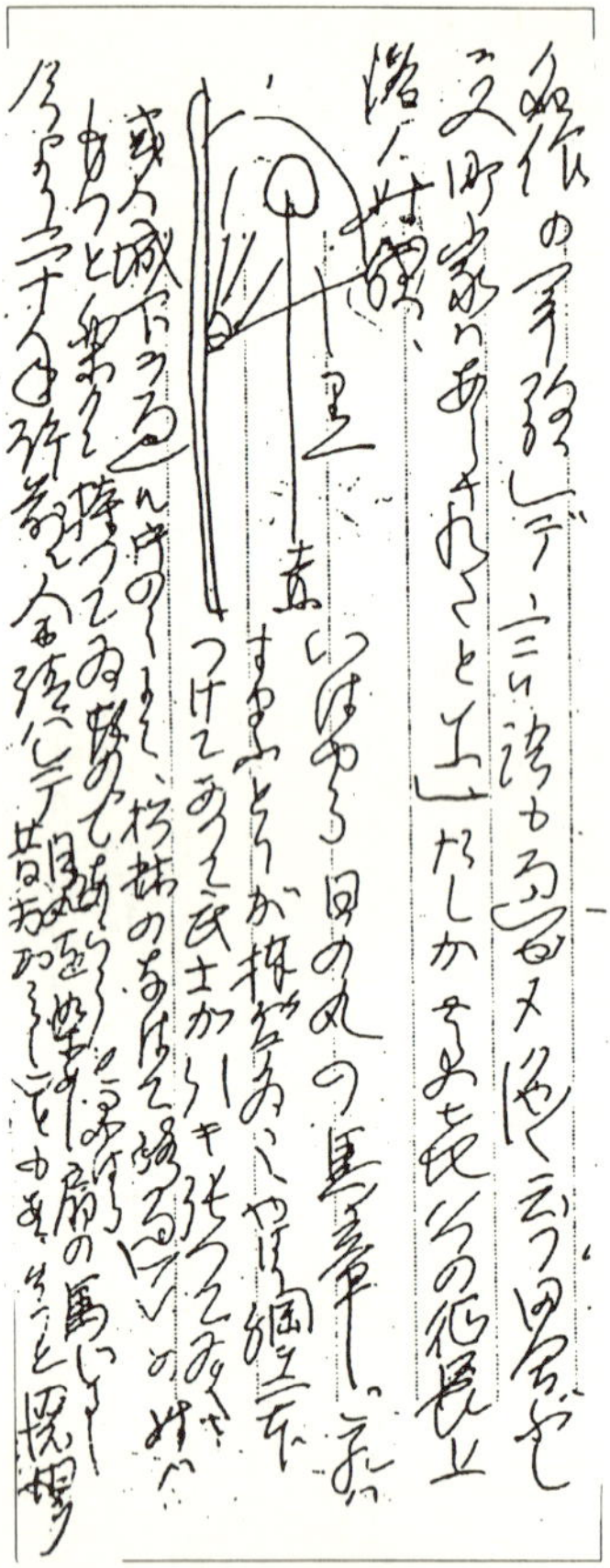

黒一日曰ク、君のおとうサンハ大病院デ知ってゐる白髪童顔デ人々ハ仙人と称してゐた。砲術家であったソウナ。緒方の弟子カと思ふてゐたナゾト、云フタ。シテ見ると石爺ハ二年頃ニハ大病院ニゐたものト思ハる。曽テ陸軍将軍連の会の時ニ石曰ク、私ハ明治三年ニ出仕シタノダト。然るニ先日大学連の会の時ハ四年といふた。即ち松本翁か出てからあとで出仕シタものであらう。医学ナンゾハ少シモ学ンテヰハセヌノデアル。然るに早ク既ニ何とやら化学(6)といふ小冊子ニ巻を訳出してゐるといふ。コレハ田代か足立(7)(二脱カ)訳シテモロウタデアロウ、田代ニハサスガの彼も随分金ヲ借リラレタノテアル。

兵庫県武庫郡東芦屋
松ノ内一、二二二
緒方収二郎様

参銭
参銭

封　六月十九日
東京神田小川町五十一
賀古鶴所

消印（神田4・6・20）

【注】

（1）麦飯爺　矢島柳三郎編『麦飯爺』。軍医堀内利国のこと。

（2）利国氏　末尾の95収二郎［控］参照。洪庵の五女九重の夫（利国としくに）。九重はのち復籍。堀内利国の子、謙吉は耳鼻咽喉科医院を大阪今橋三丁目で盛大に開業（昭和六年謙吉氏没）。

（3）ボードイン　Bauduin, Antonius 大阪軍事病院、大阪府医学校のお雇いオランダ人医師。

（4）ブッケマン　ブーケマ Beukema 陸軍本病院、軍医寮などのお雇いオランダ人医師。

（5）ウヰルュス　ウイリス Willis, William 元イギリス公使館付医師として来日。一八六八年薩藩の軍陣病院で診療。のち横浜の軍陣病院でも活躍。お雇いイギリス人医師。一八六九年東京の大病院長に招かれた。

（6）田代　田代基徳（のち一徳）天保十年（一八三九）－明治三十一年（一八九八）中津出身の適塾生。のち西洋医学所塾頭、明治に入り陸軍学校長等歴任。

（7）足立　足立寛（前出）

83 鶴所、収二郎あて（昭和四年六月二十一日）

1） 泰然－尚仲－進、と見ると舜海ハ傍系のやうニ思ハル、いかん。

○二十日ノ返書アリ難シ、度々連絡が明ニナッテ来リタリ。松原や飯森の仲間トボクが見タノハ練木ノ事サ。蚕の種紙ヲ小顕微デ見テ種々狂の有無ヲ知ル事ヲヤッタ男ナリ。

　　　　　　－舜海（養子カ佐倉ノ留守而已）
　　　－尚仲（養子）－進（養子）
○佐藤泰然
　　　－良順（実子）出デテ幕医松本ヲ嗣ク。

僕の知友濱松在の老医ハ東舎ニ入ラントテ六年ニ上京シタ。東舎ハ既ニ閉ヂタアトデ、下谷練塀町の順天堂ノ外塾済衆舎（舜海校長タリ）ニ入学シタ。而シテ実地ハ順天堂病院ニ行ってテ学ダ。○此ノ済衆舎ハ浅草辺ヲ転々シて又下谷地の端ノ福成寺ニ移リ転し、明治七年春塾生残らす東京府下病院ノ（上欄ニ記入－此の済衆舎ハ東舎生の落人が皆集リ来タモノダ。故ニ学科も同じやうデアッタといわゆるナリ）

2） （長谷川泰ももとハ佐倉で学ンダノダト曽テ聞イテヰタ、やはり尚仲ニ学ンダノカ。泰然といふ人ハドンナ人デアッタロウカ。）

寄宿舎に移ッタ。済衆舎ハ閉ヂタ。此ノ病院ハ芝の有名ナル青松寺ノ前ニアッタ。院長ハ岩佐純デアッタ。副院長ハ佐々木東洋、眼科ハ伊東方成、マシミットとかいふ米人一人ゐた。○此の病院ハ府立（大久保一翁知事の頃）娼婦や懲役あがりの病人デ引キ取リテ無きものが主ナル患者デアッタ。思ふニ後者ハ解剖用？

長谷川の済生学舎ハ七、八年頃始メタノデアロウカ、ハ老医が云フ、不明。右ノ模様デハ舜海が済衆舎（佐倉の学会ハ済衆架舎ト云フタト麦飯爺伝中ニ見ユ）

3） といふ学校ヲやってゐて尚仲が順天堂病院ヲ練塀町

でやってゐたやうダ。ソシテ済衆舎ハ七年春ニ閉ヂタトアル。ソレカラ舜海ハ又佐倉へ舞ひもどったの歟。〇尚仲ハ五年の米独学改革の折ニ大学ハ休メタ。彼の順天堂病院ハ五年より以前ニモやってゐたの歟又ハ五年前ニハ佐倉デヤッテヰテ、ソシテ大学ヲヤメテカラ練塀町テ順天堂ヲ創立シ、其漸ク盛ニナリ、前田侯の勲章一件デ金ヲ得テ今の湯島ニ業碁の固定シ得たのかしら。

〇済衆舎がやめた頃ニ長谷川の済生舎が起り、〇同八年ニハ大学にも別科ヲ置タ、といふ水すぢニ見ラレルガドウいふものであらうか。

4) 佐藤や長谷川の事ハ石黒ニ聞ケバ分らうが、アノ爺ハ何事モウソ半分故いやダ。三宅ニ聞うかとも思ふが、他人もおつくうナ人故まだひか(レ)へてゐる。大槻ニ知レタラバ寧佐藤達三郎君ニ尋ねやうかとも思ふてゐる。もし順天堂病院史トデモいふものありバ甚だ便ニ思ふ。又佐藤家としてハ済衆舎が閉ヂテ済生舎が生れて後チ、どうして済生学舎ハ素講訳故、医生医者等ハ順天堂へおしつけて実地（外科手術ヲ見習）に行ったものだ。ソレが為め同院デハ施療の症員ヲ置キ、見学医生カラモ相応の報酬ヲ取ってゐた事ハ本郷の大橋ニボク下宿してゐた時に知ってゐる。いはば実地。

5) 的の教へ方ハ或ハ済衆舎ノアッタ時分カラ連綿と

やってゐたかも知れヌ（尚仲ハナカ〳〵ナクセ者ナリシ故、一ハ廣告のために）。デ甲種医校が地方ニ出来タリ、つづいて医専が生じタリシテ、済生舎も閉ヂタ（何年頃カしらないか）。後チハ此の学校向きの事ハ順天堂ハマヅ中絶シタカモ知レヌガ、又近年ニナリテ何年頃ナルヤハ知らぬも達二郎氏時代ニナリテより歟、東京医学専門学校（東大久保）ヲやってゐる。これからさきちと大キナ病院ハ学校ヲ持ってゐないと存在がアブナイ。コンナ関係ヲボクハ明ニシタイと今考へてゐる。助力を請う。助け舟〳〵

鶴所

六月二十一

収君　梧下

参銭

兵庫県武庫郡東芦屋
松ノ内一、二二二
緒方収二郎様

（消印）
（神田4・6・21）

〆
六月廿一日
東京神田小川町五〇
賀古鶴所

⑧④ 鶴所、収二郎あて（昭和四年六月二十一日）

1） 廿一日第二信、スマナイもう一本文ぶみだ。大学東校時代、二年至四年?の教授、足立寛（コレハ坪井系?）田代　は幕府時代からと云へす何所デ学んだ人であらう。桐原春節ハ或ハ曰ク松本が長崎へ出かける折、其連中?（連中と云へハ多人つれてゐったやうにも思はると共に長崎へ出遊して学んだのだとも云フ?）司馬盈定ハはえ抜きの長崎修業であらうか、兎ニ角二年—四年の間は、佐藤尚仲が先づ教頭格でヰタ事故、彼が佐倉の塾デ学んでゐたといふ。長谷川泰のやうに佐倉派ト

2） デモ云フヤウな連中もありさうた。勿論相良と岩佐が文部（まだ文部ハ出来ないから民部省か。民部省ハ大蔵と内務ヲ兼ネテヰタ）の大丞、大書記デヰタ。ソシテ東校（医学校）ヲ監督シテヰタ事故、或ハ教員ガ寄り集り連デ議論の後チ上る時に和解又ハ壓レタノカモ知レヌ〇ソンナ事デソウ〳〵佐倉派のミ登用ハ勿論出来ナガ《ママ》ッタデアロウケレトモ、どうも佐倉出が多かったかも知れぬとも思ハレる。〇石黒がナントカ好く長谷川泰の事の云フ事ヲ聞イタ事ガアル。曰ク佐倉ニゐた時分ニ船橋マテ女郎買ヒニ行ったナゾ（佐倉から船橋まで、七、八里ハあるであらうに）斯ク長谷川の噂ヲシタノハ、自分さくらニゐた事デもアルやうに見せたかった彼の時代デモアロウガ、彼し石黒か長谷川と交ヲ深クシテヰタノハ一ハ松本翁（縁も無キ）ニ取り入る折ニ道具に使フタノデハアルマヒかとも思ハるが、どうであらう。

3） 兎ニ角五年の改革後、我一人独乙語学ヲヤってゐた時には、長谷川ハ幹事長といふ格テヰタシ、桐原モ折、鳩ポッポのやうな丸い目ヲシバタキナガラ　ホンクナゾの教場ニノソリ〳〵出テ来テもやうヲ視ニ来タ。後ニ長谷川ハフンク(1)一件デ三番舎連と争ひ、喧嘩シテやメタ。其代りニ九鬼が幹事長ヘナッテ来タヤウニ覚ユ。桐原モ其時分ニハモウゐなかった。足立ハ再勤シタガ、此爺ハ相互の方ヘハ顔ヲ出サナカッタ。後ちの準医学士の方へでも出てゐたか。田代基徳ハわれわれの方へハ来ナカッタ。此人ハやはり陸軍ニ出身シタヤウダ。別科生の教授モやらなかったやうだ。足立ハ別科専門の教師サ。桐原モサウデアッタト云フ。

4） 司馬ハ早クニ独乙学ヲ其私宅デ教へてゐたといふ。壬申義塾の某はもと司馬方の教員デアッタトノ事。司馬ハ女学校ヲ作ったりしたが、嗅《ママ》聞ヲ流した。此人の大学を止メタノは、ミュレルルト前後シテヰタカトモ思ハル。ミュルレルは自分ノ権能ハ文部次官又ハ大学医学校長デ、生徒の進退ヲモ自分が握ッテゐるやうニ思ふてゐたが、

我政府当局者がミュルレルハ純然タル教頭と見てゐた。ナンデモ此の契約文の翻訳ハ司馬がやったのであるとかデ、大ニゴタ〳〵シタ事がアッタ。コレハフンク追出運動ヲ我々がやった時、内外の教師がホンク教場ニ出テ来りてソシテミュルレルが演説後ニヤーといふものに在学サセルが、ナイント云フ者ハ直ニ放校スルト我々生徒ニ告ゲタ。所が我々ハ首坐カラビリ迄一同ニ悉クナイント答ヘタノデ始末がつかぬノミカ、我々ハ

5) 大学の生徒でアル。外国教師ニ進退ハマカシテ居ラヌ。藩命デ大学にハ入学シタ。大学ハ規定ニ由りて入学ヲ許可シタノダ。ミュルレルハ越権ダト突キコンダ。此際に司馬ハ外国教師と文部省との間ニ板バサミニナッテ究シタトカの噂ヲ聞タ事モアル（明治六年頃?と思ふ）。彼レ司馬ハ或ハコンナ事デやめたのかもシレヌ。何ニセよ教員朋輩の中デモ忌又憚ラレタ《（テ）》ゐたやうデアッタ。此の司馬ハ長崎そだち?長崎ニハ維新前後蘭学の医校?　又ハ著名ナ人物デゐたらうか、ドンナものであらうな。

　ソレカラ山根正次や長州人のビッコの医生?医新聞屋かデ

6) 一寸と義論《ママ》の分ルやつがゐた。此両人が後ニ医学校ヲ立テタ（或ハ人の立テテもてあましたのかを引受ケ）テか、後ちニ教員中か生徒間ノゴタ〳〵が起った様ニモ聞イタ

○此ハ或ハ長谷川泰死後の済生学舎の職場デハゴタ〳〵が起った様ニモ聞イタ○此ハ或川泰死後の済生学舎の職場デハ無ッタロウカ。アノ小柴や、中原が後ニやってゐて今でハ日本医科大学（前ニハ日本医学専門校）と称スルやつが済生学舎のあとつぎでものになったやうでハあるまい歟。○佐藤達二郎の現ニやってゐる東京医学専門校ハ新設のもの歟。又ハ前身ハ何々校といふていたやつを達二氏が拾ヒ上げてモノニシタモノデハアルマイカ。「コンナ事ガハッキリスルト、マウ君ヲ助舟と呼ンデクルシメル事が無ノガドウカ、富士川の日本の医学トいふヤツニコンナ事ハ書イテ無イカドウカ）

（賀古病院用箋　神田区小川町五十番地　電話神田(25)三一一五番）使用

兵庫県武庫郡東芦屋松ノ内
一、二一二
三銭切手
緒方収二郎様

消印（神田4・6・21）

〆
東京神田小川町五十一
賀古鶴所
六月廿一日

[注]

(1)フンク　Funk, Herman 東京医学校のドイツ人お雇い医師。明治6年3月1日～同9年7月10日（雇用期間）。

㊽　鶴所、収二郎あて（昭和四年六月二十五日）

二十三日の御書拝見。実は今二十四日朝十時より近所なる宮本仲氏ヲ訪ひ五時迄ぶっとうして、食事中も話しつづけて大学を本系とすれバ、傍系ニ渡る方の即ち佐藤の済泉舎、桐原の明学舎（コレハ依然不明済生学舎）又此学舎ヲ長谷川が放放《ママ》擲したる後ち二派ニ分レテ遂ニ一ハ日本医科学（中原没後塩田が長タリ）一ハ東京医学専門校現ニ佐藤達二郎のやってゐるシタ事や、○内務省医師開業試験ヲ奥田が文部大臣の頃止メタ経緯やナンカ聞イタ。ソレカラ東京府病院の流れ落ちタ所や、伝染病院ナゾイロ〳〵横路ニハはいった歟、老人だけニナカ〳〵益なる事を知ってゐた。宮本ハ別課出ナレトモ若いころ医事の新聞ヲ書イテ居た事もあた《（ツ欠）》もの故、知る所が多いのであらう。而も神田開業医の兄分で世話役ヲヤッテヰル。帰宅先つ一服と机上ヲ見レバ君の書あるサ。随分うれしかったよ。

何ニせよ年代ナゾガハッキリセヌ。ソレカラソレト聞き合ハ心組なり○先以て長谷川が済生学舎ヲ始めたのハ七年歟八年歟といふてゐた所。此度の御書ニ七年ニハ長崎医校の長ニナッテヰた。学校ハ其年ニ閉ぢたで済生学舎の生れたのハ先づ八年頃ト脈を引た。○近日三宅翁等生き残りの老人ヲ歴訪スルつもり也。どうやら種とりの記者のやうだ。冨士川の医学史ハもう絶板で珍書の部に入ってゐると金原書店でいふた。さがさせてゐるが東京の医者ハ大災で焼た。けふも宮本へ心あたりを尋ねてくれとたのんぜ置いたが、ドウカシラ、折角諸老を訪ふたにしてもソレデムダ骨折ニナリテハと思い、もやうニ由て一ヶ月餘の間、借覧いたし度候。文最早おかう。早々擱筆

六月廿四日　　　鶴所

収兄学　梧下

兵庫県武庫郡
東芦屋松ノ内一、二二二
緒方収二郎様
参銭切手

封
東京神田小川町五十一
賀古鶴所
六月廿四日

消印（神田4・6・26カ）

⑯ **鶴所、収二郎あて**（昭和四年六月八日）ハガキ

河野衢君へ聞キ合スベクと存候

御細雪拝読。尚何歟思ひ出でられ候ハヽ、乍憚御知らせ下され度候。一昨日か佐々木政吉君、大森ニ住スニ長文の書を投し、御臨幸当時之事にて記憶ニ残り居りし儀を申送り候へとも未だニ返書を得ず。かれこれ六十年前の事故これも忘れ候事と被察候。

兵庫県武庫郡東芦屋
松ノ内一、二二二
緒方収二郎様
東京神田小川町五〇
賀古鶴所
一銭五厘

消印（神田4・6・8后10－12）

⑰ **鶴所、収二郎あて**（昭和四年六月二十二日）ハガキ

富士川の日本医学史一寸と東京ニ無いのでコマッテキル、大坂ニハ売ってキマイカ一寸とサガサセテミテクレタマヘ

以早々御書にて明治元年より二年の？が明クなり、ミルレルの来た四年秋ニ松本ヲクリスタールケルンニして当時の豪傑連ガミリテールニ入り来り（麦飯爺ヲモ参照）、次デ五年の改革デアトのもろくもふるひ出され、おんで行き、私立校並病院ナゾ社会の需用ニ応ジテヨキ〳〵立ち出で来りたる事大概分明ニナリ候。ナルベク自分独りの推察でやらぬ様にと注意ノタメ御迷惑ヲカケ申候。

兵庫県武庫郡東芦屋
松ノ内一、二二二
緒方収二郎様
東京神田小川町五十一
賀古鶴所
六月二十二日
一銭五厘

消印（神田4・6・22后6－7）

⑱ **鶴所、収二郎あて**（昭和四年六月二十三日）ハガキ

官校と私立校との消長、起倒が能ク時代の要求ヲかたってゐる、決して偶然でも人意からの結果でもない、済生学舎のやうなものでも大ニ国家民衆の用ハなしてゐる、別科生ハ此ニ比して貴ぶべきものである、一寸と官公私校の事をナラベて書いて見た、いづれ其中ニ御目ニかけやう、一寸おつなもの也、富士川著日本医学史、本

やニ見あたらぬ、少の間借読したいたのミ候、六月廿三日

兵庫県武庫郡東芦屋
松ノ内一、二二二
緒方収二郎様
東京神田小川町五十一
賀古鶴所
一銭五厘

消印（神田4・6・23后5―6）

⑧⑨ 鶴所、収二郎あて（昭和四年六月二十五日）ハガキ

裳萃房と云フ書館、電話帳にも見当らず、局ニ聞テモ無しと云フ、葉書ハ出シタガ、何の返事も無い、或ハ大災後廃棄したのかも知れぬ、南江堂などニ聞カセテモ、絶板？今日ハ珍書の部類、日本医学史ハナッテヰル、見つけたらバと云フ、十日許デヨイカヲ面倒デモ借シテ下サイ　六月廿五日

兵庫県武庫郡東芦屋
松ノ内一、二二二
緒方収二郎様
東京神田小川町五十一
賀古鶴所
一銭五厘

消印（神田　4・6・25后6―7）

⑨⑤ 明治初年の医学校ニ就テ［控］（昭和四年六月、緒方収二郎ペン書き）

明治五年の御臨筆の時ハもとより知らぬが、十一年にハたしかに在校してゐる筈だが記憶にない。多分母の病気で大阪に往(1)てゐた留守中なりし歟と思ふ。十九年の時ハスクリバ氏の助手時代にて烙白金を紅くして御覧に入れ事がありし。明治五年頃の人ハ三宅先生の他にて生存しあるは佐々木政吉、片山國嘉、福井の阿野衢の諸氏歟、長谷川順次郎氏も今尚本郷に居りはせぬか。君の出るビッコは静岡の室賀録郎氏なるべし。氏も尚生きてゐるかもしれね。藤野奈良坂、森永の諸氏ハドンナモノ歟。石黒ハ松本が陸軍に入りた時（明治四年）同時ぐらい歟。大阪には最も早イ兵学寮もあり軍医寮もありて、其時分

に帝都が京都にありて大阪に陸軍や大蔵省（ト云フタカドウカ）なぞを置き、造幣局や造兵局等ヲ設立せしなり（明治二年）。其際より惟準が之に入り、中定勝も同様なりしが、大村兵部大輔が暗殺されて帝都が東京に定りたる後、山県が明治四年に松本をひき入れたから中が怒り出して石黒と喧嘩をしたのである。松本は上野の戦争にハ関係してゐたかドウカしらぬが、上総より奥羽の方に居た様なり。三年頃に東京にまひ戻りし様に思ふ。大村ハ大腿を斬られて風呂桶場《明治二年九月》にかくれて、其際ハ殺されなかったが、京都の新五《(新妓、新子)》ナンカガ膏薬などを貼りつけ充分不潔にしてからボードヰンに惟準か附そひ二、三日後に出かけていって大腿ヲ切断した。夏デハアリ既に化膿してありて膿毒症にて逝きたるなり。（以上「高島屋撰」用箋使用）

十一日朝着の御書拝見。明治二年兵部省創立軍医寮軍事病院設立の事ナド先年矢島柳三郎氏編麦飯爺（堀内利国氏）にありて東京に移設の年月及其頃の軍医の名姓が明記してあるから夫れを図る。其書にて維準の退官の事もわかる。その書にある通り堀内氏の大阪にてなせし試食により脚気病者の大に減せしを知り維準ハ之を近衛師団長に施せしに石黒の反対（森をして麦を分析或ハ人獣ニ試食せしめ其排泄物等の検査をなさしめしも其時節ハ窒素トカ含水炭素トカ吸収ヤラ消化の如何等をのみ検索し堀内氏の唱ふる一種の特異の成分なるものは愚人の寝言とし麦飯の効見ニアラズ偶然ノ結果ニシテ確信スベカラザルモノトシ）ありて如此不確実ノコトヲ近衛兵に試むるは聖上に対し相スマザル次第ナリトテ辞職セシメけり。

石黒ハ明治初年頃松本に従ひおりし様なり。多方柳に居た時分の事カ、東校にも出入してゐたのだろう。石黒が象山ト云々ハ井上カテ聞タノカ何カニ書タノヲ見タカ耳に残てゐる。明治二、三年頃の東京の事、殊ニ医学所の事ハ僕ハハッキリ知ラヌ。明治元年の五月カラ同四年十月マダ大阪に居タカラデモアル。

冨士川の日本医学史によれば次の如し。

明治元年六月旧幕府ノ医学所ヲ収メテ鎮守府ノ所轄トシ和泉橋通旧藤堂邸ニ医学所附属病院ヲ建テ大病院ト称シ、薩藩ノ徴士前田杏斎（此人ハドンナ人カシラヌ）の主事タラシメ、奥羽ノ戦役ニ従ヒテ偉効ヲ奏シタル英医ウヰリスヲ聘シテ治療教育ノ事ヲ任シ、翌二年五月医学所ヲ大病院ニ合セ医学校兼病院ト改称セリ。明治三年大病院ヲ大学ニ隷シ医学ノ則ヲ独乙ニトリ、佐藤尚中ヲ挙ゲテウヰリスニ代ラシメ、次テ教師トシテ、ボードウィン（蘭）、マッセ（仏）、シモン（嗹馬）ヲ聘シアリシガ、明治四年八月ミュルレル、ホフマンの両人ヲ独乙ヨリ聘シ教頭トス。石黒忠悳、長谷川泰ヲ舎長トシ学生ヲ監督セシメ、相良、岩佐（是ヨリ先キ相良知安、岩佐純ヲ大学権判事トシ医道改正御用掛トス）ヲ補佐シテ学制改制改正ノ事ニ任セシム。

石黒忠悳、池田謙斎、佐々木東洋等ウヰリスの門ニ出テ其名最モ著ル。

右ハ日本医学史ヨリのぬきがきなり。右にヨレバ石黒ハ明治四年の八月後ニ陸軍に入リタルベシ。

冨士川の日本医事年表ニ明治四年辛未兵部省ニ始メテ軍医寮ヲ置キ、松本順ヲ軍医頭、林紀ヲ軍医助石川良信ヲ軍医権助ニ石黒忠悳ヲ軍医正ニ補ストアルモ、軍医寮ハ明治二年ニ大阪ニテ設立シアリシモ知ラザリシナリ。

石黒が先日医事公論ニ後藤新平ノ立身シタノハ余が児玉ニ推挙シタノガ始メナリト云々。私が死ダトキニ来テ世話ヲシテモラウベキ乃木伯ナリ児玉伯ナリ後藤伯ナリガ先チテ死去サレ、却テ此方ガソノ霊前ニ香ヲ焚クトハ実ニ人世ハマ、ナラヌトイフ感がスル云云。さて／＼あきれかへって物が言へないよ呵々。

翻譯局ハ天保七八年頃ヨリ歟、後蕃書、後洋書調所

拝読。東大五十年史編纂に付きて御申越の件々おぼろけならが左に申述候。

大学の前身ハ安政元年（?）成立の蕃《洋》書調所、次ニ開成所となり、明治になり開成学校、後大学南校とたりたるなり。而テ昌平校（聖堂）ハ遠ク元禄三年（?）ニ建開シ明治に経続《ママ》、医学ハ多紀元孝ノ済寿館ヲ寛政二年ニ官立トシ、医学館ト称セシヨリ累世多紀氏之ヲ督シ明治に至る。西洋医学ハ安政年間（四年頃）蘭方医師等（箕作院甫、大槻俊斎、三宅艮斎、伊東玄朴、竹内玄同、戸塚静海、林洞海、坪井信良ノ諸氏（富士川氏ノ日本医学史）ノ設立セル種痘所ヲ文久元年西洋医学所ト改称シ、大槻ヲ長トセルモ病死シ、文久二年緒方洪庵ヲ大阪ヨリ招キ同所頭取トナセリ。尓後科ヲ設ケ則チ立テ教育スル事トナレリ。而テ同三年単ニ医学所ト称ス、同年六月洪庵急死（喀血）、先年来長崎ニアリシ松本良順之ニ代リ頭取トナリ、明治元年ニ至ルモ氏ハ幕府党ト脱走シタリ。後東京ニ帰在シアリシヲ明治四年兵部省ニ軍医寮ノ出来タトキ医頭トナリタルナリ。

徳川時代ノ医学所ハ和泉通リニアリシナリ。老生七才ノトキ而テ文久三年三月母ニ伴ハレ、兄弟五人（姉三兄一弟一）（維準ハ当時長崎ニ留学中。四郎（惟孝）ハ父ニ従ヒ在府）ト東海道ヲ江戸ニ来リ役宅（医学所ノ邸ナリシ）ニ落付タルを僅ニ三ケ月ニシテ洪庵ノ死セシヨリ、御徒士町ニ移

居セリ。明治元年三月迄同所に住し、三月横濱ニ避難、（五月大阪に帰着）藤堂邸ノ大病院ハ貴説ノ通リ、初メハ官軍傷病者ノ為メナリシモ、後医学所ヲ之ニ合併シ、ウイリスヲシテ教育及治療ニ任セシメシナリ。（明治二年）大学東校ト云フ。而テ岩佐玄圭（純）、相良弘庵（弘安）之ヲ督セシナリ。佐藤尚中ハ教授ナリ。尚教官トシテ司馬凌海、三宅秀、足立寛（藤三郎）、田代基徳（此ノ二名ハ江戸時代ヨリノ教員ナリ）、池田謙斎（明治三年独乙ニ留学セシメラル）、其他桐原真節、長谷川泰等々御説の通リナルベシ。

明治五年第一大学区医学校ト改ム。ミュルレル及ホフマンヲ招キ教頭トナス、英語ヲ独乙語ニ更ユ。

同六年文部省ニ医務局ヲオキ、長与専斎ヲ長トシ、医制ヲ調成、医術開業試験及薬舗開業試験制ヲ定ム。（此年十一月老生入学ホルツ[2]氏よりアベセヨリ習フ）後六ケ月中頃、熊谷、高橋、森松等ト六名撰抜セラレ四番舎に入りて貴兄、久米、池森、小池、甲野等ト甲級トナナリシナリ。

同七年東京医学校ニ改称。

明治八年通学生教場ヲ開ク（樫村清徳、橋本綱常、桐原真節、三宅秀、足立寛、永松東海、田口和美、井上達也ノ諸氏等ヲ教官トス）。

明治十一年開成学校ト東京医学校ヲ併セテ東京大学ト称ス。

東京大学総理（?）ハ渡辺洪基氏（?）、医学部管理ハ池田謙斎ナリシ。

維新旬々ハ東京ニテハ福沢ノ慶應義塾、箕作秋坪、奎吾ノ濱町ノ塾、漢学は昌平校ノ他私塾ハ諸所ニアリシモ記憶に残ルモノ御記ノ川田、芳野の他ニ南摩、三島等なりし歟。

明治元年大阪内久宝寺町ニ医学所及病院ヲ設立、ボードキンヲ教師トシ緒方維準ヲ院長トセリ。明治三年大阪府に渡せり。其時分の教官ハ緒方郁蔵、拙斎、永松東海、横井信之、其他松村、相良、等の諸氏アリシ。

即チ現今ノ大阪医科大学ノ前身ナリ。明治二年大阪舎密局、教師ハラタマ[3]、助教松本奎太郎、三崎嘯輔[4]（明治三年大阪開成学校ト改メ）教師トシテ独乙人リッテル[5]ヲ聘ス。

長崎ノ精得館ハ松本良順ノ建ツ所ナリトノ事（文久元年）、明治元年長崎医学校ト改称。校長ハ長与専斎氏、教師ハマンスフェルト氏ナリ、四年後坂井直常校長トナル。

明治五年京都療病院ニ独人ヨンケル[6]及レーマン[7]ヲ招聘シ、医学校ヲ創ム、後ショイベ[8]ヲ聘ス。

右ハ富士川の日本医学史の記事ニ自分の記憶せしものを附加せしなり。先不取敢是だけ通知す。餘ハ思出すに従ひ御報可申上候。（以上NITTO十三行罫紙）

明治初年の医学校ニ就テ
賀古氏ヨリノ問ニ答ヘし書

昭和四年六月

兵庫県武庫郡精道村
東芦屋松ノ内一二一三

緒方収二郎

［注］

（1）スクリバ　Scriba, Julius 東京大学医学部ドイツ人お雇い医師。
（2）ホルツ　Holtz, V. 大学南校（ドイツ学教場）ドイツ人お雇い教師。
（3）ハラタマ　Gratama, Koenraad Wolter 開成所分局理学所オランダ人お雇い教師。
（4）リッテル　Ritter, Halman 大学南校、大阪理学所、東京開成学校ドイツ人お雇い教師。
（5）マンスフルト　Van Mansvelt 長崎病院、文部省オランダ人お雇い教師。
（6）ヨンケル　Junker, 京都府療病院ドイツ生まれでイギリスに帰化した（イギリス人お雇い教師）。
（7）レーマン　Lehamann, Rudolf 京都府ドイツ人お雇い教師。
（8）ショイベ　Soheube, Heinrich Botheo 京都府療病院ドイツ人お雇い教師。

以上で、本題に関する史料紹介は済んでいるが、この機会に賀古鶴所が緒方収二郎から頼まれて周旋し、森鷗外が緒方洪庵先生の贈位ならびに追賁碑文を書いたことに関する史料が、すでに松原純一氏によって紹介されているので、ここに改めて引用させていただいておく次第である。（引用は、森鷗外記念会「鷗外」2号、昭和四十一年三月三十一日発行、「賀古書簡」から）

明治四十五年
六［一月十九日　鷗外宛］
緒方収二郎より洪庵碑文之事を別紙のやうに申来り候、大鳥、池田の両氏より学兄へ碑文依頼の儀を申出しや否も覚束無く被存候、其材料等御手元にまゐり候やいかが御都合によりて収二方へ申つかはす可く候（下略）
一月十九日　　鶴所
森学兄　梧下

【参考】

〔鷗外全集三一巻九九頁　明治四十二年五月〕

二十一日(金)晴。緒方銈次郎洪庵先生の碑銘を寄示す。

二十五日(火)。晴、午後大臣に赤十字社問題の調査書類と緒方洪庵の履歴とを差し上げ置く。

二十七日　緒方収二郎、佐多愛彦に書状を遣す。

〔同巻一〇四頁　明治四十二年六月〕

八日　大阪緒方家より洪庵先生に贈位せられたるに就き予に謝意を表する電報至る。

九日　大臣に謁して洪庵先生に贈位せられたるに就きて謝辞を申す。

十一日　緒方惟準洪庵先生に贈位せられしにつき予に謝する書至る。

十三日　緒方収二郎は洪庵先生を祭らんとして来て立ち寄りぬ。

十六日　午後駒込浅嘉町高林寺へ往く。洪庵先生の贈位奉告式なり。大鳥圭介、池田謙斎、老医某の外、緒方収二郎、同三郎、同惟準の子某の六人在りき。収二郎、僧の誦経中に予急に奉告文を草す。収二郎墓前に朗読す。常盤華壇にて来会者に晩餐を饗せらる。

〔同巻　明治四十五年三月〕

二十八日　追賁碑記を作る。

三十一日　緒方収二郎、同三郎来て碑の事を話す。

五月二十三日　日下部東作追賁碑を書して送致す。

二十四日　緒方三郎に日下部東作潤筆銭の事を申し遣す。

七　〔三月一日　鷗外宛〕

洪庵先生贈位の書類は緒方銈次郎方に在り直ちに千駄木へ送らすと収次郎《ママ》より申し越し候（下略）

三月一日　鶴所

森様梧下

八　〔三月三日　鷗外宛〕

拝啓(2)　緒方よりの書御覧に入れ候（下略）

三月三日　鶴所

森様梧下

注2　明治四十五年三月三日

右の書簡に次の手紙（次掲）が封入してある。鷗外の友人緒方収二郎氏（緒方洪庵の孫）より賀古鶴所に宛てたもので差出人の名も宛名も日附もないが、その書簡箋に、

大阪市西区新町通三丁目　緒方病院

と印刷されてあることと、書簡の内容から見て緒方収

二郎氏から明治三十五年三月初に賀古鶴所氏に送られ、それを封入した前記の手紙を賀古から鷗外に三月三日発信したものと私は推定する（森於菟記す）

（緒方より賀古への手紙）

爾来意外の御無音何とも申訳なし、昨年は姉八千代次に拙斎の二人病死、遂ニ兄弟皆失没大に心ぼそく相成申候、本年洪庵死後五十一年に候間、其の法事を営み度く、拙斎夫婦ハ冀待致居候処、之に先たちたるは遺憾の至に候、先年洪庵贈位の恩典を蒙りし節、上京の際森氏ニ贈位の碑文を大鳥、池田の二氏より依頼せられ、五十年祭の時建てたくと云事にて、尚数年も間之有候事故、野生も其後御願致さず罷在候処、已に本年ニ差迫リ候間、近日森氏に右願上度考居候、貴兄若し同君と御面会と在候はば何卒御頼みおき願上候。

難波の大火早速お見舞にあづかり難有存候、同所は道頓川の南方にて候間、野生方トハ二十丁余隔り居候事故、相免申候、又親類等も皆無事に候間、〇〇御省念可然候、

マナカツオの味噌漬如何、若し御気に入り候様に候はば遠慮なく御申越被下度、此頃魚釣を始め候間、何時にても手に入り申候、頓首

森鷗外撰の高林寺にある「追賁碑」（明治四十二年六月八日）全文は、緒方富雄先生の『緒方洪庵伝』（第二版増補版一八二頁）に収められ、これらの事情については次の緒方富雄先生の二文にくわしい。

「緒方洪庵の贈位とその前後」（「日本医史学雑誌」は第十四巻第二号　昭和四十三年七月）

「緒方洪庵の贈位記念碑建設の前後」（右同誌、同巻同号）

以上、附記しておく次第である。

「緒方収二郎宛書簡他」紹介（2）

緒方惟孝・維準・吉重・拙斎・八千代より緒方収二郎あて書簡——明治中期医学・病院事情——

②書簡参照

UNION POSTALE UNIVERSELLE
CARTE POSTALE
萬國郵便聯合端書
Herrn. Sh. Ogata
(aus Japan).
bei Fr. Adami
Philipp-Str. 3 I
Berlin Germany
YOKOHAMA 5 JUL 1890 JAPAN

⑭書簡参照

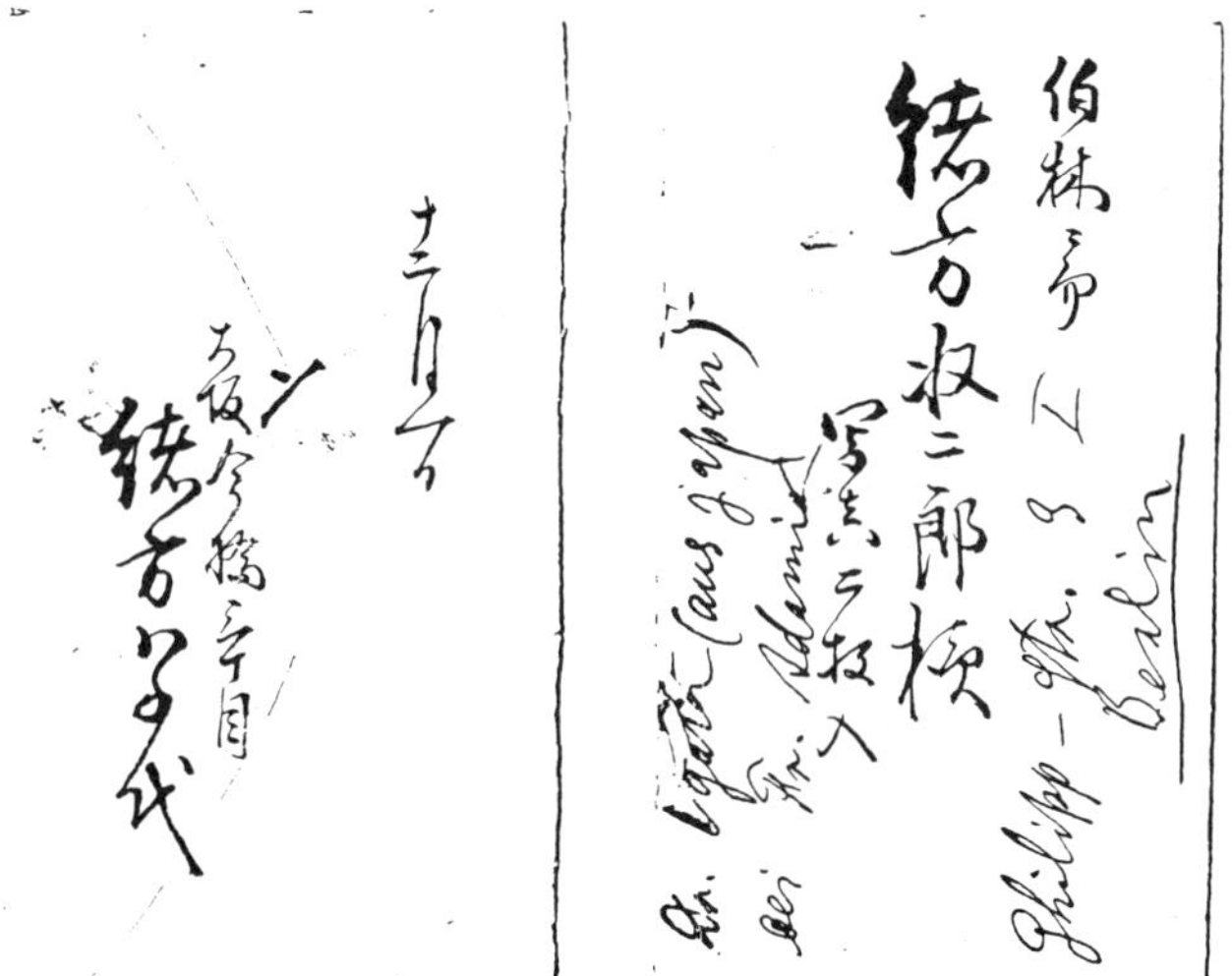
Philipp-Str. 3
Berlin
bei Fr. Adami

㉖書簡参照

はしがき

本稿は「適塾」第三十一号に史料紹介した「緒方収二郎宛書簡他」紹介（1）賀古鶴所より緒方収二郎あて書簡―明治初期医学事情―の続稿である。今回は緒方惟準《これよし》（洪庵の次男）およびその妻吉重《よしえ》（三沢良益の二女）はじめ、惟《これ》孝《たか》（洪庵の三男ではじめ四郎、城次郎といった。）拙斎（洪庵の四女八千代の養子。旧姓吉雄氏。）八千代（上記のごとく洪庵の四女で養子拙斎の妻。）がそれぞれドイツ留学中の収二郎（洪庵の六男）にあてた書簡ばかりである。

ここで若干収二郎らドイツ留学前後の事情にふれておこう。緒方惟準の履歴の詳細は、緒方富雄氏旧蔵の履歴書（将校名簿記載、明治十四年まで）及び「緒方惟準先生一夕話」（「医事会報」第四七～第五四号連載）に譲るが、惟準は陸軍々医監兼陸軍薬剤監などを歴任ののち、明治十九年五月、陸軍々医学舎長兼近衛医長に補せられたのを最後に、かねて持論の兵士の脚気予防策としての麦飯説が同僚及び衛生部員と議合わず、到底素志を貫徹することの不可能を概歎して軍職を辞す決意をし、明治二十年二月依願退職し、東京より一家を引揚げ大阪の北浜三丁目の旧宅（適塾跡）に戻った。惟準は帰阪に先立って義弟緒方拙斎、実弟緒方惟孝、同収二郎（医学士、東京医科大学外科及眼科教室勤務）らと熟議して、四家協力して病院を建て民間医業を開くことに決していた（緒方銈次郎述「七十年の生涯を顧みて」）。そこで従来、拙斎が院長していた北浜四丁目の適々斎病院は緒方病院と改称し、同時に院長の任に惟準が、拙斎は院主の任に当り、かつ収二郎を副院長に挙げ、相謀って今橋四丁目の回春病院（故山本信郷の経営）の土地建物を買収・改築して、ここに緒方病院を移転して、同年四月二日盛大な移転式を挙行した（前出「緒方惟準先生一夕話」、「医事会報」第五二号）。やがて緒方病院は日を追って盛大となったが、さらに医務を刷新するため、収二郎、正清（拙斎・八千代の長女千重の養子、旧姓中村氏。正清については長門谷洋治「産婦人科医緒方正清」、「日本医史学雑誌」第四〇巻第一号、平成六年がくわしい。）の二人をドイツ国に派遣し医術を視察せしめることにした。このとき堀内利国《としくに》（洪庵の五女九重の夫。間もなく別れる。〝麦飯爺〟で有名な陸軍医監。矢島柳三郎編『麦飯爺』、堀内謙吉発行）がこれを好機として子息謙吉の同伴を頼んだ。惟準はこれに同意するとともに、自分の次男銈二郎をもその一行に加えることにしたものである（長男整之助は病身で、翌明治二十一年二月歿）。かれら四人が洋行の途に上ったのは、明治二十二年三月で、そのころの東洋航路汽船としてはフランスのM・M会社が最も優秀で、本航路はマルセイユ～上海間であり、上海～横浜間は支線であった。一行は神戸より「イラワヂー」と号する二、〇〇〇トンぐらいの古船で、上海から五、〇〇〇トン級の豪華客船「カレドニヤ」に乗りかえ二等室に入り、香港・仏印の西貢（当時他国船は寄港しなかった）・シンガポール・コロンボ・アデン・スエズ運河・ポートセイド・アレキサンドリアなどに寄港して四〇幾日目にマルセーユ港に到着。ドイツ行の同行者は収二郎ら一行四人のほかに侍医岡玄卿の一行二名であった。四人は、マルセーユからリオンを経てパリへ赴き、開会中の万国博を見物、数日間逗留の上、収二郎は今後の研学についてはベルリンで万事北里柴三郎（明治十八年十一月にドイツ留学、翌年一月よりベルリン大学に留学、コッホに師事していた。）の指導を仰ぐこととし、正清・謙吉・銈二郎はイエナ市に赴いた。銈二郎はフライブラグ医科大学に入り、同大学よりドクトル・メヂチーネの学位号を授与されるまでの勉学について「七十年の生涯を顧みて」に比較的くわしく記しているが、正清・謙吉については何ら言及していない。しかし、以下に紹介する⑬書簡によれば「銈謙正清三氏もフライブルグに移居、都合よく三氏共大学へ入学」とあるから、三人がともに同大学に学んだことは明らかである。緒方正美先生のお話によると、先生は先年正清らの留学中の足跡をたずねて渡欧されたさい、親しくフライブルグ医科大学に赴き、正清が同大学で産科を専攻して提出した論文の写しをもらって帰られている。謙吉は耳鼻咽喉科を専攻したとある（前掲『麦飯爺』）。

なお、収二郎・正清・謙吉・銈二郎の四人は、この留学中の明治二十四年秋期休暇中にイタリヤの数多い史蹟をめぐるとともに、とくにヴェネチアの地で物故した惟直《これなお》（洪庵の五男、十郎）の墳墓に花輪を捧げて礼拝し、また惟直の遺児豊《とよ》の身辺を探したが不明に終った。しかし後日、同女の所在が判明したので、収二郎・正清が同伴して日本へ連れ帰った。この件については、すでに緒方正美先生が「サン・ミケーレ島に緒方惟直の墓をたずねて」（「適塾」第二十二号　平成元年）にくわしく述べられているので参照されたい。

収二郎・正清は明治二十五年二月、銈二郎は明治二十七年十一月におのおの帰国した（前掲「七十年の生涯を顧みて」）。謙吉の帰国は記述がないが、収二郎・正清らと同時ではなかったかと思われる。

以下紹介する各書簡の番号は、前回同様、日本近代文学館の整理番号に拠った。（　）は筆者注。〔　〕は二行割注を示す。句点は原文になし。

①惟孝、収二郎あて〔明治二十二年〕八月二十日

過日ハ海陸無滞御安着奉賀候、当地一同無異健康ニ消光罷在候間、御安心可被下候、扨道中并ニ御着後ノ書状不残相達拝見仕候、銈二郎事不一方御厄介と奉存候、乍此上注意御申聞可被下候、巴里大博覧会ハ我道ニモ公益有之候ハんと奉存候、御見物とハ大ニ宜布、吾ハ一千八百六十六年巴里大博覧会ヲ和蘭行ノ途次一週日滞在ニテ見物致候事ヲ思出し羨敷存候、当夏期ハコフ氏[1]ノ菌学実地演習被成候よし、至極宜敷事と存候、何卒外科ト眼科ヲ専修被下来年ノ秋ニハ必ス帰朝待入候、其実ハ野生モ今一年ハ流行可致哉トモ存候とも、当地ハ新開業ノモノヲ好ムノ僻有之、当年中ハ病院モ外来患者モ多々可有之候とも、太郎[2]事兎角不勉強、院主[3]ハ院内ヲ《ママ》更ニ関係セス、余壱人ニテ月々弐千円近キ収入致居候義ナレハ実ニ心配罷仕候間、何卒一日モ早ク実地傍観之上帰朝願候、御序太郎江帰朝迄勉強頼入ト御申遣可被下候、貴下始メ一同ノ留学費ヲ送ルニモ大ニ関係シ、収入少ケレハ送金モ出来不申候、今般一千二百五十円〔英[1]貨ポント百九十一ポント余〕為替取組候間、左様御承知被下、書状着候て御落手可被下候、右金高ノ内二百五十円ハ正清、二百五十円ハ謙吉、又々二百五十円ハ銈次郎、残り五百円ハ貴下ニアテ送り申候、其五百円ハ若し後来為替延着ノ節ノ予備ニ多分ニ送り置候間、左様御承知可被下候、此后ハ来ル十二月ニ各二百円ツヽ為替致候筈ナり、此又御承知可被下候、ナルダケ御倹約頼入候、当地ハ先達正清迄申遣候通り、吉田顕三[4]私立病院ヲ設立シ、府立病院ハ清野氏[5]院長ニシテ、処々病院ノ競争ニテ実ニユダンナラサル時勢ニテ勉強ノ外無之候、明石海水浴場モ当月一日出来ニ付開館シ、衛濤館[6]ト名ケ申候、尓来満室ニテ客人ヲ謝絶ス○其地医事新聞紙ノ安直ニシテ内外科ヲ単一ニ記スルモノアレハ御送り可被下候、尤モ新聞屋より直ニ送附致候様御取斗被下、代価ハ御払置被下候、gesammte medicin[2]及ヒ伯林医事週報モ参り候得共、甲ハ代価高ク、乙ハ東京より参り候ゆへ、兎角遅ク、何斗週報ハ中濱ヲ断り、直ニ落手致候様中濱江御申遣可被下候○熊本ハ先月来大地震ニテ今以テ日々震動有之趣、筑后豊后ハ大洪水、此地ハ一昨日来大風雨、乍併東北風ニテ昨年ノ如ク病院ニハ障り無之候、外ニ申上度事如山候得共、何分為替之義申上度、取急如此候、余ハ尚期後便候、恐々頓首

〔明治二十二年〕八月二十日　　〔惟孝〕兄より

収二郎殿

尚々時下御身大切ニ御摂生御勉学之程希望候也

〔版心ニ「原稿用緒方病院医事研究会」トアル一行二十四字詰二十八行罫紙、墨書〕

○封筒ナシ

〔追記〕

①上欄に、「一ポントニ付我六円五十二銭位ナリ、以后ハポントノ相場安キ時求メ置ク事ニ可致候」とある。

②上欄に、「gesammte medicin 此雑誌ハ断リ度、代価高キユヘナリ、其地ニテ直ニ断リ被下候て仕合也」とある。

〔注〕

(1) 北里がベルリン大学で師事していた細菌学者ローベルト・コッホ Robert Koch (1843～1910)

(2) 太郎は目下不詳。㉔書簡に「副院長太郎君」と出る。

(3) 拙斎。

(4) 嘉永元年(一八四八)広島県山形郡吉田村出身。明治五年(一八七二)海軍省留学生としてイギリスに派遣、滞英七年帰国、海軍病院長。明治十四年大阪府立病院長及び医学校長。同二十二年辞職、同年東区高麗橋一丁目に私立の吉田病院開業。大正十三年(一九二四)三月一日京都で逝去。なお⑧書簡参看。

(5) 元第三高等中学校医学部(岡山)教諭清野勇氏。

(6) ⑨書簡同封の広告参看。

---

②惟孝、収二郎あて(明治二十二年八月二十二日)

拝啓時下残暑凌兼候処、益御清栄之至ニ付奉賀候、扨道中ハ海陸共無異儀御安着相成り何より大慶此事ニ御座候、御地ニテモ兼テ御親友之隈川[1]加古[2]始メ諸君ニ御面会《御出でにて》相成り、万事上々御都合宜敷事と奉存候、当地姫路表御一同無事、別して母子とも御丈夫にて時々上坂被致居候間、御安意可被成候、大坂表にても北濱一同今橋一同并ニ当院諸員共、無異罷在候間、此又御休意被下度候、此度御申越之送金早速武井氏[3]へ依頼いたし、即チ別紙之通り英貨磅ニ直シ金高千五百円為換取組可申候、付テ右銀行振出シ手形ヲ甲乙ノ弐通トナシ(手形第一《甲》第弐《乙》ノ弐枚ト相成ル訳ハ甲ノ分途中ニ於テ難船スルカ若シクハ行衛相分ラズ相成ルトキハ乙ノ分にて右為換金受取ル事出来ル為メのよし)甲ノ壱枚ハ昨廿一日出帆之アメリカ船ニて御送附申上候、然ルに今廿二日独船出帆いたし候ニ付、第弐号即チ乙ノ分封入いたし出し申上候間、御落手被下度候○日本も別ニ変ル事此レナク、政府上ニてハ過日大隈外務大臣ノ行ハレタル條約改正ノ件ニ付、大臣方ノ中ニ激論相起り居り申候、其他ハ先月中九州肥前豊後地方ニ於テ洪水アリ、熊本ニテハ時々大地震アリ候へども、昨今ハ皆々平穏ニ相成ニ相成申候、当大坂ハ三日前より大風雨アリ、夫レガ為メ川水相増シ、処ニ寄りテハ十八年ノ大水ヨリハ八九寸モ増水のよし、然ルニ昨日より暴風雨トモ相止ミ、今日ハ快晴ニ相成り増水も大ニひき申候、院内モ一時ハ如何ト心配いたし候へとも、大風ハ東方ノミにして南風ニ変ぜず、夫レ《ママ》為メ、損じ所等無之、先ず先ず安堵いたし候、其餘ハ変ル事少シモ無之候間、呉々も御安心可被下候、先ハ御安着之御祝旁別紙第二号手形壱枚送附迄如此御座候以上

尚々清正銈《ママ》謙ノ三君ヘハ此分書面相認メ不申候間、御序ノせつ宜敷御伝声奉願上候、当院医員外諸役員よりよろしく申上候

明治二十二年八月廿二日朝　緒方惟孝

緒方収二郎様

貴下

ニ白時下折角御保護専一ニ御勉強願上候、乍末筆加古君始メ諸君へよろしく御伝声願上候也

○封筒ナシ

〔注〕

（1）隈川宗雄（安政五・一〇・一三～大正七・四・七、一八五八～一九一八）福島藩（岩代、譜代、板倉氏）の医原有隣の二男。明治二年東京の名医隈川宗悦の養嗣子となり、明治十六年東京大学医学部卒、明治十七年（一八八四）ドイツ留学、ベルリン大学で医化学研究。のち医科大学教授、大正六年東京帝国大学医科大学長。

（2）前回に紹介した賀古鶴所、ベルリンで耳鼻咽喉科を学ぶ。

（3）武井氏、⑩書簡には武井源三郎。

③惟孝、収二郎あて（明治二十二年十一月廿九日）

九月廿八日御認之尊書十一月廿二日相達し拝読仕候、時下寒サ追々相増候処、益御清祥被爲在候条奉賀候、当地北濱并ニ東緒方始メ当院一同無異儀消光罷在候間、乍憚御放念被下度候、姫路表玉枝[1]どの初メ春香[2]どのニも其後変リなく日々壮健ニ入せられ候間、此事御安心可被成候、扨此度第二回送金高壱千弐百五拾円ヲ英貨磅に切かへ貨幣高弐百壱磅拾六志ハ片爲換取組み別紙請取証書《甲号》壱枚封入差出申候間、正ニ御落手可被下候、尤も此度ハ英磅相場大ニ安き方ニ有之候間、多分御利益歟と存候、乙号ハ何れ後便之米行船ニ差出シ可申候○隈川氏[3]入港之義ニ付、兼而神戸熊谷方報知依頼いたし置候処、十一月廿五日午後五時過き仙臺丸ニて同氏入港ニ相成リ、早速八千代[4]同道ニて参リ久振リニて面会仕候、同氏ハ至而壮健ニて船中の疲労モナク着港、

直チニ高橋氏[5]ト中ノ朱盤楼ニて宴会あり、実ニ盛ナル事ニ御座候、同夜熊ケ谷屋ニて一泊、廿六日十一時之氣車ニて同氏同道大坂東拙斎宅へ御案内いたし申也、御地の模様ハ巨細同氏より承り、皆々大ニ安心仕候、厚ク同氏へ御礼夫々より申述候、同夜当地ニ一泊致せし廿七日当院へ相見へ院長も面会爲致申候、午後大分氏拙者両人ニモ同道ニて南辺見物致申候、夕飯後七時二十分ノ氣車ニて神戸へ大分君付添へ参られ申候、尤も同夕ハ神戸ニて学士連の宴会有之候よし、仙臺丸モ尚ホ一両日滞在の趣ナリ、隈川氏へ御依頼ノ件左之四件御承知致申候、

第一条（伯林府へ御出掛ケの節、巴里ニて案外過分に入費相加リ候との事）右ハ先般院主へ御書面ニて皆々聚々《ママ》承知仕上申候、第二条（は御出立前ノ修業金ニてナカナカ不足との事）右ハ其後壱ケ年収君ハ千五百円、外御三人ハ壱人前年七百五十円と定メ、壱ケ年ニ四月八月十二月ノ三回ニ送ル事ニ取極候旨、院主より申上候との事ニ有之、右まてハ未だ相足《タリ》リ不申候哉、其辺之事御申越被下度候、尊君の送金ハ年ニ両度位に致度との事ニ有之、右ハ三回ニテハ御不都合ナルヤ相伺申候、第三条堀内氏の送金ヤハリ年々弐百五十円ツヽ三度ノ送金ニ相移申候ニ付、爲換金毎々こノ割合ニて御計算被下度候、第四条尊君洋行年数二ケ年ノ約束之処、何分年数僅カニシテ何学モ一般ニ通しがたくとの事、実ニ御モットの事ニ御座候、御地へ着之上ハ是非共二ケ年ニて帰国セネハナランと申訳ニモ無之哉と存候、拙斎君惟準兄モ未タ余リ老年ト申スデモナク壮健ニ日々御勤メ被成居候間、尚ホ一両年位ハ宜敷哉と存候、院長ニハ彼の御氣質故、今より何《ドウ》コウ申シ出サヌガ宜敷カランと存候、其期ニ至リ候へハ、八千代ト相談いたし何とか申延ル積ニ御座候間、何卒御丈夫ニて眼科外科の両科御納メ被下度頼上候、

○御地食物ハスベテ甚タ粗末ニて胃ヲ害スル物而已トノ事故へ何分ニモ食物ヲ御撰び被下御壮健ニ被爲入候様奉願上候、

○明石衝濤館[6]ハ院長ノ所有物ニシテナカナカ盛ト申事ハナク、当初ハ少々（五六人）位客モ有之候へとも、其後追々大減じ先月来壱人モ無之候、且院長モ毎月両度ノ定休課日ニ時々御出でに相成ル而已、其余ハ御出てナシ故へニ、院内ニハ別ニ差支ヘル事無之候間、御安堵被下度候

○平吉[7]事ヤハリ同様ノ事ニて時々八千代并ニ拙者より三郎[8]君へキビシク説諭依頼状多く出候事ニ有之候間、近々ハ改心可致哉ニ御座候

○当院長其後至而壮健ニて日々出勤、時間モ午後ハ先ず二時頃よリ三時迄ニハ必ズ出席相成リ居リ実ニ上々都合宜

敷御座候、副院長ハ御存じの通リ余程六ケ敷人ニて、先頃ハ時々不参あリ大ニ困リ居候処、当時ハ日々出勤勉強被致候、併シ外科手術ハ嫌ヒノ方ニてオモニ濱田氏相勤メ呉レ居候、右之次第故、院長或ハ院主の両人トモ時々立合被下候故、患者ニ取リテハ大ニ喜ビ居申候、医員ハ当時濱田、石黒、吉川、竹田、稲葉及ヒ児玉貞介[9]（此人ハ日向の者ニシテ元大学ニ居リシ事アリ、尊君ニモ御存シの人ナリ）過日国元より参リ、当府下ニ於テ行々ハ開業致度との事ニて上坂セシヨシ、人物ハ至テオトナシク、年モ三十八九才ニて患者ニハ至テ親切ニアリ、日々大勉強致呉レ大ニ都合よろしく候）ノ六人相雇居申候、尊兄出立後ハ不相変外来并ニ入院ノ患者モナカナカ盛ナル事ニテ実ニ上々都合よろしく、只夕眼科患者ノミハ至テ少ナク、漸ク日々三名位の新患ニ有之、掛念之至ニ御座候、入院ハ昨今ニテモ充分相満チ居リ隆盛候間、先ず先ず御安堵被下度候、大坂府病院モ先般清野氏[10]院長ニナラレ候後、評判よろしき方ニ有之候得共、吉田病院[11]ハ何分密柑ノ色付頃より開院相成候事故、患者至而少ナク、只官立病院ノ如ク兎角イバル方多シテ患者時々不平ヲ鳴シ居リ候由ニ承リ居候、高橋病院[12]ハ不変盛ニ御座候、当地西区ニ先般有名ナリシ料理店新生楼此度賣リ物ニ相成リニ付、高安氏[13]買求メラレ来年ヨリ病院相開き可申との事、実に病院ハヤリにて困リ申候、

一御申越之国勢《今年》一班ハ出来居候得共、年代記并ニ当用日記ハ未夕出来居リ不申候ニ付、後便ニ夫々相揃へ御送リ申上候、玉枝どのへの書面早速相届ケ申候、御同人より別紙参リ候間、封入御届ケ申上候、

一廣瀬氏[14]へ御托シノ写真壱枚外大分君へ書籍壱冊正ニ落手仕候、写真ハ当院医員当直部屋へ相掛ケ申候、

一銈二郎ハナカ〳〵勉強ニてモハヤ語学モ相進ミ独語相解候様相成候よし、外正清謙吉ノ両人モ大ニ勉強シ追々進学の趣何より上都合ニ御座候、小生事未タイヱナ三人へ書面相認メ不申、大ニ御無沙汰いたし居候間、御序之せつよろしく御鶴聞奉希上候、乍末筆岡君へ此又宜敷御伝聞是願候

○和漢ノ古キ眼科書ノ件ニ付、当府下書林夫々聞合セ候得共、ナカナカ無之、幹氏[15]へ依頼致シ、同人の親友ニて紀州ニ居り候人ハ至而古書ヲ取調居リ候由ニ付、其方へ聞合置候、其外眞嶋老人且ツハ松岡真外[16]ニも夫々聞合居リ候ニ付、何れ何哉可有之と存候間、入手次第御送り申上候

○御出立前御話シ有之候帝国生命保険ノ件ニ付、院長院主田村了《カ》兵衛[17]殿ニモ掛金相成候ニ付、尊君ト小生モ兩人ナガラ尋常終身保険弐千円ノ口ニ入リ置申候間、左様御承

知被下置候、掛金ハ半ケ年ニも致シ置候、尤も御帰国までハ小生より差出シ置候間、御安堵被下度候、併シ請取人ハ春香どのの名前ニ致置候也、正清君の分院主の考へモ有之ニ付、見合置申候、同人へハ話シナシニ願上候、
○御地ハ追々寒サ相増居候ハん、当地ハ当月十三日比岡山県下ニ於テ初雪少々アリ、其外諸山モ少々相見へ居リ候処、十日前より大ニ晴氣ニナリ、昨今ハ五十五度より五十一、二度位ノ気候ニ有之候
○新聞紙写し
本年十月十八日午後東京表ニ於テ大隈大臣内閣ヲ退キ、外務省表門迄馬車ニテ来ルトキモーニングコートヲ着セシ官員体ノ者ノ隠シ持タル爆烈弾ヲ右馬車ニ目ガケ投ゲ付、大砕トモ大隈《壱人ノ》大臣ノ両足部ニ中タリ、其夜ヨリ烈痛ヲ起シ、熱度四十度以上ニ至ル、十九日ニ至リ橋本、佐藤、高木ノ三大医立合(18)ニテ右ノ足部ヲ膝ヨリ一寸許上ノ処ニテ切断ス、其後余程疲労ニテ一時ハ危篤ノ処、当時ニ至リ大ニ快方、追々全快ノ由ナリ、右行凶者ハ福岡県士族来島恒記(19)ナル者ニシテ即坐ニ持チタル合《ママ》口ニテ咽ヲ貫キ斃レタリ、死体ハ其侭区役所へ引渡サレタリ
△十月廿三日東電
昨夜午後八時過ギ内閣ニ於テ大議論アリ、今朝ニ至リ、内閣諸員全体不残辞表ヲ出ス
△十月廿四日東京電報
昨日午後六時三條内大臣ハ本日更ニ総理大臣ニ任ゼラレ新内閣ヲ組織スベキ旨仰セ附ラレタリ
△十月廿七日東電
一黒田清隆伯ハ願ニ依リ内閣総理大臣ヲ免ジ更ニ枢密院顧問官ニ任ゼラレ、三條内大臣ハ内閣総理大臣ニ兼任セラレタリ、其他ノ辞表ハ聞届ケガタシ云々
△十月三十日午後東電
一伊藤枢密院議長ハ願ニ依リ本官并ニ内閣ニ列席スルヲ免ゼラレ、更ニ宮中顧問官ニ任ゼラレタリ
右ノ騒キハ全ク條約改正之中止断行云々ノ件ニ付起リシ事ナリ、当時ノ風説ニテハ弥々中止ノ形ニて井上伯外務大臣ニナルトカ申事ナリ、何れ当年中ニハ内閣初メ諸官省ニ於テ大変化是レアリ候由ニ御座候
○当月三日天長節ニ有之候処、此度　明宮嘉仁親王殿下ノ立皇太子式ヲ御挙行アラセラレ、東京ハ申スニ及ハス、当大坂表モ昨年ニ賑ハヒ南道頓堀、千日前等多人数出テ申候、然ルニ千日前ヘラ〳〵小家へ見物人多く入リ込ミ、夫レガ爲メ表二階落チ而死人十名余、傷人ハ三十人余モ有之、実ニ大騒きいたし候
○新内閣組織ノ方針―近来ハ改進、大同、自治、保守等ノ改党ノ軋轢甚敷タメニ種々ノ弊害ヲ生ジ、世人ヲシテ漸

ク之ヲ厭フノ念ヲ生ゼシメタル折カラ條約改正事件ガ今
回ノ始末トナリシヨリ在朝ノ有力者中ニモ之偏ニ政党軋
轢ノ結果ナレバ今後の内閣ハ余程六ケ敷《ママ》アント申合リ
○当時愛知医学校教諭兼病院薬局長藤本理同校助教諭山脇
健之助外二人共薬舗開業試験収賄ノ嫌疑ニテ拘引サレシ
由、尤モ慥カナル証アル趣ナリ
○大学医学部助教授今田　東君ハ此度チフス病ニ罹ハリ、
両三日前死去サレタリ
先ハ御返事旁右申述度如此御座候
明治二十二年十一月廿九日夜認ル　日本大阪市今橋四丁目
　　緒方収二郎様　　　　　　　　緒方病院内惟孝拝

尚々追々寒気相加リ候間、折角御身大切ニ御自愛専一ニ
奉祈上候
一前文ニモ申上候通リ僅カノ年数ト思ヒ無理勉強ハ決シ
テ御無用ニ願上候、且ツ御地ハ兎角不順ノ地ニシテ肝心
ノ食物一切ハ甚タ粗悪ノよしニ付、呉々も飲食物ニ御用
心被成下度、是レノミ日頃御心配申上候なり、何ナリト
モ御入用ノ品々有之候へハ御遠慮ナク早々御申越被下成
候、余リクダ〳〵敷長文ニ相成リ、且ツ文面前後いたし
甚タ読みかたく実に禿筆御推読可被成下候
只々新聞紙ヲ一読セシニ又々凶行者是レアリ、爆烈弾掴
用ヒシ事左ノ如シ
△東京特発二十九日午前十時二十分今日午前入時過頃三十
歳許ノ書生体ノ男壱人折田警視総監ノ官邸の北側ニテ爆
烈弾の爲メニ即死セリ、委細ハ再探の上知ラス云々
○封筒ナシ

〔注〕
(1) 収二郎の妻瓊江（たまえ）、山本俊輔の娘。
(2) 収二郎・瓊江の長女、明治二十一年一月十日生。
(3) ②書簡　注（1）⑩書簡にも帰国記事あり。
(4) 洪庵の四女、緒方拙斎の妻。
(5) 大阪慈恵病院設立・発起人の一人、高橋正純あるいは高橋正直か。
(6) ①書簡　注（6）
(7) 拙斎・八千代の長男。真島氏養子となり、のち緒方姓に復す。
(8) 惟準・吉重の子、知三郎か。
(9) 各医員の経歴については今後の調査に俟つ。
(10) ①書簡　注（5）参看。
(11) ①書簡　注（4）参看。
(12) 北区に高橋正純が開業。
(13) 高安道純。はじめ西区に設立し、のち東区道修町に移る。
(14) 目下不詳。

（15）幹澄氏（大阪医会廿七番議員）
（16）（17）目下不詳。
（18）橋本綱常（日本赤十字社病院長）・佐藤進（医博）・高木兼寛（東京慈恵医院院長）
（19）福岡県人来島恒喜。

④惟孝より収二郎あて（明治二十三年一月二十六日）

謹賀新年
明治二十三年一月

拝啓　時下皓寒之候先以御地益御清栄被遊御超歳奉恐寿候、次ニ当地北濱始メ今橋外堀内様トモ御一統兼御揃被遊御越年候間、乍憚御出念被下間敷奉希上候、野生方同様一同無異加年仕候間、此又御休神可被下候、当地ハ昨年中別ニ変リ候事も無之、只夕院内少々普請致シ別紙之通リ彼の雪隠外恥室場ヲ新築ナシ是迄之恥室ヲ顕微鏡室兼之薬名試験所ニ相改可申候、其他手術場ヲ少々相廣メ候而已ニ御座候、当直医員ハ石黒氏帰国後、児玉氏雇入レ候而已、外ハ是迄通リ濱田始メ皆々日夜被勤居候間、御安意被下度候

一姫路表玉枝どの初メ春香どの（1）外御一同無異儀御越年被遊候間、呉々も御安心可被下候

一昨年十二月ニ至リ英貨磅大ニ下直ニ相成リ候旨、武井氏より度々申越され候ニ付、当四日送付の金円丈ケ四月までの約足ニテ為換取組み申候ニ付、先ず甲[1]乙[2]丙[3]の受取リ書証ノ内甲の分壱枚封入差出申候間、正ニ御落手可被下候、過日御申越之当用日記、年代記、眼科書等先便ニ御送リ申上候ニ付、最早御入手と存上候、又々御入用之品有之候ヘハ御遠慮ナク御申越被下度候、大坂新聞紙御申越シニ相成候ニ付、東電丈ケ過日送付候、右ニテよやく候ヘハ追々御届ケ申上候也

一昨年中ノ入院患者ハ六百七十人余ニシテ外来ハ旧新取リ交ゼ弐万五千人余アリ、収入高ハ弐万六千六百三十八円余ニシテ諸入費拂高（積立金并ニ洋行費共）弐万弐千円余ニ御座候、右出拂多キ訳ハ昨年春来の諸営繕費等有之候故なり、其外資本消却年ニ五百円ノ処、此度ハ右の外弐千円丈ケ成規外ニ消却いたし申候旁以て支出金多ク相成候

一研究会（2）モ追々盛ニ相成リ（候）処、何分会計上不都合ニて御出立のせつ正清君より馬場氏へ引受ルトキ既ニ七十円ノ負債アリシニ、其後昨十二月末迄ニ又々負債六十円余リ丈ケ相増シ、都合借金百四十円位ニ至リ、如何トモ

致方無之、不得止右事務ヲ当院ニ引取リ会計一切院よリナス事ニ一同決議ナシ、過日来、生引受ケ夫々取リ扱ひ居申候、尤も多分ノ借金ニ有之候事故、院より毎月五円右寄留金トシテ補助ヲ受ケ、夫ニテ夫々返却方相付ケ候事ニ取極メ申候、右雑誌も当月より御送付申上候間、乍憚御承知可被下候、当年も去ル十六日北ノ静観楼ニ於テ初会相開き候処、存外多人数ニて凡ソ三十人余リも集会相成リ実ニ盛会ニ至リ申候

一副院長大分異も其後大ニ謹慎被致居候へとも、何分時トシテハ「スッポカシ」いたし待テトモ来ラズ、呼ビニ小使遣せ候へ共不在ナリ、一時大ニ困却ヲ極メル事等有之、此ノミ困リ申候、併シ時々院長より小言ハ出デトモ只タ其時ノミ、生よりも五回ニハ壱度位申候事ニ御座候、乍去追々開業ノ目的モ付ケネハナラヌ事故、漸々ニ相改メさせ可申上存候、余リ度々小言ヲ聞カせテハ返而当院ニ取リテハ不都合モ出来候故、先ズ追々の事ニ可致ト存候、眼科外来ハ其後大ニ減じ昨今ニてハ毎朝壱両人位、入院ハ只今の処ニテハ壱人ニ有之、同人ニ取リテハ実に閑の至リト云フテ可然位ナリ、右ニ付十日前より毎朝十時迄院内外科患者丈ケ回診ナシ、十時後昼迄外来診察、夜ハ濱田ト隔夜回診之事ニ取極メ申候後、日々勤メラレ居候、此分ニて相続き候へハ、極て上々と喜居候事と有之候、院長ハ其後大勉強ニて毎朝院内回診、午後ハ必ズ二時半までニ出勤相成リ居リ候間、此段ハ御安意被下度候

一当春一月三日より西京祇園座ニ於テ東京役者團十郎ノ一座なリ、例の十八番モノ熊谷物語等致シ居リ、昨今にてハ大入の由ニ而候

一甚タ御面倒ナラガラ《ママ》何哉「アルヒーフ」ノ如き薬病ニ係ハル新聞紙有之候へハ御送リ被下度奉願候

先ハ右宜敷如此御座候、早々謹言

一月廿六日夜　同　惟孝拝

緒方収二郎様

貴下

尚々時下兎角寒気甚敷、当地ハ四十度乃至四十一、二度位ニ有之候、御地ハ定シ余程寒サモ甚敷と奉恐察候、初冬の事故御用心専一ニ御加養奉祈上候、新聞紙上ニて当時欧州諸国特ニ巴里斯、伯林ニ於テ彼の流行性感冒「インフリュヱンザ」蔓延シ諸学校等閉鎖セラレタリトノ事度々記載アリ、旁以て一同心配罷在候間、何卒御自愛専一ニ奉頼上候、乍末筆藤枝外藤田省一等より宜敷申上呉候様申出候、外薬局生一同よりも宜敷申上候由

○封筒ナシ

〔注〕

(1) ③書簡　注(1)(2)。

（2）惟準が明治二十年九月発足させた緒方病院医事研究会。当初は単に院内職員の知識研磨にあったが、やがて有志者を世間より募り、「緒方病院医事研究会申報」を発行するに至った。

⑤—1 維準、収二郎あて（明治二十三年十月十五日）

尚々爲替金今明日中ニさし送
候間、左様御承知可被下候

拝啓　尓来御無沙汰平ニ御海恕被下候、扨先便拙斎より申上候通、漸次院勢繁忙野生も一日モ欠勤出来兼候間、處々御聞見被成下と存候得共、病院之維持甚六ケ敷相成候間、本年中ニ其地御出発御帰国有之度候、過日英国中央医学会之節ヒルショー氏[1]、コフ氏[2]之演舌書慥ニ着、落手仕候、尚其後之御書状も相違拝見仕候、外ニ願上度義ハ銈次郎義、来ル廿四年徴兵適齢ニ付、猶豫願さし出不申ハ罪重ニ被処ニ付、御手数恐入候得共、当年謙吉之猶豫書之通、在獨公使之許へ呈出、来ル廿四年一月中ニ当地ニ到達候様御取斗可被下候、銈次郎迄も右今回申遣度く候得共、尚宜敷御願申上候、御聞及之通、当地「コレラ」猖獗ヲ極メ一時ハ二百八十八名ニも相及候得共、昨今ハ大ニ間減致シ三十名内外と相成申候、弊院ニテモ大ニ注意致シ居候得共、附添人ニ二名有之、大ニ困難ヲ致候、其後ハ更ニ無之悦居候、外ニ申度事如山有之候得共、何分一人一役ニテ寸余無之、閉口罷在候、右申了候、草々不一

（明治二十三年）十月十五日　　緒方惟準

収二郎殿

几下

〔注〕

（1）ドイツの伝染病学者、ベルリン大学教授ヒルシュ August Hirsch（1817～1894）のことならん。

（2）細菌学者コッホのこと。

⑤—2 吉重、収二郎あて

其後は打絶ハ様子も御尋不申、大御無さた様のみ申上候段、あしからす思召被下度候、段々と朝夕はひへ〳〵敷相成申、定めて御地も時こうも替ると御噂申上候、先々御前

様にも誠に〳〵御丈ふ様ニて御強勉の由伺、上のふ御悦ひ申上候、（フライブルク）にても三人共替ル事なく無事ニ勉強致居候由、毎々便ござ候て、一同安心致悦まいらせ候、当方も四家緒方一同無事替無暮申候間、御安心遣され度候、姫路山本様にても御一同御無事、玉江様御機嫌よくはる香さんま事ニ〳〵あゆらしく御成人ニて御留主の御なくさみにハ誠ニ〳〵御楽みニて日を送被遊候間、御安心遣され度候、

　私事も御地御着後、銈次郎事一方ならぬ御せわ様戴き候事存候、御礼状差上ねハ相済ぬと存なからつい〳〵まハらぬ筆にて申上候事故、御せわ敷中御らん被下候も御めん御ゆるし遣され度候、いろ〳〵申上度事山々ながら筆紙ニ尽しかたく一筆御礼まて申上度、あら〳〵めて度、かしこ

（明治二十三年）十月十五日　　緒方吉重

緒方周《ママ》次郎様

御礼迄

○封筒オモテ

via America

Herrn Dr Sh. Ogata
(aus Japan)
bei Fr. Adami
Philipp - Str. 31
Berlin
Germany

（17/OCT/1890 JAPAN）の円形スタンプあり。

bei Fr. Adami以下の3行を棒線で消し、Wuerzburgとエンピツ書き。

○封筒ウラ　「ヤブレ（二十）三年十月十五日」と㊞緒の封印三つ。

（Bestetlit/vom/Postamte 6/17/11.90/3 1/4-4N）

（WUERZBURG II 18 NOV Von 10-11.90）

の円形スタンプあり。

⑥惟孝、収次郎・正清あて（明治二十四年四月二十三日）

収次郎様
正清様

惟孝より

其後ハ打絶御無音而已重々御海恕可被下候、陳ハ此度ハ洋銀相場何分前々之通リ参リ不申、漸ク表書ノ処迄参リ候故、不取敢為替取組み申候、即チ右証号壱枚封入差出申候間、正ニ御落手可被下候、此度ハ右相場ノ悪敷故、遂ニ遅リ《ママ》相成申候、此段御免被下度候、

一収次郎殿帰朝之旅費ハ何月頃何地迄送金いたし候て可然哉至急ニ御申越可被下候、当地今ばし北濱姫路ノ三家共、皆々無事ニ被為入候間、乍憚御安意可被成候、先ハ取急キ右申述度、早々不備

四月八日午後

換算表

為換受取人	Ogatamasakiyo Esq.
銀貨高	金壱千四百五拾円也
為換相場	我銀貨壱円ニ付英貨三志弐片1／8
外国貨幣高	英貨弐百参拾磅六志九片

右之通リ御座候也

明治二十四年四月四日　横濱正金銀行

神戸支店

換算表

為換受取人	緒方正清殿
銀貨高	金壱千弐百五拾円也
為換相場	我銀貨一円ニ付英貨三志五片八分ノ五
外国貨幣高	英貨弐百拾六磅拾五志拾壱片

右之通リ御座候也

明治二十三年十月十三日　横濱正金銀行

神戸支店

via America

大日本帝国
郵便切手

Herrn M. Ogata
Lerthold Strasse 2
Freiburg - S/L

Deutschland

〔YOKOHAMA/4 MAY 1891/JAPAN〕（スタンプ）
（日本国郵便スタンプ判読不明）

（封筒オモテ）

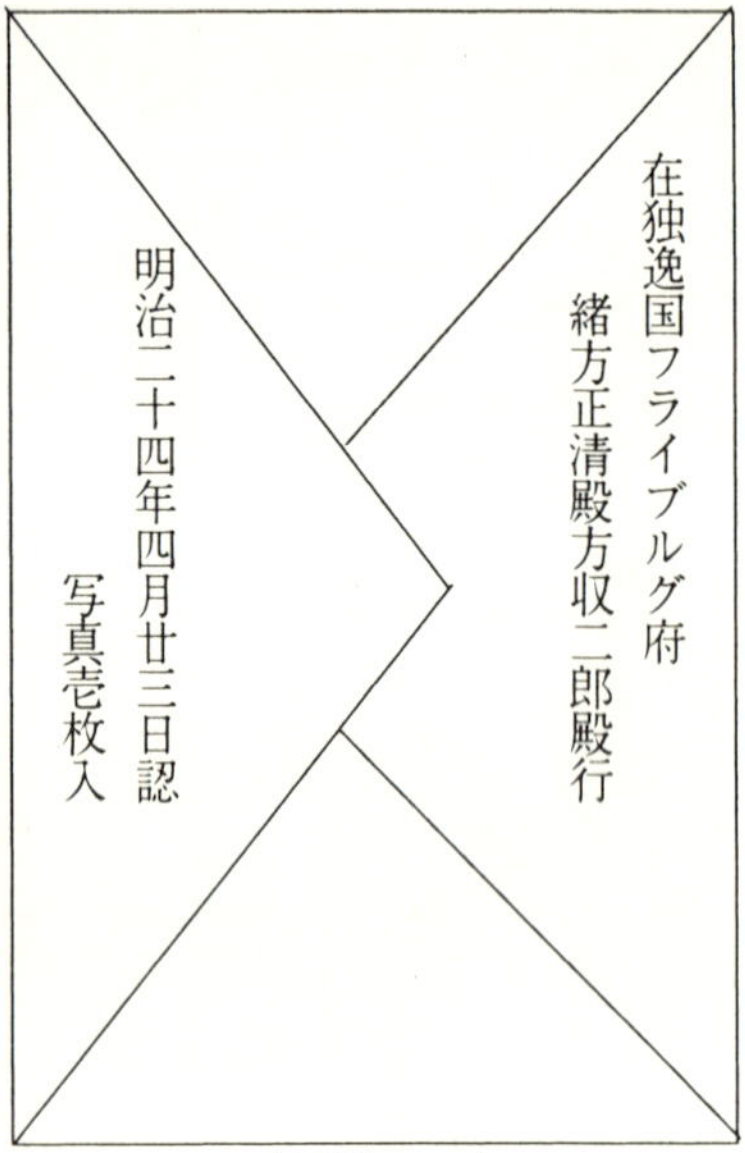
在独逸国フライブルグ府
緒方正清殿方収二郎殿行
明治二十四年四月廿三日認
写真壱枚入

（封筒ウラ）

〔FREIBURG/11.6.91/3-4……あと不明〕（スタンプ）

⑦惟準、収二郎あて（〔明治二十四年〕九月十二日）

岡玄卿君[1]八月廿二日神戸着、直ニ拙宅江尋ネラレ、貴君ノ伝言已ニ九月末ニハ帰朝ト申事ニ付、夫々準備罷在候処、今回之書状ニテハ来年正清帰朝之節、同道ニテ帰朝相成候趣、実ニ当院ノ収入上金円ノ不足ヲ生シ、過日モ貴君帰朝ノ入費六百円ノ爲替金モ日本銀行ヨリ受取ニ参リ、岡君ノ証人故確タル事ト存シ仕拂仕、屈指帰着相待居候処、右ノ次第ニ付、当院ノ困難無此上候間、此書状着次第旅装相整へ好き同行者有之候ハヽ、十月末ニテモ其地出発有之度候、迚も此後滞在スルモ送金ハ出来カタク書籍器械ノ買求モ中止有之度候、貴君ハ未タ御承知も無之ト存候得共、中々過多ノ金円ハ出来可申義無之、当院も拙者一名ニテかつ〳〵此迄維持罷在、君之留学金送附ニ労働罷在次第、貴君且ツ正清と同道ニテ帰朝相成候節ハ、当院収入上ノ都合ニ甚不都合而已ナラス、当大坂ノ病客ニモ信用薄ク候間、此邊篤ト御考ニテグス《ママ》〳〵セスシテ直ニ帰朝有之度候、正清ハ来春帰朝待入候、如斯ク両度ニ帰朝ハ当院ノ利益ナリ、姫路表江月々送金致候、内外ニテ病院ノ収入漸次過少トナリ、殆ント負債ニ陥ルノ場合ナリ、当地モ他ノ病院漸次起リ競争ニ困入候、拙斎夫婦ハ如何考候ハん歟ナレトモ拙者ニ於ケル緒方病院ノ維持ヲ望ムヲ以テ斯ク申述候、此一条篤と考候上早々帰朝有之度、呉々も頼入候、正清ノ帰朝旅費ハ拙斎より来春二月迄ニ送リ可申と存候、貴君分ハ已ニ六百円御請取ニ付、跡不足金ハ都合致し今回送金ス、帰朝々々渇望ス

〔明治二十四年〕九月十二日　緒方惟準

収二郎殿

尚々前文ノ次第呉々も賢察之上一日も早ク帰朝待入候也

○封筒ナシ

〔注〕

（1）収二郎らと一緒に医術研究のため自費渡独した侍医の岡玄卿。のち池田謙斎の後任侍医局長となる（明治三十一年二月）。

⑧拙斎、収二郎あて（明治二十二年）八月十日

拝啓時下益御多祥奉敬賀候、御航海中各位之健康ハ各港ヨリノ来書ニテ詳知、一同安心致候、其後六月十六日伯林ニ御安着之由奉遙賀候、謙鉒正清三氏ハ五六日滞府ノ上、更ニヱナ府ニ在留勉学之趣、至極好都合之地ト遠察罷在候、何卒第一摂生第二勉励第三品行之三件相慎候様、精々御督責被下度奉祈候、本地モ御出立后ハ為差異変ハ無御座候、当病院モ患者常々満院ニテ外来ハ大抵日々百五十名以上二百名已下ニテ随分多忙ナリ、乍去眼病患者ハ俄ニ減シ近来ハ甚寥々タルテニ御座候、外科ハ濱田大半担当尽力致居候、副院長モ日々大勉強致居候、右ニ付当院之事ハ先以御省慮所祈ニ御座候、○親族中ハ先以一同健全ニ有之、是亦御省念可被下候、玉江どの事御出立後姫路表ニ引越し、六月中一回小児相携帰阪暫時滞留之上、又々同地へ参リ候、春香女ハ其後一回発熱アリシモ尓来ハ至極丈夫ニ相成、大ニ成人致し愛も出て居申候、御安心可被下候、但シ茲ニ千万気之毒ナル一事ト申スハ山本玄一氏ノ末弟正蔵氏(1)事、卒然発病僅ニ一両日之臥蓐ニテ養生不叶、遠行被致候事ニ御座候、母公至愛之処、右之仕合実ニ致方も無之次第、御序可然御慰諭可被下候、○東海道汽車も七月一日より全通致し、東京紳士学士等追々来阪ニテ送迎頻煩、殊ニ院長ハ交際上ニ時々手間ヲ費シ迷惑被致候、同業者ニテモ海軍高木実吉三宅大澤中濱長与後藤緒方正規ノ諸氏京阪見物或ハ私立済生会総会ヲ持出し、此地ニテ開会致候抔、随分多事ノ事ニ御座候、○大坂医学校ハ吉田顕三氏ノ跡役ハ岡山ノ校長清野氏(2)ニ(ママ)聘シ、過日来阪医学校病院共大ニ改革ニ御着手致候由也、高麗橋土木会社ヲ吉田買取リ(3)、病院ニ致居候、開業ノ日ニ至候ハヽ多少我病院ニモ（近接ノ地ナレハ）影響ヲ及候ハンカ　○ヱナ府ニ於テノ学資ノ見積リモ鉒次郎氏ヨリ署申来候処承候ニ、凡月六十円位ハ入用ノ由、正清ハ少々安ク揚リ候トカ承候、何分節倹ヲ守リ五十円位ニテ相済候様御申聞ケ置可被下候、何分ニも宜敷御依頼申上候、外ニ中上度件モ多々有之候得共、禿毫難尽、書外何も後便ト相

略申候、時下折角万々御自重奉祈候、尤本年冬ハ初テ之地ナレハ別而御保護呼吸病ニ不罹候様精々御用心所祈御座候、先ハ御安着御喜迄、如是御座候、草々頓首

〔明治二十二年〕八月十日　緒方拙斎

緒方収次郎殿

○封筒ナシ

〔注〕

（1）山本氏は収二郎の妻瓊江の実家。玄一、正蔵のこと不詳。

（2）①書簡注（5）

（3）①書簡注（4）

⑨拙斎、収次郎あて（明治二十二年八月十九日）

御着伯後第一回之朶雲相達拝読、時下御多祥滞府之趣奉遙賀候、爰許親族中一同無異御省念可被下候、学資送付之義被御聞、早速取調候処、ホンド（ママ）は大抵六円五十銭余ニ付、ポンドニテ日本金貨千二百五拾円分為替（五ケ月分ノ見積）都合千二百五十円也、着ノ上ポント高五分ニ割三人ハ一分ツ、、残二分貴下之分ト御承知可被下候、堀内氏も是非壱ケ月五十円ニ而為相済度呉々被申居候、正清も支度ニ百円、出立節之節七百円、此度二百五十円、最早都合千五十円も入費相掛リ、甚閉口仕候、御諒察可被下候、今後送金ハ年三回、即チ来ル十二月、廿三年四月、同八月、同十二月ト三回ニ三人ハ二百円ツ、貴下之分ハ四百円ツ、ニ致度奉存候、其れニ而可然候哉、尚思召之処、後便御申越可被下候、十日已前ハ一書差出置候、其後ハさして申上候程之事も無之候ニ付、先は是ニ而閣筆頓首

八月十九日大風雨之日　拙斎

緒方収次郎殿

二白時下万々御自重奉万祈候

此ノ書状ハ御一読後御返却被下度候

（同封）

明石水浴場廣告

水主松山（一名鹿子街）は明石城を距ること三町許西（東と右に墨書訂正）の海濱にあり市街に接し松林に富むの一勝区にして南は海峡を隔て淡島の美景に対し北は人丸舊城の鬱蒼たる深林を負ひ東は須磨舞子の迂曲せる岬湾を望み西は播洋の諸島及ひ波戸碕を視るが如き前後左右佳景に富み殊に観月に有名なるは世人の能く知る所にして一見心思をして爽快ならしむる奇絶の観あ

り而して其海岸は白沙多く潮水清麗最も避暑海水浴場に適切なるは惟準緒方先生曽て此地に来遊し賞讃措かさる所なり由て今般此地を卜し新に一館を築き衝濤館と名つけ冷温二種の浴場を設け食料は新鮮滋養のものを撰み泊室は清潔を旨とし且つ常に浴醫ありて海浴の適否を診査鑒察し尚ほ毎月五の日緒方先生の出張を乞ひ健康と疾病を問はす万縷注意し専ら攝生と保養の便益に供す希くは四方の諸君来りて天然景致の佳絶なるを愛翫せられ攝生慰愉を要とし積日の鬱幽を颯々の松風に散せられんことを

明治二十二年　明石

衝濤館主人敬白

印行大阪市東区今橋五丁目大澤彷平

○横封筒アリ（オモテ Herr Dr. Sh.Ogata/aus Japan/Philipp-Ltrasse 23 part/Berlin/Deutschland
摂津大坂／八月十二日／八便
KOBE/22 AUG 1889/POST）
（ウラ　Hongkong/B/AU28, 6/27/9/II　「緒方孝」ノ丸印四ツ）但し、この封筒は惟孝のものにて別の書信のもののようである。

⑩拙斎、収二郎あて（明治二十三年一月三日）

謹賀新年

明治廿三年一月一日緒方拙斎

緒方収二郎様

二白時下寒威猛烈万々御自重奉祈候、昨年中ハ度々御投書被下候処、彼是多忙ニ打暮して御返書も不呈、多罪御江恕可被下候、其御地ニ於ても学問上御目的にて御報知相承安心仕候、御帰朝迄ニハ何卒眼科ト外科大手術等ハ就中御取調可然奉存候、御承知之通、日本ニハ殊ニ大阪ニハ眼科ニ擢候人少ク、松岡位先盛ト申位之事ニて遺憾ニ不堪事ニ御座候、松岡も近日洋行思立居候哉ニ承申候、是は学兄之御帰朝ヲ恐怖致候者ナラント奉存候、何分ニも乍御苦労、今暫時御滞府充分遺憾無之様御取調御帰朝所祈ニ御座候、余程之寒国ト申事故、充分温覆之御用意被成病氣等ニ不罹候様、精々御注意之程奉候、是而已御案中上候、ヱナ府ニ於而も三人共無事ニ勉強致し居候由、時々文通も有之安心致居候得共、何分少年三人斗リなれは御心添等万事御心遣リト奉定察候間、乍此上宜敷御監督之程奉願候、学資金ハ昨年中上置候通リ一年三回、即チ四月八月十二月ノ三回ニ尊兄分五百円、外三人分七百五十円（二百五十円宛）惣計千二百五十円御送申上候積ニ御座候、尤尊兄之分ハ壱年千五百円ニ相成候間、其内ニて買物等之猶預《ママ》可然ト奉存候、外三人之処ハ精々御節検《ママ》致候様御取計可被下候、是ハ何レも末長ク候故、今より冗費多候而ハ三家共、迷惑之至ナレハ宜敷御申聞置可被下候、送金ハ総テ武井源三郎相頼、ポンド」ノ安キ節買入置、御送可申上候積也、過日隈川氏帰朝之節早速来訪被下候処、生憎小生ハ不快ニ而臥辱面会不致、甚遺憾ニ打過候、乍去八千代神戸迄迎ニ参リ同道ニて帰阪、万事御地之近況并ニ御伝言之義ハ逐一了承致候、尊兄分并ニ外三人之学資等兼て前申上候処ニ略中合内決致し置候事ニて御申越し高ト略同一ト愚考仕候、唯々送金二回ト御申越之処、此地ニてハ三回ト取極メ成丈早ク、翌ハ《ママ》四月分ハ三月中ト申位ニ致候積也、尚是ニて不都合之処ハ早々御申聞有之度候、如何様とも取計可申候、扨此地北濱御令家病院一同拙家共、皆々無事越年致候間、呉々御安心可被下候、病院ハ昨年中ハ前年より一層盛ニて収入も多分有之、本年よりハ院長拙者も月俸として百円宛ニ致し、株色《ママ》配当ヲ減却、惟孝兄も昨年ハ非常之御尽力〔薬局并ニ会計〕被下候ニ付、本年より五十円ニ増給致候間、都て御同喜可被下候、院長ニも非常之御勉強、時々遠方御往診有之、休日ハ〔一日十五日〕同道致し、成丈保養旁御勧メ申上居候、昨秋も江州永源寺ト申三十餘里之処へ同遊致し申候、本年も協心勉強候積ニ御座候、御承知之通吉田病院[2]も近邊ニ開設盛之由ナレトモ、是ニ不拘此方ハ依旧益盛大ナルハ最御同喜之事ニ御座候、吉益益《ママ》洞堂[3]も西邊ニ大病院建築致し居候、其近処ニ新生楼《ママ》ト割烹店有之候処、高安道純[4]買取、病院ニ致候由、此地ニも私立病院続々相起リ申候、乍去緒方病院ニハ更ニ関係ヲ及候事無之ハ、相信居申何分ニも尊兄之御帰朝自今屈指相待居候事ニ御座候、○昨年中ハ日本も御承知之通、天地人之災害多く、即チ九州并ニ紀州大和之大水害、森・大隈両大臣之災難等、非常之悪年ナリシモ最早送日迎新、本年ハ国会開設・東京大博覧会・伊勢大廟御蔭参等々、定て繁栄之年ナラント万民相楽居候事ニ御座候、内閣も旧冬押詰メ大臣之交迭有之候、大隈・井上両大臣ハ出テ、、大ハ宮中顧問官、井ハ麝香間祗候トナリ、青木・岩村両君大臣ニ相成申候、総理大臣三条公去リ、山県伯ニ相成申、其外地方官ハ数十人交迭有之申候、條約改正ハ御延期ト申噂ニ御座候、其他別ニ異状も無御座候、○姫路山本家ニ於ても皆々御無事、玉江どの御母子共至極御盛之由、春来も已ニ便リ有之申候、右御安心可被下候、暮ニハ八千代一寸姫路へ参リ申候、近日右玉江どのも来阪之事に御座候、○外ニ申上度事如山御座候得共、禿筆難尽、書外期後信之時候、草々頓首

一月三日朝認

○封筒ナシ

〔注〕

（1）松岡眼病院（院長松岡小太郎、東区今橋五丁目四八）。

（2）①書簡注（4）

（3）吉益東洞が正しい。吉益は明治二十三年八月西区江戸堀に私立病院を新築開業。

（4）③書簡注（12）

⑪拙斎、収二郎あて（明治二十三年三月二十一日）

尚々ブラ《ママ》イヱート」ニ用ユル薬籠（カパン）簡易ニシテ全備スルモノ（八十マルク位）御送ヲ乞フ、時計形体温器ヲモ御送リヲ乞フ

爾来御無音平ニ御用捨可被下候、貴下益御清康御勉学之段奉賀候、然ハ当方一同并院内一同無事健康罷在候間、御安堵可被下候、扨過日村田氏次テ北川氏来阪ニテ御地之様子承リ、大安心仕候、当一月ニハ江南《（ヱナ）》ヨリ一同罷出御世話ニ相成候よし、乍此上宜布願上候、正清転地ニ付、外両人モ転地可致旨申来候、如何之都合ナルヤ遠方ヨリ指揮可致義ニハ無之モ、転地ハ修学上不利益歟トモ遙察ス、乍併修学之都合ナレハ可然様、御取斗可被下候、貴下過日「インフレンザ」ニ御罹リ被成候よしナレトモ軽症ニテ速ニ御全快大悦不過之候、貴下モ伯林ニ一ケ年間在学ノ上ハ、維納ニ赴キ半ケ年、帰路巴里ニ三、四月、龍動ニ二ケ月位御見聞（実地）来年ノ秋マテニハ御帰朝可被下候、精々眼科ノ外ニ外科大手術ヲ御研究頼入候、当院モ以御蔭、病客沢山ニ有之悦居候、小生今ニ昼夜奔走勉強罷在候得共、近々老衰ヲ覚ヱ困却罷在候間、可成タケ早ク御見聞済御帰朝頼入候◯鉒事来年徴兵適年ニ付、本年ノ月末マテニ謙同様ノ公使ノ証明書御送リシ程只今ヨリ御頼ミ申置候、余ハ期後便候、拝具

（萬国郵便聯合端書）

◯宛名 Herrn Dr. Sh. Ogata（aus Japan）be; Fr. Adami/Philipp-Str. 3 I/Berlin Germany

◯右上消印　摂津大坂／廿三年三月廿一日／ニ便

（日本帝国郵便三銭切手）

◯右下スタンプ　YOKOHAMA/21 MAR/1890/JAPAN

◯左下スタンプ　Bestelit/vom Postamte 6/?/4.90/4 1/4-5N

⑫拙斎、収次郎あて（明治二十三年四月六日）

幸便ニ托置拝啓時下益御清康御滞府奉大賀候、此地ニ於ても親族一同無異送光罷在候、奉御省念可被下候、昨冬は他邦始テノ寒気ニ御遭逢之事故、折角一同御案申上候得共、爲差御障リ無御座重畳御同喜之至ニ不堪候、尤インフルヱンサ」ニハ御一同御罹リ候由、是迚も不日御全快被成候趣、此地ニてハ毎度申出御案候事ニ御座候、日本ニても彼是散在性ニテ類似之者ハ多ニ有之候得共、大流行ニハ至リ不申候、○病院も昨年ハ前年ニ比し、収入も多ク有之候得共、春来ハ些ト閑ニて患者ハ少ク心配ニ候処、此節ハ少々増加致候様覚申候、是ハ独リ我病院而已ナラス他ノ院并ニ開業医抔も同様之事ニ伝承候事ニ御座候、院長ハ昨年来至極御丈夫被爲居、日夜西奔東走大勉強ニ御座候、然ルニ副院長以下不勉強ニ付、院長ヨリ毎々小言出テ薬局長ト両人中間ニ立閉口致居候、就而ハ昨今厳敷掛合同人之勤務内規相立候ニ付、最早今後ハ些ハ勉強致候事ト愚考罷在候、○濱田ハ大ニ勉強致し居申候、外科術ハ大分上達致候様覚申候、過日老人カタラクト[1]両眼手術致候処、好結果ヲ得申候、其他都合好参候手術大分有之申候、此段御安心可被下候、○尊兄ニハ今一年間も御滞在、御土産多々御持帰リ不堪希望候、尤眼科ハ勿論外科術最妙の新説多々ナラント相楽居候事ニ御座候、正清ハ産科ヲ学候由、此度日本産論申来相送候事ニ御座候、同人も矢張外科も相学候様致度御座候、○姫路表ニ而も皆々御無事是亦御安心可被下候、二月末より玉江殿母子来阪、春香どの事暫時ニ成人、其言語も中々愛敷相成申候、御安心可被下候、右御両人帰郷後京都高野村ニ預ケ有之候末男初而帰阪致し、五六日御留中、急性コローブ[2]ニ罹リ、去月三十一日没し、就而ハ家内も一同愁傷之折柄ニ付、兼而心算致居候東京遊覧ヲ院長ニも閑ヲ乞ヒ明七日夜気車ニ而十日間斗リ遊候積ニ御座候、○送金ハ過日申上置通リ四月八月十二月之三回ニ取極候得共、少々宛早目ニ差出居申候、右ニ而都合宜敷候哉、御序御申越可被下候、外ニ申上度事、如山御座候得共、旅行前心緒万端何も後便ニ譲申候、草々

頓首

廿三年四月六日　　緒方拙斎拝

緒方収次郎様

二白時下寒暖不定爲有万々御自重奉祈候、其御地ハ如何、日本ニ而ハ昨冬来非常之暖気ニ而梅花も一月早ク開キ、桜七分、此比早キ分ハ零落、遅キ分盛ニ御座候、唯近来雨天多ク閉口致候、寒暖ハ二月来、両三日中ニ二十度已上差異ヲ来シ、其変転ニ恐る事之有之申候、結争其他流行病ヲ原因センも難斗ト杞憂致候

Herrn Dr. Sh. Ogata(aus Japan)
bei Fr. Adami Philipp - str. 3 I
Berlin Germany
緒方収次郎殿
親展

〆
廿三年四月六日
緒方拙斎

〔注〕

（1） cataract白内障のこと。『ステッドマン医学大辞典』参照（加藤四郎氏教示）。

（2） コロープは、kroup（蘭語）、croup（英）、クループに同じ。荒い咳と呼吸困難を特徴とする小児の喉頭炎。参照（1）に同じ。

⑬**拙斎、収二郎あて**（**明治二十三年五月二十九日**）

四月御発之貴書拝読、時下寒暖不定、益御安寧御滞府被成奉敬賀候、二爰許親族一同無事送光奉御省念可被下候、尓来御左右拝承不致御案中上居候処、今般御近況委細被爲聞大ニ安心仕候、殊ニ醫事近況中コッホ氏肺結核ノ免病法[1]ハ何卒一日も早ク目的ヲ達シ遣シ公ニ致候様所祈御座候、蒸平熱消毒法[2]之如キハ如何ニも感服之至ニ付、爰許病院抔ニハ余程管便有益ト奉存候間、早速取設相試度心地致候、日本風セイロウニ而も可然哉、少々工夫致し候ハヽ出来可申、薬局長トモ相談致候事ニ御座候、委シキ図面并ニ説明書被下候而ハ如何、御帰朝御持帰迄ハ随分隙取リ可申様奉存候、銈謙正清三氏も愈々フライビルグ」ニ移居、三氏共都合好大学へ入学、是非常之勉強致居候趣、御同喜之至不堪抃喜候、尊兄ニハ種々御計画も有之、御帰朝も少々延日ニ相成候趣至極可然ト被存候、乍去一日ニ而も早ク御帰朝所祈ニ御座候、此地病院も昨年迄ハ至極都合好収入も増加致し相喜居候処、本年ニ至リ春来非常ノ不弔《ママ》ニ而収入昨年ニ比シ余程相減し閉口之至ニ候、此比ハインフルヱンサ大流行ニ而少々患者も相増候得共、大抵両三日ニ而相治し且中等已下ニ而ハ出入医者位、甚シキハ売薬位ニ而相済ス也、病院抔へ参候ハ十分之二三ニ不過、旁以此末不堪杞憂候、最《ママ》本年東京博覧会伊勢太廟御蔭参等ニ而中国九州其外諸国より多人数上阪、病院も大ニ影響致し、定而患者可多ト兼而相楽居候処、春来米價内外石十円非常之高價ニ而諸国之旅人モ至テ少ク旦当市中も難渋人非常ニ多ク、救済ヲ受候者不少、自然一同節倹シ、家々麦飯ヲ喫候程ニ而金融ハ近年稀ナル逼迫（春来近年稀ナル多雨出水寒暖不順等ニ起因ス）シ農人ハ天候ヲ仰キ饑餓ヲ訴ヘ、商人ハ諸株券ノ下落ヲ歎シ、政府ニ金融救済策ヲ請求スル等、実ニ不面白世上ニ相成申候、当病院抔之昨年ニ比シ云々之訳柄ハ右等種々之原因ニ依ル事トハ奉存候得共、心中甚不穏之至ニ存候、御垂察可被下候、」迂生事も昨十一月比より腸胃症ニ而兎角快然ニ無之、種々手当ハ勿論両院長堀内氏等之診察モ受ケ二月より三月中六十日間、日本食ヲ絶チ洋食殊ニ流動物ヲ用、少々快方ニ向ハントスルノ心地ニ相成候折柄〔豚児憲三昨年出産〕コロープ性肺炎(3)ニ而僅一両日之急症ニ而相斃レ心中も彼是不面白処より思立旦家内之者も頻リニ相勧メ候ニ付、出京遊覧ヲ院長ニも相談之上、四月七日夕千重并ニ同人朋友ナル娘等三人召連出京、同八日より三食共日本食ヲ用、薬ハ一切相廃し、着京後ハ日々所々遊覧博物会見物友人訪問日光山鎌倉繪ノ島遊覧等日々運動ノ爲メ食物ハ何ヲ用候而も更ニ腸胃ニ障リ候事無之、先病気ハ全癒ト自ラ信シ帰阪致候処、帰宅後忽チ腸胃症再発、腹痛下痢飲食不振、殊ニ胃部膨満瓦斯ヲ多生シ日夜腹部ニ不快ヲ覚ヘ、就而ハ神経症兼発、実ニ不面白時日ヲ追憶シ全ク洋食殊流動滋養品専用日々食前食後之運動ニ勉強致候処、此節ニ至稍軽快ヲ覚候、昨日も体量ヲ計候処、二月比より五百目斗リ増量少々愁眉ヲ開候事ニ御座候、猶此上は両三月も摂生致候ハヽ今一年位ハ生延可申歟ト奉存候、何分昨十一月来今以小腹ノ疼痛時々相発候事故、確タル徴候ハ無御座候得共、結核ナランカ潰瘍ナランカト疑心氷結セス、到底泉殿之病気ニハ相違無之候様奉存候、諸君之御帰朝ヲ待ツテ一日如三秋、来年ハ何卒早ク御帰朝、此苦悩御救助願度志願ニ候得共、万一間ニ不逢節ハ千秋ノ遺憾ト不堪掛念事ニ御座候、外ニ申上度事如山御座候得共、禿筆難尽、書外期後信之時候、草々拝復

（明治二十三年）五月廿九日　　拙斎頓首　拝白

収次郎様

尚々時下万々爲道御自重奉万祈候、姫路表も御壮健之由、過日御母堂上阪、久振ニ而面会致候事ニ御座候、春香女も追々御成人御安心可被下候

○封筒あり（オモテ　Via America Herrn Dr. Sh. Ogata (aus Japan) bei Fr. Adami Phipp-str. 3 I, Berlin Deuchland,

〔摂津大阪／廿三年五月／二十九／ト便〕（五、九は判読）

〔YOKOHAMA/30 MAY 1890/JAPAN〕）

（ウラ、明治二十三年五月廿九日　独国伯林府にて

緒方収次郎様行

〔Bestelit/vom/Postamte 6/30/6.90/3 1/4-4N〕）

〔注〕

（1）免病法は今は免疫法の意。一八九〇年（明治二十三年）コッホは、ツベルクリンを創製して結核治療剤としようとしたが、今ではこれは結核診断に不可欠のものとなっている。⑯書簡注（1）参看。

（2）扁平の鑵で手術用器具などを熱気消毒する方法（米田該典氏の御教示による）。

（3）クループ性肺炎（独 Kruppöse Pneumonie）、大葉性肺炎のこと。南山堂『医学大辞典』参照（加藤四郎氏教示）。

⑭拙斎、収二郎あて（明治二十三年七月四日）

拝啓時下益御多祥奉大賀候、爰許三家一同無事御省念可被下候、当秋ノ医会相済候上ハベルリン御出立所々御遊歴之思召候之至極妙ト奉存候、何卒追々暖地方へ御廻リ厳冬を御防禦専一ニ所祈ニ御座候、御帰朝も来秋ニ被成候由、自今屈指相待候事ニ御座候、爲換金之義ハ薬局長より委細申上候筈、御承知可被下候、当病院内ハ先以異状無之、患者も昨年同様ニ御座候、去々月来ハインフルエンサ」府下大流行一時ハ少々多忙ナリシモ最早流行相止申候、茲ニ可恐ハ当春来非常ノ天気不順ニ而、去月廿七日ヨリ長崎ニコレラ十三名発生シ、本月一日ヨリ三日迄十名ノ新患者ヲ生シ、傳染性ノ由ニテ衛生局ヨリ取調トシテ直ニ課長一人技師一人出張ニ相成申候、此地ハ同郷ト交通頻繁ノ地ナレハ一人恐懼ニ不堪候、一方ニハ国会議員投票一条ニテ先月ハ非常ノ競走全国一轍ニ帰シ、当府下モ非常大騒（地方ニ由《リ》怪我人多々有之候）ナリシモ昨今当撰者相定リ、先平穏ニ帰シ、大凡後ノ有様ニ御座候、此結果ハ十一月位ナラテハ相分リ不申候、米価モ非常ノ沸騰ニテ一時十一円已上ニ上リ、其停止スル所ヲ不知位ノ処、外国米大ニ輸入多ク旦気候平順ニ復シ候処ヨリ、昨今ハ七円題《ママ》ニ下リ安心仕候、一時ハ諸国共貧民蜂起乱暴等処々ニ有之候事ナリシ、○老生も過日申上候通、兎角病気快方ニ到兼候処、去月初より日々四千歩位ノ運動ヲ始メ、三十日間ニ体重四百五十目ヲ増シ少々快方ニ趣《ママ》候、此段御安心可被下候、乍末筆姫路表も御母子共至極御丈夫之由、時々文通有之候間、是亦御安心可被下候、先ハ右申上度、書外在後信、早々頓首

七月《明治二十三年》四日拙斎

○「萬国郵便聯合端書」使用、⑪書信に同じ。オモテの宛名前出通り。摂津大坂／廿三年七月四日／へ便、YOKOHAMA/5 JUL 1890/JAPAN、Bestelit/vom/Postamate 6/6/8.90/4 1/4-5N. の各スタンプあり。

⑮拙斎、収次郎あて（明治二十三年十一月二十日）

拝啓霜寒之時下愈御多祥奉遙賀候、此地親族中一同無異、乍憚御省念可被下候、其尓来ハ意外御疎遠ニ打過多罪御仁恕可被下候、当八月万国医会御出席之景況等委細御申聞拝承仕候、其後ハ処々御旅行之間、何分寒中ハ一入御保護肝要ニ而暖地方へ駕を転じ御免病之程偏ニ祈念罷在候、来年ハ目出度御帰朝屈指御待申居候、却説日本ハ当夏已来米價沸騰ニコララ《ママ》大流行等ニ而世上一般不景気ニ而同業社会ニも非常之影響ヲ生シ、当病院抔ハ昨年ニ比シ患者之数千ニ三百人ヲ減シ、随テ収入額モ少キニモ不拘、費用ハ米價其外之事情ニ依リ大ニ相嵩ミ、一時ハ大閉口致申候、然ルニ本年ハ東国西国ナドニテ、或ル部分ハ水害風災モ強カリシモ、押馴シ全国豊穣ニテ近日ハ米價モ忽チ下落シ、人気モ稍蘇息ノ姿ニ打向申候、此分ニテハ廿四年《ママ》ハ善良ノ年柄ナランカト豫メ相楽居候事ニ御座候、預テ御承知ノ国会モ弥期日ニ迫リ、来ル廿八日[1]ハ両議院ノ開院式御挙行之由ニテ、全国大抵同日ハ申合祝意ヲ表シ候様子ニ御座候、是ハ数年来随分囂々タリシ事ナレハ左モアルヘキテカト被考申候、就中東京ハ定メテ大騒ナラント想像罷在候」老生昨冬来ノ病気モ毎度懇篤之御問尋且摂生方策モ御示ニ被下感謝ニ不堪候、尓後引続今以洋食運動〔毎日五千歩内外〕致シ、先以テ快方ノ姿ナルモ動モスレハ下痢腹痛ヲ覚へ、一時閉口致シ候得共、此節ニテハ余リ氣ニハ掛ケ不申候」本月初旬姫路御母堂一人ニテ春香ヲ連レ来阪、久振ニテ春香女ニ面会候処、実ニ児女ノ成長ホド可驚モノハ無御座候、至テ怜悧ニテ身体モ高ク随分肥満シ何事モ能ク解シ一泊ノ上直ニ帰姫ニ相成申候」北濱壽女《つね》[2]モ婿ヲ撰ヒ候処、佐倉藩ノ人ニテ可然人物ナランカトノ事ニテ院長ヨリ相談ニ相成リ、唯今其爲人探尋中ノ一医生[3]アリ、老生モ大ニ賛成シテ来春迄充分穿鑿ノ積リ也、何レ御帰朝ノ上篤ト御相談致度事ニ御座候、猶其地留学生ノ内可然人物モ有之候ハヽ、御心掛ケ置可被下候」謙銈両兄モ頻リニ勉学ノ由、無此上御同喜ノ至ニ候、絶テ文通ハ致シ不申候、御逢ノ節ハ可然御致意ヲ乞フ、正清モ勉学ノ様子ハ申来リ承知致候得共、品行ノ事ナドハ一向分リ不申候間、精々御戒メ置キ可被下候、余リ過酒ナドハ致シ不申哉ト心配罷在候、同人モ可成早ク成業帰朝ノ日ヲ屈指待居申候、老生モ次第ニ老衰迚モ用ニ立不申候、帰朝ノ上ハ速穏遁致度宿志ニ御座候、例ノ平吉事ハ御承知ノ通リノ難物ニテ迚モ人間ニハ難相成、最早相明ラメ居申当時ハ冨士ノ製紙場テ真嶋氏ノ世話ニ相成居候、老生ハ一切構ヒ不申候、襄一郎[4]ニ任セ置キ有之候、実ニ赧然ノ至ニ不堪候」当病院内部ノ事情ハ一切薬局長担任致シ被呉、何モ大ニ上都合ニテ大安心ナリシニ、近日天満源八堤辺ヘ家屋ヲ購求セラレ、其方ヘ移転トノ事也、尤毎夜太郎氏（5）ナド丶宿直ノ由、是ハ如何アランカ迚モ長クハ續キ不申ト被考候、御当人ハ近来余リ大酒モナサラズ至極御丈夫ニテ日々万事能ク行届テノ世話中々ノ事ニ御座候、貯金モ大分出来致シ御同喜之至リニ不堪候」、太郎氏ハ其后ハ勉強致サレ先ハ安心致申候」本年ハ最早余日モ少ク御無沙汰可申候、折角御加養御越年奉祈候、猶期来陽之時、草々閣筆頓首　十一月《明治二十三年》二十日

緒方収次郎様　同拙斎　拝具

○十八行版心ナシノ罫紙使用　上欄ニ左記アリ

大阪府立病院ハ患者並々世間ノ信用等ハ院長在任日浅キ故カ先中位ナリ、此頃清野氏外医学士五六人太郎氏高橋茂氏ナドヨリ懇信会ノ招状参リ候、是ハ此親睦会ヲ名トシテ夫ヨリ大阪医会ヲ設置スル趣ナリ〔旧医会ハ当夏ノ初廃止〕新医会ノ規則草案モ既ニ成リ配賦ニ相成リ申候、初メ当院長ヘモ会長ヲ度々依頼シ来リシモ堅ク辞セラレシハ大ニ妙ナリ、就テハ此度ハ会長ハ不置哉ニ見ヘ申候、当時旧医会ハ廃絶彼此ノ間彼是ナキカ如クナルモ矢張リ党派ハ免カレ難キ事ニ有之候、当時府下ノ私立病院ノ上位ニアルモノ吉田・高橋・吉益・高安自然堂ト敝《ママ》院ノ六病院ナリ、何レモ抜群ノ繁栄ノ処モ之ナク考ヘラル丶ナリ

〔注〕

（1）廿八日は誤り。明治二十三年十一月二十九日第一回帝国国会開院式。

（2）惟準・吉重の二女、明治九年生。

（3）この壽の婿さがしは不調に終ったらしい。⑰書簡注（1）参看。

（4）真島襄一郎は、旧幕府の開成所で英語を学んだ白河県士族で、はじめ島田組に属し、明治六年より大阪の玉江町二丁目蓬莱社の紙砂糖製造会社の工場主任となり、明治九年同社を譲り受け、間もなく真島製紙所をつくった。真島襄一郎の家屋は、東区今橋二丁目一番地の元天王寺屋五兵衛宅で、明治十五年六月より日本立憲政党新聞社がその家屋を購入・社屋とした。以上、大阪市史編纂所古川武志氏の教示による。

（5）太郎氏は目下不詳。

⑯ 拙斎、収次郎あて（明治二十四年一月六日）

謹賀新年

廿四年一月一日

拝啓　時下寒威日甚、益御多祥奉賀候、此地本末三家一同無事迎年、乍憚御省念可被下候、旧臘十一月十日御発之貴書同十二月末着、拝読候、九月中ハ諸所御旅行御実験之事も毎々有之候由、又当年ハ一旦伯林へ御立帰リ書籍器械等購求之上、ウヰンナ、伊太里、パリス等ヲ経、御帰朝之御心算之由、何卒可成速ニ御帰朝願奉待候、院長も頻ニ御待兼ニ而書状ヲ送リ着次第御帰途ニ登リ候様小生よりも厳重ニ可申上様被申居候得共、是は迚も之事故、充分御目的御達し御帰可被下候、院長ノ処ハ小生并ニ薬局長より何トカ都合好相断リ置可申候、乍去可相成事ニ候ハヽ、精々御取リ急キ御帰朝奉待候、器械等御買入之金子ハ早速今便ニて御送リ可申候、略御承知之通リ当病院ハ昨年ヲ開業已来第一ノ凶作ト愚考致シ、患者ハ例年ヨリ三分ノ一ヲ減シ、収入も随而同様之事ニて、余程喰込前年之積金ニ而間に合セ候位之事ニ御座候、右ニ付院長ニも出金之一条ハ甚タ八ケ間敷有之候得共、先々何事モ三人相談之上、都合好ク運候間此段御安心可被下候、実ニ昨年ハ我医業社会ハ末ニ而商業産業等世上一般之大困難ハ数十年無之大凶年ニ而到処、長大息之声ナラサルハ無之候、何卒当年ハ人氣等之旧ニ復候事而已所祈ニ御座候、旧冬廿日過よリ又々インフルヱンサ大流行ニ而他ノ患者も都而増加之模様ニ相成申候、本年ハ二日已来日々病院多忙ニ御座候、

コッホ氏ノ結核療法〔1〕ハ此比愈公ニセラレ、独帝より廿五万マーク文部省より廿万マーク賞誉有之候由、然而は同氏ハ衛生局長ヲ辞シ、専ラ其事ニ従事致され伯林ハ各国ヨリ醫家多人数伝習ニ入込之趣、又右薬剤も追々製造ニ従事致サレ候由、同液ハパラトロイトと申名ニ而上膊右部等ニ皮下注射トシテ相用候段、日本ニ而も日々ノ如ク新聞ニ記載シ評判高ク相成居申候、就而ハ何卒此伝習ヲ是非御受ケ御帰朝ニ相成候而ハ如何、過日宮内省より金千円下賜〔日本私立衛生会へ〕北里氏へ右研究被命候由也、最此伝習ニ付多数ノ時日多額ノ金ヲ要候事ナレハ、致方ナキモ大抵ノ事ニ候ハヽ、何トカシテ是非御帰朝迄此事ニ従事セラレン事ヲ奉願候、此節幸ニ独国ニ御滞在ハ実ニ願フテモナキ上都合ナレハ是事斗リハ他事ハステ、モ一入御研究奉祈候、凡世界中此病より多キハナク、此病ヨリ有爲ノ人ヲ害候モノハナク、此病ヨリ不治ノ者ナキ者ナレハ此療法ヲ発明セシ人ハ実ニ天トモ神トモ仰キ種痘已来ノ大功徳者ト愚考仕候、既ニ此地此病ニ罹リシ者抔ハ皆々尊兄ノ御帰朝ヲ相待治療ニ預リ度、自今相楽居候人不少候、御承知可有候、摂州須磨ノ海濱病院〔鶴崎氏院長タリシモノ〕不繁昌ニ而収支不償、同株主相談ノ上最早売却之積ニ付、当院へ買入呉候様拙者迄内々知人より申来居候間、尊兄御帰朝之上、右

肺患療法御伝習之上ハ、該海濱院ヲ買得、肺病院〔緒方病院付属〕ト致候ハヽ、妙ナランカト愚考仕候間、一応御相談申上候、何卒篤ト御熟考之上早々御返書可被下候、此須磨ノ病院ハ風土并ニ結構も適当ノ地ト確信候事故、他人ノ手ニ落トシ候事遺憾ナレハ何トカシテ此方ニ入手致度事ニ御座候、追々正清 鉒次郎氏等も帰朝之上ハ手ハ沢山ニ付、運動場所も多キ方可然ト奉存候、兎も角御熟考之上早く御意見御申聞可被下候、○鉒謙二兄正清も不相変勉励致居候由、何分ニも宜敷御心添可被下候、○昨冬国国（会）も両院トモ相開ケ居申候、随分騒敷ものニ御座候、何分本邦ニ而ハ初陣ノ事ナレハ先ツ大出来ノ事ト奉存候、外ニ申上度事も如山御座候得共、多忙中不得寸閑、此度ハ先是ニ而閣筆、草々頓首

（明治二十四年）一月六日　　拙斎拝

収次郎様

尚々播州ニ於而も皆々御無事之由、旧冬ハ玉江どの母子十日斗リ御留ニ被参候処、春香女ハ至極丈夫ニ而至而怜悧ニ相成、何事も分らぬ事ハ無之程ニ相成居申候、御安心可念被下候、老生も近来ハ先々快方ニ為罷申候、是亦乍憚御省可被下候

吉益洞堂氏〔2〕ハ別紙〔3〕ノ如キ広告ヲ出タシ、須磨海濱院ノ鶴嵜氏モ又同様ノ廣告ヲ出タシソロ（候）位ナレハ当病院ニ於テモコッホ氏ノ薬液并ニ其療法ノ詳報ヲ得タキ事一日三秋ノ思ヲナセリ、尊兄并ニ外三人モ幸ニ在独国ノ事ナレハ何卒他人ニ後レサル様御承知ノ廉々至急御報道御待申候、尤薬液モ得ラレソロ者ナラハ少許ニ而モ至急御送致可被下候

（以下は袖書にあり）

器械薬鍋御買入等送金之一条ハ薬局長相談之上、此度差出候間、御落手可被下候、御帰程之旅費等も其都合次第又々御送リ可申候

○四一行罫紙（版心ナシ）一枚使用、

〔注〕

（1）⑬書簡注（1）参看。

（2）⑩書簡注（3）参看。

（3）別紙欠。

⑰拙斎、収次郎あて（明治二十四年四月八日）

北濱養子一条〔1〕ハ此地ニ過日見当候得共、都合出来不申、其後ハ未タ見当不申候、其地ニも無之候由拝承仕候、いづれ御帰朝之上篤ト御相談可申上候

二月九日之貴書相達拝読、時下春寒未退候、益御清宇御滞留奉敬賀候、爰許一同無事送光奉御毛《ママ》念被下間敷候、然ハ二月中一先伯林ニ御立寄諸事御取片付澳国維納へ御越、伊太里ヲ経テ佛都ニ出テ御帰途ニ上候御心算之由、至極妙ナラント奉存候、此方ニ而屈指御待居申候、鉒謙正清之諸子も至極健全ニ而勉強之趣、是亦御同喜之至奉存候、正清受験入費之事ニ相聞、別今便ニ百円差送申候（常費ヲ除キ）、左様御承知可被下候、老生も追々老衰世事ニ倦ミ、殊ニ世人も亦用呉候者無之様立到候ニ付、一両年中ニ隠遁之覚悟ニ付、正清事一日も早ク帰朝被致度奉存候、何卒当秋迄ニ卒業相成、其後ハ外科産科之実地研究致し、来秋ニハ是非帰朝相成候用篤ト御説諭可被下奉願候、○略御承知も可有之、本邦ハ去暮よリインフルヱンザ再発之流行ニ而東京ハ勿論、大阪表も旧冬よリチラチラ有之候処、一月ニ到、寒気非常（十五六年来ノ厳寒室内最下ニ十二度ニ至ル）にて、之カ爲メ同患者ハ大抵肺炎ヲ続発し、老人之分ハ兎心録ニ上リ候者最多ニ之アリ、東京ニ而ハ條公ヲ始メ柳少将元田侍講等ノ高官、大阪ニ而ハ医師ニ而ハ高橋正純も死亡、外ニも両人《二名》数有名之人相果申候、緒方都一郎(2)事も静岡ニ而同症ニ而相果候次第、右ニ付一月二月ハ非常之患者ニ而昼夜奔走、髭ヲ剃ルノ暇モナキ程ナリシモ三月ニ到リ全ク跡ヲ絶チ（陸軍病院ニ而ハ市中ノ皆無ニ不拘此節大流行此節百人已上入院ノ由）終日大ニ閑暇ニ相成申候、病院ハ近日入院患者ハ増加し罷申候（高橋病院ハ院長物故致俄ニ閑ニ相成患者ハ他ニ転向多）旦当年ハ遠国之人も上阪致候者多ニナル由ナレハ、昨年之如キ事ハ有之間敷ト相楽居申候、静岡ニ而真島老母并ニ諏訪野女二月中纔ニ数日ヲ隔テ黄泉之人ト相成申候、都一郎も同月カト奉存候、ナニシロ一月中三人之葬ヲ営申候嚢一郎氏ノ心中気之毒之事ニ存候、○過日はコッホ氏治療液之条、委細被仰聞奉多謝候、院長よリ長与氏ニ掛合ニ相成候得共、目今同液試験委員五名余専掛験査中ナレハ右試験液ノ発賣ハ試験成績之好結果ヲ得候上トノ事ニ御座候、左候得共今一二月位之事ト奉存候、当地ニハ已ニ預約金抔取込類之廣告ヲ出候人も有之候得共、本政府ニ而も決して軽々敷治療ヲ許候事ハ万々有御座間敷ト奉存候、右一条ニ就而ハ功否篤ト御取調置可被下候 ○姫路ニ而も御一同至極御盛之由御安心可被下候、此地親族中ニハ何も異状無之候間、是亦御毛念被下間敷候、外ニ申上度事も多々有之候得共、急便取急大乱筆御推読可被下候、最早此後ハ書状差出候而も届兼可申、何も御帰朝之上ニ相略申候、草々頓首拝復

（明治二十四年）四月八日　拙斎拝言

収次郎様　侍史

二白時下万々御自愛専一奉万祈候、御船中ハ時候追々暑

気ニ向可申候間、呉々も御加養可相成候、アメリカ廻リも宜敷、御同伴有之候ハヽ必ス御立寄可然ト存候、又ト申事容易ナラネバ、可相成思召立可被成候、旅費ハ如何様とも致し御送リ可申候、依て至急御廻報奉待候
○封筒あり（「緒方収二郎様侍史　緒方拙斎拝」）（切手消印ナシ）

〔注〕
（1）壽の婿さがし一件のこと。⑮書簡注（2）参看。壽の婿となったのは白戸隆文である。
（2）緒方都一郎のこと今不詳。㉔書簡にも同人死去のこと出る。

⑱拙斎、収次郎あて（明治二十四年九月十五日）

七月廿七日之朶雲九月十日相達拝読、時下秋暑益御安康御滞府被成奉大賀候、此地親族一同無事送光罷在候間、乍憚御省念可被下候、然ハ過日岡玄卿氏(1)帰朝通阪之節、御近況伝承且御来書ニ而本月中旬迄ニハ必定御帰朝相成候事ト知人ニも報知し御住宅之事抔日々相談致し、一日如千秋屈指今日カ明日カト相待居候処、豈図此度之御書状ニ而御延行之次第相分リ一同駭然致候、尤金子不足之処より無拠御延日ニ及候顛末委細御申越御尤千万之義了解仕候、就而ハ御申越之金高八百円院長之許可ヲ請御送致申上候間、右着次第早々御出立御帰朝可被下候、万一此上御延引ニ相成候而ハ院長へ生等之申訳無之、万不都合引越可申候間、一日も早ク御取急キ可被下候、尤正清事来春一月帰朝之積ニ候処、一二ケ月違ナレハ御同船ニ御帰朝之御相談も有之候由ナレトモ両人一時ニ帰朝之事ハ当病院ニトリテハ甚不利益ナル而已ならす、然る時ハ舞台ノ狭キ処ニ役者多クシテ経済上不得策之憾を免レス、右等之都合も有之、過日東大阪南地〔西南便利ノ地方〕ニ地所ヲ求メ更ニ一大病院ヲ開設セント院長ニモ苦心被致居候事ニ御座候、左ソロ《候》上ハ役者ヲ夫々配付シ至極得策ナラント一決シ、目今其計画中ナレハ一人ハ本年ニ帰朝シ今一人ハ又々来春帰朝致候ハヽ、第一世上之処も宜敷至極妙ナラント愚考罷在候、此段万々御諒察可被下候、○正清帰途旅費之事も委細拝承仕候、乍去此度ハ迚モ送遣候事相叶不申、何レ年内御帰朝之上御相談致し直ニ相送候様致度候、老生事も御承知之通、新築致候処、豫想外之金額ヲ費消シ、加ルニ些ト過分之大宅ニ而（今更臍ヲ噬ムモ不及）当時之疲腕ニ而は維持法も無覚束持余候程、且従前独立開業トハ違ひ、僅一定之月給ト少々宛之注射料位ニ而ハ突然一時千円已上之出金ハ急ニ調兼、大ニ閉口罷在候、此段御諒察可被下候、且正清之書籍、器械代五百円トハ随分多額ナレハ其内病院用ニ属候分ハ病院費トシテ病院へ仰キ度愚考ニ御座候間、全ク自分一己ニ属

候品ト区別致し報知候様御申聞可被下候、院長之説ニハ旧物抔一時ニ澤山取入候ハヽ、却而不得策ニ而可有之、日新之学ナレハ追々新規のもの取寄候方可然トノ事ニ御座候、左スレハ是非必要之品而已相携帰朝致候様御申聞可被下候、当病院も近年ハ収入ノ少ナキニ反シ費用ハ年々増加之姿ニ相成旁院長ニモ出金之事ハ容易ニ承諾ニ至リ難ク、已ニ此度之金も再応掛合之上愈帰朝ニ相違無之返書之上ト申説も出候位之処、薬局長ト両人ニ而段々説破致し漸ク相決候程之事也、右ニ付此度ハ御躊渚《ママ》無之速ニ御帰朝奉祈候、○八千代事も過日来ターベル[2]症ニ而百方療養致し稍緩解致候得共、未全治ト申場合ニ不至、有馬温泉へ参度申居候得共、御帰朝之日ト行違候而ハ不都合ト近日迄相待居候処、此度延行之御来書ニ而大ニ力を失ヒ無拠一両日中出立温泉行之筈ニ御座候、老生事も昨年来于今日本食ハ用兼候次第ニ付、一週間之隙《ママ》ヲもらい同人迎次第来月初ニハ是非有馬へ出掛候心算ニ御座候、実ハ其事ニ而も御帰朝之上ト相楽居候処、前条之次第不得止事共ニ奉存候、外ニ申上度義も多々有之候得共、何も御帰朝之上ト是ニ而閣筆、草々頓首

九月十五日（明治二十四年）　　緒方拙斎

緒方収二郎様

二白時下万々御自重専一ニ奉祈候、十一月之海上ハ如何哉、心配致候間、船ハ能々御吟味之上建固（堅）ナル者ヲ御撰御乗船可然奉存候、爰許一同より宜敷加筆申出候

（以下欄外に記す）

本月十七日本国出帆ノ邦便アルトノ事ニテ其手都合致候処、如何之間違ナリシヤ廿二日ニ延日ト相成、又々日子ヲ費候、且御両君伯林住所御申越無之ニ付、無拠フライヒルグ謙鉒両氏へ宛テ此書状差出候事故、彼是時日ヲ費し、十一月中旬ナラデハ御請取之運ニ参リ兼候ト恐察セリ、左スレハ御帰朝之日は十二月ノ末ニ相成可申奉存候、此度ハ何卒御出立日愈御決定之上は早速端書ニ而も御送リ可被下候、此地ニ於而内外手都合有之事故、是非御報知可被下候、突然御着港ト申様之事ハ万々不都合ニ奉存候間、此辺御了承置可被下候

○封筒ナシ

〔注〕

（1）岡玄卿帰国のこと⑦書簡注（1）参看。

（2）ターベル症は調べた限り該当する用語はない。しかし、菌血症（Bakteriämie）の通称として用いられていた可能性がある。人名ではターヴェル（Ernst Tavel, 1858～1912）というスイスベルンの外科医て細菌学者があり、ターヴェル血清（抗連鎖球菌血清）で有名。阪大生命科学図書館所蔵の HANDBUCH DER INNEREN MEDIZIN（1911）に、Kocher と Tavel とが Bakteriämie（菌血症）

という用語を提唱したと出ている（加藤四郎氏の教示およびオランダ留学生Dr. W. HAZENBOSの好意による）。あるいは結核症の原語（独Tuberkulose,蘭Tuberculose）を日本式に表記・略称したものか。

⑲八千代、収二郎あて（明治二十二年八月十九日）

長々の御船中もおとゞこふりのふ御機嫌克御無事ニ御安着の御事承り、実ニ〳〵御嬉敷おめで度大安心いたしまいらせ候、其後御つかれものふ御無事ニてあれこれとごほんそふ遊ハされ候由、かさね〳〵御うれしく安心いたしまいらせ候、このかたニても北濱はじめ親類一同相かわらず大丈夫ニくらしおり候まゝ、くれ〳〵も御安心被下度候、正謙銈之三人ニつきましてハひとかたならぬ御厄介御心配之御事承り、実ニ〳〵御きのどく様にぞんじまいらせ候、何分ともよろ敷御願申上被下候、送金之事御申上候ニ相成、御手紙着次第早々武井氏ニたのミ申候処、明後廿一日よろしき船だより御座候よしニて今朝かわせの手数いたしくれられ候ニ付、さしだし申候、金子ニとぼしきほど心ぼそきものハ御座なくと存、心斗りいらち申候へども、廿一日までたよりなき事ハいたし方も御座無、さぞさぞ御こまりと山々さつし入まいらせ候、一日も早く着致候やふいのり上候、くわしき事ハ拙斎より申上候〇此ほど鳥渡拙斎より申上候ひめじ山本之末子正三さん事のふ病ニて御死去被成、昨年と申今年実ニ御母様御いたわしく御悔かたかた明石之海浴所も見物かた〳〵御悔ニ参り候処、皆々様ごきげんよろしく玉江さん春女も大丈夫ニ御くらし被成、春香女見ちがへるほとせいじんながくあわぬ事ゆへさだめしわたくしをわすれおり候事と存参り候処、なか〳〵わすれ不申、大悦ニてすぐはしり参りてをもってひきあげ、実ニ〳〵あいらしく大丈夫ニせいじん被成候、やはりひめじのほふがよく身ニあい、丈夫ニ相成事と存候、暮しも御安心被下度候、御母様へ御なぐさめ申上、一日遊び明石へ帰り、両三日遊び帰り申候、此方病院も相かわらず日々せわしく、五月中頃より一室もあき間なくはんじよふいたし、一同悦くらし申候、太郎君もおとなしくよくつとめ申され、万事都合よくまゐり御座候、どふぞ〳〵このかたの事ハ御安心被下候、何卒〳〵御まえ様御身御大切ニ御用心遊し申候、只々御無事のミまことの神様ニいのり〳〵まいらせ候、すこしもむりな事被成まじく、それのミ〳〵願上候、いろいろ申上度事ハ山々おわしまし候得共、封高ニおそれましたの便りと申残しまいらせ候　めでたく　かしこ

明治二十二年八月十九日認

緒方収二郎様

おがたやちよ

○封筒ナシ

〔注〕

（1）当時郵便は、船便で、欧日間一か月余かかっているから、収二郎が、パリあたりから出したてがみを受取った八千代のたよりであろう。

⑳八千代、収二郎あて（明治二十三年一月十五日）

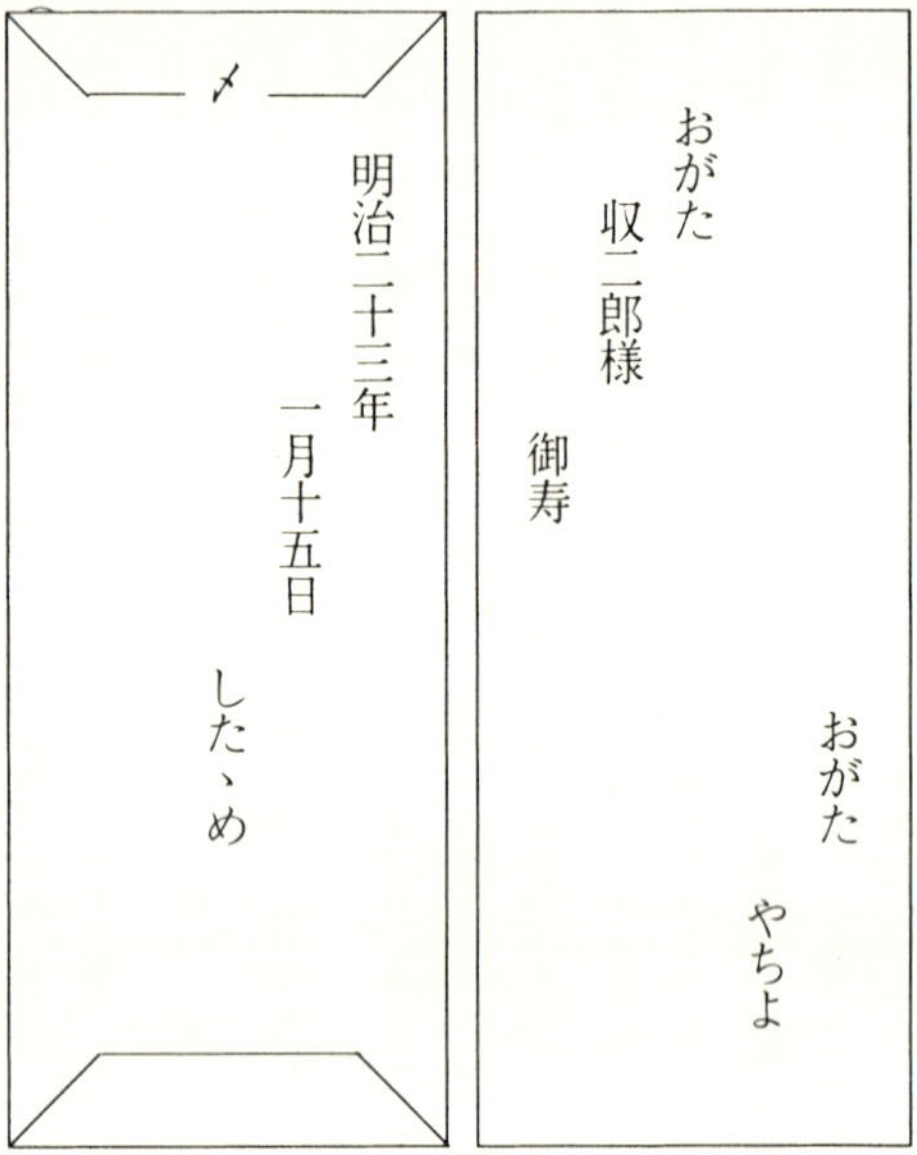

㉑八千代、収二郎あて（〔明治二十三年〕十一月）

其後はおふきに御無さたいたし申わけ御座なくひらに〳〵御ゆるし被下度候、先々御障りものふます〳〵御機嫌よく御勉強遊し、万々御めで度御悦申上候、其この方ニても北濱はじめ親類一同相かわらず無事ニくらし候ま、、くれ〴〵御安心被下度候、姫路ニても御母上様はじめ御一同無事ニきげんよろしく入らせられ候ま、、是又御安心被下候、春香女ニも殊に〳〵丈夫ニてせゐじん致され、当月五日御祖母様とふたりづれニて参られ、一夜この方ニとまりよく日帰られ申候、もはや母様とでなくともねんねも出来、よく〳〵おしやべりが出来、ほんニ〳〵あいらしさがり、みんながからかひ、山本の春香さんと申ますると、い、へ緒方春香でおますとおこりだし、それハ〳〵かわゆらしく、とふ様ハなぜはやく、おかゑらぬ、大坂へはやく帰りたいと申、とふ様のおみやげハおいもある時ハくり、かきと申、一同大わらゐいたし申候、此節ハせきもでませず、よくふとりおふきに丈夫ニ相成、うれしき事と一同悦くらし申居候、くれ〴〵御安心被下度候、○昨今ハ日増ニ寒さの時こふニ相成、御地ハ一しほきびしくと御うわさいたし御案じ申上候、何卒すこしもはやうあた、かきほふへ御まわり遊し、春すぎ夏のはじめニハかならず御帰朝被下度〔1〕ひとへニ〳〵御願申上候、なるべくハ春早々御帰り被下候ハヽ、万事都合よろ敷候得共、又々御こしもむつかしくとも存、とふぞ夏ニハかならず〳〵まち入まいらせ候、病院もおふきにさみしく、外々ニ沢山出来それもこたへ、また院長院主ハとしヲトり、外科ハ不出来、それゆへと存候、太郎君ハどふもうけあしく不勉強ニて実ニ〳〵こまり申候、毎々院長様ヲおこらし、四郎御兄上様〔2〕大よわりニ御座候、それゆへ病院一同が御あなた様の御帰朝ヲ千秋のおもひして御まち申上候、何卒御くみとり下され、なる丈おはやう御帰リヲ願上候、濱田吉川はじめ医員一同ハ相かわらずよくはたらき申され、〔以下罫紙欄外ニ記ス〕悦中候事ニ御座候○平吉事ハどふも不勉強ニて不品行当夏之しけんニらくだいいたし、じぶんながらめんぼくなくおもひ、其まヽ三郎様の宅ヲとびいだし静岡のまじま〔3〕へまゐり冨士山之製紙場ニしよくこふいたしおり、どふもいたし方御座なく、さてもさてもなげかわしき次第ニ御座候、さりながらとてもとても東京ニおきましてハ送金にたへかね御座候、山々しば〳〵不自由いたさせ候も身のためよろしくとすて置申候、真嶋〔4〕ひきうけせわいたしくれられ御座候、衣類も送金もつかわさずなる丈のなんぎいたさせ居候、一生しよく人ニてつまらぬ事しよく当人之のぞみなれバ身のさびいたし方御座なく候、山本の玄一様ハ御きげんよく御勉強被成、折々私へ手紙下されたのもしき御子様ニ御座候、これハよく出来中づくしみ〴〵つらき事もわかりおりよろしくと存候、いろいろ申上度事ハ山々候得共、封高ニ相成候まヽ、またの御便りを申残しまいらせ候、正清はじめ謙銈之三人何角と大厄介さま有難存候、此方一同よりよろしく時こふの御見舞申上度申出候、めで度　かしこ

○封筒オモテ（ドイツ国ニて　緒方収二郎様　同やちよ）

　仝　ウラ（〆　十一月二十）

〔注〕

（1）この文句より明治二十三年のものと推定できる。

（2）惟孝のこと

（3）（4）真島襄一郎が冨士製紙場を営業していたことがわかる。平吉が真島氏の養子となり、のち緒方姓に復したことについては、③書簡注（7）に記した。

㉒八千代、収二郎あて（〔明治二十三年〕五月二十九日）

三月三十日

四月十五日

両度の御文相違し御嬉敷とけておそしと拝見いたし候処、御かわりもあらせられず、益々御機げん克日々御勉強のよし承り、実ニ〳〵有難おめで度存上まいらせ候、しばらく御たよりもなく、きこふハあしく如何之御様子と殊ニ〳〵案じ申候折から二通も一度に着いたし、ほんニ〳〵うれしく、写真御送り下され、よほどにくもつきおふとりニ相成、大安心致し、早束《ママ》一枚さしそへ姫路へ送り遣し申候、有難万々御礼申上まいらせ候、定めし日々御勉強ニいそがわしく手紙御したゝめのひまもなく、其上かく事おきらゐと申事もよく〳〵承知しておりながら、つゐ〳〵つまらぬ事おもひ案じ申御さつし被下候、御地の御様子もくわ敷承りおふきに安心いたしまいらせ候、此方ニても北濱はじめ一同相かわらず大丈夫ニくらし居候まゝ御安心被下度候、ひめじにても、皆々様御機嫌よく、春さんも大丈夫とせいじん致され候まゝ、くれ〴〵御安心遊し候、さて御地も一時インフルエンザ流行致し、学校ニてもこふぎ御聞とりむつかしきほど皆々せきいで候よし、日本ニても春以来今ニ処々ニこれあり、此節ハ一所ニ七八人もまくらならべコソ〳〵申おり候家も御座候、しかし一両日ニして皆々よろしく相成候、潤三[1]ハ其後大丈夫ニ全快いたし相かわらず大いたづらニ御座候、御安心遣され候、東京ハ当年ひじよふニにぎわしく、はくらん会[2]見物かた〴〵伊勢参りのどふしや多く、東西南北之国々よりあつまり、宿屋ハなく、下宿屋も大はんじよふ、めつきりと物價高直ニ相成申候、拙斎も久しぶり東京へまゐり度申、院長様へ御願致し四月七日より参り十九日ニ帰坂いたし申候、高の村へ預ヶ置候憲三義[3]、三月廿五日ニ大阪へつれて参り、二十九日[4]より少々せきいで、三十日の夜よりバヒフニ相成、三十一日ニ死去致し申、高女[5]事も誠ニかなしみふびんニ存、東京ニでも参り候ハゝ、又々わすれ申べくと存候ニ付、千重女[6]ト高女ヲつけて東京へはくらん会見物ニ参り、日光江のしまかまくら見物して十九日ニ帰り申候、実ニ東京のにぎわひハあきれると申事ニ御座候、七月[7]より又々国会もアリ、かたがた東京ニハ沢山金が落申べくと存候、それにひきかへ大坂などの下々のなんぎ、いなかのなんぎ、米の高直ニなったのと作もの、不作とニて、やかましき事、よるもさわるも米のはなし斗り、川はまりがあったり、行だおれがあるやら、あわれなる事沢山御座候、慈善の人も随分沢山ほどこし候得共、中々行とゞき不申、又あるやんごとなき人が米のかいしめするとか申事、定めしうその事と存候得共、まことならバにくみてもあきたらぬあく人と存候、何角そふぞふしき事ニ御座候、ふけいきゆへニ病院の方も昨年ニひすれバかんじやおふきにすけなく、収入もおふきにげんじ申候、吉田・高橋・高安も同様、どこともすけなきよふす、私方斗りにても御座なく、其内すこしにんきもなおり候ハヽ、夏向ハ収入も御座候事と存候、只今の様子ニて壱ヶ年つゞき候ハヽ、チト病院もこまり申候、なんでもはやく若手が御帰朝ニなってさかんニしていたゞかねバならぬと医員方安《やす》女も毎々申おり候事ニ御座候

御あなた様も当年八月大医学会相済候マデ其御地ニ入らせられ、夫より外々江御まわり、来年中ニハ御帰朝との御事、くわしく御申こし下され御嬉敷、今より来年之くれヲまちくらし申候、月日の立はやさ、もはや御こしニ相成候ても一年餘ニ相成、来年と申てもすぐニまゐり

二

申べくと存候、北濱御兄上様之おまちかね実ニやかましき事ニ御座候、拙斎ハあまりやかましくも申さず、折角まいったからどふぞ両三年ハやかましく申さぬほふよろしくと昨暮までハ申おり候へども、当春となりすこし気分あしく、食事すゝまず、ぶら〳〵致し候ており、収さんの帰りハいつであろふ一日も早くかゑってほしい、とてもわしハ今年中むつかしいとかいつものしんけい病がおこり、実ニ〳〵こまり申候、ちよふケッカクニなつたとか申おり、すこしにくおちやせも見へ候ゆへ、どふかと案じ申候得共、此節ハなんでもうんどふか専一と申して、毎夕庭前之水かけこへかけ致、よろしきうんどふがつき候ゆへか食事もすゝみ、すこしにくもつき申候、けつして御案じ下されまじく、只々一日も早く帰ってほしいがふたり出来ましたニハこまり申候、御さつし被下候、

御送金之事くわしく御申こし下され、よくわかり申候、四郎御兄上様御遣し之マルクトポンドノ相場てりあわせマルク之方よろしき時ハマルクニて送り申上候、御地ニての御手数も一しほと御さつし申上候、ホ《ママ》ンドノ方利益と存上候、又々ポンドニ直し御送り申上候、八月後ハ御あなた様どちらへ御こしやら、送金ハ如何いたし申べく哉、処々へおまわりなさるよふな事ならバ、銈さんへむけ送り申べく哉、正清へむけ送り申べく哉、此事御手紙着次第くわしく御申こし願上候、一ツところに半季も御こしのよふならバ、やはり御あなた様へ送り申度存候○山本氏之事御尋ニ相成洪輔君ハ全ク相かわらず御丈夫御さかんニ御座候、御家内さまハやはり折々むねの病気もおこり、しきゆうよろしからず、おきたりねたり被成候、ひどい事もなき様子ニ御座候、洪輔さんのごふよくニハひめじの母公も実ニ〳〵御こまりいとしく存候、何事も御しんぼふ遊し、今しばらく其内ニハ収さんも帰り候ゆへと御なだめ申上おり候事ニ御座候、実ニ実ニ洪輔さんハいやな人ニ御座候

北濱御兄上様之大和行之おけがハさしたる事も御座無、

すこしつむり（頭）の中ニかすりきず出来候ぐらひ、石橋の上より川の中へさかさまニおち遊し、車ハかじぼふがおれてはしの上ニアリ、水ハすこしニて石斗り多く、今おちるとゆう時、これハしもふた石であたまヲうつて、こゝでしぬるとおもふたら気ヲうしない、しばらくしてしぜんとわれニ帰り見たら、はしの上ニ車夫丑松ぼふぜんとしているゆへ、はやくおりてこいとゆうて、くるなりにぎりこぶしニて三ツ四ツ丑松ノあたまヲなぐり、それニてげんきつき、そろ〳〵あるき近辺の家ニいり、しばらく水ニてひやし、きずのところヲ手拭ニてまき、はやく帰れと申して御帰り候処、右之おはなし大声ニておはなし遊し候ゆへ大安心、きずあらため候処、誠ニ〳〵さゝいなる事ニて誠ニ大悦いたしまいらせ候、其後一両日御やすみ被相成、ねつも出不申、毎日毎夜かるた遊びはじまり、御機げん克御出きん遊し、此節ハ大丈夫にて御はたらき遊し候、くれ〴〵御安心被下度候、なるべく遠方之往診御ことわりよろしくと申上おり候得共、やはりよびニ参り候へバ御こしニ相成、いつも〳〵案じ申候、どふも御しよふぶんゆへ致方御座なく、なる丈医員之人さしそへ候事ニ致居候、いろ〳〵申上度事山ほど候江《ママ》共、かな字斗りにてなが〳〵いたし候まゝ、またのたよりと申し残しまいらせ候、堀内御老母も死去遊し、御きのどく、たよりの節御悔状御遣し遊し候、まじまのおじさんも大病〇当夏ハむつかしからんと申年ニ御座候、書物ハかし下されニてもよろしくと存候、千重よりよろしく申上度申出候、めで度　かしこ

〔明治二十三年〕五月廿九日出ス

緒方収二郎様

大らん筆御はんじ可被下候、まいる

尚々時こふあしく候まゝなる丈御用心専一ニ願上候、日本ハ時こふのためかぼつぼつコレラはじまりおそろしく御座候、正清より何角うつくしき進物ニするもの送りくれと申参り、冬までニ送り遣し度、御あなた様何角御入用之品候ハ御申こし被下度、其時送り申度存候

〔注〕

（1）潤三は、拙斎・八千代の子（五男）

（2）内国勧業博覧会は、明治二十三年三月一日より四ヶ月上野で開会。

（3）憲三は、拙斎・八千代の四男。明治二十三年三月三十一日歿。

（4）加藤四郎氏に御教示をたのんだ結果、パソコンでバヒフより馬脾風を検索して下さったのは、社会環境学講座（旧公衆衛生学講座多田羅研究室）助手の村上茂樹氏で謝意を表する。馬脾風（mapifeng）ジフテリア（香坂順一編著『現代中国語辞典』光生館）。

（5）不詳なるも乳母か。
（6）拙斎・八千代の長女。
（7）十一月二十五日開会の誤り。

㉓八千代、収二郎あて（明治二十二年）十月六日

明日ハ岡山ニ元御出被成候医学士なにがし[1]と申人、御地へ御出立のよし承り、幸便と存、夜中した、めたるゆへ、御らん後夏のむしねがい上候

朝夕ハよほどひや、かに相成申、御地もさだめしおなじ時こふの御事と存候、どふぞ御機嫌よく御障りなくめで度日々御勉強のほど願上まいらせ候、このかたニても北濱御兄上様はじめ親類一同皆々大丈夫ぶじニくらし候ま、、どふぞ〳〵御安心被下度候、ひめじニても皆々様御きげんよろしく先月十五日ニ拙斎事ひめじニまゐり、春さん[2]ニおばさんのとこへゆこふかと申候処、だかれてはなれ不申、玉江さんかみがこわれているも、どふする事もできずニ、すぐつれてかゑられ候処、もはやよい〳〵もよく出来、おしやべりも出来、わたくしをすこしの間もはなれ不申、バアバアと申、それハそれハあいらしく、とふさまハゴヲゴヲあちらへとおしへ、よくふとり、極々丈夫ニなり、かわゆら敷写真ヲとり送り申上度ぞんじおり候ところ、折あしく毎日〳〵あめふりつゞき、其内ひめじよりさみしいゆへはやくかゑりくれと申参り、先月二十七日頃かゑられ申候、ひめじニてうつしおくり被下候やふ申置候、其内送り申上候、なにか入用之品も御座候ハ、折々よろしきたよりも御座候ま、御申こし遊し候、教師へのおつかいものなどハ入不申候哉、何時なりともおくり申上候、御申こし遊し候、定めし御聞およびも御座候ハん、当年ハながあめふりつゞき、大和十津川所々山くずれ大水[3]いで、死人おびたゞしく実ニおそろしきありさまと相成、いくひろともしれぬこすいが出来申候、また紀州若山名古屋ひめじも大洪水ニてこれも死人おふく、ひめじ山本様之御宅ハたかみニて二三町近へんまで水まいり候よし、なれどもつ、がなく御のがれ遊し候、このせつハよるもさわるも水のはなし、ぎけん《ママ》金も随分日々あつまり候よしなれども、何分所々の水ゆへひん民ニゆきとゞき不申、一日一人ニ壱合あまりのおかゆよりあたらぬと申事、それニだいじんやごふ商が米をかいしめ、此せつ米壱石が十円あまりと相成、こまい《小前》のものハだん〳〵なんぎいたしにくらしく、新聞ニもすこしハわるく申候も、こわいと見へてあまりやかましくも申さず、はぎしりいたし候事ニ御座候、当年のよふニどこもかしこもくずれたり、大水がでたり、ほんニ〳〵おそろしく、世の

中如何なり行候ものかと、やすき心ハいたし不申候、御地ニても定めし此うわさハいろ〳〵御座候事と存候、十津川の野崎さんハ夫婦ともきのミきのまゝ山にのがれ、よふ〳〵たすかり、大坂へ参られ候、なにハなくともいのちたすかり、其上ハ御座なくとなぐさめ候事ニ御座候

○今橋病院もまづ〳〵くわん者も随分まゐり、収入も昨年とかわり不申悦居候、しかし吉田病院出来よりよほど勉強いたしおり候ゆへ△○しつかりと△院長様副院長○してもらわねバならず、院主もなる丈はたらき申さねバならぬと申おり候事ニ御座候、院内よくそれ〴〵いたし、おやす・おつたニもよく申聞、なる丈病人之あつかいよくいたし、まけてハならぬぞよと申聞候事ニ御座候、惟孝御兄上様がほどよくとりしまり下され、大前も丈夫ニつとめ、藤田もはたらき被成、まかないのほふも一ヶ月ニ百円あまりも利益が御座候、随分此せつハうまきものいたしおり候、八百家〔屋〕ハ実ニよいもふけいたしおり候事、只今よくわかり申候、只々こまりまするハ太郎さんのうけあしく、やはり遊びがすぎ毎度院長様のおはらだち、院内の人々もだん〳〵したがわぬよふニなり、これニてハこまり申候、折々惟孝御兄上様より御いましめ遊し候事ニ御座候、御あなた様の御帰朝を院内一同がゆびおりかぞへ、御まちくらし申候、どふぞなる丈はやく御かゑりのできまするよふニ御くふう願上まいらせ候、院内のふしんもなる丈いたさぬよふニして、御帰りの上〳〵と申のばし申候、定めし御帰朝のうへハたてかへ遊し候と存候、金も今すこしんぼふいたし候て、一万斗り出来申候、なんでも御かへりまでニずつとこしらへ、ふしんいたし候てもよろしきよふニいたし置度と存候

○平吉の事御心ニかけさせられ、三郎へ御たのミの書状御遣し被下候よし、三郎さんより申参り、御うれしくありがたく存候、あいかわらずなまけのぜにづかゐニハさてもさてもこまり申候、御さつし被下候、山本玄一様の事も御申遣し被下候よし、此事玉江さんへ申やりましたらさだめしよろこび有難がり申され候事と存候、玉江さんより御地へてがみだし遊し候やふニ此ほどいたゞき申候、名札をひめじへ送り申候、まだ一度もだしなさらぬよふすゆへ、このあいだもそれでハならぬ、このかたへ送り遊したらいつでもだしまするとと申候事ニ御座候、しかし御母子共大丈夫ニ入らせられ候まゝ、くれぐれ御安心被下度候

○かわせ金もはや着いたし候御事と存候、着いたし候までかつ〳〵四人様とも御手元ニ御座候や、いろいろ案じ申候、もしそれまでつゞかぬよふなことニなつたら、どの

よふニか御こまりの御事と誠ニ〱案じ申候、十二月ニあとの金送り候やふニ皆様申被成候江共、どふぞ十一月ニいだしたく、はやいニいくらはやくても、おそくなるよりハよろしくと申おり候事ニ御座候

○正清の品行ハ如何之事ニ候哉、どふぞ西洋ニ参りおちつきたるたゞしきものとなりまするよふいたし度ものニ御座候、折々御手紙ニて何事もおちつきよくまなび候やふニ御申遣し願上まいらせ候　千重事もとかくぶら〱あしく、こまつたるよわみそニ御座候、うんどふのためとぞんじ、また〱学校へかよわせおり申候、すこしせたい《（世帯）》の事もいたさせねバならぬと存候へども、わづらわれてもこまり候ゆへ、すて置候事ニ御座候、当人よりよろしく申上度申出候、九重[5]よりも別段文さし上不申宜敷申上度申出候、此人ハ神様ニたより毎日〱であるき、きげんよくいたしおり、御安心被下度候

○萱沼さん折々御こし被成、収二郎さんがるすでさみしくてならぬ、どふぞよせてくれと申され、此ほど私方之ふしんも落成いたし候ニ付、三日斗りつゞきおきやくいたし候時も、およびも申候処、大悦ニておもしろき事斗り申いられ候、別段其外かわり候事も御座なく候まゝ、またのたより二申上まいらせ候、夜中したゝめ大らん筆の上かな字斗りニてあとやさき〱とわからぬ事したゝめ御さつし被下、御よみわけ願上申上候　まん〱めて度かしこ

同　やちよ

おがた

収二郎様

まいる

尚々御身御大切ニくれ〴〵願上まいらせ候、のみすぎぬよふ、たべすぎぬよふ御養生専一ニいのり〱まいらせ候、只々御無事のミ神ニいのり申候、御地ハあまり時こふよろしからぬよし、どふぞ〱御大切ニ願上候、皆々一同よりよろしくと申出候、又めて度、かしこ

（表紙）

緒方収二郎様　同やちよ

十月六日《（明治二十二年）》したゝめ

〔注〕

（1）目下不詳。

（2）春香のこと。

（3）明治二十二年八月十八、十九日大和十津川の大洪水起こる。この直後十月より十津川村民の北海道移住はじまる。

（4）「おやす」は、㉓書簡中に出る「安女」のことで、「おつた」とともに看病婦と思われる。

（5）九重は洪庵の五女、八千代の妹。のち堀内利国の妻、謙

吉を生んだが、のち緒方姓に復す。

㉔八千代、収二郎あて（〔明治二十四年〕四月六日）

御かわりものふ益々御機嫌克御勉強遊し、上のふ御めで
度うれ敷安心致し申候、外三人も無事ニ日々御勉強との御
事承り、実ニ〳〵有難御事悦暮申候、この方よりハほんニ
〳〵御無さた申上候、御ゆるし被下度候、先ニ北濱はじ
め親類一同大丈夫ニくらし申おり、くれ〴〵も御安心被下
候、当年ハ七八月之頃御帰朝と承り、其後何やらうれしき
事があるとおもへバ御帰りの事、ほんニ〳〵うれしく一
日千秋のおもひにてまちくらしまいらせ候、どふぞはやく
御きげんのかをヽ見て、安心いたし度と存候、御地ハひじ
よふニさむきところと承り、昨年の秋より冬中このごろま
でどふして御しのぎとそれのみ〳〵案じくらし申候、
まづこのごろハすこしあたヽたかに相成おふきに安心いた
し申候、どふぞ御障リなく無事ニ御帰朝ヲ朝ニ夕ニ神様ニ
おいのりいたしくらし申候、またと御こしの出来ぬところ
ゆへ、ゆる〳〵と見物して御帰りと申上度候江共《ママ》、何やら
一日も早く御帰りがまたれ、じぶんながらもおかしく、ど
ふぞよいかげんニ見物して御帰朝願上まいらせ候、御地之
男女がこふりすべりの遊びヲさかんニ致候よし、さぞおも
しろき御事と存候、ひげのしらひげハさぞつめたき事と身
のけだち申候、そのよふニつめたきひへるところニてよく
まあ御障りのなき事と存候、どふぞ〳〵なる丈〳〵の
御用心くれ〴〵も願入候、いろ〳〵とめつらしき御はなし
沢山うけ給り度たのしみくらし申候、ひめじにても皆々様
御きげんよろ敷、しかし此間吉田之祖母様広嶋呉港ニて御
死去ニ相成、山本母上様玉江様もかの地へ御こしニ相成候
との事、御病気ハソチユウニて急ニなくなり遊し候御様子
ニ御座候、御手紙之節御母上様へ御悔御申遊し候、春香女
ハ実ニあいらしく丈夫ニせゐじん、暮《ママ》〳〵御安心被下候、
先達而も大坂へ参りどふてもひめじへかゑらぬ、わたしの
内《ママ》ハ大坂じやと申して玉さんがこまりきりだまして汽車ニ
のり候処、おこりだし大こまり致し候、随分かしこく候ゆ
へ、すこしもだましハきヽ不申候、御帰朝之節神戸までつ
れてむかゐニ参り候へバ、どのよふニよろこび申べくかと
それがまたたのしみ、御わらゐ下され候、玉江さんより久
敷御地へたよりなされず、定めし私共へも無さたと御案じ
遊し候江共、中々さよふの事ハ御座なく、一ヶ月ニ五六度
も御文参り、誠ニ〳〵やさしく、しん身の姉同様ニたより
ニして下され候ゆへ、わたくしも実々の妹のよふニおもひ、
たよりニしたりしられたり、昨年私病気之時有馬までもわ
ざ〳〵見舞ニ参られ、其時はじめて玄一様ニめんかい致、
それより心安くなり、玄一さんが姉〳〵と私をたよりニし

て毎月〳〵東京より手紙ニてたづねてくれられ、私ハまた子のよふニおもわれ、よくできたるおとなしき人ゆへ実ニ〳〵かわゆそふニ御座候、中々勉強いたし候ゆへ、末たのもしく存候、平吉事ハどふも致方御座なく候ゆへ、まじまへたのミ預ケ置申候、其内ニハ心付申べくかそれもむつかしきもの、さても〳〵しばらくすて置申候、まじまニても当年二月九日ニ寸波《すは》女ハイケッカクニて死去致、一七日目ニ十五日之日おば様流行カンボヲニて死去致され候、其前一月十五日ニ緒方都一郎事大坂ヲ出立致、富士製紙場へ参り候処、気車中より流行カンボヲニかゝり、かの地へ着之日よりわづらゐ廿二日ニ死去致し、それニ付おば様もすは女もなげき気ヲおとし段々あしく相成、三人とも死去、実ニ〳〵きのどくともなにとも悔の申よふもなき事、襄一郎さんの心中さつし入申候、私事も一月七日より流行病にかゝり、一時ハ四十度以上のねつ度ニて一同江心配相かけ候江共、四五日ニして其ねつもさめ、三十八九度ニて三週間斗りふせり、其中ニ真嶋のさわぎ、私も行度てもじぶんもわるく、すまぬ事ながらたれも参らず、実ニ〳〵きのどく千万ニ御座候、当年ハ一月早々よりあしき事承り、佐伯のおじ様[1]も一月二日ニ死去致され申候、昨年より流行之カンボヲ当春ハますますいきおひはげしく三条公[2]も御死去、又高橋院[3]長も死去、医者も五六名死去、一時ある家ニハ七人八人まくらならべてくるしみ申候、此方之病院ニてもかん病婦はじめ小遣イ皆々わづらゐ一時ハ大こまり致、会計之坪井と中老人が一人死去致、其外ハ皆々たすかり悦申候、さても〳〵おそろしきやまゐニ御座候、追々あたゝかニ相成候ゆへか、よほどゆるやかに相成、此節ハのこりの病人斗りあらたに風ひきハなくなり申候、右之次第ニて病院も誠ニにぎわしく、昨年のくれのよふなれバこまった事、はやく収さんかゑらねバ立行事むつかしくと案じ、四郎御兄上様と心配致候へ共、当春ハ流行病と高橋院長死去ニてひじよふニせわしく、それゆへまづ〳〵安心致申候、しかし副院長太郎君外科がきらい、其上づぼらニて誠ニ〳〵ふづと《不勤》めゆへ、外科之病人ハおふく吉田病院ニ参り、目科《ママ》も折々一人か二人より御座無、実ニこまつた人ニ御座候、大坂ニて行々かいぎよふのつもりならバ、なる丈〳〵人うけもよくしておかねば何角ニそんがたつゆへなんでも勉強被成と申ても、其時ハさよふ〳〵と申して置、すぐわすれられ候ゆへ、馬之みゝニ風、たれもかれもすて置申候、濱田君ハよく勉強いたされ、只今ハ医長ニなられ申候、外科ハたいてゐ濱田君引受致なされ申候、病院内一同御あなた様の御帰朝千秋のおもひニてまちくらし申候、四郎御兄上様天満へ御引こしニ相成、かく日のおとまりニて御つとめ遊し、院内ハ何事ものふおさまりおり申候、しかし院内ニ内々の者住候へバおふきに都合よろ敷候江共、院長之おぼしめし新座敷病室ニ致度申され、何分せまく又々御帰朝ノ上ハかいかく致し度と存候、となりの寺ハいじニもゆづりくれ不申、場所ほしく御座候、送金もおふきに延引致、御不都合をさつし候て、何分ニもドル高く見合おり候江共、段々あしく相成候様子ニ候ゆへ、致方無相もとめ送り申上候、いつもの通り千二百円五十円之処へ正清入用別口二百円都合千円百五十円御送り申上候、御まえ様御帰朝之旅費ハ何とも御申こしなく、如何取斗候て宜敷やらと存候江共、皆様之御つもりハ御申こしの上送り候てよろ敷よふ申され、いつもの五百円丈送り申候、前々の残金御座候へバよろ敷候江共、もしなき時ハおふきに不都合と心配致し申候、御出立前ニ何国江送り候とか御申こし被下候へバ、早束《ママ》其方へむけかわせ送り申候、色々と申上度事ハ山々ニ候江共、くだらぬ事斗りニ候ゆへさしひかへ申候、何も〳〵めづらしき事沢山承り多く、まづハ御返事まで、めで度、かしこ

(上書き)

ドイツ国ニ而

おがた収二郎様

日本大坂

おがたやちよ

(明治二十四年)四月六日認

〔注〕

(1)「佐伯のおじ」は今未詳であるが、佐伯家は緒方洪庵の生家。

(2)三条公は三条実美のこと、明治二十四年二月十八日死去。

(3)浪華橋北の私立高橋病院長高橋正純は、明治二十四年一月二十八日死去。以上は、⑰書簡にも出る。

㉕八千代、収二郎あて(〔明治二十二年〕十月二十一日)

八月廿四日同三十一日御出之御書状十月七日ニ一時ニ相達し、ひらくもおそしと一同打よりくりかへし〳〵拝見いたしまいらせ候、先々御かわりものふ益々御機嫌よく日々御勉強遊し候よし承り、上のふのふ御めで度安心いたしまいらせ候、ニニこのかたにてもかわり候事なく親類一同無事ニくらし候まゝくれし《ママ》御安心被下度候、さて写真御送り下され有難御めもじの心地いたしながめ入候、よほど御ふとり遊しうつくしくうつりおり、ほんニ〳〵うれしく此上ものふ安心いたしまいらせ候、やはり食事がちがふゆへかまたハうんどふかよろしきゆへか銈謙の両人も此

ほど写真送り参り、三人ともよく〳〵ふとり遊し、如何之ゆへかと一同申くらし、よろこび申居候、日ましニさむく相成候まゝどふぞ〳〵御身大切ニくれし《ママ》御願申上候、いろ〳〵御地之よふすくわしく御申こし被下、家のつくりかた、また女之不道徳ニハあきれ申候、服のいろどりニハ大わらゐ、さぞおかしき事と存候、まだ日本ハ地の下にすむ人もなく結構と存候、しかしおゐ〳〵ニハこのよふニなる事かとなさけなくも存候、日本ニてハ当年はなんたるあしきとしか処々山くづれ洪水ニておゐ〳〵諸色ハたかくひんみんハくるしみ、此節すこしおだやかニ相成よろこびおり候処、又々東京ニてハ大隈大臣ばくれつだんニて来嶋と申人ニきづつけられ[1]、どふやら命もあやうくと申事くわしき事申上かね候まゝ、新聞紙ヲあちらこちらきりとり送り申して、ほんニ〳〵おそろしきなさけなきとしニ御座候、どふぞはやくよきとしをむかへ度ぞんじ候、大隈氏ニハ前々おせわニなり遊し候事もアリ、かたかたおどろき遊し候事と存候、

○院長院主副院長薬局長皆々様きげんよく、中よく申事なく御くらしニ候まゝくれし《ママ》御安心被下度候、此ほども北濱姉上始子供皆々薬局長内皆々私方一同ニ十一人のつれニて松たけがりニ名塩へまゐり、其るす中ニ院長院主副院長薬局長打そろひ朝日座の芝居ニまゐられ、実ニ〳〵

此頃ハ都合よくまゐりおり候まゝかならず御案じ被下まじく候、太郎さんも此節ハすこしおとなしくなられ悦居候、当直もやはり濱田竹田吉川もよく〳〵おとなしくつとめ申され、外ニ二人これもよろしきすこしとしばへの人御座候て、院内は誠ニ〳〵都合よろしく万事ハ四郎兄上様が御とりしまり遊し候ゆへ、申分御座無、どふぞ〳〵御安心遣され候

○玉江様へ先日申上候通り、御出立後すぐひめじへまゐられ、月々遊びニまゐり、きげん克いたし申され候まゝ御安心被下度候、春ちゃんハ誠ニ〳〵丈夫ニ相成、よくあるきかわゆらしく、此度御送り遊し候写真ヲ見てトヲ〳〵とおじきしてあいらしくよし、昨日ひめじより手紙参り候、其内ニ春さんの写真ヲ送り申上度存候　○隈川氏[2]十一月初ニ御帰朝との御事、其節ハ神戸迄四郎御兄上様とわたくしとおむかゐニまゐり、重々御礼申上度存候、私方ふしんも出来上り候まゝ、私方へ御つれ申上度存居候、御地之御様子もくわしく承り度存、ゆびおりかぞへ御まち申上まいらせ候

○かわせ金もはや当節ハ着いたし候事と存候、つぎ之分少しもはやく送り度存、院長様院主へはなし致し候ところ、十二月ニおくれバよろしいと申され、又々御こまりなきやと案じ申居候、○正銈謙之三人とも何角と御せわ様御

厄介ものよろしく御願申上候、平吉ハ相かわらずのらく遊び、すこしも勉強ハいたさずこまりもの二御座候、いろく申上度事山々候へども封高ニ相成候まゝ、またのたよりと申のこしまいらせ候、写真三枚送り被下、北濱へ一枚薬局長さんへ一枚わたくし一枚わけくいたし申候、まづハ御返事まで、あらあらめて度　かしこ

十月二十一日〔明治二十二年〕

同やちよ

緒方収二郎様

（罫紙欄外に左記アリ）

○北濱御兄上様へ何角収二郎どのへ御用事御座なく哉と御尋申上候ところ本新聞とも北濱へたしかに着いたし候まゝ鳥渡此事申上候やふ申遊し候○此方一同よりよろ敷申上度申出候

〔注〕

（1）玄洋社員末島恒喜の大隈重信外相要撃事件は、明治二十二年十月十八日。

（2）隈川氏帰国のこと⑩および㉖書簡に出づ。明治二十二年十一月二十五日神戸港着。平凡社の人名辞典の「隈川宗雄」の項には、「明治二十三年帰朝」としている。

㉖八千代、収二郎あて（〔明治二十二年〕十二月一日）

毎々御文下され御嬉敷此方よりハいつも御無さた致し申候、御ゆるし被下度候、御地ハきこふよろしからぬところと承り、御機げん如何と御案じ申上候折から、十一月廿五日に隈川様御きげんよく神戸へ御着ニ相成、其前船宿熊谷ニ仙台丸はいり候ハヽ、すぐでんらくニてしらせくれるよふニ申遣し置候ゆへ、夕五時ニでんしんまゐり、とるものもとりあへず惟孝御兄上様と私両人参り、御めニかゝり、御地之御様子くわ敷承り、誠ニく大安心いたし、御うれしく存候、隈川様も船中之御つかれもなく大丈夫ニて、随分日本酒も沢山あがり候江どもおつよく、其夜ハ熊谷方ニ一泊致し、よく廿六日午前十一時之気車ニてわたくし方までおともしてかへり、拙斎ニもおふていたゞき候つもりのところ、拙斎事廿五日之夜よりふくつうニてふせりおり、おめニかゝる事が出来不申、右ニ付惟孝御兄上様と太郎様ニおあゐさしてもらいまして、夕ぐれまで御酒めしあがり、それより医学士之方々と千原様ニまいられて御一泊、よく廿七日ハ惟孝御兄上様と商業くらぶニ御こしに相成、夕方魚嘉ニて夕食遊し、午後七時二十分之気車ニて神戸ニ御こしニ相成、御帰京遊し候、何分拙斎の不快にて一こふ御あいそもなく、只々御まえ様はじめ一同御厄介様ニ相成候御

礼申上候のしニ御座候、拙斎事ハもはや快方いたし、いつものやかましやゆへすぐ全快、どふぞ〳〵かならず御案じ被下まじく候、其外北濱はじめ私方ひめじにても皆々大丈夫ニ暮し、日々はたらきおり候まゝ、くれ〴〵御安心被下座候、隈川様へ御伝言之送金一条之事ハ、惟孝様よりくわ敷申上ニ相成候まゝ、私より申上げ候、正銈謙之三人ハ二百五十円ヅヽ一ヶ年ニ三度ニいたし、〆一人前一年七百五十円と相定メ、御まえ様之分ハ五百円三度〆千五百円、都合一ヶ年ニ四人分ニて三千七百五十円送り候よふニ相成候、もし三度がふつごうニ候ハヽ、二度ニいたし候まゝ、早束《ママ》御申こし遊し候、御まえ様御修業之年限之事ハしかと定め不申とも、折角御こしの事ゆへ、なる丈御まなびがよろ敷、院長様院主之内もしもの事があれバ、それはしかたも御座なく、よんどころなく御帰国ヲ願がいますれ共、まづ只今之よふニ御両人様共極々丈夫ニて御つとめ遊し候まゝ、四五年ハ大丈夫御修行出来申べくと存候、先々御安心遊し、ゆる〳〵とあまり勉強しすぎぬよふニ遊し、御まなびがよろしくと存候、それゆへ院長様ニハ隈川様より送金之事、年限之事ハ御はなしなきよふニしていたゞき申候、今それを申まするとやかましく、送金の事ハ拙斎承知いたしおりさへすれバよろ敷、院長様ハだす事大きらいゆへ、よいかげんニハイ〳〵と申置候へバ、つゞまりハわかり不申、またいたしよきところも御座候、御まえ様方

二

御出立後、院長様院主薬局長副院長皆々しごく中よくおやすみ日ハ芝居へいたり、また近江の永源寺へ院長院主ふたりづれニて紅葉見物ニいたり、折々ごうちニいたりきたり、つれ〴〵の夜ハおはなしニまゐつたり、御こしニなつたり、誠ニ〳〵都合よろしく、太郎さんがすこし不勉強すると、すぐやかましく、いつも薬局長さんがいけんやく、それも此節ハ大きに勉強致され候ながら、外科がきらいゆへ、いつも濱田ニ斗りさしてじぶんハにげるよふニいたし候ゆへ、それでやかましくこまり申候、それにしわんぼ《（吝ん坊）》ふのケチゆへ、医員方のうけハよろしく御座なく、しかしそれハしかたも御座なくしんぼふせねば相成不申こと、毎度薬局長さんと申おり候事ニ御座候、其外別ニこまる事もなく入院者ハ随分おふく、此せつニても一室も明間御座なく、はんじょふいたし悦居候、昨年にひすれバ当年之ほふが収入もおふく一同悦申候、どふぞ〳〵御安心被下候、当年の暮の勘定ニハざつとかいぎよふいらいのつミ立壱万円之金子が出来候と存候、どふぞ御帰国までニハ一二三万円も出来、よろ敷ふしんの出来候よふニ致し度ものと存おり候、吉田病院ハいつこふさみしく、入院患者もすけなくと申事、

それニ高安道純さんが又々西之しんせゐ〔新生〕楼ヲ七千円斗りニもとめて病院ヲたてる事ニきまり候〔2〕よし、あちらこちらニ病院だらけおかしき事ニ御座候、緒方病院ハしんせつなとひよふばんするよふニしてもらわねバならぬと医員方はじめ、やす・つた〔3〕などニもわたくしよりたのミ候事ニ御座候、受付もおふきにおとなしきもの参り、都合よくどふぞ〳〵御安心被下度候、御地ハ食物いつこふよろしからずと承り、さぞ〳〵御こまりとさつし入申候、しかし此ほど廣瀬さんへ御たくしの写真拝見いたし候ところ、よく御ふとり遊し、御げんきのもよふゆへ、誠ニ〳〵安心いたし申候、定めし日本之事が何も角も恋しき事とさつし入申候、新聞紙ニても送り申べく哉、何新聞紙がよろしく候哉、古本ハいつこふ御座なく、此ほど静岡之まじまへなきかと尋之手紙さしいだし置候まゝ、返事あり次第あればすぐ送り申上候、正清はじめ皆々さぞ〳〵御厄介さま之事と御きもじ〔気文字〕様ニ存上まいらせ候、何分宜敷願上候、平吉ハどふも不勉強の上吉原行ヲはじめ、さつぱりやくたい〔4〕、此ほど大立服之手紙ヲ三郎さんへいだし、これを見せていけんして下され、当人の品行正しくなるまでハ手紙も遣ハさぬ金子もおくらぬと申遣し候ところ、其後わびの手紙ヲおこし候へども、なんともかとも申遣し不申、ざんじこりるまですて置候つもりニ御座候、実ニこまりものニ御座候、銈謙之両人よく出来候よし承り、嬉敷ぞんじ候、平吉ハすてものと存居候、御さつし遣され候、〇又々送金の事申上候、先達而送り申上候分、百九十一ポンドハニ此度ハ都合よろしく二百十六ポンドあまりニ相成、此節ハおふきにポンドが安くと申事ニ候ゆへ、四日限り

三

遠〔円〕相場ニて求置度、武井へたのミ置申候、さよふ御承知被下申候、此節ハ目〔眼〕科御まなび御けんきゅうのよし、どふぞ此後又々外科も御けんきゅう遊し候、御やすミのあいだにハイタリヤへ御こし、はかまゐり遊し候よし、ほんニちかいところならバといく度もおもひ申候、定めし何角となみだのたねと存候、のこし置からなでし子もよそながらニでも見てきて下され候〔5〕、御帰国之上御はなし承り度存候、鳥渡此あいだ写真うつし候まゝ、おわらゐぐさニ送り申上候、ひめじ春さんの写真送り遊し候やふ申遣し候処、此間一枚私へおくり参り、あまりねむたそふなかをゆへ、又々おくりなおし送ルと申されおまち候へども参り不申、ねむそふでもかまわぬ此よふニ丈夫ニておふきくなったところ御めニかけ度、これもおわらゐぐさニ送り申候、二枚とも御わらゐぐさニ御座候、追々申上度事沢山〳〵御座候へども、あとやさき〳〵と相成しまいニハわからぬよふニ相

成候まゝまたのたよりと申残しまいらせ候、めで度かしこ
〔明治二十二年〕十二月一日
緒方収二郎様　　同八千代
御返事

尚々御地ハ定めし此ごろハよほどおさむくはじめてのきこふなれ遊バさぬゆへ如何御入らせの御事と日々案じくらし申候、どふぞ〳〵なる丈の御用心遊し、風ひかぬよふニくれ〴〵も御願申上候、朝ニ夕ニ御無事のミ神ニいのり申居候、院主より御返事いたし候筈ニ候江共、両三日ふせり病家すて置候ニ付、せわ〳〵敷昨日よりかけまわりおり、又々御無さた申上候、私よりよろ敷申上度と申居候、玉江さんより御他行之書状参り一昨日かわせ手形御地へ御送り被下候やふ惟孝様へ御たのミ申上、其節同封相たのミ申定めし山本様之御様子ハ御承知と存候まゝ御別ニ申上ず候、皆様御丈夫ニ御座候御安心被下候、天王寺のおじさんのケチ〳〵ニハほとんどこまり申候、御まへ様御出立後五月より十一月までの分として百〇五円ひめじ御母上様へおわたしいたし申、もはや十二月ニ相成候まゝ近々の内又々百〇五円もつて春さんのかをら見がてらひめじへまゐりたくとたのしみ申居候、ながくはなれていてもすこしもわすれずバア〳〵[6]とまわしほんニかわゆくはなれがたく御さつし被下候、九重のたより御伺之文もさし上不申、いつも〳〵御無さたのミ、よろしく申上度申出候、やす事もよくはたらきおり、これよりもよろしく申上度出候、又々めて度かしこ

○封筒表（伯林ニ而　緒方収二郎様写真二枚入）
Dr. Ogata(aus Japan) bei Fr. Adami, Philipp-Str. 3 I Berlin
○封筒裏（十二月一日　大坂今橋三丁目緒方八千代）

〔注〕
（1）隈川氏過日帰朝のことは、⑩書簡にも出ており、明治二十二年十一月廿五日神戸着のこと明白。
（2）③書簡注（12）参看。
（3）㉓書簡注（4）参照。
（4）「やくたい」は、「益体無し」の略。役に立たない。しまりがない。また、そのような者。
（5）惟直の墓まいり、またその遺児の消息をたのんでいるのが注目される。
（6）㉓書簡注（5）に前出。

㉗八千代、収二郎あて（〔明治二十三年〕七月四日）

（袖書き）

イタリヤ国へも御こしと存候、十郎さんのおはかのもよふまた子供のなり行とふ御きかせ被下候、ふびんの子供どのよふニしてくらしいるやらと、おかしなものやはり心ニかゝり申候、しかしおなのりハ御無用、こちらニどふするわけニもまゐらず候、アゝ世の中ハ

ますます御機嫌克日々御勉強遊バされ候由承り、上のふ〳〵御めで度大安心致しまいらせ候、正謙銈の御三人も無事ニて大勉強とのたよりも御座候てよろこびくらし申候、この方ニても北濱はじめ病院之方私方ひめじにてもすこしもかわりなく皆々大丈夫ニくらし候まゝ暮候、御安心遣され候、扨平吉の事ニ付いろ〳〵御心配遣され、東京三郎[1]どの方へ細々の御文被下候よし、三郎どのよりもくわしく申参り、誠ニ〳〵有難御嬉しく存上、山々御礼申上まゐらせ候、御承知の通りの人物ニて実ニ〳〵こまりたる心配ものニ御座候、はじもちじよく《恥辱》もわからぬあほふ、此上のいたし方も御座なく心配いたしてもつまらずと此節ハ其まゝうちすて置申候、中氏三郎[2]どのまた御まえ様よりの御書状ニて御いけん被下、其上きまらずあほふつくし候事ハどふとも〳〵いたし方なくとあきらめおり申候、心中御さつし遣され候、

一まじま榴斎[3]様事長々病気のところ六月十七日死去被成、長女すは様事もハイケッカクニて此節ハよほどあしくとの事、誠ニ〳〵御きのどくなる事ニ御座候、先達而まじま様より拝借致し候書物ハおじ様死去致され候へバ、不用之ものニ候ゆへもらい置候てよろしく候まゝ、さよふ御承知被下候

一御まゐ様ニも当八月後より所々御まわり遊し候御心づもりのよし、どふぞぼつ〳〵あたゝかきほふへ御まわり遊し、なるべくおはやく御帰りヲまち上まいらせ候、院長院主大まちかねやかましき事、また病院のほふも当年ハどふやらこふやら外病院ニまけぬよふまゐられ申べくなれども、追々さみしきかたニ相成候まゝ、どふぞなる丈おそゆきほふ願上まいらせ候、外科眼科の病人ハ誠ニ〳〵すけなくおふかたハ吉田高橋へまゐり申候、よろしく御さつし遣され候、

一御まゐ様御出立後、正清へむけかわせ手形さしいだし候やふとの事、しつかりと預りいたし、なる丈〳〵むだ事ニつかゐませぬよふよく〳〵御申聞置被下度願上候、

一かわせの事四ヶ月渡し分おふきにまちがゐ御手数かゝり候上、沢山利子御とられ遊し候よし、勝手のわからぬものハ致し方もなきもの武井氏も二十三年四月頃受取のつ

もりニて十二月ニかわせヲくみ被下、実ニ〳〵大まちがゐ、此事ハくわしく四郎御兄上様より御聞取被下候、以後ハきつとこゝろへ申候、

一日本も当年ハ国会ひらけ、只今ハせんきよさわぎ〔4〕、追々新聞紙ニて御らんと存候、はくらん会伊勢参り東京ハさわがしき事、おまけニコレラがぼつぼつ長崎よりおしかけ参るよふす、これニハ大へイコヲ〔閉口〕、米ハだんだんのぼり、小前之ものハかつゑて日ぼしニなり、水ぶくれニなり、きしやニしかれてしぬるものもあり、よいところハたんと〳〵金をだしてせんきよさわぎ、芝居もぎつしりつまるよふす、世の中ハ何がなんじややらとんとわかり不申、此方どもハ別ニかつゑもせず、また芝居へもゆかず、おり〳〵ハうんどふかたがた夕方より野邊へ参り候ヲたのしみ、先々上出来と悦くらし申居候、どふぞ〳〵御安心遣され候、只々毎日〳〵来年の秋ごろか夏かとめで度御帰国ヲたのしみ〳〵〳〵御まち申上まいらせ候、春さん事誠ニ〳〵きげんよろしくおしやべりがよく出来申、誠ニ〳〵あいらしく御座候、はやくとふさん御帰りわたしも大坂へかゑりたいと申され、実ニ一同猶々まちかね仕候、御さつし遣され候、いろ〳〵〳〵〳〵申上度事筆紙ニハつくし不申、あまり封高ニおそれ、又々おたよりのせつと申残しまいらせ候、あとやさき〳〵と大らんぼふがき御らんじ御よみわけ遣され候、

万々めで度かしこ

七月四日　同八千代

おがた

収二郎様

まいる

尚々時こふよろしからず候まゝくれ〴〵も御用心のほど願上まいらせ候、憲三死去之御悔御申上被下有難存上候、何分ニもむつかしきやまひニかゝり候事ゆへ、一両日にしてなくし申、しかしあまりあいらしくならぬ内ニて、まだしもあきらめよく御座候、

堺よしを〔5〕ニハ又々当月一日ニ女子出産、母子共大丈夫御安心遣され候、此方一同よりよろしく申上度申出候、以上

（表書き）

おがたしゆうじろさま

おなじく　やちよ

○封筒ナシ

〔注〕

（1）㉘書簡注（2）の緒方三郎と思われる。

（2）中定勝か。

（3）まじま栢斎と襄一郎との関係その他真島家について今不

詳。
（4）明治二十三年七月一日第一回衆議院議員総選挙施行。
（5）堺の吉雄氏。

㉘八千代、収二郎あて（明治二十三年二、三月カ）

ほりの内之御老母先月四日ニ死去いたされ申候、鳥渡申上候

一月五日御した丶め之御書状相達し、ひらくもおそくと御うれしく拝しまいらせ候、昨暮よりとかく時こふも不順ニ候ま丶、如何と日々御案じ申上候処、先々御機嫌よろしくインフルエンザも少々ニてすぐ御全快遊し候よし承り、上のふのふ御めで度大安心致しまいらせ候、実ハしばらく御便りも承り不申候ゆへ、かならず右之はやりやまゐニて御こまり遊し、それゆへ御手紙まゐらぬ事と御兄上様方はじめ皆々日々夜々申いだしてハ実ニ〱案じくらし申候、一同大安心いたし御よろこび申上まいらせ候、このかたニても北濱はじめ皆々すこしもかわり不申、無事ニくらし候ま丶、どふぞ〱御安心遣され候、日本もインフルエンザあちらこちらと流行いたし、此節ハ衛生課よりやかましく申居候、私方も潤三(1)事一月十九日より右之病ニか丶り、二周間目ぐらひニハとても〱むつかしくと存候ぐらいねつ度も四十度以上ニて、すこしもさがり不申、下利ハつよくやせおとろへかをてあしニうきもまゐり、一周間斗り少しも食事いたし不申、よわり申候へども三周間めよりすこしづ丶よく相成、子供の事ゆへ全快もはやくもはや此節ハ学校へまゐり候やふニ相成、一同大安心いたしまいませ候、其外之人々ハすこしもわづらゐ不申、どふぞ〱御安心遣され候、○先月廿六日より玉江さん春さんまゐられ、写真うつし候ま丶一枚送り申上候、実ニ〱おふきくよくふとり、なんでもおしやべりがよく出来申、かわゆらしざかり、相かわらずばあ〱とわたくしをまわし、夜にもわたしとふせり、すこしの間もはなれ不申、御あなた様之写真ヲ見せますると、とふさんはやくおかゑりまっていますと申、それハそれハかわゆらしく御座候、ひめじニてかあさんニしかられるとすぐにおもてへで丶大坂へかゑると申候よし、大わらいニ御座候、おやすもわすれ不申、やく〱《ママ》と申候ゆへ、皆々かわゆがり大さわぎニ御座候、くれ〲も御安心遊し候、

当年ハやかましき二十三年ニておかげどしとか申伊勢参りもおふくとおもひおり候処、まだ餘寒のきびしきゆへか、

またハ時せつあしく米も高く候ゆへ、いつこふニさみしく御座候、今すこしあたゝかニ相成候て、また〳〵ざわ〳〵とやかましき事もおこり申べく候も斗られ不申、どふぞらんぼふ人もなく、おとなしく当年もくらしたき事と存候、

正銈謙之三人も無事ニ勉強いたしおり候よし承り安心いたしまいらせ候、一月ニハ御地へまゐり日本料理などいたし、にぎ〳〵敷いたし候よし、謙さんよりくわしく申参り安心いたし申候、ア〔エ〕ナ府もきこふもよろしからず、また日本人之不品行之人もおふく候よしニて、四月頃ニハフライブルグ府とかへまゐり候やふニ御相談被下候よし、何分ニもよしなニ御願申上候、正清事もどふもしよふぶんとしてゐらがりのむこふ見ず、鳥渡した文ニも心がわり申候、何分ニもおんじゅんニ

ニ

して品行よく勉強いたし候やふ御申聞被下度、くれ〴〵も御願申上候、拙斎事も当年ニなりめつきりとしをとり、よわりおり申候ゆへなるべくはやく出来よく帰国いたし候やふくれ〴〵御申聞御願申上度、あまり病用などもはたらき不申候ゆへ、収入もすけなくなるべくけんやくいたしくれ候やふ是又御申聞願上まいらせ候、

御あなた様之御帰国之一条、先達而も申上候通り、またまゐる事も出来不申候まゝ、御見込のとふり遊し候てよろしく、御兄上様へハ帰るよふニ御申上置遊し、其時ニなり今すこしと御申こし遊し候ハヽ、よろしくと存候、其内おはなしのついでニ拙斎より御兄上様へよく〳〵申上候事ニいたし申候、当夏かへり候やふな事いたしてハせけんの人のわらゐものニもなりまするゆへ、今一年御しんぼふ遊し下され候やふ拙斎より申候事ニいたし申候、

病院の方ハ皆々勉強いたしおり候まゝ、くれ〴〵御安心遊し候、しかしあちらこちらと沢山病院出来、まけてハならぬときばりおり申候、高安も当月九日ニかいぎよふ式ヲいたし申候、吉田も此節ハ大分病人多く相成候様子、御あなた様御帰国相成候ハヽ、ふしんもしてあゝしこふしてとたのしみ、ゆびおりかぞへ御まち申上まいらせ候、御さつし遣され候、いろ〳〵と申上度事ハ沢山つくし不申候江共、あまりかさ高ニ相成候まゝ、また〳〵申上度、御申こしの条々の御返事ハ四郎御兄上様より御申上と存候まゝ、御聞取願上候、拙斎はじめ九重十重[1]一同よりよろ敷申上度申出候、○ほけん料ハ昨年六月迄の御あなた様之しんせきはいとふ分として病院より百円受取、其金ヲ四郎御兄上様へ御預ケいたし、其内からだしていたゞきおり申候、其金なくなり候ハヽ、また〳〵御相談いたしどふとも取斗置申候、いまだ餘寒きびしく候まゝどふぞ〳〵なる丈〳〵御用心被

下候、ビイル沢山のまぬよふニ願候、朝に夕ニ御無事のミ神様ニいのり申居候、御地ハたべものあしきよし、さぞさぞ御こまりと食事たびニ申いだし、おすきなものがあります日ニハ申いだしおり申候、くどくも申上候江共、一しほ時こふの御用心願上候、大いそぎニてした丶め大らん筆御はんじ被下候、まん〳〵めで度かしこ

同八千代

おがた

収二郎様

まゐる

尚々平吉事先月より番町おがた三郎方[2]へ御せわニ相成下宿屋ヲことわり申、すこしおとなしくいたしおり候よし、昨日三郎様より申まゐり、中々安心ハ出来不申候江共、三郎様方へまいり候ハ丶、すこしハえんりよいたし申べく候と存候、明江事此ほどねつ出候よし、三郎より申参り、またまた今朝之文ニ次第ニよくなり全快と申参り候

○封筒ナシ、原文差出しの年月日欠。文中より明治二十三年二、三月のものと思われる。

〔注〕

(1) 九重は前出。十重は洪庵の六女、深瀬惟一の妻。

(2) 緒方三郎は、緒方郁蔵の子。姉久重がかの緒方竹虎の母堂にあたる。三郎は工部大学校化学科卒業、明治二十一年四月造幣局六等技手東京出張所在勤となっている。

㉙八千代、収二郎あて（明治二十三年一月はじめ）

新年の御慶めで度申納まゐらせ候

めで度かしこ

おがたやちよ

おがた

収二郎様

御壽

尚々日ましに寒風きび敷相成まし候へ共、先々御障りものふ益々御機嫌よく御越年遊し候御事萬々御めで度存上まいらせ候、ニニ此方北濱様はじめ一同無事ニとし重ね申候ま丶どふぞ御安心遣され候、さだめし此一月ハさみしくとしをこへ遊し候御事と皆々打より御うわさのミ申くらしまいらせ候、此かたハ相かわらず院長様之おすきのかるた遊びニにぎわしく暮し申候、しかしいつまでもきりのなき事ゆへ、十四日ぎりといたし候事ニ御座候、御まゐ様正清も留主《ママ》なり、何とのふさみしくぞんじ御さつし被下候[1]、

一昨年ハ千重の病気、昨年ハ潤三のやけどニてこまり候江共、当年ハ皆々無事ニ打そろひいわい申悦おり候事ニ御座候、くれ〴〵御安心遣され候○先達而鳥渡申上候通り送金旧冬十二月ニホンドやすく候ニ付もとめ置、これハ四月

限り二候ゆへ、四月でなけれバ受取候事出来不申候江共、やすき時ニもとめ申候、此度送り申上候（マルクト）（ホンド）のところのちがゐわかり不申、この方ニてやすくぞんじ候ても御地でハ如何之かんじよふニ相成ものかとんと〳〵わかりかね申、まづ日本ニてやすいと申候ゆへ、もとめ送り申上候、四月ニ受取ニ御こし被下候、くわしき事ハ惟孝様より御申上と存候ま丶御聞取下さるべく候、ひめじニても皆様大丈夫御安心下され候、春さん[1]おふきく相成、あいらしく其内写真送り申上候、病院之方ハ都合よろしく皆々勉強いたされ候ま丶御安心被下候、元金千円ヅ丶院長院主へ帰し、すこし利子ニたすかり申候、しかし御両君之月給すこしふへおなじよふなりくつニ御座候、医員之方よくはたらき候ま丶御安心被下候、あちらこちらに私立病院沢山出来申、すこしひまのよふニ候へ共、又々三四月ニも相成候ハ丶、此よふな事もあるまじくと存居候、よその病院よりこのかたハやくしや《役者》が沢山ゆへ、まづ安心して御帰国ヲたのしみまちくらし申候、いろいろ申上度事御座候江共、あまり封高ニ相成ゆへまたのたよりニいたしまいらせ候、めで度かしこ

又

どふぞなる丈〳〵御身大切ニわづらわぬよふニくれぐれも御たのミ申上候、ビイルもなる丈沢山のまぬよふニして御うんどふハ折々遊し、風ひかぬよふ、只々それのミ案じ申候、朝ニ夕ニ神様ニ御丈夫の事をいのり〳〵くらし申居候、当年大切ニ御しのぎ遊し候ハ丶、又々その地之きこふもなれ遊し候江共、当冬が一ばん大切ニ候ま丶どふぞ御用心遊し候よふくれ〴〵〳〵もねがゐ上まいらせ候、又々めで度かしこ

○封筒ナシ。年月日欠。

〔注〕

（1）尚々書きに、今年の正月は収二郎・正清も留守で何んとなくさみしいと記しているから、ドイツ留学に旅立った最初の正月、すなわち明治二十三年の正月であることがわかる。

「緒方収二郎宛書簡他」紹介（3、完）

A〔大阪緒方病院景況報告〕緒方太郎・濱田美政・維孝より

B〔緒方惟直の遺子探し関係〕正清・収二郎・銈二郎・渡辺洪基の交信

C〔在欧留学生の交信〕収二郎・銈二郎・正清および松本鵬斎・古賀鶴所（東京より）・岡玄卿・幸田延・菅野厗太・中濱東一郎（東京より）・瀬川昌耆・長与称吉・東久世通敏・四本某・匹田復次郎・金杉英五郎・半老生・勝島仙之助より

D〔適塾の大阪府史蹟指定関係〕銈二郎・収二郎・洪平

E〔身内関係ほか〕千里・九重・惟孝・惟準・拙斎・収二郎・堀内利国・大西左三・封筒のみ若干

はしがき

本稿は「適塾」第三十三号（平成十二年）に史料紹介した「緒方収二郎宛書簡他」紹介(2)の続稿である。今回は、これまで筆者の調査が不十分であったため「目下不詳」としてきた緒方病院副院長の緒方太郎氏に対し筆者の疎漏をわびる気持ちもあって、まず緒方太郎他の緒方病院の景況報告関係書簡を集めた。次に、前回紹介(2)のはしがきで触れた惟直の遺児の所在判明ならびに面会についての関係書簡四通を掲げた。さらに、銈二郎・正清のほか当時在欧の日本よりの留学生諸氏よりの収二郎あての書簡・葉書等計二十九通を集めた。

近代文学館では、①〜96までの整理番号を付されている他、差出人判読できないもの（すべて収二郎宛）一括十通（但し筆者の手元には九通しかない）および「緒方適塾趾史蹟同意書控（収二郎筆）・緒方洪平宛緒方銈二郎はがき（昭一五、九、一四）が無番号でリストに記載されている。今回、同意書控（無番Ⓐ）、洪平宛はがき（無番Ⓑ）、差出人判読不能とされた九通を無番ⒸⒹⒺⒻⒼⒽⒾⒿⓀと標示しすべて解読した。終りに、無番ⒶⒷをふくむ「適塾の大阪府史蹟指定関係」および千里・九重・惟孝・惟準・拙斎・山本玄一・堀内利国（無番Ⓙ）ら身内の書簡と若干数の封筒のみを紹介した。

なお注記については文中にカタカナ書きの医学用語、外国人名、外国地名などが多く、医学用語については阪大名誉教授立入弘・加藤四郎の両先生、一般外国語のカタカナ表記、外国地名、外国郵便スタンプのうち、独墺については阪大大学院文学研究科の林正則教授、イタリアについては岩倉具忠京大名誉教授の御教示にあずかった。在欧留学生、とくに東大医学部卒業生の人名・経歴については、東京大学大学史史料室のお世話になり「東京大学医学部卒業生氏名録」（注では東大医学部卒氏名録と略す）・「東京帝国大学卒業生氏名録」を閲覧した。他に鈴木要吾著「医学雑誌、外医往来、派遣、留学、刊行医書より観たる明治時代に於ける本邦医学界の状況」（「東京医事新誌」昭和十三年刊、筆者蔵　注では鈴木要吾氏と略す）、小関恒雄「明治初期東京大学医学部卒業生一覧」(一)(二)（「日本医史学雑誌」三三巻三号、三六巻三号）、同「明治中期東京大学医学部卒業生動静一覧」（「医譚」復刊七六号）を参照した。なお、富田仁編『海を越えた日本人名辞典』（日外アソシエーツ　注では富田仁氏と略す）・『幕末・明治海外渡航者総覧』（全三巻）・『昭和新修華族家系大成』下巻・『衆議院議員名鑑』（議会制度百年史全十二巻中）・『明治過去帳』などの検索には東海大学名誉教授向井晃氏の格別の御協力をえた。また漢語については山口大学名誉教授岩城秀夫氏のご教示をえた。以上の各位に深甚の謝意を表する。もとより過誤は一切筆者の責任で、読者諸賢の御叱正を切に乞うものである。

終りになったが、中村昭氏には前号（「適塾」第三十三号）の拙稿について有難い御教示を寄せて下さったことに謝意を表する。第一点は前号六六頁〔注〕（1）で、ヒルショウ氏をヒルシュHirschとしたのは誤りで、病理学者Virchowを今はウィルヒョーと言っているが、明治時代にはヒルショーと言っていたので、ご指摘に従いHirschをVirchowと訂正する。第二点は同じ前号九七頁の〔注〕（2）におけるターベル症はターベスの書き違いと考えればよいとのご指摘で、Tabesはラテン語で漢字の癆に相当し、衰弱疲労の状態で、現在でもTabes doralis脊髄癆があり、昔は肺結核のことをTabes Pulmonaris肺癆とも言ったとのご教示であった。川喜田愛郎氏によると、この病気がPhthisis（動詞Phthinō，縮小する、消費する、より）の名でギリシャの昔から知られ、古来広く蔓延していた肺癆症（Phthisie Pulmonaire）が近代になっても臨床病名であったが、それを肺臓の器質的病変として粟粒結節（Tubercules miliaires）をつくり、さらにそれが融合して硬い結核結節（tubercules crus）をつくり、その軟化から空洞形成に至り、肺癆症（Phthisie Pulmonaire）が結核性癆症（Phthisie tuberculeuse）に他ならぬことが明らかにされるに至った。やがて、一八八二年（明治十五年）三月二十四日ベルリン大学の生理学教室で開かれた生理学会の月例会で当時三十八歳のロベルト・コッホが「結核症について(Über Tuberculose)」と題する歴史的発表を行ない、「結核菌の発見」という歴史的事件となった（「ロベルト・コッホの結核菌発見一〇〇周年—その医学史的文脈」「科学医学資料研究」第九七号）。その内容は「ベルリン臨床医学週報」で留学前に収二郎らも知っていたと思われる。tüberはラテン語で隆起、結節の意であり(田中秀央編LEXICON LATINO-JAPONICUM羅和辞典)、「ターベル症」は中村氏のごとく、Tabes〔ta:bes〕「ターベス」の書き誤りと解することもできるかも知れないが、日本へのコッホの影響の大であったことを考えると、Tuber（ドイツ語の発音はTuber〔tu'ber〕）を「ターベル」とカタカナ表記したものと解することもできるのではなかろうか。

A〔大阪緒方病院景況報告〕

㊴ 緒方太郎、収二郎あて（「明治二十三年」正月）

謹而賀新年　緒方太郎[1]
　緒方収二郎様
旧冬ハ非常之御愛顧ヲ受ケ、尚不相変御愛顧之程偏ニ奉祈候、併而貴君之御健康ヲ祈ル
時下寒気相増候処、倍御清康奉賀候、次小生無事消光罷在候間、乍憚御放念被成下度候、扨過般ハ廣瀬氏帰朝之節珍奇ナル「カレンデル」[2]小生江御恵投品トシテ御托シ被下、正ニ落手仕候、甚タ日本開業医ニ対シ有効書ト相考申候ニ付テハ今般和訳致シ医家懐中必携[3]ト名命シ来月早々発賣致スベキ処爲ニ有此候、何レ二三部御送附候間可然御評判被成下度候、隈川君モ去月廿五日当地江来向[4]、貴下ヨリノ御伝言拝承仕候（即チ小生ノ将来ニ対スル方針）
当院ハ別ニ変リタル事ナシ、石黒医員ハ去月辞職ノ上東京江遊学入院患者ハ四十名以上ニシテ時々外科患者ニ「ロース」[5]発症ニハ殆ト困却仕候（去月初旬ヨリ既ニ二名）
医事研究会ハ不相変不印ニテ負債而已出来候ニ付、会長初メ諸役員ニ相謀リ、今后ハ当院ヨリ毎月六七回宛補助方決議致候、貴君等ノ御帰朝アル迄ハ不印ナレトモ維持可致候、時々論説及新奇ナル治療法等御投書被下度候

○横封筒あり
（表）Via America January 11th 1890／Mr. Dr. Ogata (aus Japan)／Philipp-Str. 3I／Berlin Germany. 円形スタンプ（YOKOHAMA・JAPAN／16／1890）（KOBE・POST／11／JAN／1890）

（裏）Japan T. Ogata円形スタンプ（FOREIGN／N. Y.／TRANS…）

また、「山本玄一」とメモ書きあり、この封筒は、後出⑳の山本玄一書輔（年賀状）のものであろう。今は近代文学館の整理（あるいは収二郎が封筒に入れ間違ったかも知れない）に従って、ここに記しておく。

〔注〕
（1）前回紹介の①および⑮書簡で、「太郎は目下不詳」、㉔書簡に「副院長太郎君」と出るとしたが、今回、太郎は本㊴書簡の差出人「緒方太郎」であることが、明らかになった。緒方太郎は、緒方郁蔵・エイの長男で、明治十六年（一八八三）東京帝国大学卒業の医学士。秋田県立医学校一等教諭兼病院医局長、新潟県公立病院長、富山県公立病院長、第三高等中学校教諭を経て、明治二十二年秋

大阪緒方病院副院長となり、明治二十六年辞職独立して業を大阪東区瓦町一丁目に開き、大に世人の信頼を得て業益々行わる。明治三十三年将に病院創立の挙あらんとするに際し、同年十月三十一日患家白井呉服店に於て将に座を起んとするや忽然脳溢血を起し、遂に起たず、享年四十四歳。天満龍海寺の先塋の側に葬る。室菊子夫人は宮中顧問官久我通久侯の女にして東久世通禧伯の養女なり。明治三十七年東京に移住す。（松本端「研堂緒方郁蔵先生」、大正三年に拠る）

（2）次の㊵に見えるLorenz Kalenderのこと。

（3）緒方太郎著『医家懐中必携』（国立国会図書館蔵）。独逸ローレンツ氏原書・陸軍々医監正五位勲三等緒方惟準校閲・日本医学士緒方太郎訳補、明治二十三年三月八日大阪梅原亀七出版、定価八十五銭。凡例（一）に「此書ハ畢竟一ノ懐中日記ニ他ナラサレトモローレンツ氏特ニ独国諸大医ノ実験ニ陳シテ製シタル即チ救急療法。外科的大血管結紮。気管切開法。歇爾尼亜切開法。穿胸法。穿腹法。膀胱穿刺法。脱臼後納法。産科消毒法。分娩時出血処置法。人工羊膜破開法。鉗子分娩法。廻轉法。会陰裂傷。中毒法及消毒法。小児薬品用量及大人ノ薬品用量分ノ比較。大人小児ノ緊要ナル薬品ノ極量。皮下注射用薬品及用量。吸入薬。人工浴。妊娠月算用・位置。薬品化学的表。伝染病潜伏期表。スネルレン氏視力表ノ諸款ヲ巻首ニ附スルガ故ニ吾人ノ如キ日常医ヲ業トスル者ノ為メニハ一層使ナルモノナリ」とあり、巻末に、日本全国汽車発着時刻及賃金表目録（全四八表）・明治二十三年庚寅暦を附している。全九一頁。

（4）隈川は前回の③書簡に、明治二十三年十一月二十五日神戸帰着。

（5）「ロース」は、判読しにくいが、ドイツ語Rose［ˈroːzə］（丹毒Erysipelas）のことではなかろうか。丹毒は私の若い医局員時代、戦前戦中のころまで広くみられた急性皮膚炎症で、但し、ロースとはあまりいわず、エリジペラス（エリ）と云っていた。抗生物質ができてから殆んどみられなくなった（以上、阪大立入弘名誉教授書信による御教示）。

㊵ 緒方太郎、収二郎あて（明治二十三年五月二十八日）

貴書拝読、陳は益御清適奉賀候、次当院一同無事消光罷在候間、御休心被成下度候（先月地主ノ村江えめニ出生セシ第三男ジフテリ症に罹リ死去）尓后ハ非常の御無音御宥恕願上候、過日御送附被下候Häusliche Gesundheitepflage（1）ハ已ニ譯済近日出板可仕候、Lorenz

Kalender[3]最早出板致シ百五拾部モ相売レ申候、然レトモ小生ノ所得ニハ聊モ相成不申、何トナレバ万事梅原書店ニ依頼セシ故ナリ

当地医学研究会ハ万事当院ニ引受編輯上ノ件ハ幹君担任致シクレ居候ナレトモ原稿種ノナキニハ殆ト困却仕候

当春以来患者ノ減少ヨリ院長地主諸氏ヨリ一本ノ議詞頂戴致シ、当時ハ不得意ノ眼科外科及産婦人科ヲ不充分ナガラ鑑《ママ》督致居候故カ当年ハ昨年ヨリ患者不印ナリ、小生モ将来ノ目的有此候得バ貴君ノ御帰朝ハ略ボ何時頃之御預《ママ》定ニ有此候哉、甚タ申上候《(ママ)》得共御洩被下間敷哉、右偏ニ御願上候

当地ノ私立病院《(緒、高、吉)》ハ可ナリ隆盛ノ姿ニ有此候得共、府立病院ハ実ニ言語ニ断タリ、患者ハ殆ト０ニ有此候、外科主任医トシテ井上国造君赴任致サレタリ

過日医事雑誌ノ不足ノ分御報知申上ヘキ筈ノ処、甚タ延引仕候、即チ左ノ通リニ御座候

Archiv(Auge) Ⅰ ob Ⅱ (Juri), Ⅲ (August), Ⅳ (October)d. ⅩⅩ Band相揃申居候

Centralblatt f. Augenheitkundeハ第ⅩⅡ迄相揃居候

Deutsche Med. Zeitgノ不足分ハ79 & 77

Deutsche Med. Wochenschriftハ不足分甚タ多ケレバ后日御報知申上候

Centralblatt für ges.[5] madicinモ右同様ナレトモ不足分ハ甚タ僅少ナリ

過日御依頼願申居候書籍ハ

Paediatrik[6]之良書（即チ小児科）

御序ニ

Cohn. S. 氏[7]ノKrankh. d. Gesiheichtsorgan[8]カ眼病ニ関スルニ就テ

御申越ノ当院ノ実際ノ統系《ママ》表追而御送附可申上候、右不取散貴答迄申上候、匆々頓首

五月廿八日　　緒方　太郎拝

収二郎様

○横封筒あり（本文墨書）

（表）Herrn S. R. Ogata(aus Japan)／Phlipp-Str. 3I／bei Frau Adami／Belrin Germanyスタンプ（YKOHAMA／JAPAN／30 MAY 1890）

（裏）「六月三十日」スタンプ(Bestellt／3¼・4M／Vom Postmte／30／6.90）

〔注〕

（1）GesundheitepflegeはGesundheitspflegeの誤り。

（2）太郎は、Häusliche Gesundheitspflegeを「家庭衛生法完」と題し、大阪梅原亀七より出版している（国会図書館所蔵）。本書の序文は「明治二十三年五月従二位伯

爵源（東久世）通禧《ミチトミ》撰并書」である。内容は、第一章臍《ほぞ》部及臍帯《ほぞのお》の処置法《とりあつかい》・初生児《あかご》養護法などより妊娠時の摂生《ようじょう》法（食物に就の法意など）に至るもの。全五一頁。

（3）Biographisches Lexikon der hervorragenden Ärzte der letzten fünfzig Jahre, von Dr. I. Fischer, 1933. P.941-2には、Lorenz, Adolf; Lorenz Hansが挙がっているが、著作書が見えず、今のところ特定できない。

（4）Zeitung（雑誌）。

（5）Gesellschft の略。

（6）Pädiatrie（小児科学、小児科）に同じ。

（7）Cohn. S. は、Cohn, Hermann C.（1838~1906）ではなかろうか(Biographisches Lexikon der hervorragenden Ärzte aller Zeiten und Völker, 1962. p.95)

（8）Gesichtsorgan ならんか。

㊳ 濱田美政、収二郎あて（明治二十三年四月十五日）

（墨書）

拝啓其御地も安着以来、風土之変も御障無之、益御健康御研学之趣、大賀至極奉存候、御留守許ニ於テモ御一同様益御安康ニ御起居被爲在重々目出度奉存候、私義も不相変無事御院之御厄介ニ相成居候得は、乍他事左様御休神被成下度候、昨年中は御留守許へ之御手紙ニて毎便御吉左右(1)承り候まゝ別段愚書進呈不仕候処、今一月ニは早々昨年中之出来事を申上含（候）ニ処、色々取揃中例之随筆をも調合仕、今明日と押移りたるニ及候段、不悪御海容之程伏而奉願上候、申も中〳〵ニは候得共、御洋行以来は事々物々ニ感スル毎ニ欣慕之情轉難堪、過般来被成帰朝候隈川村田氏(2)之如き未た一面識もなき人ニても何となく懐かしく存候、昨年暮廣瀬氏(3)帰朝之砌、御送越ニ相成候御真影ニテ御豊艶ナル御顔ヲ拝見セシ時は傍人之笑も憚ラス彼のナゼニ写真鏡ガ言イワヌの愚痴をもこぼし申候、偖昨年御出立以来今日ニ至ルマテノ政治部面之出来事や社会之出来事ハ拙き筆ニて申上ストモ時々御取寄之新聞ニて御承知被成候事と奉察候、されは只病院之出来事のみ可申上、さりなからコレトテモ既ニ諸先生より御通知ニ相成候廉も可有之と存候へとも左ニ大略可申上候、

一外来患者総数

内科　五千四百六十五人　眼科　六百七拾六人　外科　五百八十四人

一入院患者総数

内科　六百三十七人　眼科　二十一人　外科　百七十
四人
一右患者延員数
入院　一万三千〇十九人　外来　九万四千九百五十人
一外科手術患者の総数は
二百十九名
右手術患者の内著しきものヲ載スレハ左ノ如し
下肢下三分ノ一切断一名（脱疽）全治
下肢上三分一切断一名（脱疽急性ニシテ既ニピヱミ
ー[4]ヲ発セシモノ）術后二十四時間ニシテ死ス
前膊上三分一切断一名（外傷）全治
気管截開　四名（シブテリ[5]）死
　右三名ハ術后六日ニシテ死シ、一名ハ術后十時間ニ
　シテ死ス
兎唇一名　乳癌一名　各全治
尿道切開一名　膀胱穿刺一名　全治
上膊下端レセクチオン[6]一名
膀胱膣瘻一名（尿道内端ヨリ三指ヲ入ルヽヲ得）三回
　縫合シテ半側癒合セリ
カタラクト[7]ハ本年始メテ施術セシ処、左右共ニ好結果ヲ
得申候、此事患者は三年前より老人カタラクトニ罹リシ
カ両眼共ニ一時ニ明ヲ得、欣々然として退院せり、不相
変医員諸氏は外科のきらいニテいつも助手の不足ガチニ
はこまり入申候、
手術場ハ南方へ三尺廣ケ、敷地はセメントを用ヒ、西側
へ入口を開き廓ヲ附ケ、雨中と雖モ手術ニ問無しテ都合
よろしく相成候得とも、尚欲を申セハ稍光線の不充分ナ
ルノミ、耻室は御承知之或地へ新築ニ相成り、至極都合
よろしく候へとも、是又天窓之明ケ方悪シク爲ニ稍光線
不充分なり、旧耻室は顕微鏡室と名称し、内部ニて周囲
ニ柵ヲ造り副木を始メ総テノ器械ヲ陳烈《ママ》し、其の餘は試
験室と致し体裁宜敷候、従前之備帯室は光線不充分ニは
新ニ天窓を開きて都合よろしく相成申候、内科診察間は
外椽《ママ》を内へ取り込ミ、よほど廣く相成候得共、稍体裁ヲ
損シタルヤ感アリ、病室之廁も新築以来は臭気も少く、
体裁も宜敷、毎月末会し、糞議論も頓ニ止ミ申候、医員
佐藤氏は昨年六月辞職し稲葉岩之助コレニ代り、石黒銀
吉ハ十一月辞職シ、児玉直介コレニ代リシカ是又本年三
月辞職、府下ニ於テ開業シ、石田拓夫之レニ代り申候、
其他は変動無之候、器械係大野ハ不相変勤務致居候得共、
此の頃ハ助手の方忙カシク却テ本職の器械之手入レ行届
きかね申候、看病婦家野ヒロハ父の病死の爲メ本年一月
辞職致申候、其他変動無之（やす）わ《ママ》不相変しやべりを
り申候、研究会は不盛なりとも矢張り毎会相開をり申候、

病院の御話しハ右斗りニ御座候

此の頃府下ニ於て私立病院ヲ設立セシハ高安と幡州之高橋江春とニて候、高安は江戸堀西端之新生楼ニ於テ、高橋は八軒屋ニ於テ開院致申候、両院ともニ入院患者少く、目下二、三名と申事ニ御座候、吉田病院は此の頃五、六十名の入院患者有之候趣御座候、も一ハ病院の事御話申上度は器械之義ニて御留守中ニ相成候は、暗室用電気燈と卵巣嚢膣用器械とニ御座候得共、電気燈はさほと効力無之様御座候、卵巣嚢膣用器は先般該表に有之候ニ付、買入候得共、事情アリテ手術セサリ、其后好機なくして未た一向ニ試用致不申、甚遺憾至極御座候、当院ニ於テ施術セシ気管截開は、カニユレ(8)も曲度の強き故カ或ハ時機之遅きカ未タ一名も全治ヲ見サルハ誠ニ遺憾千萬ニ付、良法有之候は御序之砌りは示教相願度候、

中上も中〳〵愚なる事とは御座候得共、随分御身御大切御自愛之上御研学専一ニ奉存候

先はあまり御無音ニ相成候ニ付、取紛中乱筆不文をも不顧如此ニ御座候、頓首百拝申候

第四月十五日　　濱田美政(9)拝

大恩師

緒方収二郎先生閣下

紙外過般御愛娘様ニは姫路より御来坂ニ相成、拝顔仕候処、御健康ニ御成長被遊御賢き御遊戯も出来申候、御研学之御暇ニても有之間敷候得共、御序手も有之候得は御一報御願度候　頓首再拝

○封筒ナシ

〔注〕

（1）吉左右（きっそう）はよいたより。

（2）隈川（宗雄）氏の帰国は明治二十二年十一月（前回の⑩㉖書簡参照）、村田（謙太郎）氏の帰国は明治二十三年三月。なかに「昨年御出立」云々とあり、本書簡が明治二十三年なること明白である。前回の⑪書簡参照。

（3）「昨年暮帰朝」。廣瀬氏を今のところ特定できない。京都出身の広瀬太郎が明治二十年（一八八七）東京大学医学部を卒業しているが（東大医学卒氏名録）、留学していない（小関恒雄氏）。また三重県出身の広瀬胖が明治二十三年東大医学部卒で、京都で自宅開業しているが、これまた留学していない（小関恒雄氏）。医学士ではなかったようである。

（4）「ピヱミー」（Pyämie）は化膿血症。

（5）「シブテリ」は「ジフテリ」Diphtherie. ジフテリア菌によりヒトの上気道に偽膜性炎をおこし、その毒素で神経麻痺、心筋の障害を生ずる。

（6）「レセクチオン」（Resektion）切除術。

（7）「カタラクト」（Katarakte）は前回の⑩書簡注(1)参照。

白内障のこと。

（8）「カニューレ」（Kanule）挿管。

（9）濱田美政の経歴不詳。前回の⑪書簡に、濱田が緒方病院の外科で活動していたことが記されている。

（右（4）（5）（8）については立入弘阪大名誉教授の御教示を受けた。）

㊷　惟孝、収二郎あて　院内見取図と横封筒

下の院内見取図は、前回の④書簡に出る「院内少々普請シ別紙之通リ」云々に相当する別紙にして、本来④書簡中にありしもの。

○横封筒あり

（表）Via America／Herrn Dr. S. Ogata(aus Japan)／Philipp-str. 3I／Berlin, Germany　左上に[R]、R269, 18などの書留使を示す表記あり。スタンプ（摂津大坂／廿二…）

（裏）明治二十二年十二月二十日／独逸国伯林府／緒方収二郎行（墨書）

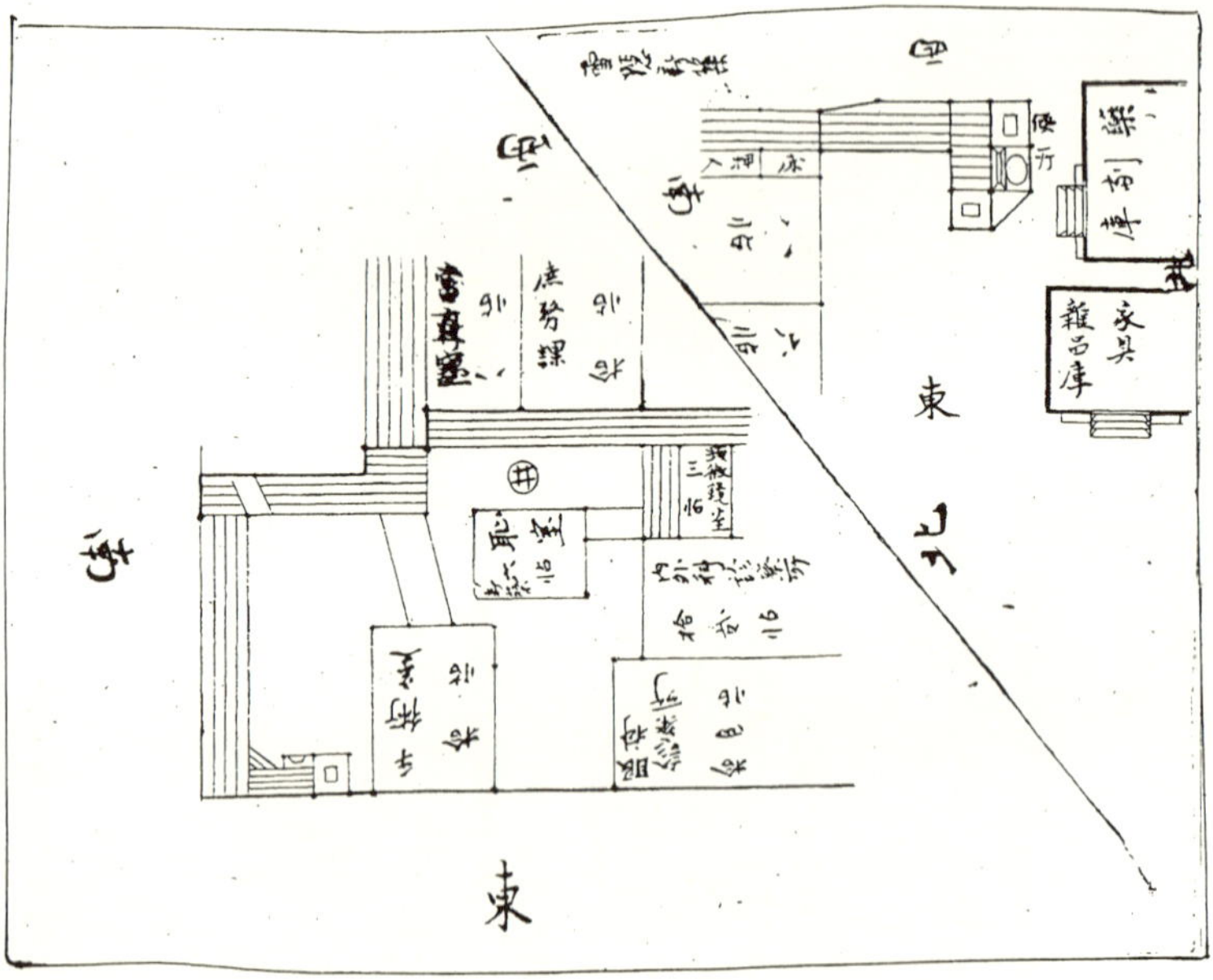

「緒方孝」の丸印（封印）三つ。スタンプ（6 291 1）（JA 17／90以下不明）

右封筒は、惟孝が収二郎にあてたものであることは明白であるが、前回紹介の惟孝の①②③④の各書簡のものではなく、③と④との間に為替受取証を収二郎に送ったものであることが④よりわかる。

B〔緒方惟直の遺子探し関係〕

㊺ 正清、収二郎あて（明治二十四年九月二十六日）

今朝御貴書拝見候、先ツウヱネジー(1)一件ハ小生モ日夜思考中ニ御座候得は何分先方ノ模様判然不致、此上ハ実況視察之上御相談致サネハ到底良策ヲ見出ス事不能、夫レ迄ハ先ツ他人ナド知レ候モ面白カラヌ事ニ御座候、尚領叓(事)ニ質スベキ點ニ就テモ御意見ヲ仰キ候如ク誠ニ良策トテハ無之候、若シ御申越ノ如ク小生出発スルモノトスレハ来月早々ニ願度候、小生ノクルズスハ(2)来ル九月三十日ニテ全ク終リ申候故、帰林(3)出途ニ就キタク思居候、ウヱネジー(4)ニ行クトスレバドウシテモ三四日ノ時日ハ無駄ニ費ヘ可申候、尚亦出発スルトモ旅用金ガ無之、我ハ財政困難殊ニ本月上旬ニハ生ガ沢山ノ金ヲ費シタル爲メ貴兄迄非常ノ困却ヲ来シタル義ニテ今更後悔スルモ致シ方無之候衛(得)共、実ニ貴兄ニ対シ気之毒ノ訳ニ御座候、就テハ右旅用金借用スル人モ無之、右ハ貴兄ヨリデモ一書御送リ被下候ハヾ天野君(5)ニデモ借用可致乎、亦他ニ方法ノアルベキ事乎、土屋君(6)ニモ少シハ借用出来可申様愚考仕居候、同氏モ当時器械ナド請求中旦来月下旬ニ日本ニ帰ルヤモズ計(はかられず)候故、是レモ如何ヤト被存候（后日ノ金ノ相談ハ帰林ノ上ニ可致候）

右様ノ義ニテ本月ハ最早僅カ四日ノ時日ヲ餘ス程ニ御座候故、御意見之趣キ至急御通知被下度希望ノ至リニ奉存候、亦彼ノ地ニ至ルトスルモ如何ナル虚置談判ヲナスベキ哉、之レハ兼テ申上候如ク小生ノ所存モ有之、公使(7)ノ意見モ承リ居リ候、御考尚一層御熟考ノ上御意見詳細ニ御報道被下座候

彼地滞在ハ二三日ニテ全ク叓(事)済ムベク様被考候間、往復五日ト愚行可仕候、尚御質問宜敷ハ左ノ如シ

領叓ニ面会シ種々用叓ヲ依頼シ道案内ヲ成サシメ其侭ニテ礼ヲナサヽルモ可ナル乎?

孃ト老母ヲ見テ左程驚クベキ状況ニモ至ラザルトスレハ

直ニ日本ニ向テ行クヤ否ヤ嬢ノ志ト老母ノ意見ヲ探ルベキ乎

老母ト嬢ノ有様見ルニ忍ビス到底日本ニ連レ帰ル事ノ出来ザルモノトスレハ如何ノ話ヲ領事[8]ニナシオクベキ乎?

嬢ガ日本ニ行クヲ好ミ老母モ之レヲ許可スルトスレハ如何ニ申シヲクベキ乎

若シ連レ行クトスルモ僅カ十二才ノ令嬢ガ一人馬塞港《マルセーユ》迄我々ト出逢フベキ所迄至リ得ベキ乎?

今回彼地ニ至リ事無ニ済ムモノトスレバ帰途ニハ少々ナリトモ金ヲ與ヱヤルベキ乎?

右ノ内御注意ノ段ハ漏レナク御教示ヲ願上候、折角遠路ヲ探ネテ何ノ効モナクテツマラヌ事ニ御座候

九月二十六日　　　正清

収叔殿

○封筒ナシ（本文ペン書き）

〔注〕

（1）（4）イタリアのベネチア（Venezia）。

（2）Kurususは学期、セメスターのこと。

（3）ベルリンへ帰る。

（5）天野富太郎か。天野は、明治十七年（一八八四）士官学校教官、二十年帝国大学工科大学兼陸軍兵学校教授、二十五年（一八九二）公用でヨーロッパへ派遣される（富田仁氏）。惟準を通じて収二郎と親交があったものか。

（6）土屋寛之か。土屋は明治二十三年（一八九〇）九月十四日オーストリアに留学。二十四年十二月十五日帰国している（鈴木要吾氏）。

（7）「公使」は後出91書簡の渡辺洪基。

（8）「領事」は後出57書簡注（1）の日本国名誉領事グリエルモ・ベルシェ。

57 正清、収二郎あて（明治二十四年十月七日）

本日領事[1]ト共ニ老母[2]ヲ訪問せしに生活ハ餘り甚しく下等トモ云ヒ難く、彼女の叔母マリHebamme[3]ヲ業トシ、本日はアル家ニ行キタリトテ留主中ナリシ、老母モアル家ニ業ヲ務メタリ、嬢[4]ハ十四才ニテ縫裁店ニテ業ヲ採リ居タリ、今至急ヲ要スレハ大略而已遣し詳細ハ后ヨリ何レ面会ニ依ルベシ

嬢ハ病身ニハ非ス、然シトモ生活ハ六カ敷様ナリ、老母ハ八十四才、叔母モ其ニ非常ニ貧乏ト云フニハ非ザリシ、嬢ハ学校ニモ行キタレハ伊太利語ハ良クはなし、亦書物

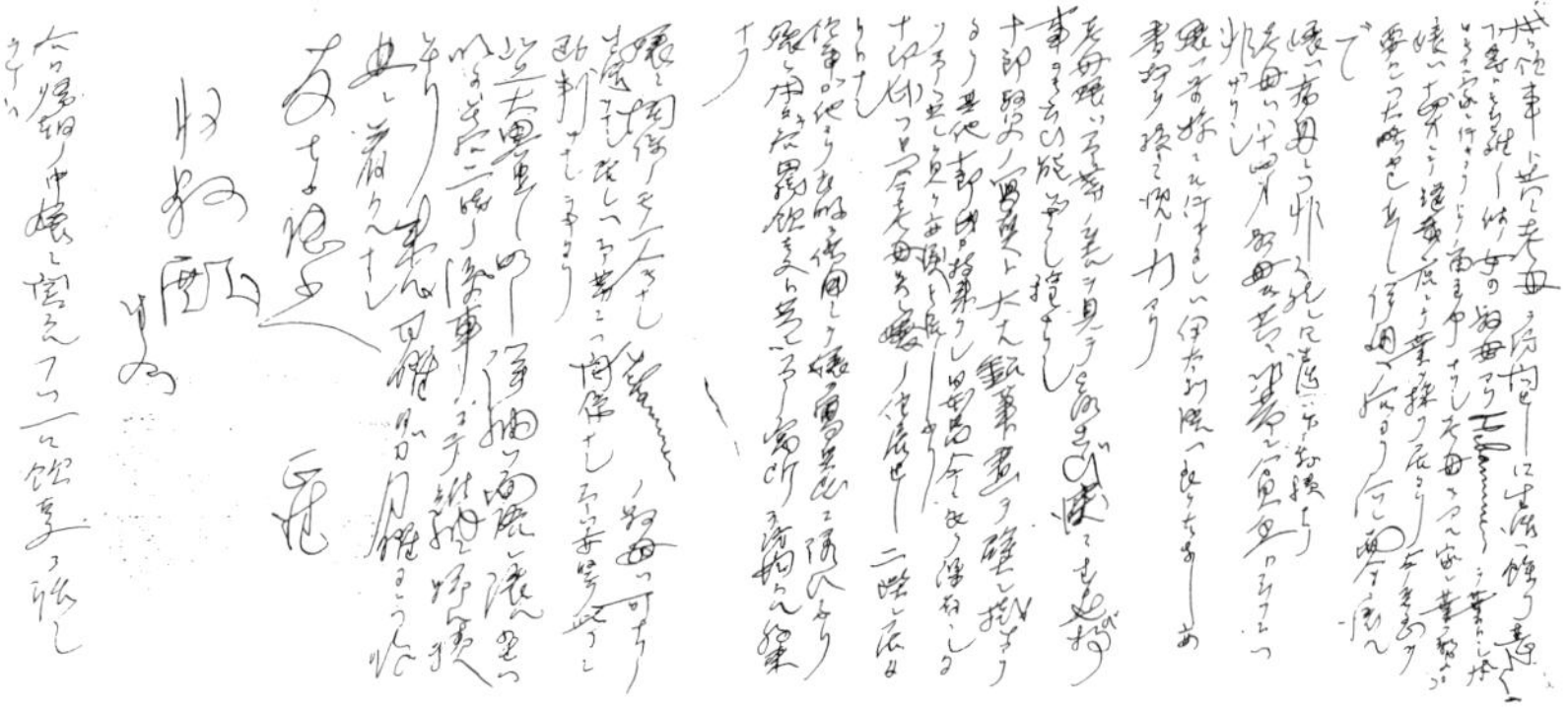

正清の筆跡（全文）

ヲ読て覧ノ力アリ、老母嬢ハ予等ノ至ルヲ見テよろこび
涙ニむせび物事ヲモ云ひ能ハザリシ程ナリシ
十郎叔父(5)ノ写眞ト大ナル鉛筆画ヲ壁ニ掛ケアリタリ、其
他十郎氏カ持来リシ日本品今ニ良ク保有シタリ、予ハ之
レヲ見テ亦涙ヲ流したり、十郎氏ハ只今老母共々嬢ノ住
居せし二階ニ居タリトナン、領事ガ他ヨリ衣服ヲ借用シ
テ嬢ヲ写眞屋ニ誘ひたり、嬢ハ本日午後四時領吏ト共ニ
予ノ寓所ヲ訪問スル約束ナリ
嬢ニ関係ノモノ一人モナシ、Hebammeノ叔母ハ可ナリ
ノ生活ヲナシ居レハ予等ニハ関係ナシ、予等堅ク此事ニ
断《ママ》判ヲナシヲキタリ
以上大略申上候如し、詳細ハ面唔ニ譲ル、小せい明日午
后二時ノ汽車にて維納ニ帰ル積リナリ、来ル日曜日ガ《ママ》月
曜日ニハ伯林ニ着クルナラン

右奉認之　　正清（ヴェニスより）

収叔殿（在ベルリン）　　坐右

后日帰朝ノ中嬢ニ関スル事ハ一々領吏《事》ニ話シヲケリ

〔横封筒〕（本文はペン書き）

（表）

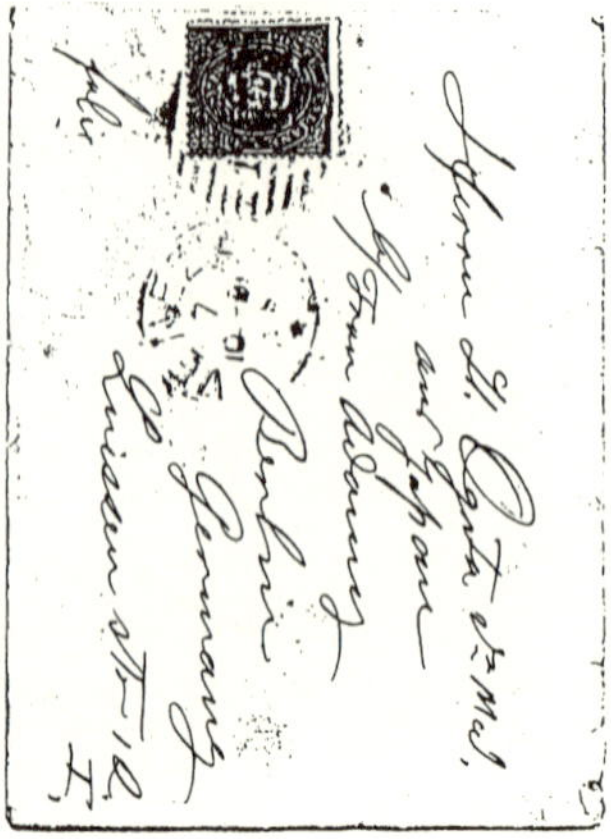

Herrn S. Ogata Dr. Med, aus Japan
b/Frau Adamy/Berlin Germany/Snissen str. 12. I.
（スタンプ）〔Venezia, 7.10.91〕（切手）〔Poste italiane, …
venti cinque.（イタリア切手、25チェンテジモ）（肖像はウンベルトI世〔在位1878―1900〕のもののようである）〕

（裏）

（丸いスタンプ）〔Bestellt vom Postamte 6 9.10.91〕（第6郵便局より送付、1891年10月9日）（四角のスタンプ）〔Bat… Grüumwald Grand Hotel d'Iatlie, Venise, 7 OTTB 91.〕（クリュンヴァルト・グラントテル・ディタリ・ヴェニス、91年10月7日守衛とあり、手紙の投函を依頼されたホテルのスタンプのようである。）

以上の横封筒(表)(裏)のアドレス、スタンプの解説は、京大名誉教授岩倉具忠氏の御教示による。

本書簡は後出㉑書簡に関連する。

〔注〕

（1）ベネチアの日本総領事館は、明治六年三月〜同七年三月（以後同七年七月〜十一年五月ローマにあり、同十一年より領事館としてミラノに移る。ローマに公使館開設）で、岩倉使節一行のベネチア到着当時は総領事中島讓治が迎えている（別府貫一郎「ヴェネツィアの緒方惟直とその周辺」（SPAZIO 第五巻第二号 NO.8, 1974. 10. 11発行））

正清がベネチアへ行った明治二十四年当時は、ローマの日本公使館に鮫島武之助（明治二三・一二・一〇より）が臨時代理公使・書記官として在任中であった（日伊協会編『幕末・明治期における日伊交流』資料編八三頁）。従って本文の「領事」は、ベネチア在住の名家で、惟直の墓碑の永久管理権認可（一八八四年九月二〇日付）を受けるなど、あれこれと異郷でなくなった日本人のために尽くした日本国名誉領事グリエルモ・ベルシェ（Guglielmo Berchet, 1833～1913）であったと思われる（上記別府氏論稿および岩倉具忠氏のご教示による）。

（2）惟直の妻セロッティ・マリア（一八九〇年一〇月二七日肺結核で死去、三十五歳）の母（父は一八八〇年没）すなわちマリアの祖母と思われる。夫亡きあと、マリアが娘とともに身を寄せたといわれる家（奇しくもマリアと同姓のセロッティで、別府氏はマリアの近親であったかも知れないといわれている。）に祖母も一緒に身を寄せていたのではなかろうか

（3）助産婦、産婆のこと。

（4）惟直の娘オガタ・エウジェニア・トヨ（一八七七年九月一〇日生まれ。ベネチア市戸籍原簿。別府氏による）。

（5）惟直のこと。一八七八年四月四日壊血病でベネチアにて死去。二十三歳。（別府氏による）

⑨1収二郎、渡辺洪基あて（明治二十四年十月十日）

拝啓時下秋冷之候、閣下益御清祥被爲在候条奉大賀候、

小子無異勉学、尚本年中ハ當府ニ滞在罷在候考ニ御座候間、他事ながら御休念可被下候、さて小子御地《ウィーン》留学中ハ一方ならぬ御厚情を辱し千萬難有奉存候、当地《ベルリン》着後早速書状を以て御禮申述べ候の處、着後毎日帰朝之用意の爲メ奔走（都合アリ延引致申候）其后二ケ月間ハ諸地ニ旅行罷在候て、漸くさる廿《九月》八日当伯林ニ帰着致候様なる次第にて存ながら其暇を得ず御無音申上候段、何卒にくからず御酌情被成下御海容の程状奉願上候、しかるに此般正清事出府《維納》また々々大に御配慮を蒙り且ッ伊太利御旅行中亡兄惟直の遺子ニ御面会被成下候、種々御恵投被爲下候御趣、重々御厚誼の程有がたく御禮筆紙につくしかたく候、実ハ小生事も彼地旅行致[1]候ハ亡兄の墓参の爲めノミニあらず、遺子の如何を見とゝけ、都合よくバ本邦ニ連れかへり度考ニ御座候處、同府《ウェニーズ》宿屋の主人及案内者等ニ聞合候江共、所在分明ならず、且ッ其節ハ所持金も残り少くトテモ数日間《カ》の逗留ハ六ケ敷と存し、仝行の姪《甥ノ誤リ》鉎次郎なるハ尚数年ハ欧州ニ罷在候事ニ御座候付、明る年にても旅行の次手《序で》、彼地ニたちより其所在さくり《探り》くれるべき様依頼いたし、小生ハ仝地より御地ニ罷出たるに御座候、しかるに此度閣下の御好意ニより仝少女の所在相わかりたる由、正清より通知つき、同人か其地滞在を幸、彼地ニまかり越し、先方の様子トクト見届くれ度と申付

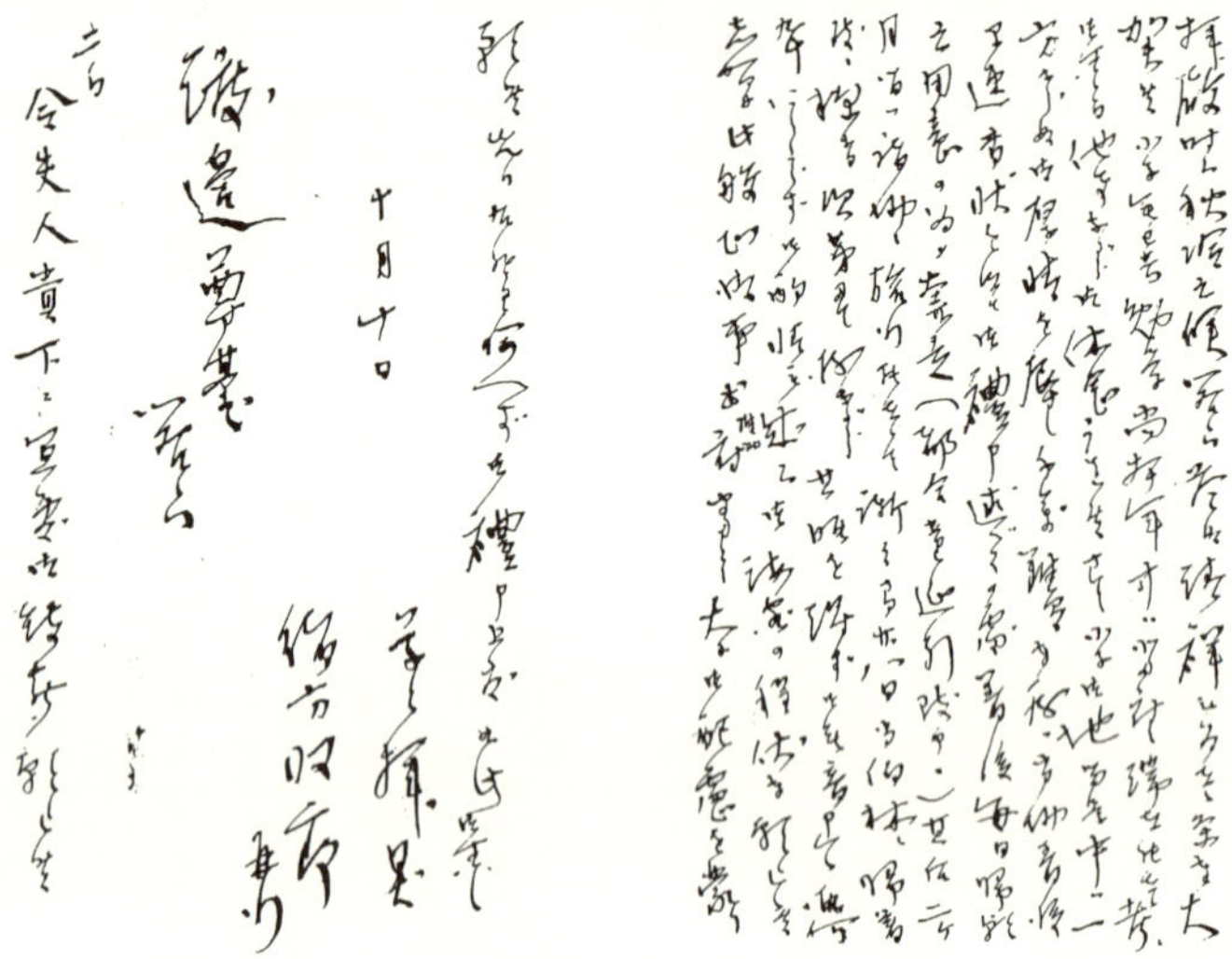

収二郎の筆跡（首尾）

たる事ニ御座候、此行ニつき種々閣下の御所考をうかゝひ、萬事御指揮ニ従たる由、亡兄はもとより其遺子及小生等まで閣下の御配慮ニ相預り候段、御信義のふかき唯たゝ感泣の外無之、何卒今後とも萬事よろしく御指示なし被下度、生懇願候、先ハ右とりあへず御禮申上度、如此御座候、

（明治二十四年）十月十日

草々敬具

（在ベルリン）緒方收二郎

再拝

（在ウィーン）渡邊（洪基）尊臺（2）

閣下

二白

令婦人貴下ニ宜敷御致声願上候

○封筒ナシ（本文ペン書き）

○本書簡は前出の㊼と関連。収二郎が㊼の正清よりの書簡を受取ってから、当時オーストリア公使渡辺洪基あて書中の遺子さがしにつき ベルリンより礼状を差出したもの。

〔注〕

（1）収二郎、銈次郎、正清、謙吉ら四人のイタリヤ旅行は、明治二十四年秋期休暇中のことで、十郎叔父の遺児探しが不明に終ったことは、銈次郎の『七十年の生涯を顧みて』（三〇頁）に記すところ、しかし、その期間は明記されていない。一方、後掲(66)の長与称吉の収二郎宛ハガキ（明治二十四年三月二十一日付）によると、収二郎は「フライブルグの諸子」とともにイタリヤに同行し、同地から長与へ手紙を出したことが判る。このイタリヤ行は、前者の秋期休暇中のイタリヤ旅行とは一応別個とも考えられる。しかし、その場合、「フライブルグの諸子」が銈次郎、正清、謙吉らであったか否かが問題である。もしこれら三人であったとすると、収二郎ら四人のイタリヤ旅行は春期休暇中のことではなかったかという一抹の疑問がのこる。収二郎らの遺児探しを兼ね不明に終ったイタリヤ旅行が秋期休暇中とすると、(55)書簡で正清が、九月三十日でセメスターが終り、十月七日、ベネチアに遺子らを訪問しているのに符合しないように思われる。

（2）渡辺洪基は、帝国大学総長より明治二十三年五月十九日特命全権公使（オーストリヤ維也納〔ウイーン〕駐在）に任じ、その着任は同年十一月五日。明治二十五年十二月一日臨時代理公使天野瑚次郎が渡辺の後任となった。

㊻ 銈二郎、収二郎あて（明治二十四年十月下旬ころ）

伊東君(1)よりよろしく

御手紙拝見、御とよ女(2)写影一覧思ハず昔を憶ひ起し、小女の身の上思遣り落涙仕候、写影今ハ①只御返却申上候、御受取被下度候②（明日まで御差支無くバ止置きたく、少々思ふ所有之間顔相を写しをき度存仕候）ミュンヘン行御賛成被下安心仕候、猶ホ〳〵来期を待ちて決定仕る可く候、謙君不眠症やゝ平癒さほどの大病にても非ず、小女につきての御配慮無かしと存候、一日も草々萬事整頓の上御帰朝の義好ましき義に御座候

田原君(3)本日出発追々淋敷ニ相成、勉強には都合よろしきやとも存候

近来又々例のつまらぬ洒落道に熱心にて自分乍らあきれ仕候

左に御うるさゐ所を顧みず　テホン数首

　花がるた

我癖を許せよナドゝ若紳士パチ〳〵かるたきり島の道

　何某の気味の病を聞ゐて

山田にも聞えし君が御容体くるしきいきとたんを伯爵

　　忠臣蔵討入之場

大石に推つけられし高《カウ》のもの　塩谷の爲めに　からき目

をみる
梶を枕にかわした誓嬉しく打寄す浪の皺
うさをつゐたハモゥ　一昔しいまじや愛想をつかされる
隆盛も色女にハ首ツタケあらためた顔世師直兜ぬぎ

収叔へ　　　　　　　鉒次より

○封筒ナシ（本文ペン書き）

〔注〕①傍線部分は修正文　②の（　）内は抹消文

（1）伊東精一郎。前出の㊿書簡注(5)参照。

（2）ベネチアで亡くなった惟直の遺子。とよ(豊)の写真を正清がもち帰ったとすれば明治二十四年十月ごろ。後出㊿書簡参照。

（3）田原良純。前出の㊿書簡注(6)参照。このころ鉒二郎のいるフライブルグに来ていたことがわかる。

C〔在欧留学生の交信〕

㊹　鉒次郎、収二郎あて（明治二十四年七月二十二日）

愛する収の君様へ　　汝の鉒次郎より

突然電報を発しまして坐右を驚かせましたハ誠に済ませなんだが、実ハ餘り御様子が知れませんのでもふそろ〳〵御出立に成ったのでハなゐか、又は御病気にでも御掛りになされなんだかと心配致した訳であったのです、委細の御通告で丸で安堵を仕りました、御買物ハ嘸種々で御いそがしふ居らせられますやふ御出立前の御煩多の程萬々察し上られます、正清君が御そばですから御都合ハよろしふムり《ござ》升《ましょ》ふ、しかし御申越の通りに四人同室では御窮屈に入らせましやふ、外に全家に空部屋が無ゐと云ふ訳ですか？吉松君(1)ハいよ〳〵御帰朝になるそふすが、好き御伴を獲て御幸福です、なるべくハ萬事済次第ニ手速く御取かたづけの上ご帰朝の義然るべくと存じ升、考へますれば長く留れバ留る程積るよふに事務が増して参りますやふなら先ヅ〳〵気に落ちなると思ッたり未だ跡《カタ》がつかな《ママ》と思ッたりするのハよい加減になされて、一通り始終がつけバ断然御出発がよろしからふと考へ升、勿論あなたハ私共の身の上にも種々御心配が御座りますやふ《ママ》が、此事ハどふか放意と云ふ奴にして戴たい、何んとなれバ只今御出立際に接して遠方に居る私共を思って居らしッてハ先から先と心配が出て果ハどふしても気が落ちつかぬ程になりハせぬかと思ひますから。と云ふたとて、私共が已が自由にしたいと云ふのでハムり升《ませ》ん、精々注意を致して過日来の御懇訓を充分服膺致したるにと存じをります、先日母[2]より端書参り五月廿五日に出発の便船にて醫学士山根氏独乙洋行致されたる故其便にまかせ書状。雑誌類。父の写影附托したりとの文句御座りました、處で考て見るに新来の日本学士で山根とは聞かぬ名前ゆえ、こわ多分コッホ氏一件の取しらべの爲渡航されし山極[3]医学士ならんと臆推の上申上ましたのですが、臆説なのですから多分間違でムり升ふ、今迄仝氏より何の噺の無い以上ハ。處で御存じですか? 山根氏[4]と云ふ学士を。五月廿五日に出発したのならバ佛蘭西を週つてもモー伯林へハ到着していなければならなゐ筈であるのてすが、其御心当（り）がござんしたら御報知を願い升、何分にも父の写眞と云ふのが大切の者でござります唐《から》。中学士[5]御知已にいられた由、好都合と云ふべし、仙太郎（或新太郎）氏ハ当時如何なるや御聞取ありしや、

話変りますが平吉君ハ徴兵不合格であッたさふです、脚気の気味があるとはこわゐ事です、仝君如何せらるゝや、常に謙君の噂致し居ります。其他皆々様御丈夫の由です、正清君へも手紙が参りましたらふ、今橋様も御変りなかッたらふと思ひます、皆々国許でハ貴叔の御帰朝を熱望致し居る模様です、何卒錦を衣て故山に花を飾られ度く渇望いたすのハ我々です否大阪市民で御座りましやふ」荷物到着と聞ゐてハ安心仕りました、重ゐ物を御気の毒様で御座ります、どふぞ小供等へ喜びの音として御持参下さる事を願い〼《ます》、又廉《やす》ゐ麁末な贈物に御丁寧な御禮状でハ痛み入る外ハ御座りま仙《せん》

先ハ御返事まで草々如斯

御帰朝来月ときまりましたら其れ迄に一度くわしき御依頼状を認めますから左様御承知を願ひ升

多くのGruss[6]を以て謙君よりあなたへも同しく

高注意満（では訳が分からぬ）

Hochachtungsvoll[7]

法朗堡《フライブルグ》西暦千八百九十一年七月廿二日午前

○封筒ナシ（全文ペン書き）

〔注〕

（1）吉松駒造か。吉松は、帝国大学医科大学明治二十二年（一八八九）卒。小児科専攻。日本橋浜町松吉病院（東大医卒氏名録）。吉松は、明治二十三年八月四日伯林第十回万国医学会当時、プレスラウ大学にいた。駒造は収二郎より早く明治二十四年九月二十日帰国している（鈴木要吾氏）。大正十二年（一九二三）一月十七日没、六十六歳（富田仁氏）。

（2）惟準の妻、吉重。

（3）山極勝三郎は東京大学医学部明治二十一年（一八八八）卒業。二十四年三月病理学部助教授。二十五年四月ツベ

ルクリン調査のため文部省留学生として渡独。ベルリン大学のウィルヒョウに師事、二十七年五月十六日帰国した（富田仁氏、鈴木要吾氏）。

（4）当時山根正次《まさつぐ》—東京大学医学部明治十五年（一八八二）卒業、明治二十年十月八日出発——が、ウィーン大学に留学中で、明治二十四年七月二十三日帰国した（鈴木要吾氏）。法医学専攻、警察医長、衆議院議員等歴任（議会制度百年衆議院議員名鑑）。

（5）中文雄（元鈴木政吉）か。中は明治二十四年二月二十二日出発、二十七年三月帰国まで渡欧していた（鈴木要吾氏）。中文雄の経歴は未調査。

（6）Gruss（敬礼）。

（7）Hochachtungsvoll 敬具。

㊼ 鉎二郎、収二郎あて（明治二十四年）八月三十一日

一昨日電報に及び代金子送附の義早速御許可被下、今朝金子八百マーク確に落領仕候、猶余金四百マークハ明日到着仕可く正領得仕候、借金額の義につき御質問申上度ハ、先日我々共両名へ宛ニ四ヶ月分学資の外に百五十円なる非常金国許より到着候の事なれバ多分独貨にて千二三百マークハ名（銘）々受取られ候様心得仕候次第に御座候處、御申越の趣きには先回受取りし分と共に名々千マークヅヽの計算に相成候様考へられ候が、これ如何の御都合にや失礼ながら御序の節御教示被下座候、猶実ハ電報に及びたるハ我々学資の外に正清君の借金の日限いよ〳〵さしせまり明日（九月一日）までの約定相切れ代につき至急を要し候故にして先般も申上候通り誠に〳〵（ママ）正清君へきびしく御談判に及び他ハ此際御気の毒の致りなれども借金許ハ当地ノ有名なる銀行の亭主と新教の牧師よりにつき実際の都合誠に宜しからず毎々の事に先て此上紛雑ありてハ日本人の名誉にもかゝハる次第につき此件のみハ是非ともラチを明けねば以后の裁判力相つき申さゞれば御面倒なから此書状次第早速右残余と共に借金千二百マーク御送付のご都合に願度候

英国にての御模様ハ[1]毎々の御通信にて詳細承知仕候、御利益を場（カ）より獲られし御事と察申候、坪井君ハ[2]不日御来堡の由、帰路ニ御返事の由なれハ其節貴模様も承知相出来申すべし、右楽仕候

何時維納府へ御出発にや、正清君も御同導の由御勉学の爲好都合なるべし

正清君へ謙君より委細の書状有之可く候間、同君へよろ

しく

（明治二十四年）八月三十一日

収叔へ　　鉒二より

○封筒ナシ（本文ペン書き）本書簡は注(1)より明治二十四年。

〔注〕

(1) 明治二十四年の英国ロンドン第七回万国衛生会にドイツより北里柴三郎、佐々木政吉、宇野朗、岡田和一郎、後藤新平、坪井次郎、柴田耕一、土屋寛之らとともに収二郎も参加している（鈴木要吾氏）。

(2) 坪井次郎は、東京大学医学部明治十八年（一八八五）卒業（衛生）。明治二十三年九月十四日官費ドイツ留学に出発（鈴木要吾氏）、ミュンヘン大学でコッホの結核治療法を学ぶ。明治二十七年ハンガリーのブタペスト第八回衛生会議に参加、二十七年十二月帰国。三十三年創立の京都帝国大学医科大学教授（衛生学講座担当、兼学長）。三十六年（一九〇三）四十二歳没（富田仁氏）。

㊽ 鉒二郎、収二郎あて（〔明治二十四年〕九月一日）

貴翰只今拝披仕候、昨日金八百マークの受取証ハ確に差出申置候、又昨日正午電報は突然の義にて嘸かし御驚慌の（御）お事ならんと察申候得共、前便にも申上候通り銀行及ケルロイテル氏(1)よりの借金一件期限ハ九月一日迄との事に付今迄度々延期を申出たれば此上ハ如何とも致し方無からんと存じ居たる處、我々共の分は受取りしも未た正清君の分ハ到着せされバ傍より彼件に及びたる者に御座候、情状御察被下度候、借金額を千二百マークと書状にも及電報にも認め差出し候ハ実際間違にて電報を打たる後考へ直候に、千二百マークハ多額にして正清君の両家よりの借財ハ千一百マークにて其中我々共両人より二百六十マーク借用の分と相成居候得バ実際ハ八百四十マークなりし也、其上に前々より他店の事など思い居りし爲遂に少々多額の請求を致したるハ誠に申訳無し怪み給ひしは御尤もの次第に御座候、ツイテハ残金之百六十マークなり、これを如何せんと思慮致候たる處、今朝電報爲換到着該金受取候間、不取敢銀行に千一百マーク御拂ひ猶ほ裁判所よりエナ書肆訴訟事件の請求金七マーク八十九文をも引去りたれバ、残金九十二マーク十一文となれり、之を両人に分配したり、是故に我々両名より正清君へ各百七十六マーク五十文の借金と相成申候間、右様御承諾被遊度候、御中越の件々確に承知仕候、正清君及収叔の爲め千幾百マーク御取納の義御尤に御座候、何卒私困難の境に達する迄ハ御化（ママ）用被遊候ても困しからず候、

猶詳細の報導ハ后刻申上候間、御心配被遊間敷願上候

3200
840
2360

1200
341
859

○封筒ナシ（本文ペン書き）本書簡は㊼書簡より明治二十四年九月一日。

（1）銀行名およびケルロイテル氏については不詳。

㊺ 銈二郎、収二郎あて（〔明治二十四年九月〕ごろか）

目ッ切りと御寒なりやしてハー御機嫌さまハ如何さまで御座むす、わッチも親方スコンッパッチ風を引いてちまゐヤシテ鼻水たらして呻吟して居りやしたか今日は少しエ合式がメリカヘシて来た用でげス、ドーモ当地では風からいやな病気が飛込んで来まステーからマー精々要心しテーと思ッているのでげすヨ、無佐太スマネー事よトント御無沙汰にナッチマやーしてネー御詫の仕様さへ御座ゐませんのよ、此間のかん定書は御わかりに成りやしたか、多分あれで確だろふと考へます、正さん（1）からも御手紙がメーリやして少し違ひは無いかと御たづねで御座いやしたから早速返事を無断出して置きおした、どふか親方よく御談合ゐなスッテ下セーヤシ

今日御相談致しテーと云ふのは外でもゲーセンが、わッチも親方聞ゐてヲクンネー

今度の学期から御医者様の筍分に成るについては内外科病の専門の本も入用にナッテソーリやすが、どふでショー此等の書籍を一々購入してイッタ者でゲショーか、わッチの考へでは親方なり、正の兄分なり専門の本は愚か醫者の学科の教授書テー奴は太抵《ママ》一通り御所持の事と考へます、其れに后来は病院の書籍室にあつめらるゝと云ふ御考へも御座ゐヤーシタが、又同じ者をわッチが買ひ込ぬ《ママ》も無益な義と存しますが如何様か、勿論今かわずても帰朝の節にでもゴク新版の奴を集めて居ッた方が却て宜しカーネーかと考へヤーシタガネー、どふで御座ゐヤショー、そふすれバ御両方さまか御内に同じ本が二部ある者にどふか一部だけわッチに下し置かるゝやふに願は《ママ》ふげす、勿論一部しか無ゐ者ハ御帰りにナッテからも御入用でゲショーから其分は買込むことと致しやしやふ、其外入用で無からふと御考の者は御残置下され、メスメーか御相談申しヤス

日高（2）の文学兄イーハモウ御帰館の事と存する、御あゐナスッタラわッチから宜しくッてなモ、法堡（3）へ御出の節は

雨天で何の御愛想も無く失礼致しヤーシタととふか御傳へナスッて下セーヤシ

話あトーへもどり。そーして書籍は今度内外科の教授書としてストリュンペン氏[4]著とチルマン氏[5]著の分を求める積りです、外にコンペジュム[6]も如何な本がよろしきや御教へナスッテ、此等ハ御所持の人アラバ有難ゐーと思って居りやス。外に御願ひが御座リヤスが、当地で羅典名で病名なり薬法なりすベテ学んで行キヤシテ日本名が分らぬヤヨー《ママ》ではこまるとかんがへますかドーデしやふ、西洋書の外に訳書も読みたゐと思ひヤスガ、訳書には間違いが多ゐにハ相違ありマスメーが、一寸意味のわからぬ處、また暗記な分の節は至極ちや寶の様に心得ますデスから、御帰りにナリヤした上で此本はよからふと思ひナサッタ一通の学科の譯本を御送りにナリタイと云ふ御願いデス、是れハ正兄にも話したことが有りヤスから御相談をねゲーヤス

子分仕事職

背高の鮭次より

頭取 痩腕(注曰コレハ失礼)収次親分

例の寐言一ッ二ッ出来上りたれバ（晦日）只見ても苦労でならぬ、かけ鳥の足に暇なき我門邊哉（藤野純君[7]にとて）はげあたま江んの下なら九太夫が屋根の裏なら正太夫かも（馬越[8]の君にとて）四かくくて礼儀正しき面相に如何に御鼻はアグラせずかく。西洋の下女が夜漕ぐバッテーラ。燈の油断から出る火事騒。うまぜりの影にすだける轡虫《クツワ》。

○封筒ナシ（本文ペン書き）

〔注〕

（1）正清のことであろう。

（2）日高真実《まさみ》（元治元〜明治二七、一八六四—一八九四）。日向国高鍋藩日高誠実の長男、明治十九年帝国大学文科大学哲学科卒業。明治二十一年（一八八八）文部省派遣留学生としてベルリン大学へ赴き、教育学専攻、二十五年二月帰国。東京高師教授兼文科大学教授。肺結核で死去（富田仁氏）。

（3）フライブルク。

（4）Adolf Strümpell（一八五三年生まれ）か。"Lehrbuch der speziellen Pathologie and therapie" 2Bbde., Leipzig 1884がある。（I. Fischer, Biographisches Loxikon der hervorragenden Aerzte der letzten fünfzig Jahre P.1529〜1550）

（5）Otts Tilman（一八六二年生まれ）か。外科医（ebd. P. 1571）

（6）Kompendium 便覧・摘要の意味で、レキシコン風のハンドブックのこと。

（7）藤野純君は不詳。東大医学部卒氏名録には出ない。明治

二十三年八月当時、ヴュルツブルク大学に藤野正太郎が留学している（鈴木要吾氏）。

（8）馬越は右の藤野正太郎、長与称吉らと共に同じころヴュルツブルク大学留学中の馬越篤太郎（鈴木要吾氏）。無番Ⓖ注（2）参照。

㊾ 銈二郎、収二郎あて（明治二十四年十月末ごろ）

先日細々との御書状に接し有難存奉候、陳ば寒気日々に相増し朝夕衣の薄きを感じ申候
伯林にてハ殊更に寒気嚴敷事と存じ候、当地にてハ未た降雪無之、水なども凍る程にハ至らず、気候は他府に比して餘程暖和なる模様に御座候、幸ひに小生風邪も平癒仕り候、ご安心被下度、しかし此冬ハ餘程注意致申可く候、貴叔に於ても何卒御帰朝[1]の日も近きに在れば精々御自愛被下度祈上候、日本地震景況[2]は英国タイムス新聞に記載有之候分最詳細にて、近報によれハ大阪表にハ左のみの災害も無之の趣ナレドモ家屋の破壊等も有りたりとの事なれバ建築粗漏なる病院家屋ハ如何ナリシヤ心痛の至りに御座候、名古屋、岐阜の死傷五、六万とハチト多きに過ぐる様也、多分四千の死人、五千の負傷者ナラントノ事ナリ、いづれにしても日本近来の天災多きは傷痛に堪えざる事ともなり
御帰朝の件につき正清君旅費不到着にて御困却の御事とぞんじ申候、其理由に於てハ貴意の如く一同合点参らず、何故に両人同行を拒バるや不思議と云ふと悪上ナラズヤ、然れども大頭[3]に於て金子ヲ送らヌト云フ厭制手段にあゐてハこわ何とも致し方無く御独身にて御帰朝の義至当には御座候へども、既に正清君も其準備整ひ万端金融も無都合にナリ居りてハ今さら不都合千万と申すの外無し、つゐてハ生等よりハ何卒よろしき所存も無之候得共是非金子相つき候へバ（或は逆爲替等[4]にて）一刻も早く御帰朝の義然るべくと存候、それも出来る事むつかしとありてハ最早一刻の猶豫もむつかしあるべければ跡のことハ天に委せ、例の以太利令嬢[5]を引つれ断然御出立の義然るべくと存候、さナクテハいくら大議論の御決心にて御帰朝アリテモ又もや家族の紛レを引起してハ何事も相成らす、其上にも令嬢の一件等ハ大頭の議論の種にナルベケレバ精々其辺ハ御鑒考の義然るべくと存申候、一日にても延せバ延る程金子も無益に相かゝり申すべく、便船有之候へバ御出立の義然るべくやと存候、正清君云々に至候てハまことに残念ナガラ其命令に従ひ、後金到着の上

の事に至(致)してハ如何にや、何分にも世事の風路難には閉口仕候、御胸中の程察入奉、
正清君の借金ハ十二月中旬までフライブルクの分ハ延引致させ候につき、左様御承知を願置候、多分其ころ程には金子到着致候べくと存じ候、
書籍目録詳細の御報号に預り鳴謝仕候、書籍購求も御説の通り注意に注意を加へ購求申可く候、序に伺申候が大部の書籍及参考本の病院に貯留致置かル分ハこれ病院より持出さる者ナルヤ否、器械も仝様? 伯林医事週報一先私方に御送被下候へバ幸甚に御座候、
此学期ハ非常に多忙にて毎日朝八時ヨリ晩六時或ハ七時半まで外出致仕候、内科ハBaümler氏[6]にて有名の精密家ナレバ外国人にハ都合非常によろし、外科はKaske[7]の持ナリシ處、都合ニより助教授の受持にナリタルニヨリ講義に不了解の處多ク閉口致居候、それも教科書ニヨリ大勉強致度候、解剖は比較及局所の講義に臨席しなほ実地演習致居候、生理ハ筋肉神經扁(編)ナリ
謙君[8]より正清君に傳言アリ曰ク正君ノ論文ヲ婦人科ノ助手ウーター氏に一部御送付アリタシト、氏ハ切に君の論文を手にせんことを欲しヲリタリ
小生より正清君に申したき義アリ、曰ク先日例のライザー氏[9]に出遇い君の本のことを問合せたるに彼れ曰く不日僕が伯林に行くから其節直々に僕より正君ニ返却スルトノ事也

先ハ御返事まで例の乱筆乞御高免

鉎二郎

収君へ

天長節[10]の井上氏[11]宅祝宴景況如何、当地にてハ五名立寄りホテルにて御慶の御馳走ヲ張込ミタリ

例の寐言二三首

題しらず

高き穂のぼりて来れバ
くらし立ッ民の手許ハ薄らぎにけり

文覚上人

袈裟までも殺して見ればにくゝなり

七福神

ビール屋の看板寿比(恵)須ニガイ顔
大黒ヲネズから引ゐて楽和尚
脛かしる息よ其上意見喰ね
精を出す人ハ仕事に身をバ入れ
牽強《こじつけ》の説を府会で吐く議員

正君依頼の東京医学会雑誌及佳人奇遇本屋ヨリ送ラセタリ、スでに取ラレシヤ如何

○封筒ナシ（本文ペン書き）

（1）収二郎・正清の帰国は明治二十五年（一八九二）一月三

十日（鈴木要吾氏）であるが、帰国のための出発時期、出発港（マルセイユと思われるが）の便船などについては詳かでない。
(2) 明治二十四年（一八九一）十月二十八日の濃尾大地震をさす。
(3)「大頭」は惟準をさすと考えられる。
(4) 並爲替（送金爲替）の対語で、債務者からの送金によらず、債権者が債務者あてに手形を振り出して取り立てる方式。
(5) 惟直の遺子のこと。前出の㊺㊼書簡など参照。
(6)(7) 銈二郎は、当時のフライブルク医科大学の顔ぶれにも大物が揃っていて、内科のボイムラー、外科のクラスクをはじめ、産婦人科のヘガール、病理解剖学のチーグレル、解剖学のウキデルスハイムなど錚々たる陣容だったと記している（銈二郎『七十年の生涯を顧みて』二六頁）。
(8) 堀内謙吉。当時銈二郎と同じくフライブルク大学にいたことがわかる。ウーター氏は同大学婦人科助手であろう。
(9) ライザー氏は不明。ライザー氏の言により、このころ正清がすでに収二郎とともに帰国すべくベルリンにいたことがわかる。
(10) 当時天長節は九月二十二日。
(11) 井上哲次郎は、明治十七年（一八八四）二月官命でドイツに留学、同二十年留学期間満了後も、ベルリン大学に付属東洋語学校が開設されたため、三年間招かれて講師となる。二十三年六月留学を終えて帰国するから（富田仁氏）、明治二十二年の天長節の祝宴を哲次郎がベルリンで開いておれば、収二郎（明治二十二年四月出発）は参加していたとも考えられる。しかし、本文が明治二十四年の天長節の景況如何を問うたものであれば、「井上氏」は哲次郎にあらず、目下不明。

㊿ 銈次郎、収二郎あて（明治二十四年十一月）ごろ

飛書を投じてより一週返牘来らず一日千秋の思をなし居候處、突然正清君及拙者へ端書を恵まれ告ぐるに悪寒発熱喀痰咳嗽云々の疾病に罹られ未た病蓐に臥せらるゝは生等の驚愕知るべきなり、正君は早くも察して是は肺病の徴候なれバ大変か起りたりと一時愴惶茫然良久《ヤヤ》焉、而して再報に接し始めて其気管枝過多児にわたらせし様聞知し稍安慮仕候、而して貴君の長々しき文辞を書記されし跡を見て幾分か御快方に趣かれしならんと一先大安心に及び申候、一時ハ大配慮仕候、御察可被下候、偖維納

也[1]府にも数日間にて引拂ひ伯林府へ御出発の由是も善しからん、一度病気に罹らせ候てハ又々つね〳〵再発致候可く、然ありてはいくら長く留学せらるゝとも身体に害こそあれ益は微塵も御座なくと断言仕候の事、一應御鑒察御届候に於てハ一日も早く御帰朝の義願ハしき次第に御座候、拙者父[2]よりも毎々申送越候にハ貴君の御帰朝早からんを望む有様に御座候に付、旁々双方安心の爲には金員到着次第御引上の段好ましき義に有之候、正清君は非常の勉強にて試業万調に従事致され罷候、謙君も同断、松本君[3]、森君[4]とも中々機嫌よろしく、伊東氏[5]は未た田舎より帰府せす、田原氏[6]は多分二十日頃にハ旅行より帰来るならん

偖御病中を御厭無く長々右の御返事に預り、御親切の程感涙に堪え不申、早速拝披仕候上猶御熟考仕候処、一々無益有害の点を御摘発被下誠に難有感謝奉候、ツイテハ先日彼件につき国許へ一寸其段相談につかわし置候に付、今日貴翰をも日本へ差遣申度候、御貴考の如く三ヶ条の点には尤至極の義にて熟考仕可き問題に有之候、而して私意見にてハ少々意の異なりし点無きにしても有らずにつき一寸御再考を煩し度左にしたゝめ申候

　第一　御貴考にてハ該家族の如き煩雑せる間に羸弱なる妻を投ずるハ壽《つね》女[7]に於て賢澆なる性質に有らざる限り是に堪ゆる能ハずと云ふに在るべし、然り其れに相違有（無カ）し、さりながら先ヅ壽女ハ第二段に置き、若し爲に謙君帰朝の后に於て意に適せる者を他人の中より撰択せんとするか、而して此婦人ハ非常に賢明なる人物にて善く両母公に奉仕して順旦孝なるを得る性質ありとせんか、萬が一にも多人数の中より此好人物を得れバ是に勝る幸福ハ無かるべし、されども不幸にして完全ならざるの秋に於てハ一方ハ之を愛するも他方ハ之を嫌ふの情の起るハ理の当然なるべし、旦ツヤに日本の形勢に於て未た自由結婚の制盛んならざれハ謙君に於て自身其扶助人を撰擇せん事ハ到底むつかしき事にして、九重母公にもあれ他母公にもあれ、其双方いづれかの意に適したる妻女を同君に持来せるの暁に於てハ同君の情として決して一方を否み一方を取らんとするの勇気を発する事能ハず、若し又忍んで其一方に偏して以て一家を整えんと心するにも是れ決して其団欒（カ）を保持す可き得策に非ず、必らずや一方生ずる大碍害の爲めに不幸なり、破裂を招かんや必せり、夫れ如斯此際に当ッテ賢明なる人物同君に於て何か有らん順孝の性質亦何の益ある者ぞ、轉じて双方の意見を察し家族の関系（ママ）を観するに此点に於てハ勿論壽女を娶り度有様に

似たり、九重《(母)》公ハ言を要せざるべし、幸江母公ハ常じ自から拙者及び謙君に対して其好縁ならん事を吐露したる事あり、是れ何によりの幸福に非ずや、双方の大隊長たる人物に於て従来ハともかく現在に於て是を希望、否切望せられ居る以上は是れ無論の好縁と云ッ可し、是に於てか亦賢明なるを要せず、羸弱なるに心配無し、唯両方の関系《ママ》を熟知し且ッ温和順柔なる人物こそ望ましき限なるなれ、

旦御説あり、貴考に曰く、家族を整立せんには温和よりも寧ろ賢溌を要すと、然れども此際余をして言ひしめバ寧ろ賢溌よりも温和を尊しとなす、何んぞや両母公ハ是れ共に温和的の人物なり、而して之に通せんとするにあまり、ハキ〳〵したる当世風の学者気取の人物にてハ能ハず

宜しく壽女の如き一通り学問あり、且ッ温和にして心配をする方がかへッて宜しからんと考ふ、是れも現時の話にて此后の教育如何によッてハ謙君帰朝迄にハ何のぐらゐ性質の変化あるやもしれざる事故、此義ハ断言致兼候、又兄弟の関系と云へたれど《ママ》御と江嬢及男児連ハいづれも謙君に対して眞兄弟の如し、決して此件ありたりとて変動を起す可き筈ハ無かるべし

第二　性質につきての御意見にハ少々不賛成に御座候、夫活溌に過ぐれバ婦ハ温柔なるべし、婦活溌なれバ夫ハ柔和たるべしとハ、理論陰陽の法則上より推し候の御議論なるべけれど是ハあまり理論に過ぎたるやに覚ゆ、拙者年少ニ未た経験を歴ず世事の困楽を嘗めざれバ其際に於ける工《(具)》合ハ毫末も実知せざるも小説本により新聞によるもあまり活溌は柔和なる夫婦間の修りのつきたる例を見ず、夫活溌なれバ婦を厭制す、婦活溌にして亭主尻にしかる、こは拙者と雖も実見したる事さへ二三の例あり、而して壽女も謙君の性質に於て相似たりと云ふも、いづれも不活溌にて役に立たず、温和過て仕方無しか云ふならバ言語道断の噺なれど、双方とも通例の人物ハたゞ謙遜的、辞譲風の点の相似たるが如く見ゆるあるのみ、普通の性質を相合して以て化合体を形造る能ハずとせバ極端の分子の化合の悪ろか相衝突以て破砕する患ハあらざるへきか、

第三之宗教上につきてハ謙君の説によるに仝宗教の婦人を娶り度き様なれバ、つね女に非ざるも他人にても宗教一同臭味の人物に外ならざる訳なれバ此義ハ如何になりても同じ訳なり

第四　親族の結婚の非理なるも万承知の上の噺にて

嫌で〳〵他の都合よき点より此点ハ第二に置きたる
者なり、若し其説の実際親族結婚の非理なる者あれ
バ何とも申す説ハ御座無く候
右愚考迄申上候、此外氏の性質につき如何御意見も有之
可く、小生の意見も不尠候に付、承り候へバ今一度フラ
イブルクへ来臨の由なれバ、其の節いろ〳〵くわしき事
御相談申上度待居候、
頓首

緒方銈次郎

収二郎大人

なほ〳〵貴台の御自愛の上一日も早く御全快の明を
待上候、乱筆乞御高免
村田氏(8)寄贈国民小説(9)大変をそなハリ(10)失敬致しました、
此外二冊の新作十二番ハ入沢氏本(11)故御視終の上ハ御
返却を乞ふ

○封筒ナシ（本文ペン書き）

〔注〕

（1）ウイーン。

（2）緒方惟準。

（3）松本鵬（斎）。明治二十一年（一八八八）四月八日、私費ドイツ留学、明治二十三年八月ベルリン第十回万国医学会当時ミュンヘン大学留学、同二十六年三月三十一日帰国（鈴木要吾氏）。のち陸軍三等軍医正八位にて同年十月二十日没（「明治過去帳」）。後出(90)書簡参照。

（4）森正道。明治十九年（一八八六）帝国大学医学部別科卒、三重県三重郡羽津村出身、自宅開業（「東大医学部卒氏名録」）。明治二十年十一月、私費ドイツ留学、二十三年八月ベルリン第十回万国医学会当時フライブルグ大学留学（銈二郎、正清、謙吉も同じ）、二十五年十月帰国（鈴木要吾氏、『海外渡航者總覧』）。

（5）伊東精一郎（伊東玄朴の後裔）。明治二十年（一八八七）五月二十八日、私費ドイツ留学、二十三年八月ベルリン第十回万国医学会当時フライブルグ大学に留学。三十一年四月十六日帰国、三十三年赤十字社病院婦人科勤務など（『伊東玄朴伝』）。

（6）田原良純（よしずみ）。明治十四年（一八八一）帝国大学医学部卒（製薬士）、佐賀県出身（「東大医学部卒氏名録」）。明治二十三年（一八九〇）四月内務省よりドイツに派遣、二十六年六月十五日帰国（鈴木要吾氏）。東大医学部教授（製薬学）、東京衛生試験所長。

（7）前回の⑮書簡注(3)、⑰書簡注(1)参照。

（8）「村田氏」は後出(52)書簡注(12)参照。

（9）「国民小説」は、民友社より明治二十三年～二十九年に八冊発行されている。

（10）「をそなハリ」は「遅なれり」。遅くなるの意。

（11）「入沢氏本」は、後出(52)書簡注(10)の入沢達吉の所蔵本

のことか。

㊿ 銈二郎、収二郎あて（〔明治二十四年十一月〕ごろ）

別紙を以て殊に御相談仕度き次第有之候、一体此件は一大事件にて軽々に取極る可き者に御座なく、人間の大礼の存する處に御座候間、御叔父に於ても篤と御一考を願度旦ッ御熟考の上は御返詞に預度候、偖而餘の義に御座無く候へどもツネ女縁談の義につき今回又々母より申越候には御前様の御考へ（私事）ハ養子ハイヤとの事なり、其れも一応尤もの事なから婚入と云ふては中々の物入りにて又折角方附きたる上にても面白からざる影も往々ニあり勝ちの事故、これハ中々ノ考への物に御座候云々（別封母よりの書状御覧被遊度候へども其意のある處は第一に物入りの多きに心配し居る事、第二に病院に附属の人物を婚りたき事の二点に外ならざるべしと存じ候、就而ハ私独りにて何分かれこれ申候ても遠方にては其甲斐も御座無く候につき、是非御叔父様の御考へに任せ度、御帰朝の節にハよろしく御依頼申上度、兼テより存居候處、昨夕晩食后謙君宅へ両人のみ打集りドクトル試業の事を首めとし学問上及家族上の関系などいろ〳〵互の考へを吐露致候末、私共帰朝后の居様など想考致候様に相成、時の費ゆるを知らざり、后にハ苦楽を分ち未来の細君の事などに移り候處（と申すハ如何にも年少書生の身として考ゆ間敷大人気たる噺なりと御叱りもあらんかなれど）私つら〳〵考へし中、風度《ふとカ》善き考へにもやと胸に浮び候はツネ女を謙吉君に嫁がすハ家族の関系上。更互の性質上。宗教の同主義上より推して断然最良の好き縁と認め候につき、右の義其度に同君に申明し候處、同君も追辞致され候へども猶其理由を次の如く説明し、同君にも左あれバ非常の幸福なる家族を形造られん生の望足れりとの御返答なりにつき、私に於ても大に喜悦を覚え此義ハ至極良法と独定候、然しながら此事たる軽事にハ無之候に付、未だ他に縁談無きを幸ひ早速九重叔母迄私より通知致、其同意を獲度熱望罷在候、何卒右の次第に成《カ》て候、一先ヅ愚考を左に陳述し貴下の御高論を拝聴仕度候

（一）家族上の関系。（イ）謙君ハ嘗テ堀内家ト緒方家ノ中間ニ漂エル人物ナリ、其母公ニ於ケル関系ノ煩繁ナル一朝ノ談ニ非ズ、而シテ時ニハ君ニ取テリ非常ナル困難ヲ感ゼラレシ事ハ謙君ノ直話ニヨルモ賤生ノ知て尠ナカラザル者トス、而シテ謙君ハ曰ヘリ、僕ハ帰朝ノ后一家ヲ

成スヲ得ルノ秋ニハ僕ニ九重母公ヲ養フノ義務アリ、今日マデノ長日月ヲ緒方家ニ費サシムルノサヘ実ニ傷マシク旦ツ気ノ毒ニ思ヒヲルニ況シテヤ一家ヲ成ス得レバ必ラズ其義務ノ大ナル実ニ口《（難カ）》苦ノ如キ者ナリ、一方ニ於テ此一大義務ヲ有ス顧シテ他方ヲ見ルニ継母公ハ足ヲ踋《（伸ノ誤カ）》テ僕ノ帰朝ヲ待ツ、以テ老后ノ快楽ヲ別タレン事ヲ欲スル者トス、嗚呼是亦一個ノ負担者、実ニ是レ前者ニ劣ラザルノ重大義務ヲ我身ニ有セル者ナリ、サレバ此両極ヲシテ一堂ニ打聚メテ以テ其老后ヲ養ハザル可カラザル歟、否々積消両極嘗テ其親和力ヲ逞ウ勝フザルハ今日ニ到ルノ経験ニ於テ発見スル能ハザリシ事実ナリ、然リ是分離生活ノ已ムヲ得ザル所以ナラン、然ラバ僕ノ両母公ニ有スル義務ハ実ニ余人ノ負担シ能ハザル処、否僕自身モヤヽモスレバ他に之ヲ扶助救済スルノ人物即チ苦楽ヲ分チ苦困ヲ其ニスルノ賢明ナル、旦ツ此関系ヲ熟知セル都合ヨキ妻君無クンバ到底負担スルニ堪エザル事実ナリ云々、賤生君ニ交ル膝膠ノ如シ、能ク君ノ心胸ヲ察ス、而シテ其説ク所ノ妻女云々ニ到ツチハ大ニ生ト其意を同フス、即チ曰ク君ノ所謂最愛ナル。苦楽ヲ分ツニ足ル。旦ツ家族ノ関系ヲ知ルニ人物ニハ是レ僕ノ妹ツネ女ヲ摘出セル者ニ非ズシテ何レゾヤ、加之君能ク彼女ノ心事ヲ知リ、彼女亦君ノ人トナリヲ察セリ、旦ツ彼女ト九重母トニ於ケル関系ハ幼時ヨリ今日ニ至ル迄互ニ相密着シテ恰モ母子ノ情アルニ似タリ、九重母公モ亦能ク君ト彼女トノ好縁ナラン事ヲ僕ニモラシタル事アリキ、是レ旁々好都合ナラン、旦ツ母公ノ関系ノミナラズ、是レ遠隔セントシツヽアル堀内、緒方ノ両家ヲ相結合スル結神ノ妙策タルニ相違ナシ云々、是レ家族上ノ第一点ナリ　（ロ）父母公ハ近着ノ書面ニヨルモ其婚入ハ経剤《ママ》的ナラン事ヲ欲スルヲ主トスル者ニ似タリ、旦ツ養子タル名称ニモアラズ、婚入タル記號ヲモ有セシメズ、只漠然トシテ其都合ヨキ縁談ヲ推サントス、然レドモ僕ノ考ヘヲ以テ之ヲ見ルニ是レ木ニ縁テ魚ヲ求ムルヨリモ困難ナル事業ナリ、サレバ此二点ニツイテ最モ単簡ナル掌ヲ反スヨリモ容易ナル縁談ハ謙君トノ一件ナリ、第一経剤的ナラン事ヲ欲スルナラバ如何ホド経剤ニシテモヨロシ、別ニ見エヲ張ルニ及バス、第二謙君ニ婚ク以上ハ是レ親族中ユエ養子タルニモ非ラズ、婚入タルの様アルニモ非ザル訳ナレバ、此点ニハ至極考ヘヲ要セズ、第三母ハ心配セリ、同女ハ羸弱ニシテ温和ニ過ク、他家ニ趣キ其舅姑ニ対スル困難知ルベシ、故ニナルベキハ此曖昧法ヲ施行セント云フモ心配セリ、最モナル心配ナルベシ、然シ謙君トノ関系ニ於テハ決シテ其点ニ心配スル事、針ノ穴程モ無カルベシ、是レ一大得点ナラズヤ、第四父公ハ病院ニ従事スル人物ヲ求ムルニ似タリ、然ルニ謙君ハ誓ツテ帰朝后ハ成《レ》事ハ緒方病院ニ従事セント云ヘリ、是レ非常ナル幸福ナラズヤ、父公ノ心配モ是ニ到ツテハ無益ト哉云ベシ

(一)交互ノ性質上　生ニ許スニ両個ノ性質ニツキテ評判記ヲ編スルヲ以テレ(ス)バ生ハ公平ナル評判否判決ヲ下シテ曰ハン、コレ眞ニ所謂高砂の目出度祝わむ千代までもの句ヲ以テ足レリトス、他言ヲ用ヒズ只ダ似タリヤ似タリ瓜二ツ其温和ナルヤ似タリ、其勉学ノ風似タリ其語辞能ク似タリ、所謂是レ天然ノ好縁タリ配遇《ママ》タリト云フニ憚ラザルヘシ

(二)宗教上ノ関系　御存ノ如ク謙君ハ基督教ニ入レリ、然シテ九重母公モ然リ、ツネ女モ然リ、而シテ我輩母公モ基督教ヲ奉ズ、其中間ニ立ツテ只今此配偶ノ労ヲ取ラント奔走セントスル者モ亦同臭ノ一人ナリトス、謙君常ニ任ジテ一家ヲ成スニ於テ平和来サントスルニハ其總族ノ平和ナル福音ヲ耳ニスル者ニ勝ル無シト、況ンヤ其母公及妻女ニシテ温和的ノ天国ヲ造ラント企ルアル家族ニ於テ即チ此配偶ヨリ出来ル家族ニ於テイカデ謙君ノ素志ヲ遂ゲサル事ノアルベキ平和ノ團隊ヲ組立ツル事ハナゾ得ラレザランヤ

時ニ夜三更鐘声第二ヲ報ズ、文体錯乱前後転倒御判読ヲ乞フ

次ニ慮外ヲ顧ミズ猶叔父ノ御考慮ヲ煩ハシタキ件有之候、昨夕謙君ノ談起ルヤ賤生ニ於テ其后考ヘ無キニモアラズ即チ爲ニ小生后来ノ扶助人ニツキ愚考ヲ吐露シテ御貴答ヲ待ツ

賤生ハ相成るべくハ箕作麟祥氏次女御みさ孃と婚姻を希望す

恥かしながら其履歴より吐露致候、同孃と賤生東京駿河台に在るの時より其交を共にし、互に其心事を知中居候、爾后大阪に来り、猶再度上京シテ其交の得タル事猶敢親密ナリキ、故を以て其性質其学才等ニツキ存知タル者尠カラス、而大に望ヲ后来ニ属セシモ其后ハ大阪ニ在テカヽル事ニハ関系セザリシヨリ今日マデ口ニ致し候事ハ御座なかりしも今夕筆すべりてかわ《ママ》なん、申述たきも筆動かざれハ万々御察をこふ、其要点を挙れバ

(一)同孃は生ノ性質ヲ知り生モ同孃ノ性質ヲ熟知セル事

(二)母公及九重公一二度此件ニツキ生ニ談りし事アリシ事

(三)同孃ハ母公ヲ失ヒ不幸ノ人物ナレバ緒方家トノ縁ノ薄ラザル爲メニ此関系ヲ生ゼシムルハ利益ニハアラザルヤトノ事

然し此ハ戯談にハ是れなく眞面目の判断に御座候、今日

に至り謙君との関系及ビ前述の次第を述へとする者ハ両嬢とも妙齢の處女大嫁の期近ツカントスルヨリシテ此述懐に及びたる者に御座候、何卒御笑捨の事なく御貴答の義頼上候

鉒二郎より

収様

二白ツネ女写眞近着につき御覧に入れ候、御覧の上ハ一先づ御返却を乞ふ

○封筒ナシ（本文ペン書き）

52 鉒次郎、収二郎あて（明治二十四年十月(?)中旬）ごろ）

邊佐智屋府[1]の停車場に惜しき袖を別ち候ひしは早や二週の前日に御座候、此后叔父には愈御精壮御勉学の由安堵仕候、降而賤生義該日四時出発急行列車にて翌日十時半帰塞[2]罷在、爾后不相変強胃剛腸ドシ／＼大飯食ひにて壮んに日子を費し居、御安慮を乞ふ、正公謙公も亦壮んなりと云ツべし矣、松本大盡[3]坪井国手[4]と共に我等不在中に来塞し、再び共に伴いて須黨良寿塞[5]に趣きたる由にて待つ事二三日鵬公[6]悠然として帰り来る、公の態度昔日の朋友に異ならず、之に接するに是亦一個の豪傑決して之を遠けんとするの類に非ず、乞ふ安心あれ、（此紙片を御焼捨を乞ふ）田原氏は狐崎[7]工学士[8]と伴ふて旅行の途に就けり、二週の后には帰府されん○次学期にハ此府に今1人の日本壮士を増すと云ふ、聞く所よれバ過日米国に遊びし吉田某[9]と称す、是一個温和的の君夫子とかや、此般の人物亦黨するに価あらん。須黨良寿の大隊長入澤医学士[10]数日前来遊、伊国旅行につき其準備及風態を知らんが爲め也、昨日午后去る」匹田学士[11]急報を飛して帰朝の途に就くと、其迅速亦驚く可き矣。貴公席を易へて坐未だ暖ならざるに依頼せし親友に訣るか不幸に遭ふ、此悲や察す可し焉。維也納府の景況如何、乞ふ筆労惜しまるゝ勿れ』村田医学士[12]より新著百種第一號色懺悔及国民小説を贈り来る（貴叔へ向け）、賤生拝誦したき物あれバ何卒今后二三日の御猶豫を乞ふ、読終れバ早速郵送仕候、二白健君一件につき猶御注意致置度ハ故堀内御老母及御母公共も生前且つ只今にても此良縁を求められ候様、同君より直話され候につき、此義申上置候、猶ホ年齢につきては同君爾后五年間海外に留らるとするもツネ女ハ二十歳をよふよう越すか越さぬ位の年齢にて、其れまで可憐ながら待合いさせるも左程遅るゝと云ふには非ざるへく且つ学費及び経験についても其れまでには充分熟練致候義とそんじ候に付、此義につきての御心配ハ御無用か

と存候

鉒次郎

収次郎叔

三白全体親族同士の婚礼ハ面白からざるやの御説も出申候わんかなれども、当今ノ處にてハ過半他家ノ如キ関系ニツキ此義も心頭ニ懸ルニハ足ラザル義ト存ゼサ《ママ》レ候

○封筒ナシ（本文ペン書き）

〔注〕

（1）ベネチア府。収二郎・鉒次郎・正清・謙吉の秋期休暇中のイタリア旅行。しかし、後出66⃝の長与称吉の葉書より時期に疑問がある。前出91⃝書簡注（1）参照。

（2）フライブルクに帰着。

（3）（6）松本鵬（斎）。前出㊿書簡の注（3）参照。

（4）坪井次郎。東京出身、明治十八年（一八八五）東京大学医学部卒。衛生学教室勤務、明治三十六年七月十三日京都で死去（『東大医学部卒氏名録』）。明治二十三年（一八九〇）九月十四日ドイツに留学、ミュンヘン大学でコッホの結核治療法を学ぶ。二十四年のロンドン第七回万国衛生会、二十七年のブダペスト第八回万国衛生会などに出席、二十七年十二月三十日帰国、三十三年創立の京都帝国大学医科大学教授（衛生学講座）兼学長（鈴木要吾氏、富田仁氏）。

（5）ストラスブルク。

（7）前出㊿書簡注（6）参照。

（8）狐崎工学士は狐崎富教、岩手県出身。明治十三年工部大学校鉱山学科卒業（「東京帝国大学卒業生氏名録」）。

（9）内務省勧業寮農業生出身の吉田健作か。吉田は紡績機械購入、職工雇入れの目的で一八七八〜一八八〇年、一八八四〜一八八五年、一八八七〜一八八九年海外に渡航。フランス、イギリス、ドイツ、ベルギーに赴いている（富田仁氏）。

（10）入沢達吉。入沢は明治二十二年（一八八九）帝国大学医学部卒。明治二十三年三月九日私費ドイツ留学、ストラスブルク大学に学び、二十七年二月二十三日帰国（鈴木要吾氏）。東大医学部教授（内科）。

（11）匹田学士は匹田復次郎。後出66⃝書簡注（5）および後出無番Ⓒ参照。

（12）村田謙太郎。明治十七年（一八八四）東京大学医学部卒、明治二十一年七月八日皮ふ病学研究のためドイツに留学。ベルリン大学でウィルヒョウやコッホに学び、続いてウイーン大学で皮ふ病学を学ぶ。のちライプチヒ、イエナ大学をめぐり、肺結核のため二十三年三月十八日帰国、二十四年帝国大学教授（皮ふ学、黴毒学講座）となったが、翌年六月三十一歳で没（富田仁氏、鈴木要吾氏）。前出㊿書簡末尾に「村田氏」として出る。

㊻ 正清、収二郎あて（〔明治二十四年七月〕ごろか）

前略其后定メテ御多忙之義ト奉察候、御帰朝ハ如何ニ御決定相成りしや承り度候、荷物ハAdami(1)ニ送り候積リニ御座候
昨年千重(2)より来書病院ハ大阪第一ノ流行デスト、高橋之病院(3)ハ閉チタル有様病室一人之病人なしとのこと、剄(銈カ)二郎氏(4)近日大病院新築とのことサテモ大坂も病院流行デスネー
貴兄之御帰朝ヲ八月頃ナリト皆々待チヲルトノ事ニ御座候
岡氏(5)ハ佛英之間ニ啡徊(徘徊)シ居ラルヽ由、本日宇野君(6)ヨリ来書あり、詳しク知得タリ
本日吉松(7)より之来書ニハ貴兄ト同船とのこと、何日頃ニ候哉

正清

収二郎叔父様

○封筒（本文ペン書き）
○封筒表には、"Herrn Dr Sh. Ogata／aus Japan／Wien／－／Serdagasse／Berlin／No. 3 I／Philippstrasse とあり、Wien／Serdagasseが抹消されている。消印スタンプは、FREIBURG／BREISGAU（中央欄の年月日は不

（表）

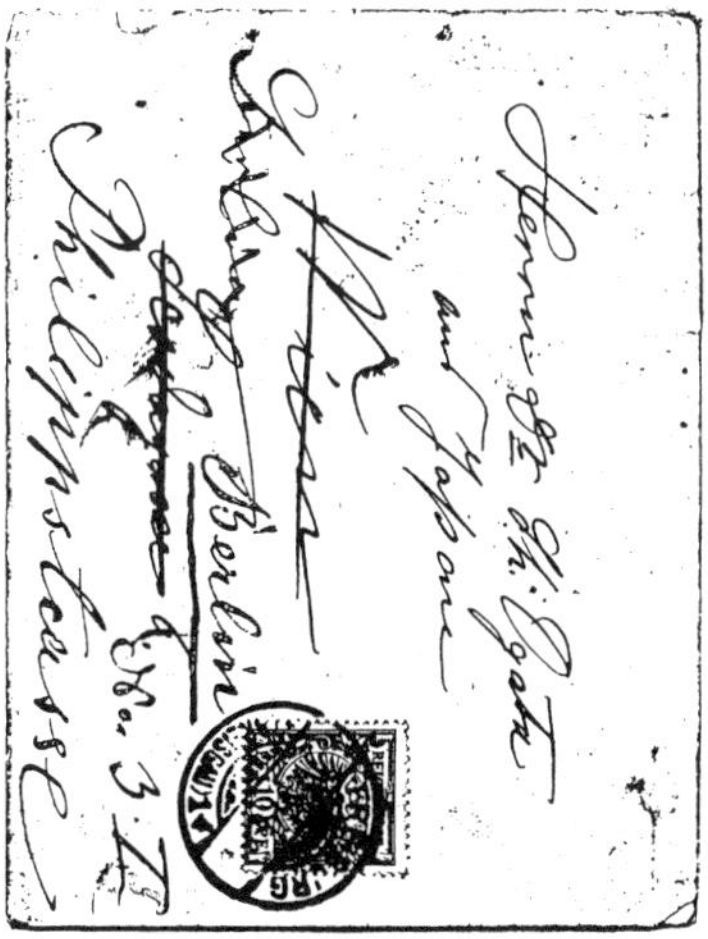

（裏）

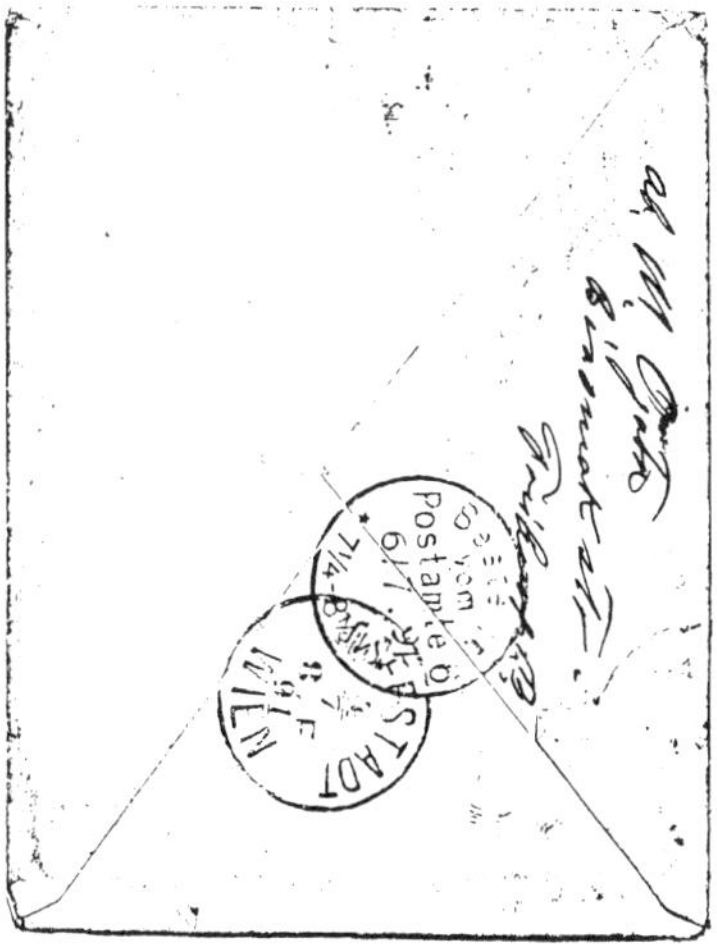

明)。

○封筒裏には、(ab)M. Ogata／Birdmak str.／Freiburg i.B［i.B→i.Br.(im Breisgau)］なお、(Bestelit／vom Postamte 6 6／7, 91／$7\frac{1}{4}$—$8\frac{1}{4}$V)(Josefstadt Wien／$\frac{4}{7}$ 8.F 91)の二つのスタンプがある。

この封筒より正清がウイーンの収二郎に宛てた書簡がベルリンに転送されたものと思われる。収二郎は轉居の通知を未だ正清に送っていなかったとみえる。それで収二郎のウイーンの下宿先の主人がこの正清の書簡をベルリンへ転送（WIEN 1891年7月4日付）したと考えられる。（上記については、大阪大学文学部林正則教授のご教示を受けた）。

〔注〕

（1）Adamiは前回の⑤書簡—2の封筒表書きにあるベルリンの収二郎の下宿先きをさす。

（2）拙斎・八千代の長女で、正清の妻。前回の㉒書簡の注（6）参照。

（3）高橋病院については、前回の③書簡の注（12）参照。

（4）鉒二郎は正清と同じくドイツ留学中であったが、このころすでに病院新築の話があり、千重から報じられたとみえる。明治二十六年九月西区立売堀四丁目に惟準は新しく分院（今橋病院の）を設置して鉒二郎の帰国を待受けていた（前出、鉒次郎「七十年の生涯を顧みて」）。

（5）岡玄卿は明治二十四年八月二十三日神戸着（前出）。

（6）宇野朗。明治九年（一八七六）東京大学医学部卒、外科、静岡出身、東京浅草区小島町楽山堂病院長（東大医学部卒氏名録）。明治二十二年（一八八九）十月六日ドイツに留学、二十三年ベルリン第十回万国医学会当時ベルリン大学留学、二十五年六月二十四日帰国（鈴木要吾氏）。

（7）吉松駒吉。前出の㊹書簡注（1）参照。吉松の帰国は、明治二十四年九月二十日である（鈴木要吾氏）。

㊗ 収二郎、鉒次郎あて（明治二十四年十一月）ごろ

拝讀仕候、野生此度ノ病氣ニツキ深ク御煩慮なし被下、御親切ニ御諭し被下候段難有奉感謝候、生ノ病気ハ金ク気管支炎ノミニテもハや咳嗽喀痰トモニ殆無之御座候、昨日今日も外出相試候へども別ニさわりも無之、此様子ニテハ旧健体ニ相復候事ト存候、折角此地ニ参候上カラセメテ一ヶ月間くらゐハKlinikを諸所相のぞき見度と考候中ニ右の如ク勢ひの外ハ速ニ全快致候ニ付キ何卒御安堵被成下度、一時大ニ御苦慮相可希候段御専赦之程願ヒ

候、さて御相談の義ニ付キ愚考候ところ病床にてたしかめ旦ッ筆のまわらぬ野生の事ゆへ、文其意ヲ悉さず御了解なかりしやニ被存申候、生ハ理論上コソ貴説ニ異議相述候へとも実情ハ彼ノ縁談を賛成いたしたる積なりき、故ニ若し先の御両親ニ《ママ》ニテ御許しあられなハ好対ノ配偶なりと申上シト存候申候、唯否議いたし候シハ后来衛生上或ハ不幸を来さんかとの一事ノミニ御座候、然シ此ノ条ニツキテハ生帰朝の上、少々取調度存申候間、其上ニテ確言仕るべく、先それまでハ決し而、謙吉君ニハ御往御無用ニなし被下度願申候、

先日ノ御論ニてハ必ス可婚トノ論證とハ致しかたき様相考エ少々異議申上候ところ、此度御反駁被下候、貴説ノ在ル所を明ニ承知いたし申候、一一御尤なる御義御注意のふかき感服の外無之候、しかし生の不文なるより御誤解も有之様被存申分、くどくも左ニ再述申上候、生ハ煩繁なる家族ヲ調理セントナスノ婦ハ宜ク健強ニシテ耐忍面《（ママ）》ヲ才アル者ニアラサルガ能ハザルベシと、兄ハ此ノ才ノ字ヲ諸才ナル者と御判し被成、ハキハキシタル当世風ノ学者気取リノ女云云ト御論し相なり申候へ共、生愚なると雖モ亦かゝるおてんば然タル女子ハ通常の家族をも治ルノ才ナキを知レリ、生ハ兄ノ羸弱ニシテ温和ニスギ云云ニ付キ、理論上之ヲ議セルノミ、寿女ニシテハトテ

モ其才ナシト申シタルニハ無之候、唯父母ノ其愛女ヲムツカシキノ家ニ嫁センムルヲ肯セザラント申上候様存申候（右欄外ニ記ス）又此ノ家族関係ニツキ謙君ノ兄弟ハ謙君ニ於ケル其ノ兄第ノ如シ云云トハ兄ニモ似合サル言ヲ如何セラルゝヤ、是レ真ノ兄第ニアラズシテ何ソヤ、而生ハ謙君ニ対し何も論スル事ナシ、其妻君ニツキテノ関係ヲ充シイテ即チ姑ヨリモ小姑）

又全性質ナル者云云ニ付キ大ニ生ノ所説ヲ批難相ナリ申候、然らハ至極御尤と存申候、しかし兄ハ極端を以ッテ論セしならハチト酷ト存申候、生亦云フ比偸セント欲し両者ヲミテ全ク相反スル者ノ如ク、言イスギタル哉モ知ラスト雖モ生ノ意何ゾ悍婦惰夫ノ如キヲ好対ト言ハンヤ、申生ハ教育アル者ニシテ其心順良即チ我ラノ社会ノ人物而シテ沈重ナリトテ常ニ沈思シテ躊躇決断ナキ者、活溌なりテムヤミニ功立やへりをなし、又其夫ヲ蔑視ナスガ如キヲ指セしニハアラサルナリ、稍其性ヲヤ異ニセルハ似タリヤ似タリ瓜二ツト御仰ノ如キ何モ彼モ同シキ者ヨリハ善ト言フノ意ナリキ、此度ノ御論ニテ其談讓的ノ風アルノ点相似タルガ如ク守るのみとの御言、サスレバ生も此御論ニ賛成申上候、尚生ノ所考ハ独ごと

第一条宗教上ノ関係、兄ノ所考ヲ賛ス、然しトモ両親ノ云フ肯セザランカヲ以《（もってす）》ル

第二性質上ノ事　賛成
第三宗教ノ事　賛成　然シ生ハ此ノ宗教上関係ニッ付キ、
先ハ唯九重母公ノ指サレ名ノッテ云云申上候ノミ、他意
にハ非サルナリ
第四親族結婚　之にハ賛成致兼候、帰朝の上熟考確言可
申候、
謙君性質につき愚見御見合もヨく御座候、生も別段意見
も無之、生ニテ寿孃同氏ノ妻女トナラント願フ

　　鉒二郎様　　　　　　しうじろ
　　　　　　　　　　　　　拝

○十三行罫紙一枚の表裏両面にペン字書きしたもの。文中に抹消・訂正加筆多く、欄外にも判読しがたい部分もあり、おそらく前出の㊿51の鉒二郎書簡に対する収二郎の一返簡の草稿であろう。

⑯　鉒次郎、収二郎あて（〔明治二十四年十月末〕ごろか）

個好笑話呵々
九月一日出の母よりの書状来たり渾家皆々無異安心あれ、貴叔の帰朝を九月中ならんとて待望ある模様なりしか貴叔の御身に取り万々の行違ひにて御本意通りに相成らず御心中の程御察申上候」八千代叔母脊髄病にて御不快の由なれども当今は少し御快方の由なり、平吉君も近来は在阪の模様也、小生等の身に引くらべ御察申上候、貴叔御帰朝の上何とか宜しき御処置有り度き者也、
別紙勘定書今日遷延しに相成申訳も御座無く候、大抵御了解に相成るべしと存じ候へども、若し御疑惑の点御座候へバ御申越被下度候、田原君(1)送別会をWaldsee(2)にて開く一首あり

　今こゝでたもとをフライフルクとも
　　又こん春は君をミュンヘン

同氏十六日出発、次期は五人の青年を餘すのみ
末筆乍ら御相談申上候、来年夏期より二ゼメスター(3)ミュンヘンに留学致す可きやと思考仕候、其理由
（第一）日本人にて同輩の学生と共に在るハ今までの経験に照して利益多からざれハ相成るべくハ他郷にうつりたき心願あり、生の所考には来年に至れバミュンヘン府には田原、坪井(4)等の良好侶ノミにて風流洒落の貴公子ハ大抵退散せらるゝ様なれバ他府とは違い其点ハ如何やと愚考す、勿論其時に至りて猶貴公子の在留せらるゝ者多き時ハこハ論外なり
（第二）独逸学生を見るに多くハ第四学期すなハち

Physikum Examen迄(5)は小都会の大学にて修業し、それより少し大都会に出て諸名家につき実地の多きを喜び試験前再たび前都に立帰るやの傾向あり、試験済みてハ小田舎の大学にて懇切なる教師の許に専門を学ぶを上策とせり、生も此順序に倣いて来二学期すなはち医学の初歩に入りたる時内外科などの実地演習を患者多き都会の学校にて修習したき目的あり、しかし第六学期再たびフライブルクに立帰り試験に取かゝりたし、故にミュンヘンハ此にハ適したる学校（に欠カ）あらずやと思ひ居るなり、Würzburgも気に入りたれど彼所ハ少しく面白からざる点あれバAusnahme(6)と致す

（第三）堀内君と小生と隔離するハ非常なる利益あり、原因ハ申さずとも御承知なるべし、堀内氏ハ最終まで此府に止らるゝ覚吾《ママ》なりと聞けり

（第四）経験により一所に久しく止りてハ少しく厭倦の念を生ずる者なり、少しく眼を下界に轉じ新事物と共に進みてハ如何やとの愚考も有之（第五）金銭上廉価を求むるハ都会にあるべし、

右の次第御相談申上候、猶貴叔に於て御意見有之候へバ御申越被下度、只今ハ右様定め居り田原氏へ万事御依頼申置候次第に御座候　草々不一

○封筒ナシ（本文ペン書き）

〔注〕

（1）田原良純。前出の㊿書簡注（6）参照。

（2）Waldseeはフライブルクの東郊外にある地名。

（3）Semester大学の一学期。

（4）坪井次郎。前出の(52)書簡注（4）参照。

（5）四学期終了後に受ける医学部第一次試験。

（6）Ausnahmeは除外。

(58) 松本鵬斎(1)、収二郎あて〔明治二十四年カ〕十月十八日

其後ハ一向御無音ニ打過ぎ多罪御海容被下度候、小生儀頑健消光罷在候間、乍憚御休神被下度候也、扨テ先般中正清氏ノ事ニ就キ貴下ヘ宛テ書状差上候付、文中過激ノ事モ多ク憤懣ノ際ト申セ無礼ノ段ハ偏ニ奉謝候、同氏ノ事ハ貴下ニハ御気毒ナレド実際上不得已譯柄ニテ候ヘバ乍□□（恐縮カ）御賢察願上候、森氏(2)ヨリ万事ハ御話シ申上ケ候事ト存候ヘバ森氏ヨリ御聞取リノ件々ニ付キ我等ガ正清氏ニ対スル処置ノ不当ナラザリシ事ヲ御推量被下度候、小生ハ正清氏ノ事ニ就キテハ自分ノ名誉ヲ保護スルヨリ外ハ□（決カ）シテ其事情ヲ公言スル事モ有ル間敷ク唯ダ同氏ガ改

心スル事ヲ我ガ日本帝国ノ臣民トシテ冀望スル而已
森氏ノ書ニ寄レバ貴下御仲裁被下候由、御厚情ハ謝スル
ニ堪ヘタレド我々等間ニ事情モ有之候ヘバ、先ヅ独乙在
留中ハ御望ニ応ズル能ハズ、帰朝後ハ又相談モ之レ有ル
ベケレドモ小生ノ考ヘニテハ到底氏ノ改心ヲ望ムハ無駄
カト被存候、然シ其□《医カ》心ニ翻リテ呉ルヽハ偏ニ望ム処ロ
ニ候、右ハ一寸小生ノ心得ヲ貴下ト僕ノ従兄弟間ノ交誼
トシテ申述候而已頓着

十月十八日

収二郎学兄

◎銈、謙両氏トモ御勉強ニ候ヘバ御休神ヲ請フ
◎今後トモ御閑暇ノ節御文通有之度、正清氏トハ関係ヲ
絶チ候モ貴下トハヤハリ従兄弟タリ知已タレバ不相替
御交際ヲ奉冀望候也

松本鷗斎 緒方収二郎様

○内封筒ニ左ノ通リ。但し外封筒ナシ。（本文ペン書き）
○本書簡は次出の(90)書簡と関連。

〔注〕
（1）松本鷗斎又は松本鷗。前出の㊿書簡注（3）参照。
（2）森正道か。森については前出の㊿書簡注（4）参照。

(90) 収二郎、松本鷗斎あて（明治二十四年カ）十月十一日

御書讀仕候、時下秋冷之候貴下益御安祥御勤学被爲在候
条奉大賀候、小生相かわらず碌々消光罷在候付他事なが
ら御休念可被下候、御無音重々申譯もなき意外の御無沙
汰多罪々々、御海容願上候、先般正清条ニツキ御配慮御
希聞候次第御座候、右節御書被投ニ候ニも御返辞申上候
も如何トさし扣仕候、之何卒御酌諒可被下候、さて森君
より小生正清の爲メ仲裁を貴兄等ニ申込たりと通信有之
たる趣、小生ハ貴兄等ニ対し彼レノ爲メニハ仲裁ナド申
入ラルベキ資格ハなき者ニ御座候、若し小生他人ならバ
失敬をも顧みず随分仲裁相こゝろみ度存候も、彼レノ親
族なる尾ニシテ右様なるさし出たる非里《理》ハ如何ニ愚昧
なる小生ニシテモ申出置《措カ》候事ニ御座候、しかし森君ノミ

ノ御意をうかゞひたる事ハあヤまり候ハ、貴兄等ニ対し仲裁を申入ルゝ様なる義にてハ決而無之、学事上ニ関し不都合少なざる事有之にてなり、或ハ森氏生の言を誤解あられしとも難斗、何れ近日中、仝君ニ面会相談候上、尚御返辞ニ及べく候、御閑暇之節ハ御文通被下候御趣、御厚情奉萬謝候、先ハ右御返辞ノミ、
草々拜復

十月十一日　　緒方収二郎再拝

松本老兄座下

時下此頃ハ冷涼ニ相むかい候、亦千萬御自重奉願候

○封筒ナシ（本文墨書）

〔注〕

○本書簡は前出㊽と関連す。

(59) 賀古鶴所、収二郎あて〔明治二十三年〕六月十五日

（罫紙の断片に十二行にわたり墨書）

今日は六月の十五日なり、別封を認め、そしてなげやり置ける日よりかぞうればはや三週日を過ぎぬ、ベルリヌの城は落ちむ日あるとも、生が怠ば治する日なからむが、去月三十一日大日本私立衛生会の総会にて外海に於ける前年中の衛生景況といふを強て生にやれと長與(1)が請ふから、只材料を器械的にならべては面白くなき故、衛生四季報なぞより抓（掻）キ集めたる材料を骨子となし、衛生〱と口に喧しく云へども、衛生の法令及事業ともいふべきもの我邦には未た少しも挙らすとをさえ附け、そして各條につきびし〱と（例の訥辯ながら）無頓着になりちらした所、随分きゝめがてきめむに有ったやうだ、委細は私立衛生会の雑誌に出るであらうから見て呉れ、又己れが演説中、長與め(2)が時間迫れりなぞとぬかして大に己が演説を妨げり、此は明日発の衛生新誌二十三(3)で見てくれ、云ひ度事は海山々々

○封筒表

Herrn Dr. S. Ogata (aus Japan) bei Fr. Adami, Phillip-Str. 3I, Berlin Germany, 左上　Via America, 摂津大坂（年月日不明）(Yokohama Japan／? MAY 1898)（スタンプ二つ）他に「六月十日着」の墨書あり。

○封筒裏「□（濱カ）田」の丸印が封印として用いられている。

濱田は後出(68)書簡の濱田美政か。

右により、文面と本封筒とは別物であると考えられる。

〔注〕
（1）（2）長与専斎。専斎は天保九年（一八三八）～明治三十五年（一九〇二）で、この当時、大日本私立衛生会副会頭であった。
（3）「衛生新誌」第二十三号第二巻六号、明治二十三年六月十六日発兌、衛生新報社（東京大学医学部図書館所蔵）には、賀古鶴所が「大日本私立衛生会に与ふる開書」と題して同年五月三十一日木挽町の厚生館において副会頭長与専斎から「前年中海外の衛生上の景況」と題して報道を要請され、しかも二度三度と「時間迫れり成るべく簡略」と発表を妨害されたことをすこぶる不満だと述べている。依って本書簡の筆者が東京より発信した賀古鶴所であることは明白である。賀古に関しては前々回に紹介したので参照されたい。

61 岡玄卿、収二郎あて（明治二十四年六月十一日）

〔葉書〕（ペン書き）
拝啓昨夜は拝別後一時五十分Brünニ着(1)、Grand hotelニ於テ一泊（久シブリニテ結構ナル臥床て大ノ字ニナリ安眠（然シ見ヨ八ダ九ダヨコセノ夢ハ度々ナリ）セシ爲カ今朝ハ九時ニ目ヲ醒シ急キ停車場ニ行ケハ滊車ハ八時ニ出テシマツタワケヤケカブレ二頭曳馬車ヲ乗リ廻シ十時四十分ノ発車ニテ當地Cotzen(2)ニ今着タ、之レヨリ二時半ノ滊車ニテHalbstadt(3)ヲ超テ今晩遅クモGälbersdorf(4)ニコギツケルツモリ、然シ思ヒ出セバ此ノ「コッチェン」ハ昨年ウイン行ノ節此地ニテ滊車ニ乗リ遅レ一夜ヲアカシタ處ダ、用心ニシクハナシマサカ今日は左様ナ事ハナイト信シマス、何レケルベルストルフ(5)ヨリハ御報可申上候、草々、諸君ヘ宜敷
十一日（一八九一年六月）(6)午十二時十五分　Cotzenニテ岡(7)拝
○葉書（Correspondenz-Karte）表
Herrn Dr. S. Ogata, aus Japan／Wien 8 Skodagasse 6
（スタンプ）〔JOSEFSTADT WIEN／$\frac{12}{6}$ 10. v 91〕
〔注〕
（1）（2）（3）（4）ウイーン（Wien）からベルリン（Berlin）へ帰る路線で、ブルュン（Brunn, 現Brno チェコスロバキア領）→コッチェン（Chotzen, 現Choceň チェコスロバキア領）→ハルプシュタット（Halbstadt, 現Mezimĕsti ポーランド領）→ゲルベルスドルフ（Galbesdorf 目下所在未確認）を経由。

右地名・径路については、阪大林正則教授の調査と御教示をえた。

（5）「ケルベルストルフ」は前出のGalbersetorfをさしている。

（6）スタンプより一八九一年（明治二十四年）六月と考える。本書簡は六月十二日ウイーンの収二郎の手許へ配達されたと思われる。

（7）岡は岡玄卿。彼は明治二十四年八月二十二日神戸に帰着しているから（前回の⑦書簡参照）、帰国前の小旅行であろう。

無番Ⓓ　岡玄卿、収二郎あて（明治二十四年六月二十六日）

〔葉書〕（ペン書き）

御地諸君へ宜敷御傳之奉願候

拝啓　陣者小生義一昨日廿三日勝島君(1)ト共ニ伯林出発、昨夜當地(2)ニ安着仕候、多分本月三日十頃《ママ》ニハパリスに向ケ出発ノ目算ニ候、兼テノ貴兄ヨリ拝借ノ「五百マルク」宇野君(3)へ依頼致置候間、伯林へ御再来之上ニは受取被下度候、ロッタッケル、其他ボアス」方ヘノ拂ヒ向ハ不致置候間（之レハ学兄伯林へは過日ハ廿五六日頃ト云フ事故ワザト渡サス候）、此段御承知被下度候、何レ来月ハ「パリス」ニ於テ拝顔種々可申上候　草々

岡玄卿(4)

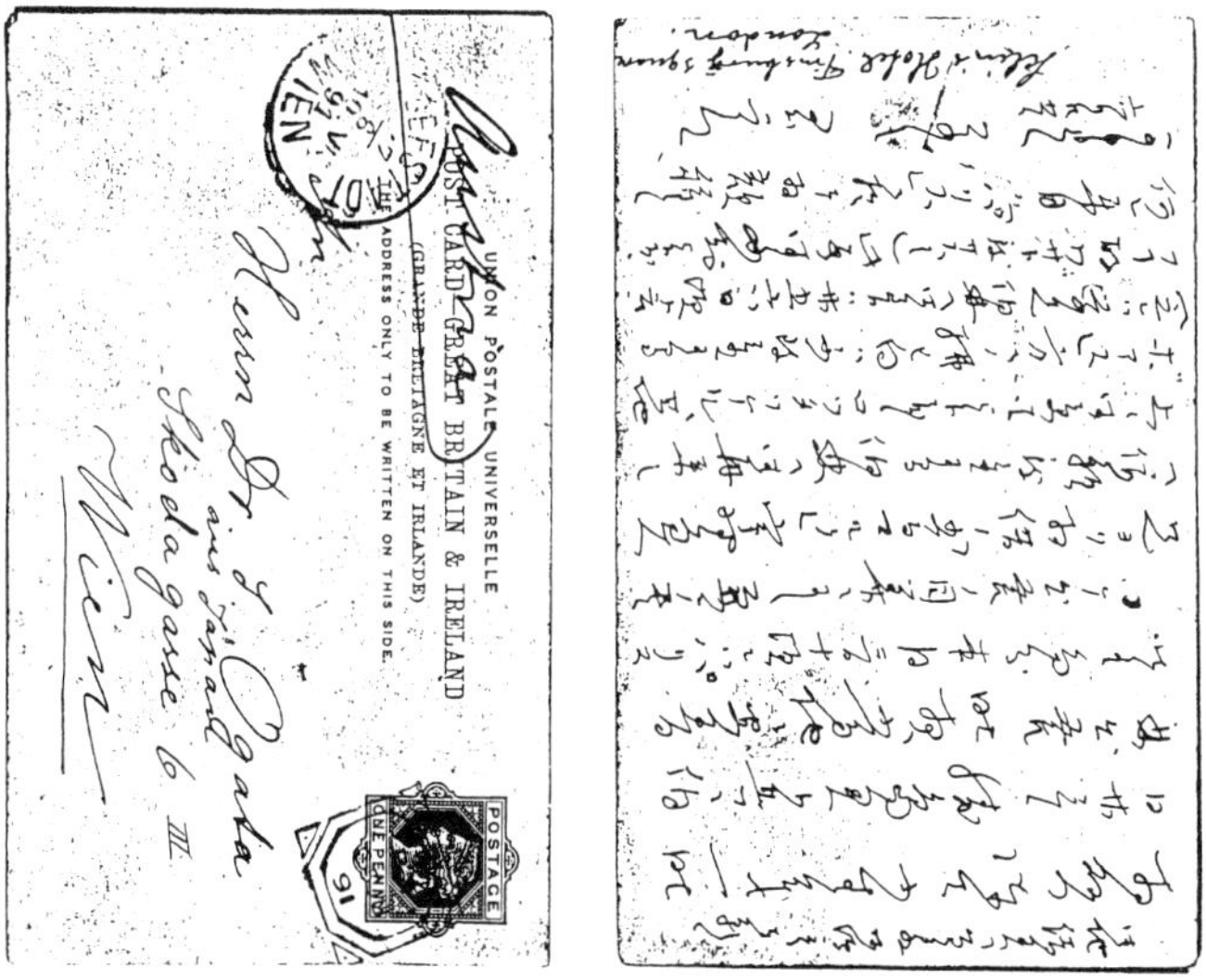

岡玄卿の筆跡

六月廿五日　　Klini Hotel Finsburg Square

London

○葉書〔UNION POSTALE UNIVERSELLE／POST CARD-GREAT BRITAN & IRELAND〕表
(Austria) An Herrn Dr. S. Ogata, aus Japan／Skodagasse 6 Ⅲ Wien(スタンプ)〔JOSEFSTADT／WIEN／17/6 10. v 91〕

〔注〕

(1) 勝島仙之助。勝島は駒馬農学校出身、農商務省より明治二十二年(一八八九)ドイツのベルリン高等獣医学校に留学、二十四年帰国。獣医学専攻、帰国後帝国大学農科大学教授(富田仁氏)。

(2) ロンドン。

(3) 宇野朗。明治九年(一八七六)東京大学医学部卒。外科。静岡出身、浅草区小島町楽山堂病院長(東大医学部卒業氏名録)。明治二十二年(一八八九)十月六日ドイツ派遣留学生として出発、ベルリン大学留学、二十五年六月二十四日帰国(鈴木要吾氏)。

(4) 前回の「はしがき」および⑦書簡注(1)参照。岡は明治二十四年八月二十二日神戸帰着(⑦書簡)。

---

⑥② 幸田延《のぶ》、収二郎あて(〔明治二十四年〕六月二十八日)

〔葉書〕(ペン書き)

先日はわざ〳〵御出被下し処、あやにく私事時なく充分ニ御礼も申さず甚ダ残念ニ存候、近く当府出立致し候ゆへ、私事またお目もし致す事もなくと存候、今日は幸ひ日曜日故別に御用もあるまじと存候、万一他の御約束等もなく候はゝ、午後御遊びニ御出被下る訳にハ参らず候哉、多分高坂君(1)が参られる事と存候、時間は二時半頃よりなれバ何時でもよろしく候、アまりおそくハやはり閉口に御座候、先は右而已、草々

六月二十八日　日曜日　　幸田(2)

Ⅲ Hisga (以下3〜7文字不明)

緒方様　Dreihufeisengasse (以下2文字不明)

○葉書(KORRESPONDENZ-KART)表
Wohlgeboren Herrn Dr. Shujiro Ogata／Ⅷ Skodagasse No. 6／Wien (WIEN／950V28 Ⅵ 91／NEUBAU Ⅱ)
(MARIATREUGASSE／……v／91)(スタンプ二つ)

〔注〕

(1) 高坂君は不詳。

幸田の筆跡

（2）幸田は音楽家幸田延《のぶ》。幸田露伴の妹、バイオリニスト安藤（旧姓幸田）幸《こう》の姉。明治十八年（一八八五）七月音楽取調所（のち東京音楽学校）第一回卒業生。二十一年同音楽学校のお雇い教師・オーストリアの作曲家ルードルフ・ディットリヒから高く評価され音楽界の留学生第一号に選ばれ、二十二年（一八八九）四月横浜を出発、ボストンのイングランド音楽学校に二年、のちウィーンの国立学校に五年学び、二十八年十一月九日帰国。母校東京音楽学校教授となる。昭和二十一年（一九四六）六月十四日死去、享年七十六歳（富田仁氏）。

㊸ 菅野《かんの》雋太、収二郎あて（明治二十四年十月六日）

其後益々御清光奉恭賀候、扨過日ハ唐突御手数之累相願早速にご承諾にて書類御逓送被成候段奉鳴謝候、附而ハ直に右代価為替にて差上可申筈に御座候處、当市（1）ニ於而ハ「マルク」の両替店無之「マルセール」出張之上ナラデハ用弁難相成始末にて、為メニ遷延罷在候、甚勝手之願にハ候得共、右代金にて何品カ相当之物を購求致し差上候而ハ御承知被下間敷哉、自然御聞済被下候者トして品種御下命被下度奉願上候、本艦（2）之出発ハ追々遷延、愈々

来十一月四日頃ニ決定之事ニ御座候、先は御礼に併せて
勝手氣儘之願用を候共御報道旁如斯ニ御座候
追而諸君ニ宜敷御傳声奉願候也

十月六日　　菅野[3]拜

緒方老兄貴下

○封筒（本文ペン書き）
（表）Dr.　Ogata／3.　Philipstrasse　im　Berlin／Deutchland
（スタンプ）〔VAR LA SEYNE・S・MER／5／8 OCT〕
（裏）（スタンプ）〔Bestlit／vom Postamte 6／11 10. 91／$7\frac{1}{4}$-8 Y V〕

〔注〕
（1）封筒スタンプにあるLa SEYNGは、Marseille（マルセイユ）の南東のToulon（ツーロン）軍港に近接し、地中海に面する位置にある。
（2）軍艦「厳島」（海防艦、排水量四、二七八トン）のことで、『日本軍艦史』（海と空社発行、昭和九年）によると、明治二十四年（一八九一）十一月十二日仏国を発し、二十五年五月二十一日帰国（品川着）。艦の設計は日本の海軍艦政局造船課、製造が仏国フォルヂェ・シャンチェ社。日清戦争では黄海海戦に参加。
（3）菅野帍太海軍大軍医、経歴は目下調査中。石神亨海軍大軍医とともに、軍艦「厳島」廻航員として磯辺包義海軍大佐以下一九三名中に加わり、明治二十四年五月九日付海外旅券交付申請にて渡仏（『明治二十四年公文雑輯〔医務衛生部・人事部上〕八』）。注（2）（3）については、防衛研究所戦史部の原剛氏の御教示による。

㊹ 瀬川昌耆《まさとし》、収二郎あて（明治二十四年五月九日）

〔葉書〕（ペン書き）
拝啓去ル三日伯林発[1]、四日当地着、山根氏[2]の案内にて当宿屋に行李を卸し毎日毎晩足を擂木[3]にしてアルキ廻り、伯林の月を以て見物せる故巴里の繁華は五日間にて見ぬき申候、さてその繁華も兼て想像せしに増（勝）り、胆をつぶさぬばかり、ウンテルゲンリンデン[4]やフリードリヒ町ハ巴里には何ケ處もあり、巴里を見されは欧洲の繁華を説く能ハすと観念セリ、只残念なるハ花ハ見るバカリ香ハかぐバカリ、手折りて我部屋の内に挿む事の出来ぬ事なり、二三の小児病院、ウェルサイル[5]をも見物せり、此宿屋にハ日本人両人止宿す、部屋代一日二フラン、食事も

昼一・五、晩二佛安くして好き、小生宿と申事、然し部屋ハ至て粗末なり、兎に角君の如き片書のなき(6)(副院長ハナキモノトシテ)小生にハ適当ならん故、御勧メ申ス、本日午後ゲヌアへ出発、餘ハ後信、

頓首　瀬川昌耆(7)

(明治二十四年)五月九日　Grand Hôtel Soufflot

9. rue de Joullier(8)

près du Panthéon

Parisにて

緒方収二郎兄

二白君に折入て御願ヒした事アリ伯林ニ行ケハ分ル乞承諾

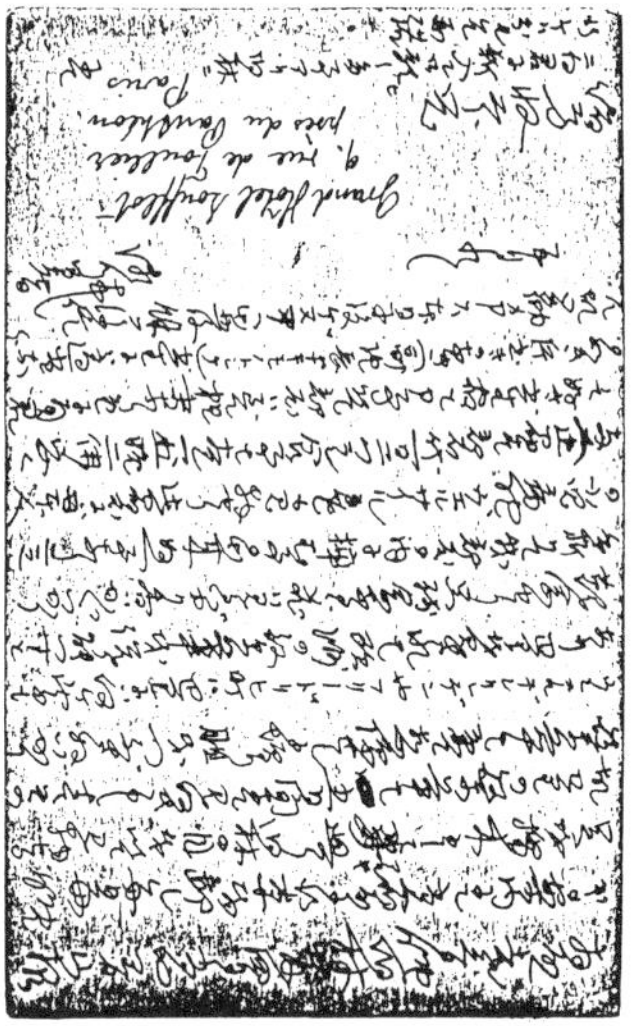

瀬川の筆跡

○葉書(CARTE POSTALE)表

Herrn Dr. Ogata,aus Japan, Wienne/Skodagasse 6

III

(JOSEFSTADT/$\frac{12}{5}$ 8.F 91/WIEN)(GARE DE LYON/PARIS.....9 MAI)

(スタンプ　二つ)

〔注〕

(1) Berlin(ベルリン)。

(2) 明治二十三年、ウィーン大学に留学中の山根正次(鈴木要吾氏)。明治二十四年七月二十三日帰国、のち警察医長となる(衆議院議員名鑑)。

(3) 擂木は擂粉木(すりこぎ)であろう。

(4) Unter den Linden ベルリンの中心街。

(5) Versailles(ヴェルサイユ)、パリの南西郊一八キロ、宮殿など著名の地。

(6) 肩書の意であろう。

(7) 瀬川昌耆(まさとし)。小児科の名医。安政三年(一八五六)江戸生まれ。明治十五年(一八八二)東京大学医学部卒、仙台医専教授。明治二十一年四月八日ドイツ留学に出発、二十三年八月ベルリン第十回万国医学会当時ウィーン大学に留学(東大医学部卒氏名録、鈴木要吾氏)。帰国後、千葉医専教授(内科部長)、のち神田駿河台西紅梅町に瀬川小児科病院長。大正九年(一九二〇)六十

五歳没。

（8）Panthéonは、フランスの偉人を合祀するパリの寺院である。

㊺ 瀬川昌耆、収二郎あて（明治二十四年五月十六日）

〔葉書〕（ペン書き）

去ル九日巴里発[1]ゲヌア[2]に赴ク汽車賃一等百二十フラン「モダン」[3]にて荷物の点検を受け「チウラン」[4]にて乗更、十日晩六時ゲヌア着、ホテル　ド、ラ、ウ井ル」に投ス、翌十一日本船に乗込、ホテルは殆獨乙人の寄合、価も安シ、さて船の食事は思の外にて愛相尽きたり、食事は朝昼晩ト三度なれ共悪しき事言語同断、一度一マルクの価モナシ、二等ト一等ノ区別厳重にて甲板上全く種違ひの客トシテ取扱いて候ハ胸糞悪ろし、「コンツエルト」[5]と云ヘハ豪勢の様なれ共、ケルネル[6]、小使兼帯の楽人と思ヘハ聴神経を振動するバかりて快楽の感を起さしめす、御負に拙者は荷物運賃六十六マルクを拂ハされたり、反へす〳〵も腹か立て埋め合せかつかぬ故、食事の時英吉利ソースをがつ〳〵かけ、茶の時にビスケットをむしや〳〵食て腹のナリを直事位か長上、御憐察候ひ度候、幸なるハ下口にて焼酎を飲む訳ニもならぬ故、酒の代を拂ふの危険ハなし、海上至て平穏船暈には未タかゝり不申、船の模様を一寸御知らせ申上候

瀬川昌耆[8]

五月十六日（明治二十四年）ポルトサイド[7]に於て

○葉書(Postkarte-Weltpostrerein)表

Herrn Dr. Ogata, aus Japan, Wien／Skodagasse 6 Ⅲ

(スタンプ)(JOSEFATADT WIEN／$\frac{22}{5}$ 5 11. V 91),

(DEUISCHE…／HAU…NIE／16 5 91 d)

〔注〕

（1）パリ

（2）Genova（Genoa）ジェノバ（ジェノア）

（3）Modan（フランス）

（4）Torino（Turin）トリノ（イタリア）

（5）Konzert（演奏）

（6）Kellner（給仕、ボーイ、バーテン）

（7）Port Said（ポートサイド、アラブ連合共和国）、スエズ運河の地中海側入口。

（8）瀬川は明治二十四年六月十八日帰国（鈴木要吾氏）。

㊿ 中濱東一郎、収二郎あて〔明治二十三年カ〕三月四日

（全部ペン書き）

益々御多祥奉賀候、先般ハ御投書被下、荊妻ノ肺病心配被下候段奉謝候、今度ノ独逸帰リノ人々ハ未タ着不仕、乍然多分今両三日中ニハ着京ナラン

先般御出立之際相願候ホルセンドルフ幷ニキヨニヒヘノ拂ハ甚後兄より北里氏(1)ヘ右御依頼被下候趣御書中ニは相見候処、今般ホルセンドルフより右拂方延引云々ノ書面参り驚入申候ニ付、御手数恐縮ニ奉存候得共、何等ノ間違ナルヤ御通知被下度、尤モ生ヨリモ直チニホルセン方ヘ右之趣申遣ベク候得共、一応御伺申上候、右取計可申、独逸よりハ今年分ノDeutsch.Med.Wochenschrift(2)を続々送来申候、右ハ多分大坂之方ハ貴君ヨリ別ニ御送ニ相成候ト奉存候得は、大坂ヘハ御送不申候テ宜敷ト奉存候、乍然是辺未タ判然不仕候間、是又御一報奉願度候、官制改革(3)ハ近日愈々発布ニ相成候も風説有之候、東京ハ本年ハ大ニ暖気ニ而歩行ノ際ハ外套ヲ脱スル程ノ天気屢々有之候、「インフルエンサ」病ハあすヘモ襲来セントテ狂スルカ如キ説ヲ吐ク医師多しに升《のぼり》申候、生ハ未タ一人トシテ眞ノ患者アルヲ聞カス右当用迄、如斯ニ御座候、謹言

三月四日　　内務省衛生局
　東一郎拝(4)

収二郎兄　坐下

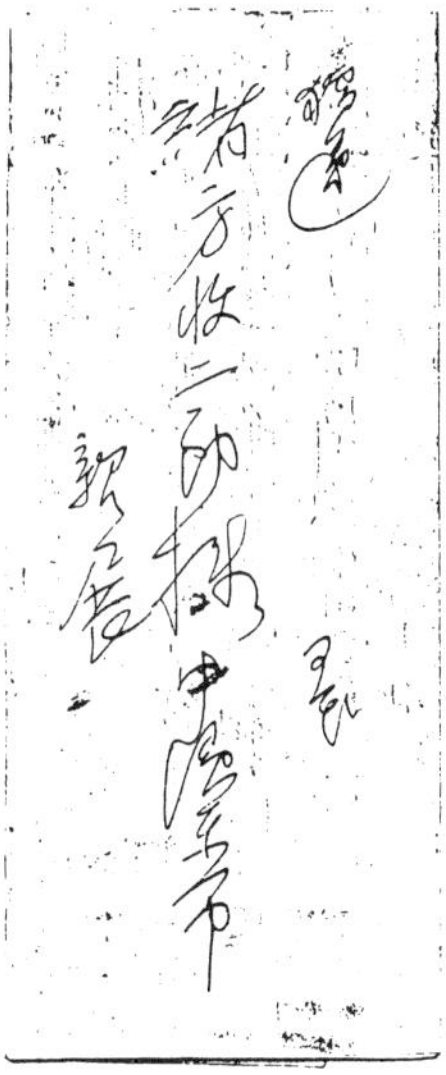

○横封筒表

Via America／Herrn Dr. Sh. Ogata (aus Japan) bei Fr. Adam／philipp-Str. 3 I／Berlin Germany R Register 303（スタンプ）〔KOBE JAPAN／22 APR 1890〕

○横封筒裏

「緒方病院之印」（長方形印）（スタンプ）〔BRINDSU／30 MAG ?／No. 10…〕〔Bestlit von Postamate 6／2／6,90／7¼-8½ V〕

〔注〕

（1）北里柴三郎。明治十八年（一八八五）十二月ベルリン大

学に留学、二十五年収二郎・正清（一月三十日）にややおくれて帰国した（五月二十八日）（鈴木要吾氏）。

（2）「ドイツ医学週刊誌」のこと。

（3）明治二十三年三月二十七日の陸軍省・海軍省官制各改正公布をさすか。

（4）本箇の差出人は、中濱万次郎の長男、東一郎。明治十四年（一八八一）東京大学医学部卒。十八年十二月から内務省用掛としてドイツに留学、二十二年二月帰国。翌年より東京衛生試験所長（富田仁氏）。

○横封筒の神戸のスタンプは一八九〇年（明治二十三）四月二十二日、封筒には「緒方病院之印」が押され、かつ書留便であるので為替を送るのに用いられたと考えられるから、右封筒は本文（三月四付）とは無関係である。

⑥⑥ 長与称吉、収二郎あて（明治二十四年）三月二十一日

〔葉書〕（本文・宛名共に墨書）

一別以来起居恙乎否？伊太利カラヘンテコナル手紙[1]ヲ貰ッタケレトモ半分シカ読メス對譯字書は持ッテ居ラス、トウ／＼判ラナイデ仕舞タ　○ドーダ旅して面白カッタカ、自由堡之諸子[2]同行ダッタト見エルカラ退屈ハシナカッタロー、旅中之弥治喜太モアラバ報シ玉ヘ

○当地松本[3]は自由堡ヘ轉学之為メ坪井[4]は伯林其他漫遊之為メ四五日前後出発セシ後にて非常ニ淋シクテツマラナイ　○モー維納ダロート考ヘテ此手紙ヲ書イタ、匹田君[5]ニ宜敷　三月廿一日　長與[6]

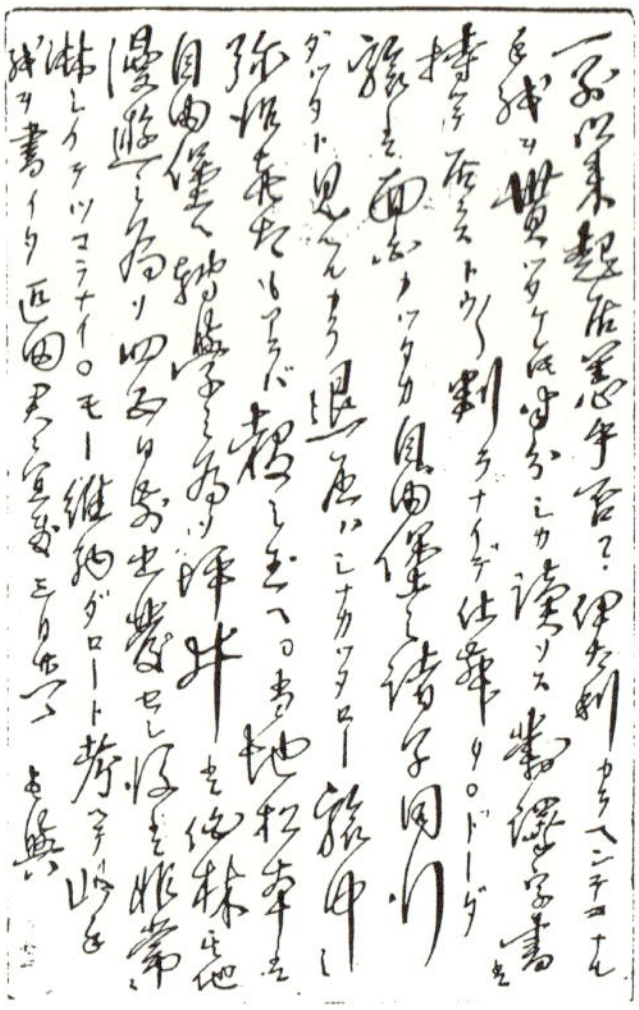

長与の筆跡

葉書（Königrich Bayern POSTKARTE）表

Herrn Dr. Ogata／bei Herrn Dr. Hikita, aus Japan／in Wien ／Skoda-gasse

（スタンプ）〔MÜNCHEN／21 MAR 3-4N 91〕〔JOSEF-STADT WIEN 11. V 91〕

〔注〕

(1) この長与称吉の収二郎あての葉書によると、収二郎は明治二十四年三月ごろイタリヤ旅行をしているが、銈二郎が「二十四年秋期休暇には収二郎、正清、謙吉の三氏と同行、欧州の聖地、イタリヤ国を巡視し」惟直の墳墓に花輪を捧げ、遺伝子探しをしたと記している（「七十年の生涯を顧みて」）のを尊重すると、収二郎は二度イタリヤ旅行をしていることになる。但し、フライグルの諸子が銈次郎以下緒方家同族かそれとも他の学友であったか気にかかる。

(2) フライブルグ（Freiburg）

(3) 松本鵬斎。前出の㊿書簡注(3)参照。

(4) 坪井次郎。鹿児島出身、明治十八年（一八八五）東京大学医学部卒、二十年同大学助教授、二十三年九月十四日ドイツのミュンヘン大学留学。二十七年十二月帰国。三十三年京都帝国大学医科大学教授、衛生学講座担当し学長兼任。三十六年七月、四十二歳で死去。（富田仁氏）

(5) 匹田復次郎。兵庫県出身、明治二十一年（一八八八）東京大学医科大学卒。外科専攻。明治二十一年五月八日ドイツに私費留学、二十三年八月ベルリン第十四回万国医学会当時ハイデルベルグ大学留学、二十四年七月八日帰国（鈴木要吾氏）。広島、大阪、東京で開業、大正五年（一九一六）八月十二日東京で没。（小関恒雄氏）

(6) 長与称吉。長与専斎の長男、慶応二年（一八六六）ボードインに親炙、のち東京大学医科大学に学び、明治十七（一八八四）十月八日、ドイツに私費留学、二十三年八月ベルリンにおける第十回万国医学会当時　ヴェルツブルグ大学にあり、腸胃病科専攻。留学前後十一年にして帰国し、胃腸病院を開業。四十三年（一九一〇）九月、四十四歳にて死去（鈴木要吾氏）。

⑥⑨ 東久世通敏《みちとし》、収二郎あて（明治二十四年五月九日）

（葉書）（ペン書き）

明日雨天ナレバ延引ト心得候

前文省略陳者毎度面倒な事相窺し御妨申上候、御多忙之處、甚恐縮ニ候得共、小生之如キ啞子ハ当Wohnung(1)ノ老婆ニ掛合致ス事ニ付キ不通（ママ）ニ候得共、足下之御言ヲ拝借不致バ用事便セズ、真ニ到惑致居候間、若し啞生之近傍又公使館ヘデモ御出之節帰途御立寄相願候得者、大幸ニ御座候、其話之件ハ彼之〇〇〇ニテ如何致話スモ先方ニハ能ク掃除不致口言似手ヲ以テ談ズルモ無情ニテ毎夜床ヲ仿門（ママ）(2)致申候、実ニ此頃ハ弐時許ヲ経テ眼覚メ昇天ノ后チ十時頃迄伏セザレバ其ノ当日不快之様、百方手ヲ盡

スモ如何トモスベカラスニ付キ、高屋ニ御足労相願候
草々不一　廿四年五月九日　東久世通敏[3]
○葉書（Korrespondens-Karte）表
Herrn Dr. S. Ogata(aus Japan)／Sckodagasse 6.
2Steige in Ⅷ LezriK／Wien
（スタンプ）〔NEUBAU WIEN ／9/5 3.N〕〔JOSEF-STADT DT WIEN／9/5 5. A 91〕〔WIEN／9/5 1. A 91〕

〔注〕
（1）住居、貸家（屋）のこと。
（2）彷徨（ほうこう）、すなわちゆきつもどりつするの意か。
（3）東久世通敏（みちとし）は、幕末七卿落ちで有名な東久世通禧（みちとみ）の子で、明治二年十一月生まれ、昭和十九年七月没（『昭和新修華族家系大成』下巻）。

⑪ 四本某、緒方・金杉あて　〔明治二十四年〕一月元旦

（葉書）（墨書）
謹賀新年
一月一日
尓来ハ実に御無沙汰仕候
何卒倍旧の御交誼あらん
事を奉願上候
一月一日
緒方
金杉[1]　両学士　四本武汰(カ)[2]
○封筒（Deutsche Reichspost, Postkarte）表
(an) Herrn S. Ogata(aus Japan)／Würzburg,
〔BERLIN N.W.／66 2/1 91/3〕(WUERZBURG II／3 JAN. 1-2 Nm／91)(以上スタンプ二つ)

〔注〕
（1）金杉は金杉英五郎。千葉県出身、慶応元年（一八六五）生。明治二十年（一八八七）帝国大学医科大学別科卒、二十一年十二月二日ドイツのヴュルツブルク大学留学。二十三年当時ベルリン大学に転じ、二十四年再びヴュルツブルクに戻る。二十五年四月帰国。耳鼻咽喉科の開祖で、東京日本橋に東京耳鼻咽喉科医院を開院した。昭和十七年（一九四二）七十八歳没（鈴木要吾氏、富田仁氏）。
（2）四本武汰(カ)は、目下不明であるが、当時在ベルリン。

無番© 匹田復次郎、収二郎あて

（〔明治二十四年〕六月五日）

〔葉書〕（ペン書き）

六月五日夕　諸君ニ宜敷

今夕一七時「ポルトセード」[1]港ニ安着ス、海上至極平穏平地上ヲ歩スル如シ、明日ヨリSuez[2]ヘノ暑気ガ初マル、佛船ノ食事非常ニヨロシ酒沢山、自由ニ飲メル、馬港《マルセー》[3]之宿屋ハHôtel Genéve[4] empfehlenスル[5]、貴様大凡何日ニ出発スルカ早ク前以テ知セテクレロ、少々タノム事ガアル、且ツ先日願タ太田ノ眼金店《ママ》ノ一件をタノム、手紙デ委細送テクレロ、帰朝之上面会シタラ申譯ガナイカラ

匹復[6]

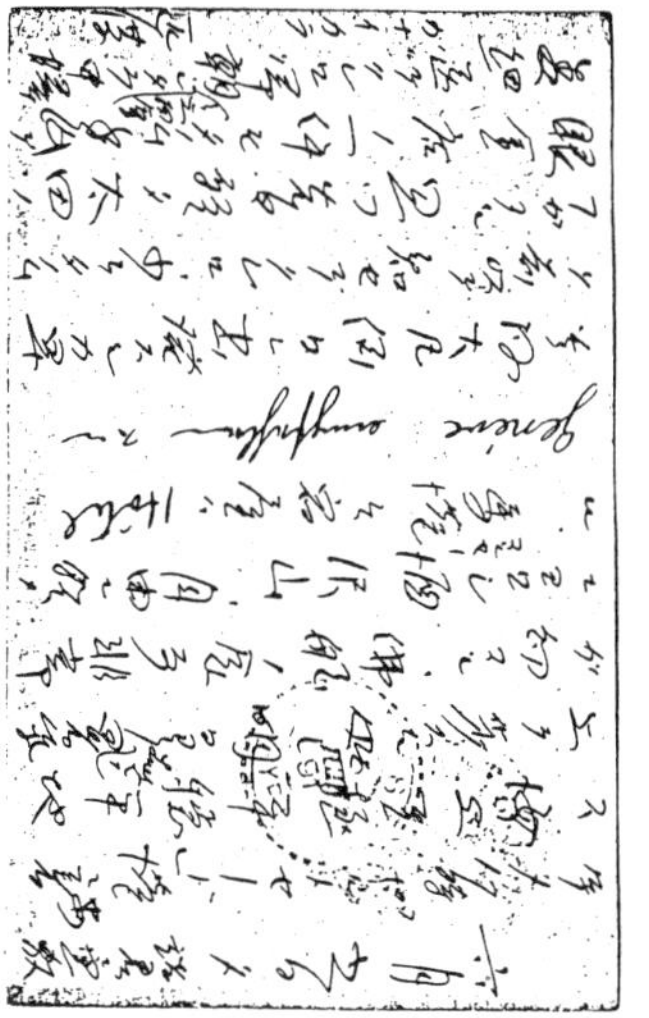

匹田復次郎の筆跡

○葉書〔CARTE POSTALE〕表

Mouriem Dr. Ogata／Lcodagasse 6／Vienne Ⅷ (Autriche)[7]

スタンプ〔LIGNE／PAQ FR. NO 10／5 JUN 91〕

〔JOSEFSTADT WIEN／16/6 8. F 91〕

〔注〕

（1）ポートサイド（Port Said）。スエズ運河の地中海側の入口にある。

（2）スエズ。都市はスエズ運河の南端にあり紅海に面している。

（3）マルセイユ（Marseille）。

（4）ホテル・ジュネーブ。

（5）推奨する、勧める（独語）。

（6）匹田復次郎。前出の㊱書簡、注(5)参照。匹田は収二郎より早く明治二十四年七月八日帰国した（鈴木要吾氏）。

（7）オーストリア

無番Ⓔ　金杉英五郎、収二郎あて（明治二十四年三月二十一日）

〔葉書〕（本文のみ墨書）

毎々途中より動止宿通知眞奉謝候、両三日中ニハ維納府御着の事(1)と存候、當地一同無事皆休暇演習ニ付、寸暇無之候、生モ助手役之他流行ノBacteriologie(2)ノErsetz(3)ヲトリ隔日四時間立ツノデス、キリギリス(4)ニモ宜シク、サヨナラ、廿一日　汝ノ英五郎(5)

○葉書〔Königreich Bayern. POSTKARTE〕表

（An）Herrn Dr. Sh. Ogata／bei Herrn Dr. Hikita aus Japan／in Wien. 8／Skodagasse 6 Ⅲ 26

（スタンプ）〔WUERZBURG Ⅱ／21 MAZ 7-8 NM. 91〕〔JOSEFSTADT WIEN／……F. 91〕

〔注〕

（1）本書簡は封筒宛名からも収二郎がベルリンから、当時すでにウィーンにあった匹田俊次郎のもとへ赴くことになっていたことがわかる。

（2）細菌学（Bakteriogie）。

（3）Ersetzは、Ersetzung（代用代理補充）の意。

（4）誰か友人の渾名か。

（5）金杉英五郎。前出㉑書簡、注（1）参照。

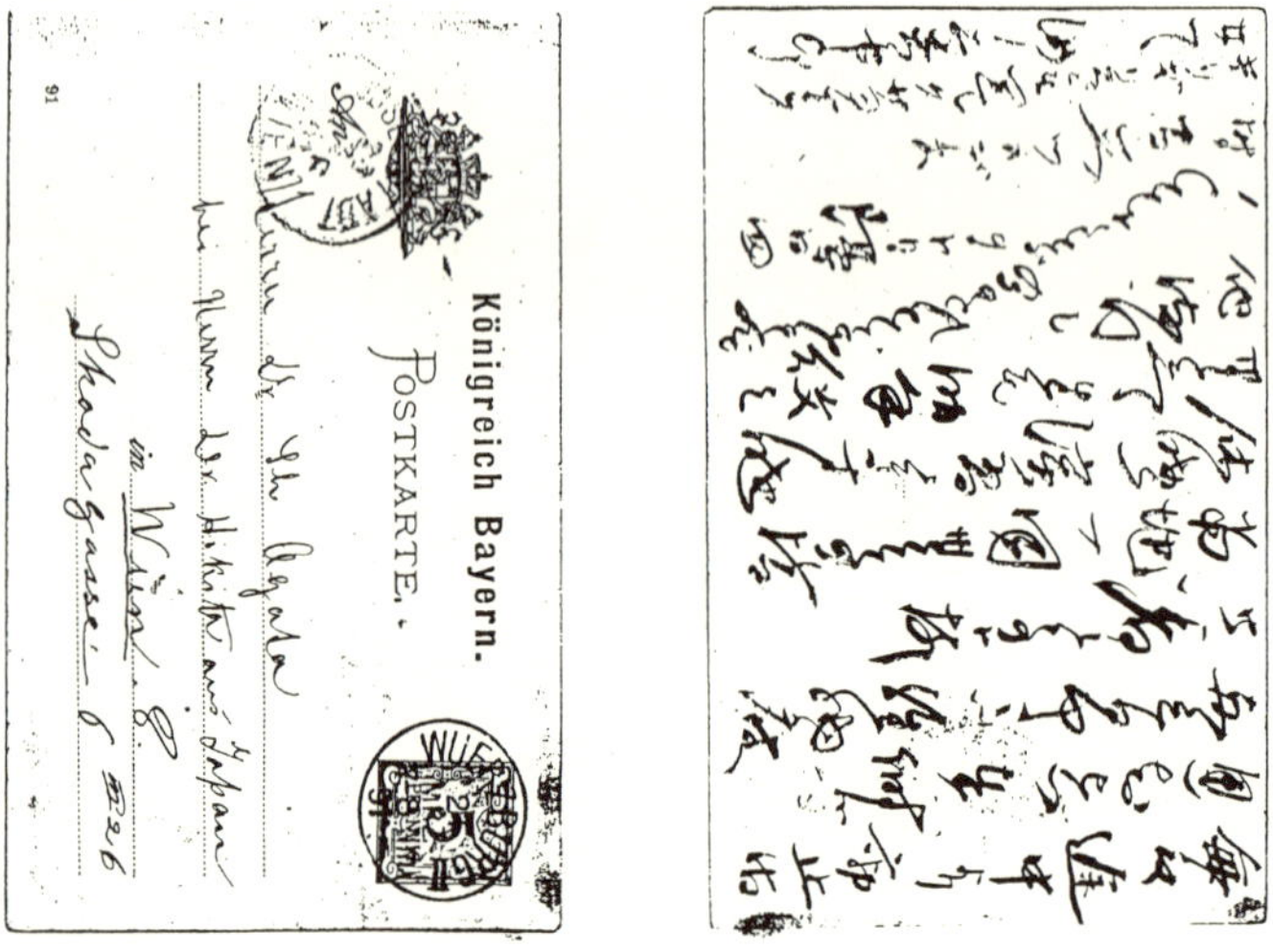

金杉英五郎の筆跡

無番Ⓕ　金杉英五郎、収二郎あて（明治二十四年五月一日）

〔葉書〕（本文・宛名共墨書）

おはがき正ニ拝見仕候、金子之儀只今少々他ヨリ入来申候ニ付、貴兄ニ願上候分ハ一時御断申上候、（五文ノはがきなくなって十文フンパッシタ勿笑―三行ニ小文字ニテ認メアリ、筆者注）生モ六月中当地に居り、ソレヨリ維納ニ行キ是非一クルズス[1]ハ済マス積也、サヨナラ、其内又々、頓首再拝、一日　収公　英五郎[2]

○葉書〔Postkarte.-Carte postale. Weltpostverein.-Union Postale universelle〕〔Bayern の 10 pfennig の切手が印刷されている〕表

Herrn Dr. Ogata, aus Japan／Wien Ⅷ／Skodagasse 6 Ⅲ 26

（スタンプ）〔WUERZBURG Ⅱ／2 MAI.Von 11-12.91〕〔JOSEFSTADT WIEN／$\frac{3}{5}$ 11. V 91〕

〔注〕

（1）Krusus（学期）、今日風にいえばセメスターのこと。

（2）前出番外Ⓔの注（5）参照。

無番Ⓖ　某（半老生）、収二郎あて（明治二十四年四月十七日頃）

葉書（本文墨書、宛名ペン書き）

尚小生寫眞ハ当時取調中ニ付、出来次第可申上候也

頃日傳聞候所ニ拠しハ貴下喉頭加答児ニテ御就褥被成候趣、他郷殊ニ御染じミも少き其地ニ而嘸かし御淋敷御暮し被成候半と、乍蔭御推察申上候、幸に勝島氏[1]出維中ニ而始メニハ少々と看護申居候由、其後御所患は如何経過候哉、漸時快方ニは赴き候半と存居候得共、土地柄凡而御自被成候様、為国家奉謝候、尚相応之御用有之候節ハ御遠慮なく被仰聞度奉希望候

○葉書（Postkarte.-Carte postale. Weltpostverein.-Union postale unirerselle）表

Herrn Dr. S. Ogata,aus Japan／in Wien, Ⅷ／Skodagasse 6 Ⅲ 26（スタンプ）〔WUERZBURG Ⅱ……〕〔JOSEFSTADT WIEN／$\frac{17}{4}$ 8. F 91〕左下に「少年生へ　馬城ニ而半老生」[2]（ペン書き）とある。

〔注〕

（1）勝島氏については前出無番Ⓓ注（1）参照。

（2）差出人の「半老生」は正確に人物を特定できない。が、「馬城」をヴュルツブルクの宛字としているところをみ

ると、明治二十三年八月ベルリンの第十回万国医学会総会当時ヴュルツブルク大学に留学中の馬越篤太郎（鈴木要吾氏）ではないかと思われる。
馬越は東大医学部卒氏名録、海外渡航データにも出ない。

無番Ⓗ　勝島仙之助、収二郎あて（明治二十四年四月二十日《カ》）

（葉書）（ペン書き）

其後御病気如何、最早御全快ト奉存候得共、御察し申上候、小生ノ感冒モ未タ治セズ、民顯[1]ニ而ハ一両日之カ為メニ熱伏シタリ、清友ノ勧メニ任セ、同地ニハ一週日滞在、名醸ノ麦酒モ大抵ハ飲廻り、昨日當地[2]ニ来レリ、民顯一二ノ連中ハ玉突及大博奕に耽レリ、為国家可欣事ニアラズ、當地山ニ囲マレ、気《ママ》節モ稍早ク梅花正開、柳枝毿々風光可愛、英米ノ淑女多ク来游、重満閑人ノ消光場ニ適セリ、市中寂々、維納ヲ去テヨリ美人ヲ見ス、今一回御地ニ行キタキ、graben辺ノ快聞ヲ洩シ玉ヘ、小生當地ニハ一寸滞在、Rhein地方ヲ経テ帰途ニ上ルヘシ、何レ伯林ニテハ面会可申可相成、早々御出伯アレ、當家ニ田中正平君[3]アリ、其他近在Hohenhein[4]農学校ニ山本氏[5]居ラル、耳、先ハ御左右相伺旁公使御夫婦、天野、東久世、土屋諸君[6]ニ御鶴声被下度奉祈候、勝島仙[7]

Stuttgart
Olgar st. 3／. Pension Ruthling

○葉書（Königreich Württemberg Postkarte）表
(An)Herrn Dr. Ogata(aus Japan)／in Wien Ⅷ／Skodagasse 6 Ⅲ(23)
（スタンプ）〔STUTTGART No.2／20(?) APR 7-8 V〕〔JOSEFSTADT WIEN／21/4 9. F 91〕

〔注〕
（1）ミュンヘン（München)。
（2）シュツットガルト（Stuttgart)。
（3）田中正平は兵庫県出身、東京大学理学部卒、明治十七年（一八八四）ドイツのベルリン大学に留学、電気学、音響学専攻、三十二年（一八九九）四月帰国。日本鉄道株式会社技師となる。世界最初の純正調オルガンの発明、邦楽の研究に寄与。昭和二十年十月十六日没、八十七歳（富田仁氏)。
（4）シュツットガルトの少し南方にある。

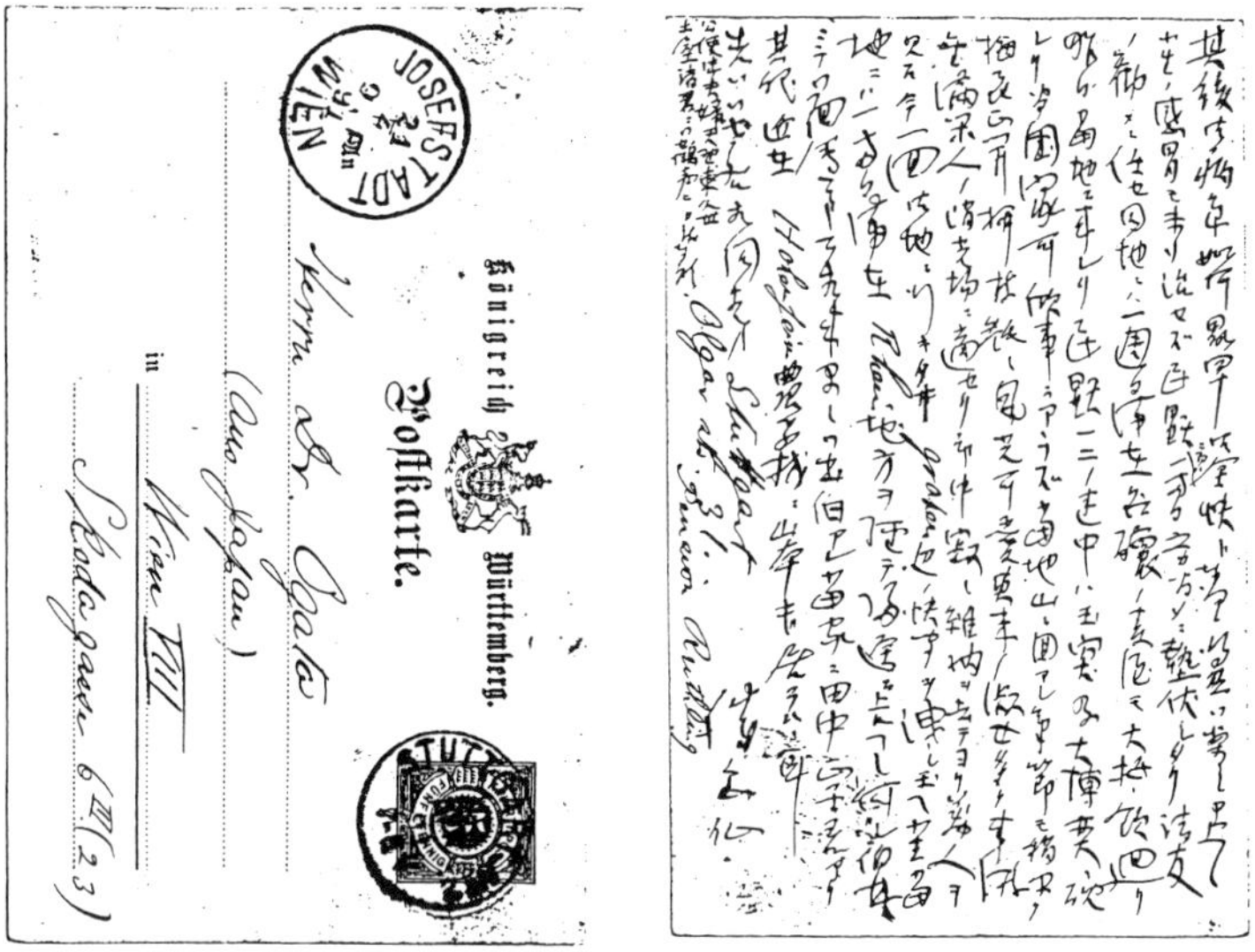

勝島仙之助の筆跡

（5）山本悌二郎か。山本は佐渡出身、独逸学協会学校卒、明治十九（一八八六）年三月ドイツに公費留学、ポツダム大学・ホーヘンハイム大学で法律専攻。二十七年（一八九四）三月帰国。宮内庁御料局地籍嘱託。昭和十二年十二月十四日没、六十四歳（富田仁氏）

（6）天野、土屋については前出(55)書簡注(5)(6)、東久世は前出(69)書簡注(3)参照。

（7）勝島仙は勝島仙之助。前出無番Ⓓ注(1)参照。

D〔適塾の大阪府史跡指定関係〕

(53) 鉒次郎、収二郎あて（昭和十五年六月八日）

六月二日御葉書三日落手仕候、福沢小泉両氏案内ニ付き御丁寧なる御謝状に接し恐入申候、北濱へ御案内の砌りニも小泉塾長より大阪府よりの顕彰の話も相出で居候ニつき昨日の他用にて府廰へ参り候序を以て平尾主事ニ其後の模様相伺申候処、過日来詮議中なるも目下掛員病気不参の為め手続き遅延致候折柄ニ有之、至急右取計を運ばせ度く、就ては別紙之如き同意書を提出致され度く余り時日が延びたる事故此方よりの沙汰を致したるに対し同意を表されたる形式となし至急提出致呉れ度、右ニつき御差支無くば収二郎先生に事後承諾を願ひ、収二郎名義に緒方の捺印を乞ひ差出相成度との折角厚意の提案ニ依り、本日書類作成（別紙之通り）平尾氏手紙まで提出致置候間左様御了承相願度候、但し府としては現存の地に其儘保存したき意向にして民間有志家の力を持って實行したしと申呉居候へども萬一保存方法相立たざる場合ニは家屋の移轉は已を得ざる者となし萬一それすらも不可能となりたる場合ニは届出によりて顕彰取消を行へばよろしき由ニ候も、か、る場合ニは極力御助力致す可き候申居られ候、兎に角く折角の厚意に依り顕彰御受け置き遊はされたる方有料かと心得申も、顕彰の方法は規程を見るに左の如くニ有之候、

第一条　本府下ノ史蹟名勝紀念物ニシテ保存顕彰ノ必要アリト認メタルモノハ所有者又ハ管理者ノ申請若ハ同意ヲ得テ知事之レヲ指定スルコトヲ得

第三条　知事本規程ニ依り指定ヲ為シタルトキハ大阪府公報ヲ以テ告示シ且其ノ旨所有者又ハ管理者ニ通知ス

第四条　本規程ニ依り指定シタル史蹟名勝天然記念物等ノ所有者又ハ管理者ハ別記様式ノ標識ヲ建設シ相当ノ保存施設ヲ為スベシ

第五条　本規程ニ依り指定シタル史蹟名勝天然紀念物ニシテ滅失又ハ毀損シタルトキハ所有者又ハ管理者ヨリ知事ニ届出ツベシ、所有者又ハ管理者ニ変更アリタルタキ亦同シ

第六条　知事本規程ニ依り指定シタルモノニシテ保存顕彰ノ必要ナキニ至リタルト認ムルトキハ指定ヲ解除ス、所有者又ハ管理者ニ於テ保存顕彰ノ必要ナキニ至リタリト認ムルトキハ指定ノ解除ヲ申請スル事ヲ得

第八条　本府ハ本規程ニ依ル標識建設費又ハ保存施設ノ一部ヲ補助スルコトアルベシ

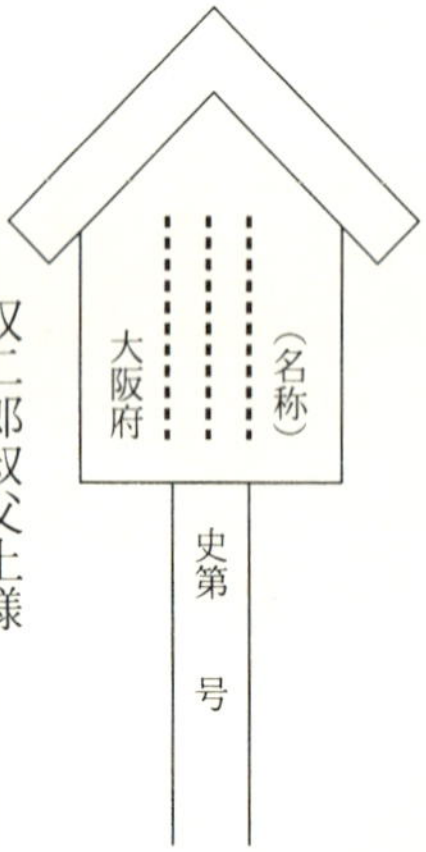

標識

銈次郎拝

収二郎叔父上様

御一同様へ宜敷御伝言被下度候

○本文はペン書き

東京市麻布区龍土町六七
平野様方
緒方収二郎殿
（四銭切手）（消印ハ15・6・8、他不明）
（墨書）

六月八日
大阪市南区難波新地三番町三十八番地
緒方銈次郎
緘
（日付、緘のみ墨書）
（住所・氏名はゴム印）

⑨③ 収二郎、銈次郎あて（昭和十五年六月十日）

銈次郎様　　収老

御書拝読、一昨日府廳に赴く、平尾氏に御面会、北濱家屋顕彰する御討議被下、代りて同意書御提出成置被下候へ御労太の程奉謝候、さて保存ニ就てハ貴方に於てもあのまゝ土地も家屋も共に史蹟紀念物として置之方冀望に候も、何分日本生命の所握と相なり居候間、府の方より同社に因果を説き、同社或ハ社長成瀬達氏の名にて寄附（北濱の地価ハ目下坪七八百円に候間、土地家屋共に拾萬円と見て日生ハ其七分、当方ハ其三分を所有と見なし、共有物として提出する歟、又ハ既に利子として六萬円余を納めあればそれにて帳消しとしてくれる歟、府の主事よりか知事よりか懇々説諭被成下度所願候）申出る様相成度ものに候、老生は同地よりの所得ハ望不申、即ち無所得にてよろしく候間、何卒億川氏并六治君[1]及洪平とも御熟談の上可然御取斗被下度願上候、本日ハ祖先祭日の十日に候間、右諸氏も御面接被為在候事と存候、當地に於ても午後四時より高林寺に集りの事、昨日知、章来談ありしも、老生数日また／＼風ひきにて発熱在床にて断りたるに候、老妻ハ三重子、淑子と唯今駒込にむかひ出候義中申候、當地方ハ昨年より雪も少く雨降らざる故、上水欠減、市民大困り候、諸家とも多くハ水洗便所（市役所よりの勧告にて）なれば尚一方に致し居候、昨日より朝夕唯一時間の水詮使用にて益閉口仕居候、床上執筆候、書中判読可被下候　頓首

六月十日

○封筒なし（本文ペン書き）

〔註〕

（1）維孝の養女初枝の夫（養子、大国氏）。アメリカ留学後、明治三十五年より緒方病院歯科担任（長門谷洋治氏「緒方病院のこと」「メヂカルニュース」昭和四十一年六月による）。

無番Ⓐ　緒方適塾同意書（昭和十五年五月）

同意書（ペン書き）

一、緒方適塾趾

右ハ別紙要項ノ通ニ候處、昭和九年一月大阪府令第一號大阪府史蹟名勝紀念物等保存顕彰規程ニヨリ史蹟トシテ御指定相成候儀支障無之、依而此段同意書及提出候也

昭和十五年五月　日

右所有者

住所　京都市北京区北白川小倉町五十番地

緒方収二郎

大阪府知事　半井　清殿

——・——

要項

一、種類　史蹟

二、名称　緒方適塾趾

三、所在地　大阪市東区北濱三丁目壱百番《三十番地》屋敷

間口六間半奥行二十二間半　総坪数約壱百五十坪

四、所有者ノ住所氏名

京都市左京区北白川小倉町五十番地

緒方収二郎

五、管理者ノ住所氏名

前項ニ同じ

六、形状、構造

江戸期大阪町屋風二階建

七、現状

井尻辰之助氏ニ貸與シ華陽堂北濱分院ヲ経営ス、道路擴張ノ為メ奥行約四尺ヲ切取リタルモ塾表側ハ舊形ヲ存し、二階塾部家ハ診察室其他ニ改造シアルモ天井及び壁板等ヲ取除ケバ舊態ヲ保チアリ、其他ノ構造ニハ適塾當時ト変更セル所ナシ

八、天保九年緒方洪庵二十九歳ノ時大阪ニ来リ、瓦町ニ居ヲトシ蘭学塾ヲ開キシガ、五年ノ後、天保十四年（現在、弘化二年トサル梅溪注）十二月　此地ニ移リ、塾ノ擴張ヲ図リ適塾ト命名ス、爾来文久二年八月江戸幕府ニ召サレテ奥医師トナル迄、弐拾年間登門ノ弟子三千ヲ数エ、数多ノ俊英ヲ

育成シテ幕府明治ノ文化ニ多大ノ貢献ヲナシタリ

九、大正（昭和）九年大阪府ハ屋前ニ標石ヲ建テ「緒方洪庵適塾址」ヲ彫シ史蹟ヲ紀念セシム

以上

無番Ⓑ　銈次郎、洪平あて（昭和十五年九月十四日）

〔葉書〕（本文・宛先ペン書き）

消毒薬の件何分共によろしく願上奉候

朝鮮よりは已ニ御帰還ニ相成候や伺上候、先便御笑被下候哉、實ハ大阪府庁ニ其后寫眞を提出致候處ろ字劃に訂正を乞ふ處あり、「趾」を「阯」に「記」を「紀」に其外記念物の上ニ「天然」の二字脱セリ等書直しを命ぜられ、大工に相談いたし候処、全然ケズリたる上にて書き換ねバなりますまいとのこと、書家は目下多用ニ付、本月末迄待ッて呉れと申し候ニて、府庁へ御届直候、書換への為め大工書家への礼として已報の礼ニ金拾円追加を願はねばならかと存申候、洞識不攸御高免願上候、

官製はがき(表)

京都市上京区北白川小倉町
五〇
緒方洪平様

弐銭

南阪大 15 9.14 后0-4

大阪市難波新地三番町三十八番地
九、十四　緒方銈次郎(ゴム印)

㉚　E〔身内関係ほか〕

千重、収二郎あて（明治二十三年一月一日）

あたらしき
　年のはしめの
ことほきを祝そめたる
　　けふにそあるかな

明治廿三年一月一日

千重拝(1)

伯林府
御伯父《（収二郎）》様
御壽

かへす〴〵も寒サ強く候まゝ随分〴〵御身御大切ニ被遊候よふ念し上候、正清事一方ならぬ御厄介さまニ預り有難く厚く〴〵御礼申上候、何分にも此上なから宜しく〴〵願上候、年頃の願を相違し候も全く御伯父様の御高恩を有かくそんじ上候、私事此節学習会にて北里様の御令妹としたしくいたし居候、中〴〵の御勉強家に御座候

先は春立けふの御寿
申述候
めて度
かしく

○封筒ナシ（本文墨書）

〔注〕

（1）千重は洪庵の四女、八千代・養子拙斎の長女（明治二年生）で、養子正清の妻。

㉛ 千重、収二郎あて（〔明治二十三年〕七月三日）

毎々正清への送物御願申上御手数様
のだん実ニ〴〵恐入候

あさましうさみたれくらす窓の内に光こよなき御玉章は雲間の月かと御うれしく拝し上候、先とや御伯父上様御はしめ自由ふかく御三方様にも御揃遊し時候の御障もあらせなふ御すこやかに渡らせられ候よし限なく御目出度存上候、此かた北濱はしめ一族一同相替らす無事ニくらし居、姫路山本様方御一同様にも御機けんよく入らせ遊し候まゝ、くれ〴〵も御安心被下度候、左候へは憲三死去(1)ニ付、御細〴〵との御弔詞給り有難く早速両親(2)へ申傳へ申候、まことに袖の朝風身にしみて御名残をしく存候ひし停車場の御別もいつしか一年のむかしかたりとハ相成申候、御伯父上様には定めしをひ〴〵土地ニ御なれ遊し旅路のうさをも御紛れ被遊候よふ御成遊し候事と存上候、御地は廣かなる公園なと多く種々珍らしき草花なと植付、深林池なと有之、宜敷風景ニ御座候よし、さよふなる所ひて終日遊ひ暮し候へはさそ〴〵たのしき事ニ候はんと一同打より夏にもかなと申居候、御地婦人の衣服の色とり大へたに候よし、我日本国も美術ニ富たる国とか承り候得とも、婦人は色のとり合などには少しも意を

注不申、只〳〵流行にまかせ白き色の上ニ白けたる帯をしめなと致し候ゆへ定めし他国人ニわらはれ居候事とそんし候、当時は白き物大流行致し奥様かたにても白き物をめし一寸身には藝者とまちかひ候よふにて少しも上品と申所は御座なく候、御地も流行ひしたかひ種々かわり候事と存上候、しかし何を申候ても文明国事ニまゝ色〳〵婦人の心得となるべき事など澤山おはし候はんと存候、何卒御ひまもあらせらし候ハゝ御教示被下度候願上候、御地此節の気候は如何ニ候哉、此地にては春以来降つゝき晴天とてハかぞへ候ほとにて昨年以来米麦の作あしく候よしニて、米價非常ニ騰貴致し金融切迫等にて日々に貧民ふへ今やうへじになさんとする者多く、政府も金融救治として紙幣発行なし外国米を市上ニのぼし種々尽され候へとも中〳〵其効なく米價ます〳〵騰貴なし、地方にてハ諸〳〵ニ暴民をこり米商の家に乱入なし家をこわしたり種々らんぼふ致候よし日々新聞上ニ相見申候、(3)かしこくも皇后宮階《ママ》下には貧民困難のよし聞食《ママ》され、当分毎月三百円ツゝ下賜せられ候よし承り候、一時は大塩の二の舞か出ず哉とか噂致し申候、先月梅雨ニ入候てより珍らしく天気打つゝき俄ニ暑きひしく相成、寒暖計九十度ニ昇候処、又々両三日前より昼夜をわかす降つゝき居申候、定めし新聞紙上にて御承知被遊候事と存候へとも、一昨一日は日本国民が待にまつたる衆儀《ママ》院儀《ママ》員撰挙日御座候、先々月五月頃より一同さわき出し各地候補者の競争中〳〵はけしく演舌やら宴会やらかん告やらにて多くの運動費をつひ（か欠）中〳〵こゝを先途と争ひ、大坂府にては第二撰挙区(4)（東区北区）尤モはけしく自由党よりは田口謙吉、大同團結よりは豊田文三郎を出さんとなし、東雲新聞と関西日報との大争に相成、互ニ悪口の記し合にて新紙上はそれのミにてつまり候ほとに有之候処、いよ〳〵當日には豊田の勝と相成申候、本日迄ニわかり候は、一撰挙区（西区）栗谷品三、第二（東北）豊田文三郎、第三（南区）浮田桂造の諸氏当撰致申候、貴族院儀《ママ》員には河内国農久保田眞吾氏当撰いたし申候、委しくは新聞上にてご覧被下候、博覧会も始は随分見物人も澤山有之候へとも、此節は殊ニ少く相成候よしニ御座候、実は私事当春憲三死去後に父の共致し高女めしつれ上京致し申候、(5)博覧会は思居候しほとには御座なく候、しかし日光社の荘厳と江戸（之カ）しまの景色には驚入申候、父も帰坂後胃病にてよほと衰弱いたし、一時は誠ニ心配いたし候へとも毎夜運動をはしめ候てよりよほと丈夫に相成、身体も元ニふくし申悦居候、母は御陰さまにて至而丈夫ニ暮居候まゝ御安心被下度候、これよりは伯父上様の仰に随ひ必す遊山をすゝめ申へく候、かゝるくた〳〵しき事

長く認め、さそ御うみ被遊候はんと実ニ恐入候、何卒御
ゆるし絵はん事を願上候　かしこ

（明治二十三年）七月三日　千重拜

御伯父上様

玉机下

かへす〳〵もおひ〳〵暑ニ向候まゝ
御身御大切ニ御厭被遊候よふ念上候
此方九重叔母さまより宜敷との御傳
言ニ御座候、夜中認大乱筆御はんし願上候

○封筒ナシ（本文墨書）

〔注〕

（1）憲三死去については前回の㉒書簡　注（3）参照。憲三は千重の弟にあたる。

（2）八千代・拙斎のこと。八千代も収二郎に礼状を出している（前回の㉗書簡）。

（3）明治二十三年一月十八日、昨年来米価騰貴、富山で窮民三〇〇人が市役所へ押しかけ、米騒動はじまる。以後、北陸筋諸県、滋賀県・京都府・中国地方でも米商・富豪などが襲われる。五月、米価は前年の二倍となり、東京・大阪・京都で窮民増加、東京で餓死者がでる。

（4）第一回総選挙の大阪第二区の状況が具体的に報じられている。

（5）前回の⑬書簡参照。

㉜　千重、収二郎あて（〔明治二十三年〕四月二日付）

（墨書）

其後は久敷御機嫌御伺も不申上御無沙汰さま申上候だん
御海恕被遣候、先以
御伯父上様にも御障もあらせなふ御機けんよう入らせ遊
し依事限のふ〳〵御目出度存上候、此方院長様初一族一
同無事ニくらし居候まゝ御安心被遊度候、扨ニや姫路に
ても御叔母様春香さまニも誠ニ〳〵御機けんよろしく先
月当地へ御越遊し、十五日間斗御逗留にて御帰り遊し候、
春香さまに餘ほと御丈夫に御成遊し実ニ〳〵愛らしく御
座候、何卒くれ〳〵も御安心遊はされ度候、
・昨年出生[1]致し候憲三義去年廿五日はしめて高野村より
つれ参り候処、よく成人いたしふとり居候処、廿九日夜
より少々風の心地にてぐづ〳〵申居候し処、世一日に相
成俄ニあしくぢふてりあとか申事にて院長様初副院長様
にも種々御手をつくし戴候へとも、其甲斐なく終ニ世一
日午後十時ニ死去致申候、実ニをしき事致申候、日本に
ては当時陸海軍大演習やら第三内国博覧会等にて何とな
くさわかし御座候

先ハ御伺旁右申上候

荒々かしく

四月二日　　千重拝

独乙国伯林府ニ而
御伯父《(収二郎)》上様

返す〳〵も時分から折角御身御大切ニ被遊候よふ念し上候、甚たお手数様のだん恐入候へとも正清事最早フライブルクとか申所へ出立いたし候事と存候まゝ書状一通[2]入置候間、御面倒さまながら御つかわし戴度願上候、此方一同より宜敷申上候よふ申付候、以上

○封筒ナシ（本文墨書）

［注］

（1）「緒方氏系図（昭和四十七年）」に憲三の生歿を欠くも、生年は明治二十二年、明治二十三年三月三十一日歿。

（2）この千重の夫正清あて書簡は、見出せない。

㉝　千重、収二郎あて（［明治二十四年］九月十一日）

久しうせうそこ《(消息)》も奉らておほつかなき日数おほくつもり候を思ひなから、何と事繁くつひ〳〵おこたり候、罪御ゆるし被遣候、さても旅の御すまひの焠《(さい)》の夕暮をいかに過させ給ふかと御案し申上候折から、去る七月二十九日御出しの御書状九月十日着いたし早速拝見致候処、先以御つゝかもなう入らせ遊し候よし、こよなふ御めて度そんし上候、此方一族一同先々無事ニくらし居、姫路御一同様にも御障りもぬ御機嫌よく入らせ遊し候由、御安心被遊度候、さてとや伯父上様にも御帰朝又々御延引被遊候よし、実ハ去る八月岡様[1]と御同船ならんと存し、一同楽しミ御待申上候処、御都合ニて御のばし被遊候よふ伺、此度こそハ必御帰朝と存しあけくれ御着船をたのしミ御待申上、殊ニ母事[2]去年上旬頃より極軽性（ママ）のせきずい病ニ罹り打ふし居候ハヽ一しほ御帰りを待兼申、日々たのしミ居事〳〵又々御延引と承り、がつかりと気を落しぐにや〳〵ニ相成居候、しかし病気もおひ〳〵宜しく、せ骨ニ少々痛之有之候のミにて気分も宜しく、服薬其他充分気をつけ保養専一ニ致し居候まゝ、ほとなく全快いたすべくと存し候まゝ、決して〳〵御案事被下間敷願上候、春香さまニも誠ニ御丈ふニて愛らしく御成人遊し、近々にハ父上様御帰朝とて御よろこひ遊し、おとなしく日々御待被遊居候、何卒来一月にハ御間違なく御帰りのほとくれ〳〵も願上候、母より書状さし上候筈ニ候へとも何分筆とり候へハすぐ障り申、それゆへ私より宜しく申上

候よう申付候、正清事万事容易ならぬ大御厄介さまニ相成、有難山々御禮申上候、此度出都いたし御同居願居候よし、又々何と御厄介さま此上なから何卒よろしく〳〵御願申上候、

先ハ右申上度　匆々　可祝

（明治二十四年）九月十一日　　千重拜

伯父（収二郎）様

ミもとに

尚々折角時こふ御厭

遊し候よう念し上候

以上

○封筒ナシ（本文墨書）

［注］

（1）岡玄卿の神戸帰着は、明治二十四年八月二十二日。前回の⑦書簡参照。

（2）八千代。

㉞ 九重、収二郎あて（［明治二十三年］正月）

千とせかわらぬ春の御寿きめ出度いわゐ納まいらせ候、まつ《ず》〳〵御まえ様にも御機嫌よく一年重《かさね》させ《候》よし、幾万々年の末迄も目出度祝上候、さやう候へハ此方もとにても北濱今橋両家ともぶじニ年そへ候まゝ乍憚様御心安う思召被下候、姫路ニても山本様御一同様猶玉江様春香さん[1]誠に御丈ふニて入らセよし候まゝ、是又御安心被下候、私事も昨年中ハ存外御ふ沙汰申し御文さへもさし上不申、実ニ〳〵恐入候、神の御恵ぐみニてまつ〳〵大丈ふ日々かんしや致居候、定めし江南《エナ》府主人[2]の事ニ付種々御厄介様の御事と察し申上居候、何分にも〳〵よろしく御頼申上候、まつハ新年御祝詞迄

荒々めてたく　かしこ

（表書）　　九重[3]

緒方

収二郎様

○封筒ナシ（本文墨書）

［注］

（1）収二郎の妻玉（瓊）江（山本氏）、長女春香のこと。

（2）イエナ(Yena, Jena)のフライブルグ医科大学に留学中

の堀内謙吉のこと。

（3）洪庵の五女九重で、軍医官堀内利国に嫁した（のち、緒方姓に復す）。

㉟ 九重、収二郎あて（〔明治二十三年〕四、五月カ）

収二良様　　九重より

其後ハ久敷打たへ文さへもさし上不申御ふ沙た様御ゆるし遣され度候、先々御機嫌よく時かふの御障りもなふ被為入、何寄御目出度存上候、さやう候へハ御まゐ様にも相替らす日々御勉学被遊候由、是又御嬉敷存上候、御留主（守）中北濱今橋其外いづれも無事ニ被為入候尽御安心被下候、姫路ニても玉江様春香様も此比ハ御機嫌よく被為入、時々大坂へも御帰りニ相成居候、春香さんハ追々ちへ付申されあゆらしく御成人ニ御座候、御安心被下候、其地ハ如何、日本ハ時かふ悪敷きこふも定まりかね、此せつハ悪しきやまひ流行致候て、又米の直たんも高く相成候、右市中何となく人気悪敷、川はまりやら野たれ死やらにて実ニ〳〵あわれなさまいやな事ニ御座候、追々はたらく事かすくなく末ゆへこまる者多く出来候、此様子なればその内ききんか参候やも斗かたく困り入候、[1]此春以来何分雨多く天気ハ実ニ〳〵すわりなく、よふやう両三日前より天気つゝくよふニ相成申候、一日の内にあつかったりさむかったりいたして定まり不申、病人も多く出来申候、しかし一同大丈ふニ候ゆへ御案事被下間敷候、扨謙吉事ニ付いろ〳〵御心配被下有かたく同人事も過日よふ〳〵の事ニて大学校江入校致候様ニ相成候由申来り、[2]実ニ〳〵嬉敷悦申居候、全く御まえ様正清様御両人の御蔭様と日々悦居候、何分御存の通りの人物ニ候、右万事宜敷御頼申上候、何卒御はやう御帰朝御待申上候、私事も御かけ様ニて大丈ふたへ（え）す教会江参り又神の御恵みニて至極心より毎日ひまさへあれハ外出致たのしんてはたらき居候間、御安心被下候、御まゐ様ニもどふぞ〳〵御むり被成す、風引かぬよふ被成、御身御大切ニ頼上候、猶此外申上度存候へとも、御姉上様[3]より御申上と存候半とさしひえかへ申候、堺吉雄おう事[4]も至極丈ふニて御座候、同人ももはや六十二と相成申候へともかく別よわり不申、日々御まゐ様の御帰りを待居候、おきく[5]も大丈ふたへす参り居候、過日参り候御まゐ様の写真実ニよく〳〵〳〵うつり申、其うへよく御ふとり被成ま事ニ嬉敷安心致申候、幸便ニまかせてくだらぬ事斗申上、文面不揃よろ

しく御はんしよみ遺され度候、先ハ御伺申候、早々
めでたく
かしこ

○封筒ナシ（本文墨書）

［注］

（1）以上の状況は千重の㉛書簡にも記されていて、明治二十三年であることがわかる。

（2）いつ謙吉がイエナのフライブルグ医科大学入学の報を母九重に寄せたかは正確にわからないが、正清らにおくれて明治二十三年四月からであったと推察できる。

（3）八千代をさす。

（4）堺の吉雄は拙斎の本家、おうは拙斎（明治四十四年、七十八歳没）の姉にあたるか不詳。

（5）収二郎の妻玉江の実家山本家の娘か。

㊶ 惟孝、収二郎あて（明治二十三年七月四日）

拝啓尓来御無音申上候段、平ニ御海恕被下度候、時下梅雨之候益御清祥奉大賀居候、爰許三家一同無事御省念可被下候、姫路表ニ於テモ御両人とも至而御丈夫ニ被為居候間、御安意可被成御座候、然ハ先般送付之為換券昨十二月より四ヶ月限り之受取ラレル様武井氏へ依頼いたし取組み候処、右貴方ハ全ク着後四ヶ月限り之趣御申越相成驚入申候、早速武井氏へ参り相尋ね候処、同氏も其辺ふなれにて取組まれ候よし、実に不都合之至、唯々御困り被成候事と存候、其高ハ英貨磅ハ前送付より安直ニ買入大ニ喜居候処、四ヶ月間之利子并ニ手数料引去ラレテハ何モ利益ニナラズ只タ骨折打損致申候、向後ハ必ず其辺注意いたし間違ナキ様可致候間、重々御免願上候、此度ハ英貨磅非常ニ下落致申候、正金銀行ニテハ当分ノ内為替取組み之義謝絶ニ付、不得止香港「バンク」ニ取組み別紙振出シ券第甲号壱枚封入御送付申上候、相場ハ「ポンド」ニ付、三志五片二分ノ五、即チ我五円八拾壱銭三厘ニ当ル、合計金千弐百五拾円ニて英貨弐百拾四磅拾六志壱片ニ相成申候間、左様御承引可被下候、受取方ハ此券四月直ニ御受取り相成候而宜敷と申事ニ御座候、尊君ニハ来ル九月頃より諸所へ御回りニ相成リニ相成候よし、就而ハ第乙号振出し券ハ正清君方へ送り申上候間先方《同氏へ》へ御通知置被下度候、

一眼科新聞不足の分ハ太郎君へ依頼候処、別紙来書之通りニ御座候」　山県君(1)ニハ四五日前上坂いたし《され》此度ハ病院ヲ辞シ彼地ニ於テ開業被成候よし、就而ハ医用器械并ニ薬局常品買入之義ニ付、小生日進白井ニ参り夫々相整

ひ申候、不相変例ノ好物の芝居へ一日お招申シ申候、同氏も至而壮健ニ御座候、御送付之書面ハ同氏帰県後届き候ゆへ、昨日差出申候
一平吉事ハ実ニこまる者御座候、併し此度ハ尊君より三郎氏へ之書面ヲ平吉へ読み聞セ候処、実ニ落涙いたし大ニ悔悟いたし様三郎氏より申来候間、向後ハ追々勉強可致尤と存候、
一憲三事モ先般ヂフテリー病にて死去、院主モ大ニ力落被成候事候、同氏モ当春来兎角胃病にて困リ被成居候処、当時ハ大ニ壮健ニナラレ日々勤務被成居候、
一眞嶋隆斎氏(2)ニハ先達頃より病気之処、遂ニ養生不相叶、当月初旬死去被成申候、就而ハ先般御送申上候同氏之眼科書ハ最早入用之モノデハ無之と被存候、右御含み迄申上候也
一当地高安病院モ其後患者至而少ク、入院患者ハ僅ニ拾名たらずと申事ニ御座候、其他高橋吉田ノ両院も同様昨年の如き盛ノ事ハ無之候、当病院も昨年ヨリハ少ク、外来モ同様、当年半期之処にてハ先ず昨年の三分の一ヲ減じ申也、其故は米価高直より起リシ事ト被存候、院内ハ別ニ変リ候事無之、当七月ヨリ濱田氏ヲ増給いたし三等俸月給弐拾円ニナシ（同氏是迄十五円ノ処五円ヲ増ス）吉川氏ヲ壱円増給ナシ七円トいたし候、其他ハ是迄之通リニ御座候
一尊君ニハ当秋より諸所へ御廻り之よし就而御身大切ニ御自愛専一ニ願上候、当冬ハ是非共暖気之地へ御出向ヶ被下度、昨年御地近年ニ無之暖気ニ有之よし、当年ハ唯々寒気モ強からんと一同心配罷在候間、呉々も冬迄ニ暖き地方御出で被下度是祈、諸方御廻り之セつハ各国公私病院ニ於テ御注目被下義候ハ病院医務其他右ニ関スル経費上ニ付、我国ニ適当スル分ヲ御取調へ被下度願上候故、先ハ右為換券甲号封入旁御伺旦は御依頼まで
明治二十三年七月四日　匆々不尽
孝《(維孝)》より
緒方収二郎様
尚々時下兎角不順ニ候間、御自愛平ニ奉祈候、乍末筆藤枝(3)より宜敷申上候外、はつへとし(4)の両人も至而丈夫有之御省念被下度候、
○封筒なし（本文墨書）
○罫紙（二十行）欄外に「東京新聞ハ此度六百九十四号(カ)より七百八号迄送付仕候向ハ君御出立後ニ相成候間、送付不仕、若シ正君入用ナラハ御送リ申上候間否御報知願上候」とある。

［注］
（1）山県有恒か。山県は山口県出身、明治十四年東京大学医

学部卒。和歌山に開業、明治四十二年一月二十七日没（小関恒雄氏）。

（2）眞嶋隆斎は眼科医開業ならん。

（3）藤枝は緒方病院医員か。

（4）「はつへとし」は、惟孝の子、初枝《はつえ》（養女、洪庵の末子重三郎・光枝の子）と敏《とし》のこと。

72 惟準、正清あて（明治二十二年八月八日）

神戸御出帆后数回ノ文通ニテ御無異独乙ヱナ府ニ御安着大賀此事候、此地一同無事病院モ殊ノ外栄盛ニシテ御出立后ハ今以テ満院外科患者多数ニ有之、実ニ多忙喜ヒ可被下候、乍併太郎子ノ不勉強ニハ大閉口致居候、未タ収二郎伯林着后ノ書状達セス心配致居候、同人事ハ外科ヲ専ラ研究シ早々帰朝（満一ヶ年）ニテ野生ノ補助ヲ頼入ト御序御傳声可被下候、吉田顕三①モ辞職后高麗橋筋ノ日本土木会社ヲ買取リ私立病院ヲ設置セリ、大坂府病院ニハ清野男（勇）②（医学士ニシテ岡山第三医学校長）院長トナリ、処々競争ノ世トナリ候故ニ貴君モ大勉強致シ両三年ニテ帰朝頼入候、近頃弊院ハ眼科病人僅少トナリ、実ニ残念ナレモ何分小生一人ニテ何モカモ出来不申、収二郎ヨリ太郎迄③厳敷勉強ノ事申送候様御傳へ可被下候、月給モ院長ト同様七十円モ与ヱ居リ何モカイナク候間、収二郎貴君ノ帰朝ヲ指ヲ屈シテ相待チ居候間、一日モ油断ナク「ドクトル」免許ヲ得テ帰朝ヲ今ヨリ示シ、弊院研究会申報モ「アメリカ」国医事新聞社（三軒）ト申報ヲ交換致候様ナリ喜ヒ居候、御地ノ医事新聞社トモ交換申込度候故、其辺御聞合可被下候、雑誌ハ后便ニ数冊送リ可申候、○明石ノ海水浴場モ当月一日ニ開館式ヲナシ衝涛館ト名ツケ開館以来多人数来リ満館、今橋ハ千重八千代九重、当方ハ荊妻小供不残下女迄入浴へ遣シ、野生一人ニテ留守致居候、海水浴所ノ事ニ付御考ヱアラハ御申送リ可被下候、○銈次郎ヨリ学資ノ事委細申越承知候、乍併獨乙ニ遊学スル日本人ハ殊ノ外日本内地ニテハ評判ヨロシカラス何卒貴君ハ「ビール」ヲ飲マス節倹シテ勉強頼入候、為替金ハ如何イタシテヨロシキヤ早々其都合取組先御申越可被下候、○医事上ノ新説聞込次第御認メ御送リ可被下候、申報ニ記載致度候、○銈次郎ヨリ同人ノ住処番地申不来候ユヘ乍御面倒同人ニ別帋御届可被下候、○過日当地ニ私立衛生会総会ヲ開キ、三宅大澤様(4)モ東京ヨリ来候、中々盛会ノヨシ野生ハ伊豫松山(5)ニ往診中ニテ其会ニハ臨マス、○今橋ノ家モ普請美麗ニ出来致候、○

病院ノ雪隠(6)ハ取除キ北側ニ離シテ三階ノ雪隠ヲ作リ只今迄ノ処ハ運動場ニ致候、之カ為ニ此炎暑ニテモ臭気ナク衛生上ヨロシク候、他ニ申上度事如野泰山有之候得共、紙数ヲ恐レ后便ニ譲リ候、何分ニモ御身ヲ大切ニ呉々モ勉学頼入候也

明治二十二年八月八日　大坂緒方惟準往診ノ寸閑ニ認ム

緒方正清君

○封筒ナシ。版心に「原稿用　緒方病院医事研究会」とある三十四字詰、十四行罫紙使用。「医事研究会」については前回紹介の④書簡注(2)参照。

[注]

○本書簡は、惟準が渡独早々の正清にあてたもので、緒方病院や大阪における病院設立・競争の状況、明石水浴場、学資その他の件々は前回紹介の③④⑦の各書簡にも出ている。

(1) 前回の①書簡の注(4)参照。
(2) 前回の①書簡の注(5)参照。
(3) 太郎については、今回冒頭の㊴書簡注(1)に詳記した。
(4) 三宅は三宅秀（明治十八年十二月ドイツ派遣）、大澤は大澤謙二（明治三年官費ドイツ留学）であろう。
(5)(6)は前出の㊷書簡の院内見取図参照。

---

(73) 拙斎、正清あて（明治二十四年九月十六日）

其後ハ愈御無事御勉励之由大慶不斜候、過日岡玄卿氏帰朝之節御近況畧傳承致し、一同安心此事を収叔帰朝之日ハ本月中旬トノ事ニ而先月末一同一日千秋之思を為シ屈指相待居候処、此度之来書ニ而金子之都合ニ依り延日相成候事相分り一同気抜之姿ニ御座候、他方より同人帰朝之日ヲ問合候向ヘハ皆々本月中ト相答置候処、右之次第ニ而今更閉口之至ニ御座候、其許殿ニも来春ハ早々御帰朝之御心算ナル由了承致候、旅費等(1)ハ収叔帰朝之上相談致し御出立迄ニ送金可致候積ナレハ来一二月比ニハ何時ニ而も出立相成候様、其御手都合御用意可然候、両人同船ニ而帰朝ト申事ハ不得策ナル事収叔マデ委ク申遣置候間、御聞取可被下候、○ツベルクリン(2)も當病院ニ而濱田引請数人相試候得共、未全治之人ハ無之且著シキ功験モ未ダ見出し不申候、尤本邦ニ而ハ評判は不宜様承知致候、其許殿ニ伯林御転居(3)已来コッホ氏へ御随従顕微鏡御研究之由、至極妙ト奉存候、充分御実験相成御帰朝被致下候、好土産ト相成可申候、○過日東京ニ於而新博士六十余人出来候、世上てハ色々評判有之、旧博士之人不平ナレハ是ハ追々大博士ニ昇進ト申噂御座候、法学士連ハ大ニ議論□(申カ)し建白書ニ出候由也、政府も種々之内情有之、六十

余人へ右称号ヲ與候趣、民間ニ而も彼是説多ク民間之大学者福澤藤澤漢学者之類へ盛ナル博士号授与式ヲ行ハント企有之由、扨々妙な事そ、○本年ハ本国ハ非常之大暑殊ニ残暑甚ク去十四日迄ハ毎日大抵九十度已上之処、十四日夕より大暴風ニテ十時ニ止ミ、其後ハ俄ニ秋涼相催し此分ナラハ本年ハ豊年ナラント世上一般相喜居申候、其外申進度事如山ナルモ難尽、先是ニ而閣筆

九月十六日緒方拙斎

緒方正清殿

○版心無記の九行罫紙使用。冒頭に「過日岡玄卿氏帰朝」云々とあり、前回の⑦書簡に出るごとく、「明治二十四年八月廿二日神戸着」ゆえ、本書簡の年次明かなり。

［注］

（1）正清帰国旅費云々の件は、前回の⑦⑱書簡にも同様の記事あり。

（2）前回の⑬書簡注（1）参照。当時緒方病院でもツベルクリンへの関心が大きかったことがわかる。

（3）当時、正清がイエナ（Jena）から伯林（Berlin）大学のコッホのもとへ移って研究していたことがわかる。おそらく惟準ないし拙斎の指示があったのであろう。

---

⑩ 山本玄一、収二郎あて（明治二十三年一月元日）

恭賀新年!!

三陽辰ヲ格シ西海同風伏而尊大兄ノ萬福ヲ想ヒ欣嬉之ヨリ大ナルハ莫シ、鈍生モ亦如常馬齢ヲ重ネリ、希ハ尊處ヲ煩ハス勿レ、謹ンデ一片ヲ染メ、祝辞ヲ修ム

頓首!!!

明治廿三年　在東都　山本玄一[1]

一月元旦

緒方兄上様

○封筒ナシ（墨書）但し、この年賀状の封筒は、前出㊴書簡の横封筒と整理されているものに該当するであろう。

［注］

（1）山本玄一は、前回の⑧㉓㉔各書簡に出ている。収二郎の妻瓊（玉）江の実家山本氏。玄一は瓊江の弟、のち明治三十六年、緒方病院の耳鼻咽喉科を担当している（長門谷洋治「緒方病院のこと」）。

(94) 収二郎、某あて（〔昭和五、六年秋ごろか〕）

秋立ち候も日日の暑気堪兼候、御動静如何、老生二三日来熱出て在床致候も別段の事ハ無之と存申候所、御掛念無之間敷候、人ハ病間にありてハ思ひ覧るゝは通性なるも四十年の苦辛ハ残す所負債のミにて往事を顧るに唯自分の不甲□（斐カ）なきに因れる事にて他を恨むまじきに候、あきらめ居れるも、将来即ち死後遺族にハ迷惑を残し度なき事に候、就てハ相考候に堀内氏に貸付の七萬円ハ、先般も御相談申上候通り、老生方にハ何等貸金の確証ハなく返て日本生命ニ債務負い候様なる事にて、朝露に比さるゝ人生の了る前、一朝老生失命の節ハ他人ハ唯々証據の書類にノミ依るものに候間、其結果ハ老生の遺稿のアリいふ所と相成可申、若し不幸にして同様の結果と相なり候節ハ、病息の洪平も在学中の裁吉及老妻ハ如何成り行き可申哉、思へば寒心の至に候、若し老生生きながらへ仕候トモ（堀内氏が不幸ノ時）反テ一層の苦難を受候ハ難免ト存申候、日生ヨリ借入金を堀内氏に御用立候てよりもはや二年を経居候、尚其マゝにて打すておかし候ハ何等の爲メナル哉、了解しかねる事に候、彼ノ金円ハ左ノ如ク日生ヨリ老生ニ老生ヨリ轉借のモノニ候間、返済の節ハ堀内氏より老生に老生より日生に返納なすべきに付、故に利子ハ老生承歩にて堀内氏より同社に納メラレアル　◎→収→堀　ナリ、而テ同社ヨリの告知及催告ハ小生方ニ申し参り居候右様の次第ナレバ返金の節ハ先ツ小生方に、次テ小生ヨリ日生に納ムベキモノニ候、然レバ同氏よりハ借用証ヲ小生宛に入るゝハ當然スギル程當然と存申候、故ニ先日も登記などよりハ早く借用証をさし入レらレ度ト御相談申上る事に候、若し登記出来候はゞ此上もなき様存申候、御多用恐入候も鉒次郎君ト御相談何卒至急宜敷御取斗願上候

在床執筆乱書御海容可被下候　早々拝首

松一木晨《あした》して緑の秋寒き

○封筒ナシ（全文ペン書き）

文面内容から収二郎が年来、気にかけていたことを某氏に托したものと思われる。

本簡は年月日および差出人、名宛人名を欠き、本文中に抹消、加筆訂正のあとを多くとどめているので、素稿かと思われる。緒方裁吉氏によると、昭和五、六年頃に書かれたものであり、某氏は緒方祐将氏ではなかろうかとのことである。

収二郎は、昭和十七年（一九四二）九月二十五日、享年八十六歳で没した。

無番Ⓙ　堀内利国、収二郎あて（明治二十二年八月十九日）

（本文墨書）

拝啓奉別後、益御清勝去六月十九日長途無恙伯林府御着之由、奉謹賀候、香港亜丁マルセール等處々より御通信一々拝見、御旅中の御苦心、萬自剛学候、謙児[1]も以御高庇安着、尚御指図を以ヱイナ村へ留学致候旨申遣し案心《ママ》仕候、謙児旅費学資等詳明ナル御決算書御送り被下、之ニ御手数相懸候段、乍憚謝候、今回謙児学資二百五十円拙斎兄へ相托候処、昨日皆様学資ト共ニ爲換御取組被下、本月廿一日アメリカ郵船ニ而運付の筈ニ御座候間、着の上ハよろ敷御配分被下度頼上候、明石海水浴場[2]も御出来ニ相成、過日来御家族方皆様御出懸ニ而二男譲吉御供致し、五六日前帰阪仕候、病院も近日ハ別而御盛況奉賀上候、今橋北濱の両家共御無事御省念相成度候、當方昨今朝夕冷気相催候、貴地ハ一層の事ト推察、随時御自愛専一所祷御座候、早々不尽

廿二年八月十九日　利国[3]再拝

収二郎賢臺

岡玄卿君定而御無事、乍憚、よろ敷御伝声奉希上候、
小池正直、賀古鶴所御逢の節御同断願上候

○横封筒表

Via America Herrn Sh. Ogata aus Japan／Berlin Preussen／philippstrasse 23 part（スタンプ）〔日本スタンプ切手ハガレ、…「九日ト便」ノミ〕〔YOKOHAMA JAPAN／21 AUG 1889〕

○同裏（スタンプ）〔FOREIGN N.Y. TR…／P SEP 12 89〕

〔注〕

（1）堀内利国の長男譲吉のこと。
（2）前回の⑨書簡（同封）参照。
（3）堀内利国は、洪庵の五女九重の夫、前回の「はしがき」参照。

番外Ⓚ　大西左三、収二郎あて（明治二十六年九月三十日）

拝啓　ダリエーノトラホーマ説法ノ抄録中ニ於ケル脱文ハ僕ノ一行丈ケ写シ落シタルニ由レリ、返ス〳〵無申訳次第御海容被下度

扨第弐号ニ於ケル君ノ右抄録モノハ到来少ク遅過ギタル故、第三号ニ廻サンカト存候得共、其デハ餘リ色氣知ラザル處置ト存ジ、君ノ御抄録ヲ出来ル丈ケ節要シテ而モ

末尾ニ掲載セリ、是レ正當ノ順序ヲ踏シヲ編輯シ来レル僕ノ抄録物ハ已ニ已ニ其終ヲ告ケナントシ頁数ハ五十以上ニ出ツルヲ免レサリケレハナリ、故ニ心モ速キ筆モ走リ過キ人名ヲ間違ヘタリ（尤本文ニノミ）一行落シタリ、サン〲ナ失策ヲヤラカシ無申訳次第、継子アシラヒニ致シタ様ニ見ヘナンカトテ僕モ心中不穏候、然シ事情カ事情ナレハ、君ノ申サハ初舞ト業ヲ汚シタル段ハ平ニ御免シ被下度、以後注意可致候、夫レ故以後ハ原稿〆切ヲ早メ、少クユックリ編輯致シ、如此キ失策ヲ防止致度存居候、コレガ君ヘノ申訳ケナリ、本来ナラハ坊主ニヲモナルヘキ筈ナレトモ亦先便ニモ申候通、「セマチシ」ト君ノ抄録ニ有之候ヲ僕考フルニ、佛国ものノ抄録ニ独逸語ノ形容詞カアリヲハ不似合ナルノミプラス、文章節畧頁数減少ノ必要アル事故、僕ノ見解ニヨリテ書キ改メタル次第、何卒以後ハ可相成ハ日本語ニテ御写ニ合セ付下候、然ラサレハ君御一人ナラハ宜ケレドモ、他ヨリモ君ト同シク日本文中ニ西洋語ノ假名字交様ノモノガ続々現ハレ来リテハ編輯上甚タ迷惑致スヘキ次第ニ有之候

亦西洋人名ハ本文中ニハ何卒假名ニテ御現シ被下度、然ラステハ清書ノ際西洋活字ト日本活字トノ割合ガ立タヌ故、大ニ困ルシ、別ニ注（本文外ノ註）トシテ西洋字ヲ示スヘシ御入用ナラバ亦抄録モノノ出処ノ頁数ハ何頁ヨリ何頁ニ至ルトカ記入被下度、左スレハ本文ハ読マナクテモ長短何レノ編ナルカヲ想知可得致、参考上便宜不少ト存候、要スルニ先便ニモ申候通リ原稿ハ、先一号丈繰リ上ケル様致度第三号発行被致候節ニハ、第四号ノ原稿ハ畧纒リ居ル様御投稿ハ何卒ナルヘク早ク御願申上候、何程働キテモ校地ノ事務非常ニ世話敷僅少日子間ニ編輯ヲ了スル事ハ出来不申候、頓首

九月三十日　　大西左三

緒方兄

（表）

大阪市今橋三丁目番外ノ三

緒方収二郎様

（スタンプ）

（廿六年九月三十日ト便）

（裏）

封

九月三十日

大西左三

（スタンプ）

（摂津大阪廿六年十月一日ニ便）

㊱ **〔横封筒のみ〕（明治二十二年十月二日）**

（表）"REGISTERED" Dr. Sh. Okata, bei Fr. Adami, Philipp Str. 3I, Berlin Germany 書留便のスタンプ（不鮮明）

（裏）（スタンプ）〔2-OCT.89 THE YOKOHAMA SPECIE BANK・LIMITED〕

〔…84 BISHOPSCATE STREET WITHIN LONDON〕 (6 4/10 1)

下部に「太郎」と金額らしき数字計算のメモ書きあり。

㊲ **〔横封筒のみ〕（明治二十二年十二月二日）**

（表）Herrn Dr. S.Ogata aus Japan, Berlin Philippsh 23park. Deutschland（スタンプ）〔YOKOHAMA・JAPAN, 2／DEC／1889〕

（裏）（スタンプ）〔FOREIGN／N.Y／TRANS, H DEC 22／89〕 封印に「緒方太郎」の丸印あり。

㊳ **〔横封筒のみ〕（明治二十二年十二月二十七日）**

（表）Herrn Dr. S.Ogata aus Japan, bei Frau Adami, Philippstr, 3 I, Berlin Germany（スタンプ）〔PARIS／ETRANGE／4／27／NV／90〕、〔YOKOHAMA・JAPAN／27 DIC／1889〕 左上に㋠ 22,12,27のメモあり。

㋠は「千重」のことならん。あるいは前出㉚書簡（明治二十三年一月一日付年賀状）を少し早く投函したものか。

（裏）（スタンプ） (6 291 I) 下に「太郎」とメモ書きあり。収二郎が本封筒に太郎書簡を入れていたものか。

㊸ **維孝、収二郎あて封筒　（明治二十三年一月七日）**

（表）Herrn Dr. Sh.Ogata (aus Japan) ／Philipp-str, 3 I／bei Fr. Adami／Berlin, Germany（スタンプ）〔KOBE・POST／JAN 11／1880〕

（裏）独逸国伯林府ニテ緒方収二郎殿行、封印に「緒方孝」

の丸印。
（スタンプ）〔HONGKONG／B90／JA 17〕
（$\frac{6}{172}$ II の丸印）以下全部ペン字。

㊹ 書留封筒（一八九一年、明治二十四年七月六日配達〔七月八日・九日再配達〕）

〔注〕
（1）最上部のReccomandiertは、正しくはRekommandiertで、書留のこと。
（2）消印はLAZARETHGASSE WIEN／$\frac{4}{7}$？A91と読める。
（3）in Berlin N.W. のN.W. はNord West 地区名。
（4）Philippstrasse No.3.Iの No.3.Iは地番名。
（5）R／Wien Lazarethgasse／No.242 のラベルのRは、書留受付票を示す。
（6）封筒裏のBestelit／Postamte 6／$\frac{6}{7}$. 91／7$\frac{1}{4}$-8$\frac{1}{2}$Vの丸いスタンプは配達の郵便局名、配達日・時間帯を示す。なお、もう二つ$\frac{8}{7}$. 91および$\frac{9}{7}$. 91のスタンプも押されているから再配達されたことが知られる。

（表）

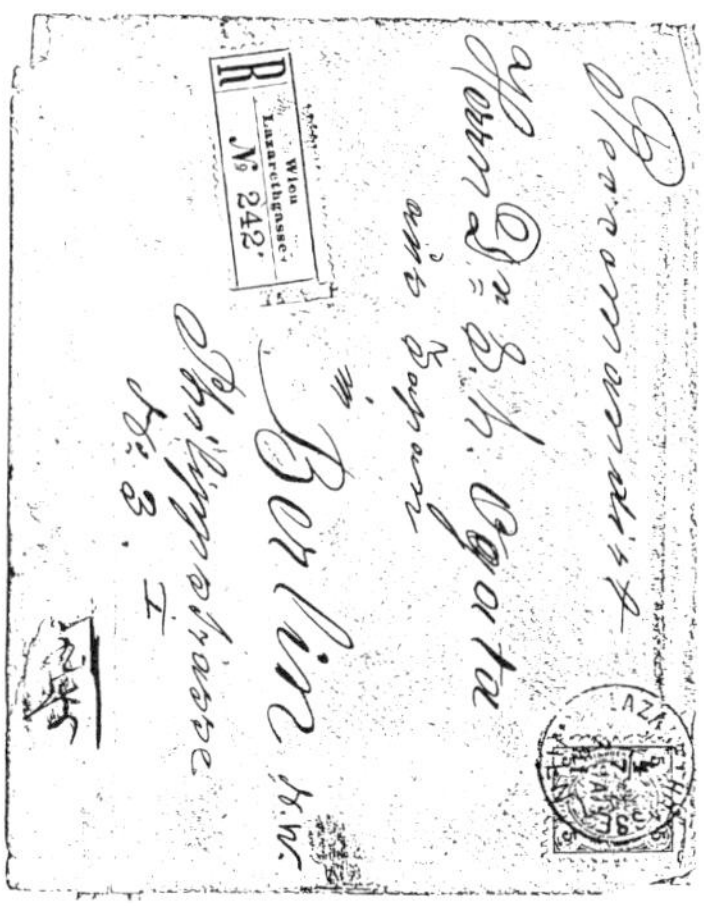

（裏）

㊹書留封筒

⑥⓪ 横封筒のみ

（表）Herrn S.h.Ogata, aus Japan, Phillip str. 23.Berlin Germany.（Yokohama／Japan／14 SEP 1889）（スタンプ）

（裏）「池田」の丸印が封印に用いられている。

無番① 横封筒（明治二十二年十月二十三日）

（横封筒表）

Mr. Dr. Ogata(aus Japan)／Berlin／Marien-Str.1 I／Germany（スタンプ）〔YOKOHAMA JAPAN／23 OCT 1889〕

（横封筒裏）（スタンプ）〔LONDON／A ? ／?0 25 89〕〔6／II／25／11〕

緒方家旧蔵の四史料について

㈠ 洪庵自筆「文久二戌八月　緒方様御入用出拂帳」（冒頭部分は他筆）

㈡ 八重自筆「亥三月九日　大坂出立着府後日記覚書・覚状着ひかへ」

㈢ 洪庵自筆「壬戌旅行日記」（未紹介分）

㈣「緒方御隠居様御遺髪高林寺合埋法事廻状」

解説

ここに紹介する四史料は、いずれも緒方家旧蔵のもので、昭和五六年（一九八一）一一月三日付で財団法人緒方医学化学研究所理事長緒方富雄氏より当時の適塾記念会山村雄一会長あてに、他の洪庵自筆史料とともに寄贈され、現適塾記念会所蔵のものである。

①「文久二年戌八月　緒方様諸入用遣拂帳」

これは、横帳全十一丁で、はじめの三丁オモテはじめまでは全文他筆、三丁オモテ末尾以下はすべて緒方洪庵自筆である。本史料に関しては、すでに緒方富雄氏が「晩年の緒方洪庵—洪庵没後百年を記念して—」（「三田評論」六一四号、昭和三十八年）において、内容をはじめて紹介され、「それは洪庵が大阪を立ってからずっと書き入れてきた会計簿であります。初めのうちは他人が少しかいておりますが、あとは、全部自分でこまかく書いております。この会計簿の初めの方をみますと、道中に約五十両、それまでに百両、それから到着してから閏八月十一日までの費用が二十七両、しめて百七十三両。九月十八日には、これまでの道中入用とも総締めで二百九十一両。それから文久二年十二月大晦日には道中入用とも総締めで五百十六両。一両は現在の貨幣価値にしますと、約一万円といわれておりますから、五百十六両でざっと五百万円であります。もちろん奥医師、医学所頭取としての収入はありますが、大変な費用であります。文久三年（一八六三）の最初の三ヶ月間に百五十両あまりと書いていますから、一ヵ月平均五十両、すなわち五十万円くらいかかることになります。家来十数人もかかえてのことですから、このくらいはかかるでしょう。」云々と記されている。

今回その全内容を示すが、他の二史料とともに、人名、事項名などを完全に解読しえていないので、本稿を未定稿としておく、諸者諸氏の叱正とご教示をえたい。

②「亥三月九日　大坂出立着府後日記覚書・覚状着ひかへ」

これは横帳全二十四丁、緒方八重自筆である。八重は、文久三年（一八六三）三月九日、六人の子供と従者長太郎・巳之介をつれて大坂発、三月二十四日江戸着までの道中、六月十日の洪庵急逝当日の様子より二十日に至る日記、七重の婚礼、十二月家作買い轉居、本葬入用、その他裏表紙に「覚状着ひかへ」とあるように、大坂よりの書状着覚、扶持米うり払覚、亥のとし五月より十二月に至る入用覚、同亥のとしの暮入用、慶応元年より明治四年に至る間のおまつ・およね・半介らへ取替などを細かく書き記している。

右のうち文久三年六月十日洪庵急逝当日の記事はすでに周知の通りで有名であるが、その他は八重が多くの子供をかかえ、よく洪庵を支えながら周到に家計を切り盛りしていたことを示す史料である。

③「壬戌旅行日記」（未紹介分）

洪庵自筆の本日記はすでに緒方富雄著の『緒方洪庵伝』（第二版増補版）附録に収められているが、緒方博士は全五七丁の内二三丁の記事（あとは空白）分より文字通り日記分と洪庵の金蘭簿ともいうべき人名を記した分のみを解読して収められた。しかし、この日記にはなお、洪庵自筆の東行餞別到来懇家控、船頭算用、旅行中の諸払控、受取金覚、診察その他の備忘や、八重自筆の覚（第二十丁ウラ）および卯のとし（慶応元年）有金改め覚（第二十丁オモテ）などが記されている。

④「緒方御隠居様御遺髪高林寺合埋法事廻状」（全十一丁初メ二丁分記事アト空白）

洪庵夫人緒方八重は、明治十九年二月七日大阪で病没。二月十三日正午本宅より出棺、西へ北浜通り心斎橋筋南へ戎橋北詰東へ、日本橋通り今宮北の辻南へ、天王寺村へと順路をとり仏葬した（朝日新聞、明治十九年二月十二日付）。本史料は、この葬儀後、在京の池田謙斎らの門人が発起人となり、東京駒込の高林寺にある洪庵の墓側に八重夫人の遺髪を合埋し、五七日もしくは四十九日、満中陰に法事を営もうと計画したことがわかる。この廻状には日付を欠き、かつ法事がいつどのように行われたかについては今後精査したい。

しかし右の在京門人の計画は、その後合骨、建墓と変更されたものである。現在高林寺にある、明治二十年十一月の「緒方洪庵先生夫人億川氏之墓」とある佐野常民撰の碑文には、「孺人優游東西以養老、明治十九年二月七日病歿于大阪、享年六十有五、越某日火化、葬于大阪川崎邨龍海寺、分其半埋東京駒籠高林寺洪庵先生之塋域」（傍線筆者）と分骨されたとある。事実、昭和十一年六月二十二日洪庵墓地の移転の工事が行われ、洪庵の墓の向って左側に建つ八重夫人の墓からまず最初に八重夫人の遺骨が見つかった。この事は緒方富雄先生がくわしく記されているところである（『蘭学のころ』所収「緒方洪庵墓の移轉」）。

以下、順次各史料を紹介する。

①「文久二年戌八月　緒方様諸入用遣拂帳」

文久二年 緒方様諸入用遣拂帳 戌八月

横帳(33×13センチ)
全11丁
(オモテ、ウラ表紙共、末尾4丁空白)

覚

一　金五両　下馬入用○
一　同三分　五郎助え祝儀○
一　同三分　多記(紀)両家
津輕部屋酒代○
一　同三両弐分　御供七人祝儀○
壱人へ弐百疋ツヽ

一　同弐分　部屋頭え祝儀○
一　同弐朱　邸附え祝儀○
一　金拾八両壱分弐朱　御陸尺手廻○
銭弐百七拾弐文　其外給金
別帳ニ誌有之
一　金五両　高金拾弐両壱分
御乗物代之内渡し○
一　金七両弐分　御手元え上ル○
一　金八両弐分弐朱　御城御表惣
一同え御祝儀
陸尺其外○
一　金三両壱分三朱　御廣式同断○
一　金六両三朱　金五両御挟箱壱段
同弐分三朱御長柄壱本○
同弐分御供笠拾枚

一　金三分三朱ト
　銀三匁五分七厘　　御供方七人分
　　　　　　　　　　八月廿一日より晦迄○
　　　　　　　　　　飯米料

一　金壱分ト
　銀弐匁五分　　右同断塩噌代○

一　金壱両三分ト
　　弐拾文　　八拾九匁
　　　　　　　　桐油代○
　　　　　　　　七枚分
　　　　　　　　右損料

一　（此条全文墨線ニテ抹消）
　銀拾六匁八分　　右同断損料

一　金壱両壱朱ト
　七拾七文　　御箱桐油弐枚
　　　　　　　侍桐油弐枚○
　　　　　　　草履取同断壱枚
　　　　　　　下駄桐油壱夕(匁)

一　金四両壱朱ト
　七拾七文　　御見習三日分
　　　　　　　料理代中村屋拂

一　金弐両三朱ト
　三百弐拾六文　　右同断御菓子
　　　　　　　　　遠月堂拂

一　金拾両壱朱
　百五拾九文　　樋口様高木様御遣物
　　　　　　　　白縮緬三反
　　　　　　　　御長合羽壱枚
　　　　　　　　松坂屋拂

一　金五両弐朱　　高木様御遣物
　　　　　　　　　紅山蝠縮柄壱反
　　　　　　　　　越後屋拂

一　金三分　　高木様御遣物
　　　　　　　料理切手

一　（此条金高右ニ墨線アリ）
　金弐両弐分　　樋口様御遣物
　　　　　　　　中村屋料理
　　　　　　　　切手

一　金壱両壱分弐朱ト
　五拾四文　　御侍《(ママ)》士合羽弐枚○
　　　　　　　股引脚半弐足

一　金壱両壱分ト
　弐百八拾七文　　服掛七枚○
　　　　　　　　　中川屋拂

一　金三両壱分壱朱ト　白羽二重壱反
　銀壱匁弐分弐厘　越後屋拂
一　金壱両三分壱朱ト　御紋付麻○
　六拾九文　帷子弐枚代
一　(此条全文棒線ニテ抹消)
　金弐分　御袋杖御紐
　　共代
一　金四両弐朱ト　御供半看板
　弐百三拾八文　八枚代
一　金弐両三分　単(簞笥)子代
〆金百三両三分弐朱
銀八匁八分弐厘
銭壱(貫)〆五百七拾四文
　二口金壱分弐朱ト
　　五拾四文
惣〆百四両壱分ト
　銭五拾六文

内金弐分帒(袋)杖送之分引
(是ヨリ以下洪庵自筆)
　又弐両弐分
　〆三両　中村屋拂切手引
差引百壱両一分と五拾六文
一　百壱両壱歩余　前〆
一　四十八匁一分　道中路費
一　弐十七両三分三朱　是後閏八月十一日迄入用
〆　百七十三両一分三朱
一　閏八月十五日
　五両三歩　白羽二重鼠羽二重
　　御城ニて調分之代○
　　伊東奥方へ差出ス
一　同
　弐朱　圓月堂御菓子代
　　御同人へ差出ス

一 同 弐両　中村屋拂高木幸次郎(御祐筆)へ
進物料理一任
一 閏八月十六日 壱両一分弐朱　白胴着一
一 同 三両　白袷一
一 同 壱両弐分　白單衣一
一 同 弐両三分　御召茶 羽二重弐反
一 同 弐両壱分　眞わた四百匁
〆 十両三分弐朱　御部屋番丈介へ
一 閏月廿日 一両　箱提燈弐張
一 同廿一日 六両三分　白羽二重三反
一 同 三両壱分　鼠羽二重壱疋
〆 十両　御部屋番丈介へ

一 廿二日 壱両壱分弐朱　(晒しカ)更料一反
御部屋番今蔵へ
一 廿一日 弐両　侍 福田五郎給金
一 廿九日 四両　中村屋拂
但し弐両弐分と九十分代
一 閏八月ノ分九月朔日渡 三両　部屋米代
二匁三分八厘
一 九月朔日 弐両三朱　薬たんす
百五十文だちん　大小三
一 同 三両弐歩　火事羽織代
一 九月二日 四両　医学所俗事役
御小人目付小遣等 祝義
一 九月八日 拾一両三分三朱　いせ屋
三十八文　鰹節二十七箱
又八百文　輕子

一　同　九両壱分一朱　表屋
　　弐百四拾五文　両箱
九日
一　壱両三分三朱　万屋
　　右八秤代
一　同　壱両　いよや
　　弁当菜代
十日
一　弐朱　三河屋
　　弐百二十弐文　金右衛門
　　入子弁当重箱
一　同　四十四匁　いせ屋　小兵衛
　　染もの代
一　三両弐朱　中金
　　冬合羽代
十七日
一　一両弐朱　長持壱棹
十八日
一　一両三朱　白無垢古手一
一　壱分弐朱　御城ニて菓子代

廿二日
一　八両　（此条金高右ニ墨線）　夫卜斎葉蔵代
　　内拂
一　同（右仝）
　　弐分　屏風代
　　ツリ弐百文
廿二日（右仝）
一　壱両　白無垢古手代
廿四日（右仝）
一　一両弐朱　駕桐油代
〆　八十両一朱余
　　別帳分　三十六両三分二朱
　　合百十七両
是迄道中入用共惣〆
　　弐百九十一両

九月十九日医学所へ引越

巳後諸拂

九月十九日
一　壱両弐朱　引越ニ付
　　六百文　諸祝義
廿二日
一　一両　四郎へ小拂

一　廿日　一両二朱　松坂屋拂
弐百七十一文

一　廿二日　弐分　屛風代
ツリ弐百文斗　喜介へ

一　廿二日　八両　夫卜斎葉蔵代

一　廿二日　一両　無垢古手代
使はつ　伊東へ

一　廿四日　一両弐朱　駕桐油代
喜介へ渡

一　廿四日　三分　風呂一代
喜介渡

一　同　一分　薬幷茶入代
小買物

一　廿六日　一両　はつへ小拂

一　廿八日　弐朱　松坂屋
弐百四十八文　ち丶ぶ代

一　廿七日　一分弐朱　御城ニて
ツリ弐百二十文　萱ノ中グ丶リ代
但し一筋十匁ツ丶

一　九月晦日　三両三朱　大工作料

一　同　三両一分　越後屋　彦へ渡
九匁一分七厘　部屋分米代

一　三両弐分　同
十四匁三分五厘　内分米代

一　同　三分三朱　津の国屋　與介
弐百三十文　味噌醤油酒

一　○十月朔日　一両　四郎へ小拂

一　同　弐朱　吾蔵へ渡
定弐分事より弐朱と定ム

一　同　三分　坊事市介へ
給金かし

一 二日 弐分一朱　坪井半井両家へ遣ス
　弐百文　肴代
一 二日包ム 十五両　樋口高木両家へ
　肴料
一 十月二日 壱両弐分　箱之金物
一 三分二朱　挑灯不拂
　一分
一 弐分一朱　葛籠弐つ
　百三十八文
一 八匁三分　状箱
一 五匁九分
一 六両一分　夜着ふとん
一 五十文　わた代
〆 六口代凡拾両三分一朱斗也、坪井取替分
此処十一両のみ遣ス

一 四日 一分弐朱　御城ニて
　めかね一
一 五日 一両　四郎へ小拂
一 同 一両一分　樋口用人
　矢野清右衛門肴料
一 六日 弐分　喜介へ諸買もの代渡
一 八日 一分一朱　部屋塩噌代
　半分
一 一分一朱　喜介へ買もの代
一 十日 弐朱　俗役下男へ祝義
一 八日 廿五匁　御用文庫代
　一分三朱ニて弐厘少し
一 十一日 一両　四郎へ小拂
一 十三日 廿五匁　屛風一

一　十四日
　弐分　　俗役へ羽織裏代
　　　　　として包ム
一　十五日
　凡三分斗　　喜介へ買物代
一　十六日
　一両　　四郎へ小拂
一　十八日
　一両　　同人へ
　　　　　薬岡買物代
一　廿一日
　六両弐分一朱　　夫ト斎薬蔵代
　　都合十四両弐分一朱トナル
一　廿二日
　三分弐朱　　侍火事羽織
一　同
　一分　　羽二重染代
一　廿四日
　一両　　四郎へ小拂
一　廿八日
　一両　　同断
一　十一月朔日夜
　三両　　同断
一　廿九日
　一分一朱　　わらじ代

一　十月廿九日
　一両一分　　喜介へ渡
　　部屋のもの衣服代ハおり代塩噌代等之内
十月朔日より十一月初日迄
〆　五十一両弐分三朱
　　内三十五六両非常入用
　　　八十四五両也
一　十一月二日
　三分　　部屋のもの三人
　　　　　暇遣候節心附
右五郎介へ渡ス　喜介取替之よし
一　同二日
　一分弐朱　　箱丁ちん
　四匁五分　　掃（走）馬丁ちん
一　同
　一両弐朱と　　部屋修覆
　　四百九十四文　　大工拂
　二口一両弐分弐朱渡ツリ取
一　十一月四日
　一両弐分一朱　　松坂屋拂
一　同
　弐朱　　吾蔵へ遣し
一　五日
　三分　　十一月分
　　　　　部屋塩噌料

一　同
　弐朱　　　　　　　喜介
　　　　　　　　　　　諸買物
一　同日
　一分弐朱　　　　　　御城ニて
　　　　　　　　　　　　泊節
一　五日
　一両　　　　　　　四郎へ小拂
一　五日
　弐分弐朱　　　　　切繪図代
　　　弐百六文　　　　山佐
一　九日
　三朱　　　　　　　仕立屋拂
　　　弐百十五文
一　十日
　一分弐朱部屋　　　拝領物ニ付祝義
　┌一分　喜介
　│一朱　平介
　│弐朱　吾蔵
　└弐朱　おはつ
　〆三分三朱
一　十四日
　一両一分弐朱　　　葛籠弐ツ代
一　十五日
　一両　　　　　　　四郎へ小拂

一　十九日
　一両　　　　　　　同人へ小拂
一　廿一日
　弐両三分　　　　　ツヾラ四ツ代
一　同
　一両一分　　　　　喜介へ買物代
一　廿三日（此条墨線抹消）
　一両
　　　廿九日入　　　同人へかし〇
一　同
　壱両　　　　　　　四郎へ小拂
一　廿七日
　弐両弐分　　　　　遠月堂
　樋口高木北角西尾へ　寒気御見舞菓子代〇
一　廿八日
　弐分　　　　　　　御城ニて祝義
一　同
　一両弐分　　　　　今蔵へ時服代
一　同
　一分弐朱　　　　　部屋のものへ祝義
一　晦日
　一両　　　　　　　四郎へ小拂
一　十二月二日
　弐分　　　　　　　御廣式頭心付キ
一　十一月廿二日比
　壱分斗り　　　　　御時服拝領ニ付祝義
　　　　　　　　　　御廣式ニて買物弁祝義

一　十二月二日
一分三朱　喜介夫婦吾蔵
一人ツヽ拝領物ニ付祝義
一　同
弐分　遠月堂拂
黒田様へ進物
一　四日
壱両　四郎へ海苔二十帖
其外買物代
一　五日
三両三分一朱　常陸屋萬介
刀極代
一　八日
五両　四郎へ小拂
一　八日
三分弐朱　部屋塩噌料
喜介へ渡　幷草り代
一　五日
一分一朱　石川へ
ヘムブト代
外ニ算用有之ツリ銭来ル

一　十日（此条墨線抹消）
三両一分三朱　茶　花色御召□（敷カ）
弐ツ代
松坂屋
〆　十一月初より十二月十日迄
凡三十九両弐分
一　十日
弐分弐朱　クハシヤエキス代
一　十一日
一両　古澤餘久取かへ
一　同
一両　佐澤元太郎へ取かへ
一　十四日
一両三分弐朱　合羽代
部屋のもの共
一　同
一両　四郎へ小拂
一　同
一両　炭代池田へ
一　十一日
弐分　奥山へ
刀柄鞘アキ入
一　十二日
七両一分一朱　十二月廿六日取ニ来ル　大瓦屋
由五郎
看板代

一 十六日 一両一分三朱　法眼被仰付 祝義
　内 弐分　部屋
　　一分弐朱　五郎介
　　一分　喜介
　　弐朱　己右衛門
　　弐朱　吾蔵
　　一朱　市介
一 同 弐分　俗事役中へ 同断
一 廿一日 廿四両一分　松坂屋 官服其外拂
一 同 十両弐分弐朱　同石川分取かへ○
一 同 一両　四郎へ小拂
一 廿一日 四両一分弐朱　御城部屋番久平へ
　百五十弐文　陸尺歳暮諸祝義
一 同日 一分　同請切　同
　三百廿八文　廣敷番

一 廿一日 弐分弐朱　法眼被仰付祝義 御厩部屋付
一 廿一日（記入ナシ）　箕作進物肴代
一 廿一日 壱両弐分　竹内松本川島 餞別土産物代
一 同 弐朱　石川へ進物 鰹節代たし
一 廿二日 五両　相模屋五郎介へ 部屋借金
　内一両喜介より取かへ
　翌日返ス
　（此但書カギ墨線アリ）
一 廿日 弐朱　高木へ行節寒冷ニ付
　家来共へ酒手
　ねりま（練馬カ）
　香のもの
一 廿二日 三両三朱　十樽代
　七十七文

一　廿三日
　　一両　　　　　　　　　相模屋五郎介へ
　　　　　　　　　　　　　　　　祝義
一　同
　　一分　　　　　　　　　同人倅へ　同
一　同
　　弐分　　　　　　　　　部屋頭へ　同
一　廿三日
　　弐分　　　　　　　　　喜介へ
　　　　弁当代
　　　鍵代
一　廿四日
　　三分弐朱　　　　　　　御役実行儀ニ付
　　　　　　　　　　　　　　菓子料
　但百疋御普請方　弐朱ツヽ弐　同　同心
　弐朱御普請改同心　弐朱ツヽ　弐　軽輩
一　同
　　一分　　　　　　　　　同断御普請方
　　　　　　　　　　　　　　　奉行
　　右両人へ菓子遠月堂ニて求　同改役
一　同
　　一両　　　　　　　　　御城部屋番へ久平へ
　　　　　　　　　　　　遠月て代料

一　弐朱　　　　　　　　　仕舞大番祝義
　　　　　　　　　　　　　　陸尺へ
一　弐分弐朱　　　　　　　御廣式部屋付へ入用
一　壱両　　　　　　　　　同断普ク祝義
一　弐分弐朱　　　　　　　股引代　今蔵へ
一　廿六日
　　弐分一朱　　　　　　　下駄代
一　廿六日
　　弐分弐朱　　　　　　　火鉢代
一　一朱　　　　　　　　　茶小半斤
一　廿七日
　　一分弐朱　　　　　　　伊東へ十徳ひも代
　　ツリ弐匁五分
一　同
　　壱両弐分　　　　　　　喜介給金
一　同
　　壱両二分　　　　　　　おはつ同断
　但し両人共一ヶ年三両ツヽ之定メ当年九月より
　ナレトモ半年とし渡し遣ス　已後三月九月
　十二月三度ニ渡ス積とす

一　同
　八両弐分三朱　　大清
　　　　　　　　　　薬種代
一　同
　二分　　　　　小林道碩へ同様
一　同
　弐両　　　　　四郎へ小拂
一　同
　一分　　　　　部屋道具損し料
　　　　　　　　新造之具代
　　　　　　　　　喜介へ渡
一　同
　一分　　　　　湯呑右之介へ祝義
　弐朱　　　　　菓子料
一　同
　一分　　　　　同番小を六人へ祝義
　弐朱　　　　　酒代
一　廿八日払
　弐分　　　　　伊東
　　　　　　　　　おさだ歳暮
一　同
　弐分　　　　　伊東下女中へ
　　　　　　　　　歳暮
　但し哲之介へ九谷急須茶碗
　本家へさけ一　大坂より到来之
　天王寺蕪漬右ニ添へ遣ス

一　同
　弐朱　　　　　池田下女へ同断
　　池田へ玉子御礼遣スニ添
一　同
　一分弐朱　　　御加扶持ニ付
　　　　　　　　　部屋へ祝義
一　同
　一分　　　　　同断ニ付喜介
　弐朱　　　　　　吾蔵
　弐朱　　　　　　おはつ　へ祝義
　一朱　　　　　　市介
一　廿九日
　弐両　　　　　饌米六斗代
一　同
　一分　　　　　佐澤古澤両人へ
一　同
　三十七匁弐分　飛脚屋拂
　代弐分弐朱ニてツリ取
一　同
　弐朱　　　　　松わり木代
一　同
　三分　　　　　部屋塩噌料
一　同
　弐朱　　　　　草履料
一　同
　一朱　　　　　駕あらい祝義

一　同
〆九百四十八文　餅つきちん
代一分一朱ツリ取
廿九日夜
一　六両　四郎へ渡
〆　百三両三分
十二月朔日より大三十日迄
九月十九日医学所引移り後
惣〆弐百弐十四両三分一朱余
道中入用より江戸着後戌十二月大三十日迄諸入用高
惣〆五百十六両ニ相成

文久三年亥正月

一　二日
弐朱　御城ニ部屋番へ
祝義
一　三日
一分　御廣式部屋付へ
旧冬拝領物祝義
一　同
弐朱　年礼回勤ニ付
家来へ心付ケ
一　四日
二両　四郎へ小拂

一　同
弐朱　辻番へ祝義
一　同
一朱　元日登城夫々へ心附
一　五日
一分　坪井後室へ年玉
一　六日
弐朱　家来昼仕度
一　七日
一分　回勤仕舞ニ付
部屋のものへ祝義
一　一両三分　旧臘御扶持被下候ニ付
医学所へ祝義
百疋ツヽ五包　俗事役五人
百疋　一包　湯呑所四人
百疋　一包　小役門番六人
一　七日
一両三分　渡辺弘斎へ
入歯料
一　八日
一両三朱　買物代四郎へ渡
但し海苔　柄美（ママ）　煙草入　類進物　安井九兵衛
江川新之介　川崎佐右衛門　野中玄英へ　伏み
大坂眞島夫婦　正眞へ贈り物

一　同　一分一朱　　妻恋坂之　上右側
指物師　豊吉
高家衆ニ差出ス性名右ニ箱代

一　八日　弐朱　　家来仕度代

一　十三日　弐分　　御朱印箱代
四十一文
但弐分一朱渡しツリ取

一　同　一両　　四郎へ小拂

一　十一日　五十五両　　官金
遊瀬心誠寺へ遣ス

一　十九日　一両　　四郎へ小拂

一　十九日　二十匁　　メリヤス編の類二ツ
石川添田へ進物　此処三分四郎へ渡

一　廿四日　三両　　四郎へ小拂

一　同　一朱　　御廣式部屋付へ心付
但し陸索《（ママ）》料（「勤仕向日記」ニハ「徐口《（召カ）》料」トアリ）拝領ニ付

一　廿七日　弐分弐朱　　遠月堂
黒田侯へ差上之
菓子代

一　同　一分弐朱　　海苔三箱
元谷大岩関屋三人へ遣ス

一　二月朔日渡　一両一分弐朱　　四郎へ正月小拂不足分

〆　七十弐両　内五十五両官金　正味十七両

一　二月朔日　一分　　正二両月分
吾蔵へ

一　同　三分　　部屋塩噌料

一　同　弐朱　　ざうり料

一　同　両　　四郎へ小拂

一　同　一分弐朱　　手切代
但し弐十弐匁也　五分過

一　十日
一両弐分三朱　海苔四十帖
でんぶ四曲之代
但し海苔一帖弐匁弐分ツヽ
小々ツリ
竹内　伊東　林　松本　四家へ之餞別

一　三日分
二両一分　北角へ筒袖弁ニ
フランネル代持参

一　十一日
一両　四郎へ小拂

一　十五日
一分弐朱　作ふた弐ツ
百文

一　十六日
五両　白龍門三反
三匁　松坂屋
樋口　高木　北角へ進物

一　同
包ミ
十弐両弐分　肴料
弐百疋二　百疋一　右三軒

一　十七日
一両　指物師へ手附

一　一両　四郎え小拂

一　十九日
弐両弐朱　常陸屋
小サア板(ママ)へ一式

一　同
弐分弐朱　順動丸積下荷物揚迄也
但一分舟ちん一〆五百文船手積より車力
一朱三百文種棟(ママ)所入用

一　廿四日
三両　四郎へ渡し置　時服一表
ア(部屋)長今蔵へ

一　廿五日
弐朱　指物師へ
但し　火鉢三分三朱　〆一両壱朱三匁五分也内一両
井□(棧カ)三朱　十七日渡
版箱三匁四分

一　廿六日
三分
但し半季一両弐分之内各三分遣スミ

一　同
一両　四郎へ小拂

一　廿九日
弐分　炭代　池田

一　同
一分　萌木綿

一　同
三両一分一朱余　薬店　堺屋拂

一 同 三両弐朱余　紙屋拂
一 三月朔日 三分　部屋塩噌
一 同 弐朱　同草履料
一 同 弐両　四郎へ小拂
一 同三日 弐両弐分　薬店　大清拂
一 弐両　喜介夫婦給金
〆 四十九両壱分一朱
内凡弐十両　進物　正味二十九両
一 三月二日 一両　四郎へ小拂
一 三月三日 一両一分余　薬店 越前屋 宗吉拂
一 三月九日 七両弐分 但石井へ托ス　ツーフハルマ代 桂川え
一 同 一分　渋谷玄作香奠 新太郎ニ托ス

一 三月十日 弐朱　麻布屋敷使へ
一 同十一日 三両　四郎へ フエイランド代 其内ニ渡ス
一 同十二日 弐両弐分　家兄へ餞別 四郎ニ罷遣ス
一 同 弐朱　茶代
一 弐朱　植木屋老母 遠藤小児
一 三月十五日 一両三分　たばこ盆代 さし物師え
一 同 四両　四郎小拂
一 十六日 弐分　御廣式ニて ろふそく代
一 十七日 五両　相模屋五郎介え 部屋ばんの給金

廿一日
一　三分　四郎へ買物代
廿二日
一　一両　四郎へ小拂
同
一　三両　同
廿八日
一　一両一分三朱　堺　石久え
薬代
廿七日
一　弐両　ヒストール代
前田へ
廿四日
一　弐分　相模屋右之介へ
祝義
廿八日
一　一両弐分　大清
薬種代
〆　三十五両一分三朱
三ヶ月　〆百五十六両三分
四月四日
一　三両　長太へ
一　三分　大坂帰ニ付遣ス
同
一　弐両　巳之介へ同断
（以下三丁空白）

---

②「亥三月九日　大坂出立着府後日記覚書・覚状着ひえへ」

亥三月九日
大坂出立着府後
日記覚書

横帳(14.0×20.0センチ)
全24丁(オモテ、ウラ表紙共)

（文久三年）
亥三月九日大坂出立、伏見十日ニ立、十日石部宿、十一日関、十二日四日市、十三日宮、十四日藤川、十五日新井、十六日見附、十七日嶋田、十八日府中、十九日吉原、廿日三嶋、廿一日小田原、廿二日戸塚、廿三日品川、廿四日朝四ツ時江戸着、長太郎巳之介両人ハ四月六日出立ニて大坂ニ帰る、岡氏ハ如月十六日出立ニて大坂ニ帰る、道中入用ハ金五拾五両、外ニみやげ物に十両斗、大坂出入の者に出立の節遣し候分凡十両、茂平ニハ外ニ金十両遣ス、岡氏長太巳之介三人に祝儀として、岡に五両弐分、両人ニ六両一分、凡百両入用也

覚

金弐歩　四月廿三日　伊助取替

（文久三）
亥　六月十日　〔文中の（　）は脱字、〔　〕は訂正―筆者註〕
晴天

御殿様早朝よりはのいたみ有、病用ひる後出勤の心へニ而、飯もつねの通りニて、少々ひるね被遊、九ツ半時御目さめ、坪井よりの書状御覧の処、俄ニせき続出、それより口中へもほ〔は〕なへも血沢山出、早刻御薬も用取候も、御養生（不）相叶、早々死被遊、残念筆紙に尽さす、早々池田長春院様御出に相成、利両の処は戸塚去院様預ニ付、上向取斗御同人様に萬事相願、醫学所の処はしらべやく大久保様池田様御両人に宜敷頼、先当時病中の心也

十一日

坪井両家始、門人方大勢何角世話ニ相成申候、寺其外都合野邊詣り相談と丶のふ

十二日

明早朝よりほとけ様をかめニおさめ、夕五ツ時高林寺に出そふ、大坂長崎備中えのしらせ状、正六日切ニ而大坂宅ニ出ス

十三日

坪井様門人方追々入替り〱悔ニ参る、此夜七人つ夜す

十四日

同、大勢参らレ、いつれ（も）深切ニ申くれる

十五日

朝より坪井参らレ、萬事相談す、此夜ハ一七日たいやニ而、坪井両人、石井布野大鳥村山其外西川皆つやス

十六日

朝六時、八重始、布野坪井信道様、西川門人方、七重下女高林寺ニさんけいス、此（夜）嶋時〔村〕壱人つやニ参る、十日後始て上様御帰り也、八重ふし申候

晴　十七日

此日嶋村九ツ半時迄居る、杉純道様菓子持悔ニ出る、此日薬ろう其外薬のより分、門人取かたすける、此夜門人方つやス

十八日
四時より雨、早々晴
一朝五時坪井信良見へる、伊東より同人よひ参り、いろ〳〵相談の上、病気届して、習学相断事竹の内へ申出る、此夜信道高松両人つやス

十九日
朝雨、早々晴
一朝四時両人帰る、石川より茂平かりニくる、伊東貫斎見へる、永田けん蔵見へる、夕方高松坪井此夜つや

晴　廿日
一坪井居る、永田宗けん林東〔洞〕海見へる、大久保見へる、此夜高松石井両人つや、大坂への書状認る

七重婚礼入用
（七重は、洪庵・八重の三女。大槻玄俊の妻。文久三・十・二十八結婚。）

一　四両弐歩三朱　くし《(櫛)》代　はりさし《(針刺し)》
三百六十四文　せんはん《(煎盤)》外
とふく《(道具)》いろ〳〵

一　三両壱分　たんす《(箪笥)》一　手たんす一
一　壱両三分三朱　かなたらい《(金盥)》外
六百五十文　かね付トふいろ〳〵
一　十弐両　着物四数
一　五両　小切　下た《(駄)》
外　いろ〳〵
一　十弐両　さし物《(指)》いろ〳〵
一　弐両弐分　かんさし《(簪)》
かけ物《(てがらカ)》
いろ〳〵
一　壱両　帯しメ《(締め)》
半ゑり《(襟)》
一　壱分　おしろい《(白粉)》　ひん《(鬢)》付
一　金弐両二分　十徳料

一　〃三百疋　扇子料
一　二百文　しうき（祝儀）池田下男
一　四両　しう儀
一　七両一分二朱　むこ入さかる（だ欠カ）
三百五十文　せん（膳）料入用
一　一両一朱　むらさき帯
半分
一　一分二朱　下た（駄）箱
かさ（傘）
惣〆金六拾両入用
亥ノ九月廿七日

家作かい（買）引移り入用

十二月二日
一　金百五両　本家の分

一　〃弐拾四両二分　隠居分
外ニ
一　金五両地代　先のふ（納）
一　〃弐朱　願入用
一　〃弐朱　菓子箱一ツ
進物
引移りハ十二月五日也
一　一分弐朱　荷物
くるまちん
一　一分二朱　手伝人祝義
一　二両先納地代　隠居の先のう
一　弐分　喜油市介下女
岩之へ遣ス
一　一分　家主え暮祝儀

一　三十五匁　家主大十二月分
　　　　　　　地代
一　亥十二月卅日
　　金三両二分　子(元治元)の七月迄の
　　　　　　　地代隠居所共
一　同
　　金壱朱　辻はん(番)え遣ス
一　同
　　金壱両　大工手間
　　一匁　米代共

本そふ(葬)入用

一　まんちう(饅頭)代
一　寺納金
一　大工くわん　いろ〱
一　本〆人足
一　初七日寺入用

一　其外いろ〱入用
〆凡三十両

(ウラ表紙)

覚状着ひかへ

(以下、ウラ表紙ヨリ左開キ)

大阪より書状着覚　江戸遣ス覚
一　三月廿四日八日切一通　一　三月廿六日
　　　　　　　　　　　　　一　四月六日
一　三月廿八日城斎より正六日切一通　一　〃　十六日

(二丁空白)

ふち(扶持)米うり拂覚

一　六月十二日拂 米百十七俵　此代金七十二両二分
○五百四十二文

一　八月廿一日 米八俵　此金八両三分三朱
三百文

一　九月分 米八俵　此金九両弐朱
弐匁弐分

一　十二月分 米八俵　○此金九両三朱と
○二百五十文
六十六文

一　玉おち(玉落)金　此分八(両)《十》二両二分
十一月受取

一　中元寄金 薬礼　凡百両取

一　大坂より書物下り　此金十両

一　こうてん(香奠)金　九十二両

五月初より金子の取高

凡三百両　外ニ四両也

覚

一　金二十五両　五月朔日薬屋
其外拂方入用

一　金七両　六月暑中
役人方見舞

一　金五両　西丸やけ役方
御見舞

一　金三十七両　御死去入用
六尺躰遣し金

一　〃二十両　中元御城内
奥役祝儀、番の小拂共

一　〃二両　嘉介　初いとま
遣ス節入用

一　〃三両　茂平帰る時遣ス
一　〃十両　屋敷拝両《(領)》うの時
　諸用
一　〃十両　洪哉役付の時入用
一　凡七十両　七重婚礼入用
一　三十両　本そう《(葬)》入用
一　七両　時けい《(計)》代
一　六両　のし〆三枚代
一　三両一分　うらち丶ふ三反
一　一両二分三朱　黒置寺
一　三両二朱　米着《(搗)》もち代
一　二両　先生方しう儀
一　〆凡二百四十六両
家作の分凡百四十三両一分弐朱
一惣〆凡三百八十六両入用

亥のとし五月より入用〆高
　十二月廿九日改
五口合惣〆改
出金四百十両也　入金ハ
〃三百八両也　百二両たし也

暮入用

一　一分　伊東え進物
　うなき
一　二朱　池田へ進物
　うなき
一　一両一分三朱　當もめん一反
　かつを節一ツ
　医学所諸祝儀
一　二分　家作ニ付御殿の
　おほう《(坊主)》すニ祝儀

一　二分弐朱　　池田名代　頼
家来へ祝儀
一　三分　　おはつ
一　一分二朱　　下男伝助一分
下女両人二朱
一　二両　　門人二人二朱つゝ
すミ（炭）　まき（薪）代
一　壱両二朱　　染物代
一　二分一朱　　飛脚代
一　三両二分二朱　　いよや
一　二分　　もちつき代
一　一分一朱　　本屋拂
一　六両一分弐朱　　御殿役人祝儀
一〆十八両弐分二朱

外ニ亥ノ五月より
小遣其外すミまき
みそ　油　しよゆう　酒　杯ハ
凡壱ヶ月四両二分くらい
亥五月より十二月八ヶ月合し
凡四十両ハ入用也　此分は母より
持合の金子近々出したし申候
亥のとし壱年に
百五十両ハたしか入申候

おまつニ取替

一　（慶応元）うしの八月　金三両　　御召嶋蔦柄物
一　金壱歩弐朱　　十一月初下着切
一　六月末　金弐歩　　ゆかた地一反
一　（慶応二）とらの正月　三匁八分　　小もん染代
一　弐朱　　染代

一　うしの九月
　金弐両一分壱朱　　古着下おひ(帯)出し
　　　　　　　　　　御召嶋わた入
一　金弐朱百文　　黒しす(繻子)ゑり取一
　十一月
一　金壱歩　　小遣
　十二月
一　金弐歩　　とふさん(唐桟)半反代
　うしの五月　　米と半分つゝ、
一　金弐分　　同人母銀遣ス
　　　　　　　源照寺帰時
(慶応二)
とらの九月十二日
一　金壱両弐歩弐朱　　古手一敷
(慶応二)
卯ノ正月
一　金弐両壱歩弐朱　　古手
　　　　　　　　　　　帯　一すし
　三月十六日
一　金壱両　　帯半地分

一　金弐両　　横濱ニ而
　　　　　　　嶋(縞)ごふ(ろ欠カ、ゴロフクレンカ)代
一　〃二朱　　風呂敷代
(明治四)
未四月十五日
一　金壱歩　　かス
一　金壱歩
　九月五日
一　金弐両　　名塩行ニかス
　　　　　　　いろ〳〵入用
　九月廿七日
一　金壱両　　羽織代ニかス
　十二月八日　すそはき
一　金壱両　　　よけいろ〳〵

およね取替

(慶応元)
うし八月
一　金三両　　おひ(帯)いろ〳〵
一　弐歩　　ゆかた(浴衣)代

一　弐朱　染代
一　三両壱歩弐朱　御召嶋古手代
一　壱両弐歩　大坂出立の時
八月
一　弐両三歩　古手やら
(慶応二)
とら九月
一　壱両壱歩　お丶嶋(大島紬)やら
(慶応三)
卯ノ正月十日
一　壱両　小遣
卯ノ正月二日
一　三両弐朱　○諸入用也
〃弐月廿日
一　壱両弐歩　きう金扶持方
かし(質カ)越相拂
羽おり○七受金
卯三月廿三日
一　弐両弐歩　ねづの主人へ
きう金返納

三月廿九日
一　三歩　羽おりはかま代
返納
横濱ニ而
一　金壱両三分弐朱　嶋ごろう(ゴロフクレンカ)
一反
五月七日
一　〃壱両　横濱ニ而
見やけ物代かす
一　〃弐朱　風ろ敷代
壬四月十九日
一　金弐歩　横濱ニ而かス買物たらす
六月十八日
一　金弐歩　尼崎に帰る時
かス
十月廿八日
一　金壱両　いろ〳〵買物かス
二月十二日
一　金弐両　帯《しゆす》　かたかわ
二月十五日
三歩　尼ヶ崎帰る時
かス

半介替

十一月三日
金弐分　　あわせ

十二月廿八日
金壱分　　わた入

正月三日
金弐朱　　小遣遣ス

一郎江

〔一郎ハ八重ノ弟、億川信哉ノ長男。元治元年初メ八重ヲ頼リ江戸へ出タ。コノ記事ハ先ノ「本そふ入用」ノウラニアリ。〕

一　金壱両弐分　　黒文付
　　　　　　　　　袖口わた

一　（記事ナシ）

一　二分弐朱　　うら地一反

一　金五両　　小遣渡ス

一　（記事ナシ）

---

③「壬戌旅行日記」（未紹介分）

横帳(10.0×17.5センチ)
全59丁(オモテ、ウラ表紙共、内記事23丁、他ハ空白)

「四月十一日晴」ヨリ「六月二日終日曇時々小雨」ニ至ル旅行記事ハ第一丁ヨリ第十一丁オモテニ終ル。以上ノ旅行記事ハ緒方富雄著『緒方洪庵伝』（第二版増補版）三四五～三六三頁ニ記載アリ。）

有金覚（第十一丁ウラニ記ス）

一　金三百両　堀越ニ預ケ
一　三百両　手元ニ
一　三百両　〃
一　凡弐百両　書物ニ成

（以下　七丁空白）

東行餞別到来之懇家（第十九丁〜二十丁オモテニ記ス）

村上代三郎　黒崎儀右衛門
平野屋元二郎　藤原屋無右衛門
高池清之介　児玉伊織
眞鍋豊平　平の屋平九郎
桧山卯之介　鍵屋佐二郎

仲屋藤兵衛　眞邊縦斎
小泉隆泰　室上集太
豊島屋与右衛門　梅谷慊堂
中欽哉　高瀬西海
高安丹山　荻野廣斎
春日寛平　作羽太膳
大和屋喜兵衛　朝岡中之進
八木屋佐介　よど屋清之
小野石斎　佐々木五郎
後藤春蔵　大田春輝
西垣　鴻池勘兵衛
木屋伊兵衛　阿波屋甚介
中の屋勇介　小野元民

扇屋与兵衛
朝岡右橋郎
わた屋喜兵衛
安井九兵衛
かゞ屋喜介
人見八二郎
小川虎之丞
山名十左衛門
高瀬一郎兵衛
萩野七右衛門
井岡良哉
木村文蔵
潮田耕平

大津屋伊右衛門
鴻池良輔
寺西茂三郎
山本河内
中川立徳
小森春馬
平の屋彦兵衛
日野主税
内藤数馬
青山東太郎
町田元譲
小松元春
船曳卓介

尼儀又右衛門
遠山同居 高松幾久輔
山田金江
江馬権介
松井辰之丞
武田安蔵
斎藤永策
松本俊平
藤田文弥
桑原屋重三郎
三島屋嘉十郎
炭屋又介
太田精一

遠山宗淳
生瀬九郎右衛門
山本善之介
天満西 牧野
百野四郎
秋山弥左衛門
山口寛斎
堀家右衛門
西 磯矢
秋田屋太右衛門
岡五郎右衛門
弓場五郎兵衛
小野玄亭

億川教佐　木屋新平
今岡安兵衛　世義（カ）泰
福井清（カ）永　田邊良典（カ）
茂渡貞三　青木内衛
宕出屋武右衛門

覚（第二十丁ウラニ記ス）

一　金八百両　堀越ニ預ケ
一　〃弐百五十両　白代（「白」ハ「金帛」ノ略
カ、下段註参照）
一　〃百八十両　書物代
一　〃百十七両　手元金
〆千弐百九十七両有金
此内　弐百七十五両引
是ハ呉船中道中入用夏中什物也
□（残）金凡千弐百十二両也（「弐百」ヲ墨抹消）

卯（慶応三年）（第二十一丁オモテニ記ス）

一　金三百両　江戸堀越ニ
預ケる
一　金三百両　浅野より受取
一　金弐百五十両　金伯代受取（「金伯」ハ「金
帛」、即チ礼物ノ意ナラシ）
一　五十両　手元残金
一　金百八十両　書物代
一　金百十両　十郎の金
〆千百九拾両也
此内　金札ニ引替
一　弐百両する
一　〃二百両　あたち中ニかス
七十七両三分　帰る　二十三両ハ米代
此内五十両金札引替の内ニ入

一　金五百両　　　正有金也

七月十三日　改置

（以下二十八丁空白）

海なきは山城　大和　伊賀　河内（第四十九丁オモテニ記ス）
筑紫にちくご　丹波　ミまさか
近江路や　ミの　飛騨　しなの　甲斐の国
上野　下つけ　是も海なし

（次ノ三行分ハ第五十丁ニ記ス）

鎮痙止痛
竹葉越幾斯　大抵五分許ヲ服量トス
西有圭トモ験

（以下第五十一丁ヨリ終丁ニ至ル）

診察（本記事、墨線二本斜ニアリ、抹消カ）

一　備前沼村津下氏客米屋胃病
方書
コロンボ　健質　将軍　白酸　各二戔
阿□（魏カ）五分

一　以牛胆　適宜為丸三十包ニ分チ
日ニ三服
同村内藤弥八　依ト昆垤児兼痔血
方書ゴムアムモニアキ　白石酸　蒲公英　各二戔
硫華二戔
為丸二十包ニ分チ日ニ三服

佐伯　サヘキハサヘギルノ意　門ヲ守ルノ官也
大伴ト弁ヒ帝ヲ守護スルノ大
官也　草壁門即サヘキ門也

（第五十一丁ウラヨリ第五十三丁オモテニ至ル間ニ、緒方富雄著『緒方洪庵伝』（第二版増補版）所収三六三～三六七頁ノ附ノ人名四十六名分記載アリ）

船頭算用（第五十三丁ウラニ記ス）

一　三朱　　三津ニて貸

一　二朱　　牛窓ニて貸

一　一朱　　大坂ニて
安田　□（よりカ）

（以下、第五十四丁ヨリ第五十八丁ノ終リニ至ル）

一　十五 一朱　丸亀ニて両替
一　二分一朱　金比羅諸拂
一　〃二朱　安田へ
一　〃二朱　津下へ
一　〃一朱　中村へ金剛院礼
一　〃一分一朱　丸亀ニて船頭へ仕込代
一　〃二朱　土産もの代
一　廿八日 一朱　井嶋ニて買物
一　廿九日 弐朱　牛窓ニて
　　イカリ代　船頭へかし
一　〃弐朱　〃所買もの
一　一分　〃米代
一　弐朱　津下へ返金

一　一朱　安田へ返金
一　三朱　船頭へ取替
　　津下より
一　三日 一朱　大坂 安田取替返し
一　三日 一両弐分弐朱　船ちん廿日分
　　代右廿日分
一　〃一分弐朱　船頭両人へ
　　祝義
一　〃一分弐百門　〃ふとん代
一　廿七日 一分一朱　丸亀診察料
一　五月廿一日 一分　松田隆教より○
一　〃廿二日 一分　佐原静翁より○
一　〃一分　同人より

一　五月十一日
　金六両一分　　　　遺訓料
　　十匁五分　　　　後藤浩軒より受取
一　五月二日
　金五両　　　　　　津川挙介ノ分
　　　　　　　　　　寺地より預り
一　九日
　金一両　　　　　　津下より受取
　但し同人より小野へ貸ス今より為替
　之事宿許へ申遣ス
一　十二月　　　　　兵庫ニテ
　百文　　　　　　　茂兵衛より受取

入費

一　同月十一日
　金二分　　　　　　尼崎ニて渡
一　〃〃一朱　　　　住吉ニて渡
一　〃一分　　　　　兵庫ニて渡
一　十二日
　三朱　　　　　　　〃所ニて渡
一　〃一朱　　　　　人丸詣ニて替

一　十四日
　一分　　　　　　　〃所ニて渡
一　〃一分　　　　　下高ニて渡
一　〃弐朱　　　　　姫路ニて渡
一　十五
　一分　　　　　　　同所　渡
一　〃弐朱　　　　　山田ニて渡
一　〃一朱　　　　　鶴亀ニて
一　〃二分二朱　　　有年ニて
一　十六日
　二朱　　　　　　　片上ニて
一　十六日夜
　二朱　　　　　　　沼ニて
一　十七日
　二朱　　　　　　　藤井
一　十八日
　三朱　　　　　　　〃所
一　〃三朱　　　　　板倉
一　十九日
　弐両二分　　　　　佐伯へ
　　　　　　　　　　肴料

一 廿三日 百匁 河本屋浅五郎拂
弐匁四分
代 一両と札弐匁四分
一 〃 弐朱 〃家茶代
一 〃札 四匁 〃下女弐人
一 〃 一朱 おとらへ
一 〃 四朱 河本屋
出立酒肴
一 〃 弐朱 宮内より足守へ遣ス
佐伯氏召使えものへ
祝義
一 廿五日 一朱 宮内人足へ酒手
一 廿六日 一分 皮文庫代
一 廿七日 二朱 柳行李代
一 廿八日 一両一分三朱 塩酸モルピ子半瓶代

一 〃 弐分 宮島図會代
大坂屋源介へ拂
一 廿八日 壱両三分三朱 倉敷旅宿浅田屋拂
内弐分茶代 三朱下女弐人 下男一人へ祝義
一 晦日 弐朱 寺地より差越ス使ニ
心附
一 〃 三朱 玉島照文堂筆代
一 〃 三分弐朱 〃所はたご茶代
一 五月朔日 一分三朱 笠岡はたご
一 〃 一朱 福山ニて渡
一 三日 三分 鞆津ニて拂
一 四日 二分弐朱 福山拂方
津下へ渡ス
一 一朱 寺地下男へ遣ス

一　二月三日　一朱　尾道ニて替
一　六日　一両三分一朱　尾道宿料
　　船ちん　茶代出
一　八日　弐朱　廣島ニて船頭へ
　　祝義
一　十一日　三分弐朱　〃所宿料
　　人足ちん也
一　弐朱　〃所買もの代
一　十二日　一分弐朱　草津
　　舟雑用
一　〃　一分　宮島宝物見料
一　〃　三朱　〃土産もの代
一　十三日　弐分三朱　岩国ニて土産物昼飯
　　舟ちんとも
一　十四日　一分一朱　三ツ濱ニて米代雑用

一　十八日　一朱　道後ニて買物
一　廿日　一分　津下取替料
一　〃　一両一分弐朱　伊予縞四反代
一　廿二日　一両弐朱
一　一分弐朱　道後宿ちん弁
　　一朱　諸拂
一　〃　弐朱　松山ニて菓子調
　　大西へ遣ス

備忘

○大藤へ古金取替之事
但し先年秋善之方ニ申受悪金
ナルよし
藤田マーリン之事
秋善へ預り候処昨冬外方へ
売拂候よし
○佐伯三味バチ之事
○大庵へ木新手紙之事
筑前侯へ地図献上之事

エレキテル書慎蔵へ反譯申遣ス事
○佐伯　健胃丸之事
宮内　米屋嘉五郎娘おなミ　沃没アギ芦會
之丸薬遣ス事
ハー子マン黄液　即涅道硫□（鮮カ）也
硫黄華　生石灰　各二戔
蒸餾水十戔　煮テ黄色ノ液ヲ濾過シテ貯フ
服量十滴　至三十滴
去糞臭法　　　ギラルチン
木炭末　係若末（スキュルヒル）　土ノ分
毎上周二刃ヲ厠下ニ撒布ス
寺地頼之大瓶之事
但し箱ニ入レ箱少し大キナルよし
内十七両取　弐両弐分残
一　弐分金　弐十両　一包　現
一　弐朱金　五両ツヽ　弐包　新懐
一　〃　十両　一包　庫
○一　〃　五両　一包　懐外
○一　一分銀弐両　懐中
朱銀一両

一　一分銀　五両　一包　庫
一　朱銀　三両　一包　庫
○一　五両弐分弐朱　一包　足守ニて開ク
謝義
○一　一両　津下より受取
懐中
四月廿七日
一　三両　同人より倉敷ニて
包ノマヽ預り
○一　四両　倉敷ニて謝義
○○○
差引
一　七両　庫　一　四両　庫　福山ニて懐中　一　四両懐中
倉敷ニて廿七日改
五月廿八日
一　一両三分三朱　玉島ニて開懐中
五月八日
一　三両弐分三朱　船中ニて謝義開キ懐中
兵庫南仲町
中牧屋丈之介
池田良輔兄

同所会所　半兵衛
姫路米田丁《(町)》書林
灰屋助次
秋本正一郎取次処
鞆津要害　平九郎
三二亭といふ
草津金毘羅丸船頭
大野屋勘介
（以上ニテ記事終リ、アト裏表紙）

④「緒方御隠居様御遺髪高林合埋法事廻状」

発起人
池田謙斎
長与専斎
中山信安
本野盛亨
福澤諭吉
箕作秋坪

一今般緒方御隠居大坂表ニ於テ御逝去相成、葬式ハ同地ニ於テ相行ヒ候得共、御遺髪ヲ駒込高林寺先師之墓側ニ合埋候ニ付、同志之賛成ヲ得テ同寺ニ於テ御法事相営ミ度事

一右御法事相営ミ候ニ付テハ、懐旧会員ノミニ拘ラス平日御隠居御懇意之人ニモ報知シ、成ル丈ケ多数ノ参会ヲ得タキ事

一御法事後斎食相設ケ候ニ付、会費トシテ金壱円（但シ思召次第）宛持参之事

一右日限ハ御遺髪御送致次第時宜ヲ見計ラヒ、三十五日或ハ四十九日ニ取極メ候様致度事

一右同意之御方ハ左ニ御記名被降度

至極御同意　坪井信良
御同意宜奉願候　大鳥圭介
右同断　足立寛
右同断　牧山脩卿
右同断　板倉郁造
賛成　田代基徳
同断　神保良粛
右同断　埜村文夫
右同断　草野元養
右同断　今村有憐

杉立義一氏旧蔵・現適塾記念会所蔵『緒方収二郎宛書簡・葉書』ほかの紹介

A〔適々斎塾史蹟保存関係〕（十四通）
B〔旧友賀古鶴所よりの書簡〕（五通）
C〔俳句師匠野田別夫楼ほかよりの書簡〕（七通）
D〔諸氏（池田謙斎・足立寛・緒方道平・山本謙太郎・鈴木馬左也）よりの書簡〕（五通）
E〔寄附金および金銭関係〕（五通）
F〔その他（緒方玉江宛八千代・三村君平書簡・法名覚書）〕（三通）

まえがき

平成十三年十一月の適塾記念会理事会・評議委員会の席上、杉立義一理事よりご所蔵の『緒方収二郎宛書簡・葉書』ほかを適塾記念会へご寄贈頂いた。

本稿は右ご寄贈史料の主要なものを分類し、解読・紹介する。

A〔適々斎塾阯史蹟保存関係〕

① 収二郎あて銈次郎書簡（昭和十六年五月十二日付）

前略御免、本日は御丁重なる御書簡に接し恐縮仕候、偖而過日ハ洪平様御多用中御繰合被遊、祐将(1)・六治(2)両名と共ニ清交社ニ於て濱崎照道氏(3)ニ御対面被下、種々懇談を交ェ得られ運動上好都合に相運ひ申候、席上兎角く文部大臣より史蹟保存指定を受くるを何ニよりの急務とすること丶相成候ニ付き、大阪府廳平尾氏よりの注文に應じ、申請に要する諸種の書類を区役所・税務署其他より取集め、本日午後当平尾氏の手許まで提出致置候（平尾氏の寓居は四条畷ニつき壱昨十日手土産を持参訪問致置候）いづれ来月末迄には平尾氏の手ニて適宜の申請理由を添加し、文部省宗教局保存課へ提出相成候事かと察せられ候間、其節ニは私方へ御一報被下候様約束致置候、通報次第私東上致し橋田文相(4)に知三郎(5)・長与(6)其他を通じて認可の運動に取掛り可申候、いづれ成功は疑い無きところニ候へども、指定を受くる迄ニは約二ヶ月を要す可く、其間御待兼ねとは存候へども、今少し御辛抱の程呉々も願上奉候、認可相済み候上ニて井尻君(7)に交渉し、一ヶ月の後原型に復させた上、（(挿入加筆)敷金の義は祐将君も心配すると申居られ候、御配念ニ及び不申候）、敷金を返して後、此方へ受取り、其上ニて濱崎君が早速日本生命に相談下され、有志者と共に最適の方法を講(ママ)ず可しとの誓言ニ有之、濱崎君も熱心保存を希望され候間、必らず福音に接し可申、大ニ期待罷在候、会談当時の模様ハ委細洪平様より御聞取のこと丶存申候

本日の御書面は祐将・六治両君へも御廻し申上置候、此度は御両君共中々熱心ニ御奔走相成居(下)候間、御都合よろしき時、双方へ御挨拶状御差出置被降候ハゞ本懐之至りニ存奉候

不取敢往過御報迄、乱筆御判読相欲申候　拝具

五月十二日午後　銈次郎

収二郎御叔父上様

御叔母様へ呉々も宜敷御傳声被遊度候

〔封筒オモテ〕

京都市左京区北白川小倉町五〇

四銭切手

緒方収二郎様

（大阪南16・5・12消印）　平信

〔封筒ウラ〕

五月十二日

（ゴム印）

大阪市南区難波新地三番町三十八番地

緒方銈次郎

○本文はペン書。封筒表書および同裏日付のみ墨書。

〔註〕

（1）祐将は緒方祐将《すけまさ》のことで、洪庵の四女八千代・養子拙斎の長女千重・養子正清の養子（伊東氏）。明治二十年（一八八七）五月三十日生。

（2）六治は緒方六治《ろくじ》、洪庵の三男惟孝《これたか》の養子（大国氏）、歯科医。明治五年（一八七二）十一月二十二日生、昭和二十五年（一九五〇）一月十九日歿。妻は養女初枝。

（3）浜崎照道氏略歴は次の通り。大阪市東淀川区上新庄月見山信覚寺住職小林家次男。堂島中学校（北野中学前身）・山口高校・京大法学部卒（明治三十八年）。南海電鉄入社、藤田組に転勤。浜崎栄三郎長女の婿養子となる。堂島米穀取引所常務理事（三十五歳）・北浜株式取引所常務理事・阪急電鉄役員・大阪回生病院（竹互恵会）監査役（昭和十六年二月～三十八年二月）。昭和三十八年（一九六三）四月十一日歿。（以上の略歴は、大阪回生病院長菊池院長より藤野恒三郎教授が頂かれたもの。回生病院創設者菊池篤忠氏と浜崎栄三郎氏と親交があった。）

（4）橋田邦彦文相（明治十五年～昭和二十年、一八八二～一九四五）。東大教授（のち一高校長兼任）。第二次近衛内閣文相、東条内閣文相。敗戦後ＧＨＱの戦犯の指名をうけて服毒自殺。

（5）知三郎は、緒方知三郎で、洪庵の次男惟準《これよし》の三男、明治十六年（一八八三）一月三十一日生、東大医学部教授（病理学講座）。

（6）長与は長与又郎、長与専斎の三男、東大医学部教授、伝染病研究所・癌研究所の所長。

（7）井尻は、井尻辰之助。華陽堂病院を開設する。

② 収二郎あて鉒次郎書簡（昭和十六年六月十九日付）

梅雨之候憂陶《ママ》敷事ニ有之候、御起居如何ニ遊候哉、御見舞申上候

本朝の新聞ニて昨十八日文部省にて史蹟調査委員会を開き、二十六件の指定決定仕候様承知仕候、少々時日を遅れ候爲め其撰に漏れ候ことは残念ニ存申候、右委員会は本年に入って初ての会合らしく、従って次回は何日頃に相成候哉、或は半ヶ年後ニでも相成らずやと案せられ候、右につき祐将氏と相談の上、今朝濱崎氏を訪ひ打合申候処、何より時機を失しては面白からず、一方役所の模様を推知すると共に、此方に於ても指定を待たずして整理の方法を立策するの要あるやも不知、夫れについては即答致兼候につき、一応考慮致置き記しての御返事ニ有之候、富雄へは早速推知方申遣置候間、不日返答致参ることゝ存候が、省ク《（ママ）》保存指定に接せざれは、濱崎君が乗出し呉れぬか、此邊も気遣い仕候得共、同氏の言ニては藤原銀次郎氏（1）には日本生命のことも話し置きたりとのことに有之、それを承知して視察に参られたる者とすれば、必らずしも指定を待たずとも豫め保存会の如き者を組織して資金を集め、一旦保険会社の債務を仕拂ひ、其上にて更ニ保険会社より寄附の形式ニて幾何かの出金を求めることにしても宜敷かるべしとも存居候、濱崎君ニ其意志の有るや無しは判明致し不申候へども、然し一旦引受け呉れしこととて、今更ら長時日を遷延するの愚策は取られ間敷かと察申候、小生としては此上引続き利息其他税金等に於て意味無き御出費を御賭け申上度存念更々御座無く、一日も早く解決をとあせり居申始末ニ御座候、文部省の指定を得るの義は、全く確実なるも、此間の手続に長い時日を要するは、誠に歯がゆき極みに有之申候、右につき何か御高配も有之候ハゞ、御遠慮無く申付被降《（下）》度、小生の力の及ぶ限りニ於て御尽力申上候決心に御座候

匆々

六月十九日夜

鉒次郎謹白

収二郎殿

洪平殿（2）

六治君経過良しき方なるも言語の渋滞は少々進行致参り候やと見受申候、御老齢とて御案じ申上候

〔オモテ〕

京都市左京区北白川小倉町五〇

緒方収二郎様

〔ウ　ラ〕

六月十九日
緘
大阪市南区難波新地三番町三十八番地（ゴム印）
緒方銈次郎

○本文ペン書。封筒表書および同裏日付のみ墨書。

〔註〕

（1）藤原銀次郎氏は、明治二年（一八六九）六月十七日長野県生まれ。明治二十年一月十三日慶應義塾入学、同二十二年卒業。その後、松江日報主筆、三井銀行、高岡製糸所支配人、三井物産、王子製紙主事・専務・社長。昭和十三年六月古稀に社長を勇退・会長となる。昭和十四年藤原工業大学を創立し理事長となる。学長小泉信三、理事槇智英雄。昭和十九年同工大を慶應義塾大学に寄附（藤原記念工学部とする）。第二次大戦中、米内内閣の商工省、小磯内閣の軍需相に就任。昭和三十五年（一九六〇）歿。以上、慶應義塾大学名誉教授西川俊作氏のご教示による。

（2）洪平は緒方洪平。洪庵の六男収二郎の長男（明治三十六年十二月三日～昭和四十一年二月八日、一九〇三～一九六六）、京都帝大医学部卒、京都府立医科大学教授。

---

③　銈次郎あて大阪府社寺深史蹟係書簡（昭和十六年五月二十一日付）

敬白　平尾主事宛御手紙ノ御趣拝承、申請準備着々進メ居リマス
就テハ同意書二通ヲ要シマスノデ、同封別紙ノ様式ニ依リ御認メノ上御送附下サイマセ
要ノミ　早々　　大阪府社寺課史蹟係
昭和十六年五月廿一日
緒方銈次郎殿

—•—•—•—

○二通要シマス

同意書（〔 〕内は既製の大阪府史蹟申請書使用につき墨線抹消、傍線部分はペン書き）

一、緒方適々斎塾阯

右ハ〔昭和九年一月大阪府令第一号大阪府〕史蹟名勝天然記念物等保存〔顕彰規程〕ニヨリ史蹟トシテ御指定相成候儀支障無之依而此段同意書及提出候也

昭和十　年　月　日

右所有者〔〈管理者〉〕
住所
氏名

文部大臣宛

④　収二郎あて鉒次郎葉書（昭和十六年六月十三日付）

御貴翰既読仕候、御丁寧なる謝辞を戴き恐入申候、本日午前十時濱崎・祐将両氏と共ニ藤原銀次郎外藤原工業大学理事三名を案内し、大村卿記念碑及び適塾の視察を受け申候、藤原氏は頗る熱心に観察致され、先師勉学の趾に感慨無量に見受申候、濱崎氏よりは委細の経過已ニ物語られ居り、小生等ニ対し充分の尽力を致す様御誓約被下候間、御安心被下度、不取敢右迄

○（オモテ）京都市左京区北白川小倉町五〇　緒方収二郎様・洪平様（弐銭切手消印16・6・13）六・一三大阪市南区難波新地三番町三十八番地　緒方鉒次郎（ゴム印）

⑤　収二郎あて鉒次郎葉書（昭和十六年六月廿九日付）

只今濱崎氏より電話有之、会談致度旨ニて参上仕候処、過日文部省指定手間取るべくとのことニつき数日前日生成瀬社長[1]へ小生より切望する事件なり、追て藤原銀次郎氏より申出あるべしと直談し置き、直ちに東上、藤原氏に面談委細を語り、同氏より成瀬氏上京のせつ、右ニつき申込有度旨依頼致置きたるところ、只今速達にて返事あり「金高大きニつき篤と相談の上返事すべし」とのことなりし旨申越され候、成瀬の即坐に決答出来ぬことは勿論なれども、濱崎氏としては右金額を寄附せしむることに確信を有し居られ、此上の折衝は自分ニてやって見せるから安心せよとのことニ有之、不取敢急報申上候、いづれ数日ニ参京続々可申述候、六治君は経過自良と存ぜられ候、洪平様へよろしく

○（オモテ）京都市左京区北白川小倉町五〇　緒方収二郎様至急（弐銭切手消印16・6・29）六・二九

○（ウラ）大阪市南区難波新地三番町三十八番地　緒方鉒次郎

○以下葉書はすべて本文および表書の宛先ペン書。差出人鉒次郎の住所・氏名・日付は、（ゴム印）と注記したほかはすべてペン書。

〔註〕

（1）日本生命成瀬達社長。

⑥ 収二郎あて鉎次郎葉書（昭和十六年六月二十五日付）

御芳墨拝誦仕候、其後富雄方[1]へ文部省の様子問合方申遣ハし候も、今ニ返事無之候、兎に角く早くとも三ヶ月を要す可く、或は半年を見込置方宜敷かと存ぜられ候、誠ニ御浪費相かり相済まざる義ニ候へども、只今ニては井尻氏も落付かれ居候模様ニ付き、御辛抱相願ハれ候ハゞ此上も無之、濱崎氏の意向も文部省の指定を持って事を始めたき意向ニ見受けられ候、但し指定は確実ニ付き、御安心置被下度候。昨夕六治君見舞申候処、熱は一時性ニて其后嚥下障害も治り、経過は佳良に見受申候

○（オモテ）京都市左京区北白川小倉町五〇　緒方収二郎様（弐銭切手消印16・6・25）

○（ウラ）六月二十五日　大阪市南区難波新地三番町三十八番地　緒方鉎次郎（ゴム印）

〔註〕

（1）富雄は、緒方富雄東大医学部教授。洪庵の次男惟準の次男、鉎次郎の三男。洪庵の曽孫にあたる。

⑦ 収二郎あて鉎次郎葉書（昭和十六年七月二十二日付）

昨夜浜崎君訪問候処、数日後に上京の豫定ニ付き、藤原君へ面談、成瀬よりの返事を督促させるつもり、自分直接ニ成瀬に面会するは返事のありたる后にしたしとの事、又た先日寺内大将[1]と大和旅行を共にしたるニより適塾の話をしたるに、これ又た大賛成ニて日生の誰れかニ話候もよろしくと云はれしが、藤原氏の話をせしに其返事の如何ニよりてハ尽力すべしと申居られたること、又た大毎奥村[2]ニも一寸話をしたりと申居られ候

○（オモテ）京都市左京区北白川小倉町五〇　緒方収二郎様（弐銭切手消印16・7・22）

○（ウラ）大阪市南区難波新地三番町三十八番地　緒方鉎次郎（ゴム印）

〔註〕

（1）寺内寿一《ひさいち》陸軍大将（明治一二～昭和二一、一八七九～一九四六）当時軍事参議官、昭和十六年十一月南方軍総司令官、同十八年六月元帥、同二十一年六月サイゴンで死亡。

（2）大阪毎日新聞社々長奥村信太郎（一八七五～一九五一）。東京府下北品川宿生まれ。慶應義塾大学部文科卒業、明治三十四年入社。社会部長として盛名があった。昭和十

一年（一九三六）十二月社長となり、日華事変から太平洋戦争を通ずる八年間を社運をかけて努力した。終戦とともに辞表を提出。明治・大正・昭和にわたる新聞記者生涯を「新聞に終始して」の一巻に残して昭和二十六年（一九五一）三月満七十五歳で歿した。以上、『奥村信太郎―日本近代新聞界の先駆者―』（昭和五十年）参照。

⑧　収二郎あて銈次郎書簡（昭和十六年八月十五日付）

収二郎叔父上様　八・十五　銈次郎拝

昨今やゝ秋冷を催し仕申候、御起居如何に在らせられ候哉、御見舞申上候、此方一同幸に無異御放念相成度候、六治君も全快遠からず顔を出される機会も相生じ可申歟、嬉しきことに御座候、さて昨日浜崎君より電話にて面談仕候処、藤原氏之方へ更ニ催促、尚ほ日生より大阪市へ寄附依嘱可然旨、先方へ通せられたき旨申送り候処、別紙之如き葉書の返事に接し候間、収二郎氏へも御見せ置被下度とのことにつき御送附申上候、（右は御手許へ御保留相成度候）文部省へも今一度指定方督催（促）致呉との話ニて本日富雄の方へ内山文部秘書官へ問合方申遣ハし置き申候、何分ニも官辺の仕事とて急速ニは進行不仕、もどかしきことニ有之候

準一（1）未だ御伺ひ申上ざる様子、誠ニ御済み不申候、都合ニ依り今一度六治氏より傳言たのみ可申候

（別紙の葉書欠）

京都市左京区北白川小倉町五〇
緒方収二郎様
平信

緒方
（ゴム印）大阪市南区難波新地三番町三十八番地
緒方銈次郎

○本文封筒表書共ペン書。

〔註〕

（1）準一は緒方準一。銈次郎の長男、明治二十九年（一八九六）十月十六日生。東大医学部卒。

⑨ 収二郎あて鉒次郎書簡（昭和十六年十月三日付）

霖雨やふやく晴れ爽冷之秋と相成申候、近時御健康如何ニや御案じ申上候、偖て先便申上候如く、文部省嘱託役人出張精細に調査致し呉れ、程よく調査会ニ報告致呉候事かと存申候、調査会は多分十一月中旬ならんと申候、井尻君との交渉ニつきては、今一応三木氏と御相談申上、適当の人物選定致度と存居候、今橋の事務長にては覚束なき気が致し申候、右号ニつきては不日参上色々御相談申上度存居候が、本日文部省上田三平氏より別封の如き書面到着仕候ニ付、御廻送申上御記憶をたどりて御返信にあづかり度候

祖父様(1)御逝去の時の御住宅(2)は下谷練塀町とか聞き及び居申候が、番地ハ不明なるにしても、せめて其場所にても御見当つき候ハヾ、仕合せと察せられ候、右は多分適塾指定と共に東京の方ニても御易責の地を調べ置き度き考へかと察せられ申候、至急を要し居候容子ゆえ、折返し御返事御待申上居候、洪平様へもよろしく多分十二日の日曜日ニは午后一時過ニ御伺ひ申上得るかと存居候、可相成洪平様ニも御宅ニて御面談相協ひ候ハヾ欣幸ニ御座候、不取敢要件のみ　匆々

拾月三日　　鉒次郎拝

収二郎叔父上様

乍末筆家内より宜敷申出候

（本文中野上田三平氏より別封書面）

拝啓過日は程々御厄介に相成難有存じ候、帰来非常に多忙に有之、御令息に御面会の機なく候も、門人録の写真十枚は正に受取申候、又森君に御送り被下候分も拝見いたし候、尚局長より洪庵先生の江戸に於ける邸宅は現今の何区、町番地に相当するや。御移轉あらばその両者共に聞き質し置く様御話有之、御調べの上御返事相煩度候（御逝去の宅をも）、右は御便宜可成至急御報知願上候、早々頓首

十月一日　　三平

緒方鉒次郎様

（「神武天皇聖蹟調査用」箋一枚使用）

○本書簡は「昭和十六年五月適々斎塾阯史蹟保存ニ就テノ書類」と表記せる封筒中にあり。

〔註〕

（1）緒方洪庵をさす。

（2）下谷御徒町（今の台東区）の医学所頭取屋敷にて死去。

⑩ 収二郎あて銈次郎葉書（昭和十六年十一月十三日付）

十一月十三日午后六時半　緒方銈次郎

前略御免只今大朝社より電話ニて適塾指定認可の件申参り雑報種をひろひ参り候、いよいよ指定されたる者と存じ喜悦此上御座候、御叔父上様ニ於てもさそ一安心の程御察申上候、これより濱崎・祐将君と商議をとげ、今后の方針確定可仕候、井尻君は十一月限りて轉居も決定申越され候、準一義未だ参り不申、恐らく空手形を発したる者と相見え、叔父上に対し失礼の段、御赦（カ）しやり被下度候

○（オモテ）京都市左京区北白川小倉町五〇　緒方収二郎様・同洪平様（弐銭切手消印16・11・14）大阪市南区難波新地三番丁三八

⑪ 収二郎あて銈次郎葉書（昭和十六年十一月二十三日付）

其後御伺可申存候処、目下餘暇無之、出京致兼候ニ付、一寸乍失礼以葉書得貴意候、偖而濱崎君は本月中に東上之筈のところ不得已所用出来の爲め、来月早々上京、藤原氏[1]ニ面談致し万事相談の上自分が自から日生に談判するとの事ニ御座候間、今暫時会社へは無交渉ニ相成候、私事も三十日ニ章[2]の四女[3]結婚式に招かれ候ニ付き、夫れ迄に出京し、藤原氏ニも御願申上候つもりニ致思候、無論福沢様[4]へも参上可仕候間、御序のせつ洪平様より一寸（カ）御通信置被下度候、尚ほ井尻君よりの建具及其他の用具の預り証の写し其外北濱の図面、及び家屋借受証書等早々直接ニ三木八十一様[5]の方ニ御送り被下度、来月一日に北濱ニて三木、内山、井尻、先方の大工と会合の豫定△

△ソレマデハ入用トノ事ニ有之候

○（オモテ）京都市左京区北白川小倉町五〇　緒方収二郎様（弐銭切手消印16・11・24）十一・二十三　大阪市南区難波新地三番町三十八番地　緒方銈次郎（ゴム印）

〔註〕

（1）前出の藤原銀次郎。

（2）章は緒方章。洪庵の次男惟準の四男、明治二十年（一八八七）十月二十六日生。東大医学部卒、薬学博士。

（3）章の四女は、満寿子、大正十二年（一九二三）十二月一日生。石川三郎の妻。

（4）福澤八十吉をさす。福澤一太郎の長男（福澤諭吉の孫）。

慶應義塾幼稚舎、普通部を経て、大正七年（一九一八）三月大学部理財課卒業。ハーバード大学に学ぶ。大正十一年二月から塾長秘書。その後高等部教務係主任事務取扱兼庶務係。昭和十四年（一九三九）六月から参事。同年十月慶応義塾社頭。昭和二十二年二月十五日死去。婦人は緒方収二郎五女淑子。以上、慶應義塾大学名誉教授西川俊作氏のご教示による。

（5）三木八十一は目下不明。

⑫　収二郎・洪平あて銈次郎書簡（昭和十六年十二月五日付）

収二郎様
洪平様

追々寒気相迫り御老体御起居如何御案じ申上候、偖て小生事去る十一月二十八日出立、三十日夜ハ章結婚祝宴に臨席、翌十二月一日兼て約束の通り帝国ホテルに濱崎照道氏を訪問、御同伴三田藤原銀次郎先生を訪問、時節柄御多用之中を割き一時間以上ニ亙り種々適塾保存ニ関し懇談を辱ふし、其際の御話ニは已ニ数回成瀬氏ニ面会、日生より維持会へ一部の寄附として若干の減額は承知せしも、大レニては物足らぬ故、今一層つッこみて史蹟指定を力として強硬に談判すること丶なし、小倉正恒氏(1)へも相談、極力全部寄附に向って努力すべしとの意志を強く発表され、濱崎君も大ニ満足の様子ニ見伺申候、尚ほ大阪ニては毎日の高石氏(2)ニ文通之上、同氏よりも勧誘せしむべしとの話も出て居る中ニ、御承知の通り藤原氏は私共訪問の者の経劃《計画カ》協力会の会長を受諾致される様子ニなき、今后は以前とちがひ御多用とは存候へども、機に臨み成瀬氏ニ御談判なさるの事ハ確実となる、此点御安心可然と存申候、万一日生の方不承知に終るとも、藤原氏にすがり居候へば、決して御心配は無云々、特ニ藤原氏は福沢八十八氏(3)が態々此義ニつき来訪せられて依頼ありしことを非常に喜ばれ居申候、工業大学と福沢家の関系《ママ》ニつき大に説得致居られ候、此際福沢氏の御尽力は大なる力を得る様見受申候間、何卒叔父上様より同氏へ御礼状御差上置被下度候

不日是非御訪問委細申述候、不取敢右急報まで　匆々

十二月五日　　銈次郎拝

京都市左京区北白川小倉町五〇

緒方収二郎様

四銭切手

（消印不明）

十二月五日

大阪市南区難波新地三番町三十八番地

緒方銈次郎

緒方

○本文ペン書。封筒表書および同裏日付のみ墨書。

〔註〕

（1）小倉正恒氏（明治八年～昭和三十六年、一八七五～一九六一）は、石川県出身、東大卒。内務省に入り、山口県参事官など歴任。のち住友本社総理事に就任、財界のリーダーとして重きをなす。第二次近衛内閣に国務相、第三次近衛内閣蔵相。敗戦後公職追放され、第一線を退いた。

（2）大毎の高石氏は、大阪毎日新聞社会長高石眞五郎氏（一八七八～一九六七）のこと。千葉県鶴舞町生まれ。奥村信太郎氏と同じく慶應義塾大学部法科卒。明治三十四年入社、とくに海外通信の拡充に尽力した。昭和十六年当時、会長。終戦にともない、まもなく辞任、奥村社長後任のあとをうけて社長に選ばれたが、昭和四十二年二月、満八十九歳歿。以上、『高石さん』（昭和四十四年）参照。

（3）福沢八十八氏は、福澤八十吉の誤り。前出⑪の（4）参照。

⑬　収二郎あて銈次郎書簡（昭和十六年《カ》十二月二十五日付）

（前の書面1・2欠）

の図面は三木様(1)の方へ御廻し置相成度願上候

昨日億川氏に逢いたるところ、大学学友会(2)の席上ニて楠本君(3)より適塾保存維持方法ニつき相談あり、宜敷たのみ置きたり、但し生命保険の方如何落着せしか不知のため突っ込んで話は出来兼ねたりとの事ニ候、同君とは是より屢々会合、楠本氏と濱崎氏との対談の機会を造らせて貰ふつもりと話し置申候、只今のところ何事も順序良く経過致居り大喜びニ御座候、何卒日生の方の話の円満に解決いたす様、是のみ神かけ所願罷在候次第ニ御座候、乱筆急ぎ書きニて御判読下され度、失礼の段御有免給は

り度く候　　　　　　敬具

十二月二十五日夕　　　　銈次郎　百拝

○本書簡は、便箋左肩に3とあり、ペン書きにて、「昭和十六年五月　適々斎塾阯史蹟保存ニ就テノ書類」と表記せる封筒中にあり。

〔註〕

（1）前出⑪の（5）参照。

（2）大阪帝国大学医学部学友会のこと。

（3）大阪帝国大学総長楠本長三郎のこと。元医学部長。総長任期は、一九三四・六・二二～一九四三・二・三。

⑭　収二郎あて銈次郎書簡（昭和十七年一月二十九日付）

収二郎様、洪平様　銈次郎拝

新年になりましてからお寒さが強くなりましたので、日来丈夫な私も鼻寒冒を引きまして今になほりませんので困って居ります、太《ママ》したことてはありませんが、御地まで出掛る勇気がムいませんので、不取敢其後の経過を申上げ置きます

一日生よりハ再度速達を以て十一、十二月両月の利息支拂の催促がありました、余りほって置くのも如何と存じまして、祐将、八十一君と相談の上、去る十五日頃、八十一君と同伴抵當家屋が史蹟に指定せられ、井尻氏も移轉を乞ひ、空屋となりしに依り、家賃も入らず困って居る、いづれ保存会でも出来るらしいから、其上にて解決がつくべし、兎角く目下洪平氏も満州行ニて不在の為事情判らぬ故、今暫く待合せられたき旨、掛員に申し談じ置きました社員も、目下藤原氏と社長との交渉中のことは薄々承知致し居る様子見受けました、私は第三者の様な顔をしてスッカリボケて居りました

一、井尻君よりの敷金返却請求問題は、八十一君の御尽力を頂て居りますが、まだハッキリとしませぬ由ニて、昨日祐将君と相談の上、同君からアッサリ敷金と修膳《ママ》費とを帳消しにして貰い度き旨直接ニ辰之助氏に談合して貰ふことになる、同氏は両三日中に井尻君に会ふことに約束してあります、これも不遠落着することゝ存じます

一、浜崎君へは其後両三度、日生との交渉を催促しましたが、藤原氏より消息がありませんので、處用を兼ね去る二十五日夕の汽車ニて東上致されました、いづれ直接藤原氏ニ面談確定されること〻存じます、多分両三日中ニは帰阪致されますから、其模様は分り次第後便ニて委細申上ます

一、大阪府から文部大臣指定の書類を送付してきましたが、日生と交渉上此方に入用と存じますから暫く御預り申上ます、それから引続き大阪市を管理者としたき見込なるが異議有るやとの照介ニ対し、別紙写の如く申遣し置きましたから左様御承知下さい、勿論祐将君や濱崎氏ニは相談致しました上であります

いづれ近日中ニは一度御訪問申上ますから、其節は濱崎君からの返事を確めて参ります、過日回顧録のやふな冊子差上ましたが、御覧哉《ママ》いたことゝ存じます

社寺第三八三號（写）

昭和十七年一月二十四日

大阪府学務部長 印

緒方収二郎殿

史蹟緒方洪庵旧宅及塾管理者指定ニ関スル件

先般指定相成候標記史跡ノ管理者トシテ大阪市ヲ指定相成ル見込ニ有之候処、貴下ニ於ケル異議ノ有無承知致度、此段及照会候

右ニ対スル返書

昭和十七年一月二十七日

緒方収二郎 ㊞

大阪府学務部長殿

一月二十四日付ヲ以テ史蹟緒方洪庵旧宅及塾管理者トシテ大阪市の指定相成ル見込ニ付キ、右ニ関シ異議ノ有無御問合ニ相成候処、同旧宅及塾阯ノ将来遺児保存ノ為メ目下同族及有志ノ間ニ熟議中ニ有之、右一応終了ノ後大阪市ノ管理ヲ受ケ候義、最モ適当ト思考仕候、依テ向フ約三ヶ月拙者ニ於テ管理ヲ続行ノ上、時機ヲ見テ更メテ大阪市ニ管理方御指定ニ相願出申上候間、左様御承了《ママ》相成度、右及御廻《ママ》答候也

（オモテ）

四銭切手

京都市左京区北白川小倉町五〇

緒方収二郎様

要件

（ウラ）

一月二十九日夕

大阪難波新地

緒方銈次郎

○本文はペン書。封筒表書、裏面共墨書。

B〔賀古鶴所書簡〕

①　収二郎あて賀古鶴所書簡（大正八年五月二十一日付）

昨日は久々にて御目ニかゝり愉快ニ相覚え申候、さつ速甲野君方へ君が上京と八、九日ころ迄滞京の事並ニ此際生きのこり者の一会を催したし、中濱と相談、場所と日時とを定めくれ、ボクは二日夜、三日ニ上総に出遊、七日ニハ帰京すると申通し置き候、自然甲君より君方へ電話で都合よき日を伺ひ合せ来るなるべし、ボクは八日晩よりハムシロ九日晩の方が都合がよいが、此ハ君次第にまかせ可申、よろしく、

昨日話の古賀様ハ正しく精里翁に候へく候、翁ハ所謂寛政の三博士、又ハ三助の一人にて（紫栗山ノ彦助、古賀弥助、岡田寒泉の清助又ハ尾藤二洲の良佐《スケ》? 以上四人ハいつれも昌平校教授ナリ）没年文化十四年に候、其嗣子名煜、侗庵先生ハ弘化二、三年頃に没せられ候、山陽、小竹ナゾの友人に候、其子即チ精里翁の孫が古賀三代目の昌平校教授をやはりつとめた茶渓翁、幕府瓦解後沼津ニ移リアリ、お互ニ大学をいでし頃は根岸へんニ住居候手の由に候、早々不備

五月廿一日　鶴所

収君　梧下

（オモテ）

参銭切手

赤坂、新坂町三六
三村称平様にて
緒方収二郎様
（消印不鮮明ナガラ8、以下不明）

（ウラ）

神田小川町五十一
賀古鶴所

○賀古鶴所については、拙稿「緒方収二郎宛書簡他」紹介（1）（本書第Ⅱ部二五五頁以下参照）

②　収二郎あて賀古鶴所書簡（大正十二年《カ》十二月二日付）

拝啓其後御不沙汰御免下され度候、相変らず日々些事ニ

忙殺され居候、病院假舎も漸く今月廿五日ごろには竣工之筈に候、乍憚御放念下さるへし、假舎とはいへ寒くないやうニと建てさせ候、一坪百七十五円ニ当リ候、○さて御芳意に由りてさつ速入手致し治療器械十種之代金今に其まゝニ過ごし来リ不本意の至ニ候、何卒器械やに御命じ下され、代金ノ調査を廻送候様ニ御取り計られ下され度希候上げ候、此外の器械ハ既ニ出来候ハゞこれ亦廻送方御命上下され度候、但し其後井中ナゾヨリ諸器械出で来リ、唯今ハ御庇にて一もフ足を感ぜず候まゝ、未だ出来せず候ハゞもはや入らぬと器械やニ御ことはり下され度候、

市中バラックニテうづまり候やうニ見うけられ候、此冬の火事は頻りたるべくと御察し候、復興諸事大分ニゴタつき候、柳橋子曰ク審議会が市役所がで後藤楽なもの、臨時議会、普撰ナンノカノト世ハやか（ま欠）しくなるバカリに候、早ク一つかたづけて命の洗濯がいたしたいと存候、

十二月二日　鶴

収様

坪内君へよろしく

（オモテ）

大阪市北濱三丁目

緒方収二郎様

参銭切手

（消印年不明・12・2カ）

（ウラ）

封

東京本郷区森川町一、

額田方

賀古鶴所

十二月二日

○本書簡は「市中バラックニテうづまり」云々以下より、大正十二年（一九二三）関東大震災後のものと推定される。

③収二郎あて賀古鶴所書簡（大正十五年五月四日付）

拝読仕候、東京にても大病院ハ持ちきれぬが多くて大災前ニ於て順天堂も亦然り、此後ハ縮小して、而して職員

ハ成るべく親族縁者にてやるもやうに候、高木兼寛氏之東京病院は早くニ閉ぢててい好く慈恵学校ニ合し候、大坂の朝日新聞廣告様々緒方病院のを見る毎ニ、どうも人間が多過ぎるやうニ感す、然し一ハ病院のガランか大きいのにつれて人も加はつたるものなる歟、然し一旦景気が多少好クなれは貴地ハ四国其外三円等より患者が入り来るへしと御察候、まァまァこゝ一両年世間の様子を観るも可ならん歟、弊院のハ災火ニ焼けて十二万何千の火災保険ハフイニなり、バラックを建て候か正三万を費したり、此度ハ自分の地所二百坪の内へ三階のコンクリート建で、ベッドやっと二十許（災前には約四十許アリキ）ニいたし候、ソレでも八万ハ要すべく而て内設備ニ二万でアガレバヨイガと存申候、医者ハ借金政策でハ到底やりきれるものニあらすと心をしめあり候、先づ此度本建築をやれバ、此後ハ遂ニふっても鼻血ヨリ外ハ出でぬと云う懐勘定に候、地所ハ餘す所借地尚三四〇餘あり、これハ他ニ利用の心算に候、ソレニ老いてハ小遣も入らず、自分一生ハ恩給でやるつもりに候、

学兄の苦境?ハ彼のトロール船の災難が今ニ付き纏ふてゐるのでハ無い歟と思はる奈何、老後の金銭問題ハ実ニ困却、小生もコンナ事ナラ尚金があった頃ニ郊外ニ安い地所でも買ふて置けバよかったがとくゆる事も好くあり

候、何レいよゝヘコンだ《(な)》らば鶴荘に逃げ出し、漁夫達相手ニくらす丈《(ダケ)》の事とあきらめありて候、唯今例の本郷四丁目藤村の婆さんがかし葉もちを持参、二つ喰ふてソーダをのミ候、君がゐたらバと昔をしのび候、心臓がへんだナゾと人を驚かす可らす、シュルンプ腎ナラバ僕が先きにやられさうなものと思ひ候、毎晩一合半位ハ飲み候、

早々

五月四日　鶴

収様

（オモテ）

兵庫県武庫郡東芦屋

緒方収二郎様

参銭切手

（神田15・5・4消印）

（ウラ）

〆

東京神田小川町五十一

賀古鶴所

④収二郎あて賀古鶴所書簡（大正十五年四月二十一日付）

肬まくらねながら二階て花見かな、モヨイガ、孫が腰デモ敲イテヰソウダ

お浦山ふきなれども昔の、ぬかるミニ馬糞をこねて花見かな

番傘をあをむけてアア腹がへったと花ニ告けいもとどぶろくうどんで胸がやけ

クライデをかじって島田にがい顔

サンダワラ犬に吠へらへ《ママ》又こもをぬぎ

のさまが大にしのばれ申也

今年はつい花も見す友なき身の花を春とも思はず過ごし申居候、上総ニ出遊して運動す、忽ちめしを三四椀喰に帰京、市中ハ車沢山であるかれず、いかに身のためとハいへ、何の興味も無きニつい外出ハせす、京大坂にと思へと老て俗事繁、本建築をやらかさねバと可申候に、うちの医者の《（中欠カ）》ニハ誠意なし、やれ〳〵つまらぬと毎晩一本半やらかし候、どうか尚数年ハ健脚でゐてくれ、己れのアンキローゼハ近々硬くなりて餘りあるけず閉口なり、いづれ両三年中ニハ出かけて、うるさくない所でのんだくれ、こいとうフも中夜ねざめにハ己レノミ、いふも偶然、軍事学校にて若い軍医殿を相手ニ松本翁や林・橋本老なぞの写真の《（森や小池のもアッタ）》ぶらさがってゐる室にて大に昔話をやらかし候、かあいさうに生きのこりの石黒を例のコキオロシ、令兄の事ナゾ亀と申し聞けたり、独居の折ハさら〳〵ニ思ハぬが、さて四十才位の若ものと話をして見ると、自ら己れの年数を経来れると又老いたるにあきれ申候、先つ一寸と生きのこりの中ニ算へられ候、自分では老とも若とも思はぬニ、バか〳〵しいがいたし方なく候、何歟面しろい事があらバしらしてくれ給へかしだ

四月廿一日　　鶴所

緒方収兄

梧下

（オモテ）

兵庫県武庫郡東芦屋

緒方収二郎様

参銭切手

（15・4・22消印）

（ウラ）

封

東京神田小川町五十一
賀古鶴所

⑤収二郎あて賀古鶴所書簡（大正十五年五月二日付）

御家譜御投與拝謝々々、銈君へ御序ニよろしく、緒方家之繁昌大祝すべしに候、積善之家ニハ餘恵ありに候。当地も此両三日めっきり暖和となり申候、嵐山新緑のもとニ子鮎の飛ふを見、かじかの声聞きながら、鮒のせごしに一杯好時節ニなり申候、兎角京都ワたりをいろいろ想いたし候、古の室の津附近旧家之泊遊も一度試ミたくと存候、当地は近郊もいやに開け来り、往昔曽遊之小金井百草の松遠寺又玉川なぞも煩雑なる地ニ化成、ソレ故東京ニあれバメッタニ外出せず、折々上総の鶴荘へ逃け出し、ウント運動いたすのミ、これとても野趣の意ニ適するハ無く御座候、晩間桃前の一杯にて往生罷在候、

早々不備

五月二日　鶴所

緒方契兄
梧下

（オモテ）

参銭切手

兵庫県武庫郡芦屋松内
緒方収二郎様

（神田15・5・2消印）

（ウラ）

封

東京神田小川町五十一
賀古鶴所

C（俳句師匠野田別天楼ほかよりの書簡）

①収二郎あて野田別天楼書簡（大正十四年八月廿五日付）

拝啓残暑尚去り難く候へとも萩芝秋の趣を増し、是よりの野山楽しみニ御座候、

先日ハ赤目より室生へ御供致し、万般御世話ニ預り忝奉拝謝候、帰来忙中なから句興を催し居候、当時の御高順御まとめ御送り下され度候、
寒梅抄ハ別記[1]の通それ〳〵寄贈致置候、残りは小生御預り致し居候、御入用の節には御申越被下度候　頓首

八月廿五日　　別天楼

雩文様[2]
六鹿様[3]
　　謹上

（オモテ）

大阪市北濱三丁目
　　緒方収二郎様

参銭切手

（御影14・8・26消印）

（ウラ）

摂津御影町
　字瀧ヶ鼻一三五五
　　野田別天楼

八月廿五日

○野田別天楼（明治二年～昭和十九年、一八六九～一九四四）は収二郎の俳句の師匠。岡山県に生る。本名要吉。報徳商業学校、御影商業学校校長。大阪満月会の主要メンバー。松瀬青々の主宰誌『倦鳥』の同人、のち『雁来紅』を創刊・主宰した。作風は格調高く、雅趣がある。

〔註〕
（1）別記は寄贈した人名が多数のため省略した。
（2）雩文（うぶん）は、収二郎の俳号。
（3）六鹿（ろくろく）は、緒方六治（歯科医）の俳号。

②　収二郎あて野田別天楼書簡（昭和三年六月十六日付）

拝啓　其後ハ御無音致し居候、先般ハ御令嬢様御良縁を得られ華燭之典無滞相済誠ニ御目出度幾久敷御祝申上候、尚又御先考洪庵先生御建碑[1]出来致し候趣、是又実ニ慶賀之至ニ奉存候、先生東奔西走嘸御疲れ被遊候事と存候、御婚儀并ニ御建碑御祝として拙筆色紙及短冊相認め居りながら献呈の機を逸し、失敬仕り居候、近日参降[2]拝呈可仕候、去十四日寒梅社句筵ノ砌、御所労と承り候、其後

如何被爲入候哉、本日一寸御見舞可申積候処、来客ありて其意を果さず、乍勝手書中にて御伺申上候、時下梅雨の節精々御自愛相成度候

頓首

六月十六日

別天楼

雩文翁

函丈

（オモテ）

武庫郡芦屋
松ノ内
緒方収二郎様

参銭切手

（御影消印三・六・一七）

（ウラ）

武庫郡六甲村
高羽
野田別天楼

六月十六日

〔註〕

（1）昭和三年五月二十七日（『山陽新聞』昭和三・五・二九付）。

（2）普通には「降参」、まいること。

後出E〔寄付金および金銭関係〕の②参照。

---

③ 収二郎あて野田別天楼書簡（昭和四年《カ》八月七日付）

拝啓当年は格別の暑熱にて一向初秋らしさ感申候も無之候処、御障りなく御起居被爲在候哉奉伺候、小生無異乍憚御省念被下度候

寒梅社順行に毎々御伴致し、多大の御厄介相かけ居候上、此度ハ又格別の御芳志ニ預り、誠ニ忝く奉拝謝候、近々拝静拝伺のと御礼可申置と存居候へ共、不取敢寸楮にて御礼申上候、

尚本月ハ順行御見合ニ相成候趣、東方様(1)より拝承致し候、残暑きびしく候折柄可然と存候、又先日御送付の玉稿(2)ハ両三日中ニ東方様へ御廻し可致候条、御承知被下度候、乍憚御令閨様ニ宜布御致声候、早々　已上

頓首

八月七日

別天楼

雩文様　謹上

（オモテ）

武庫郡精道村
東芦屋松ノ内
緒方収二郎様

参銭切手

（御影4《カ》・8・8消印）

（ウラ）

神戸市六甲
高羽字寺口二〇
野田別天楼

八月十七日

〔註〕
（1）東方様は後出⑦の差出人ならん。
（2）後出⑦に附記した〔収二郎（雩文）作連句の添削〕ならん。

④　収二郎あて野田別天楼書簡（昭和?年一月十二日付）

拝啓寒威強く候、御起居御清安入らせられ候哉、奉伺候、御順行の御句小生旅行など続け居り、等閑に致し失礼仕候、乍遅引御返し申上候間、御入手下され度候

近詠一、二御笑草左ニ

逍莱ニゐなじむ宿の柑子の木
日にうるむそめつやゝかに寒雀
梅もどきの実のこぼるゝ寒雀
鳥は鳥の世として歌ひ松飾り
山住の柴垣雪に松飾り
十日戎を今日ぞと知らぬ冬の雲
冬の雲花鳥の日のある世なり
元日の暮るれバたゞの野山哉
雪雲の往来に見れば日さしある
みよし野の山べありくに凍の声

一月十二日　　別天楼

雩文様

謹上

（オモテ）

大阪市西区新町
緒方病院
緒方雩文様

参銭切手

（消印年月日不明）

（ウラ）

摂津武庫郡
御影町
野田別天楼

一月十二日

⑤ 収二郎あて野田要吉（別天楼）書簡（大正？年九月廿日付）

拝啓此度ハ不慮の御災厄(1)にて貴翁始御一統様御心痛被遊候事と御察申上候、元より一ニ醫員の御身上に関する事にて多年社会ニ信望を得られたる貴病院何等動揺無之儀、乍憚御安意可然存申候、乍失礼寸楮ニて御見舞申述候、頓首

九月廿日　野田要吉

緒方収二郎様
函丈

○封筒ナシ

〔註〕

（1）緒方病院で堕胎事件が発覚、新聞沙汰になったことをさす。

⑥ 収二郎あて野田なみえ書簡（昭和九年四月十七日付）

花もはや散り初め候ところ
御尊堂御揃ひニて御機嫌
よく御渡らせ遊はし
御目出度存奉り候
さて先日拙き句集御目に
かけ候ところ、いとも御懇なる

御芳墨いたゞき恐れ入り
まゐらせ候
猶此程は思ひもよらず結
構なる御短冊数々御
めぐみに預りまことに忝く
拝受いたし申候
かゝる御手厚き御心遣ひい
たゞき御禮言葉に尽し
がたくいつかは御めもじの上
御厚禮申述ふべく候
草ふかき偏僻の地に候へども
御心むかはせられ候御ふしに
ゆる〳〵御来駕之程
まち上げ奉り候
乍末筆御奥様へよろ敷
御傳へ遊はされ度御願ひ申上候
猶々不順の折から呉々も
御自愛遊ばされ候やう
念し上奉り候
先ハ御禮まで　かしこ
四月十七日　なみえ
緒方雩文先生
侍史
暖かや
目に霞むなる
信貴生駒

（オモテ）

武庫郡精道村
東芦屋松ノ内
緒方収二郎様
参銭切手
（御影9・4・18消印）

（ウラ）

神戸市灘区高羽
寺口二〇
野田なみえ
四月十七日

○野田なみえは、俳句の師匠、野田別天楼の夫人。

⑦ 収二郎あて東方書簡（大正？年四月十三日）

拝啓昨日はよき御供仕候、別に御疲れも遊ばされず候や御伺ひ申上候、別紙連句何卒後御続け被下度願上候、たねもの少々封入致置候、六鹿様(1)へも御分ち被下度候草々

東方(2)拝

雩文様

侍史

見下ろせば桃毛氈に見ゆるなり
春の日をふくみて桃の盛りなる
軽墓の水にふくるゝ柳かな
頬白なく高貴寺登る春の路
花一木深山の杉に交わりゐる
　西行法師の墓にておなじくは花の下
　にて云々の歌を思ひて
ぬかつくや松風清き花の日に
花咲いて風に声あり苔の上

緒方収二郎様

○本文・封筒オモテ共にペン書。

〔収二郎（雩文）作連句の添削〕

消へ《え》残る雪ふみて八瀬を見おろしぬ
向ひあふ愛宕は峯に雪のせつ《ある》
○消へのこる雪の中なる草の実や
○藪かげに消へのこる雪や鵯(3)のなく
○茶の木垣に落葉のかゝり風さむき
干大根畑に菜の茎紅きかな「大根干す」と致シテハ場所宜シカラズヤ
山茶花や生垣かげに雪のある「生垣かげ」語調宜シカラズ
鵯たかく鳴きて《つ》落葉か木《は》梢に
○わびしさハいかおはせし小野の冬（性喬親王の御僑居の趾にて）
鳥かとぞ山際に見る《遠く》のぼり紙鳶
（○印、傍点、訂正傍字、一ヵ所の「」以下はすべて朱筆）

「大正　年　月　日
大阪市西区新町通三丁目
電話番号新町 ｛六〇五・六〇六・六〇七・七三二・長七七〇｝ 緒方病院（用箋使用）

〔註〕

（1）六鹿様は、前出C〔俳句師匠野田別天楼他よりの書簡〕の①―註（2）参照。

（2）東方氏は前掲③に出る「東方様」であるが、別夫楼と同じ師匠格の俳人であろう。今後調べたい。

（3）ひよどり。

D〔諸氏よりの書簡〕

① 収二郎あて池田謙斎書簡（年不詳九月十六日付）

拝見過刻ハ御光来候処、何之風情も無御座失礼申上候、陳ハ結構之御品々御恵贈被下、御芳情奉謝上候、小供大悦仕候、先ハ御礼御表旁　早々頓首

九月十六日　　池田謙斎(1)

緒方収二郎様

○封筒ナシ。本文は墨書。

〔註〕

（1）池田謙斎は越後の生まれ、幕末に江戸・長崎に学ぶ。明治三年ドイツに留学。帰国後、東京医学校校長・東大医学部綜理。また、明治天皇の侍医。大正七年（一九一八）歿。享年七十八。

② 収二郎あて足立寛書簡（大正?年二月二十三日、年不詳）

久々御無音打過申訳御座候、小生儀近年兎角病気勝ニて越《ママ》致候処、昨十一月ヨリ居宅改造ニ取掛リ、彼是取込中にて歳暮年始共失礼仕候、漸此程ニ至リ落成致候ニ付、乍延引麁末之海苔少々御笑草迄ニ進上致度、御笑納被下候ハヽ、本懐之至奉存候、早々拝

二月二十三日　　足立寛(1)

緒方収二郎様

（文房堂製用箋使用）

○封筒ナシ。

〔註〕

（1）足立寛《あだちひろし》は、天保十三年（一八四二）生。文久二年（一八六二）緒方洪庵に学び、江戸に出て医学所句読師、明治二年（一八六九）医学校兼病院中助教兼大寮長。のち陸軍軍医監。大正六年（一九一七）歿。

③ 収二郎あて緒方道平書簡（大正十二年八月一日付）

拝啓過日は御神書被下難有拝見仕候、大雨後之酷暑難耐覚候、折角御自重被成度奉存候、偖洪平君御病気追々御快方ニ被為向候由ニ候得共、何分久敷御入院、御当人は勿論外皆様之御心配千万拝察、又令夫人様過期来引続之御病気御痛心之程奉察候、乍去幸ニ已ニ御退院被為成候迄ニ御軽快と承り奉賀候、何分此時節柄候之障り等無之様切ニ所祈候、御当人様へ宜御傳被為下度、愚妻よりも厚く御見舞申上候様申出候、将又豚児龍事ニ付き委細御回報難有奉存候、竊承候ニ日華同仁病院も職員之折合不面白、可也ゴタ々々致し居候様ニ相聞申候、幸ニ豚児は中立之有様にて今日を送り居候哉ニ被察候、何分大ふ久敷面会不致、随而百情其実を得兼候、拙老も澳国世界大博覧(1)ノ記念五十年之当冬ニ於ル博覧會ニ上京ヲ促サレ居候ニ付、気候もよろしく相成候ハヽ見物旁上京致し度考按中ニ御座候、愈上京候ハヽ其途中貴地にて拝顔を得、御面談を尽し度心算ニ御座候、令夫人ニハ宜ク御傳願上候、将又今回は清芳院ニ壱封御供ニ被下難有奉存候、却テ煩御面倒恐縮之至ニ奉存候、書外萬々

八月一日　道平拝

収二郎先醒侍史

（オモテ）

大阪北濱三丁目
緒方収二郎様
親展

参銭切手

（福岡㋕12・8・1消印）

（ウラ）

〆

福岡市大警固八三二
緒方道平

○緒方道平は、緒方竹虎の父。弘化三年（一八四六）五月十日、備中国下道郡妹尾村に生まれる。慶応二年（一八六六）名塩の伊藤慎蔵に蘭学を学ぶ。やがて大阪へ出て緒方郁蔵の塾に入り、養子として後事を托された。明治六年澳国での万国博にドイツ語通訳として佐野常民に随行、渡墺。滞在中林政を実習し、帰国後、山林行政に従事。のち福岡県書記官を最後に官界を去り、謡曲古典を楽しんだ（緒方竹虎伝記刊行会編『緒方竹虎』）。

〔註〕
（1）明治六年（一八七三）墺国ウィーンにおける万国博。

④　収二郎宛山本謙太郎書簡　（昭和十四年十月二十四日付）

謹啓時下晩秋の候益々御健勝の段奉賀上候、陳者亡父山本玄一[1]儀死去の際は御懇篤なる御弔詞を辱ふし且つ御鄭重なる御供物を賜り御厚情難有深謝仕候、以御蔭本日無滞忌明仕候に付ては早速参趨御禮可申述筈の処、乍略儀以書中御禮申上候、尚忌明の印迄に別便を以て粗品御届け申上候間、御受納被下度候

先は右御禮旁々御挨拶迄如斯に御座候　敬具

昭和十四年十月二十四日　山本謙太郎[2]

緒方収二郎様

○封筒ナシ。「緒方収二郎様」のみ墨書、他は全文印刷。

〔註〕
（1）山本玄一は、収二郎の妻玉の弟。
（2）山本玄一の嗣子。

⑤　収二郎あて鈴木馬左也書簡　（大正？年十一月十一日付）

拝啓御無沙汰打過候処、愈御平安奉大賀候、然は老臺御影町郡家御別荘西側境界外部ニ接シ多分町有地ナラン小溝有之候、然ルニ構造甚不完全ニテ漏水有之、小生所有地構内ヘ流レ込ミ、其為メ栗石塀ノ基礎ヲ洗ヒ傾覆ヲ気遣ヒ候事ニ御座候、就テハ前記小溝ヲ完全ニ致度候処、老臺御経営ノ竹垣ヲ一時取除キ不申テハ工事出来兼候、工事後ハ旧ノ如ク致置可申候ニ付、右工事進行之儀御許容被成下間敷哉、御願申上候、竹垣ノ内部イバラ御植付之分ニハ可成サワリ不申様注意可致御座候、自然幾分之御迷惑モ相成候ハヽ誠ニ願兼候得共、御寛恕ニ預リ度、奉懇願候、過日工事受負之者より何か不都《(合欠)》ども申上候ニハあらざるかと甚恐縮罷在候、右御願迄、如此御座候　早々頓首

十一月十一日　鈴木馬左也[1]

緒方収二郎老臺

玉榻下

○本文・封筒に墨書。

〔註〕
（1）鈴木馬左也（文久元年～大正十一年、一八六一～一九二

二）は宮崎県出身。東大卒。内務省・農商務省官僚を経て、明治二十九年（一八九六）住友本店副支配人として入社、のち本店総理事・住友合資総理事に就任。明治・大正期の実業家。

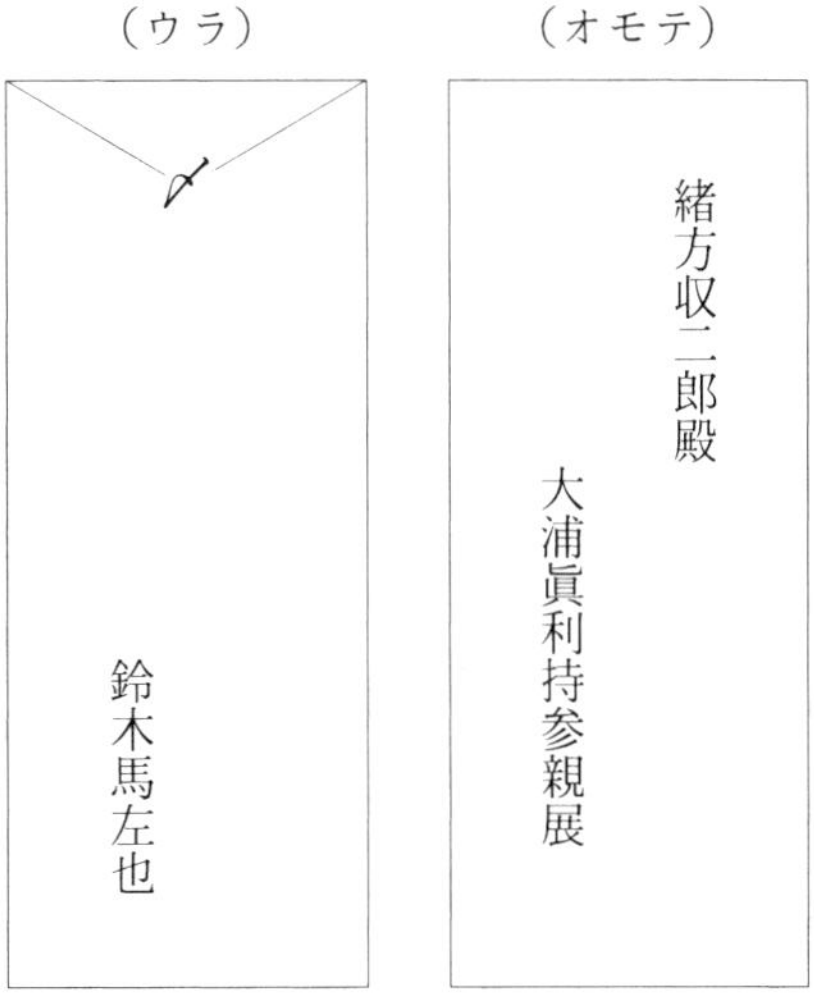

E〔寄附金および金銭関係〕

① 収二郎宛佐多博士銅像建設発起人書簡（大正十三年八月）

拝啓貴下益々御情穆奉賀候、陳者本大学前学長佐多愛彦氏先般退職セラレ候ニ付テハ、同氏在職中ノ功労ヲ永ク記念スル為メ、本大学卒業生并ニ同氏ト親交アリシ諸賢ノ醵金ニ依リ、本学内ニ半身銅像ヲ建設致シ度候ニ付テハ、甚ダ御迷惑ノ儀カト存候ヘ共同氏ト特別親交アル貴下ニ発起人ヲ御依頼致度候間、御承諾相得度、此段依頼申上候

追テ諾否ノ儀来ル八月丗一日迄ニ加封ノ端書ニテ御一報相煩シ度、若シ同日迄ニ御回報無之向ハ便宜上御承諾被下候モノトシテ御取計致候間御含ミ置願上候

大正十三年八月　日

佐多博士銅像建設発起人

緒方収二郎殿

○「緒方収二郎」のみ墨筆、他は全文印刷。

――・――・――・――

佐多博士銅像建設計畫要綱

一、銅像建設費　約壱萬五千圓

一、募集金額　一人五圓以上随意

一、募集先　本大学職員並ニ卒業生、大学関係者
其他佐多氏ト特別ノ親交アリシ諸賢
一、建設方法　発起人ニ一任ヲ乞フ見込　以上

———・———・———・———

既・發起人タルコトヲ承諾ノ各位芳名

大阪醫科大學學友會評議員　井上榮太郎
同　井上勇三
大阪醫科大學學友會幹事　伊藤佐一
大阪醫科大學教授　岩永仁雄
大阪醫科大學學友會評議員　一丸輝宏
同　岩﨑彌一郎
大阪医科大学學友會幹事　今井孫八郎
大阪醫科大學學友會評議員　今西富太郎
同　池田長太郎
大阪醫科大學講師　池口武夫
大阪醫科大學々友會評議員　石﨑千仭
同　馬場康雄
同　原田久作
同　萩原榮次
同　橋本松藏
同　長谷川卯三郎
同　長谷川等

大阪醫科大學學友會幹事　西起三郎
大阪醫科大學幹事　西尾幾治
大阪醫科大學學友會評議員　西田宗一
同　西村茂
同　戸田孝作
大阪醫科大學教授　緒方十右衛門
大阪醫科大學學友會幹事　大谷正治
同　評議員　大村得三
同　幹事　大野内記
大阪醫科大學助教授　岡川正之
大阪醫科大學學友會評議員　岡崎源治郎
同　奥山平八
同　幹事　億川摂三
大阪醫科大學教授　和田豊種
大阪醫科大學學友會評議員　和田泰一
大阪醫科大學學友會幹事　和田均
同　評議員　亘繁
大阪醫科大學教授　加藤亨
大阪醫科大學學友會評議員　假谷昇一
大阪醫科大學學友會評議員　勝部育郎
同　上村雄
大阪醫科大學教授　吉岡貞雄

大阪醫科大學學友會評議員　田端俊一
同　高橋清太郎
同　高田租
同　竹村賢一郎
同　武田堅石
同　武田房太郎
大阪醫科大學教授　塚口利三郎
大阪醫科大學學友會評議員　辻川弘
大阪醫科大學教授　中川知一
大阪醫科大學教授　中田篤郎
大阪醫科大學學友會評議員　中谷九一
大阪醫科大學教授　中村文平
大阪醫科大學講師　長雄勝馬
大阪醫科大學教授　長崎仙太郎
大阪醫科大學學友會評議員　室良平
大阪醫科大學教授　村田宮吉
大阪醫科大學學友會評議員　宇野安専
同　野扒信太郎
同　野村禎一
同　熨斗勝昌
同　幹事　久保山高敏
大阪醫科大學長　楠本長三郎

大阪醫科大學學友會幹事　八杉正義
同　評議員　山田有時
大阪醫科大學講師　山田司郎
大阪醫科大學助教授　松岡全ニ
大阪醫科大學教授　正井保良
大阪醫科大學學友會評議員　布施信良
同　幹事　藤井秀二
同　深尾因庵
大阪醫科大學教授　福原義柄
大阪醫科大學學友會評議員　小林義信
同　小西楯雄
大阪醫科大學講師　小澤修造
大阪醫科大學學友會評議員　木庭永助
大阪醫科大學教授　古武弥四郎
大阪醫科大學學友會幹事長　河野徹志
大阪醫科大學學友會評議員　天津修
大阪醫科大學講師　佐藤一英
大阪醫科大學教授　櫻根孝之進
大阪醫科大學學友會評議員　北川修次
同　三野裕
同　三木住吉
同　水野廣

同　南　廣憲
同　重富保四郎
同　新谷庄吉
同　日笠文吾
同　樋渡喬二郎
同　弘田茂富
大阪醫科大學講師　廣瀬豊一
大阪醫科大學學友會評議員　世良省三
大阪醫科大學教授　瀬良好太
大阪醫科大學學友會評議員　諏訪瑩一
同　幹事　鈴木堺三

目下發起人タルコトヲ御依頼中ノ各位芳名

岩井勝次郎氏　田邊五兵衛氏　濱崎健吉氏
稲畑勝太郎氏　高安道成氏　堀啓次郎氏
原田六郎氏　武田長兵衛氏　小倉正博氏
濱田長策氏　永田仁助氏　和田久左衛門氏
範多龍太郎氏　八木與三郎氏　加賀正太郎氏
星野行則氏　山本藤助氏　片岡安氏
奥村信太郎氏　泉仁三郎氏　谷口房蔵氏
渡辺千代三郎氏　長谷川銈五郎氏　高洲謙一郎氏
片岡直輝氏　林龍太郎氏　中田錦吉氏

野村元五郎氏　小林一三氏　津村秀松氏
山岡順太郎氏　安宅弥吉氏　中山太一氏
前田松苗氏　青木道孝氏　八代則彦氏
前田栄治郎氏　浅村三郎氏　松葉恭助氏
松方幸次郎氏　坂田幹太氏　藤田徳次郎氏
毛戸龍元氏　木村彦右衛門氏　藤本清兵衛氏
小林利昌氏　祇園清次郎氏　児玉一造氏
愛甲兼達氏　菊地恭三氏　木村駒吉氏
尾崎伊三郎氏　湯川寛吉氏　岸田杢氏
坂仲輔氏　塩野義三郎氏　島徳蔵氏
皿井立三郎氏　下村宏氏　田高胖氏
木間瀬策三氏　廣海二三郎氏　鈴木庫太郎氏
菊地米太郎氏　廣岡久右衛門氏　菅沼豊次郎氏
湯川玄洋氏　平田譲衛氏　池原鹿之助氏
清水栄次郎氏　森下博氏　大槻龍治氏
白川助吉氏　森平蔵氏　柿崎欽吾氏
樋口三郎兵衛氏　池上四郎氏　吉田長敬氏
廣岡恵三氏　緒方収二郎氏　谷村一太郎氏
平賀敏氏　加藤晴比古氏　高山圭三氏
平生釟三郎氏　横田義夫氏　那須善一氏
松方正雄氏　吉崎亀之助氏　栗山寛一氏
増山正信氏　高橋龍太郎氏　山崎豊三郎氏

松本松蔵氏　篠野乙次郎氏　進藤嘉三郎氏
藤田彦三郎氏　喜田村朔治氏　弘世助太郎氏
小西新左衛門氏　峯本吉左衛門氏　平賀義美氏

（オモテ）

（ウラ）

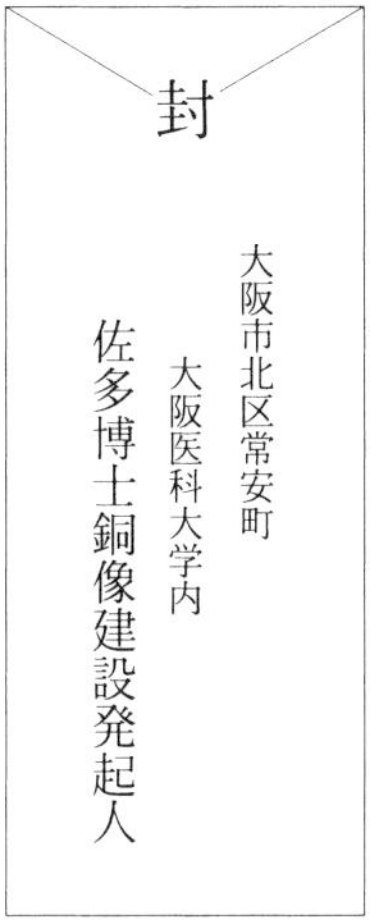

②　足守緒方洪庵先生遺跡保存建碑事業資料

（1）緒方洪庵先生遺跡保存会会長井坂爲則よりの事務終了報告（昭和三年七月十三日付）

拝啓薄暑之候愈御清穆奉賀候、陳者曩年緒方洪庵先生遺跡保存建碑事業企畫致候處、各位の御高配により無滞豫定の事業全部を終了致し、偉人誕生の地を永久後世に傳ふる事を得たるは、洵に邦家の爲め大慶至極に存候と同時に深く奉感謝候

就ては將來に於ける保存事務を本會に於て持續する事は、到底不可能に屬し候に付、基金參百圓を添へ該土地全部を有姿の儘足守町へ寄附致候間、左様御承知被下度、尚ほ別表収支決算御一覧被下度、玆に全部の事務終了御報告旁謹んで右得貴意候　敬具

昭和三年七月十三日

岡山縣吉備醫師會
緒方洪庵先生遺跡保存會
會長　井坂爲則

緒方銈二郎殿（「緒方銈二郎」のみペン書。他は印刷。）

・・・

緒方洪庵先生遺跡保存會収支決算

◆収　入

一金參千五百五拾六圓　寄附金（別表ノ通リ）
一金拾參圓　昭和二年柿實賣却代金
一金四拾九圓四拾九銭　預ヶ金利子

計金參千六百拾八圓四拾九錢

◆支　出

一金八百貳拾八圓參拾貳錢	土地代及登記費用
一金拾五圓拾七錢	地鎮祭費
一金四拾參圓拾壹錢	印刷費
一金壹百拾五圓拾八錢	寄附金募集旅費實費及決算等諸會合費
一金七圓五拾壹錢	地租及附加税并ニ農會費
一金貳拾四圓七拾五錢	郵便切手及はがき代
一金壹圓拾錢	郵便振替貯金用紙
一金五百九拾五圓四拾五錢	土地整理及土工費
一金六百七拾貳圓	記念碑及彫刻費
一金壹百九拾五圓四拾錢	記念碑運搬建立及基礎工事費
一金六拾參圓六拾錢	植樹費
一金七百五拾六圓八拾錢	除幕式費
一金參百圓	將來ニ於ケル維持管理基金トシテ足守町ヘ寄附

計金參千六百拾八圓四拾九錢

緒方洪庵先生遺跡保存會寄附者一覽表

金額　氏名

四〇〇圓　緒方家

四〇〇　緒方銈次郎

四〇〇　佐伯立四郎

三一〇　吉備郡醫師會

寄附者氏名左ノ如シ

難波謙治

小西直人

深井昇平

東條鉄藏

三宅正三

武田鄰臣

清谷壽

関武

守安弼

川上秀子

中山作太　一〇〇

生野秀次　一〇〇

河原信次郎　一〇〇

富岡謙一　一〇〇

富岡甫一　一〇〇

永野健次郎

伊丹武男

藥師寺忠志

藥師寺清三郎

島村源太郎

山崎敏郎

長尾貞郎

大塚義男

藤井九三郎

木谷恒

若林薫

小野正雄

三上若太郎

白神盛雄

山本方一郎

藤岡朴三

田中千里

堀いり子

都窪郡醫師會

大原孫三郎

高杉晋

一〇〇 藤田聯藏
五〇 荒木寅三郎
五〇 金光攝胤
五〇 瀬川淺之進
五〇 阿部健太郎
五〇 篠岡春太
五〇 野崎廣太
五〇 福澤一太郎
五〇 原澄治
五〇 石田藤一
五〇 板野友造
五〇 太田收
三〇 戸塚文雄
三〇 蜂谷幸七郎
三〇 小川丈市
三〇 中田梶太
三〇 石原廣四郎
二五 御津郡醫師會
二〇 赤澤乾一
二〇 浦上三四
二〇 石本於義太
二〇 井坂爲則

二〇 野崎丹斐太郎
二〇 千原寛
二〇 武谷廣
二〇 柏野敬次郎
二〇 杉崎靜夫
二〇 藤原鉄太郎
一五 麻植巨一
一五 神原啓一
一〇 萱野亥之進
一〇 菊地武男
一〇 荻野繁太郎
一〇 村田財次郎
一〇 兒島郡醫師會
一〇 西廣吉
一〇 田代義德
一〇 大橋平右衛門
一〇 難波園三郎
一〇 白神孝男
一〇 長尾俊憲
一〇 杉本藤一
一〇 杉本信義
一〇 福武求馬

一〇 河原七三郎
一〇 板野恕一
一〇 板野厚平
一〇 赤木儀平
一〇 藤田卯助
一〇 藤田和平二
一〇 藤田虎夫
一〇 難波乙次郎
一〇 木下利弘
一〇 杉原康夫
一〇 杉原隆二
一〇 池田良平
一〇 橋本忠治
五 成瀬才吉
五 松浦久彦
五 篠山常太郎
五 久保郁藏
五 久保常三
五 杉本昌太郎
五 赤木憲平
五 安富源市
五 柏野要之助

五 長門光治郎
五 和田岩吉
五 枝松十郎
五 中田專一郎
五 岩田鹿太
五 加藤三子吉
五 桐野亮一
五 長門秀太郎
五 埜眞謙一郎
五 森谷健一
五 安富國太郎
五 難波要
五 板野春藏
五 中田郁太郎
五 宇野献
五 板野甚三郎
五 難波末吉
五 田野口竹二
五 御藤爲三郎
五 福武辰衛
五 牧野誠一
五 根岸虎之助

五　堀家愛兄　三　三好正則
五　難波金三郎　三　淺羽春之
五　杉　原　讓　三　本村成章
五　枝松猛夫　三　岡西龜太郎
五　守谷清吉　三　小倉一郎
五　增田四郎　計參千五百五拾六圓
五　小枝嘉男　外ニ池上勢平氏ヨリ金拾圓寄附ノ旨萱野亥之進氏ノ取次ニテ申込アリタルモ現金納入ナキニ付之ヲ除ク
五　武田才次郎
五　畝木卓之
三　掛谷令三
三　藤原勝五

・・・

③大村益次郎卿記念碑建設事業資料

大村卿記念碑建設費収支決算報告書

（昭和十六年九月末日現在）

収入之部

一金六萬貳千參百九拾壹圓七拾五錢　總收入高

内譯

金六萬貳千拾五圓　賛助金並ニ特志寄附金

金參百七拾六圓七拾五錢　預金利子（但昭和十六年上半期マデ）

支出之部

一金參萬六千壹百五拾九圓八拾錢　總支出高

内譯

金貳萬參千九百四拾九圓九拾四錢　建碑費

金參百九拾圓參拾五錢　敷地整理費

金六千壹百圓　光筆版印刷費

｛三〇〇部一部（二巻一組）一六圓
　追加一〇〇部一部（二巻一組）一三圓｝

金壹千五百貳拾圓　傳記二〇〇〇部刊行費

金壹百六拾五圓　記念絵葉書一〇〇〇部印刷費

金參百拾五圓八拾錢　竣工式記念寫眞代

金壹百四拾六圓六拾四錢　地鎮祭典費及記念菓子代

金壹百五拾壹圓八錢　地鎮祭典式場設備費

金壹百圓貳拾六錢　竣工式祭典費

金四百貳拾九圓五拾錢　竣工式序幕設備接待並式場設備費

金參百七拾九圓八拾錢　竣工記念講演會諸費

｛立看板製作費及配置手數料　二二五圓
　會場使用量及接待諸費　一五四圓八〇錢｝

金參百拾圓　大村卿讀物（浪曲宮川松安師、講談旭堂南陵師各二回）演出謝禮並ニ台本

創作謝禮

金八百四拾貳圓拾參錢　竣工記念午餐會費及席料其他

（軍官民來賓並發起人其他關係者一五〇名）

金壹百九拾壹圓六拾貳錢　發起人會三回諸費（室料、茶菓、午餐費）

金壹百八拾參圓拾八錢　趣旨書、碑文寫、案内状、其他印刷諸費

金壹百九拾九圓五拾錢　案内状、記念出版物、記念品郵送費及荷造費運賃諸費

金壹百七拾五圓　記念碑模型製作費（大村神社へ奉献ノ豫定）

金五百九拾圓　碑文揮毫料（合川氏へ）

傳記編纂謝禮（高梨氏へ）

及緒方氏旅費並立替費補助

差引

一金貳萬六千貳百參拾壹圓九拾五錢　現在高

右之通リ候也

昭和十六年十一月

大村卿記念碑建設發起人

代表氏名

・—・—・—

寄附金殘額處理案

一金貳萬六千貳百參拾壹圓九拾五錢　殘高總額

内　譯

金壹萬圓也ヲ記念碑維持費トシテ將來該地繼承ノ場合ヲ豫想シ市當局ニ寄託スルコト

但シ軍及府市當局ノ協議ニヨリ良キ方法アレバソレニテモ可ナリ

金壹萬六千貳百參拾壹圓九拾五錢也

大村卿遺徳顯彰會會後ノ事業費ニ充ツ

支出豫定

1、記念講演會費

2、記念出版費

3、大村卿記念祭典費

4、造園費

外ニ

1、大村神社縣社昇格ノタメ社殿造營神域擴張費中へ（山口縣大村卿誕生地）

2、大村卿ノ修學セラレタル緒方洪庵塾保存費中へ（但本計劃ガ最近ニ發起セラレタル場合ニ限ル）

④　収二郎宛武井某預金明細書簡　（明治？年四月二十九日付）

記

一金弐千八百円也預
右之内
一壱千弐百円也　独乙爲替買　正金銀行渡
一壱百十四円七拾銭　各国貨種々買　正金銀行渡
一七拾円六十銭　メキシコ銀貨七十円買　鶴田渡
一壱円也　香港銀貨
一七円七十五銭　寐臺四ツ
一参百円也　香港爲替
クレイスロオ、ビクトリア、ホテル
筋違向
日森公司　日下部氏渡り
一壱千円也　船賃拂
一壱百〇五円九十五銭　日本銀貨
右之通ニ御座候
四月廿九日　武井
緒方様

F　〔その他（緒方玉江宛書簡・法名覚書）〕

①　玉江あて八千代書簡　（昭和三年七月六日付）

なにかと〳〵御心づかゐにておつかれの御事と萬々御さつし申上候、しかし御めで度首尾よく相すミ御安心の御事と存上候、若夫婦さま御機嫌よく御帰坂之事と存上候、どちらへ御出ニなりましたかさぞ〳〵あめニハてほと帰りと御うわさ申上候、よろ敷く御傳声願上候、私どもハぶじニ着致候、其後も相かわらず日々よろこびくらし居申、御安心遣され候、此度ハいろ〳〵の御めんどふなる事御願いたしまして相すミ不申、御ゆるし願上候、誠ニ安心いたしまして子供らのゆくすへどふぞ〳〵御願申上候、つきまして御預りいたし申候国庫債券之番号しるし送り申上候、五十円券之方ニ成丈おふくしたゝめ申、これハ千重へ二枚ゆづりわたし申、其番号おぼへ不申、帰坂之上とりしらべ申候、これまでのところどちらかわかりかゝねますので、したゝめ置候、さよふ御承知願上候、此間山本御母上様より承りました堀様にて遊候しゆうきどめの御薬ほしひとぞんじます、どふかおつかいでのせつわけて戴度申候事お願ひ申間敷哉、かなひましたらバどふかお願申上候、
今橋宅すへニおわたし下さいましたら、当方へ送りこし

候やふすへニ中遣し候まゝ、よろ敷願上候、そして代金之処もすへ女より御受取願上候度候、いろ〳〵のめんどふなる事願まして御ゆるし被下候候、どふやら御天気らしくよくふりましたこと、いやニなりました、不順の時こふおゐ〳〵おあつくなりますこと十分〳〵御いとい遊し候、さぞ〳〵御身おもくおつらき事と御案じ申上候、御丈夫を日々おいのりいたし申候、まづハぶじ之事申上候。かつ御願まで、草々めで度、かしこ

七月六日

おがた

玉江様(1)　　同　やちよ

尚々拙斎千重よりくれ〳〵もよろしくと申出候
収二郎さまへわけて〳〵よろしく
山本御母上様外御医者さま方へどふぞ〳〵よろしく御傳声願上候　已上

（オモテ）

大坂市東区北濱三丁目
緒方玉江様
無事
（郵便切手失落）

（ウラ）

七月六日
兵庫県有馬
有馬町
緒方八千代
（消印アルモ年不明）

○本文はじめに「御めで度…若夫婦さま」云々とあり、前出C―②に「御令嬢様御良縁」とあるから、本書簡は昭和三年と思われる。本文および封筒すべて墨書。

〔註〕

（1）玉江は、収二郎妻。
（2）八千代は洪庵の次女、養子拙斎の妻

②　玉江あて三村君平書簡（大正八年十月廿五日付）

拝啓俄ニ冷気相催候処、御揃尽御清栄奉賀上候、陳者過日は私病気御見舞として存懸も無之御地名産之漬物御恵与成下され、御親切誠に難有早速頂戴仕候、当時何を頂き候而も皆逆吐、困難仕居候処、頂戴の漬物ハ不思議に相納まり誠に結構ニ相覚候、早速御礼可申上筈ニ御座候処、何となく執筆ニ惰く乍存一日〳〵と延引遂ニ今日ニ相及ひ、今更申譯無之、折角之御親切ニ対し御詫申上候、又其後ハ結構の御菓子重而御恵与成下され御懇情の程難有拝受仕候、併し是ハ一同打寄、私も見せぶらかしおいしい〳〵と申シ頂戴仕居候、又三重子様よりハ八幡様の鳩、今宮様の串杯種々御心入れの品々御贈り下され御懇情誠に難有厚く御礼申上候、何卒宜敷御礼御取成の程奉願候、取束御禮申上度、草々如此御座候、拝具

十月廿三日　　三村君平(1)

緒方御奥様

御前に

尚々余り御禮の相滞候御詫ニ取紛れ申上落候、御主人様御事過日来少敷不快ニ渉せられ候様傳間仕候、其後如何被為入候哉、追々御快方の御事とハ御察仕候得共、追々冷気ニ相向ひ候折柄充分御手當第一ニ奉祈上候、何卒宜敷御傳宮奉願上候

（オモテ）

参銭切手

大坂市東区北濱三丁目百番地

緒方玉江様

御直

（消印8・10・24）

（ウラ）

東京赤坂新坂町三六

三村君平

（大坂中央8・10・25消印）

○本文はペン書、封筒は墨書。

〔註〕

（1）三村君平は、安政二年（一八五五）十二月七日生。大正九年（一九二〇）一月歿。享年六十六歳。収二郎の次女秋江が嫁いだ三村称平の父で、三菱銀行の創始者となった人物。

③〔法名覚書〕

弘化四未年六月十二日
天性院中通了義居士
緒方洪庵養弟(ママ)奥川節蔵(ママ)
積徳院休眠居士　弘化四年七月十五日
中環養弟上田耕斎卒于東都
大乗院快翁日典居士　仝年九月廿七日
緒方洪庵真父
心月圓照禅尼　嘉永二酉十月三日
中環母天遊母
智照信女　天保八酉十一月廿六日
二代目中環実◎父母ノ誤乎
卍現恩融居士　天保六未年三月廿四日
中環事　中屋要、勤等ノ父也
荷番童女　天明二寅五月十八日
中久子
寒山恵雲禅定尼　明治三午年十一月十九日
中欽哉母富佐事　当寺へ土葬
六十二歳也

佐貫藩侍医の『三枝俊徳日記』記事抜萃

適塾記念会が昭和三十五年（一九六〇）八月、緒方洪庵先生生誕百五十年記念事業の一つとして計画・実施した洪庵門下生の調査に対し、いちはやく翌三十六年五月、千葉県立中央図書館の羽山事修氏より、上総の佐貫藩（譜代一六、〇〇〇石、藩主阿部正恆、現在の千葉県富津《ふっつ》市佐貫に立城）の藩医三枝博《さえぐさひろし》（文政六・六・十〜明治三十九・十・七、一八二三〜一九〇六）の「三枝俊徳日記（仮称）」を抜萃・報告をして下さった（適塾特集号『適塾門下生調査資料第Ⅰ集昭和四十三年』所収）。

その内容は、適塾姓名録にその名が出ない、いわば番外生である三枝博が文久元年（一八六一）三月、藩主の大坂加番に医師として随行し、在番中の休暇に月に両三度外出を許されて洪庵に医学を学び解剖生理を尋問していること。

また翌文久二年四月一日に行われた適塾および南塾（緒方郁蔵塾）の芦嶋における解剖の状況をくわしく記録していること。さらに同年七月十六日加番交代にて帰国が近づいたので洪庵先生にこれまでのお礼の言上、暇乞いに赴き、そのさいの洪庵先生の言葉として「此度我れ図らすも江戸幕府の召命を蒙り辞する能はず、来る二十八日比には江戸表へ出立す可積なり。

冥加と言ひなから老年に及ひ三十年来住馴たる此地を離（去）るも余り心に快からすと雖も、我道の進歩と子孫の為めとを思考し、勇意を発して召命に応ずると談話ありたり」と記しているなど、洪庵の事歴および適塾史上実に貴重な史料である。なお、昭和四十一年十一月再調の結果も報告していただき、その墓所・法名・墓碑文のほか、兄弟遺族、現在の相続者、家蔵資料などを明かにして下さっている。

筆者は、右のごとく羽山事修氏のご尽力でご調査いただいた「三枝俊徳日記（仮称）」の全容を知りたく、当時互いに蘭学資料研究会員としてご交誼をえていた同じ千葉県立中央図書館勤務の鈴木忠氏にお願いしていたところ、昭和五十六年（一九八一）六月十九日、鈴木氏より「三枝俊徳日記」（昭和三十六年四月千葉県立中央図書館製作所蔵のマイクロフィルム、撮影者横田積蔵、B4コピー二一九枚）をご送付いただいた。これを通読すると、右のごとく洪庵および適塾史に直接する記事は、すでに羽山氏により紹介されているが、なお以下の諸点が注目される。第一点として三枝家の医家としての歴史的系譜をくわしく知ることができるとともに、とくに三枝博が漢方医としていかなる医書を勉学していたか、それが洋方医を志望するに至った契機をよく理解することができること。第二点として大坂城加番役随行の医務を中心とした道中御定条目の具体相、第三点として文久年間在番時の大坂城内の実況を知ることができること。第四点として書画会・煎茶会に参加のほか豪商・文人などとの交際を通じて知る当時の大坂の文化事情など大坂文化史に有意義なこと。第五点として城内出入りの医師（町医）が定められていたこと。この点については、時期により交代・変更があったのか否か。洪庵は本日記では「城内を出入の医師は定あり、其他は家臣の疾病にては相成らすの事にて」朋輩の大芝玄俊の診察のために城内に入れなかったとある。しかし、『癸丑年中日次之記（嘉永六年）』によれば、洪庵は城内土井大隅守・同稲垣摂津守の家老同九郎兵衛・同久貝固幡守（嘉永六年在番）へ回勤しているから、大芝の場合は、在番の佐貫藩主阿部侯から洪庵がとくに城内出入り医師として命じられていなかったことによるものか。この辺、よく調べてみる必要がある。以下如上の諸点に関係する記事を抜萃・紹介することにする。

A〔三枝家の歴史〕

三枝家者、系出于甲斐三枝七頭、其裔三河苅谷者曰俊治、蒙阿部正春侯　眷顧、宝永七年（一七一〇）、及侯移封佐貫（上総）、従而遷焉、爲是中世祖、世々仕阿部侯、安永年中、有称伝碩者、負笈来江都、学医術、刻苦多年、業大進、帰郷爲業、伝碩之嗣子雋悳《シュントク》、其子俊徳、並爲阿部侯侍医、俊徳之嗣子、称酉三《イウゾウ》者、明治三年二月、以君命至東京、使公用人添之学医於大学東校、當此時、藩医者、公用人不附属者、不許入寮矣、既而卒業帰雖継家、明治四年（一八七一）廃藩之命下、群臣解職、故不仕藩、酉三有女無男、以故養武州（武蔵）岩槻《イワツキ》旧藩大岡侯重臣吉住水人之子、以爲嗣、称之真哉、真哉之実父者、常州（下総）古河《コガ》旧藩、土井侯客郷、太田道灌之正裔、潮田羅夫之三男、而出継大岡藩士吉住家者也、真哉学医於第一高等学校医学部、明治三十三年（一九〇〇）十一月、卒業爲得業士帰、三十四年十二月、請一年志願兵、勤務於東京歩兵第一聯隊、暫時而為軍医生、明治三十五年十二月期満、受軍医生之試験及第而帰家、真哉生一男称敏、三歳而頗頴敏也、及其成長、有器局否、我老矣、悲前路将逼、不能親視之、不堪遺憾、厚加正路之教育、愛護撫循是祈
明治三十五年十一月

在病牀記
三枝俊徳

第三世　履歴及記事

三枝元亮　名博、字済民、幼名右膳ト称シ勤務シテ松軒ト被命、後チ父ノ名ヲ襲テ俊徳ト改称ス可キノ命アリ、染渓ト号ス（染川ヨリ取ル）　老テ松翁居士ト云ヒ、諱号松廼家ト云ヒ、俊博ト名乗ル

幼時ヨリ文学ヲ好ミ、七歳ヨリ同藩白井与六郎ニ従ヒ、読書習字ヲ為シ　十四歳之春ヨリ天羽郡岩坂邑里正黒坂才輔ニ随ヒ（親戚ナリ文学ハ聖堂ノ卒業）　経書講義ヲ聞ク、几四ヶ年又周准郡富津邑之医家糟谷慶輔ニ随ヒ習字ヲ為ス

天保十己亥（一八三九）四年十一日学事勉励之聞アルヲ以テ、修業之為メ二口俸米ヲ恵賜スルノ命アリ、依之君侯御帰中ハ両三日置キ出殿拝侯ス可之命アリ此年十七才

同年五月四日　元亮ヲ松見ト改称ヲ被命

此時ニ当リ父俊徳身體常ナラス、之レカ為メ病家ノ勤メモ自ラ怠タリ、随テ家計窮乏シ独リ母之焦思苦心啻ナラス、朝トナク夕トナク、之ヲ傍観スルニ忍ヒス、願クハ家政ヲ興起セント欲スルノ志ヲ発シ、我カ二弟ヲ（庸次郎十五才啓之助十三才）招テ諭テ云ク、我家天保初年ニ於テ火災ニ遭遇シ、其後居宅建築之際多分ノ負財（債）ヲ為シタリシカ、未タ半ハ償却ヲ為セス、加之長男晨昏見ルカ如ク父身健康ナラス、殊ニ我等幼童ニシテ家事ヲ助クル者ナシ、遂ニ窮迫ニ陥リタリト雖モ唯君恩ノ辱ナキヲ以テ飲食之憂ナシ（九人扶持ヲ賜ル）、然トモ父母我等ノ成長ヲ日夜待ツノ心情ヲ尋思スレハ悲観ニ堪ユサル所アリ、我本年ハ志ヲ勵マシ江戸ニ至リ、医学ニ従事シ片時モ早ク業ヲ修テ家ニ帰リ、父母ノ助手トナリテ心情ヲ慰メン事ヲ冀望ス、弟等不幸ニシテ貧困ノ中ニ生レ、父母ノ養育山海ノ如シ、今ヤ父母寧日ナキヲ深察シ、一層手習学文ヲ勤メ而テ後チ必ス方向ヲ定メ、一藝一技ヲ習熟シ、以テ父母ノ厚思ニ報スルノ業ヲ為サスンハ豈孝ト謂フ可ン哉、童子ト雖トモ、我カ言フ所ノ事態ヲ篤ト了解シテ奮発セスンハ有ル可カラス、二弟大ニ感激ス

庸次郎云ク（幼童ヨリ性剛毅実直ニシテ其遊戯放縦ニシテ都テ他童ヲ圧ス）我父医ト雖モ士格ヲ有ス、士分之家ニ生レ徒ラニ農工商之業ヲ為サンヨリハ寧ロ武士ト為テ一家ヲ興起セン、且ツ二親ノ名声ヲ顕ハシ、二親ノ心情ヲ慰サメン事期シテ俟ツ可キナリ、是ヨリ劔鎗馬

術ノ門ニ入リ、日夜怠タラス精神一層劇烈ナリ
啓之助曰ク、武士ト為テ拝官シ、年々昇遷シ、終ニ抜擢セラレ、家老之職ニ在リト雖モ、秩禄限リアリ、医ト為リテ日夜勉強スルモ一匙之功ニシテ、亦是収入ニ限リアリ、限リ有ル業ヲ捨テ限リ無キ業ニ就カンニハシカス、我独リ商家ニ勉勤シ、必ス一家ヲ興起シ、以テ父母安寧之資本ヲ製造セン事、神ニ誓テ違ハサルナリト、於是乎余大ニ悦ヒ、修業ノ手続ヲ為サント欲ス、父母三人之説話ヲ聞テ泣テ止マス、兄弟亦潸然タリ

一弟庸次郎大ニ武芸ヲ好ムノ聞、君公ニ達シ、同年五月十五日次香役ニ被召出、俸金六円俸米二口ヲ賜リ、継テ武輔ト改称ス可キ命ヲ蒙

一当時房総ニ蘭医ト称スル者井上宗端・池澤衣仙、房州ニ渋谷玄龍アリ、是皆洋医之嚆矢ナリ、江戸ニ在テハ宇田川・坪井・杉田・箕作ノ大家ハ皆碩学ナリ、既ニ乃木文迪・生澤良作ノ二人ハ坪井春道之門ニアリ、我蘭医ノ能ク解剖ヲ詳カニシ、究理ヲ極メ、病原ヲ論シ證候ヲ分チ、其術其法至ラサル所ナキヲ弁知スルヲ以テ、父ニ向テ此回ノ修業ハ洋医之門ニ入ラン事冀望ス、父ノ曰言フ所理アリト雖モ兼テ君命アリ、我日本ハ古来ヨリ確乎タル漢医ヲ以テ諸侯之侍医ト為リ、何ソ鴃舌蠻夷之医術ヲ学ハンヤ、松見ハ必ス漢医ニセヨトノ尊命アリ、是不得止ノ事ナリ、此回ハ稲葉素庵ノ親戚ナル里見之塾ニ修学セヨト、余失望歎息スト雖モ君命黙止カタク爰ニ決心ス

父より願書差出

口上之覚

私悴松見義、当四月中緒講被仰付、有難仕合奉存候、然る所未タ医業未熟ニ而奉恐入候ニ付、松平越前守殿医師里見騰雲と申、当時江戸大伝馬町ニ別宅仕罷有候間、松見事随身医業修業為仕度奉存候、可相成義ニ候ハヽ、両三年間願之通被仰付被下置候処、此段奉願候以上

天保十年七月十九日

右願之通聞届候事

但二口俸米ハ其侭被下賜

此年七月廿五日江戸ニ至リ、里見騰雲之塾ニ入ル稲村素庵同伴ス漢学ハ堀江町ニ住居スル儒家平田新助ニ通学ス、習字ハ本所扇橋牧野侯家臣中西研斎之門ニ入ル米庵ノ高第槽谷慶助紹介

是ヨリ日夜非常ノ勉励ヲ為スト雖モ、月俸金及費用等モ都度々々国元ヨリ廻送セズ、恰モ冬ハ一裘、夏ハ一葛ノ如シ、其困苦思フ可シ

修業中五節句桜田邸至リ、出殿シ祝辞ヲ稟上ス可キ命ヲ承タリ

（中略、五節句ノコト）

此年七月十五日武輔江戸藩邸江在勤ノ命ヲ承リ、君公

御参府ノ際随従シテ江戸ニ至ル

天保十一庚子年三月弟啓之助十四才道具屋吉五郎同伴シテ江戸ニ来ル、我里見塾エ尋来ルヲ以テ彼是周旋ヲ為シ、兼テ依頼シ置キタル峯上之産ナル某ヲ宿本トシ、本石町二丁目槌屋藤右衛門方へ年季奉公ヲ勤ム

於是乎、我ハ医学ヲ勉励シテ家ヲ継カン（ト）欲シ、武輔ハ奉職シテ一家ヲ興サント欲シ、啓之助ハ商家ト為テ宿望ヲ遂ケント欲ス、嗚呼兄弟三人後来之結果如何ソ哉、父母労心寧日ナシ

此年四月十一日武輔近習格ヲ被命

天保十二辛丑年六月廿八日修業勉励ニ因テ、一口俸米ヲ増加シ、三口俸米ヲ賜ルノ恩賜アリ

天保十三壬寅年九月ニ至リ、父病気ニ付、松見、国元へ引取度願書差出ス

口上之覚

私倅松見義、医業為修行天保十一年中奉願松平越前守殿医師里見騰雲方へ差遣候処、私義近年多病ニ相成、掛合病家等罷出候事相成兼、難渋仕候ニ付、松見事手元引取代診為相勤度奉存候間、此段御聞届奉願候、以上

天保十三年九月十七日　三枝俊徳

右願之通聞届候事

九月廿八日師家ヲ辞シテ国ニ帰ル、里見先生我カ郷里ニ帰ルヲ惜ミ、平素非常ノ勉励ナルヲ以テ、必ス一家ヲ興起ス可シト過賞セラレタリ

先生ヨリ賜リ品物

精里先生之書　壱幅

茶山先生之書　壱幅

支那人水仙花画　壱幅

紅葉夕陽村舎詩　一部　五巻　是ハ江戸桜田邸出火之節武輔宅ニ於焼失

文房具　五品

羽織地反物　壱反

右贐儀トシテ恵与セラレタリ、我年来殊遇之辱ナリヲ拝謝シ、涙ヲ払テ行途ニ出ス

此年十二月ニ至リ周准郡上湯江村里正平野与五右衛門長女娶ル

本年正月十五日武輔近習本席ニ昇進シ、俸金七圓俸米二口ヲ賜ル

天保十四癸酉年三月ニ至リ、父之病體次第ニ衰弱スルヲ以テ致仕之願書差出スト雖モ、許容ナク、緩々養生致ス可キ恩明リ、然トモ日々羸痩甚シキヲ以テ五月十二日亦々致仕ヲ乞フ、此回モ恩命アリテ不許、六月ニ至リ益危篤ノ症状タルニ因リ、親戚会集シテ看護ニ力ヲ尽セリ

口上之覚

我父俊徳義、久々病気之処、昨今別而相勝れ不申、難見

離容體ニ付、引込看病仕度奉存候、此段奉願候、以上
天保十四年六月五日　三枝松見印
玉井左平殿　本年ハ君公御城帰中ナリ
右願之趣聞届候事
父臨歿ノ前日ニ於テ余ヲ招テ告テ云ク、能ク家務ヲ理セヨト他ハ言フ事能ハス、余此言ヲ聞テ胸裡壅塞シテ答フル能ハス、一坐慟哭ス、終ニ十二日ニ至リ死亡ス、一家親戚亦悲哀ス
（葬式、忌諸引籠五十日、中略）
同年六月廿七日忌被免之命ヲ蒙リタルヲ以テ明廿八日ヨリ勤仕ス
同年七月朔日亡父俊徳年来医業勉励タルニ因リ出格ノ命ヲ以テ跡式無相違七口俸米ヲ被下賜　御前ニ於テ恩過之厚キヲ奉感謝
同月八日従来ノ医家タルヲ以テ父ノ名称ヲ襲ヒ松見ヲ廃シ、俊徳ト改称ス可キ論命ヲ蒙リタリ
此時ヨリ亡父俊徳ノ文字ヲ雋悳ノ字ニ改ム
同年十二月男子出生ス、敬造ト名ク、産穢引込アリ、
同年九月九日武輔徒士頭兼帯被命、為役料金三圓被下置
同年九月十五日小納戸役ニ進ム
我レ昨十三年九月中江戸ヨリ宅ニ帰リ、病父之看護ニ力ヲ尽シタルトモ本年六月ニ至リ父ノ死亡ニ遭遇シ悼惜之情未タ退カサルニ辱ナクモ家督相続之命ヲ蒙リ悲歎交モ至ル、熟々往事ヲ考フレバ亡父病ニ罹リヨリ四ヶ年ノ久キニ亘リ、其間病用絶テ相廃シ、百事母壱人ノ丹情ヲ以テ門戸ヲ維持スル事ヲ得タリト雖モ、負財自ラ相重リ合計金三百六拾円方今ノ金円ト為サハ三千円ニ当ル可シ数口ノ記簿アリ、家内ノ衣類亦質庫ニ付ス（中略、稲村素庵ナル者ノ財主ヘノ懇請ノ仕方ニ関スル訓諭アリ）（素庵ノ談話ニ基ヅキ）家計困難ヲ吐露シテ年賦之談ニ及フ、財主モ我外貌之慚色ト胸裏ノ困情トヲ併察シ一議ニモ及ハス許諾ヲハ成シタリ、我雀躍之餘リ、直ニ他ノ財主ニ向フ、往ク所トシテ承諾平和ナラサルナシ、却テ憐恤之言葉アリ、始メテ食スルニ咽喉ニ壅塞セス、寐ルニ四肢ヲ展布ス、母亦突然トシテ年来之苦身ヲ脱スルカ如シ、此事ヲ以テ素庵ニ報ス、素庵来テ云ク誠ニ懽祝ス可シト
此暮ニ至リ、壱ヶ年収入金ヲ計算スレハ、僅ニシテ金三拾七円ナリ、年賦配当金ハ四拾円ニシテ其他家事ノ費用出ル所ナシ、於是乎家計愈窘ス、然レトモ確約ニ違フ可カラスト新ニ金員ヲ借リ衣服ヲ典シ、以テ返贖ニ備エ、前約誠実ノ意ヲ表セリ、実ニ貧困之秋ト謂ハサルヲ得ス　本年廿一歳

天保十五甲辰年　此年弘化元年ト改

此年モ一家協力シテ衰退ヲ挽回スルヲ以テ各己レカ任トシ、婦女ハ紡績及ヒ縫裁ニ尽力シ、暇アレハ下婢ヲ伴フテ田ニ行テ菜蔬ヲ耕種シ、日夜苦悩ヲ為ニ随ヒ、我亦病家ニ誠実ヲ尽ト雖トモ開業ノ日未タ浅ク本年之収入高僅ニ金四拾五円ニ至リ、年賦ノ金員ニハ當ルト雖トモ年分ノ費用亦出ル所ナシ、家計益窮ス、唯俸米一方之困ヲ救フアルノミ

弘化二乙巳年三月十一日異国船（アメリカ捕鯨船マンハッタン号）浦賀湊沖至来ニ付、海軍警備トシテハ八幡浦江出陣ニ因リ、外科本道兼帯トシテ出張之命ヲ蒙リタリ、同月十五日該船帰帆ニ因リ佐貫邸へ帰陣

（中略）

弘化三丙午年同五月廿七日異国船（アメリカ東インド艦隊司令官ビッドル指揮下のコロンブス号、ビンセンス号）二艘相州野比濱沖へ渡来ニ付、外科本道トシテ出陣ス可キ命ヲ蒙、直ニ出張ス、六月九日該船帰帆ス、同日陣払ノ命ヲ蒙リ佐貫エ帰ル

（中略〔「浦賀奉行大久保因幡守ヨリ公儀エ進達書」引用全文略〕）

B〔漢方医より洋方医志望へ〕

前条ノ大艦海上ニ浮ンテ恰モ山之如ク、嶋ノ如ク其広大ナル事我日本人此回初テ異艦ヲ直観シ駭然トシ驚歎シテ止マス、此間郷里之外ニ達シ遠近ヲ問ハス、看識セント欲スル者日夜陸続不絶、之レカ為メ海岸一時震動ス、見ル者一人トシテ消膽セサル者ナシ、実ニ古今未曽有ノ大艦ナリ、是レヲ亜米利加合衆国我邦ト交易親和之始リトス、此時ニ當リ未開之我邦五大洲ノ国名サヘ知ラサル者多シ、況ヤ此軍艦ヲ直視シテ恐怖セサランヤ、爰ニ弘化元年ニ於テ美作国津山之医員箕作省吾先生刻苦勉励シテ始テ精細確実ナル地球全図ヲ製シ、併テ坤輿図識ノ著述アリ、我速ニ是レヲ購求シ地球ノ図ヲ見テ大ニ感歎シ願クハ一箇ノ圓球ヲ造リ、此図ヲ模写シ地體円形ヲ了解スルニ便ナラシメント欲シ、工夫ヲ凝ラスト雖トモ、更ニ奇考ナク漸ク円形ヲ為シタリ、是レニ経緯之線ヲ画シ以テ此全図ヲ模写シ、一丸之地球ヲ製造シタリト雖トモ、其拙陋ナル事見ルニ忍ヒサル所ナリ、然トモ自カラ誇テ近隣ノ人ニ向ヒ地球自轉シテ晝夜ヲ為シ、太陽ノ周囲ヲ大轉シテ一年ヲ為スト説話ヲ為スト雖トモ、一笑シテ一人モ信スル者ナシ、却テ疑迷ヲ抱キ不審ヲ重サヌルノミ、実ニ殫思之功ヲ空シ、尓後ハ人ニハ見セサルケリ、今日ニ至リ異船渡来ノ時トナリ、我カ製造ノ地球ヲシテ陣中ニ提出シ、図識ヲ開テ亜細亜ハ是ナリ欧羅巴ハ彼レナ

リ、亜米利加ハ爰ニアリ、各国ノ旗章ハ如此シト説話スルニ及ヒ、出張ノ諸士環坐シテ熟覧シ、我製造ヲ且ツ驚キ且ツ感シ、諸士是ヨリ外国ノ事実軍艦ノ員数逐一尋問スルニ至ル、嗚呼粗製之地球今日始テ大効ヲ奏スルニ及ヒ一笑ニ堪ヘサルナリ

（中略）

弘化四丁未二月十三日嗣子敬造死亡ス、諡テ華光院春暁童子ト号ス、享歳五歳、七才未満ニ因テ忌三日ナリ 正月十五日敬造母ト共ニ上湯江邑平野宅ヘ年始トシ至レリ、程ナク敬造劇熱ヲ起シ継テ痘瘡ヲ発ス、最モ軽痘ニシテ僅々数フ可シ、随テ諸症減退セリ、二月七日ニ至リ再ヒ発熱シ咳嗽頻発喉中喘鳴声音嘶嗄シテ雛鶏声ヲ為シ呼吸促迫気息窒息セント欲ス、是結痂ノ熱ニ非ラスト大ニ驚キ、生沢良仙・稲村素庵ヲ迎フ、皆来リ診ス、素庵ノ曰、是纏喉風或ハ走馬風ノ類ナリ、生澤良仙曰、原名ヲ格魯烏布ト云ヒ、釋名ヲ義膜喉焮衝ト云フ、此症不治ニシテ百方効ナシト、終ニ五日ヲ経過シ死亡ス、其劇甚ナル実ニ驚怖ス可シト雖モ原因ニ於テハ何モノタルヤ蒙昧トシタ確然ナラサルヲ怨ム、或日井上宗端ニ問フ、宗端曰、箕作氏ノ著シタル名医彙講ニ詳ナリト、依之速ニ之レヲ購求シ一読スレハ、豈図ラン哉、我死児ノ徴候ヲ記載セシヨリ遙ニ詳細ナリ、殊ニ原因治方亦精確ナリ、余ヤ此書ヲ一見シ思ハス慚愧ヲ抱キ額ニ汗スルニ至ル、於是乎熟慮良久シテ奮然悔悟ヲ成シ、旧汚ヲ洗ヒ宿弊ヲ改メント欲スルノ念慮始テ生ス、是レ迄西洋医術ヲ禁スルノ内命アルヲ以テ陰カニ洋医ト抗抵シ一歩モ譲ル可カラサル思志ヲ抱キ日夜漢医之書籍ヲ看読スル事左ノ如シ

素問　霊枢　萬病回春　外科正宗　三因方千金方　済生方　外臺秘要　傷寒論　金匱要略　活法幾要　活幼心方　済生全書　医方考　婦人良方　医学入門　医宗必読　小児直訣　温疫論　景岳全書　保赤全書　張氏医道　医方明鑑　医宗全鑑　脚気方論松井才庵　傷寒輯義

医賸多紀樑完先生丹波元簡ト称ス　金匱要略輯義多紀桂山先生　救急選方　広恵済急方多紀藍渓先生　医方問餘　難経注疏名古屋玄意丹水子　病因考　師説筆記後藤良山佐一ト称　蔵志　医則山脇東洋道作ト称ス婿子ヲ東門ト云　建殊録　薬徴方極　類聚方集　丸散方機吉益東洞周介ト称松原氏ノ門人　吐方考　温遊雑記
永富鳳介独嘯庵ト称ス東洋先生ノ門人吐方ヲ越前奥村良筑ニ学フ　一本堂薬撰　行餘医言　医事説約
香川太仲秀庵ト号又一本堂ト号　産論　産論翼賀川玄悦子玄子ト称ス嗣子ヲ子啓子ト云　医事小言　叢桂偶記原昌克南陽ト号ス

等ノ蔵書類数回熟読スルモ、天稟具有スル身體形器ノ官能、神経覚動之霊妙、健康之変常、疾病之原因、薬剤之奏効藹然トシテ辦明スル医書ナシ、余常ニ望洋ノ怨ナキニ非ラスト雖モ君命ヲ固守シ、迂論空説ヲモ厭

ハス、漢医ノ道ニ深入スルニ従ヒ、益空ニ架シ虚ニ閣スルカ如シ、此時ニ於テ黄疸ニ罹リシ患者アリ、之レヲ漢医籍ニ閲スルニ湿熱爵二蒸於脾一如二合韮麹一ト、又五行ニ配当スレハ脾色ハ黄ナリ、故ニ湿熱脾ニ爵蒸シテ麹之如シ、遂ニ血液ニ流レテ黄色ナラシムルト、嗚呼空譚人ヲシテ誑惑ナラシメ誣志モ亦甚シト謂フ可シ、幸ニ宇田川玄随先生譯述ナル内科撰要ナル者アリ、之ヲ閲スレハ、肝臓中膽府アリテ膽汁ヲ蔵メ、亦更ニ膽管アリテ膽汁ヲ胃腸ニ輸リ灌キ、飲食ヲシテ消磨化熱スル用ニ供ス、膽汁素ヨリ黄色ナリ、胃腸ニ輸スル所ノ通管ニ於テ障害ヲ生シ、胃腸ニ之レヲ輸入セス却テ血液ニ向テ濫流セシムル時ハ、一身ノ血液ニ膽汁淆混シテ自家ノ黄色ヲ外皮膚ニ顕ハスニ至リ、大便ヲシテ白色ト成ラシムル者ナリ（黄疸甚シケレハ大便必ス白色ナリ、是ハ膽汁常ニ腸ニ灌キテ大便ヲ染ムル所アルニ、本路壅塞スル所アレハ血脈ニ濫流シ、故ニ大便ヲシテ染ムル膽汁ナキカ故ナリ）能ク身體変常ノ理由ヲ精究シ、井然トシテ確実ナリ、豈蒸麹之理ト雲泥之差エナランヤ、一笑頤ヲ解クニ至ル、因之観之、倭漢之医籍蒙昧疏漏ニシテ実験証據ス可キ所ナキ事明瞭ナリ、然ラハ詭誣之医術ヲ以テ人ニ施サンヨリハ寧ロ経験的実ノ医術ヲ施シ、上ハ君公ヨリ下ハ領民ノ疾苦ヲ救療セハ、君ノ為メニ不忠ト言フ可カラスト、奮然独断シテ以テ君命ニ背キ奉リ、他日必ス恩蔭ヲ報ハントト、是レヨリ西欧医籍ニ心ヲ傾ケ研究日ニ力ヲ尽セリ

（中略）

C〔藩主の大阪加番に医務随行の記録〕

文久元辛酉年（此年万延二年ナリ文久ト改ル）

三月廿六日殿内於御用所池上織衛被申渡（池上氏城代）今般君公大坂御加番之命ヲ蒙リタリ、就テハ医務ヲ以テ君公ヘ随従ヲ命ス、依之在勤中別ニ高四拾石ヲ被下賜（是迄七人扶持ハ留守中家内ヘ被下置）余昨年病ニ罹リ危篤タリシモ幸ニシテ回復スルト雖トモ未タ身體衰弱アリ、加之春来ヨリ母左ノ手足稍麻痺ヲ覚エ、半身不遂（随）ノ徴候アリ、然ルニ図カラスモ大城（坂）奉供ノ命ヲ蒙リタリ、家族親戚打寄リ大ニ心労シテ是非共随従御免ノ願書ヲ差出ス可シ協議ヲ遂ケタル所、母奮然トシテ曰ク、江戸佐貫ニ於テ医員ハ名ノ多キアリ、此回ノ随従ハ其中ヨリ抜擢セラレタルハ真ニ名誉ト云可キナリ、譬千里ヲ隔離スト雖トモ君恩ヲ報スルハ此時ニ在リ、我レ子カ留守中ニ於テ病発シ黄泉ノ客トナルモ何ノ悔ル所カ之レ有ン、潔キヨク旅装ヲ整ヒ以テ君ニ随従シテ忠勤ヲ尽ス可シト、此言ヲ聞テ一家親戚亦感歎ス、此事上聞ニ達シ、余カ大坂ヨリ帰宅ノ折、君公ヨリ母ヘ敷物ヲ賜ル（此敷物ハ洋物ニテ大阪ニ於テ八圓五十戔ニテ御買揚ニナリタル品ナリ）

一此年五月中弟久兵衛江戸表江送藉ス、江戸表ニ於テ一
家ヲ爲ス
一此年四月下旬久兵衛江戸ヨリ来リ、年末之宿望タルヲ
以テ金百圓ヲ母ノ左右ニ供ス
一武輔ハ此時大目附席ヲ以テ近習頭職ヲ勤メ、新知五拾
石役料五圓被下賜
一余ハ昨年危険之病ヲ免レ蘇生ヲ爲シ、本年ハ衆医ヨリ
抜擢セラレ、大坂随従ノ命ヲ蒙リ別ニ四拾石ヲ賜リタ
リ
一於是母モ追々老年ニ及ヒ半身微ノ不遂（随）ヲ覚フカ故ニ気
力モ自ラ衰態（ママ）ス、幸ニ久兵衛モ帰宅（シ）タルヲ以テ武助ヲ
江戸ヨリ召寄セ、親戚親友ヲ集メ祝宴ヲ開ケリ、母歓
泣シテ止マス、是レヲ第二回之宿望会ト称ス
大坂御供ニ因テ宗旨改アリ
　　宗旨改手形之事
一日蓮宗花香谷邑安樂寺　旦那　三枝俊徳
　　　　　　　　　　　　　　　酉三十九才
一同　同　旦那　妻
一同　同　旦那　母
一同　同　旦那　三枝酉三　酉十三才
一同　同　旦那　三枝貞造　酉八才
一同　同　旦那　三枝信　酉四才
一同　同　旦那　娘ふみ
　人数合七人内男四人女三人
　　不残　日蓮宗
右之通宗旨相違無之候以上
　文久元辛酉年五月　　三枝俊徳印
右之通大目附へ差出ス
大坂御供留守中之印鑑差出可ク事

文久元年酉年 留守鑑□○三枝俊徳 七月	長サ五寸五分横一寸八分 用紙西之内上包半紙

右之通差出ス
七月七日親戚近隣及朋友ヲ招待シテ大坂出発之別宴ヲ開
キ、大ニ盛会ヲ得タリ、西澤奥右衛門ノ云ク、昨年大
患ノ危険ヲ免レ、斯ク健康ニ復スルハ平素孝心之爲ス
所ナリ、今年君公ニ随従シテ千里ノ遠ニ至ル、必ス忠
ヲ尽シテ帰ルヲ待ツト、大野平吉カ云ク、此回之随従
ハ豊臣太閤之築造シタル日本之名城ニ在勤ヲ爲ス事、
実ニ名誉ト謂フ可シ、指ヲ屈シテ高談奇話ヲ持ツト
各々祝辞ヲ述テ帰ル
七月九日佐貫表ヲ発ス、余ヲ送ル者藩士勿論町内残ラス
百人余ニ至ル、翌十日江戸櫻田邸ニ着、直ニ伺候シタ
ルニ君公大ニ歓喜、種々談話アリテ夜ニ下宿ス

七月十六日御書院ニ於テ重臣、家老、用人列坐、大坂随従之士族面々誓紙血判ヲ為ス

七月十七日殿中奥之間ニ於テ大坂御発程之祝宴トシテ重臣、近臣、奥附之臣及医員等召命アリテ大盛宴会ノ挙アリ、皆来テ慶賀シ酔ヲ尽シテ帰ル

一大坂御供之面々四神丹配置之窺書

此度大坂御加番被蒙　仰候ニ付、我儀御供被仰付難有仕合ニ奉存候、御発駕之砌は時節柄殊暑強有之、殊ニ遠路之御旅中ニ御座候へハ中暑食傷水あたり等之者も難斗と心配仕候間、四神丹と申家方之薬剤、暴発諸病ニ的應仕候ニ付、一と先急速之手当ニも相成可申と奉存候、不苦儀ニ御座候ハヽ御供上下惣御人数壱包ツヽ相配置申度奉存候、此段奉窺候、以上

七月十七日

窺之通配置聞届候事

但惣右人数百五拾人

一道中御定御条目第二ケ条ニ云

一御年寄御用人及医師ハ野袴、其以下ハ立付踏込小袴勝手タル可シ、御供ノ方ハ不残割羽織脚半タル可キ事、此外在番ノ条目道中条目御留守中ノ条目数ケ条アリ

余カ旅装ハ野袴、割羽織、引戸駕籠、長刀持、両掛持、薬籠持、草鞋取等ナリ

七月十九日暑甚シ暁七ツ時供揃ニテ東雲既ニ明ケント欲スル比、櫻田邸御発駕、行列嚴森(ママ)、諸士奉陪シテ高縄(輪)ニ至レハ滄海渺茫トシテ旭光鮮ナリ、涼風吹面旅装清シ、是ヨリ芝浦ヲ一望シ品川ニ至リ、鳥山又右衛門宅御休憩ナリ、此所ハ東海道五十三次之駅首タルヲ以テ、諸品之貫目ヲ改ムル場所ニシテ振出ト唱フ、諸事相済、此処出立、大森・鎌(蒲)田ヲ過テ六郷川ヲ渡リ、川崎萬年屋ニテ御晝食ト相成、是ヨリ程ケ谷・境木ナト打過キ、夜ニ入戸塚ナル本陣内田七郎右衛門宅へ御着ニ相成リタリ、明レハ廿日晴天ニシテ炎々タル暑気灼カ如シ、是ヨリ日々旅行、殊ニ早起遅眠タルヲ以テ乗馬ノ者ハ昏睡シテ堕落センカト気ツカヒ、乗馬ノ者ハ鼾声雷カト疑ヒ、上下之暑困恰モ酔カ如ク、疲労甚シ、漸ク廿日ニ至リ伏見駅ニ着ス、此所ヨリ夜舟ナリ、御休憩ハ本陣大塚小左衛門暫く御休息アリテ、夕方御乗船タルニ、晩景清涼、衆人蘇生ノ心地ヲ為シ、船主ハ船楼ノ上ニ在テ船歌ヲ謡ヒ、其音調最モ優美ナリ、程ナク淀ニ至ル、稲葉侯ノ城郭水涯イ壁立シ、高櫓波間ニ映シ、風景清趣画嚢之看アリ、少シク去テ三又ノ川アリ、清風満面数日之暑労ヲ消滅セリ、夜ニ入亦夜景ヲ称シ、

遂ニ睡眠ニ就キタリ、夜七ツ時比ニ至リ大坂ナル天満橋天神橋高麗橋思案橋本町橋等ノ橋下ヲ過キテ濃人橋ニ来リ、甲州屋勘兵衛宅ニ着ス、暫ク御休息被爲在、夜未夕明ケス、其ヨリ北久太郎町三丁目ナル御本陣ニ被爲入タリ、明レハ八月一日ナリ、御供ノ諸士一統御着御機嫌窺等相済タルヲ以テ、我カ下宿タル　北久太郎町五丁目荒物商宇野屋源兵衛宅ニ至リ、爰ニ五日間休息、此内所々遊覧

一摂津国ハ應神天皇之御宇、初テ此国号アリト、是萬国集会之義ナリト、実ニ海陸ノ都会ニシテ群峯右ニ繞り、平野左ニ連リ、澱水ハ内ヲ貫キ、江海ハ外ヲ抱キタル名都ナリ、難波津ハ大坂ノ旧号ニシテ、大坂ハ大江之坂ノ略訓ナリト云

一当城ハ往昔西本願寺蓮如上人開基ノ寺地ニシテ、石山之御堂ト称シタル由、然ルニ織田信長此処ニ居城ヲ築カント欲シ、明智光秀ニ命シ、間竿ヲ入レラレケルニ其侭打捨置タリシヲ、天正年中豊臣秀吉公京都本願寺顕如上人ノ勧メニ因リ再ヒ城ヲ築ク、折カラ石垣等ノ石ハ上人日本国中ノ宗徒ニ仰アツテ集メタル石ナル由、秀吉公モ上人ノ才智ヲ賞美アリト、奉行ハ片桐勝元勤メタリ、又此城ヲ金城ト称スル事ハ黄金水涌出不易ヲ祝シタルヨリ唱フト云

D〔大坂城内の状況〕

八月六日暁六ツ時玉造御門ヨリ御入城、行列旧ニ依テ規律アリ、大岡侯ト交番ナリ、四加番ノ居所ヲ雁木坂ト唱フ

　江戸出立ヨリ雨更ニナシ、

　夜来小雨アリ今暁ハ快晴然トモ大ニ清冷ヲ覚フ

在番中御条目数ケ条アリ略

御番所御出立之節御供

　近習四人　医師壱人　徒士三人

　足軽二人　坊主壱人　下々十五人

右之通可相心得事

城内凡拾弐万九百余　東西三百十間余　南北三百九十間余

追手門土橋西向ニ立　御城代持 御城代御小屋ハ追手門ノ内アリ

太鞁（鼓）櫓　二重　北太鞁ハ大職冠之楽器ニシテ胴ノ内ニ銘アリ、正安四年生馬山竹林寺之鞁ト記スル銘アリ

西丸土蔵　二間十六間イロハ蔵ト云、石火矢玉薬、塩味噌入

堀端蔵　二間半十七間　石火矢大小数挺アリ

西目附小屋　イロハ蔵ノ前ニアリ

京橋門　西南之間ニ向ヒ立、定番組与力三十人、同心
　百人勤番
西定番小屋　京橋口持
東目附小屋　極楽橋内
明小屋
西仕切門　壱加番持
東仕切門　同
作門小屋　同
山里曲輪　壱加番居所　多門内鉄砲数挺アリ
極楽橋　　山里曲輪へ掛ル
青屋門　東北ノ間ニ向ヒ立、二加番持、北門ノ前ハネ
　橋アリ算露橋ト云、門切二切アリ、ハネ橋ハ
　多門ノ内ニ蔵ム
三加番小屋　青屋ト云
二加番小屋　中小屋ト云
四加番小屋　雁木ト云
　此二三四ノ場所市正曲輪ト云
雁木坂仕切門　三四加番持
東定番小屋　玉造橋
玉造門　土橋南向ニ立、定番組与力三十人同心百人勤
　番
突違仕切門

東大番頭小屋
東番衆小屋
西番衆小屋
西大番頭小屋
南仕切門　城代持　太鞁(鼓)櫓ノ仕切ナリ
櫻之門　土橋南向、殿内へ入ル門口ナリ、門之左右之
　石ヲ龍虎ト云フ、形相似タリ、左右之石トモ一石ニ
　シテ九尺二間半ナリ、門之左右カラ堀、蛸石ト云ハ
　舛形正面ニアリ、五間ニ七間、左右ニ袖石アリ、五
　間ニ三間、右ノ袖ハ雞石形二間ニ三間余、大門左右
　ヨリ上迄一石ナリ、又山月石ト云フアリ、九尺ニ一
　間、北門番ハ与力同心ナリ
桜之門西続多門櫓　鉄砲大小数挺アリ
同続多門櫓　弓矢数千挺其他武器数アリ
同続多門櫓　南蛮具足其他籏馬印多数アリ
同続櫓　　関ケ原戦争ニ用タル具足ヲ蔵ム
同続多門櫓　貸具五百領同胴千領具武器数知レス
帯曲輪　是ハ〆切大番頭在勤中一回巡見
山里門　与力同心番所アリ
同続多門　弓数百張　秀吉公所持之矢屏風二双アリ
同続多門櫓　鎗数百本、三間柄之鎗千本、長刀数千本、
　長鉾鎗数本、其外陣太鞁(鼓)及武器数ヲ知ラ

ス
天守台　殿之北ニアリ、高二十二間一尺九寸、石垣台
ハ七間二尺、方二十五間、北天守ハ寛永五乙巳(戊辰)年正
月二日雷火ニテ焼失、今石垣ノ台ノミ残レリ、戦争
後此城修繕出来上リハ寛文元甲子(辛丑)之年ナリト云
厩曲輪　桜之門ノ東ニアリ、多門ニ金胴丸黒皮具足ヲ
　蔵ム
東続多門　簱竿数百本
同続多門櫓　馬験及鉄砲
六番多門　刀掛、翠簾、衣桁、屏風、褥、手洗タライ
　湯桶、釜、額其他種々
禿燈籠　石手洗鉢、庭内ニアリ
秀頼生害松　連如袈沙掛松　殿ノ丑寅ノ角
鶴之井戸　今ハ埋テ名ノミ残レリ
稲荷番所　山里持、同心番所
銀水　台所前ノ井戸ナリ、諸番所ニテ常用
黄金水　天守ノ下ニアリ、深サ十九間余
唐銅水溜　元焔硝入、寛文年中十六、享保年中十六出
　来、都合数三十二
殿内玄関　南向
遠侍之間　四間九間、獅子牡丹之画
次之間　五間四間　鳳凰之画

殿上之間　桜之画、三楽
鷲之間　三間ニ九間、十九間ノ縁側アリ
雁之間　芦ニ雁之画　主馬筆
溜之間　松雪梅之画　同
大廣間　松ニ孔雀之画　同　松之間ト云
白書院　桜之画、主馬筆　二之間長サ九間
料理之間　芦ニ雪振ヒノ鶴、探幽　御清之間ト云、惣
　白壁
文庫蔵
銅御殿　墨画山水、探幽
黒書院　墨画山水、同
祐筆部屋　竹ニはら画、探幽
時斗之間　蘭之画
焼失之間　芦ニ鶴、探幽
対(様)面所　三之間、松ニ朱鳥、二之間牡丹、主馬
梭櫚之間　梭櫚之画
からつの間　からつの花
御座之間　猪ノ画
坊主部屋
老中部屋
上台所　膳立之間有之
下台所　南ノ方囲炉裡二ケ所アリ

伺公之間　柳ニ鷺、芦ニ鴨、主馬筆
本丸之櫓数　十一ケ所、不残三重
山里曲輪櫓数　二ケ所、菱形二重
外曲輪櫓数　十四ケ所、内十三　二重、一ケ所ハ太鞁(鼓)
　櫓、一ケ所ハ三重京橋口北角、伏見櫓ト云、惣数
　廿七ケ所
人面石　本丸東方之石垣中ニアリ
三合石　是ハ建築之際、石壱ツ人足持来レハ米三合ト
　替エタリト云、余リ大ナラス
鉄筋入門　外曲輪京橋口、玉造口等鉄筋門ナリ
玉造米蔵　四間二十間、数二十四ケ所
勘定場　二間ニ六間
手形入土蔵
蔵番宅二軒
喰違門之左右ニ八角ニシテ戸無シノ蔵十二ケ所イスノ薪有ルト云
大約右之如シ、都テ築造ノ堅牢ナル恐ル可シ
条目之ケ条中ニ表向諸士下々ニ至迄、春夏秋冬共、燈火
ハ四ツ(午後十時)時限リ、焚火ハ五ツ(午後八時)時限リ、右刻限過明リ見エタ
ル時ハ見廻ノ大目附可致吟味事
　口上之覚
　御在番所夜燈之義、夜四ツ時限之御条目被仰出有之
候処、夜中万一急速病人出来候節ハ、薬剤及器械取
調等ニ不都合可仕候ニ付、有明燈相用度、此段奉願
　候以上　八月十日右願之通聞届候事

E〔在番中、緒方洪庵に師事出願〕

一大芝玄俊ト脇(協)議ヲ爲シ、空ク光陰ヲ費ス事遺憾ニ付、
緒方ニ至リ、質問致シ度願書差出ス
　口上之覚
私共在番中御用透之際、当所弁池町ニ住居罷在候緒方
洪庵ハ医家有名之者ニ候ヘハ、医業爲研窮罷越シ医事
不審等質問仕度、左候ヘハ格別之修業ニ相成候義と奉
存候、依之御定式他行之外一ケ月両三度ツヽ外出御免
被成下候様仕度、勿論両人之内壱人ツヽ罷出、聊カ御
差支無之様可仕候、此段奉願候以上
　八月廿日　　大芝ト両名
右ハ研窮之爲メタルヲ以テ願之通許可ス、是ヨリ数回緒
方ニ至リ、鮮部整理ヲ尋問ス
一文久二壬戌年正月二十七日
大芝玄俊病勢兎角増進し、在勤中なるを以て殊外心労
に及び、緒方先生の診察を受け度頻りに申により、大
目附へ相伺候処、是は私には相成かたく、其筋へ内伺
の上と申事にて、大目附より伺かはれたるに、城内出

入の医師は定あり、其他は家臣の疾病にては相成らすとの事なり、依之翌二十八日余緒方先生宅へ参り、大芝の症候を巨細に陳述し処方書を得て帰る

一城内出入之医師

本道　栗山静安　中村寿玄　二東大蔵　溝口純平

外科　楢林栄輔

口中医　来島春庵

鍼医　藤井順吉

右何れも町内の住居なり

一城内に於て余か交際したる医員

本多侯侍医　小宮山袋玄　八代泰庵

石川侯侍医　小島甫碩　服部順策

小笠原侯侍医　小野玄亭　小野玄又等なり

F〔田能村直入《ちょくにゅう》（小虎）に入門〕

一九月十日武助ト両人ニテ有名ナル画工田能村小虎（田能村竹田、その才を賞し、義子とす―筆者註）ナル者ヲ尋タルニ、風雅ニ造リ成シタル一室ニ通シ、忽チ出テ来テ面会シ、種々談話ノ際ニ先生之曰、是迄幾年々加番交代アリト雖トモ城内ヨリ余ヲ尋ネ来リシ者壱人モ有ル事無シ、故ニ関東ノ事実ヲ聞ノ事甚稀ナリ、今日思ハサリキ両君ニ面会センハト大ニ喜ヒタリ、談話ノ末ニ及ヒ、余先生ニ告テ曰、甚タ慚愧之至リナレトモ、城内ニ在テハ日二間《(閑)》暇ニシテ一事ナシ、願クハ先生ノ画ヲ学ハント欲スルノ念慮アリ、許容アルヤ否ヤト額ニ汗シテ述タリ、先生机ヲ拍テ喜テ曰ク、嗚呼雅ナル哉、此事易々タリ、両君此紙ニ向ヒテ揮筆セヨト、両人驚キ、赤顔シテ云ク、我輩素ヨリ、一點ノ画法ヲ知ラス、争テカ筆ヲ把ル可キヤ、先生亦一紙ヲ取テ蘭ヲ画キ、筆ヲ置テ曰、然ラハ此蘭ヲ見テ画カケヨト、両人益汗顔煩慮シ、固辞スト雖トモ許サス、不得止筆ヲ把テ紙ニ臨ム、筆頭顫震爲ス所ヲ知ラス、漸ク其形ヲ写ス、先生此状態ヲ看破シテ笑且懽テ曰ク、両君之筆頭全ク画法ナシ、是レ余カ嘉ミスル所ナリ、何トナレハ一ト度北宗《(末)》之画ニ入ル時ハ、其筆意決テ脱スル能ハス、其筆意南宗《(末)》ニ入ルモ南北混交之筆トナリ俗気ヲ脱セス、甚恐ル所ナリ、今両君ハ画法ヲ知ラスシテ初テ我門に入ラハ、必ス俗態之患ナカラン、是余カ喜フ所ナリト、速ニ墨ヲ磨シ筆ヲ洗ヒ、画帖ヲ把テ之レニ画シ　以テ両人ニ与フ、吾輩懇篤ノ情ヲ感謝シ、雀躍シ帰ル、是ヨリ屡田能村之門ニ出入シ、追々画法之教示ヲ受ク、其法タルヤ六法六要、六長三病、十二忌用筆、用墨重潤渲染、数種之皴法《(シュンポウ)》、気韻会意、自運位置、

生動古術、主客遠近等、悉ク懇諭セリ、始テ画法ノ容易ナラサルヲ知ル、先生大ニ我輩ヲ愛顧シ、家ニ至レハ百事ヲ擲チ談話数刻ニ及ヒ、或飲食ヲ供シ、甚以懇情アリ、今日我家ニ秘蔵スル所ノ数幅ハ皆此故也

一武助モ絹地之大幅及数幅アリシカ、桜田邸自火之際残ラス焼失、遺憾之至ナリ

一先生　通称田能村傳太、名癡、字顧絶、号小虎又直入・山樵・竹翁居士・芋仙・忘斎・花下道人

直入ハ生国直入郡ヨリ取ル、又淀川桜之宮ヲ纔《ワズカ》ニ過テ別荘アリ、床ノ間、床ノ脇其他都テ造作ハ竹ヲ以ス、其風雅ナル事人ヲシテ落膽セシム、故ニ竹翁ノ号アリ、高麗橋三丁目左側ニ居住

一九月十四日国元ヨリ妻八月廿二日出産之処、女子出生シタル趣（下略）

G〔大坂の書画会〕

一九月廿三日田能村先生ヨリ報知アリ、明廿四日難波新地ナル登客楼ニ於テ書画会アリ、依之我カ門人中ニ加リ出席アル可シト、此報ヲ得テ歓喜雀躍シタリ、翌廿四日快晴殊外暖和、武助ト両人ニテ早朝田能村ニ至ル、先生大ニ歓ヒ、暫クシテ門人十二人ト伴ヒ、先生ニ先タチ登客楼ニ至ル、此楼ハ大坂屈指ノ大楼ニシテ、楼腰最廣ク、簷《ノキ》一方高ク、聾《ミミシ》ヒ直蘭・横蘭九折シテ、歌台舞殿ヲ設ケ、楼中朱橋ヲ架シタリ、大ナル席ハ四十畳、其次ハ二十四畳、小ナル坐敷其数ヲ知ラス、庭中ニ大小ノ茅亭アリ、実ニ風致ヲ極メタリ、今席ハ楼上ナリ、会主ハ内山南谷・吉岡蘇雪之両人ナリ、出席シタル有名之先生ニハ池田陶皤・猪俣中洲・西方芳園・魚住荊石・藪長水・正林霞陽・田能村小虎・同小斎・森一鳳・斎藤碧梧・後藤松陰・森文禮・鼎金城等城其他記スルニ遑アラス、旦ツ奥之下間ニ東都ノ記表アリ、之レヲ見レハ江戸諸先生ノ書画数十枚アリ、其次ハ京都トアリ、京都諸先生之書画、山アリ、其次ハ大坂トアリ、数百枚之張出ナリ、殊ニ数ケ所之間毎ニ美麗ナル絨氈ヲ敷詰メ、諸先生渾筆アリ、其中ニ交リ翠眉雪肌之婦人多ハ十八九才紅粉ヲ粧ヒ、紅氈之上ニ在テ従容トシ、繊手ヲ挙テ書ヲ爲スアリ、画ヲ作ルアリ、其状之秀色タル一層之美観ニシテ恰モ瓊花之如シ、又肩衣跨《袴》ニテ事務ヲ司ル者七人アリ、是ハ今日之幹事アル由、凡出会之人員三百人ニ近カシト云フ、実ニ盛大ナル事驚感ス、我カ両人ハ田能村社中ニ在テ、一ト間ヲ設ケ、酒宴ヲ開キ、大ニ勢力アリ、誠ニ大幸ト謂フ可シ、刻限アルヲ以テ諸人ニ先タテ夕六時帰城

此後書画会之アリシハ生玉之西照庵是モ廣楼、同東里庵、日本橋詰六橋楼等アリ、大抵前之模様ナリ

H〔城より外出は月二回限り〕

一城内ハ外出殊之外厳重ニシテ、規則シ守ル時ハ一月二回ヲ限リトス、此地ニ来リシヨリ、未タ十分之案内ヲ知ラス、故ニ外出モ最モ心労セリ、殊ニ寒気モ弥増シ、在番小屋ニ冬籠リシタル状態ハ、恰モ獄屋ニ似タリ、故ニ何レノ小屋ニ於テモ晨昏酒宴ナラサルハナシ、余酒力ナキヲ以テ困却ヲ爲(ママ)ナシタリ、依之當雁木坂附属之鉄砲方高木安治ト云フ者アリ素周淮郡大堀邑ノ人蓮池ノ親戚屢旧ヲ話ス茶湯ヲ善シ師ヲ爲セリ、之レヲ招キ、時々稽古ヲ爲シテ消日ノ術トス

一九月廿七日　東大番頭小笠原近江守殿御構中ニ与力ニテ冨永継治郎号霞外ト云フ者画工之由ニ付、相尋タルニ幸在宅ニテ面会シ大ニ悦ヒ、是ヨリ時々互ニ往来ス

一十月十二日　寺町ナル洞泉寺ニ至リシニ、禅家ナリト云、寺前寺後庭中残ル所ナク花壇ヲ築キ、紅白黄紫ノ色ヲ競ヒ、菊花爛漫トシテ寺院ヲ囲ミタリ、最モ花ノ大サハ九寸アリ、実ニ美観ト云フ可ナリ

十二月廿八日　御年寄木村又右衛門申渡

君侯御病気之際精勤ニ因ヲ其賞トシテ目録被下賜

御用人相場助右衛門申渡

道中旅行之際、上下之人数回神丹施行奇特ニ被思召、旦ツ坂中下々治療出精ニ因テ褒美トシテ目録ヲ被下置

文久二壬戌年正月元日暁ヨリ雪降ル、午後ニ至リ相歇ム、積雪僅ニ三四寸、当地ニテハ近来之稀ナル大雪ナリト云

暁七ツ時半、熨斗目《のしめ》十徳着用、君殿ニ伺候シ、年始ノ祝賀稟上ス

君侯ニハ暁六ツ時御供揃ニテ御登城アリ、御退城之折、御城代へ御祝辞ニ被爲入

例ニ因テ夕六ツ時揃之レアル

二日晴雪ハ残ラス消解ス

夜ニ入御酒宴アリ、近習頭・御目附・拙者共被召、和田・丹羽両人謡申上ル

今日午後青屋御小屋医師小嶋病気ニ因リ、診察致シ、医師服部順策宅ニ於テ大ニ馳走ヲ受ク

五日晴　寒風

此節分　祝賀ヲ稟上ス

御年男　木村又右衛門　御次御年男　三枝武助

撒豆ノ祝声アリ

七日　晴寒　七種之祝賀アリ
十五日　晴寒　上元之祝賀アリ
　此日御具足鏡餅被下之

I〔城内出入りの医師定〕

廿七日大芝玄俊病勢免角増進シ在勤中ナルヲ以テ、殊外心労ニ及ヒ、緒方先生ノ診察ヲ受ケ度頻リニ申ニヨリ、大目附ヘ相伺候処、是ハ私ニハ相成カタク、其筋ヘ内伺ノ上ト申事ニテ、大目附ヨリ伺カハレタルニ城内出入ノ医師ハ定アリ、其他ハ家臣ノ疾病ニテハ相成ラストノ事ナリ、依之翌廿八日、余緒方先生宅ヘ参り、大芝ノ症状ヲ巨細ニ陳述シ、處方書シ得テ帰ル

一　城内出入之医師
　本道　栗山静安　　中村寿玄
　　二東大蔵　　溝口純平
　外科　楢村栄輔
　口中医　来嶋春庵
　鍼医　藤井順吉
　　右向レモ町内ノ住居ナリ

一城内ニ於テ余カ交際シタル医員
　本多侯侍医　小宮山岱玄　八代泰庵
　石川侯侍医　小嶋甫碩　服部順策
　小笠原侯侍医　小野玄亭　小野玄又

J〔諸所訪問（一）〕

一城内ハ外出甚タ厳重ニシテ規律アリ、月ニ一回、或二回此処再出ノ外出ナリ、故ニ在勤小屋ニ寒気ヲ保護シテ閉居スル事恰モ獄屋ニ似タリ、之レカ為メ在番ノ同士相共ニ鬱気気散セント欲シ、晨昏処トシテ酒宴ナラサルナシ、余ハ酒力ナキヲ以テ甚タ困難ヲ極ム、依テ当城附属ノ鉄砲方高木安治ト云フ者アリ上総周淮郡大堀村ノ人平野一親戚ト云茶ノ湯ヲ能シ、常ニ師ヲ為シ、門人多シト聞キ、之レニ依頼シテ稽古ヲ為シ消日ノ術ト為ス

二月十二日鉄砲方高木安治ノ案内ヲ以テ、北久太郎町角ナル豪商鍼屋長左衛門宅ニ至ル、性（姓）ハ高松、号ヲ舫洲ト云フ、居宅廣フシテ美観ナリ、余ヲシテ叩嚀ニ款待ス、高木当主人ニ乞フテ古書画ノ幅数百本ヲ出サシム、多ク支那物ニシテ、其佳品ノ多キ驚感ス、午前九時比ニ至リタルヲ以テ、午餐ノ饗応ヲ受ケ、夕刻ニ至リ高木ト同伴シテ帰ル

二月廿四日　過日外出ノ際、久太郎町四丁目ヲ通行シタルニ菱湖堂巻鴎洲ト記タル門札アリ、是レハ昔日余カ

江戸ニ修行シタル時、平田塾ニ於テ学友タル巻ノ柳佐ニハ非ラサルカト暫ク佇立シタリシカ、兎モ角モ尋問セハヤト案内ヲ乞ヒタルニ、先生出ヲ来テ、余ヲ見テ頭ヲ傾ケ熟考シ、大ニ驚テ云ク、松軒君ナリヤ、直ニ一室ニ延テ応答ス、余カ此地ニ来ルノ原由ヲ尋ネ、積年別来ノ旧話ヲ為シ、恰モ親戚ニ逢カ如シト、其悦ヒ甚シ、是ヨリ屡往来ス、今日ハ兼テ約シタルヲ以テ、先生同伴シテ南本町栴檀之木筋東ニ入、西川屋善助宅ニ至リタリ、是モ豪商ニテ風雅ヲ極タリ、鴎洲先生素ヨリ懇意タルヲ以テ、酒宴ヲ設ケ、雅談ニ及ヒタリ、先生指揮シテ古書画数十幅ヲ出シテ、余ニ見セシム、一覧コトニ佳品ナラサルナリ、只驚嘆スルノミ、夕刻ニ至リ、先生ト同伴シテ帰ル

八月快晴　梅花一覧ノ催アリ、本町筋ヨリ小谷・桃谷ナト打過キ、左折シテ寺町ニ来リ、天王寺道ニ至リ、左ノ方ニ梅屋敷アリ、梅樹数十本、紅白打交リ、半開未開、芳香馥郁タリ

十五日　御用達山村与助ナル者、高間舜輝ト号スル画工ヲ連レ来リ、御前ニ於テ揮筆

三月七日与力衆冨永霞外、御前ニ於テ揮筆

三月十五日田能村先生会主トナリ、網島ナル大長寺ニ於テ煎茶会ノ催アリ、余ニ出席ス可キノ報知アリ、此日早朝喜ンテ田能村ニ至ル、先生ト同伴船シテ網島ニ着ス、北網島ハ京橋ノ北ナル淀川ノ堤ニシテ、漁家列ナルト雖トモ冨家多クアリテ、皆風雅幽趣ノ家屋ヲ設ケ、前ハ難波ノ通船及釣船、網船等アリテ、風景最モ宜シク、花ニ月ニ遊興ノ地ナリ、今北網島ニ着スル船数艘アリテ、皆茶器其他要用ノ品ヲ積来ル者ナリ、寺ニ入レハ廣フシテ、且清潔ナリ、茶席ハ四ケ所ニ分レ、一席済メハ一席交代シ、一生終レハ一坐操(繰)出スノ都合ナリ、都テ五人ヲ一席トス、茶ハ香気深ク、甘味舌ニ徹スルカ如シ、菓子ハ各人工夫ヲ凝ラシ、新ニ製造ヲ為シタル者ト云フ、床飾リニ至リテハ書画ノ名幅ヲ懸ケ連ネ、或ハ額ヲ掲クルアリハ、花瓶ニハ紅白ノ美花ヲ挿ミ、其他ノ机卓・茶棚・茶壷・茶托・茶匙・茶盌(ワン)・茶盤・急須・鉄瓶・湯翻・湯涼器・茶鑵・滾爐・釜爐・茶柄杓・水甌・茶巾・羽掃・塵斗・炭斗・火箸・花台・敷物等ノ類、種々無量ノ名器・名氈多クハ支那ノ物品ナリ、諸席我レ劣ラスト注意ヲ為シ、其風韻雅致、実ニ感歎シテ驚クニ堪ヘタリ、今日ハ城内ヨリハ余壱人ニテ先生ニ同伴シタルヲ以テ、例ノ門限ニ心労シ、殊ニ先生ノ多忙ヲ助手シ、毎会茶席ノ主タル性(姓)名ヲ記スルニ暇アラス、今ニ遺憾トス、八ツ時半今ノ三時先生ニ謝辞シテ城内ニ帰ル

一此（三月）月田能村先生、青湾之碑ヲ建ツ（淀川ヲ青湾ト云）昔豊太公茶（ママ）ヲ好ミ、淀川ノ深キ所ナル清水ヲ撰ヒ、茶水ト爲シタルノ伝言アリ、継テ賣茶翁モ此処ニ於テ撰水シ、京摂ノ間往来シテ、花ニ月ニ茶ヲ賣リタリト、今ニ在テ其所清潔ナル流水ニシテ能ク茶ニ適合ス、俗伝ニ豊太閤此処ノ川底ニ金釜ヲ埋メ置キ、其水ヲ酌茶水ト爲シタリト、今ニ川水ノ渦マク所ヲ指サシテ其所ト云フ、本年ハ賣茶翁ノ百回忌タルヲ以テ、先生、翁ノ茶手前ヲ百枚揮筆シ、是レヲ資本ト爲シ、淀川堤ナル撰水ノ場所ニ於テ大碑ヲ建築ス、表面ハ本多侯ノ筆跡ニテ、青湾碑ト大文字ナリ、裏面ニハ先生其ノ古事ノ来歴ヲ文章ニ作リ、彫刻シテ後世ニ伝フ（此文章余ニ贈ラレタルアリ今之レヲ尋ヌルニ見当ラス遺憾ナリトス）建築ノ日ハ、諸先生及有志ノ人々集会シ、其盛会驚クニ至ル

Ｋ〔適塾・南塾生の芦嶋解剖記事〕

一四月一日緒方代診方小野玄眠（民）ヨリ、明二日解剖有之ニ因リ、当方迄出席ス可キ旨報知アリ、此事君侯ニ相願ヒ、二日早朝ヨリ緒方ニ至リタルニ、大番頭小笠原近江守侯ノ医員小野玄亭来リ居レリ、余大ニ歓ヒタリ、緒方先生ハ感冒ニテ出張ナシ、塾中彼是支度相整ヒ（塾ハ二階ニアリ）塾生十人、余ト小野ト二人、合テ十二人、淀橋ノ脇ヨリ乗船シ、適塾ト云フ小幟ノ印ヲ立テ、漕キ出ス、此処ヨリ都合四艘出船ス、緒方郁蔵先生ハ、南塾トアル船印ナリ、是レヨリ暫ク漕キテ千嶋新田ト堀割川ノ間ナル芦嶋ト云フ所ニ至ル、是レハ罪人ノ刑事場ナル由、此所ニ於テ小屋ヲ造立シ、解剖所トス、罪人ハ二人ニシテ、頭脳二箇、身體二箇、四ケ所ノ解剖台ニ備エタリ、願主ハ松平伯耆守侯ノ医員小林中庵・渡邊玄辰ナリ、執事ハ山田金江・内藤数馬・岡田彦治郎・緒方代伊藤慎蔵・中山春堂・日野主税等ナリ

第一

　頭部鮮剖　中山勘解由　松本俊平

　胸部鮮剖　内藤英吉

　腹部鮮剖　佐々木文中　石村友仙

第二

　頭部鮮剖　柏原学而　村田文機

　胸部鮮剖　津田積斉　西岡周碩

　腹部鮮剖　安田（謙）曽　藤野貞司

右ノ役割アリト雖トモ緒方塾生ノ手ニテ一體二頭ヲ解シタリ、故ニ適塾生徒最モ勢力アリ

鮮剖ノ時ハ逐一辨（ママ）論スルヲ以テ、傍観者各筆記ス、傍観医ハ皆傍観札ヲ持参ス、凡六十名余

緒方郁蔵先生初高尚ノ医員多分出頭アリ（此時郁先生ハ散髪ナリ）永日夕

ルヲ以テ大約七ツ時解剖終リタリ、門限アルヲ以テ伊藤慎蔵ニ謝辞シテ小野玄亭ト伴ヒ陸路ニテ城内ニ帰ル、大坂ニ来ルカ爲メ医事ノ効ヲ得タリ

L〔諸所訪問（二）〕

一五月七日堂嶋薬師ノ裏ナル忍頂寺梅谷先生ヲ訪フ、先生悦テ曰ク、今日幸ヒ間暇アリ、余ヲ誘儁《(ケイ)》シテ行ク所アリト、此ヨリ同伴シテ堂嶋蜆橋ナル鳥羽屋善兵衛ノ宅ニ至ル、富豪ノ商家ニシテ家屋壮観ナリ、床ノ間ニハ支那ノ双幅ヲ掛ケ、瓶ニハ菖蒲ノ美花ヲ插ミ、畳ニハ行戸蘭《アンヘラ》ヲ敷キ、傍ニ茶席ノ間ヲ設ケ、茶器陳列シテ其風致高標思フ可シ、梅谷先生彼是周旋アリテ、古書画数十幅持チ出シタリ、其卓絶佳品ナル一々観閲スルト雖トモ、其ノ数ノ多キ爲メ覚知スル能ハス、殊ニ貫名海屋ノ書画数幅アリ、其妙絶実ニ凡ナラス、自然ニ羨望ノ意ヲ起セリ、茶菓酒肴ノ款待受ケタリ、梅谷先生ニ謝言ヲ托シ夕方ニ帰ル、余ハ田家ノ居住ニシテ井蛙ニ似タリ、坂陽ニ来テ書画名幅併テ奇器ヲ見ル、幾度カ驚感ス

M〔君侯麻疹、治療出精〕

一五月十八日ヨリ当雁木坂御小屋ニ於テ麻疹ノ伝染ヲ受ケタリ、一日二五人・七人ツヽ、発疹シテ余カ多忙寝食ヲ廃ス

一六月五日君侯発熱シテ臥牀セリ、是レ麻疹ノ徴候タリ、次第ニ熱勢増劇シ、頭痛強ク咽喉痛痒、舌上白脂、小便赤色、且ツ絶食ニシテ大渇引飲、全身猩緋ノ如ク、苦楚最モ甚シク、終夜安眠ナシ、麻疹モ殊外重症ナリ、然リト雖トモ近臣一般此病ニ罹リ、平臥苦楚ヲナシ、只近習頭三枝武輔・側目附玉井平助・玉井内蔵太・近習原田長蔵ノミ、同寮大芝玄俊ハ正月ヨリ病気引籠リ、余壱人ニテ治療ヲ呈シ、昼夜看護シ奉リ、寸暇ヲ取テ家臣上下一般ノ麻疹ヲ診察投剤シ、三飯サヘ欠ク事往々有之、況ヤ睡眠ノ閑ヲ得ル能ハス、其劇忙譬フルニモノナク、甚タ疲労ヲ極メタリト雖トモ、君侯当城ニ在テ病ニ罹リ、親戚百里ノ地ヲ隔テ獨リ心細クモ、病褥ニ在リ、日夜ノ苦痛誰ニ向テ訴ル所ナキヲ以テ、余ヲ片時モ病牀ヲ離シ給ハス、余モ亦君侯ノ心慮ヲ察シ、我レ君恩ヲ報スルハ此時ナリト日夜衣帯ヲ解カス、安眠セサル事凡十八日間ナリ、我カ国元出発ノ際、西澤奥右衛門カ曰ク、孝アル者ハ忠アリ、大坂ニ至テハ能ク忠ヲ尽ス可シト、我レ此言ヲ遥想シ、益奮勉シテ看護ニ力ヲ尽シタリ、幸ニシテ追次君侯寛解ニ被爲渡、

近臣一同寧慮ヲ為シ、余モ亦大ニ安心ス、同月廿五日
夜伽《トギ》ヲ免シセラタリ、是ヨリ微シク休息アリト雖モ、
排牀ノ時ニ至ル迄、毎夜宿直ス
七月五日　排牀之祝賀トシテ重臣近臣召命アリテ盛宴ヲ
開ラカレタリ
同日　家老木村又右衛門申シ渡シ
君公麻疹中壱人ニテ詰切り治療ニ尽力シ、其効ニ因テ
平癒ニ被為渡、満悦ニ被思召、其褒賞トシテ金拾圓ヲ
被下賜
同日　近習頭三枝武輔申渡シ
君侯麻疹中非常之勉励ニ因リ、御手元ヨリ章服（黒薄羽織御紋付黄色維）
（子御紋付）腰下ケ壱箇　金弐千疋ヲ被下賜
七月十五日大目附岩堀郡之丞申シ渡シ
組方并ニ中間麻疹之際、治療出精相勤タルヲ以テ褒美
トシテ金七圓ヲ被下置

〔諸所訪問（三）〕

一大坂城在勤中諸先生家ヲ訪ク者左ニ記ス
後藤春蔵　名機、字《（ママ）》　号松陰（梶木町御霊筋西ニ入南側）麻疹流行ニ際シ、
暫ク先生ヲ訪ハス、八月廿日余カ帰国モ近キニ有ルヲ
以テ、暇乞トシテ先生ノ所ニ至ル、先生憂色アリ、暫
シテ余ニ語テ曰ク、昨年嗣子ヲ失ヒ、今年麻疹ノ為メ、
嫁亦死亡ス、只三才ノ孫壱人ノミ、我若キ時ヨリ家事
ニ関係セス、況ンヤ老年ヲヤ、家ニ塩米アルヤ否ヲ知
ラス、今親戚ノ者来リテ家事ヲ司ルト潸然トシテ流涕
ス、余之ヲ聞キ大ニ驚キ答フル所ヲ知ラス、共ニ涕泣
ス、漸クシテ是迄種々揮筆等ノ謝ヲ述テ帰ル
藤澤昌蔵　瓦町堺筋東ニ入、南側ニ住居、此人行状最
モ方正ナリ、門人常ニ袴ヲ着シ居レリ、始テ先生ヲ訪
フ、先生直ニ余ヲ一室ニ延テ談話ス、余先生ニ向テ揮
筆ヲ依頼ス、先生ノ曰ク、我書ハ自用ヲ為スニ在テ、
人眼ヲ楽シマシムル書ニ非ス、是迄人ニ書シ与フル事
ナシ、人亦書ヲ我ニ頼ム者ナシト自笑セリ、余強テ乞
テ先生門人ヲシテ墨ヲ磨シテ半切ニ筆ヲ走ラス、其書
最モ脱俗セリ、余悦テ持帰ル、是ヨリ数回訪フ
橋本半助　名通、字大路、号香破《（拔）》又毛山又静庵　本町
心斎橋筋東ニ入、南側ニ住居、嚮キニ長崎ニ於テ学文
シ、後ニ長州学校ノ教師ナリ、父母ハ上野国ノ人ナリ《（ママ）》
ト、余ハ数回尋訪シテ大ニ懇篤ノ情ヲ受ケ、之レ為メ
揮筆持参セリ、手翰モ亦多クアリ、明治年間ニ及ヒ、
振気篇ト云フ慷慨ノ詩歌ヲ記タル本アリ、此中香破牢
内ノ詩アリ、之レヲ看テ大ニ驚タリ
池内退蔵　名奉時、字士辰、号陶所又夢花逸史　今橋

丼池筋西ニ入　北側ニ住居、素ト京都ノ住ナリシカ、故アリテ大坂ニ来リ住スト云フ、二三回訪フテ書ヲ乞フタリ

此外ニ春日平蔵・渡邊太郎ト称スル儒家アリタレトモ、此両人ハ訪ハス

三瓶信庵　米庵(市川)ノ門ナリ、書家　高麗橋筋魚店筋西ニ入南側ニ住居

正林葭陽　書家　池内退蔵裏西角ニ住居

呉　北渚　書家　名策　字元馭、号北渚又習静斉、通称肥前屋又兵衛、北濱大門町中橋筋西ニ入南側ニ住居、此家非常ノ豪商ナリ、先祖ハ明乱ヲ避テ肥前ニ来リ、其ヨリ大坂ニ移リ、豪商トナル、余ハ此家ニ数回至リテ大ニ款待ヲ受タリ

鼎　金城　文人画　福島浄正橋北詰西ニ入北側住居、此人温厚ノ人ナリ、余カ訪フ毎喜テ談話ス

魚住荊石　文人画　南江戸堀三丁目南側ニ住居、此人ノ画ハ従来丁嚀ノ画ナリ、其人モ亦徳実ナリ、飯野(上総)藩谷幡縫蔵老人濱村ニアリシ時、此人ノ画ヲ学セタリ、余モ屢訪フ

田中介眉　名節　字封徳一、字此君、号介眉又海眉、通称伊賀屋儀兵衛、酒造ヲ業トス、此家最富豪ニシテ文人画ナリ、余再三之レヲ訪フ

藤井藍田　名徳、字脩公、号藍田又獨鶴道者又醜石、梅軒、茎破、南堀江高屋橋東新中橋南ニ渡西ニ入ル所ニ住居ス、余此人ヲ田能村先生ニ問フニ、学文アリテ画モ亦夕南宗(宋)ナリト、依之之レヲ訪フニ叮嚀温和ニシテ余カ来ルヲ喜ヒ種々談話ヲ成シタリ、其時ハ童子ヲ集メテ手習素読ノ師タリ、故ニ格別ノ人トモ思ハサルニ明治年間ニ及ヒ、慷慨詩歌ヲ集タル振気篇ヲ見タルニ、長州ノ人ニテ大坂ニ潜伏シ、百事探偵ヲ爲シタルニ、終ニ露顕シテ徳川氏ノ爲メ捕搏(縛)トナリ、笞下ニ死ストアリ、橋本香破(披)モ獄屋ニ死トアリ、両ナカラ喫驚ス、余ニ接スルノ温順ナルモ亦故アル哉ト、今ニ之レヲ慚(ハ)ツ

行徳玉江　名貫、字仁郷、号玉江又檜園家、通称元真、眼科ノ医師ナリ、堂島玉江橋北詰東ノ北側ニ居住ス、此人医員ニシテ風雅ヲ好ミ、家宅ニ種々張マセアリ、再三相訪フ

濱名白鷗　北宗(ママ)ノ画ナリ

中ノ嶋常安橋北ニ渡、東ニ入北側ニ住居

藪長水　花卉(カキ)之画得意ナリ、南北合法ト評ス、嶋内長堀橋南詰西入北側ニ住居

森　一鳳　名敬之、字子交、肥後藩丸山風之画、中之嶋梅檀木筋北ノ筋西入南側住居

森　二鳳　是モ丸山風ノ画、舟場高麗橋堺筋西入南側住居

西山芳園　景文風之画師ナリ、今橋筋中橋西ニ入南側ニ住居

花屋庵鼎左　俳諧ノ人ナリ、是レ宗匠トス、御堂前東ニ入南側ニ住居、此家芭蕉翁終焉ノ所ナリ、家屋清潔ニシテ奥ノ一間ニ仏壇ノ如キ所アリテ芭蕉翁ノ像ヲ安置ス、翁ノ真跡及ヒ所持ノ硯箱アリ、竹ニテ竪六寸五分位、横三寸五分位ノ硯箱ナリ、中ニ硯石・水入・筆二本アリ、主人ト暫ク談話ヲ為シ、短冊ヲ頼ミテ帰ル、其後相ヒ訪ヒタルニ幸ニシテ葛酒本舟左此花庵笠洲ト云フ宗匠ニ面会シ、種々談話ヲ得タリ、兼テ頼ミ置タル扇面短冊類及ヒ石両人ノ短冊モ得テ帰ル

京都ナル文人画工ノ高名ナル貫名海屋此人当時半身不遂（随）ヲ発シ画ハ認メカタク書ヲ認テ贈ラル日根対山・中西耕石・前田暢堂四名ノ書画ハ忍頂寺梅谷先生京都ヘ要用アッテ被ル参ニ付、四名ノ先生ヘ手翰ヲ添ヘ依頼ニ及ヒタルニ梅谷帰宅ニテ何レモ承諾之由申シ越サレタリ、其後京都先生家ヨリ、城内江向ケ余カ名前宛ノ手翰ヲ以テ叮嚀ニ封シ、廻贈セラレタリ、今我家ニ存スル所ノ者是ナリ

N〔緒方先生に暇乞ひ、先生江戸行につき心中を明かす〕

一七月十六日最早帰国モ近寄リタルヲ以テ緒方氏ヘ是迄ノ禮ナカラ暇乞ニ至リシ処、先生ノ云ク、此度我レ図ラスモ江戸幕府ノ召命ヲ蒙リ、辞スル能ハス、来ル廿八日比ニハ江戸表ヘ出立ス可積ナリ、冥加ト言ヒナカラ老年ニ及ヒ三十年来住馴タル此地ヲ去ルモ余リ心ロ快《ママ》ヨカラスト雖モ、我道ノ進歩ト子孫ノ為メトヲ思考シ、勇意ヲ発シテ召命ニ応スルト説話アリタリ

O〔身辺の近情と加番交代の期至り帰国〕

一七月廿三日附之国元ヨリノ手翰ヲ得タリ、之レヲ披キ見レハ母義卒然トシテ大病ヲ発シ危険タルヲ以テ急報ストアリ、武助トモニ驚愕スルト雖トモ千里ノ隔地ニ在テ、為ス所ヲ知ラス、昨春以来左手麻痺アルヲ以テ常ニ心労シタリシカ、今回ハ必ス卒中ナル可シ、最早帰国ノ日モ近キニアリ、久々ノ面会ヲ為ス可キ事ト日夜忘ル時モ無キ折柄、此報知ニ接シ胸裡壅塞シテ涙タ来翰濕ス、同月廿六日附ノ手翰ヲ得エ《ママ》タハ、病體稍々軽快シ親戚一同微ク寧慮ストハ八月朔日ニ江戸表槌

屋久兵衛方ヨリ国元実母ノ容體巨細相認メ次第ニ回復シ、昨今ニテハ全快可致セリ（ママ）申シ越シタリ武助ト共ニ歓喜斜ナラス

（中略）

一八月末ニ至リ門人俊亮麻疹ノ重症ニ罹リ、死亡シタル報ヲ得タリ、愕然トシテ悲愁ス、夫レ俊亮八十四歳ノ春我門ニ入リ、生質篤実ニシテ才気アリ、常ニ窓雪嚢蛍ノ苦ヲ積ミ文学ヲ好ム事大ニ人ニ過タリ、能ク四書ノ講義ヲ詳カニス、故ニ医籍ニ従テモ精密ニ注意スル所アリ、我留守中タリト雖モ業務ニ勉励シ厚ク病家ノ信仕ヲ得、加之家事一切ヲ司リ百事心労ヲ爲シタリ、此篤実ト業務勉励ト城代ニ聞エ池上織衛帯刀十徳ヲ許サレ、大君之令子令女ノ居住ナル新殿ヘ時々御機嫌ヲ可相窺旨被申付タリト、斯ク誠実タル門人タルニ因リ、我カ留守中モ家事等ニ於テハ聊カ頑慮ナカリシカ、此ノ死亡ノ報知ヲ得、隕涕《インテイ》悲歎ス

一此年麻疹ト虎列刺ト併テ流行シ、我君公ノ家臣ニ於テモ、上下七名ノ死亡者アリ、実ニ悲シム可シ、余ハ此危険ノ年ニ遭遇シタルモ幸ニシテ健康ナリ

一加番交代ノ定期ハ八月六日ナリシカ、交代ノ諸侯ニ於テモ麻疹ニ罹リ、出板（坂）モ遂ニ遅緩トナリ、閏八月ニ至リ漸ク着坂アリ、凡一ケ月間後レタリ

一八月六日、君公交代ト相成タリ、其日暁天ヨリ供揃ニテ、明六時ノ大鼓打終ルヲ相（合）図トシ出発ス、旭日高櫓ヲ輝ヤカシ、清風金城ニ帯ヒ、爽気松間ニ麗ハシク、緑水碧鏡ヨリ潔シ、家臣整列シ君侯ヲ護シテ雁水坂ヲ発シ、玉造門ヨリ出テ、番場ヲ過キテ帰路ニ趣ムケリ、此時ニ当リ人々ノ精神一斉ニ活発トナリ、喜色顔面ニ顕ハレ、歓喜言語ニ高シ、恰モ籠鳥ノ逃レテ喬木ニ移リ、腐敗ノ空気ヲ吐テ新鮮ノ空気ヲ吸フノ思アリ、忽チ伏見ノ驛ニ至レハ先キニ公卿ノ通行アリ、敬禮ノ許ルサヽル所ニシテ、公卿ヲ超過シテ行ク事能ハス、公卿一日ニ七里行ケハ追尾シテ七里前ニテ止宿ス、五里行ケハ五里行キ、日々如此、実ニ歎息ニ堪タリ、然トモ之レカ爲メ道中所々見物ヲ爲ス事アリ、終ニ二十二日ヲ経過シ、同月廿六日江戸桜田邸ニ至（到）着ス、君公ノ夫人及ヒ令子ヲ始トシテ、其歓喜賀ス可キナリ、亦一藩ノ歓声邸内ヲ動カス、例ニ因テ家臣一般祝賀ヲ奉リタリ、四五日経過シ君公ニハ帰邸之祝賀ヲ開ラカレ家屋一般ニ召命アリテ大宴会ヲ設ケラレタリ

一余ハ江戸ニ暫時休息シ、九月十三日佐貫表ニ着ス、病母余カ声ヲ聞キ欣喜ノ餘リ不遂（随）ノ足ヲ厭ハス歩行シ来リテ余ヲ迎ヒ、余ヲ見テ健康ヲ悦フノ一言ヲ発シテ頻リニ悲泣ス、余モ亦日夜懐慕ノ慈母ヲシテ、再ヒ拜ス

ル事ヲ得、涙痕ヲシテ覆フ能ハス、暫ク哽咽ス、之レ
カ爲メ一家皆暗涙

君公ヨリ母江舶来之敷物壱枚被下賜
是ハ大坂ニテ御買揚ノ品ナリ、代価金七圓五十銭ナリ

余カ帰国ヲ賀スル者、一日ハ一日ヨリ多シ、於是九月
廿三日帰宅ノ祝宴ヲ開キ、招待シテ会スル者七十名ニ
至ル

同年十一月五日城代池上織衛申渡
近来医業精励タルヲ以テ三口捧(俸)米ヲ増加シ、十口捧米
ヲ被下賜

文久三癸亥年三月英吉利斯国軍艦渡来ス、例ニ因テ八幡
幅浦へ出陣

(以下略)

緒方洪庵のてがみ（拾遺1）

本年（平成十八年）四月より『緒方洪庵全集』刊行の準備が始まることになったので、平成八年（一九九六）十一月、緒方富雄先生の遺業として完結の『緒方洪庵のてがみ』全五巻に未収ないし新出の〝洪庵のてがみ〟についての私の備忘録を不十分ながら披露し、およばずながら少しでも刊行事業に協力したいと思う。

本論に入る前に、この件については、すでに精力的に門下生調査にご尽力頂いている芝哲夫氏によって脱漏ないし新出の洪庵書翰三通がつぎのごとく紹介されているので、周知のとおりであるが、念のため記しておく。

（一）「緒方洪庵書簡　森鼻掃部（純三郎）宛」（森鼻英征氏蔵）（『適塾』№24、平成三年、解読・解説・写真）

（二）「新出緒方洪庵書簡　石坂堅操宛」（桑原愛子氏蔵）（『適塾』№36、平成十五年、口絵写真・解読・解説）

（三）「小山田主鈴あての緒方洪庵のてがみ」（二通、小山田晟氏蔵）（『適塾』№38、平成十七年、口絵写真・解読・現代文・解説）

なお、昨年度、適塾記念会が思文閣より購入した緒方洪庵の頓宮篤弼書翰（七通）がある。

頓宮篤弼は、「大坂除痘館分苗所一覧」に「嘉永三年（一八五〇）三月備前伊都頓宮篤弼」とその名が挙っているが、伊都は伊部（いんべ）の誤記で現在岡山県備前市に属する。書簡の内容は処方が殆どで、分苗所で絶苗になった場合過料として金二百疋を本館に納めて苗を受ける定めを報じた一通がある。その詳細は適塾資料専門委員会により本号に紹介されることになっているので参看されたい。

以上前置きして、以下管見に入っているものについて紹介することとする。

(1)―1　緒方洪庵（大坂）より山成大年・山成直蔵（梁瀬）あて

〔天保十一年九月十三日付〕（写真アリ）（山成悦子氏蔵）

「未得拝眉候得共、呈一書候、時下秋冷逐日相増候處、先以御揃愈々御清壮被成御暮、珍喜之至奉賀候、猶又剛三君ニも愈々御無事弊家御逗留ニ御座候、此段御安意可被下候、然ハ郁蔵子事養子一件、定而剛三君より御申談ニ相成り御承知之事と奉存候、長柄春龍と申スハ当時京師ニ而餘程之大医、随分高名家ニ御座候處、郁蔵子伝聞いたし甚懇望之よし、当時人ヲ以テ小生へ相談ニ及候事ニ御座候、然ル處、同子両親不承知ニ而許容不被致趣、扨々残念之至ニ奉存候、同子も右養子の事相望且ハ先方よりも懇望、其上随分相応之富家ニ而書籍も不乏、此事成就不仕ハ幾重ニも遺憾之至と奉存候、同子も甚夕相進ミ居候事ニ候得は、何卒今一応御両所様より右両親へ御説得被成下候様ニは相成申間敷哉、御相談申上候、京師よりも度々催促申来候得共、余り残念之事ニ奉存候故、今少し相待候様申遣候、未夕何とも返事いたし不申、乍併余り及延引候而は先方へも気之毒ニ御座候間、何卒御

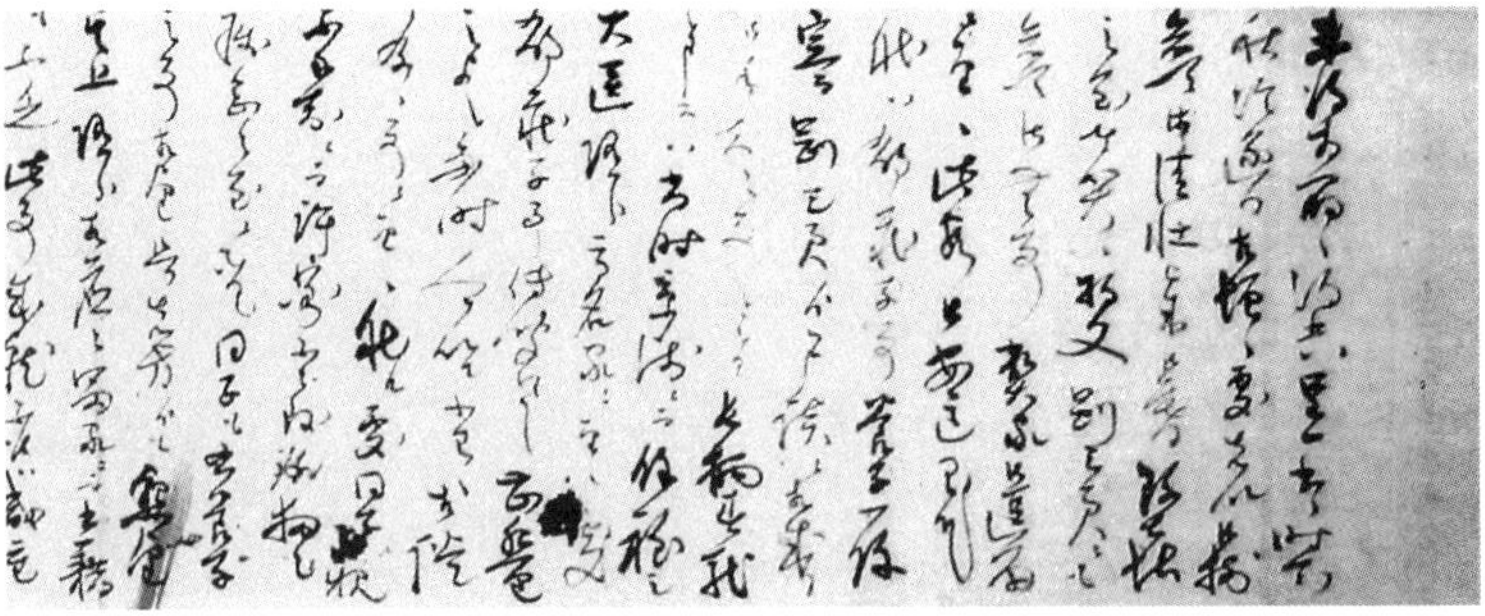

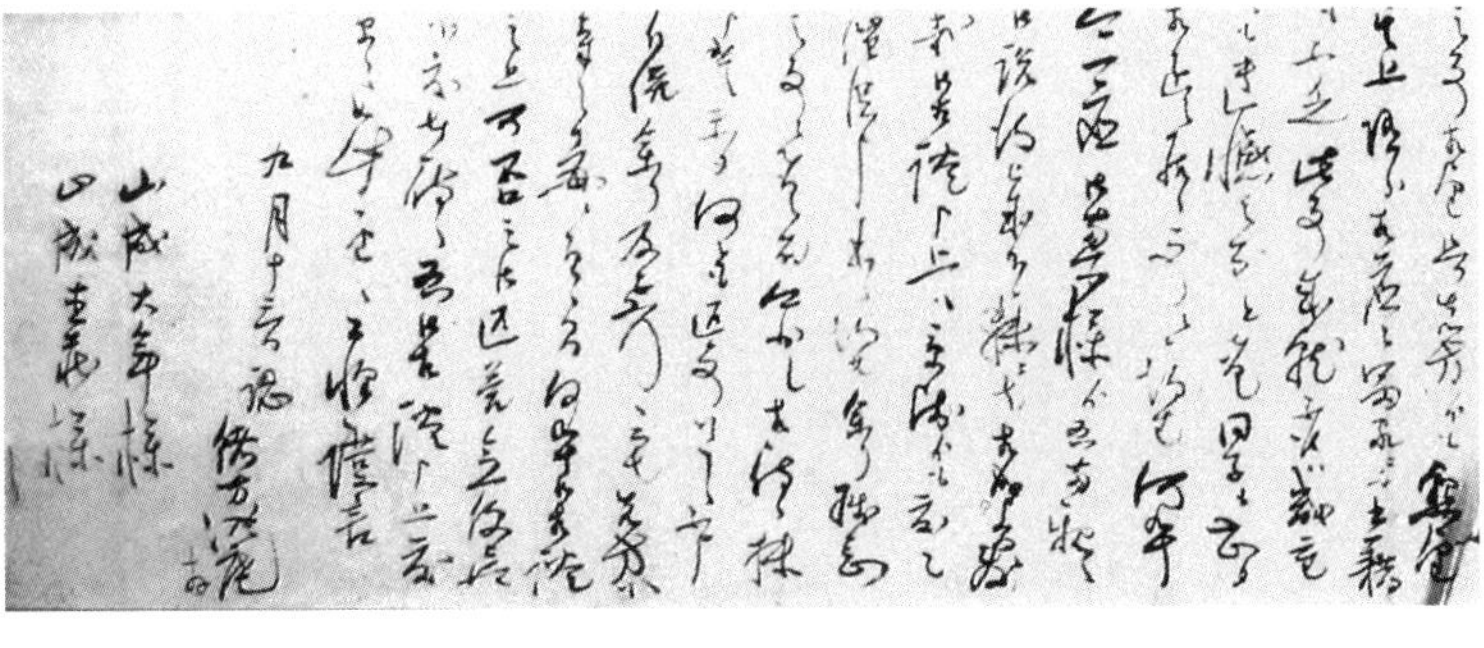

相談之上可否之御返答、急便被仰下度奉待候、右御相談
申上度、早々如此御座候、恐惶謹言
九月十三日認　緒方洪庵拜
山成大年様
山成直蔵様」

(1)―2　大戸郁蔵（大坂）より山鳴先生（大年、梁瀬）あて

〔天保十一年九月十二日付〕〔写真アリ〕〔大戸孚氏蔵〕

「愚書呈上仕候、秋冷之候處、貴閤各様御揃益御機嫌能可被遊御座奉遙察候、当境賎家始挙塾眠食依旧、乍憚御省念可被下候、時々風便御左右承候得とも態と御尋も不申上、存外御無信真平御海恕可被下候、尚剛三君御事も依旧御多福被為在候、御同人御卜居も未タ一決不仕候得共、当分弊塾にて御読書、見機御開店之思召と相見申候、伊東立節子も神戸にて開業之處、新医ニしてハ病客も多く諸事好都合と申事也

一小子事今迄ハ何之遠慮もなく碌々重犬馬之齢、是歳既ニ二十有七、未だ一家を作す事能ハス、残憾奉存候、今以学不足服人、弁不足引人、然は此後開店するも為人知らるゝ事ハ亦期望すべからす奉悔候、何れ寒生之始めて一家を作すは、或ハ学力あるか、或ハ敏才あるか、或ハ

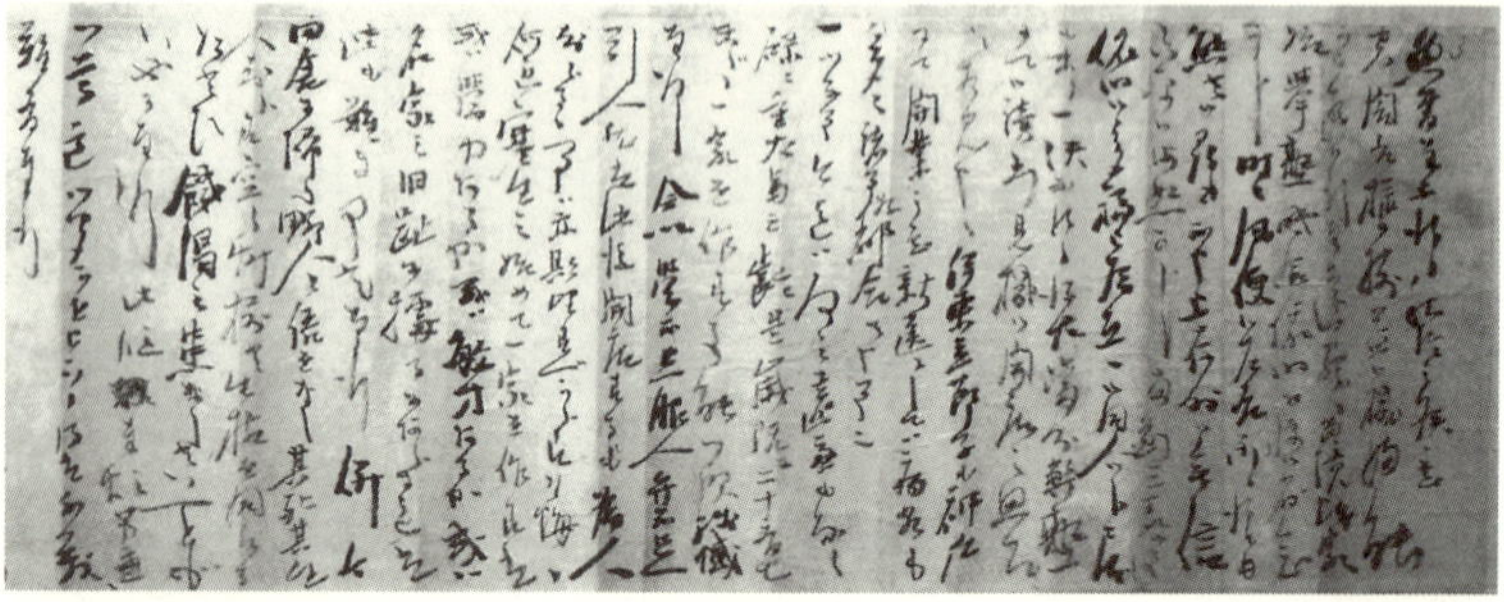

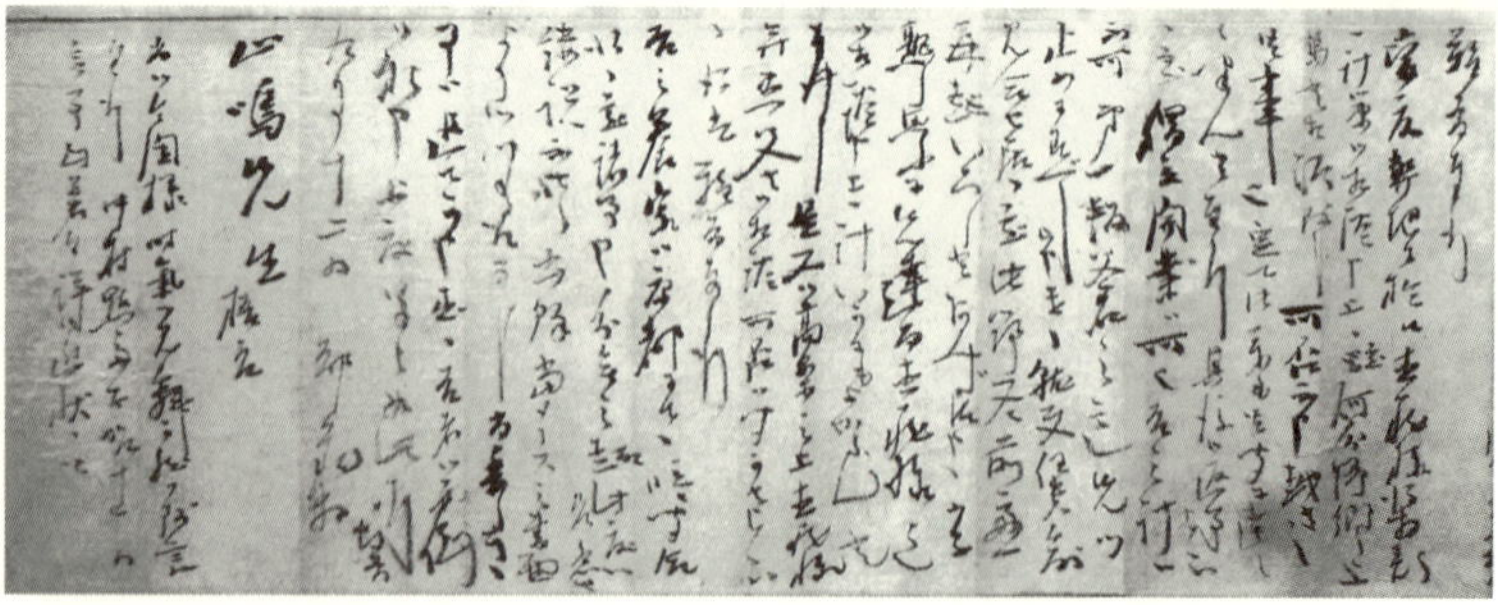

名家之旧趾に拠るにあらされは迚も難き事と奉存候、併今田舎に帰り野人と俉（伍）をなし、其死其生人知らす空く艸樹と生枯を同する、たとひ餓渇之患なしといへとも、いやニ奉存候、此段■奉煩芳慮、御尊意御聞かせ可遣被下候得は、千萬難有奉存候

当夏弊地に於て直蔵様（大年の弟―筆者註）得拝顔、一計策御相談申上候処、何分帰郷之上篤と相談致し、可否可申越と之御事也、定て此義も貴聞に達し候はんと奉存候、其後御返事被下候処、独立開業ハ可也、右之計ハ不可、第一叛父君之意、先ツ止めにすべし被申遺候、就夫任貴兪見合せ居候処、此節又々前慮再起、いろいろとあんじ居申候、小子熟々思ふに先達而直蔵様迄御相談申上候計、いかにもよからんと奉存候、是又御高案之上、直蔵様并愚父と御相談、可否御聞かせ被下候得は難有奉存候、右之養家ハ京都にて候、暗ニ聞合仕候處、諸事中分無之趣、此度ハ差急て謭説不仕候、書余当メース之書面より御聞取可被下候、尚委しき事ハ追て可申出候、右は御面倒御願申上度、草々如此御座候、頓首

九月十二日　　郁蔵拝

山鳴先生梧右

尚御令閨様時気御見舞可然御致言可被下候、中村點斎子昨十一日無事当着仕候、詳御進状候、以上

」

〔註〕

右二通は周知のごとく、岡山県井原市井原町の医療法人おだうじ会小田病院院長小田皓二先生によりかなり以前に紹介されているものである（「山鳴大年にあてた洪庵と郁蔵の書簡」、『日本医史学雑誌』第十五巻第一号、昭和四四年）。

しかし、緒方富雄先生の『緒方洪庵のてがみ』編集にさいしては、洪庵の山鳴弘斎（剛二）あての二書翰（安政五・一・一一付〔伊丹友夫氏蔵〕・年不明一二・十九付大東急文庫蔵）のみが収集されており、「その五」（一四七～一五三頁）に収めることができた。このころから小田先生紹介の二書翰を調査したいと思っていたのが、当事者の小田先生および福山城博物館学芸員園尾裕両氏のご配慮により、平成十五年五月二十六日岡山県後月郡芳井町梁瀬二三の山成悦子氏および同梁瀬四〇の大戸孚（まこと）氏、両家を調査する機会に恵まれ、右の二書翰をはじめて実見させて頂いた。ここに掲載したのは当日園尾氏が撮影して下さったものである。二書翰は密接に相関連するもので、洪庵の片腕ともいうべき役割を果たし義弟となった大戸（緒方）郁蔵の当時の心情をつぶさに知ることができ、その心情を擁護した洪庵の温情を示す貴重な史料であるが、

小田先生の解説に譲る。但し、今回、解読で若干省略されている部分を原文通りに補充した。また、解説の末尾に、「尚郁蔵の文中にある伊藤（原文は伊東）立節は、初期の適塾にあって緒方郁蔵、有馬摂蔵とともに、洪庵門下の三蔵といわれた伊藤慎蔵であろう。」とあるが、この「伊東立節」は慎蔵とは別人である。筆者が数年前から洪庵が天保六年二月父瀬左衛門と同道にて帰郷したさい、瀬左衛門が洪庵の坪井塾での同門の人として自分の家来の体にして道中召連れ帰った「備中笠岡伊東寿英」（父瀬左衛門の「書記」）について調査を依頼していた園尾氏によって本年三月笠岡市神島の法華寺に伊藤三折・立節親子の墓が発見された。墓碑銘、過去帳により父の三折は嘉永元年二月八日（年六十二）、立節は碑銘により文久二年十一月二十八日没（年齢不明）であるが、「摂州兵庫津法蓮寺葬　俗名伊藤立節」と出ている。さて、洪庵の嘉永六年の「癸丑年中日次之記」の三月十二日条に「兵庫伊藤玄節へモスト、キリールシーキテヨヂウムの條譯し遣す。但し川本恭安小児病気に付て也」（緒方富雄『緒方洪庵伝』第二版増補版、三二八頁）、また洪庵の「壬戌旅行日記」冒頭の四月十一日条（当日洪庵神戸着）に、「伊藤玄節へ使遣す。即刻同人来。金米糖一袋持参。大小の事承る」（同上第二増補版）とある。さらに天保十二年九月十九日付坪井信道の洪庵あてのてがみ「再啓」には、「兵庫、伊藤三節子へ蘭書写本一冊返却いたし申候、乍御面倒御序之節、御届被下候様奉希候、長々借用いたし置候間、可相成は早き方宜敷御座候」（青木一郎『坪井信道詩文集及書翰集』一九三～四頁、青木氏は緒方富雄「蘭学者の生活素描（一）—緒方洪庵伝補遺—」『科学思潮』第二巻第一号、一五〇～一頁より引用）とある。右のうち洪庵の「癸丑年中日次之記」および「壬戌旅行日記」は原本に当ることができ、筆者には、前者は「立」とも「玄」とも読めるが、後者は明らかに「立」と読める。坪井信道の洪庵あて二十七通（青木氏引用の）からは、今日原文書が億川攝三氏の被災により焼失し、また複写も発見できないため、「三節」が「立節」の誤読かを判断することができない。しかし、既往の文献には記されていない「伊藤玄節」、「伊東立節」、「伊藤三節」の行状は、ここに紹介した郁蔵の山鳴先生あて書翰に見える「伊東立節」の消息によく記述されており、まさしく園尾氏によって明かにされた神島法華寺にある碑銘「摂州兵庫津法蓮寺葬　俗名伊藤立節」によく符号する、とすることができよう。なお、さきに記した洪庵同門の備中笠岡の「伊藤寿英」

の名は、坪井塾の門人録の一つである川本幸民筆「養英軒雑記」のはじめの部に出ており（青木一郎前掲書、三三一頁）、上述した信道・洪庵との関係からして、「伊藤立節」と同一人物と考えられ、「立節」は「寿英」の改名であろう。

(2) 緒方洪庵（大坂）より堀内忠亮（江戸ヵ）あて

〔（嘉永三年ヵ）三月十八日付〕（写真アリ）

「然は一書拝啓仕候、時下春暖之時節ニ御座候処、高門益御清寧被成御揃欣抃之至、奉恐賀候、随て草堂長少無異、依舊送光仕在候条、乍憚御降念可被下候、然は先頃近（花澤―筆者註）玄庵事参り候ハゞ、早々御為知可申上様被仰下心懸居候処、頓と寄信無之、長崎へでも参り候事歟ニ哉と存居候処へ、昨十七日夜フト奴僕壱人召連レ参り申候、篤と承り糺候処、昨年十一月より京都にて開業いたし居候との事、当地へ病用等有之、草堂尋訪旁罷下り申候との事ニ御座候、今朝直様京都へ罷帰り申候、心を附て種々話等いたし試候ニ、前後間違候事も不相見、唯思ひなし乎先年とハ少し調子替り候事も可有之乎位之事ニ御座候、召連レ参り候奴僕へも内々様子相尋候処、更ニ間違居候模様ハ見受不申との事、先々御安心可被成下候、奴僕ニ承り候に、当正月比御国許より人参り、御懸合ニ有之執行之御願も相叶候よしニ申居候事故、不取敢早々御為知申上候、居処ハ京都高倉松原下ル処と申事ニ御座候、為念一寸申上候、右御一左右申上度、草々如此御座候、万々奉期后便候、恐惶謹言

三月十八日　緒方洪庵

堀内忠亮様

尚々近来御病気如何被為入候哉、為道為人千万御自重被成度奉祈候、以上」

〔註〕

右は今治市河野美術館所蔵。筆者は平成九年六月はじめて訪館し、多数の館蔵品を拝見し、洪庵ほか適塾生らの書翰や書軸に接することができた。同館の御厚情により『適塾』No.30、平成九年に、「今治市河野美術館所蔵の緒方洪庵および適塾出身者の書翰」と題してはじめて紹介した。この洪庵書簡は初見で、堀内亮一著『堀内素堂』（昭和七年）にも未収である。忠亮の所在地を江戸としたが、病気静養のため米沢へ帰っていたかも知れない。その後『適塾』No.36、平成十五年の「今治市河野美術館所蔵の緒方洪庵および適塾出身者の書翰（つづき・完）でさきの解説を若干訂正し、本書翰の文中に出る適塾生花澤（近）玄庵（入門番号一二三、嘉永元・四・廿九入塾）が嘉永三年中に帰郷

していているとすれば、その何月かはわからないが、本書翰も同年の嘉永三年（一八五〇）三月のものであろうと訂正した。写真は『適塾』No.30の口絵写真を参照のこと。

(3) 緒方洪庵（大坂）より堀内忠亮（米沢ヵ）あて

〔（嘉永四年ヵ）三月十九日付〕（焼失）

「新禧千里同風芽出度収候、先以高門益御清穆可被成御超歳、欣然之至奉恐賀候、随而草堂少長無異、重妙（奴）齢中候、乍憚御救慮可被下候、然者昨年七月御認之花簡、大延着ニ而昨臘其地より罷帰り候商人持参、謹而拝見仕候、廣瀬坪井へ之御帖、早々夫々相届申候、扨貴地一商寒河江佐右衛門とか申候もの、患症、縷々詳ニ被仰下委細拝見仕候、右者同人取引キ仕候当地之商家、扇谷與兵衛と申すものより、一昨年も容體申出、薬差出し呉候様に頼候得共、素人之容體書に而者、分り不申と断り置候処、此度玉手を労し候趣、恐入候義に御座候、久年之べルーールテ（Beroerte卒中、脳出血―筆者註）右身手足拘攣不遂之症、殊に種々御手も被盡、御治療相成候上之事、中々小生輩殊ニ遠国之事、治療届くべきことには無之、其趣右之扇與ナルものへも断り申候得共、何分病人久々戀望いたし居候事故、兎も角も薬遣し呉と、強而頼出候ニ付、不得已在合せ之ホルクハルス、アコニット、甘汞龍脳之丸薬と、ホウトダランキ差出申候、可然宜く御説得奉願候、坪井信友事御尋被下、難有奉存候、今ニ伯父、老賤之方ニ寄宿仕居申候、追々ハ大坂へも差出し候積之よし、何卒旧師之跡を継ぐべき様いたし度ものには御座候へ共、生得柔弱之性如何と案事申候、尚申上度事も多々御座候へども多用不得閑暇候、疎疎申残候、先は御答迄、乍延引、草々如此御座候、恐惶謹言

三月十九日　緒方洪庵

堀内忠亮様

尚々、平日意外之御無音、重々奉恐入候、已上　」

〔註〕

右は前出の堀内亮一著『堀内素堂』に収められているが、「緒方洪庵のてがみ」全五巻編集当時、気付かなかった。一応の解説は、『適塾』No.30に記したが、文中誤植・誤読と思われる箇所もあるので、その原文書に当らせて頂きたいので、現堀内家ご当主・堀内淳一博士（博慈会記念総合病院健康管理センター長・放射線科部長・日本医科大学客員教授）にお伺いしたところ、昭和二十年四月十三日の東京空襲により家蔵史料が焼失したので、その中にふくまれていたものと思われるというご返書を頂いた（平成十五年五月二十六日

付筆者宛）。なお、文中「老賤」はおそらく「老師」の誤読、また広瀬旭荘の忠亮あて書翰（『堀内素堂』八二〜三頁）から嘉永四年のものと推定できる。このてがみについては、『適塾』No.36（七九〜八一頁）の拙稿を参照されたい。

(4) 緒方洪庵（大坂）より億川翁介（名塩）あて

〔（安政元年）正月二日付〕（写真ナシ）

「御○書正に拝見致候、新禧目出度申納候、先以御令家御揃ひ愈々御多祥被成御迎春奉賀候、降而草堂一同無異重犬齢候、乍憚御降心被下度候、御母上にも御安泰被成御越年、不相替小児共御厄介に相成居候、此段御○○○平三十郎事段々御厄介奉謝候、平三より書状差越し殊の外御蔭にて手も上り候様に見受け悦入候、読書も追々上達の様子萬々奉謝候、此節詩経も蒙求も読終り文選よみ度よし申越候に付き早々求め遺し可申と存じ候、乍併文選は長きもの故いづれの小児も早く飽きたがるものに候、易経、書経、禮記など読卒りの上にて為読候へば如何と存じ候、尚御考可然御願申候、木薪御厄害の由呉々も宜敷御禮申述候、末筆ながら御大人様へ宜敷御祝詞可中上候、右御○○旁草々斯の如くに候、○○頓首

正月十二日　緒方洪庵

億川翁介様

尚々不順の時節千萬御自重祈上候、新年御作拝見感吟仕候、御上達の程驚入候、御内室へも可然よろしく鶴聲奉願候　」

〔註〕

右は『医事公論』第一千百七十一号（昭和十年一月一日）に、億川摂三氏（大阪市中区西長堀南通四ノ六）が「緒方洪庵の新年状」と題して紹介されたもの。同氏の解説には次のごとく記されている。

「之は洪庵から其妻八重子の弟なる摂州有馬郡名塩村の医師億川翁介（信哉）へ送った手紙である。年は不明であるが、多分安政二、三年の頃であろう。読めぬ字は○をつけて置く。」「手紙の内容に就て説明すれば、平三は洪庵の第二子維準（洪哉）の事である。天保十四年生れであるから十二、三歳の頃であらう。十郎は第十一子で後に伊太利で客死した惟直の事で、現存の緒方収二郎翁（当年七十九歳）は此人の弟である。何しろ十三人と云ふ子沢山で然かも八重子一腹からの産れで大抵な事でなかったらうが、子の教育に心を注いだ事は思ひやらなる。御大人とは洪庵の岳父億川百翁の事で迂生の曽祖父である。此手紙の後に送られた文選十二冊は今も名塩村の邸宅に保存されてある。」

以上の解説で本書翰の年代を安政二、三年と推定されているが、維準は「自伝草稿」（緒方富雄氏蔵）や「緒方惟準先生一夕話」（「医事会報」第四十七号）にても「年十二歳（安政元年甲寅）大坂を去りて加賀国大聖寺に趣き藩医渡辺卯三郎（先老の門人）に従ひ」と記し、その何月かはわからないが、大坂を去った安政元年（一八五四）と考えるべきであろう。平三・四郎らが大聖寺の渡辺塾をのがれて大野藩の大野洋学館に入ったのは安政三年六月三十日である。この書翰によって平三・十郎らが、父洪庵の二十歳までは漢学を修めよという訓戒に忠実であった事や、洪庵も子息の漢学修得に意を用い平三の上達をよろこんでいたことを知ることができる。また洪庵自身も少年のころ易経・書経・禮記・文選などを修め、その内容を熟知していたことを推知せしめるものがあるといってよいであろう。なお『緒方洪庵のてがみ』その三にこの億川翁介あての洪庵書状が一通収録してある（整理番号六二〇三〇四〔石川正平氏蔵〕、文久二年三月四日付）。また、同上書その五所収の八重（在江戸）より洪哉（在長崎）あての書状（整理番号〔ヤエ〕六五一一〇五〔緒方家蔵〕慶応元年十一月五日付）に、「十郎事も御申越のことく近々成人数申候。（中略）春に相成候へハ、馬之助殿と相談致、其上御地ニ遣し申度存候、只今よきそトく（素読）の先生心安き人を内へ壱人か、へ、毎日〳〵三人とも出清致居申候、もはや十郎十二郎も四書五きう（経）も上り、八月より文ぜん（選）をひとりよみいたし居候云々」とある。洪庵の没後、八重が学問の大切を子息に申し聞かせ、子息らもよく父洪庵在世のころの教えを思い勉学につとめたのである。これを八重も母として嬉しく思っていたことがこの文面に示されている。

(5) 緒方洪庵（大坂）より伊藤慎蔵・布野雲平（大坂）あて

〔（安政元年九月ヵ）二十日付〕（写真アリ）

「マーリン御入用之よし遣し申候、申スまでにも無之候へ共、昨夜も御談申候通り、大切之場合故私用にて参り候ものハ決而御面談御断り有之度候、塾中之ものたりとも容易ニは御逢ひ有之間敷存候、為念申入候、草々巳上

廿日　洪庵」

（巻紙上書き）

伊藤
布野　両兄　洪庵

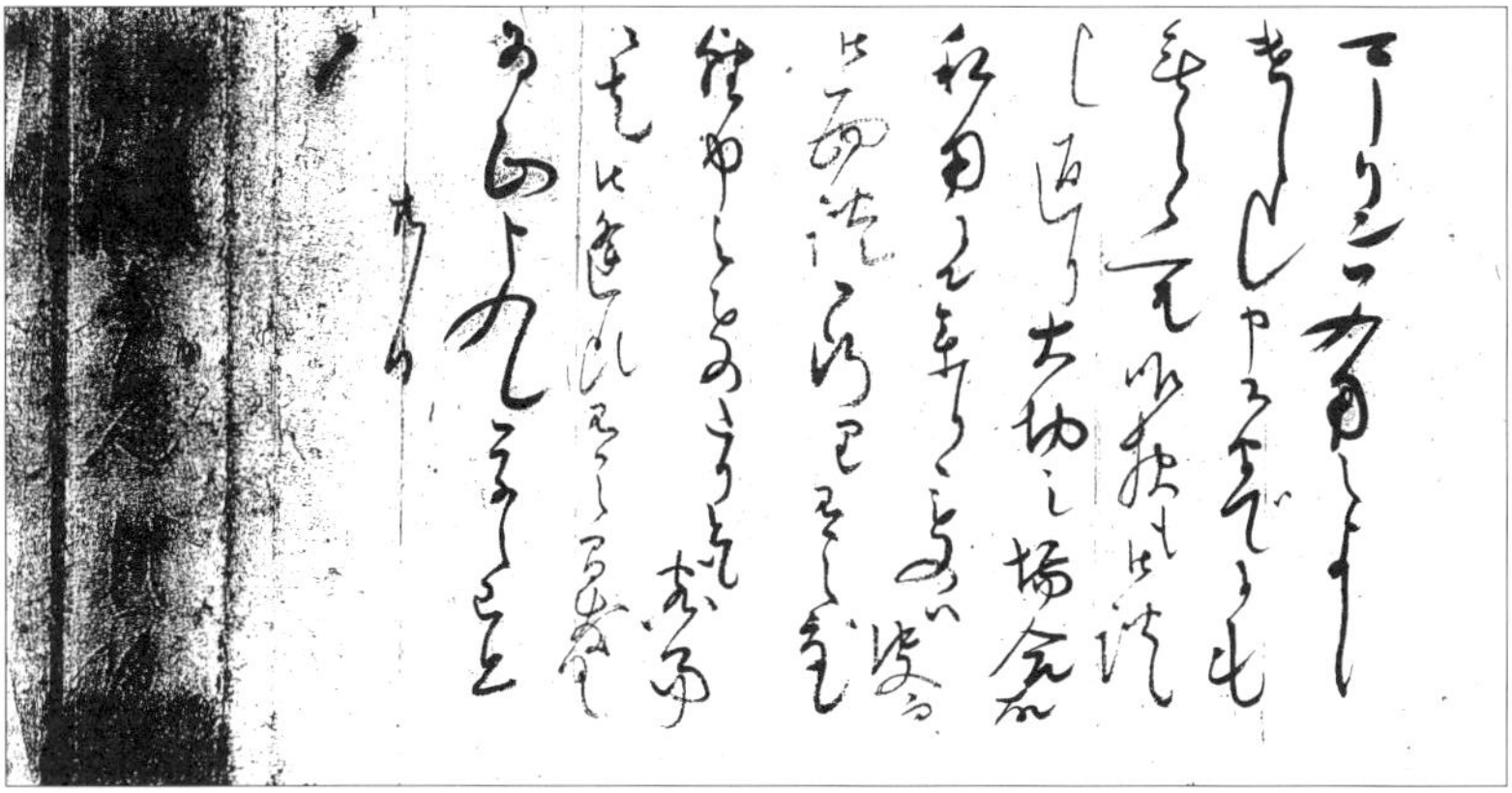

〔註〕

右は平成十一年十一月、東京都立中央図書館特別資料室所蔵の「渡辺刀水旧蔵諸家書簡目録」について元田永孚・井上毅書翰を調査中にたまたま見出したものである。渡辺刀水の刀水は号で、国学者渡辺金蔵（一八七四～一九六五）のことである。このてがみの内容から推察して、宛名の「伊藤・布野」は、嘉永二年二月八日入門・同三月入塾の長州萩浜崎の伊藤精一（のち慎蔵）と嘉永四年三月入門の雲州今市駅の草医生・布野雲平の両塾生である。洪庵の日記、嘉永六年二月十七日条に、「モスト流注條伊藤精一に為譯、堺吉雄へ遣す」とあるように伊藤精一は語学力もあり師の信頼をえていたが、同年七月朔日の条には、「晩中耕介来訪、伊藤精一不埒之事有之、破門す」、ついで同月四日の条に「伊藤精一事去る朔日破門いたし置候処、中環宅より今日亡命いたし候由申来る」とあるごとく、突然破門の制裁を受けた。その後、嘉永六年十月初旬村田良庵（大村益次郎）が宇和島へ旅行の途中、豫州大洲の蘭医山本有中を訪問したさいに、偶然その宅に来合せていた伊藤に邂合して破門に関する一部始終を聞き知ったのが縁で、村田良庵を中心として二宮敬作の子息逸二らの尽力の結果、約二か月後の四月二十一日に至り伊藤は適塾に帰還し、再入門を許された（緒方銈次郎「大村益次郎と伊藤慎蔵」『医譚』第十六号、昭和十八年十一月）。再入門後、伊藤精一は慎蔵と改名した旨を書状に記しているが、銈次郎氏は村田の忠言に服して改名したのであろうとされている。

この洪庵のてがみの文面から、伊藤慎蔵・布野雲平の両名が秘密裡に翻訳に従事し、洪庵がその仕事が外部に洩れないよう塾中の者でも面会してはならないと戒めていることや、塾生も両人の仕事の内容を推知していた様子をうかがうことができる。これは安政元年（一八五四）九月十八日プチャーチン使節搭乗のロシア軍艦デイアナDiana号が大阪に入津したため、急遽町奉行から適塾に通訳者の依頼があった事件に関する貴重史料ということができる。破門された伊藤精一が許されて再入門してから二か月もたたない六月四日に適塾に入塾した宇和島出身の二宮逸二（入門番号三〇四）が父の敬作に報じたこの事件の詳報（「廿二日認」とあり）を上記の銈次郎氏が紹介されている（「露艦大阪入津と緒方塾」、『上方』第一三三号、上方維新海防号、昭和十七年一月）。その詳報には、「ソノ内伊藤慎蔵粟原唯一メースの代ニ通詞ニ至り、又布野雲平私同伴ニテ見物仕候処、是亦通詞ニ化ケ（中略）夫ヨリ伊藤布野両人ハ天保山へ相ツメ通詞仕り今ニ帰り不申候」とある。また、松本端（緒方郁蔵門弟医師）が郁蔵先生の口伝によって綴った同先生略伝（未定稿）中より、次のような記事を銈次郎氏は引用している。すなわち、

「安政元年露艦始メテ天保山ニ来泊セン時、先生（郁蔵—筆者註）ハ突然大阪町奉行ノ命ヲ受ケテ義兄洪庵ト共ニ通訳ノ仕ニ当リ天保山ニ出張ス、其時露艦ヨリ呈出シタル文書ヲ読ミテ先生ハ直ニ通訳セリ（中略）該文書ハ恐ラクハ蘭語ヲ以テ書シタルモノナラン」とある。

周知のようにディアナ号は大阪へ来航する直前、八月三十日箱館に渡来し、プチャーチンはロシア語の正文にそのオランダ語と漢文訳を付した幕府責任者（老中）あての書翰を提出し、大坂での会談を要望していた。同号にはオランダ語の通訳ができるロシア船将次官ポシェト少佐と中国語（漢文）の通訳としてロシア外務省アジア局のゴシケヴィチが乗船していた（『幕末外国関係文書之七』、『同文書之八』）、藤本和貴夫「適塾とロシア」、『適塾』No.33、平成十二年参看）。ディアナ号の大坂入津のさい、大坂町奉行所の対応は、「大日本維新史料稿本」や『幕末外国関係文書』で見る限

り、大坂城代および大坂両町奉行は幕府老中の意を受けてロシア側から図書はもちろんいかなる書翰も大坂では受取らない態度を堅持していたようである。すなわち、まず九月十八日午後二時ごろ、ロシア側ではバッティラ二艘に合計二〇人が乗込んで安治川四丁目まで進入し、町奉行組与力らの差留めにもかかわらず、上陸して奉行衆へ「願書体之物」を差出したが、日本側は奉行共へ上申してからでないと受取れないとして本船へ退去させた。そこで日本側では、翌十九日午前四時ごろ、西・東町奉行所組与力の山本善之助・八田五郎右衛門、船手組与力太田資五郎の三使ら都合六人がディアナ号へ乗込んで初めての応接を行なった。席上相手は奉行あての願書一通を差出したが、この大坂の地は外国からの書翰を受取る場所ではないから長崎へ廻航するよう説得したが聞き入れず、結局、物別れとなり三使は引揚げた。翌二十日両町奉行と評議の上、再び三使はロシア艦へ赴き、書面受領も面会も謝絶する旨を述べた(『大阪市史』第二、七五二頁)。この次第を記した大坂船手佐野亀五郎家老伊藤佐五兵衛覚書には、末文に「尚種々之応接有之、但、当所ニは通辞無之故、始末手眞似ニて辨し候事」(『幕末外国関係文書之七』第二三八号文書)と伝えている。

やがてプチャーチンが箱館にて老中あてに提出した要望書への回答書が江戸より九月二十九日の次飛脚にて大坂城代土屋采女正のもとに次のごとく到着した。

「箱館ニおゐて魯西亜船より日本政府之可差出旨申立差出便書翰昨廿八日到着いたし候間、漢文幷横文字之分共弐通早々和解いたし写差進候間、町奉行えも被達候様存候、且又右書翰老中披見ニ付、弥下田港え相越候様ニとの諭書蘭文添差進候間、魯西亜人え相渡候様可被取計候、右ニ付而は、魯西亜船も速に其地退帆可致義と存候間、御目付も差遣され間敷、通詞も差遣不申候間、被得其意」(『幕末外国関係之書之七』第二三四号)云云。

右は、大坂では一切対外交渉を行わないとの態度をロシア側に明示したものである。これを受けて大坂城代は、おそらく九月、十月の交に町奉行を通じてディアナ号に通達した結果、十月三日午前九時ごろ十五日ぶりに同号は俄に安治川を退帆し、紀州加田(太)浦辺へ向ったのである。

右に見てきた従来の維新史料では、伊藤・布野両適塾生が町奉行組与力らに同道してディアナ号での応接に立合ったとも、ロシア側の町奉行あての文書の翻訳に当ったとも記されていない。しかしながら、松本端による緒方郁蔵の口伝には「大坂町奉行ノ命ヲ受ケテ義兄洪庵ト共ニ通訳ノ任ニ当り」云々とあり、かつ洪庵の「伊藤・布野両兄」あて書状が現存する以上、ディアナ号事件と適塾ないし適塾生との関係は否定できない事実である。そうであれば適塾生が関与したのはどのようなことであったのか。

十月四日付の「老中達　大坂城代へ露船取計方の件」に、「薪水食料等も其地ニ而は一切不相渡積、御自分見込之取計候様相達置候儀ニは候得共、早々退帆為致候方可然候間、下田え相廻候證書且同所へ相廻し候迄之食料無差支程、此度限見計相渡、早々退帆為致候様可取計旨、町奉行共え可被申渡候」（『幕末外国関係文書之八』所収第一一号文書）とあり、また、事実大坂西町奉行から十月三日紀州藩あてにディアナ号に対する食料品の補給に関する書状が届いている。その食料品の内訳は、「猪八頭、鹿二頭、鶏二五羽、鴨一〇羽、魚一〇〇斤（一〇〇匹）、えび六〇〇匹、あわび又ハさざえ五〇〇箇、鶏卵一五〇〇個」その他里芋、ねぎ、白菜、蜜柑、栗、豆類、素麵などである。四日午前十時加太浦沖に碇泊する同号に対して、紀州藩の交渉方（久下馬輔）は漢文による筆談で大坂西町奉行所が約束した食料品は今夕までに届くと告げた。しかし、荒天で届かないので同号は出航したが、のち再び加太へ引返した。紀州藩は加太辺で集めた大根・芋・果物・素麵などを準備したが、同号はそれを受取らずに、五日午後一時ころ出航してしまった（『和歌山県警察史』第一巻、和歌山県立図書館所蔵「異船記」による）。

右の具体的事実によれば、大坂西町奉行所が密にディアナ号より食料品補給の申入れを受け取り、その調達をしたことが判明する。目下その代金支払などの処理についてなんらの史料もないが、この適塾生両人が当時このような西町奉行所の仕事に関与していた公算がすこぶる大きいと思われる。ここにあわせ考えるべきは、このロシア船入津のさい懐徳堂教授中井桐園および並河寒泉も両町奉行の命によって市岡新田会所に至り、その顧問となっていて後日恩賞（桐園銀五枚、寒泉銀七枚）を受けていることである。寒泉が作った「拝恩志喜」によれば「両尹進レ予、且示二夷奴文書一曰、夷船所レ贈、其読以授二其意一、但事厳秘、中心自矢、必勿二漏洩一矣」とあり、寒泉は読まされた漢文は滅裂、文字は顛倒、誤字だらけと酷評してる。これにより、日本側がいかなる書翰も受取らないと拒絶したとされているが、ロシア側が何等かの方法で書翰を町奉行のもとへ寄せていたことは明かである（前掲『大阪市史』

第二）。おそらく伊藤・布野らはロシア側で作った蘭文書翰の解読に当ったのであろう。その内容は判然としないが上記のごとき公算が大きいと思われる。それにしても適塾生両人に対する恩賞はなかったのであろうか。洪庵は十月十日付の村上代三郎（在江戸）あてのてがみに、「当地天保山異船一条は逐々委敷御聞取と存候故、不申上候、未曽有之大変大騒キニ御座候へ共、去ル三日無事退帆いたし候、不日に下田へ参り候事と被存申候」と、この事件に当初より渦中にあっただけの筆致をとどめている。蛇足ながら、「マーリン」は、フランス生まれ、早くからオランダのアムステルダムに移住したMarin, Pieter 1667(8)～1718が編集した仏蘭・蘭仏辞書のことである。なお、のち江戸へ出た布野雲平にあてて、洪庵が安政六年一月二十九日付で昨冬より預かっている雲平のマーリンの売却値段について問合しているてがみ一通がある（『緒方洪庵のてがみ』その五、五九頁）。ディアナ号事件後に、雲平はマーリン一本を奮発購入したのであろう。

(6) 緒方洪庵（大坂）より億川翁介（名塩）あて

〔(安政五年）七月二十七日付〕（写真ナシ）

「キナ塩之事、今朝薬屋吟味いたし候処、道修町中サッパリ切レ目のよし。いたし方無之、所持之分少々候ニ付、先ツ有丈ケ差上候、是丈ケ御試用之上、又々御申越し可被下、堺にても吟味可致候

　　廿八日朝　　洪庵

　翁介様　キナ塩入

」

(7) 緒方洪庵（大坂）より億川翁介（名塩）あて

〔(安政五年）八月十七日夜付〕（断簡、写真ナシ）

「長崎にては七月上旬より所謂コレラ流行、一日に六、七千人も斃れ候よし申来り候、江戸、東海道辺も同病流行のよし、当地も此両三日来殊之外霍乱病多く、半夜一日の間に死し申候、全く同病の流行始乎と被察候」

〔註〕

右の翁介は前出のごとく八重の弟。この二点は緒方富雄・藤野恒三郎・中島健蔵共著『日本細菌学史―その三つの断面―』（昭和五十年）に収められた緒方富雄先生の「幕末の疫病と緒方洪庵」の第二部「コレラと緒方洪庵」の中に見えるものである（同書一二六頁および一二三頁）。

前者はこの年の七月二十日すぎ、翁介からの飛脚便で父百記の急病を知らせてきて治療の教示を乞うたのに対して、洪庵は七月二十七日付でキナ塩とヒヨス・エ

キスと砂糖を配した処方を書き、その与え方を書き送った。その中でキナ塩は薬屋からとりよせて、とどけますと書きそえた。洪庵は翌二十八日朝、薬屋をしらべたところ、道修町中の薬屋で品切だということで、手もとにあるものをとりあえず全部、てがみにそえてとどけた。そのてがみが前者に相当すると解説がなされている。

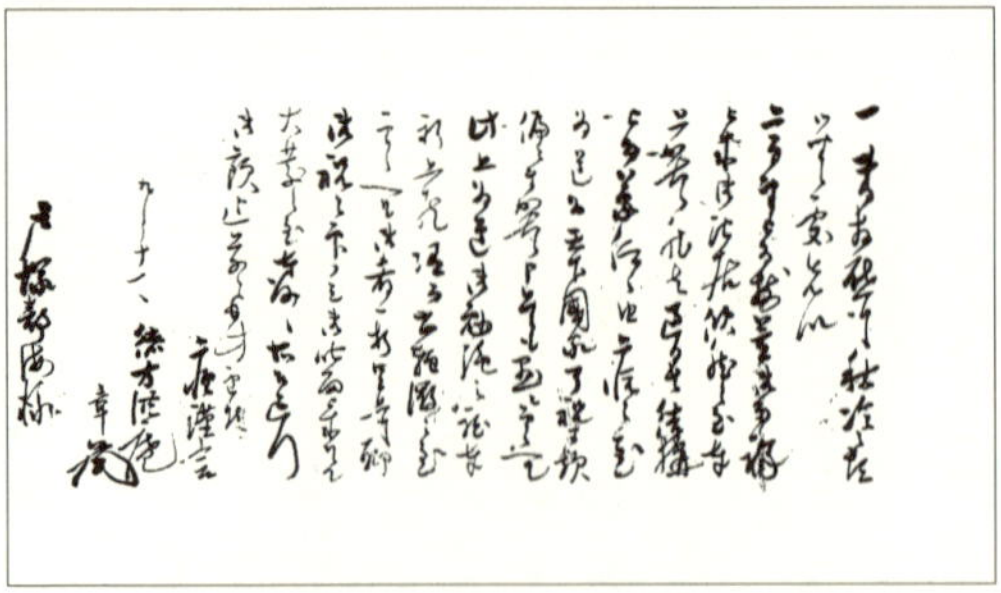

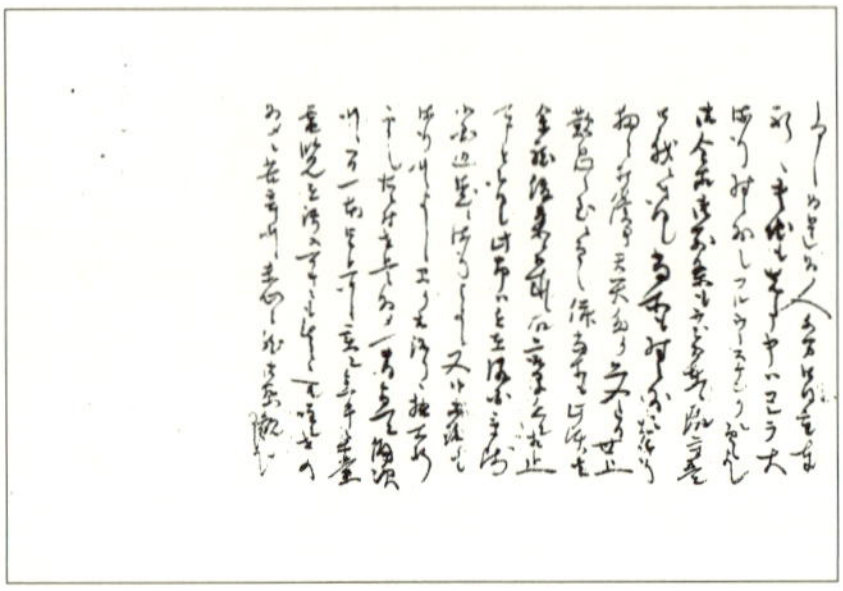

後者は、八月十七日夜に書いたものと解説があり、コレラ流行、とくに大阪の状況をも報じたもの。講演に用いられた部分のみで、てがみの全容はわからない。

(8) 緒方洪庵（大坂）より戸塚静海（江戸）あて

〔（安政五年）九月十一日付〕（写真アリ）

「一書拝啓仕候、秋冷之節御座候処、先以高堂被為揃益御多祥被成御起居、欣然之至奉恐賀候、然は過日は結構被為蒙仰候由恐悦之至、為道為天下国家可祝可歓、偏ニ奉賀候、申上候も愚ニ御座候へ共、此上為道御勉強之程奉祈上候、随而甚軽微之至御座候へ共、御肴一折呈上仕候、聊御祝之印ノミ、御叱留被成下候ハヽ、大慶之至奉存候、右乍延引御歓迄、草々如此御座候、恐惶謹言

九月十一日　緒方洪庵

章（花押）

戸塚静海様

尚々為道為人千万御自重奉祈候、貴地も先月中ハコレラ大流行、殊之外之フルウースチンクニ御座候よし、御全家御別条も不被為在候趣、重畳御義ニ奉存候、当所も殊之外之大流行、扨々打続き天災多ク恐入たる世上、歎息之至ニ御座候、併当所も此頃は余程緩気ニ相成候故、最早近々相止可申と被存候、此節ハ近在隣国、

京師、北国辺盛ニ流行之よし、又中国路も流行仕候よし、早ク相治り候様所祈御座候、右ニ付世上之為メ一書急ニ編次仕候間、一本呈上仕候、実ニ急卒之所業電覧を汚ス可キニも無之候へ共、唯々世の為メニ苦辛仕候、赤心之程御察観可被下候　」

〔註〕

右は戸塚武比古氏が「戸塚家の之書から其二」中にご家蔵の洪庵書翰を紹介されたもので（『日本医史学雑誌』第二六巻第一号、昭和三五年一月）、文中の「結構」云々は「静海が幕府奥医師に登用されたことを云う」また「フルウースチンク」は「破壊的」、さらに「一書」は「安政五年コレラ大流行の際、緒方洪庵が急遽纏めた虎狼痢治準を指す」、また年次の推定は、戸塚静海任官に対する祝文であるから安政五年であると註記されている。筆者は、洪庵関係記事を含む『戸塚静海日記抄』（『江戸』第五巻第四綴〜第一〇巻第一綴、大正六〜八年、拙著『洪庵・適塾の研究』三四九頁以下）の原本の所在を探求したく、戸塚家に照会したところ戸塚圭介氏（目黒区八雲四―三―一三）より久保応助氏よりの借用分を含め関係文書のフィルムおよびポジ複写はすべて日蘭学会に寄託したむねご回答をえた。平成十六年六月十七日蘭学会事務局の柳沢かほる氏を煩わして「戸塚静海関史料一〜九」として「戸塚静海上府懐日記（天保二年）」、「名家墨蹟戸塚静海同文海亮（文政初年ヨリ明治十年マデ）」、「祖考静海翁手東甲乙丙戸塚柳斎宛（自天保十年至嘉永二年）」、「慊堂先生手簡乾神戸塚静海宛（文政天保間）」、「矢勃児督処方録一、二、三（文政十年）」、「天璋院様御麻疹諸留帳（文久二年）」、「天璋院様御麻疹留帳（文久二年、コピー本）」、「戸塚静海関係史料四穣」、「灸法略説蘭訳（戸塚静海等訳）製塩法蘭訳（戸塚静海写）」（以上九冊に焼付）を確認したが、上記の『日記抄』の原本は存在しなかった。原本十二冊は那辺にありや、あるいは関東大震災で焼失したか、何らか本史料についてご存じの方のご教示をお願いしたい。しかし、上記の「関係史料二」中に洪庵のてがみが収められ、その筆跡に接し、かつ、そのコピーを頂くことができたのは大きな喜びであった。戸塚圭介、柳沢両氏のご厚情にお礼申上げる。

(9)　緒方洪庵（大坂）より八田道碩（越後与板）あて

〔（安政六年）七月二十六日付〕（写真ナシ）

「（これより前は欠損）御座候間、不取敢コロリ酒、鎮靖散相用候、程なく吐逆一度、吐後痙攣相発し呼吸窘迫、絶倒いたし候位、遂に痙攣は相復し候得共、爾後厥冷硬強等諸症頻発、キナ塩、同芙蓉、ホフマム内服いたし候得共、直様吐却、芥子泥麻擦法、芫青硬膏灌腸、災及礦砂加石灰精に阿芙蓉を加へ腹部に貼し、海塩を嚢に盛、腹背交代相施候得共、何の効験も御座なく、漸次増劇、日暮愈危篤被考候間、麝香ホフマム毎次相用候得共、戌下刻養生不相叶死去被為候、何共絶言語事共、憮々愁傷遠察仕候、時候柄の事に候故、早速龍海寺へ埋葬いたし候、遺髪戒名□使いたし申候まま御落掌可被下候、右の段為御知申上度如期（斯）御座候、以上

七月二十六日　緒方洪庵

八田道碩様

御宿許　」

〔註〕

右は、緒方富雄先生が「幕末の疫病と緒方洪庵」と題する論文（緒方・藤野・中島三氏著『日本細菌学外史—その三つの断面—』昭和五十年所収、一五〇～一五一頁）にて引用されたもので、十数年前にこれを見せられたとき、その筆跡が洪庵自筆でなかったので疑問視していた。ところが、その後これは代筆か、それとも洪庵のてがみの写しかも知れない。いずれにしても資料として十分重んずべきものと考えるに至ったとされている。八田道碩は安政五年（一八五八）六月四日、越後与板より適塾に入門し、わずか一年で翌安政六年コレラで死んだ。このてがみに書いてある手当ては、洪庵の『虎狼痢治準』に出ているところをおこなっていることがわかるとされている。てがみのあて名に「八田道碩様御宿許」とあるのは道碩の遺族にあてたのであろうとされている。

(10)　緒方洪庵（大坂）より大森武介（和気町尺所）あて

〔文久元年、正月十一日付〕

（写真アリ）

「春禧芽出度申収候、先以御

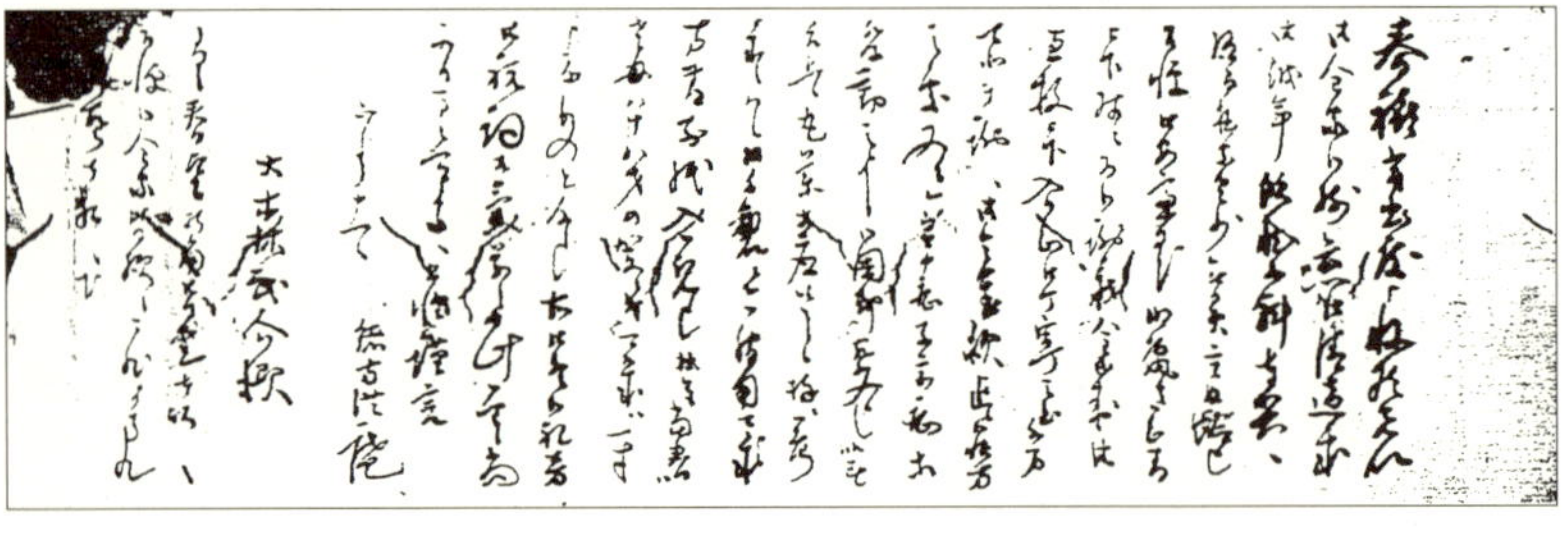

全家御揃、愈御清適被成御越年、欣然不斜奉賀候、随而拙家老少無異重奴齢候、乍憚御安慮可被下候、旧臘は御念書被下、殊ニ為御謝義金弐封御恵投被下、入念御丁寧之至、千万添奉謝候、御令室様追々御快方之処、又々レウマチ症子宮症等発動之事、御困却察入申候、昨春差上候丸薬相応いたし候様ニ御考被成候ハヽ、御手製ニて御服用可被成、方書別紙入御覧申候、拙生も当春ハ老母八十八才の賀ニ付、可相成ハ一寸罷下り申度存居申候、右御答御礼旁御祝詞相兼、草々如此御座候、尚永日万々可申承候、恐惶謹言

正月十一日　　緒方洪庵

尚々春寒折角御自愛奉祈候、乍憚御全家皆様へ可然よろしく□□（御伝カ）聲奉願候、以上　」

〔註〕

右の洪庵のてがみは、『緒方洪庵のてがみ』その四の一〇六～七頁に収めた万延元年四月二十日付の洪庵（大坂）より大森武介（尺所）あてのてがみに関連するもので、前出の小田晧三先生から『和気の医療史 通史編』（平成一四・一二・一刊行）に、当該書状の写真が「尺所村大森武介宛緒方洪庵書状（大国家資料）（一三五ページ）」というキャプションで掲載されていると教えられた。同書には、「文久二年（一八六一）の春のころから、彼（大森武介）は妻の病気に際しても容体書で洪庵に処方を乞い、洪庵から返書を受け取っている（大国家文書）とあり、また、大森武介が緒方洪庵に書き送った妻の容体書（控か？）や緒方洪庵が大森武介に送った薬方と封筒表書の写真も掲げられている（一三五～六頁）。そこで、洪庵のてがみ写真が小さいので、小田先生にお頼みしてその拡大コピーを拝受いたし（平成一五・六・八）、同書には文面の解読が記されていないので、一応の解読文を参考までにお送り申上げておいた次第である。本書翰は『緒方洪庵のてがみ』その四に収められたものより九か月後の文久元年正月に洪庵が発したものであると判明した。因みに、本書翰に同封して洪庵が送ったとしている薬方（写真）には、「護謨安没尼亜幾　白石鹸　蒲公英根末　朴屈福烏篤脂　各三戔　結尓蔑斯密涅刺列半戔　右丸薬トシ分テ百服トシ日ニ三服用ユ」とあるが、洪庵の筆ではないであろう。

(11) 緒方洪庵（江戸）より佐伯瀬左衛門（惟正）あて

〔文久二年閏八月五日〕（写真ナシ）

「一書拝啓仕候、朝暮秋冷相催候處、先以其地母上様益

御機嫌克被遊御座、皆々様愈御多祥被成御渉、恐悦之至奉大賀候、降而私事着府後無事勤仕日々相罷在候條、憚乍御安慮可被成遣候、過日一書差上候節は御用召之翌日多用中にて何を申上候歟今更相覚へ不申、定而御分りかね被成候義と奉存候、先月五日大阪発足、道中無難十九日午後着府仕り、御屋敷中御門之南長屋拜借、上下八人御上よりの焚出し頂戴罷在、翌廿日朝は留守居助役清水斑平を以て着到届け申上候處、同日夜五つ時比、御老中月番より呼出しに相成り、洪庵事明廿一日四つ時御城に可罷出との御奉書、同人御屋敷へ帰り候は最早暁八ツ時過也、元来如何程急也とも五六日の休息は可有之と油断仕居候處、右之仕合相驚き、俄に月代抔仕り、借方用意等相調へ、正六ツ時御屋敷を出、御留守居上村繁道登城九ツ半時比、於御時計之間老中若年寄列座、水野和泉守殿より左之通り被仰渡

木下備中守家来　緒方洪庵

被召出奥醫師被仰付御扶持方三十人扶持被下、勤之内弐百俵之高に御足高被下、並之通御番料弐百俵被下之

無程於新部屋水野和泉守殿若手一人付添、制紙血判被仰付、相済候て於御休息　御前御禮平岡丹波守殿御取合せにて申上、御用掛り御側衆・泊方御側衆・御小納戸頭取・御膳番御小姓衆・奥之番御小納戸等之部屋々々へ御禮相勤め、御廣式御禮申上、二丸本尋院へ御禮申上、七ツ半時退出、直様御老中御若年寄御用掛り御側衆・奥醫師御匙等回勤相済、夜半比に下谷伊東長春院法印宅に帰り、同家に一泊仕り、翌朝初診被仰付に付、廿二日暁七ツ時より出宅、登城六ツ時御診申上、直様見習當番三日之間毎朝御診之間に合候様暁より登城、晩七ツ時退出之帰路夫々回勤仕候事、晝夜寸暇無之、其上見習當番中相當へ辦當菜等差出不申ては不相成、右様之世話中々書生杯にて出来候事には無之、且つ御屋敷に居候ては遠方にて登城時刻間に合かぬ候故、長春院宅へ同居相頼み、召連れ候人数は人新に召抱へ若党陸尺草り取平人等上下十六七人同家之食客と相成居申候、御屋敷へは廿二日夕一寸立越へ御役人方へ有之始末申上、翌廿三日朝一同引払ひ下谷へ為引移申候、右之次第にて着後更に休息之暇も無之候處、昨四日御用召にて於御時計間遠山美濃守殿より左之通被仰付候

奥醫師　緒方洪庵

醫学所頭取兼帯被仰付　蘭科奥醫師申談諸事　引請世話可被致候

右之通り被仰付冥加至極難有仕合御吹聴申上候、身に取ては實に冥加に餘りたる難有次第には御座候へ共、兼而官途之事は不案内之處、俄に奥之勤め仕損事萬事心配多

く大に困り入申候、御察し可被遣候、右醫学所は（下谷和泉橋通り也）西洋醫学之場所にて一昨年より御取立之相成新規之事にて未だ萬事規則も相調ひ不申内、先役大槻俊斎と申人（是は御番醫師にて相勤申候）當春死去之跡一人役にて、是より萬端私之了簡に萬事議定相立候事に御座候

一先月十一日出八重より差越候手紙に尊前様も御出府被仰付候とは認め在之、實否如何と奉存候、御容子承り度奉存候

右私身上一條申上度、幸ひ昨夜は當直にて今朝少し閑を得候故、草々に申上候、萬々御察解可被遣候、恐惶謹言

御城内當直所にて認　緒方洪庵

閏八月五日

佐伯瀬左衛門様

尚々不順之気候なる世間一統又々コロリ流行、當地は殊之外盛に御座候、御地邊如何、折角御用惧奉祈、御母上様始め候一同様、宮内姉様其外惣而よろしく御通達御願申上候、以上」

⑿　緒方洪庵（江戸）より母上（足守）あて

〔文久二年十月二十日付〕

「一筆申上まいらせ候、時分柄寒さつよく相成候へともまつとや御まへ様ます〱御機げんよく被遊御座、みな様いよ〱御無事御揃なされ、萬々目出度御嬉しく存上参らせ候、将又先日は兄様にも長途無滞御着府に相成、御無事に被為入候、御互にめて度存上候、次に平三並四郎共無別条相暮し居候まゝ、乍憚御心やすく思召可被遣候、誠に先日は態々細々との御文遣され難有存し上まいらせ候、私よりこそ早々御吹聴の文も差上候筈の處、彼是多用に取まぎれこゝろの外の御無沙汰のみ申上重々恐入申上候、被仰遣候通り私も不存寄結構に被召出、朝暮公方様の御脈を診ひ、御直に彼是と御懇命を請け、已に九月十三日夜御月見抔には御手づからの御酌にて御酒頂戴杯も仕り、世間へ出てはいづこにても目下よりは殿様といはれ、御前ととなへられ候事、実に身にあまりたる冥加の至り難有仕合に御座候、併しながら、大阪に居たやうの楽なる事は無之、扨て窮屈にて色々と心配のつとめ多く、是にはこまり入申候、其上物入りは多く、とりものはすくなく、不自由の事のみ御察し可被遣候、其替り今までと違ひからだは大に丈夫に相成り、當處に参りてより今日まで風もひき不申、一日も不快と申す事無之、全く今まではあまり楽すぎてよく有之候事と被存申候、此段は憚乍御安心可被遣候、右馬之介事先の頃は大病に有之候よし、嘸々御心配被遊候事と御察し申上候、しか

し是も追々宜く全快に相成候よし、御同喜上申、尚申上度は山々御座候へ共、差いそぎ又のせつとあら〳〵申上残候、目出度かしく

十月廿日　洪庵

御母上様

参る人々まで」

〔註〕

右の洪庵より兄惟正（馬之助）および母上（キヨウ）にあてた⑾および⑿の二通は古く洪庵の孫鉒次郎氏（洪庵の次男平三、のち惟準の次男）がその著述『緒方洪庵と足守』（昭和二年一月発行）において、洪庵の長崎遊学中の平三（惟準）・城二郎（のち惟孝）宛（文久二年六月十七日付）および妻八重宛（文久二年八月二十日付）のてがみと共に引用されているもので、後の二通は『緒方洪庵のてがみ』その三の三一頁以下と一〇〇頁以下に収めてある。しかし、私の知る限りではここにあげた前二通は緒方富雄先生の手元には原文書はもとよりその写真も収集されていなかった。この二通は鉒次郎氏が記されているように、昭和初年のころ岡山の篠岡家に、洪庵母の米寿の賀盃とともに所蔵されていたものである。おそらく洪庵の兄・惟正（馬之助）の三女ハナが津高郡金川村金川の足守藩士篠岡正吉の妻となって輿入れし篠岡ハナとなったが、父の死（明治二十四年一月三日没）後、その手元にあった叔父・洪庵のてがみ類などを婚家先の篠岡家へ引き取ったものと思われる。筆者はこの篠岡家のご子孫にお目にかかりたく、惟正の二女伊佐の婚家先である児島郡宇津野の大庄屋川井速太家の後裔にあたられる川井潔様にもご尽力して頂いているが、今のところ未だその機に恵まれていない。しかし、これら洪庵が最晩年に江戸から母と兄とに出したてがみの原物が洪庵全集編集中に出現するよう心から祈るものである。

⒀　緒方洪庵（大坂）より太田良策（金沢）あて

〔（年不明）三月九日付〕（写真アリ）

「過日は御念書被下、忝拝見、逐日春光相催候処、先以御全家御揃愈御佳適被成御起居奉賀候、随而拙家老少無異送光、乍憚御省念可被下候、扨不相変御国産鰯沢山ニ御恵ミ被下、御懇情之至奉謝候、一同御礼宜ク可申上申聞候、一包ハ郁蔵へ遣し申候、右御礼御答旁草々如比候、万々期後便候、恐々不備

三月十九日　緒方洪庵

太田良策様

尚々時候千万御自重所祈候、御全家皆様へ可然宜ク御

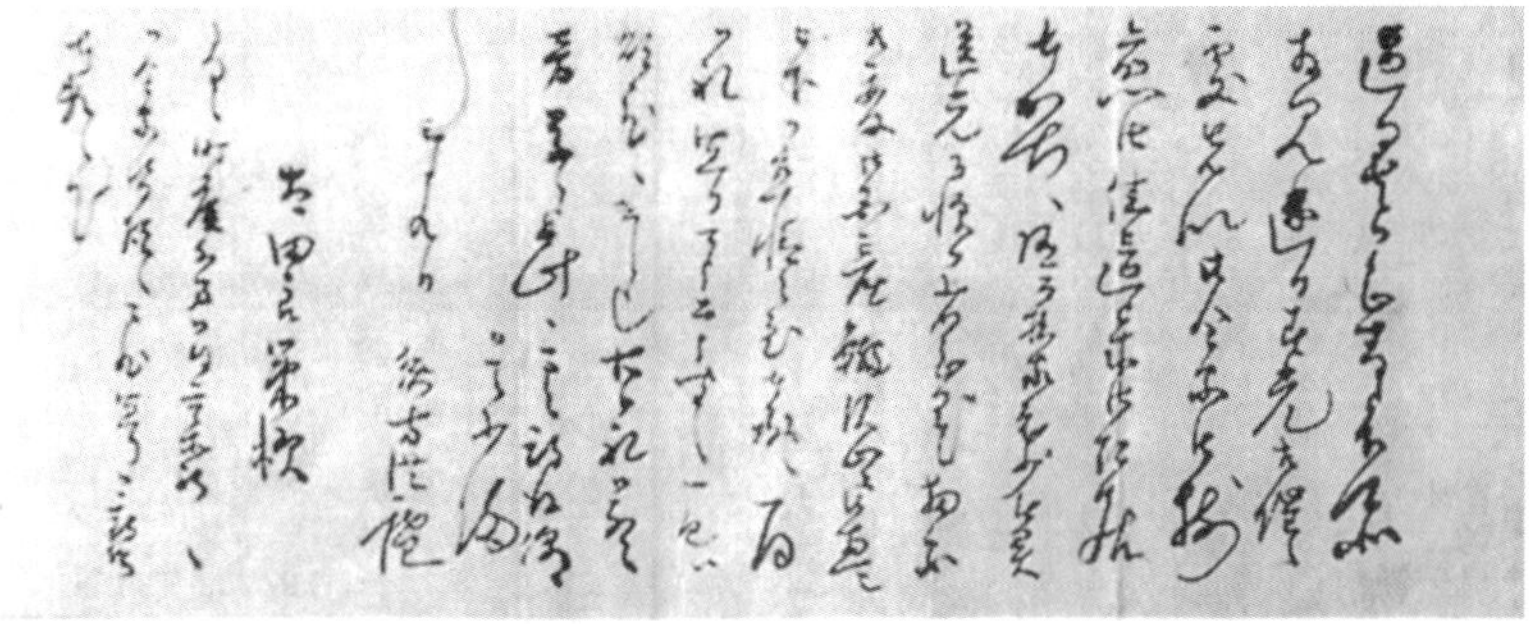

鶴聲奉頼候、以上　」

〔註〕

右は平成十四年十二月十三日付で内藤記念くすり博物館の青木允夫顧問の御厚意により同館学芸員伊藤恭子氏から白黒写真をご送付頂いたもので、軸装の某氏蔵である。大田良策（天保二〜明治四二、一八三一〜一九〇九）姓名録に、「嘉永第一二、晩春入門　加賀金澤村井藩大田良策」とある入門番号一七六の適塾生で、諱は真章、幼名壮蔵、のち良策・登・美濃里と改め、雪嶽と号した。その経歴については、早く津田進三氏の調査報告があり（「適塾門下生調査資料第2集　昭和四十八年）、また、芝哲夫氏の報告（「適塾」№21および24、昭和六三・平成三）もある。ただ、姓名録にある「村井藩」は良策の自記ではないらしく、津田氏によると加賀藩老臣村井家の手医師大田耕民が実父とある。今回、金沢市立玉川図書館近世史料館の宇佐美氏に、この村井家および大田家の居住地についてご調査をお願いしたところ、大田家の主家である村井家の上屋敷は現在の金沢市長町一丁目（現金沢市立中央小学校あたり）であり、大田家では良策の祖父久蔵は文化八年（一八一一）の史料（「金沢町名帳」）によれば、金沢の大豆田町に居住し、父耕民の「先祖由緒」には明治三年（一八七〇）に良策（美濃里）は東京の西永町（東京都江東区と推定）居住とあるとご教示を頂いた（平成十八年八月一日付）。記して謝意を表する。

従って、良策が大坂の洪庵や郁蔵に贈った鯛は、例えば加賀藩領の石川郡の村井新村（近世）について「皇国地誌」（『石川県史料近代篇1』）が明治九年（一八七六）戸数四九、人口二八〇、農業に従事する戸数三〇戸（うち漁業二八、船乗業二は兼業）、漁業と日稼ぎ兼業一七戸としているように（『角川日本地名大事典』17石川県）、金沢から松任などの日本海に面する村々において生産されていた鰯の干物ないし塩漬けで、まず敦賀に運び、それより琵琶湖・淀川を通って大坂へ運ばれたものと思われる。安政元年（一八五四）二月七日付、文久二年（一八六二）十二月十二日付、いずれも坪井信良が佐藤三良に宛てたてがみに、前者には「干鰯・干烏賊」、後者には「門乾鰮（いわし）」を送ってもらったお礼の言葉が認められている（宮地正人編『幕末維新風雲通信』六三・一五七頁）。

〔補記〕

本小稿の(1)―1及び2の〔註〕に記した小田皓二先生および福山城博物館学芸員園尾裕氏の両氏のご配慮による平成十五年五月二十六日の大戸孚家の調査には、御当主の大戸孚氏がご健康の勝れぬ中を押してご家蔵史料の一切を揃えて、御夫人とともに長時間にわたり御説明下さった。その後ご入院なされ、旬日ならずして御遠行なされ誠に御愁傷の至りであった。当日ご提示下さった史料はすべて園尾氏が撮影して下さった。ご家蔵史料には本稿掲載の他に、緒方郁蔵大戸三木蔵宛書状・緒方少博士諸君子宛回章・書札礼（文政八歳）・国盡・古武弥四郎書軸（昭和十五年四月廿九日）・緒方道平清水久三蔵宛書状・故大学少博士正七位緒方郁蔵肖像（イタミあり）・御てほん（藤原於隅）・大戸弥五郎、緒方道平、緒方三郎、緒方太郎、緒方菊子、緒方章代、緒方明江、緒方四郎集合写真（明治三十二年五月二十三日写）・緒方郁蔵譯本『内外新法以部』一、二、三（慶應二丙寅春刊、独笑軒蔵）・同『散花錦嚢』坤（嘉永三庚戌春新彫、適適斎蔵本）・「種痘養生心得書」（除痘館　嘉永三年庚戌三月　備中梁瀬山鳴氏、一枚摺）・「大戸孚家家系図」（大戸孚氏作成）等がある。これら大戸孚家の家蔵史料については近い機会に詳しく報告し、園尾氏の労に報いたいと思う次第である。

緒方洪庵のてがみ（拾遺2）

はしがき

緒方洪庵のてがみとしてすでに学会に紹介されながら、さきの緒方富雄先生と筆者共編の『緒方洪庵のてがみ』全五巻（菜根出版刊）に未収となっているものもいくつかあり、これらに新出史料として中山沃氏よりご教示のものなどをあわせ紹介する。

(1)―①緒方洪庵より（大坂）宇田川興斎（江戸）あて

（写真①）

（年欠二月十五日付封箋附、蘭香坤二）

御祝書謹而拝讀如愈春禧芽出度申収候、先以愈御佳適被成御迎陽欣然之至奉賀候、随而拙家長少無異重奴齢申候、乍憚御安慮可被下候、平日無申訳御無音而已出来候、久々不快罷在、御祝詞延引、更已廣瀬行御状早々相届申候、右御答并御祝詞申上草々如此御座候、恐々頓首

二月十五日　　緒方洪庵

宇田川興斎様

尚々乍憚御令家皆々様へ可然宜ク被仰上可被下候、以上

（封箋）「宇田川興斎様　　緒方洪庵

拝答平信　」

〔註〕　この一通は、狂歌の考証家として著名であった狩野快庵が収集した『蘭香』二帖（乾坤）のうちの、〝坤二〟として『天理大学図書館善本叢書和書之部第

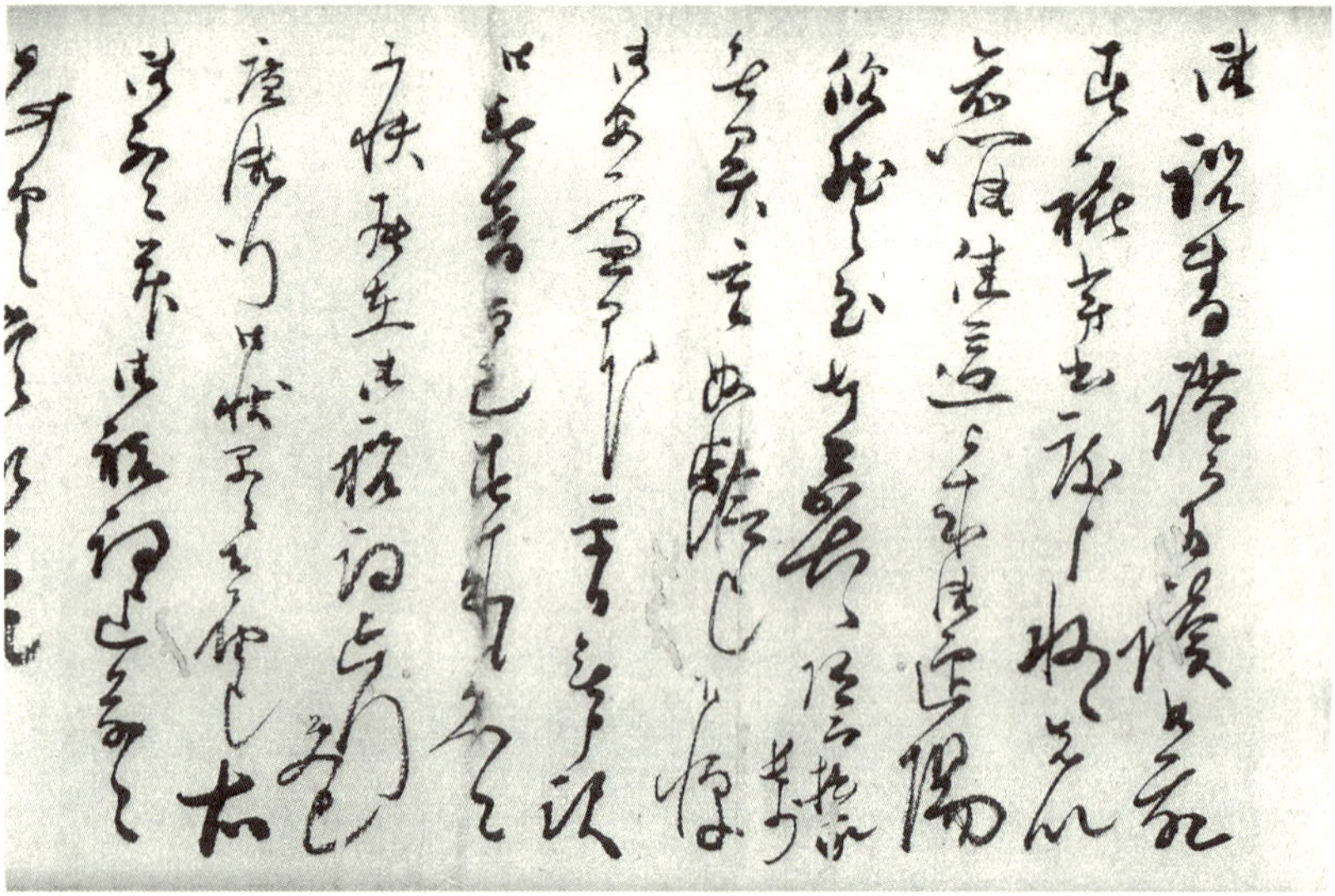

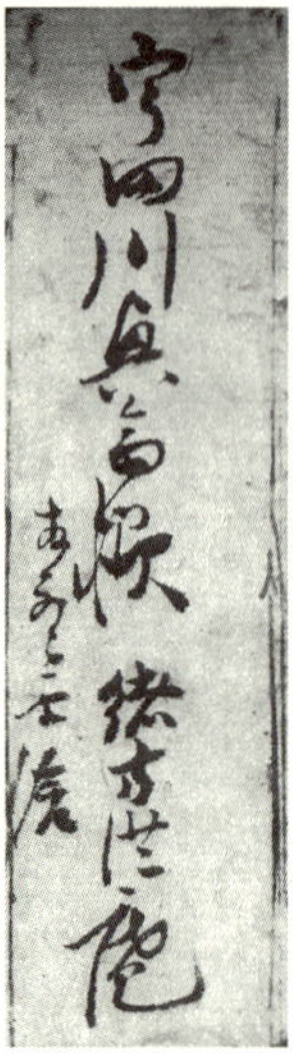

封箋（タテ16・8センチ×ヨコ4・9センチ）

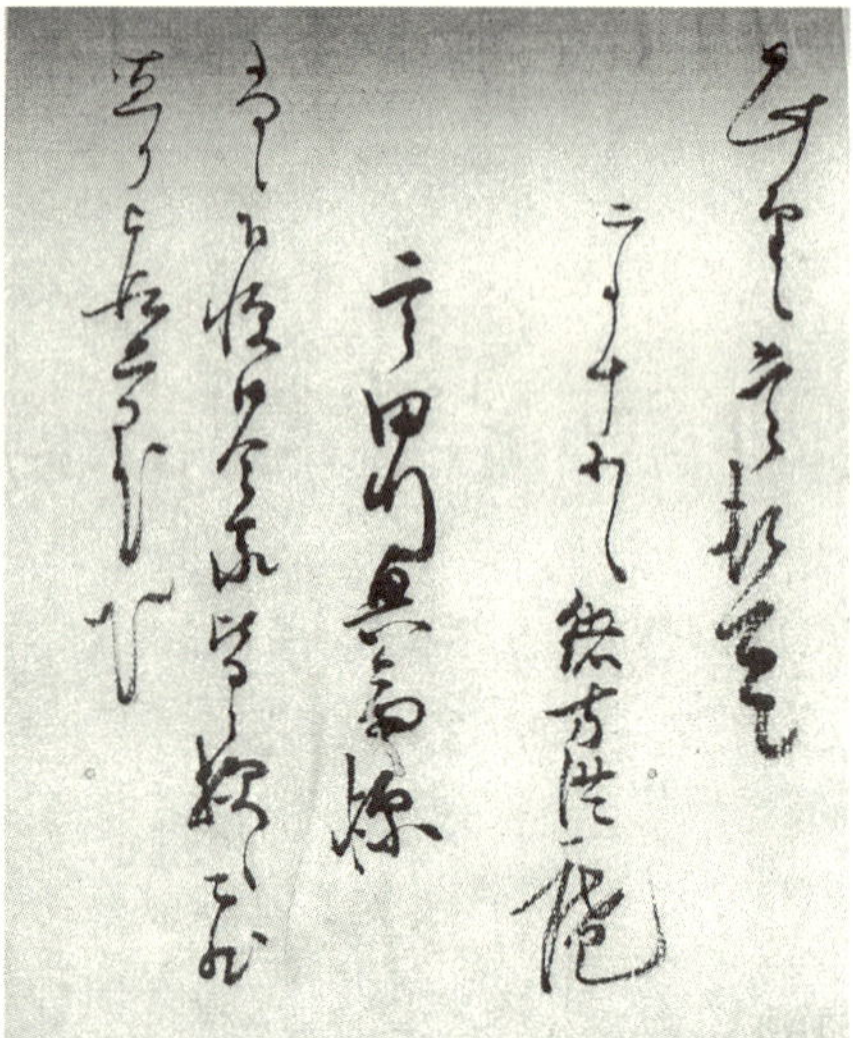

写真①（タテ16.8×ヨコ37.7センチ）

八十巻・洋学者稿本集』（昭和六十一年九月発行、六四〜六五頁）に写真版が収められている。佐藤昌介氏の「解題」には、「宇田川興斎は、大垣の医者で本草学者の飯沼慾斎《よくさい》の子、のち宇田川榕菴の養子となる」とのみ記されているので、若干補説しておく。

興斎は、文政四年（一八二一）八月十五日大垣藩医飯沼慾斎の三男に生まれ、名は瀛、字を菂舟、仙与と号した。幼名は行三、興蔵。天保十年（一八三九）、十九歳で津山藩医宇田川榕庵の養子となった。洪庵より十一歳の年下である。やがて弘化三年（一八四六）二月幕府天文方員となり（原平三氏講演『市川兼恭』温知会講演速記録第三十六輯、三〇〜三一頁／昭和十六年、倉沢剛『幕末教育史の研究』、七九頁）、幕府の外交文書その他外国書の翻訳に従事し、外国事情に通じていた。著書に『地震預防説』（安政三年）『万宝新書』（安政四年）など、翻訳書にフィッセルの『日本風俗備考』や『英吉利文典・上』（安政四年）などがある。明治二十年（一八八七）五月三日、六十七歳で死去した。

この興斎は、洪庵の依頼で、その主著の一つである『病学通論』の序文を書き、「嘉永紀元歳次戊申（元年）春三月　作州宇田川瀛撰」と記している。『病学通論』の序文のはじめは、もちろん坪井信道が書いているが、本来なれば宇田川玄真（榛斎）にも序文を頂くべきところ、榛斎は天保五年（一八三四）に没し、また榛斎の養子である宇田川榕庵も弘化三年（一八四六）に没していたため、榕庵の養子である宇田川興斎に洪庵は頼んだものである。

興斎は、この序で「吾先王父榛斎先生」と洪庵との関係を述べ、「嗚呼俾先王父猶在則撃節嘆賞果如何哉、感欣追慕之餘恭代紀其喜如此」と結んでいる。また、興斎は、安政二年（一八五五）正月には洪庵のもとで二、三日逗留している（津山洋学資料第一集所収「増補宇田川家勤書・附補充諸記鈔」）。

右に紹介したてがみの文中にある「廣瀬行御状早々相届申候」に関連する、廣瀬元恭より緒方洪庵あて書状が、同じ「蘭香」（坤九）に収められているので引用しておく〔前掲『洋学者稿本集』七八頁〕。

(1)—②廣瀬元恭〔京都〕より緒方洪庵〔大坂〕あて〔写真②〕

芳翰拝見益御多福奉賀候、扨宇田川状御届被下難有入手仕候、先日坪井より傳言申来候事も有之旁今日集何も可申上候、頓首

即刻　　廣瀬

緒方様侍史

〔註〕右は、洪庵が興斎から頼まれた廣瀬元恭あての書状をみずから元恭に届けたのに対し、即刻折返し、その入手の礼状を洪庵に差出したものである。さて(1)—①が何年ごろのものであるか。その手掛りは、その年は年頭より「久々不快罷在、御祝詞延引」とある箇所であるが、筆者が洪庵のてがみおよび洪庵あて諸人の書状からまとめた洪庵の病中記録の上では、洪庵より箕作秋坪あて、安政七年〔万延元年＝一八六〇〕二月二十六日付のてがみに、「客冬来久々感冒、正月中大

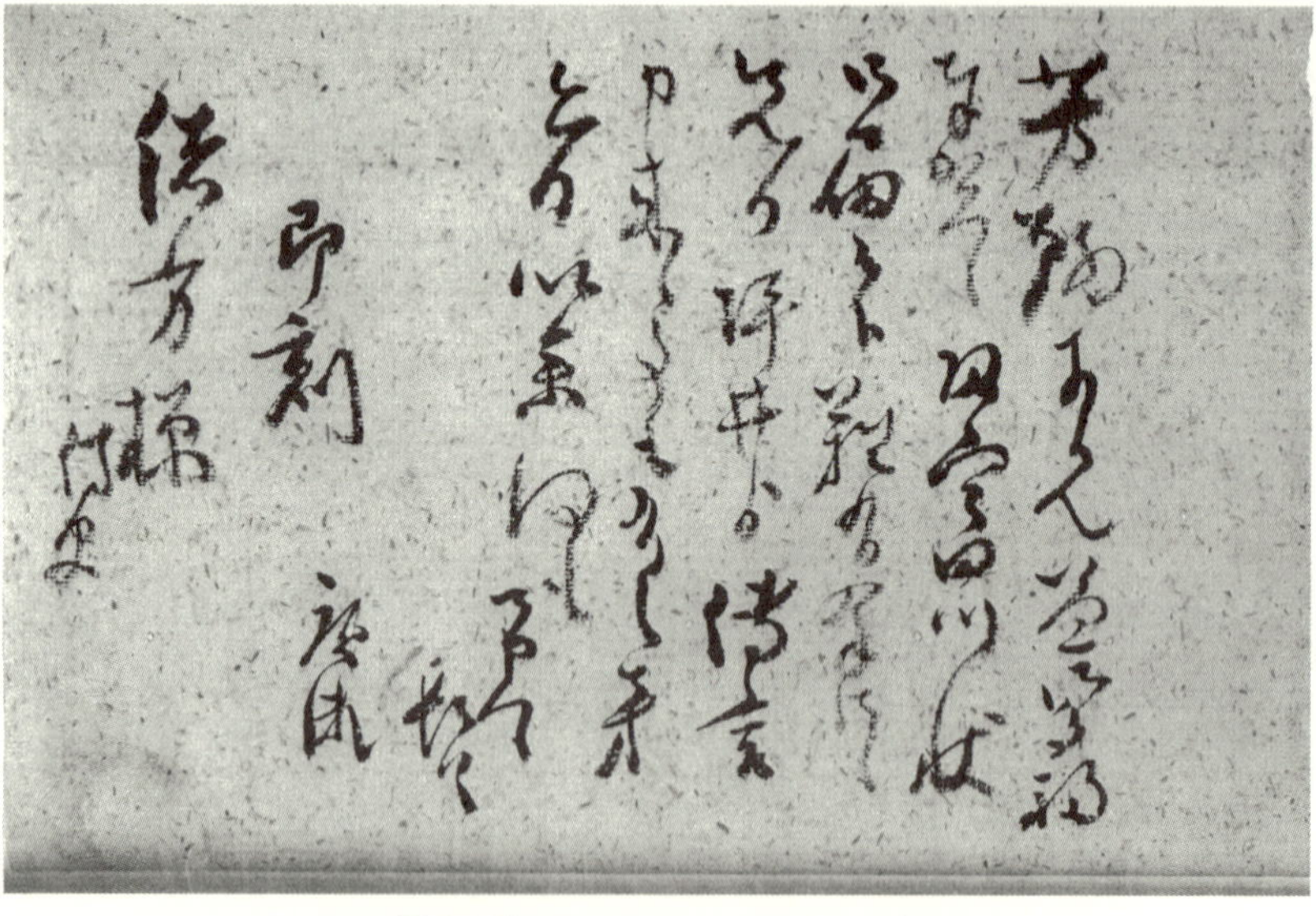

写真②（タテ15.6×ヨコ24.6センチ）

方平臥罷在、執筆嫩ク万事大棄擲、意外之失敬に打過候事、無申訳次第恐入申候」とある（『緒方洪庵のてがみ』その一、三一三頁）が最も勘案するに値する事実である。姑くこの史料から安政七年（一八六〇、万延元年改元は三月十八日）と推定しておく。因みに廣瀬元恭は明治三年（一八七〇）十月二十七日享年五十歳で死去している。

(2)緒方洪庵（大坂）より大阪屋源介（倉敷）あて（写真③）

〔嘉永六年〕七月四日付

時下甚暑難堪候處、愈御佳適御暮之旨芽出度奉存候、随而拙家老少無異送光罷在候、乍憚御安意可被下候、于誠過日は罷出、不一方種々御厄介ニ相成、千万忝奉謝候、其後玉島鞆津尾道廣島宮嶋岩国道後丸亀抔、寛々漫遊、六月三日無事帰阪いたし候、御厄介ニ相成候、荷物ハ御蔭にて殊之外早ク着いたし候よし忝御座候、着早々御礼書差出可申筈之処、麻疹大流行昼夜不得寸隙、意外之御無沙汰無申訳次第、御免可被下候、右乍延引御礼、時候御尋旁草々如此候、恐々不備

七月四日　　緒方洪庵

大阪屋源介様

尚々時候千万御自重所祈候、此品甚麁物如何ニ候へとも任在合御笑草まで差出候、以上

守屋庸庵へ金子入書状一通、妹尾佐野への一通御面倒なから早々御達し御頼申候、以上

〔註〕　この洪庵のてがみは、平成十七年二月二十日付で、中山沃氏より、『思文閣古書資料目録』第一八九号（平成十七年一月）に載っているとして、大阪屋源介は当時窪屋郡倉敷村の著名な薬種商人で、のちに林孚一と称したと『岡山県歴史人物事典』（山陽新聞社、平成六年）の林孚一の項のコピーを同封してご教示下さったものである。洪庵の文久二年（一八六二）の『壬戌旅行記』の四月二十五・二十六・二十八日の条などには、「薬店大坂屋源介来る」「帰路大坂屋源介を訪ふ」「柳

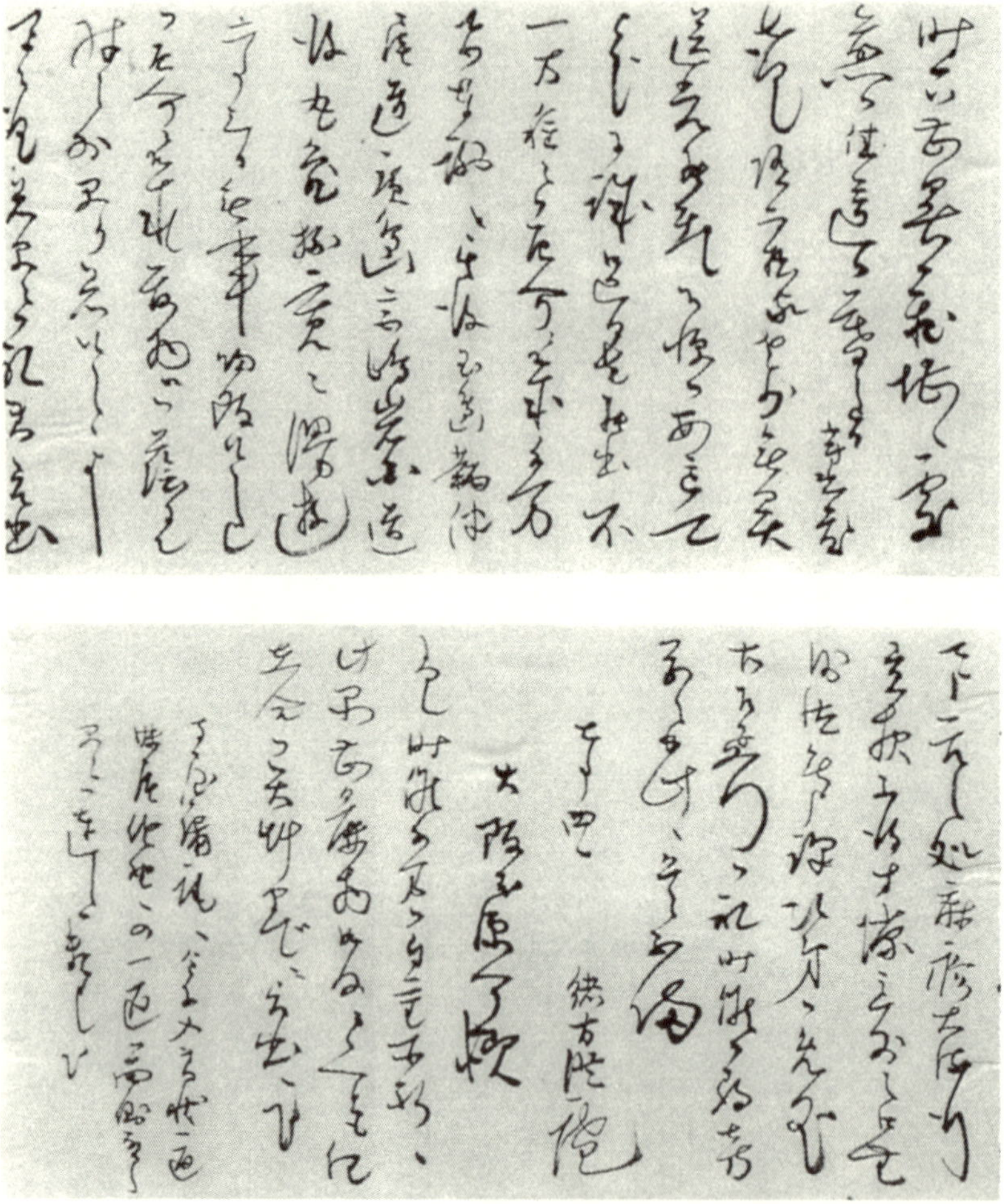

写真③

行李渋紙包、右大坂屋源介頼み」などと出ている。本書翰が洪庵の右の旅行のさいの礼状であることは明白である。なお、文中に出る、「守屋庸庵」は洪庵といとこの石原官平の子、「妹尾佐野」は妹野又玄（遊玄）・佐野周研のことで、三人はいずれも倉敷近辺在住の洪庵門人である。

(3)緒方洪庵より中尾沢右衛門あて（写真④）

（年欠八月八日付）

華管忝拝見仕候、如貴諭秋暑未退之處、先以愈御佳適被御揃欣快之至奉賀候、随而拙家無異送光罷在候条、乍憚御省念可被下候、然上ニ不存寄爲御謝儀金壱両御恵投被下御懇情之至痛入候次第、忝拝受仕候、御丸薬両方差上申候、めぐすりハ多分ニ差上申候、能キほどツヽ溶し御洗ヒ可被成候、右御礼旁草々如此御座候、末筆乍憚御大人様へ可然宜ク被仰上可被下候、恐惶謹言

八月八日　　緒方洪庵

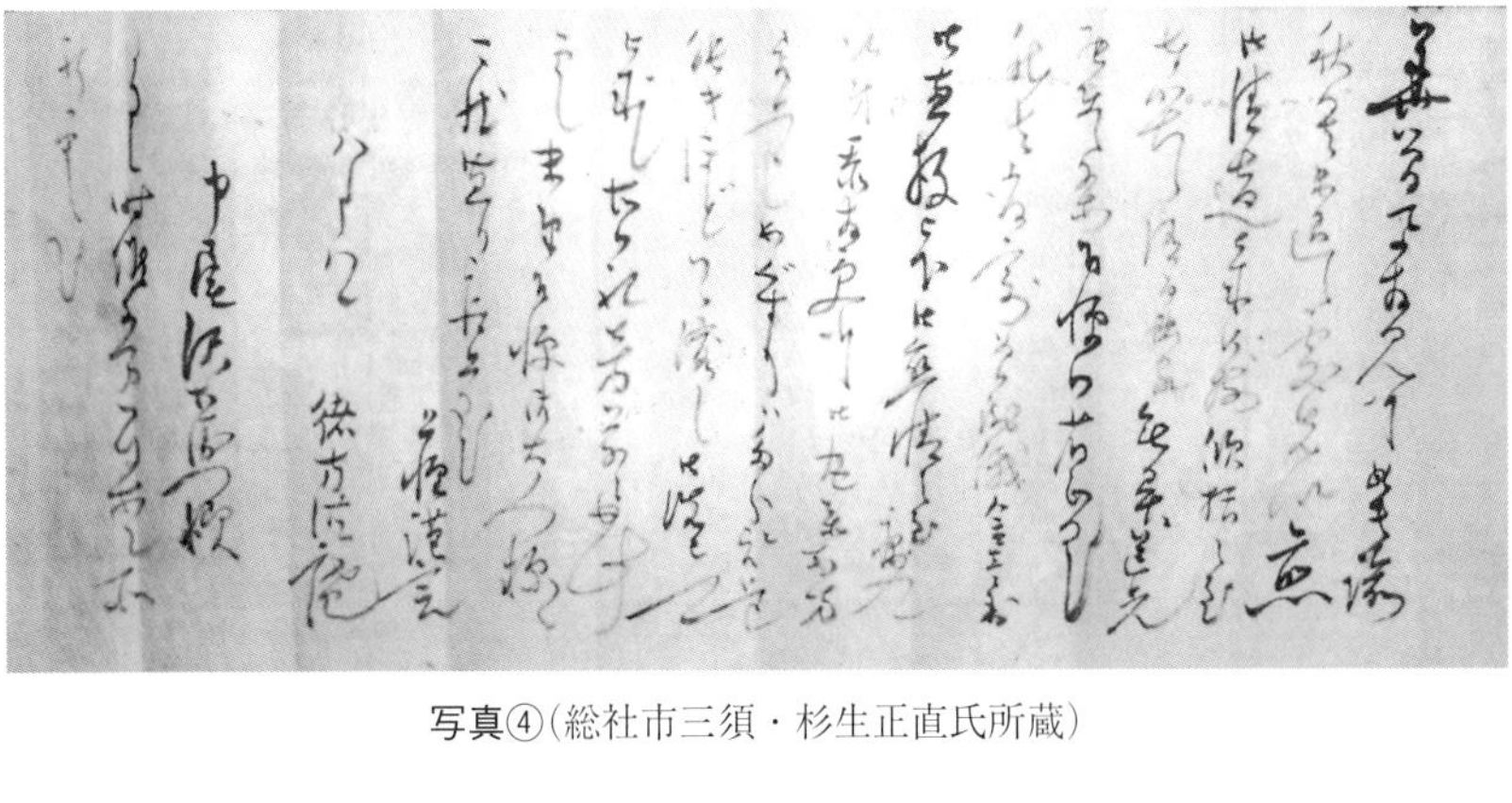

写真④（総社市三須・杉生正直氏所蔵）

中尾沢右衛門様

尚々時候千万御自愛所祈御座候、以上

〔註〕このてがみは、中山沃氏がかなり以前に、当時岡山県立博物館の学芸員加原耕作氏が撮影された写真を受贈されて篋底に秘されていたものを、書斎の整理中に偶然見つかったとして、今年（二〇〇七）三月十六日付で、筆者へご提供下さったものである。中尾沢右衛門は天保十三寅（一八四二）三月調、「足守藩座席帳」（岡山県立記録資料館蔵）には、「御給人並」の部に「四十四人中尾沢右衛門」とあり、また洪庵の『壬戌旅行日記』（文久二年）四月十九日の条に、洪庵の旅宿での晩の酒宴に他の一、二の足守藩士らと共に臨んでいて、洪庵は「御元方中尾沢右衛門」とその名を記している。親しい間柄であったのであろう。『緒方洪庵伝』（第二版増補版）が、「中尾次右衛門」と読んでいるのは、日記原本だけを見ればやむを得ないところがあるが、さきの「足守藩座席帳」に拠って、「中尾沢右衛門」と読みを訂正すべきである。

---

(4) 緒方洪庵より中島広足あて

（万延元年）四月二十一日付

其後は無申譯御無音而已奉恐入候、愈御佳適被爲成御揃奉大賀候、拙生も久敷備前へ罷下り居、漸く此頃帰宅、未だ御無沙汰申上候、然者愚甥大藤高雅一両日前一寸罷登り逗留仕居候に付、一應参殿仕度志願にも在之候処、何も繁劇未だ無沙汰申居候よし宜敷私より申上候様申出候、然る處今日旅宿にて一酌致度、芳樹先生抔も被参候よし、若し御閑暇にも被爲入候事に御坐候はゞ御枉駕被遣間敷哉、一寸奉伺候否御口答にてよろしく拝聴仕度奉存候、草々頓首

（万延元年）四月廿一日　　緒方洪庵

（中島広足）檟園先生

御左右

〔註〕このてがみは、『適塾』第十七号（昭和五十九年）に多治比郁夫氏が発表された「近藤芳樹と緒方洪庵」と題する論文において、弥富破摩雄著『中島広足』（昭

和十九年刊）に翻刻紹介されているとご教示されたものである。このてがみも『緒方洪庵のてがみ』全五冊には未収である。多治比氏は主題ではないので、文中の二、三の記事を引用・解説されただけであるので、ここに上記弥富氏の著書より全文紹介した。今、顧みて適塾記念会に関係するにいたった昭和三十年（一九五五）前後のころ、著者の弥富氏にお目にかかり、当の洪庵書翰の所在その他についてご教示に預るべきところ、その機会を失い今日にいたったことは、まことに慙愧に堪えない。誠に失礼ながら、中島広足関係史料の所在等についてご存じの方々にご教示をお願い申上げる次第である。

さて、このてがみの年代に関して、多治比氏が緒方富雄先生の「洪庵と足守往復」（『緒方洪庵のてがみ』その一所収）によって、万延元年と確定されている。その通りで、洪庵は同年閏三月下旬より四月十二日ごろまで備前侯診察のため一か月近く岡山へ出掛けていた。また、文中に出る甥の大藤高雅（洪庵の姉の三男）は、上京・下向の途時、洪庵のところへ来ているが、この万延元年四月二十一日前後の逗留は新事実である（吉備津神社編（藤井駿氏執筆）『藤井高雅（大藤高雅）附歌集』の本文・年譜にも逗留の記事がない）。

因に、中島広足《ひろたり》（一七九二―一八六四、寛政四―元治元）は熊本藩士、国学者・歌人。諱は広足、橿園《きょうえん》・田翁などと号す。寛政四年三月五日熊本城下塩屋町に生まれる。知行二百石で御番方、御小性役などを勤めたが文化十二年（一八一五）二十四歳のとき病気のため隠居し、国学に専念し、同じ熊本藩士で本居宣長門人の長瀬真幸に学ぶ。文政五年（一八二二）三十歳ごろより長崎に居を移し、以後藩の特別の許可を得て三十余年間同地に滞在して、国学・和歌を講義し、多数の門人を教えた。安政四年（一八五七）三月以降大坂に移った。住所は難波橋の南、北浜一丁目堺筋西北南角で、「中島橿園寓」という表札を出していた。従ってそこは、洪庵の適塾（過書町）から東へ歩いてわずかのところであった。しかし、文久元年（一八六一）に藩侯によび戻されて熊本に帰り、藩校時習館の国学師範となったが、元治元年（一八六四）正月二十一日、七十三歳で没した。著書は、国語学・文学・随筆その他にわたり、百種あるといわれている（『国史大辞典』および弥富氏前掲書）。

緒方章公裁稿「脚気説」について——付、穆私篤《モスト》別里別里篇——

はしがき

『緒方洪庵全集』編集の事業が発足し、順調に進行するためには、洪庵先生関係資料を既知のものにとらわれず、全く新規に能うかぎり全国的に精査・収集しなければならないことはいうまでもない。それは限られた編集担当者だけで完遂できるものではなく、適塾記念会会員の皆様方はもちろん、広く医史学研究の諸先生はじめ、各方面の本事業への御協力者の御援助を頂かなければならない。洪庵先生が自ら上梓された主著についても、その成立過程を示すいくつかの写本があり、それらをよく調査・研究した上でなければ解題は不十分になる。また洪庵訳ないし洪庵稿とされているものも幾種類も公共・私立の各図書館や個人蔵書などに収蔵されている状況であるので、これらについて各種機関や各所蔵者の御協力によらなければならない。これらについては、適塾記念会が以前全国的に行った適塾門下生調査や緒方富雄先生の『緒方洪庵のてがみ』編集のさいの実施要領を参考に、その不足を補い、適当な措置を実施する必要があると思われる。

筆者自身、すでに身辺の事情によりなにほどのご協力もできないが、最近史料整理中に筐底から出てきた、緒方洪庵稿「脚気説」を紹介して、医学史研究の各位のご検討、ご教示をお願い申し上げる次第である。

［注］（ ）内は原文二行割注

脚気説ベリヘリハ其症候全リ脚気ニシテ他病ニアラズト決定スヘキ者ナリ

緒方章公裁稿

中澤氏圖書印

脚気ハ和蘭ニ絶テ行レス印度地方ニ行ワル、別利弁里ナル者ニシテ即チ偻麻質性ナリ而シテ血脉末梢ヲ麻痺セシム一種ノ流行毒トス何トナレハ始メ焮衝性アル者ハ固ヨリ甘汞シキタリス消石等ノ主治スル所ナレトモ其劇症去テハ只麻痺ノミヲ遺ス者ハ双蘭菊朴屈福烏篤ノ如キ偻麻質薬ニアサレハ治ス可ラサレハナリ且ツ浪華ハ最モ流行スル他方ニ数十年試験スルニ今（今トハ安政己未年ノナリ）ヲ去ルヿ十五六年ヨリ五六年前迠ハ最モ盛ンニ流行シテ夏五六月ヨリ七八月ノ間夕此病ニ斃ル者幾十人ナルヲ知ラス頑症ニカツテハ不治ノ者多シ故ニ其頑症ナルヲ察セハ直チニ居地ヲ轉住セシムルニ果シテ快復スル者多シ而シテ当今ヨリ其前ヲ顧ルニ十ノ七八ヲ減スルヲ観レハ此病ノ流行病性タルヿ照々タリ（何トナレハ始メ播州ニ流行少クシテ近来播州多播ナリ浪華ニ少クナルヲ以テナリ）此病ノ劇症ニ斃ル三種アリ一ハ血液脳髄ニ壓迫スル者（動脉末梢ヲ麻痺セシムルヨリス老年ノ卒中同シ）ニハ血液心臓ヲ壓迫スル者（衝心ト称スル者多クハ是也）○治法急症ハ先刺絡シテ（其量ノ多少ハ病ノ劇易体ノ強弱ニヨツ

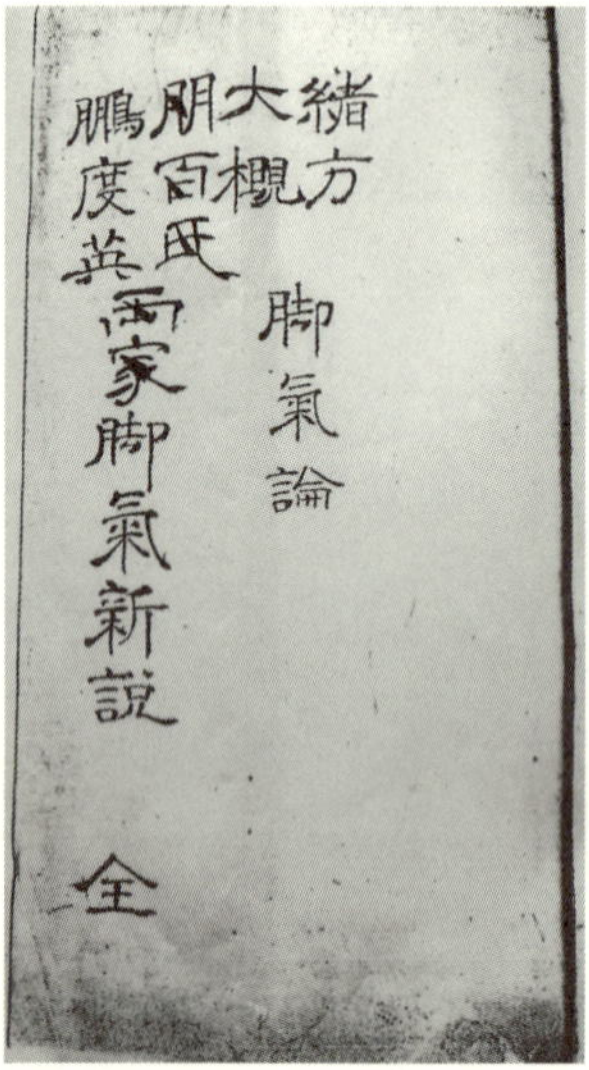

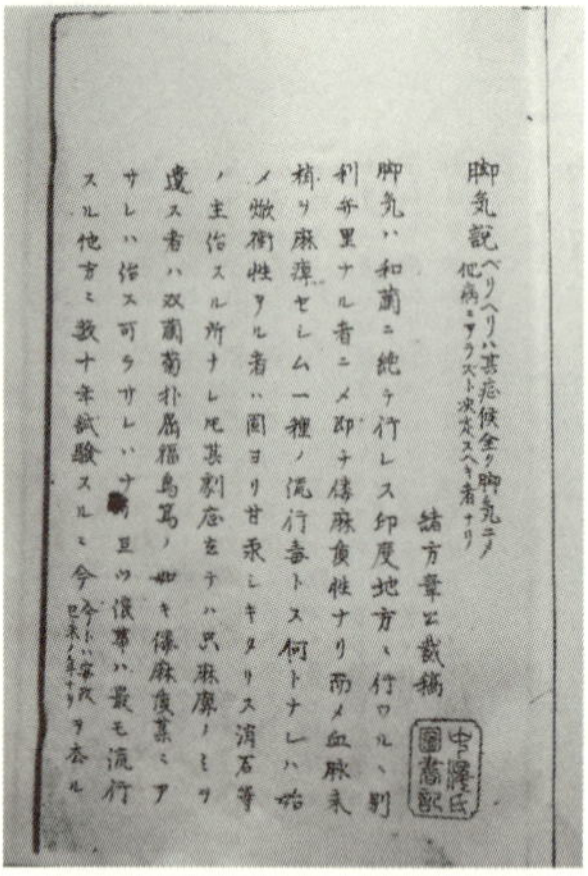

緒方章公裁稿「脚気説」
（故緒方富雄氏蔵）

テ行フ）消石実吉多利私甘汞金硫黄海葱巴豆甘遂瀉利《芫菁或膏薬》塩芒硝ヲ授シテ焮衝去リ劇症退キ特リ麻痺弛緩薬ヲ《カヤプチ油等》遺ス者ハ双蘭菊菊ホツリホウト《杜松子芫菁アルニカ根》等ノ倭麻質薬ヲヲ《[マヽ]》持久シ用ユヘシ○ベリベリ衝心ノ屍ヲ解剖シテ心嚢肺等ニ水腫アルヿヲ挙載スレトモ全ク信スル勿レ甫謨百ガ経験説ニ間歇性焮衝病ニシテ多量ノ規尼涅殊効ヲ奏シ且ツ脊椎ヲ按シテ疼痛ヲ覚ヱル者死后其屍ヲ解剖スレハ脊椎ニ焮腫アルヿヲ云ヘトモ我邦ノ脚気ト称スル者一モ間歇熱性ノ者ヲ見ス亦タ規尼涅ヲ用ユヘキ者ナシ尚且他書ニ右等ノ症候ヲ載セス尚今ノベリベリハ病性全ク異ナル者カ論定シ難シ

ベリベリハ一種異性ノ疾ニシテ錫蘭（地名）ニ甚タ多クシテ斃ル者夥シ其頑症ナラサル者ハ始メ股脚拘急シ漸ク不仁シテ知覚ヲ失ヒ浮腫シテ下肢全ク麻痺癱瘓スルニ至ル○若シ施治適当ナラサレハ其浮腫不日ニ全身ニ及ヒ腹部緊満シテ殊ニ胃部壓重呼吸妨碍睡中驚起胸水ノ常症ヲ具ヘ爾后少気短息苦悶壓迫進ンテ上腹ノ患苦益増加《蜞針刺絡芫菁膏》シ多クハ嘔吐《モルヒネ》ヲ兼テ止マス諸部筋揚肉瞤シ脉甚弱顔面殊ニ唇色赤盈四肢厥冷ス是ニ於テ多クハ発熱譫語シテ遂ニ斃ル急劇症ハ始メヨリ全身脱力ヲ覚ヘ苦悶壓迫呼吸不利櫪甚ニシテ最急劇ナルハ三時六時十八時ニ死スルトモ大抵一二週ハ持続スルヲ常トス或恰モ胸水ノ諸症具ツテ外部毫モ浮腫ナキ者間々アリ此症死スル者多シ○此病屍ヲ検スルニ胸内彼此ノ空隙ニ多少水液ヲ含ミ殊ニ心嚢ニハ大低含マサル者ナシ然レトモ其水量病症ニ推察セル如ク多カラス或心臓ニ纏被セル蜂窠膜水液ヲ含テ恰モ心臓ノ非常ニ張大セルニ似タルアリ或病殊劇キ者ニハ心ノ右耳ニ血中ノ繊質多ク凝結スル者アリ或肺中ノ蜂窠質ニ水液滲出セル者モ偶マアリ間々又脳室隙ニ豬留スル者アリ殊ニ腹内全身ノ蜂窠質ニ水液留滞スル者ヲ最モ多シトス且ツ其病者肥満ニシテ繊維軟緩ノ人多ク之ニ罹ル此病ハ老少ヲ択ハスト虽トモ殊ニ老人及摂生不良ノ徒ニ多ク且ツ一タビ之患レハ後更ニ之ニ罹リ易シ凡此病ハ裁縫家履匠等ノ如ク坐シテ運動力操セス精気強烈ノ飲液ヲ貪ル者ニ多シ○此病ハ婦人高貴ノ人及ヒ廿歳以下ノ徒ニアル者曽テ

見ルヿナシ而シテ此病ニ死スル者多ハ窒息ヲ以テス
　右ノ外甫謨百氏カ脚気略論アルトモ悉ク脊椎焮腫ヲ主症トシテ機那塩ヲ称スルカ故ニ只其要旨ニ叶フ者ヲ前ニ雑抜シテ全文ヲ挙載セス
此病ノ原因第一卑湿ノ地炎熱ニ方ツテ不潔ノ気ヲ蒸発スル地ニ住居スル者晝熱夜冷ノ時害殊ニ甚シクシテ感シ易シ第二塩蔵ノ物ヲ過用シテ飲水少ナク且ツ新鮮ノ食ヲ用ルヿ少シ以テ感シ易シ第三湿気中ニ困難ノ操作ヲ為シテ蒸気閉塞スル者第四意識ノ抑壓ヲ抱ク者ト是ナリ愚按ニ此病ニハヨヂュムホットアス妙効

―・―・―

　以上が洪庵草稿の全部で四丁余りの分量である。この史料は、筆者が『緒方洪庵のてがみ』の編集の手伝いをしているころ、緒方富雄博士より提示された墨書写本の冒頭の四丁に収められている。この写本は表紙に「緒方大槻脚気論　朋百氏鵬度英両家脚気新説　全」とあり、初丁に「中澤氏図書印」と蔵書印がある。当時、緒方先生から本史料の来歴その他をメモしておくべきであったが、今日手元になく、「中澤氏」についても筆者にはわからない。なお、本写本の全部をコピーしておけばよかったのに、洪庵草稿につづく大槻俊斎の「脚気論」草稿の最初の一丁分のみしか撮っておらず、以下の内容が不明である。さきにも記した表題（「緒方大槻脚気論　朋百氏鵬度英両家脚気説　全」）の完全本（または全写本）のご所蔵者ないし所在をご存じのお方のご教示を切にお願い申し上げます。本写本の全容を知ることなくして、この洪庵草稿についての解題も不可能でありますので、重ねてお力添えをお願い申します。

　右のような状況であるため、ここでは、多少とも本洪庵草稿の成立の年代事情を推測できる史料として、手元にある大槻俊斎草稿と慶應義塾大学信濃町メディアセンター（北里記念医学図書館）所蔵の穆私篤《モスト》別里別里篇とを附載しておくにとどめる。

―・―・―

脚気論　　大槻俊斎草稿

脚気ハ概シテ水腫ノ療法ニ従事スレトモ亦定則トナシ難シ頃者船齎《モタラス》ノ新著莫斯篤全書ヲ閲シテ大ニ此病ヲ発明スル者ヲ左ニ記ス

所謂脚気ハ倭麻質毒ヨリ将来セル麻痺ニ水腫ヲ兼発スル者ニシテ倭麻質毒ハ好シテ筋繊維ノ部ヲ侵制シテ游走スル性アル故ニ通常先ツ四肢ノ筋繊維ニ附着シテ麻痺ヲ発シ関節ノ機転ヲ妨ケ水腫ヲ兼又是レ乃チ脚気［下欠カ］シテ軽症也○此症治法的應セス摂生宜キヲ先スル歟時気寒冷ヲ触冒スル等ノ叓故ニ由テ病毒忽チ心臓ニ転移スルトキハ俄ニ悸動ヲ発シ呼吸困難漸ク危険ニ変シ終ニ衝心シテ斃ル、ニ至ル而シテ病初ヨリ倭麻質治法ヲ施シ試ムルニ一モ効アラサルナリ危険ニ至ル者曾テ之アルヿナシ故ニ倭麻質毒ノ現候ハ面色恐怖スルノ状アッテ心下壓煩悶ノ咳嗽ヲ兼ネ呼吸困難ニシテ屢々絶セントス心悸動劇シク喉静脉奮起シ頸脉亦（以下欠）

繆私篤別里別里篇

独逸　傑弗　繆私篤　著

和蘭　依傑　羅設般　譯

別里別里 紀元一千八百三十八年縷行

別里別里ハ印度青龍《セーロン》、麻辣襪甬《マラバル》ノ海辺及ヒ麻打辣私《マタラス》ノ北部ニ多ク染轉スル一種性ノ麻痺病也此病或ハ時ニ延テ海辺ヲ距ルヿ六七里（按スルニ一里ハ我カ五十八丁余ニ当ル）ノ地マテ傳播スルヿアリ其感染スル多クハ其年高ク体軀衰弱スル人ニアリテ幼年強壮家ハ此病ニ罹ルヿ稀ナリ

「症状」　衰弱甚タ喘息肋骨不壓重ヲ覚ヘ兼テ下肢拘急シテ殆ント全ク麻痺シ嗣テ劇シク嘔吐ヲ促シ腹筋攣急ヲ継発ス若シ患者全軀厥寒スレハ其脉大弱或ハ小緩ニシテ結代ヲ為スナリ

「原因」　其最トスヘキハ蒸気壅閉是ナリ此症ハ天気荒暴及ヒ覇私撒都《ハスサト》風（按スルニ覇私撒都風ニ多シ他方ノ海上モ亦間コレアリ半年ハ一方ヨリシ半年ハ之ニ反ス其原知ヘカラス大気中寒熱同シカラス海陸ニ在《（カ）》テ定候風及ヒ諸変風ノ原トナルモノヲ云フ）変換ノ時ニ多シ

二ニハ座シテ㕝ヲ操ル職業又ハ放縦ニシテ身ヲ役セサル人是ナリ○死後是テ開観スルニ血液夥ク脳胸腹ノ諸部ニ堆積セリ
「治法」　大瀉血ヲ施シ甘汞ヲ用ヒ（自十五氏至二十

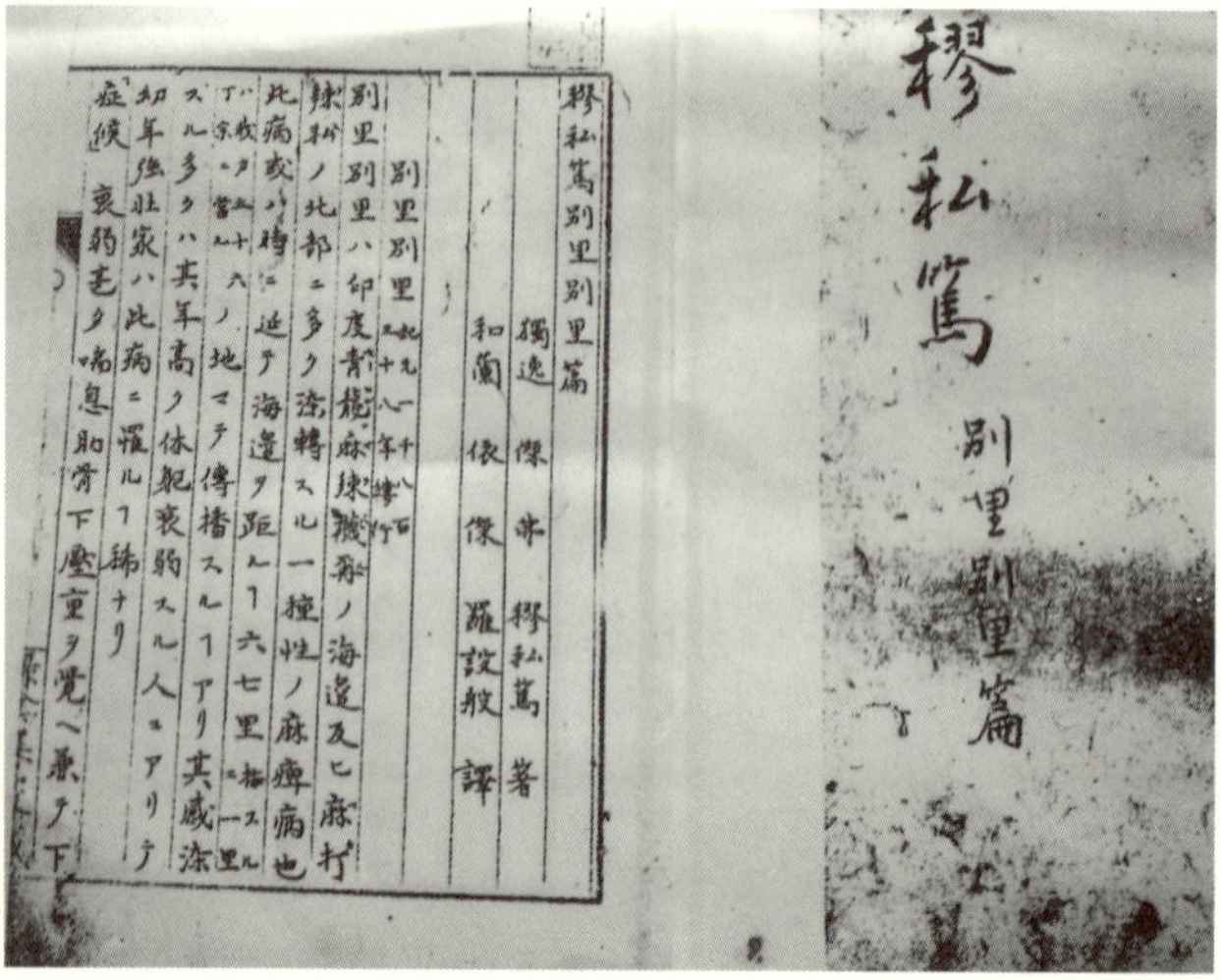

「繆私篤　別里別里篇」
（慶應義塾大学メディアセンター〈北里記念医学図書館〉蔵富士川文庫）

氏）又水銀ノ薫炮法ヲ行フ此剤特ニ欠可ラサル要品ナリ

附録

別里別里

麻打辣私（地名）外科柹啤《ブリ》、烏里屈多氏（人ノ姓名）麻辣襪尓ノ沿海地ニ淹留スルヿ五年所好時節ヲ得テ大ニ別里別里病ヲ歴験シ千八百三十三年之ヲ筆シテ我輩ニ賀恵セリ其説ニ曰ク別里別里ハ本ト斉狼及ヒ麻辣襪尓ノ沿海地方ノミ多ク流行スル病ニシテ天慶地気ノ一異性ニ因ル所ナリ而シテ自餘ノ急慢両性ノ諸病トハ毫モ［一字欠］□渉スルヿナキナリ○此疾ハ毎ニ前兆ナク陰伏シテ外ヨリ知覚スヘカラス其性猖獗ニシテ大悍ナリ若シ前兆ノ在ルアラハ其症モ亦タ酷悪ニシテ正ニ他病ノ比スヘキ勿ケン○幼嬰ノ程期ヨリ情慾方ニ発動スル時間ハ此病ニ感染スルヿナク又婦人ハ之ヲ伝染スルヿ甚タ稀ナリ

烏氏患状ノ異ナルニ従テ此病ヲ三種ニ区別ス

〔第一〕　熾盛性別里別里（即チ焮衝性）○此疾ハ初メ

強剛ノ人之ヲ患ヒ或ハ他患ナク卒然トシテ中傷ス嗣テ其病急性ノ水腫ヲ發シ終ニ全ク周身ノ腫脹トナルナリ
〔第二〕　虚弱性別里別里ハ既ニ他疾ニ罹リ生力耗竭セル者又ハ嘗テ此病ニ染ム者更ニ感受スル所ナリ其水腫ノ患状ハ恰モ遷延熱及ヒ衰耗感動ノ諸症ト全ク相類スシ尓餘ノ機轉ハ障碍ヲ蒙ムルコトナシ
〔第三〕　局処別里別里ハ其腫脹麻痺ノ症下肢ノミニ局スルコト屢之ナリ例スルニ局処ノ別里別里ヲ兼ル人ハ或ハ早ク周身ノ水腫ニ罹ルカ如シ
此諸症ハ其発スル形状ニ従テ百般一ナラス彼是相轉移熾盛別里別里ハ其症候次款ノ如シ○其初起身体運動意ノ如クナラス下肢運用失亡シテ終ニハ復タ全ク行歩スヘカラサルニ至ル尓後脚部腫脹シ兼テ漸次ニ高キニ登リ竟ニ全身ノ水腫ヲ継発シ兼テ皮膚乾燥シテ熱シ小便尤モ色ツキ其量少シ腹臟閉塞ノ胃部感動シ易ク脉實ニシテ疾ナリ沕乙胸腔ニ溢出シテ呼吸困難シ或ハ時ニ脳間ニ沕乙液溢泄シテ頭痛ヲ発ス煩苦安カラス脉徐實ニシテ譫妄ス病此ノ如ニ至テハ経過急ニシテ更ニ施ス治術モ亦大有力ニシテ巧用アル者ヲ要ス
其虚弱性ニ属スル者ハ腹部大ニ腫脹ス○其證候ハ全軀弛緩シ脉小ニシテ疾腹部閉塞食機欠損下肢不仁ニシテ水様ニ腫脹スルナリ
局処別里別里ハ下肢不仁シテ拘急困重ヲ覚ヘ行歩スルコト能ハス其脚腫脹シテ体温食機脉動共ニ平常ニ異ナルコトナク小便少ナリ
病症初起ヨリ熾盛ニ進ム者ハ大低死亡ニ皈スル者ナリ之ニ反シテ其経過緩慢ナルハ危険ニ陥ルコト鮮ナリ
〔原因〕　ハ未タ審カニ知ルヘカラス○或ハ其原ハ湿濡蒸気若クハ水中ニ含蓄スル害物ヲ悞飲スルニ因ノ説アレトモ然ルヤ否ヤ未タ判知スルヲ得ス○其流行スル多クハ雨後若クハ元気白日ヨリ夜間ニ方ツテ其度即チ彼〔四月〕或ハ〔二月〕ヨリ八月マテハ此疾流行スルコト少ナク八月ヨリ十二月ニ至ル間ハ之ニ反シテ尤モ多ク傳播スルナリ○此疾ノ上着スル地方ハ天気湿濡ニシテ沼澤ニ冨ミ止水多ク亦ハ雨水ヲ輸流スル間隧ヲ具ヘサル処ナリ○民間常ニ生姜丁香肉豆蔻等ヲ配合シテ「テリ、

アカ、ハリュツタ」ト名テ之ヲ施用セリ○別里別里ノ真相ハ烏氏ノ言ヘル如ク血管系統ノ機運障碍ヲ蒙リ水腫ヲ発スルニ似タリ或人ノ臆料セル如ク此病ハ本来脳髄若クハ脊椎間ニ沕乙液溢流シテ継発スル症ナリト云フ然トモ其説全ク然ラス○此病ハ経過特ニ急疾ニシテ呼吸困難譫言脳焮衝ノ徴ヲ見ハス然トモ其局発ノ症ニシテ軽等ニ位スル別里別里ハ唯脊椎ノ下部ニ沕乙液溢流シ或ハ血液充積シテ継発シ脚部ヲ麻痺ノミヲ発ス」〔ママ〕之ヲ解視スルニ其病者或ヘ沕乙液胸間ニ溢出シテ肺臓ヲ壓迫マシテ呼吸窒息ニ由ル者アリ或ハ沕乙中風ニ罹リ以テ死亡ニ帰スルヿアリ○多クハ脳静脉夥シク血液ヲ充盈シ少シモ之ヲ漏泄スルヿ無キ者アリ○或ハ脳膜間及ヒ脳ノ抵面若クハ脊椎ニ於テ沕乙液溢泄スル者アリ

〔辨識《ルドルケンニング》〕　此疾ノ定症ハ下体重ク脚部弱クシテ復タ其身体ヲ載戴スルニ堪ユヘカラス○病症急疾ニシテ形模熾盛ニ属スル者ハ周身腫脹ヲ発シ又ハ血色曇暗ニシテ恰カモ舎利別状ヲ為ス大約「コレラ、アヂアテカ」ノ如シ○此疾ハ一地方ヲ局シテ流行スル故ヲ以テ自ラ他病ト別異ナル徴トス

〔預後〕　ハ大約吉ナラス」〔ママ〕此疾ハ治スルニ漸ヲ以テシ一タヒ治シテ又再ヒ発スル者屢コレアリ○其悪徴ハ周身水腫大煩悶心動悸呼吸困難嘆息沈吟脉弱ニシテ倫ナク昏睡譫弁懊憹歇ム時ナク頑固ノ便秘舌上乾涸シテ色黒シ或ハ弛張稽留熱ヲ狭雑スル者コレアリ○之ニ反シテ水腫徐々ニ発シテ唯膊部ヲ犯シ」皮膜潤フテヤ、尓餘ノ機運甚タ奪乱セス能ク其序ヲ逐フ者ハ其轉帰大抵吉ナリ

〔治法〕　ハ烏氏ノ説ニ据ルニ疾醫ノ見ル所個ニ同シカラサルニ従テ其之ヲ治スル法モ亦迥カニ別アリ○此疾ヲ虚性ト看做ス人ハ衝動シテ大ニ尿ヲ利スル剤ヲ用ヒ又焮衝性ト見ル者ハ刺絡ヲ行ヒ減損療法ヲ施ス○這ニ二個ノ療法ハ悉ク諸般ノ疾病ニ適應スルヲ以テ其病況ヲ見テ強壮ナルハ之ヲ減損シ虚弱ナルハ之ヲ補襠スヘシ是ヲ其中ヲ得タリト云フヘシ○烏氏ハ強剛ノ人及ヒ初ヨリ熾劇性ニ属スル者ニハ刺絡ヲ行ヒ嗣テ甘汞八氏

ヨリ十氏ニ海葱ニ三氏ヲ加ヘ一日ニ二回或ハ三回ヲ用フヘシ○胃ノ動機過強ノ者ハ bruie [Brucine ブルシン?] ノ飲料ニ牢達扭謨若□[ク]ハ龍脳ヲ加ヱ與フ」此剤ハ呼吸尤モ困難ナル者ニ殊ニ要品トス○下肢ニハ衝動薬ヲ摩入シ又毛布ヲ以テ之ヲ擦スヘシ○疾久シク治セス生力耗竭シ腹水ニ罹リ或ハ再感ノ衰弊スル者ハ蒲桃酒幾那善良ノ滋養料ヲ用ヒ兼テ毛布ヲ以テ腹部下肢ヲ擦スヘシ○又症ニ従テ甘汞若クハ海葱ヲ用フヘシ○兼テ間歇熱ニ罹ル者ハ此剤中幾那ヲ用フヘシ○水銀ヲ服用スル後口中甚タ瞑眩スル者ハ悪徴トスルヿナシ○局発ノ疾患ハ上ニ記載スル香竄薬ヲ与フヘシ○或ハ症ニ従テ香木髓ヲ用フヘシ　薬丈ニ効験ヲ著ハス者ナリ

あとがき

（1）「穆私篤別里別里篇」は全六丁、24×14センチ十二行罫紙（「緑陰涼處蔵」）。著者の傑弗穆私篤はゲ・フ・モスト、依傑羅設般はイ・ゲ・ラセッパム。邦訳者不明。この原著、蘭訳文ともに未詳。

（2）別里別里は beriberi: [Singhalese, "I cannot", signifying that the person is too ill to do anything]（"Dorland's Illustrated Medical Dictionary"）と記されていて、スリランカ（セイロン）のシンハラ語で、"I cannot, I cannot" と重ねて強調されている。今日、英・独・蘭で、beriberi は脚気の意として共通語である。

（3）洪庵草稿には「今（今トハ安政己未ノ年ナリ）」とあって安政六年（一八五九）に相当し、また「甫謨百（ポンペ）氏カ脚気略論」と記されているから、一八三八年（天保九）刊行の「モスト別里別里篇」とともにポンペの略説を読んだ上で、本草稿を書いていることがわかる。

第Ⅲ部

クリストフ・ヴィルヘルム・フーフェランド
——緒方洪庵がその医学・思想に傾倒したドイツ名医の生涯——

はしがき

緒方洪庵の不朽の名著『扶氏経験遺訓』は、いうまでもなくドイツの名医フーフェランド（1762-1836）が50年の経験にもとづいて晩年に著わした内科書 *Enchiridion Medicum* の第２版（1836年）のオランダ語訳書を翻訳し、かつみずからの見解も述べたものである。洪庵がこの本をくりかえし読んで大いに感激し、「愈々玩味スレハ愈々意味ノ深長ヲ覚エ、自ラ旧来ノ疑団氷釈セルヲ知ラス、殆ト寝食ヲ忘レタリ」とは『遺訓』の「凡例」に記すところ、またオランダ語訳書の巻末の附録にある「医師の義務」（De Verpligtingen des Geneesheers, ドイツ語原著では Die Vorhältnisse des Arztes）に大いに感銘して洪庵が『扶氏医戒之略』を美しい日本文にまとめたことも周知のところである。このように、洪庵がその医学・思想に傾倒したフーフェランドはいかなる人格をもち、いかなる生涯をおくったかについて、これまで本誌（『適塾』）に紹介されたことはなかった。筆者らはこれを遺憾として、関係文献をしらべた。彼の伝記には、

1）J. J. Sachs, *Chr. Wilh. Hufeland. Ein Rückblick auf sein 70jähriges Leben und Wirken,* beim 12, August 1832. Berlin 1832.

2）Fr. L. Augustin, *Fr. Chr. Wilh. Hufeland's Leben und Wirken für Wissenschaft, Staat und Menschheit,* Potsdam 1837.

などいろいろ多いが、簡潔にして要を尽くしたものを手近に求めると、次の二つの伝記辞典を見出すことができ、内容も堅実であるので、これらを翻訳紹介

することにした。その第１は*Neue deutsche Biographie, Bd. 10.* s,1-7, 1974.（大阪大学文学部合同研究室所蔵）、第２は *Biographisches Lexikon der hervorragenden Ärzte aller Zeiten u. Völker, von Dr. August Hirsch, Dritte Band,* S.329-332 München-Berlin, 1962（大阪大学附属図書館生命科学分館所蔵）掲載の Hufeland, Christoph Wilhelm の項をそれぞれ訳出することにした。

前者は中世ドイツ文学専攻の大阪大学言語文化部非常勤講師永谷麻衣子氏を煩わし、後者は梅溪が担当した。この二訳文は相互に補完してフーフェランドの人格・思想を認識するのに役立ち、洪庵が彼に魅了されるにいたった所以を知ることができるであろう。洪庵の医者としての強い社会的責任感、予防医学的思考、コレラ予防、種痘事業、貴賤貧富を問わない人間愛等々、いずれもフーフェランドの全活動によく共通しているのに目を見張るばかりである。

おわりにご多忙のなか、梅溪の拙訳を原文と対照して批正して下さった大阪大学西洋文学・語学講座の林正則教授に厚くお礼申し上げる次第である。また、永谷麻衣子氏の御協力にも謝意を表したい。

クリストフ・ヴィルヘルム・フーフェランド

（永谷麻衣子訳）

医学者。1762年８月12日ランゲンザルツァ（テューリンゲン）に生まれ、1836年８月25日ベルリンで没した（ルター派）。

父：ヨハンフリードリヒ（1730-87）。医学博士。1765年からヴァイマルに住む。枢密顧問官兼主席侍医。彼は、テンシュテットで医師および市長を勤め、のちにヴァイマルの宮廷顧問官兼主席侍医となった医学博士ヨハン・クリストフ（1695-1767）とヴィクトーリア・ミュラーの息子であった。

母：ドロテーア・アマーリア（1737-82）。彼女は、副市長兼市判事であり、のちにヴァイマルの侯爵顧問官兼宮廷顧問弁護士となり、ベルカの上級官吏であったヨハン・アンドレーアス・ペンツィヒとコーブルク出身のヨハンナ・アガーテ・リンバッハの娘であった。

父方の曾祖父：ポリュカルプ・エリーアス（1665-1714）。テンシュテット出身。ボンメルンのシュトルプの牧師。（貧民の子弟のための）無料学校の創設者。ヨハン・カスパル・ミュラー（1675-1753）。医学博士。ヴァイマルの宮廷顧問官兼侍医。

父方の大叔父：ダーニエール（1701-69）。彼は豪商でダンツィヒの市参事会員であった。カール・ゴットヘルフ・ミュラー（1717-60）。彼は、イェーナ大学の神学と文芸学の教授（ADB 22 参照）。フリードリヒ・ゴットリープ・ミュラー（1721-72）。医学博士でヴァイマルの宮廷顧問官兼侍医。

父方の叔父：（ダーニエールの息子）ゴットリープ（1760-1817）。イェーナ大学の法学部教授、後にランツフート、ハレに転任（文献リスト参照）。

弟：フリードリヒ（1774-1839）。彼は1812年からベルリン大学医学部教授を勤め、動物磁気療法（メスメリスム）の第一人者であった。彼の学術的著作も主としてそれに向けられた（特に「交感について」1811年）。1827年から『学術的批判のためのベルリン年鑑』（ADB 13, BLÄ 参照）の共編者。

姉妹：アマーリエ。1786年侯爵顧問官ハインリヒ・オーザン（1753-1803）と最初の結婚をした。1815年、ヴァイマルの国務大臣クリスティアン・ゴットロープ・フォン・フォークト（1819年没）と再婚した。

従姉妹：（ゴットリープの娘）テレーゼ。古典文献学者ルートヴィヒ・デーダライン（1863年没）と結婚（NDB IV 参照）。

妻：フーフェランドはヴァイマルで1787年にユリアーナ（1771-1845）と最初の結婚をしたが、1807／08年に離婚。彼女はボン大学薬理学教授エルンスト・ビショフ（1781-1861）（NDB II, BLÄ 参照）と再婚した。彼女はプァングシュタットの牧師ヒエローニュムス・ゴットヒルフ・アーメルングとヘレーネ・ユリアーネ・トーンの娘であった。

フーフェランドはベルリンで1815年に又従姉妹のヘレーネ（1777-1862）と再婚する。彼女はベルリンのペテロ協会の教区長補佐ヤーコプ・エリーアス・トロッシェルとフランツィスカ・ゾフィー・ベッカーの娘であった。

最初の妻との間に一男六女があった。特にエードゥアルト（1790-1849）は医学博士、大地主、シュレージエンのシュヴァイドニッツの郡長であった。またヴィルヘルミーネ（アメクサンダー・フォン・ストゥルヴァと結婚）、ユーリエ（ベルリン大学医学部教授兼総合病院院長エーミール・オーザン（1787-1842）と結婚）（ADB 24 参照）等がいる。

甥：フリードリヒ・オーザン（1794-1858）。ギーセン大学の古典文献学と考古学の教授。ゴットフリート・オーザン（1796-1866）。ヴュルツブルク大学の化学と物理学の教授（ADB 24；Pogg. II, III 参照）。

最初の妻の甥ルートヴィヒ・フランツ・アーメルング（1849年没）。精神科医（NDB I 参照）。

フーフェランドの生きた時代は医学が急激に発達した時代であった。医学の古い学説は啓蒙主義によって崩壊したが、しかし自然科学に基礎づけられた医学の発展は緩慢なものにすぎなかった。この不安定さが新しい自然哲学の思弁への逃避を引き起こし、多様な医学上の諸問題を一つの点から解きあかそうとする「学問体系」が次々に生じる。ドイツではこの発展は古典主義的観念論とロマン主義という精神的運動と時期的に結びついており、それはさらに当時ヨーロッパを震撼させた徹底的な政治変革と平行して進行する。

フーフェランドもまたそのいずれにも関わりを持たずにいることはなかった。ヴァイマルにおける少年時代に、徹底的な古典的教育と啓蒙された敬虔主義という意味での宗教原理が彼に教え込まれた。学校を卒業した後、彼は1780年の春にイューナ大学に入学し、ここでJ. Ch. ローダーによって解剖学の手ほどきを受けた。あるいは彼の助言に従って、フーフェランドは一年後にゲッティンゲン大学に移ったのかも知れない。

そこで解剖学の教師ブルーメンバッハは彼に徹底的な自然観察の指導を施し、「創造本能（生命力）」の概念の創案者として、依然としてハラーの感応性と感覚性の発見に決定づけられていた生理学的事象についての生気論の見解を伝授した。彼は「学問において実践的方向に重きを置くことは、私にとって生涯を

通して変わらなかった」と述べているが、これはE. G. バルディンガーととりわけA. G. リヒターのお蔭であった。ゲオルク・クリストフ・リヒテンベルクは彼に批判的思考と実験に基づく研究を教授した。リヒテンベルクはまたフーフェランドの仮死についての博士論文の作成を監督した。それはハラーの感応性、感覚性の立証に基づき、強い刺激としての電気が溺死、あるいは酸化炭素により中毒死させられた動物を蘇生させることができるかどうかを調べることを試みた実験研究であった。

1783年博士号取得の後、21歳の彼は、次第に視力の衰えてゆく父の広範囲な診療の仕事を引き継いで家計を支えなければならなかった。1787年の父の死後、侍医であった父の後継者になる望みは虚しくなり、彼はただ宮中医に留まった。しかしながらその医者としての几帳面さ、診療の成果、最初の著作のゆえに彼はすぐにヴァイマルで最も著名な医者になった。そしてゲーテ、シラー、ヘルダー、ヴィーラントを友人としてばかりでなく患者として獲得することができた。

彼の人生はイェーナ大学の有給正教授に任命されることによって決定的な転換を遂げた。彼が1792年秋にゲーテの「金曜日集談会」において「有機生物に関する断章」という講演をし、彼の『長命術』の考えを先取りして述べたとき、臨席していたヴァイマル公は「このフーフェランドは教授に相応しい人物である。余は彼をイェーナに転属させよう」と言明したのであった。

すでにその数年前からフーフェランドは医学著述家として有名になっていた。彼の著作活動一般においてそうであるように、すでにここでも彼の医学的学問的著作と、啓蒙主義の最善の意味における通俗科学的な著書とは区別しなければならない。1785年に彼は「健全なリヒテンベルクの物理学を信頼して」ヴィーラントの雑誌『ドイツ・メルクール』において「動物磁気説」を排撃した。彼はそれを「無意味な言葉による奇怪な織物として」拒絶したのであった。

悪性の痘瘡がヴァイマルで流行した後、彼は1787年の『ドイツ・メルクール』と1788／89年のベルトゥフの『贅沢と流行の雑誌』(*Journal des Luxus und der*

Moden）において人痘接種を宣伝しようと試みた。オーギュスト・ティソー博士を引き合いに出して、人痘接種がそれまでまだ行われていなかったドイツの国々で種痘に導入の道を開こうとした。フーフェランドはまた仮死についても引き続き取り組んだ。なぜなら18世紀後半には、生きながら埋葬されることに対する不安が広まっていたからである。J. P. フランクに刺激されて、次いで彼は『ドイツ・メルクール』において死体仮安置所（霊安室）設置を提唱し（1790年）、すでに1791年には自らの構想どおりの建物をヴァイマルで設置したことを報告することができた。これはドイツばかりでなく外国においても、多数の診療施設の模範となった。医師による法律で定められた検死は存在しなかったので、彼は死の確実な徴候と不確実な徴候についての公的な（医学部での）教育の必要を訴えた。

国民の健康保護のために、彼は再び『贅沢と流行の雑誌』（1790年）において「一般的な健康回復の優れた手段としての水浴法の復興」を宣伝したが、この点に関して、イギリス滞在の際に海水浴を知ったリヒテンベルクは「なぜドイツにはまだ一つも公衆の海水浴場がないのか？」という論文によってフーフェランドを支持した。

その他の診療に関する最新の問題に対しても、彼はこの数年間に何度も意見を述べ、個々の薬物の効能についての経験を報告した。それとともに彼はさらに実験に基づく研究をし、そして——ひょっとするとゲーテの植物学の研究に刺激されて——電気がイワオウギ属の植物の特異な自発的運動に与える影響を確かめようとした。

1793年の復活祭に彼はイェーナ大学の教職につき、それと同時にフィヒテ、シラー、ローダー、シュタルク、グリースバッハ、後にシュレーゲルやシェリングも属した同僚の一団に入った。彼は最初の学期において、臨床講義の他に前代未聞の成功をおさめた一時間の講義「人生を長く有用に維持する技術について」を行い、そこから1796／97年に彼の主要な著作『人生を延長する技術について』が生まれた。その初版を彼はリヒテンベルクに献呈した。

この著作によってフーフェランドは言わば長命術の新しい学問を発展させた(1805年第3版、1824年第5版)。最初に印刷されたものの一冊を彼はカントに献呈した。そのことによってカントは彼の論文「単なる意図によって病的感情の支配者となる心情の力について」を書く刺激を受けたのであるが、この論文をフーフェランドは『実践医学雑誌』(*Journal für praktische Heilkunde*) に発表した(フーフェランドによる序言と注釈を付けた別冊として1824年に刊行された。カントにより、『学部の争い』第3部「文学部と医学部の争い」の中に収録された)。『長命術』はその著者を有名にし、19世紀のうちに全ての文化言語に翻訳された。

この作品は世界医学の古典作品に数えられている。この作品は健全な生活態度の手引書として、同時代の数多くの食養生法に関する著作の中でも確実な医学的経験に基づく知識によって傑出している。それは節制だけが有機体の健全な機能のための前提条件であるという古代医学の原理に基づき、実践的な「人生の延長手段」を提供するものである。またそれは明らかに、「生命力」の働きについての著者の見解を反映している。このことは1799年に続いて刊行された作品『幼児の身体的教育の最も重要な点についての母たちへの良い助言』(1803年第2版) についてもいえる。啓蒙的な健康配慮を論じたこの第二作目もまた世界を駆け巡った。この作品は幼児教育に深い影響を与え、医学界においても小児科学や整形外科学のような将来の専門分野に決定的な刺激を与えた。

イェーナ大学教授時代はまた、自然研究者帝国アカデミー賞を受けたフーフェランドの腺病に関する著作が書かれた時期でもあった(1795年、1819年第3版)。次々に彼の大きな学術的教科書が刊行された。

こうして1795年に『疾病論(副題省略)』が彼の病理学の講義の序論として出版された。イェーナで彼は『実践医学体系』にも着手し、その第1巻は1800年に刊行され、それを彼は自分の「医学的信仰告白」と呼んだ。この作品で彼は同時代の対立する諸説の中で、個々の医学の流派から有用なものを選び出し、ひとつの統一された学説につなぎ合わせようと努める優れた折衷主義者として登場する。生涯を通じて「医学体系」の反対者であった彼が、この作品がはっ

きりと「彼の体系」として理解されることを欲したとしても、それはなんら矛盾ではない。なぜならそれはあくまでも実地の経験に基づいたものであり、確実な事実を保持しつつも進歩してゆく発展のための道を残していたからである。

しかしながらそれは、フーフェランドさえも来たるべき自然科学的医学をまだ予見していなかったということをはっきりと示している。というのも、彼が考えていたような経験的医学に対し、ただ経験のみに由来する限りは思弁の権利も決して拒まなかったからである。

またイェーナ時代にフーフェランドの医学雑誌が創刊された。それらは彼を全ドイツの続く世代の医者たちの師としたのであった。1795年彼は『実践薬学・創傷薬学雑誌』(*Journal der praktischen Arzneikunde und Wundarzneikunst*, 1836年までに83号、1808年以降『実践医学雑誌』と改称)を創刊した。それに彼は1799年『実践薬学・創傷薬学文庫』という批評誌を付加した。これは1843年まで刊行された(1808年以降は『実践医学文庫』という表題のもとに刊行された)。どちらの雑誌も、医者の研修に貢献したという点ばかりでなく、医学の諸派が対立する中で編者のとった厳格な中立的立場という点からも、高い評価を得た。体系としての同種療法には反対の立場であったにもかかわらず、彼はハーネマンその他の同種療法を信奉する医者たちの論文を採用することをためらわなかった。彼は当時、彼らの厳密な薬剤処方を進歩として受けとめていたのである。

他方、エドワード・ジェンナーが1796年に種痘を発表した時、フーフェランドは彼の雑誌においてもこの重大な発見の普及を目指す最初の先駆者の一人となったのであった。

多忙で創造的な大学での仕事に明け暮れたイェーナでの年月は、ブラウンの興奮性説に対する闘争と、1797年の彼の右目の失明のためにかげりもないではなかったが、にもかかわらずフーフェランドはこの数年を生涯で最高に輝かしい日々であったとし、キール、ライプツィヒ、ペテルブルク大学、J. P. フランクの後継者としてのパヴィア大学への招聘をことごとく断った。

フランス革命から起こった不穏な状態がイェーナにも広がり、公爵が教授陣

にも関わる対抗措置に着手した時ようやく、彼は1801年にC. G. ゼレの後任でベルリンへ、プロイセンの王室の侍医、医学協会会長、施療院（シャリテ）の主席医師として赴任した。ここでも彼は間もなく長時間の診療を行うようになり、とりわけ親交のあった「老ハイム」と共同で貧民医療を引き受けた。総じて彼の衛生政策、公衆衛生、伝染病予防衛生のための努力は、前よりも大きな影響圏でもっと有名になった。

つまり彼は「牛痘に関するドイツのすべての医者に対する要請」（1801年）を行い、すでに1802年にはベルリンに設立された予防接種研究所について報告している。彼は微温温泉の利用を奨励し、ドイツの湯治場の医師に、湯治場の効能についての最も貴重な経験を公に報告するように勧めた（1802年）。同年、彼はノルダーナイとコルベルクの海水浴場についての報告書を出版した。さらに「すべての家庭におけるある程度の医学処置の導入のための提案」を行い、子供に阿片を使用することの誤りについて書き、火酒の乱用をやめるよう警告した。

1803年にゲッティンゲン大学から治療法と臨床講義の担当教授として招聘されたとき、国王は彼をベルリンに引き留めた。1806年イェーナとアウエルシュテットの戦闘の後、彼は王妃ルイーゼと王子・王女たちに従ってケーニヒスベルクやメーメルに避難し、1809年のクリスマスにようやく王家の人々とともにベルリンに帰還した。

この時期の苦労のために、フーフェランドの最初の妻は18年間の結婚生活の後、子供たちとともに彼から離別して、彼がすでにイェーナで自宅に迎え入れていた弟子エルンスト・ビショフと一緒になった。それからようやく7年後に、孤独になった彼は再婚を決意した。

ケーニヒスベルクに避難していた間にフーフェランドは『ドイツの最も優れた療養泉の実用的概説書』を執筆したが、とりわけ重要なのは、大臣シュタイン、アルテンシュタイン、ヴィルヘルム・フォン・フンボルトと協力して、プロイセンの医学の新体制とベルリン大学創設を準備したことである。

ベルリン大学が1810年に設立された時、彼は専門病理学と治療法の教授に任命され、医学部の初代学部長になり、実際またここで最初の医学の講義を行った。同時に彼はプロイセン科学アカデミーの会員として受入れられ、「高等医学協会」の廃止後、枢密顧問官として内務省の保健機関の幹部官僚と、再編成された医学外科学陸軍士官学校の校長に任命された。それに加えて彼は引き続き貧民救済管理部門の執行部で仕事をし、同様に1810年、大学に貧民診療のための外来診療部を開設し、『ベルリンのために書かれた貧民救済薬方書』(1810年) を出版した。これは後のベルリン薬物処方規定の先駆となった。「大学設立の際に利己的な意図があったように見られる」ことを避けるために、彼は大学で与えられるはずの1500ターラーの俸給を辞退した。また同年、彼は医師研修のために内科・外科学会を創設した。これは政令により1833年、彼の博士号取得50年記念に因んで「フーフェランド学会」と命名された。

これらの骨の折れる仕事の重圧のために、自分の診療は診断のみに制限することを余儀なくされたばかりでなく、それ以上に彼の父の運命が彼を脅かした。というのも、彼の左目の視力も脅かすように次第に衰えはじめたからである。にもかかわらず彼は国王の望みに応じてその年 (1810年)、脊髄癆を患ったナポレオンの弟のルイ・ボナパルト (当時オランダ国王) を診察するためオランダへ向かった。彼の不在の間に、患者として、また彼の末娘の代母 (名付け親) として彼と深く結びついていたばかりでなく、彼の社会医療措置を支援してきた王妃ルイーゼが亡くなった。王室との密接な結びつきはその後も保たれ、彼は1818年解放戦争 (ドイツの対ナポレオン戦争) が始まると、国王に従ってシュレージェンに向かい、1814年までブレスラウに滞在した。

続く何に妨げられることもない秩序と平穏の数年間をフーフェランドは彼のなした仕事の拡充と強化にあてた。彼は医師の研修の可能性を拡張し、また彼らの社会的利益が向上するよう配慮した。1830年には彼の促しにより、困窮医師のための救援協会として「フーフェランド財団」が設立され、続いて1836年には医師の未亡人を援助するための第二の財団が設立された。公衆衛生管理は

彼にとって相変わらず切実な問題であった。国王衛生法と公の学校保健が必要であると主張した。

フーフェランドは実り豊かな著作活動を終生続け、その著述は400篇以上に上る。統計学的方法による外来診療部の年報、『医学百科事典』(1828年から彼の指示に応じてベルリン大学医学部により刊行された)の共著に加えて、学会発表「人類における両性の同数について」(1820年)とその補遺「性別の予定」(1826年)が言及されねばならない。これは人類学と統計学に対して重要なものとなった。論文「大気疾患と大気感染について」(1823年、『実践医学雑誌』より)において彼は疫病、感染、伝染という概念の定義を試みたが、この中には次のような予言的な文が含まれていた。「水と同じように、大気の中にも繊毛虫が存在するに違いない。それはもちろん、現在まだ見ることはできないが、もしかすると将来いつか発明されるはずの顕微鏡のもとで見ることができるようになるかもしれない」。

しかし彼でさえも、この問題において誤った理論的思弁を免れていない。彼は疫病の解明のために「生きた病因」を仮定し、感染は「大気中で新たに生まれた病原生物の胚、或いは新たな病原生物の種」に基づくとしている。彼は「胎児の病気と出生前の胎児の成育及び健康のための配慮について」(1827年)という論文で、健康予防を出生前の段階にまで拡張したが、それは「医学的箴言」によって治療法の理論的な基礎概念を確立しようとするものであった。彼の病理学的生理学の構想は、もちろんここでも哲学的思弁を免れていなかった。

フーフェランドの博士号取得50年記念の祝典が催されたことは、彼がその時代の人々にどれほど評価され、愛されていたかを示していた。それは彼が健康上の理由から彼の田舎の領地に引退してしまっていたにもかかわらず、一人の医者であり学者である人に与えられることはめったにないような数多くの表彰のきっかけとなった。引退したというのは、1830年の秋以来彼の眼病は絶えず悪化し、さらに最終的に彼を死にいたらしめた排尿障害の発作が彼を苦しめたからであった。しかしながら彼は倦むことなく晩年の著作に打ち込み続けた。

彼の死の年になってもなお『医学便覧、あるいは実践医療のための手引書、50年の経験遺訓』（1836年）が出版されている。これはすぐに売り切れてしまった（1857年第10版）。彼はこの作品の収益をフーフェランド財団に寄贈することにしていた。

フーフェランドは特に医者、国民教育者として重要な人物となったが、彼自身の時代にとってそれとともに、当時医学の発展を脅かしていた多数の「体系」から遠ざかっていたことが彼の最大の功績である。彼がたとえ当時の時流に全く影響されずにはいられなかったとしても、それでも体系としての動物磁気説、ブラウンの興奮性説、同種療法、ブルセーの学説に反対し、実践医療の経験に基づく立場をとった。

しかし、ゲッティンゲンで行われていたような自然科学の実験に対してあれほど偏見を持たなかったにもかかわらず、彼は生涯を通じてまさにその学派と同じ意味における生気論の信奉者であり、彼の『疾病論』は、彼が「生命現象の最も内的な原因」（ratio vitae）であり、「最も重要な病理学的作用因子」であると見なした生命力についての説明から始まっている。

こうして彼は生体の事象を「特有の動物化学的操作」であるとして、生命のない物質の分解過程としての化学反応から明確に区別し、そしてその際に物理学や化学の生命のない自然力についての知識に限定しているにもかかわらず、このことは、化学を「薬学の離れることのできない同伴者」と見なすことを妨げなかった。この同伴者に薬学は「その最も鋭い、勝利することの多い武器」を負っているというのである。従って彼の理論は矛盾を免れ得なかったし、この運命を医学界における他の幾つもの折衷的学説も共有している。たとえそれが実践医療の利益になるように方向づけられていたとしても、それは昔の体液混和説や医化学・医物理学の観念の諸部分を合理的な経験主義者の諸説と統合しようとしていた。理論的思弁もまた確保されていたために、同時代のさまざまな学説から引いた別の観念がさらに挿入された。

それゆえ、もし『実践医学の体系』をフーフェランドの初期の著作と比較す

るならば、vis vitalis（生命力）の下位区分における変化から、次のようなことが推定される。すなわち彼の生命力についての見解は、興奮性説の方へ徐々に重点を移したのであり、ブラウン学説にあれほど反対していたにもかかわらず、時代の精神に全く影響されないというわけにはいかなかったのである。そのような影響は彼が（おそらく弟の影響で）晩年にはメスマーの磁気療法を容認していたという、あの譲歩にも表れているのかもしれない。

しかし彼は、この点でも決して体系全体を容認したわけではなく、特に、後に実際催眠療法と暗示療法の成立のために重要であった夢遊病を容認したのであった。彼の理論はそれゆえ後の世代の研究にはもはや少しも影響力をおよぼさなかった。そしてそういうわけで、彼の学術書はすでに前世紀半ば頃には忘れられてしまった。それにもかかわらずフーフェランドは、混乱を引き起こす思弁の時代にあって、新しい経験知に対するその開放的態度によって、医学の実践のために有益であり、そのお蔭で次の世代の医者たちが自然科学的医学に次第に慣れることができた医学の授業を提供したのであった。従って実践医学の分野では、彼の説のいくつかは時代を越えて指針となり続けた。

彼はプロイセンにおいてジェンナーの種痘を認めさせたばかりか、予見的に、同様の方法で他の伝染病も除去することができるだろうと述べ、自ら麻疹に関する実験に取り組んだ。彼はナポレオン時代の恐ろしい戦禍の後に増加した心身症が戦争の結果であることを当時すでに確かめていた。そして臨床観察に基づいて、中枢神経系のプロセスと内分泌腺の機能の関係を認識した。

また彼は、たとえここでも彼の理論が時代精神を否定することはできないとしても、鉱泉療法を確かな経験によって基礎づけようとした。しかし、概して実践医学において「体液病理学、神経病理学」に「体液混和説」まで含めた折衷主義的な統合を達成しようとする彼の努力は、自然科学に基礎づけられた方法に対する彼の理解にある種の限界を設けることになったのではないだろうか。それゆえ彼は体温計を日々の診療の補助器具として最終的に認めさせたけれども、この老いつつある医師は打診や聴診の価値をもはや認めることができな

かった。彼が動物の血液の輸血を勧めたことも同じ意味で（否定的に）評価しなければならないだろう。それ以前に行われなくなって久しかったのだが、（おそらく彼の影響で）ドイツで19世紀にもう一度試された。

しかし、この博愛主義者にして貧しい人々の救済者、医者の地位と公衆衛生制度の改革者であり、先見の明をもって医師の研修を促進した人物は、人々の記憶に残った。これらの分野における彼の活動は、多くの点で将来を先取りしていた。彼は統計学的調査に基づいて工場地域に住む人の寿命が短いことを実証し、工場と起こりつつあった産業における健康に有害な環境について注意を呼びかけた。この点でとりわけ彼は、病気と貧困の関係について指摘した。

一般的な健康配慮の問題では、子供の教育と婦人の教育が特に彼の関心事であった。彼自身の著述活動と平行して、1822年にエラスムス・ダーウィンの『婦人教育の指導計画』（1797年）を翻訳した。小児衛生学の分野においてさえも、今日なお多くのことが彼に由来するのである。

彼は「医学者や哲学者ではなく医者」を養成することを目標とした、天分に恵まれた大学教師として人々の記憶に残った。ロマン主義には距離を置いていたが、彼の眼差しは決して医学のみに限定されていたのではなかった。彼には、これまでにドイツの医者が担当しなければならなかった中でも、最も高貴な知的な依頼人が委ねられたのであるが、その彼は、時代の精神的運動に積極的に関与した。

彼はギリシア人の独立のための戦いを、世間一般に対する呼びかけによって決定的に支援し、ヨーロッパの国々で共感と援助の波を引き起こした。フォン・シュタイン男爵が「ドイツ歴史研究会」を設立したとき、彼はその支援者の一人であった。1834年、ベルリン大学にヘッカーを担当する医史学講座が開設されたことは、彼の影響によるものである。

啓蒙主義の合理的思考、観念論哲学、後期敬虔主義の形をとったキリスト教信仰は、彼の中ではほとんど継ぎ目なく結びついていた。それらは彼を医学の領域において、改革期のプロイセンで最もはっきりと現れたあの人道的心情の

持ち主にしたのである。彼がキリスト教にしっかりと根を下ろしていたことは、ラーヴァーター（Johann Kaspar Lavater）の作品からとった、当時多く読まれたあの箴言集『心の言葉』も証している。彼はこの本を1825年に出版し、その純益をあるベルリンの孤児院に寄贈することにしていた。

同じ精神から彼は医師としての倫理感の模範を示した。その倫理感を彼の著作が今日なお反映して伝えている。彼は『医学便覧』の中でこう述べている。「どの患者も自然の神殿である。その神殿に畏敬の念と厳粛さをもって近づきなさい。軽率さと利己心と非良心的な心をあなたから遠ざけなさい。そうすれば自然は恵み深くあなたに眼差しを向けて、その秘密を打ち明けてくれるでしょう」。彼は「道徳の世界と身体の世界の間の類似性」を固く信じていたのである——1831年、勲一等柏葉形赤鷲勲章受章。1833年、ランゲンザルツァ市名誉市民に選ばれる。

参考文献（以下略）

（Markwart Michler）

クリストフ・ヴィルヘルム・フーフェランド（梅溪昇訳）

彼の時代、ベルリンにて最も著名にして尊敬された医学者の一人で、1762年8月12日チューリンゲンのランゲンザルツァに生まれた。彼の父および祖父は、ワイマール宮廷の侍医で、叔父もまた医術を営んだ。フーフェランドはワイマールに3歳の時から暮し、1780年からイェーナおよびゲッチンゲンで研究し、そこで1783年仮死に関する論文で学位をとった。

ワイマールへ帰ってから、彼はほとんど盲目になった父の手広くなされていた開業医の仕事を受け継ぎ、非常に骨の折れる仕事に10年間（1793年まで）大層幸運にも専念した。当時、ワイマールが誇りとするヴィーラント、ヘルダー、ゲーテ、シラーのような偉人たちと彼は交際があっただけでなく、医者として彼らをもっと深く識る機会を得た。

彼が始めて試みた著述は『メスメルと彼の磁気説』（1785年）で、彼はその中でそうした事柄（磁気説）のうさん臭い非物理学的な性格を暴き出し、すべて

を感覚の錯誤であり、また官能（性的な要素）に由来するものであることを証明しようと努力したのであった。彼が1787年最初に刊行した書物は『天然痘の根絶について』（*Ueber die Ausrottung der Pocken*）で、彼はその中で、ワイマールで流行した最もたちの悪い天然痘における自分の経験に従って、当時として唯一考えられる保護手段であった隔離（Absonderung）を提案した。また初のワイマールにおける死体仮置場（霊安室）の建立も彼の提案によるものである。同時に、これらの最初の著書には、自分の経験が単に専門知識においてのみならず、広く一般民衆にも利用されるようにしたいという彼の努力が示されており、その業績も素人大衆の間にも広く普及するにいたったドイツのもっとも著名な医学者の一人となった。

1793年、彼はワイマール公からイェーナへ名誉正教授として招聘され、そこで彼の講義は当然ながら拍手喝采を浴びた。とくに彼が大講堂で500人に達するまでの聴衆を前に長生術（*"die Makrobiotik"*）について講演した時はそうであった。その後、彼はすでに1794年に「子供たちの健康を心にかけているすべての母親の思い出」（*"Erinnerungen an alle Mütter, denen die Gesundheitihrer Kinder am Herzen liegt"*）なる論文により、その後1799年に増補版『幼児期における身体的教育の最も重要な点についての母親に対する良き助言』（*Guter Rath an Mütter über die Wichtigsten Punkte der physischen Erziehung der Kinder in den ersten Jahre*）を出版し、身体的教育にまで公共的な啓発を押し広げた。また、1795年には *Ideen über Pathogenic*（『病理学原論』）、1796年には *Kunst, das Menschliche Leben zu verlängern*（『長生術』）を刊行した。後著は、その第３版（1805年）から *Makrobiotik*（『長寿法』）のタイトルとし、この著作は多く版を重ね（8, Aufl. 1860）、すべてのヨーロッパ語に訳され、全世界に広がった。

彼は、また雑誌刊行にも手をつけ、1791年から（1800年まで）『フランス薬学・創傷薬学・最新年報』を発行し、シュレーゲル（B. N. G. Schreger）やハーレス（J. Chr. F. Harless）と共同で上記年報を『外国医学文献雑誌』として1803年まで継続した。それ以前に、1795年すでに『臨床薬学・創傷薬学雑誌』を始めてお

り、それは1836年の彼の死までつづき、82巻（1809-14 mit K. Himly, 1815-18 mit J. Chr. F. Harless, 1821年以降はE. Osmanと共同発行）に達し、ドイツ語で書かれた最も有力にして実り豊かなためになる薬学雑誌で、彼の死後の1844年までつづいた。上記の雑誌を彼は、1799年以降、批判誌『臨床医学文庫』と合せて一つの雑誌として刊行したが、さらに1803年以来Fb. L. Augustinより毎年発行の綜合薬学論文を医学の全分野にわたり学問的に展望した雑誌と提携した。

ヨハン・ピーター・フランク、その子のジョセフ・フランク・エルンスト・ホルンのごとき著名な人びとですらもが心をひきつけられた“Brown'schen Systems”（1799年イギリス〔スコットランド〕のJohn Brownが唱えたBrownianismus〈興奮性説〉で、生物は興奮性を有するので無生物から区別されるとし、また疾病の原因は、興奮を異常に要求するような刺激であるとしたもの——訳者補註）との戦いを通じて、彼は（主としてウエイカルト（Weikard）とロェシュロオプ（Roeschlaub）によって引き起こされた）論争に巻き込まれた。それは10年間もつづき、反対者の側によってひどく下劣なものにおとしめられ、きわめて平和的な（争いを好まない）人間であったフーフェランドに少なからぬ非難や不愉快な思いを生じさせる原因となった。

エドワード・ジェンナー（Edward Jenner）が、1796年防護（雌牛の）種痘法（die Schutz-(Kuh-)Pochkenimpfung）という人びとに恵みを与える発見をするや否や、彼は最大の関心を示した最初の人物で、そのワクチンを臨床医学上における最も重要な発見としてドイツへ導入するよう努めた。しかし同時に彼は、そのワクチンが一時期の効力しか望みえないという、全く正当な不安をも述べていた。彼はそれ以前に一層輝かしい招聘を受けたが断わり、ベルリンへの招聘を受け入れて、1800年末に死去したセレ博士（Dr. C. G. Selle）の地位に就いて国王の侍医、医学外科学院の所長、ベルリン大学の一等医、枢密顧問官となった。1801年春には彼はベルリン大学附属病院で熱心に医学講義と医学実習を開始した。しかし、彼はここでもBrownianismusに苦しめられた。なぜなら彼が一緒に仕事をしている同僚のフリッツェ（Fritze）は過激なブラウン主義者

(Brownianer) であったからである。そしてのちに激しい若いブラウン主義者の一人であるエルンスト・ホルン博士 (Dr. Ernst Horn) なる人物が彼の助手、そして後継者となった。フーフェランドは、1802年から1806年にいたる、ベルリン大学附属病院の状況報告書を出版した。また、当時『臨床医学大系』(*System der praktischen Heilkunde*, 2 Bde, 1800-1805) を完成した。さらに、彼は頻りにぬるい入浴の一般的利用を勧めた (1801年)。そしてブランデーの明白な誤用を警告した (1802年)。また彼は、ベルリンに建てられた種痘研究所についての報告書を出し、かつその研究所の設立と振興に対して適切な指示と励ましとにより大いに寄与したのであった。

また同様に、彼は「牛痘に関する全ドイツ医師に対する要請」(*"Aufforderung an alle Aerzte Deutsch Lands in Botreff der Kuhpocken"*) も行っている (1801年)。さらに、「あらゆる家事への医学的対処法の導入についての提言」(1801年) を作り、「ドイツ、とりわけシュレージェンの温泉医に対し、源泉の効能についての重要な経験を折々公刊するようにという要請」(1802年) を行った。また彼は、ガレ (Gall) の頭蓋骨論についても詳細な叙述と評価を献げた (1805年)。また同年に、「ベテラン医師の養成の必要性」についてのライル (Reil, Johann Christian, 1759-1813) の論文に反対して、彼は「良き医師の特性と義務について」(*"über die Eigenschaften und Pflichten eines guten Arztes", 1806*) なる論文で自分の見解を明らかにした。

イェーナの戦いのあと、彼はフランスから逃れた国王家族のお供をして、きわめて手厚い信頼を受け、プロイセンへ赴き、ケーニヒスブルクのメーメルとティルジットで、その家族のそばに丸３年留まり、1809年のクリスマスになってベルリンへ戻った。戦争の苦難につづいてその地方を席捲し、国王家族の幾人かもその難を免れなかった、はげしいチフスの流行を彼は綿密に研究し、発表した (1807年)。ケーニスベルク滞在中の彼の仕事の主たる目標は、新しい国家組織とともに行われるべき医療制度の変革とベルリンに新大学を建てることであった。そのために彼は、極力これら二つの準備に当った。

ベルリンへ戻る時期に、フーフェランドは家族の痛ましい事情とひどくなる眼病のために、きわめて憂うつな気分であったので、任を解かれることを望んだが、国王はそれを許さず、医学部門の顧問官ならびに国王の侍医として、医療ならびに諮問の仕事に携わるように命じたのであった。

1810年、彼は新しい大学における専門病理学と治療法の教授に任命され、かつベルリンにおける救貧患者のための最初の医術研究所として無料診療所を大学のそばに開設した。同診療所の活動について、1811年より1835年まで規則正しく年次報告書が刊行された。それらの報告書の最後のものは、同研究所の共同所長であるオサン（E. Osann）教授によって刊行された。

フーフェランドの慈善的・博愛的な心情は、ベルリンの貧民事業の管理への彼の関与にも示された。すなわち、彼は貧しい病人のため役立つ救護施設を提案し、1810年貧窮者薬局方（Armen-Pharmacopoe）を立案した。やがて、この薬局方は、プロイセン国家をはじめ、他国のあらゆる貧窮病者の施設に導入された。

1811年に至って、ついにBrownianismusとの戦いにおいて、ロェシュロオプとの間に和解が成立した。そこで彼は、ロェシュロオプの学説に対する自分の関係および自己の医学理論に関する弁明を論文のかたちで公表した。

1814年には、彼は論文「過去・現代における戦時疫病（Kriegspest）について、特に1813年の流行に関連して」において、彼の豊富な経験、特に経験した戦時チフス（Kriegstyphus）について報告した。

1816年に彼は、スティーグリッツ（J. Stieglitz）の著書の刊行に促されて、「動物磁気説」（die thierischen Magnetismus）に反対意見を述べ、「魔術医療」（Medicina magica）や「振動杖による（水脈・鉱脈などの）診断」（Rhabdomantie）についてと同様に、それはさらに後年にもおよんだ（1817・18・22年）。

しかし、それに続く年月は、ほとんど彼をさまたげるものがなく、静かに流れていた。また、こうした静かな時期においても、おびただしい数にのぼる著作の中で、彼が大学で人間学や統計学に関する重要な講義をしていたことをあ

げなければならない。すなわち、「人間の性に於ける両性の同数について」（*“Über die Gleichzall beider Geschlechter im Menschengeshlecht”, 1820, 21*）、これについての補註である「性の予定説」（*“Prädestination des Geschlechts”, 1826*）、さらに「生死に関わる医者の権利について」（*“Von dem Rechte des Arzte über Leben und Tod”, 1823*）、それから彼が注意深い観察の眼を向け続け、警告を発した「ヨーロッパ辺境地域における東洋のコレラの到来」（*“Ankunft der orientalischen Cholera an der Grenze von Europa”, 1823*）がある。1822年には、彼は新しい自分の小論文著作集（Bd. I-VI, 1822-28, Neue Auswohl Bd, I, 1834）の刊行を果たし、彼のJournalsの54 Bandを「1822年の年頭にあたっての医学の現況瞥見」（*“Blick auf die Lage der Heilkunst beim Antritt des Jahres 1822”*）の刊行で開始した。さらに1823年、「1822年全プロイセン王国における伝染病感染症の比較概観」、1824年には「ここ10年におけるプロイセン王国での恐水病による死者の概観」を発刊し、「類似療法」（Homöopathie）ならびにその「逆症療法」（Allopathie）との差異に関して繰り返し意見を述べた（1826・28・30・34年）。1827年には、「未生児の病気と誕生前の人間の生命と健康への配慮」（*“Von den Krankheiten der Ungeborenen und Vorsorge für das Leben und die Gesundheit des Menschen vor der Geburt”*）を論文で取扱い、“Iatrognomik”（1829年）の中で「総合治療法」（“die gesammte Therapie”）に関する彼の基礎概念をより確かなものにせんと試み、また洋学雑誌の一つに「偏執狂、不自由および責任負担能力について」（“Ueber Monomanie, Unfreiheit und Zurechnungsfähigkeit”）なる論文を発表して、この事態についてのさらに詳しい説明をした。

1830年、アジアのコレラが内部ロシアにまでおよび、さらにヨーロッパへ広がる気配を示したとき、フーフェランドのごとき人物は、この新たな不気味な訪問客に関して見解を述べる義務を感じたし、実際また彼によるその病気について多くの論文がある（1830・31年）。

1829年以来、フーフェランドは被災した医者の救助会に関するプランを立案した。これは「フーフェランド基金」として実現され、今日なお立派に活動し

ている。その基金に続いて1836年には、第２の、同様に慈善的な医者の未亡人の扶助組織がフーフェランドによって設立・整備された。

フーフェランドのたゆみなき活動にあたって、1830年の秋に彼の視覚障害が著しく増大悪化したことは非常に痛ましいことであった。

1833年７月24日――50年前のその日に彼は学位を取得したのだったが――、彼に高い名誉が与えられたが、ベルリンを留守にすることで、彼は自分の業績がそうした形で顕彰化されることを避けたのだった。高齢で祝福を受けた人物でありながらも、彼は自分に定められた生涯の間、次第々々に困難さを増してくる数々の肉体的障害にもかかわらず、国家や学問のためにきわめて有益な活動を続けた。最晩年においてもなお、彼の雑誌に一連の論文を発表し、最後の呼吸にいたるまでたゆむことなく活動し続けた老人は、浩瀚な著作である『医学要覧または治療実践入門、50年の経験の遺言』（*Encheiridion Medicum, oder Anleitung zur medicinischen Praxis, Vermächtniss einer 50 jährigen Erfahrung*）を出版し、「フーフェランド基金」にその収入を振り向けるようにした。その著書は出版後すぐに売り切れとなった。フーフェランドはすぐに改訂第２版を出した。さまざまな苦痛にさいなまれながら、1836年８月25日の死の８日前に同書の校正を終えることができたのだった（1857年に第10版が出た）。彼は真実の解明だけに専念し、その時代のすべての片寄った体系から自由に自分を保ちつつ、時代が善にして有用なものとして提示しているすべてのものについて判断を誤ったことがなかった。とりわけ彼の才能ときびしい科学性（学問的であること）とをひとつに結び合せるところの彼の論文における、徹頭徹尾気品があり心を引きつける才気に満ちた言葉はすばらしかった。そしてこのことによって、彼はすでに早くから広範囲の人気と遠きに達する影響を有し、またあらゆる時代を通じて最も豊かな業績を残した医学的著述家のひとりとなった。彼の業績目録は、カーリィセン（Callisen）によると、400をはるかに越える数を示している。彼は医者として、高齢にいたるまでもっとも貧しい人たちに向けられた慎重にして愛情に満ちた配慮や思いやりに満ちた関心をもった模範的な人物であった。同

様に彼は称揚すべき博愛心、正真正銘のキリスト教信仰、本当の敬虔さの模範であり、当代最も気高い人物の一人であった。

参考文献（以下略）

（E. Gurlt）

適塾門下生、のち和歌山藩兵学寮教授
山口良哉(のち良蔵)の二つの訳業をめぐって
――抄訳「利氏生理全書」と訳述『日耳曼軍律』――

はじめに

筆者は、昭和47年（1972）８月より始まった『和歌山県史』編纂事業において、紀州と慶應義塾との関係史料調査のためしばしば慶應義塾塾史史料室（現、慶應義塾研究センター）を訪問し、当時『福澤諭吉全集』再版刊行の主任であった富田正文先生や丸山信氏らからご厚情や多くのご教示をえた。その折り、山口良蔵が緒方洪庵の適塾門下生であることから、適塾記念会の一員として筆者もその門下生調査に関係していることに配慮された富田先生は、ご自身収集につとめられていた「山口良蔵関係文書」をすべて複写して与えて下さった。この内容は、大阪府吹田市在住の良蔵の縁者山口義男氏や横浜在住の中村順平（良蔵の姪の子息）らから入手された文書類で、山口家の系図、良蔵自筆の「履歴書」、孛蘭対訳字書その他の書物注文書（宛先きや日付を欠く紙片）、小幡篤次郎・中上川彦次郎・中村譲之らの良蔵宛、良蔵の塩路嘉一郎宛書翰その他雑文書などが含まれている。富田先生から記念会の門下生調査の進行によって新知見がえられたら連絡してほしいとのご要望があり、少しく紀州藩士塩路嘉一郎と良蔵との関係についてこの富田先生収集文書をもとに調べはじめたが、報告をまとめえないうちに先生はご他界になった。

周知のごとく、のちに紹介するように良蔵自筆の「履歴書」は明治初年の数年間のものであり、幕末の適塾時代については中村順平氏が適塾記念会の門下生調査用紙に報告（昭和45年12月作成）して下さった「山口良哉《りょうさい》（のち良蔵と改

名)」(大阪大学『適塾門下生調査資料第２集』大阪府の部、昭和48年)が唯一である。それには、

〔姓名録番号〕364、〔生没年月日〕天保７(1836)年生、明治20(1887)年没、享年51歳、〔字〕維承、〔号〕南江、〔諱〕寛良南江居士、〔出生地〕大阪市西区江戸堀南通３丁目、〔藩名〕紀州藩、〔身分〕藩士、〔宗教〕仏教、〔主な活動場所〕紀州藩、東京兵部省、〔家父の住所・姓名・身分・職業〕大阪市西区江戸堀南通３丁目、山口寛斎、平民、蘭学医内科専門、臨床の傍ら蘭学塾を開く。〔出生の順位(家父との続柄)〕寛斎長男、〔母方の祖父(実母の里の)住所・身分・姓名・職業〕実母の里、小豆島福田村、〔実母の名〕山本たみ、〔学歴(入門の動機なども)〕山口寛斎はシーボルト高弟高良斎超然学塾に学び、以後自ら医業の傍ら蘭学塾を兼ねた。良蔵幼にして蘭学を修めていたが、更に適塾に入門。寛斎はかねて福沢諭吉氏と交遊あり。良蔵適塾入門は恐らく氏の勧誘か。〔職歴又は活動の略歴〕大阪では福沢諭吉氏の著書出版に当り業者がニセ本を作成し、著作権を侵害するため、氏より良蔵専ら之の監視監督を命ぜられた。和歌山では和歌山藩洋学所助教、寮教授、同兵部省兵学少助教、兵部省軍事病院医官、大阪鎮台医官。東京では兵部省に仕え、陸軍医官に任ぜられ、後海軍属一等判任を拝す。〔著訳書(出版年月)〕海軍省の命で舶用汽機全書、又さきに日耳曼軍律を訳す。後英文を修め専ら之を以って任官。〔親交のあった著名人・逸話・趣味等について〕福沢諭吉氏(福沢氏より山口良蔵宛の長文書翰あり)〔兄弟遺族の状況及び現在の相続者の住所・職業・氏名〕姉　山口いくは夫の死後塩路嘉一郎に再婚。山口良蔵の孫、山口義男、吹田市千里山竹園町１の39、職業は大阪酸素工業(株)専務取締役〔写真・肖像・筆跡等の参考資料があれば品目と所蔵者名〕右記の福沢氏の書簡と山口良蔵の写真所持者、現在、神戸市須磨区東町１丁目５―20、中村元一

とある。

ところで、近年、福澤諭吉協会常務理事西川俊作氏の「山口良蔵覚書」(『福澤

諭吉年鑑』27、平成12年）が発表されて、現在、慶應義塾福澤研究センター保管の「山口良蔵関係文書」（富田正文蒐集資料の一部）をもとに検討の結果の新知見となお残る疑問点が明らかにされるにいたった。すなわち、この「覚書」では、「安政三年〔1856年〕丙辰仲春〔陰暦二月〕朔日」〔入門番号364〕適塾に入門した良哉が良蔵と改めるのは後年のことだが、それはいつからであったか。諭吉の入門は良哉よりほぼ1年前であるが、良哉が入門した安政3年の2～3月頃は腸チフスに罹り、兄とともに中津に帰省しているから、諭吉と良哉とがすぐに親しくなったかどうか疑問である。さらに、このあと良哉＝良蔵がいつまで適塾で学んでいたか、紀州藩に「外事係」として雇われるようになったのはいつか、またその経緯はつまびらかでないと指摘されている。他方、新知見として、福澤が偽版本の取り締まりの府庁への出訴を山口に託した月日が「確認」できたこと、および山口が東京へ出て海軍嘱託となり、翻訳を仕上げた『舶用汽機全書』の原本（英書）を探り当て、その軍事科学的内容がはじめて明らかにされた。

ここに筆者もかねてから山口良蔵について関心をもち、少しく関係史料の収集につとめてきたので、遅ればせながら富田正文先生のご厚情に報いるため筆者入手の適塾時代の山口良哉の抄訳『利氏生理全書』（原文蘭文）とこれまで著訳書の一つとして知られながらあまり紹介されなかった良蔵訳述『日耳曼軍律』（原文独文）について紹介し、若干の考察を試みることにする（以下〔　〕内はすべて筆者の註記）。

1　山口良哉抄訳『利氏生理全書』の成立前後

山口良哉抄訳『利氏生理全書』（全19丁）は、江戸・坪井信良訳「独都著者斯《ス》布歛傑児《プレンゲル》・和蘭訳者布而児護烏達　醫則一」〔題言の末尾に「和蘭《(ママ)》記元千八百二十四年一月　我文政七年　護烏達《コウダ》　剝烏児《ホウル》誌、全12丁。ちなみに、慶應義塾大学北里記念図書館は、「醫則巻之1・2　斯布歛傑爾（スプレンゲル）著、坪井信良訳、写77丁を蔵している〕とともに数年前、立川市幸町清水書店より購入したもので、表紙は写真1の通りで、内容は写真2の血行篇第四十八章に始

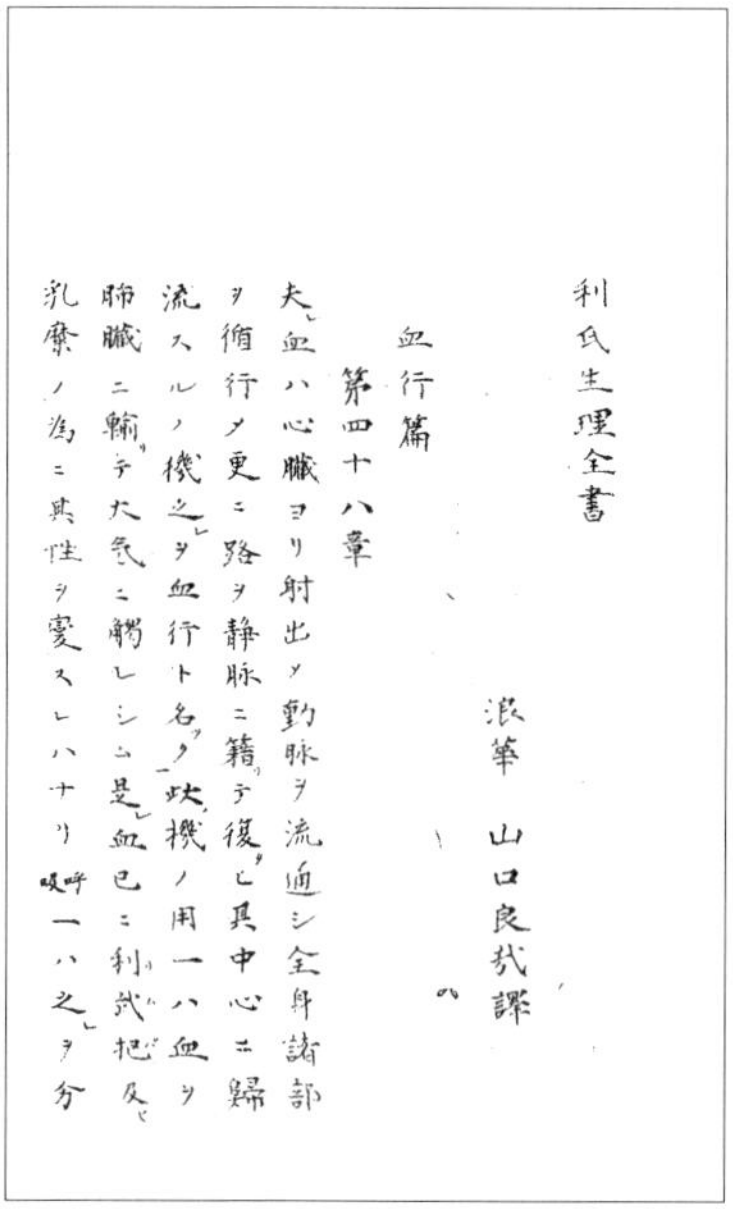
利氏生理全書
浪華 山口良哉 譯
血行篇
第四十八章
大血ハ心臓ヨリ射出シ動脈ヲ流通シ全身諸部ヲ循行シ更ニ路ヲ静脈ニ籍テ復タ其中心ニ帰流スルノ機之ヲ血行ト名ク其機ノ用一ハ血ヲ肺臓ニ輸テ大気ニ觸レシム是レ血色ニ利シ把及乳糜ノ為ニ其性ヲ変スレハナリ 嗚呼一ハ之ヲ分

写真2

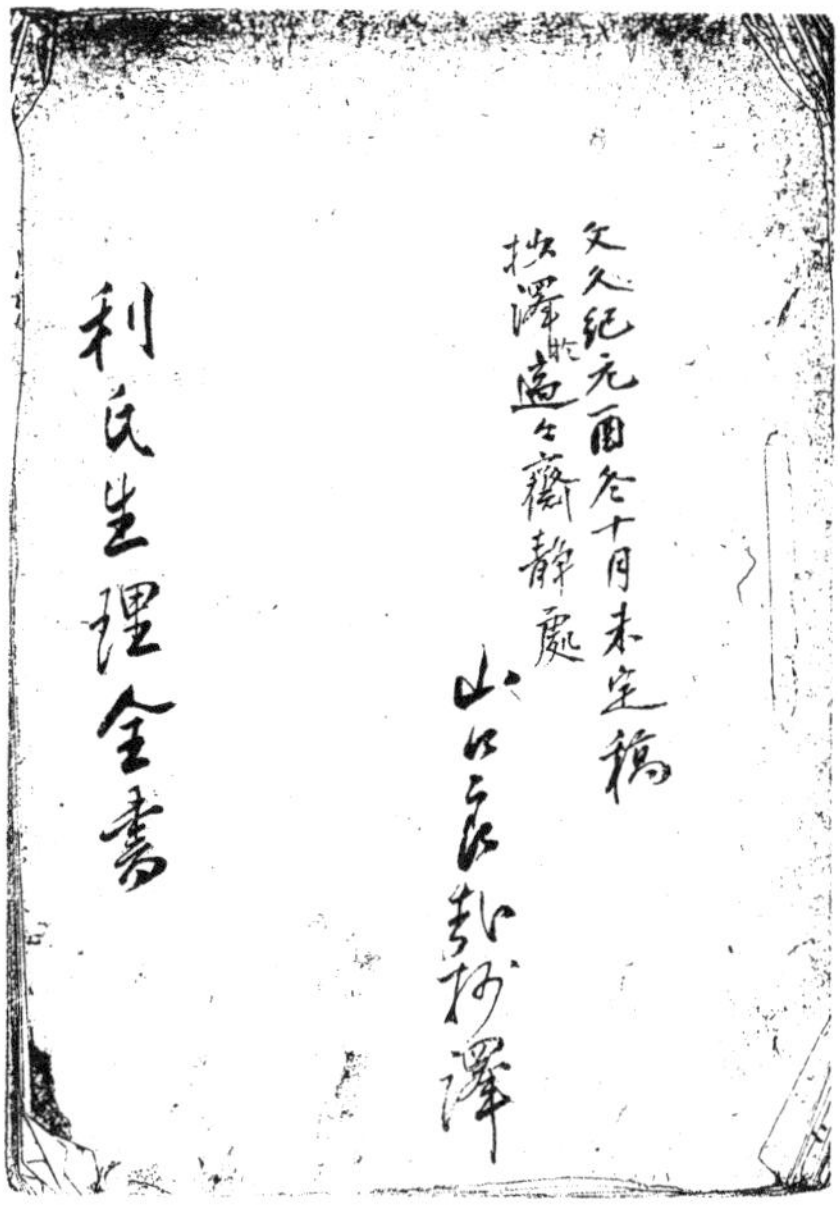
文久紀元酉冬十月未定稿
抄譯於適々齋静處
利氏生理全書
山口良哉抄譯

写真1

まり第五十章にいたる３章分である。本抄訳の原書は、緒方洪庵の手沢本（『病学通論』の典拠のひとつ）として適塾所蔵史料の中にある次の蘭書である。

A. RICHERAND'S NIEUWE GRONDBEGINSELEN DER NATUURKUNDE VAN DEN MENSCH DOOR A. VAN ERPECUM, EERSTE DEEL. Te AMSTERDAM, bij C. G. SULPKE, MDCCCXXV1 Tweede zeer vermeerderde en verbeterde uitgave.

リシュラン（仏）『人身窮理新論』（フランス語第９版）のエルペクムによる蘭訳書、いわゆる利摂蘭土（リセランド、1779-1840）『人身窮理書』（1826年）第２増訂版である。

なお、本抄訳を良哉の語学力ないし蘭医学者としての評価の観点において関心を抱かれる医史学研究の方々もあるかと考えて末尾に良哉が用いた蘭訳本の原文を紹介しておくことにする。

表1

年　次	入門者数(入門番号)	残留者数	備　考
嘉永7年(安政元年)	20(301-320)	2	6月28日入門の長与専斎は残留者の1人
安政2年	40(321-360)	3	
3年	38(361-398)	8	2月1日入門の山口良哉は38人中の1人、残留者中になし
4年	34(399-432)	8	
5年	32(433-464)	23	
6年	40(465-504)	34	
合　計	204	78	他に姓名録にない3人を加えると残留者合計81人

表2

等級別	姓名又は人数
塾　頭	長与専斎
塾　監	斎藤策順
第一等	無　　人
第二等	無　　人
第三等	5(1)
第四等	8
第五等	10(1)
第六等	7
第七等	14
第八等	9(1)
第九等	17
無　等	9
計	81

(1)は、そのうち1人が姓名録にない者であることを示す。

さて、本稿にとっては、さきに写真1に示した表紙に「文久紀元酉冬十月未定稿　抄訳於適々斎静処　山口良哉抄譯」とあるのが注意を要する点である。「文久紀元酉冬十月」、即ち文久元年(1861)10月、本抄訳を未定稿ながら脱稿しており、安政3年(1856)2月1日適塾に入門(入門番号364)以来5年8か月におよんでいることになる。しかし、若干検討を要するのは、安政6年9月1日の適塾生の等級名簿(前田幹「新出の渡辺家文書」、『適塾』10号、昭和52年)に良哉の名がないことである。この名簿は、嘉永7年(安政元年＝1854)6月28日入門の長与専斎(入門番号301)に始まり、安政6年9月20日入門の岡野敬吉(入門番号504)にいたる入門者(正確にいえば「姓名録」の署名者)が安政6年9月2日にどれだけ残っていたかを示すものであるが、姓名録にその名を見出せない3名も記されている。内容を表示すると上掲の通りである(表1・2)。

ところで、この等級名簿には末尾に「其他員外等数人御座候へ共略之申候、右は己未(安政6年)九月朔日之席順に御座候」(傍点筆者)と記されていて、本

名簿を初めて紹介された前田幹氏は、この末尾の註記を勘案し、当時適塾には「正規に在籍していた者八十一名、それに聴講生と思われる『員外』等数名」がいたと解されている。周知のように、福澤諭吉の例でわかるように、適塾生には自分に関係ある蔵屋敷などから通学する者（ごく少数）と内塾生（これが大方）の二通りがあった。また、適塾では等級・席順が塾生の居所に関係してから、前田氏の「正規に在塾していた八十一名」は内塾生を示し、「員外等数名」は聴講生や通学生らを意味しているとも解されている。さすれば、良哉は大阪の西区江戸堀の自宅からの通学生であったため、本名簿に省かれていると見ることができる〔もっとも、正規在塾者が束脩をおさめた正規の適塾在籍者を意味しているとすれば、良哉は当時適塾を離れていたことになる。なお、『員外』として聴講生の出入りが認められていたかどうか、さらに翻って筆者のように「正規に在塾していた八十一名」を内塾生とみると、それが果して収容可能であったかどうか（安政3年11月より同5年10月ごろまで内塾生だった福澤は後年の回想ではあるが、『福翁自伝』に「内塾生五、六十人」としている）少しく疑念がある。今後、本史料について再検討を必要とする〕。

他方、足立寛（天保13-大正6／1842-1917）の直話によると、「十八の年（安政6＝1859）に、福澤先生が大坂の緒方塾より江戸に出て参られたと云ふ評判を聞いて、鉄砲洲の在宅に先生を訪ひました。（中略）奥平の長屋で、一軒の空家を借りて居られましたが、下は六畳一間で、二階は十五畳ばかりの広間がありました。そして其二階には、岡本節蔵、山口良蔵など云ふ、もと適塾に居た者等が、七、八人出入りして居りました云々」とある（高橋義雄編『福澤先生を語る諸名士の直話』昭和9年）。

福澤が藩命により江戸へ出たのは安政5年（1858）のことで、緒方塾から広島人古川節蔵（岡本周吉）を連れて10月下旬（11月22日付福澤の緒方塾の学友宛書翰には「十月中旬出府」とある――岩波文庫本『福翁自伝』97頁注）出府し、鉄砲洲に蘭学塾を開いたから、足立寛が福澤を訪問したのは、早くて安政5年11～12月あるいは翌安政6年年頭のことであったであろう。従って、この足立の直話によ

ると、山口良蔵（良哉がいつから良蔵と名を改めたかは詳かでない。あるいはこのころかも知れない）はこの時期江戸へ出て福澤塾にいたことになる。さきにみた安政6年9月の等級名簿に良哉の名がみえないのは、通学生の故でなく、大坂を離れて江戸へ出ていたからであったとみることができる。のちに述べるように、山口良哉（良蔵）は紀州藩と関係をもつようになるが、あるいはこのときの出府による福澤との関係から、福澤の推薦によって紀州藩に抱えられるにいたったとも考えられる。

以上、安政6年9月等級名簿作成ごろの山口良哉の動静について筆者は一方では通学生として在坂していた説、他方では福澤の出府に伴って良哉も出府していた説の2説を提示したことになる。足立の直話を認めるかぎり、後者の出府説をとるのが妥当と思われる。この良哉出府説をとると、おそらく福澤が翌万延元年（1860）1月咸臨丸で渡米するにいたったので、良哉は間もなく江戸を去って帰坂し、適塾の〈静處〉でリセランドの抄訳に取り組んだと推定したい。

さて〈静處〉については、良哉と同年の安政3年に適塾に入門した芸州出身の小川清介（ただし『姓名録』に署名がない）の『老のくり言』（『広島史学』32巻4号、昭和54）に次のごとく記されている。

> 自分が洪庵先生の塾に入ったとき、塾頭は松下元芳といって久留米の人であったが、この人が去って福澤諭吉がこれに代わった。塾中は三区に分かれていて、〈大部屋〉といって40畳、また〈自然窟《しぜんくつ》〉という10畳、これは4級以下8級までの生徒の居所であり、別に〈清所《せいしょ》〉といって3級以上のものの居所として10畳余りの広さであった。1人について1畳の割で居所が設けられていたが、〈清所〉だけは人員が少なくて畳数が多く、拭き掃除も行き届いていて清潔の方であった。その他の2区は毎月朔日《ついたち》に1度拭き掃除するだけだったので汚なかった。そのうえ掃除したちりやほこりを行灯《あんどん》や両掛《りょうがけ》などの荷物をしまっておく押入のような所へ掃き入れておくので、夏の日には虫類も発生した。

とある。今、〈大部屋〉以外の〈自然窟〉〈清所〉が、現状の適塾のどの辺りに当るかは容易に判断できないので他日考えることにする。ただ良蔵の〈静處〉は、上記の清介の記す〈清所〉であることは確かであるから、リセランドの抄訳未定稿に取り組んでいたときの良蔵の等級はその居所からみて3等級以上であったであろう。良蔵が福澤出府後にあとを継いで塾頭になったと紀州藩出身の草郷清四郎は語っているが（『福澤先生を語る』)、それは誤りで、福澤のあとには長与専斎が塾頭となったもので、これは専斎みずから自伝に記し、すでに浦上五六『適塾の人々』(287頁参照) にも記されている通りである。おそらく専斎が退塾・帰郷した安政6年（1859）の暮ごろからか、もしくはあくる万延元年(1860) はじめごろからか、良蔵が専斎のあとを継いで塾頭になったと思われ、リセランドの抄訳は彼の塾頭時代の業績と見なすことができよう。なお、文久2年（1862）4月25日に入門した足立寛が、「私が緒方塾に参つた時は、柏原学而と云ふ人と、今一人で代る代る塾長をしていた」(前掲『福澤先生を語る』) と語っているから、その時までに良蔵は退塾していたのであろう。

以上で、良哉（良蔵）の適塾時代を終わり、以下、良哉のリセランドの訳業の内容を紹介しておくことにする。筆者は医史学方面については全くの門外漢であるので、明治前のこの方面の訳業として十分なご検討を医史学の専門家各位に委ね、その正当な歴史的評価が下されるようお願いしたい。そのさい蘭訳原書との対校を是非期待するものである。

山口良蔵抄訳『利氏生理全書』の内容紹介（〔　〕を附した部分は原文2行割註を印刷上1行に記したもの）

利氏生理全書　　　　　　　　　　　浪速　山口良哉　訳

血行編

第四十八章

夫レ血ハ心臓ヨリ射出シテ動脈ヲ流通シ全身諸部ヲ循行シテ更ニ路ヲ静脈ニ籍

リテ復タヒ其中心ニ帰流スルノ機之レヲ血行ト名ツク、此ノ機ノ用一ハ血ヲ肺臓ニ輸リテ大気ニ觸レシム、是レ血已ニ利武把《リムパ》及ヒ乳糜ノ為ニ其性ヲ変スレハナリ〔呼吸〕 一ハ之レ分泌諸臓ニ致タシテ更ニ純精ナラシム〔分泌〕 一ハ之レヲ体中諸部ニ達シ其中チ含ム所ノ栄養分ヲ全質ニ賦與シテ生養保護シ以テ其消耗シ補給ス〔栄養〕

血行ノ諸器ハ特トリ諸液・運輸ヲ為ス者ニシテ固トヨリ之レヲ製造スル者ニ非ス、假令ハ猶ホ傭《ヒョウ》夫《ナカシ フシンバ》ノ作場ニ於ヒテ木材ヲ運転シ以テ工人ニ與フルカ如シ、蓋シ其工人ノ中チ或ハ草製ス事トスル名アリ、或ハ精成ノ用ヲナス者アルカ如ク肺臓及ヒ分泌腺モ亦タ能ク生養ニ適セサル諸質ヲ血中ヨリ泌別シヲ之レヲ純潔ナラシム

第四十九章

〔記録〕嘗テ外家ノ古籍ヲ閲スルニ當時総ヘテ大手術ヲ施スニ當テ其必ス失血ヲ致タスヲ以テ恐レトセリ、是レニ依テ之ヲ観レハ稍ヤ血行ノ機ヲ辨識セシ者ノ如シ、然レトモハ-ル-ヘ-イ氏以前ニ鏤行セル生理家ノ諸書ヲ歴視スルニ未タ嘗テ此機ヲ知ル者アルコトナシ

古哲依-ト-加-得氏創メテ一脉管ヲ発明シ、之レヲ粘血脉〔按ニ原名英国ノ符字ヲ以ヲ之レヲ記ス解シ難シ今マ臆察ニ依テ之レヲ訳ス、固トヨリ穏當ナヲス〕ト名ツケリ即チ静脉是レナリ

其後プ-ラ-キ-サ-ゴ-ラ-ス氏更ニ一ノ空管ヲ発明シ曰ク、生活ノ際其中チ常ニ空気ヲ含有スト、故ニ気脈ノ名ヲ以テ之レニ命セリ、即チ動脉是レナリ、其頃或人ノ説ニ静脉ハ血行ノ重器ニシテ血心臓ヨリ流出シ、此管中ヲ進通シテ以テ四肢ニ循環シ、後チ復タヒ心臓ノ帰流スルナリトス

瓦-列-扨-私氏ニ至テ始メテ動脉中ニ血ノ含有セルコトヲ発明シ、此脉常ニ鼓動ニ因リテ刺衝サル丶者ナリトス、而シテ其鼓動ハ血ノ動脉内面ヲ激動スルヨリ現ハル丶者ナルヲ知ラスシテ却テ心臓ノ鼓動擁進シテ動脉内面ニ及フ者トス、且ツ実験ヲ以テ之レヲ證セリ、即チ動脉ヲ裁断シテ本末ノ両端トナシ、其間ニ鵞管ヲ挿接緊括セシニ其末端ニ就ヒテ毫モ鼓動アルヲ見スト、後来此実験ヲ採

テ以テハ-ル-ヘ-イ氏ノ説ニ拒ム者アリト雖トモ敢テ取用スルニ足ラス、何ントナレハ其試験未タ的実ナルコトヲ得サレハナリ、倘シ他ノ一試験ノ如キ者ヲ以テ之レヲ施スコト有ラハ其疑団断然トシテ氷釈スヘケンニ、ヘ-サ-リ-ユ-ス氏解剖術ヲ一変シテ新精ナラシメシ頃ロ静脉中ニ居多ノ障膜アルヲ発明セリ、而シテ當時若シ其膜ノ向方及ヒ主用ヲ考究セハ血行ノ理須ラク得テ領解スヘケンコト必然タリ、然ルニ人未タ毛様管ノアルヲ知ラス、実ニ血ハ心臓中隔ノ針眼ヲ横通シテ此脉ヨリ彼脉ニ転移セル者ナリト、而シテ一時此説ノ取用サル丶ヤ独-逸意-太-利-亜ノ解剖家ノ如キハ彼ノ針眼ニ疑思スル者ヲ嘲笑誹謗スルノ甚シキニ至レリ

所謂小血行ナル者ハ セ-ル-ヘ-チ-ス氏ノ発明スル所ニシテ血心臓ヨリ肺動脉ヲ循行シテ肺臓ニ入リ、之レヲ輪流シテ肺静脉ヨリ復タヒ心臓ニ帰流スルヲ云、當時稍ヤ之レヲ信スル者アリシニ、惜哉彼レ壮年ニシテ世ヲ辞ス、此ヲ以テ其説半途ニシテ挫折シ、遂ニ世ニ行ハレス、ス-プ-レ-ン-ゲ-ル氏證シテ曰ク、総ヘテ血行ノ理論ハ サ-セ-ル-ヒ-ニュ-ス氏ニ依テ逾々確定セラレタリト、然ルニ ハ-ル-ヘ-イ氏意太-利-亜国有名ノハ-ブ-リ-キュ-ス、ア-プ、ア-キュ-ア-ペ-ン-デ-ン-テ氏ニ就ヒテ解剖術ヲ習熟シテ静脉中ニ障膜アルヲ発明セリ、而シテ當時絶ヘテ其説ヲ唱フル者ナシ、一千六百二年ハ-ル-ヘ-イ氏其膜ノ主用ヲ検査シテ略々血行ノ理ヲ究メ其本国〔英吉利国〕ニ帰ルノ后、十七年間竊カニ試験ヲ施シテ終ニ其理ヲ盡セリ、尚且尓後九年間絶ヘス新奇ノ試験ヲ以テ愈々之レヲ明了確実ナラシメタリ、然レトモ人々尚ホ未タ信セス却テ嘲謗排擯擯セリ、然レトモハ-ル-ヘ-イ氏天性大度堅忍ノ士ニシテ嘗テ之レヲ以テ意ニ介セス、竟イニ一千六百五十二年〔ハ-ル-ヘ-イ氏始メテ此説ヲ発明シタル後、五十年ニ當タル〕ニ至テ、其説大ニ行ハレ始メテ跋扈ノ時ヲ得タリ従前一大家アルテハ-ル-ヘ-イ氏ニ拒ミ戦ヒシモ此ニ於テ大ニ北走シ、却テ其説ヲ主張スルニ至ル、是レヨリ断然トシテ毫モ之ニ敵スル者アルコトナシ、之レニ依テハ-ル-ヘ-イ氏ノ美名今ニ至ル迄依依保続シ、至庸ノ醫輩ト雖トモ其名ヲ知ラザル者ナキニ至ル、猶ホ應《イン》-温《ネ》-児《ル》氏牛痘種法ノ発明ニ依テ盛名世ニ轟ロクト一

般ナリ

ハ-ル-ヘ-イ氏没後顕微鏡ヲ用ヒテ血行ノ機ヲ実徴シ、以テ益々之レヲ確證セル者アリ、一千六百六十一年マ-ル-ヒ-キ氏平常ノ眼鏡ヲ以テ蝦蟇ノ肺臓腸間膜及ヒ膀胱ニ就ヒテ此機ヲ點視シ以テ世ニ公ケニセリ、一千六百八十八年レ-ウ-ヱ-ン-フ-ク氏モ亦タ顕微鏡ヲ以テ此機ヲ徴シ得タリ、爾後此両氏ニ次ヒテ仍ホ実験ヲ施ス者居多シ、然レトモハ-ル-レ-ル氏ノ実験ヲ以テ足レリトス、即チレンス状ノ玻瓈ヲ以テリ-ヒ-ー-ル、ス-メ-ー-ル-リ-ン-グ〔河獣ノ名〕ノ尾ヲ點検スルニ動脉ノ大ナル者転廻シテ其末端静脉トナル、而シテ此静脉数顆ノ血球ヲシテ一斉ニ其中チヲ流通セシムルニ適セリ、蓋シ此実験ハウィ-ル-レ-ア-ム、コ-ー-ペ-ル犬ノ腸間膜或ハ猫児ノ網膜ニ施セル者ト自カラ別アリテ宜シク得テ信用スルニ足レリ、ハ-ル-レ-ル氏温血ノ動物ニ就ヒテ血行ノ機ヲ検スルニ更ニ此機ヲ見サルノミナラス、単ニ其顫動ノ如キモ確視スルコトヲ得スト

今世ニ在テハハ-ル-ヘ-イ氏ノ発明ニ就ヒテ細カニ之レヲ辨説スルコト実ニ贅論ニ属ス、然レトモ今マ復タ此ニ顧念スヘキハ人已ニ心臓、動脉、及ヒ静脉等ニアル障膜ノ向方其他静脉ヲ刺シ或ハ抑シ或ハ縛シ或ハ他ノ液ヲ其中チニ注ソクヨリ現ハルヽ所ノ諸證ニ因リテ血行ノ機ハ前章説ク所ヨリ外ナラサルヲ識得セルコトヲ、動脉ヲ刺セハ其迸出スル所ノ血源ヲ心臓ニ取リ静脉ヲ刺セハ其血四肢ヲ源トシテ飛出ス、又タ動脉ヲ抑シ或ハ縛スルニ血ノ流通此ノ處ニ歇止シテ、是レヨリ以内ノ脉管大ニ膨脹ス、静脉ノ如キハ之レト全ク相反ス、又タ酸性ノ液ヲ以テ静脉中ニ注入セハ其部ヨリ以内ノ血之レカ為ニ凝固ス

第五十章

此ニ血ノ本性ト及ヒ其体質、疾病、年齢ニ因ル所ノ態況ノ差異トヲ論スルコト実ニ一大先務トス、総ヘテ脊柱ヲ具セル四種ノ動物〔按ニ乳養動物、水陸両間ニ住スル者、鳥、魚是レナリ〕ニ在テハ其血色居恒ニ紅赤ノ者トス、輪様動物《リングヂール》〔按ニ其体或ハ其頭ニ輪様ノ紋理アル者ヲ云〕ニ於ケルモ亦タ然リ、軟動物《ウエーキヂール》ノ如キハ其色或ハ純白ノ者アリ、或ハ白青ノ者アリ、無血蟲及ビ殻中ニ住ム者ハ

其液白色ニシテ且ツ透明ノ水溶ヲ含有ス、ゼーブラーセン〔按ニ海蟲未詳〕及ヒ脊椎ヲ具セサル者ハ其液頗ル黄色ナリ、人身ニ在リテハ其血色固トヨリ動静二脉ノ異ナルニ準ツテ多少ノ黯色ヲ帯フルト雖トモ、其玲瓏ノ度ハ体ノ強弱ニ應シテ亦タ此レニ差異ナキコトヲ得ス、強壮活潑ノ人ニ在リテハ其血色玲瓏ニシテ火紅ナリ、水腫ヲ患フル人或ハ毎常多少ノ衰弱ニ係レル体質ハ其色青白ナリ、今マ其色ノ差ヲ推シテ以テ血ノ有セル諸性ヲ判スルコトヲ得、血色逾々玲瓏ナレハ其粘力逾々強、其味逾々鹹、其臭逾々烈ナリ、蓋シ其玲瓏色ハ圓状或ハ氷柱状ノ小球夥多ナルニ因レリ、而シテ其小球常ニ水様ニシテ且ツ流動シ易キ輸送液《フールホフト》ノ中チニ浮游ス、若シ其小球減少セハ血色忽チ変シテ白青トナル、意フニ悪液病ノ如キハ其小球ノ溶崩セル者ニ似タリ

凡ソ血ノ其物タルヲ確知セント要セハ宜シク先ツ察スヘキノ事アリ、即チ動物体ヲ構成スル諸質其諸器ニ同化スルノ前ニ在リテハ血中ヲ環流シテ其一分セリ〔動脉血〕、而シテ更ニ体外ニ排泄サルヽ者モ〔大便ノ外〕亦タ其泄出ノ前ニ在テハ倶ニ其一分ヲ成セル者ナリ〔静脉血〕

心臓ヲ源トシテ出ツル所ノ血ハ、其進流恰モ急流ノ小川ノ如クニシテ夥多ノ小溝〔按ニ動脉〕ヲ岐流シ普ネク体ノ諸部ニ渉リテ此ニ之レヲ構成スル元質ヲ賦與シ、更ニ又タ他ノ渠隍〔按ニ静脉〕ヲ周流シテ再タヒ其源ニ向ヘル、而シテ其間居恒ニ新鮮ノ元質ヲ受容ス、蓋シ此元質或ハ体外ヨリ輸クル者アリ〔按ニ外気中ノ酸素等〕或ハ体内ヨリ致タス者アリ〔按ニ乳糜中含ム所ノ元質〕

或人動物ノ血量ヲ検査センカ為ニ犬羊ノ類ヲ先ツ衡ニテ秤カリ、其脉管ノ大ナル者ヲ刺シ死ニ至ル迄泄血セシメ、而シテ更ニ其血量ヲ秤リテ以テ之レヲ定ムルコトヲ得タリ、此法ニ依テア-ル-レ-ン-ス、ム-ユ-リ-ン-ス」リ-ス-テ-ル」〔其二人名〕等血量ト体重ノ対称ヲ一ト二十ニ定メリ、之レニ依テ大人ノ体中含ム所ノ血量七或ハ八百-度ナルヘシ、又タ彼此ノ生理家再タヒ其試験ヲ施シ以テ以前ニ定メタル血ト体ノ対称ヲ尠ナシトシ、而シテ更ニ血量ヲ以テ体重ニ比スルニ十分ノ一ナルヘシト思ヘリ

総ヘテ此定則未タ精詳ナラス、何ントナレハ使令ヒ什糜《イカン》ノ法ヲ以テスト雖トモ

血常ニ脉管中ニ残留スルヲ以テナリ、余嘗テ犬ノ大脉管ヲ刺シテ其出血ノ全ク歇止スルニ至リシ者、或ハ刎罪ノ者ノ尸等ヲ解剖スルニ其脉管中仍ホ過多ノ血残留ス

今マ此試験ニ依テ彼ノ生理家ノ定ムル所ノ者ハ実ニ動物体中ニ含有セル真ノ血量ヨリ尠ナキコトヲ知ル、又タ或人脱血ヲ以テ其血量ヲ定メント要セリ、然レトモ脱血ニ二種アリ、宜シク辨別スヘシ、甲ハ多時間歇ノ後チ屢々発スル者〔十日間ニ七十五百-度《ポンド》、或ハ尚ホ久シキニ於テハ二百二百-度ノ血量ヲ泄出ス〕、乙ハ一頓ニ発スル者是ナリ〔一晝夜間二十百-度或ハ三十百-度ノ血量ヲ泄出ス〕、甲ニ在リテ得ル所ノ血量ヲ以テ決シテ脉管中ノ血量ヲ定ムルコトヲ得ス、何ントナレハ特トリ血ハ是ノ時ニ當テ速カニ回復スレハナリ、仍ホ一患者一晝夜ニ三十百-度ノ血量ヲ泄出セシニ其時間忽チ一二百-度ノ血量ヲ造為セリ、今マキュ-エ-スナ-イ」フ-ル、ホ-フ-マ-ン」〔共ニ人名〕ノ説ニ従ヘハ大人の血量ハ二十九或ハ三十百-度ナルヘシ、之レニ因リテ血ト全体ノ対称ハ一ト四或ハ五ナルニコトヲ知ル

凡ソ血量ハ年齢及ヒ体質ノ差ニ準フテ又タ一定セス、小児ノ如キハ大人ニ比スルニ其量分外ニ居多シ、是レ幼時間有セシ所ノ夥多ノ脉管其成長ニ従フテ自ラ消散スレハナリ、高老ノ人ノ如キハ其血量愈々減却ス、是レ居多ノ動-脉-毛-様-管此ノ期ニ至レハ全ク壅塞スルヲ以テナリ、体質ノ差ニ因ル者ヲ以テハ此レ彼レニ比スルニ其血量過多ナル者アリ、是レ所謂多血質ナリ

或人顕微鏡ヲ以テ血中ニ小球アルヲ検視セリ、レ-ー-ユ-ヱ-ン-フ-ー-ク〔始メテ此小球ヲ発明セリ〕及ヒマ-ル-ヒ-キ〔レ-ー-ユ-ヱ-ン-フ-ー-クト同時ニ之レヲ目撃セリ〕以降モ之レヲ検視スル者居多シ、而シテ是レ居恒ニ鳥羹養汁ノ中ニ視ル所ノ者ナリ

〔多少〕其小球ノ居多ナルコト鳥類ヲ以テ第一トス、第二乳養的動物、第三冷血動物ナリ、而シテ此小球ハ静脉血中ニ於ケルヨリ動脉血中ニ居多シ

〔大小〕此小球冷血動物ニ在リテハ温血動物ニ於ケル者ヨリ稍ヤ大ナリトス

蓋シ顕微鏡ヲ以テ其大サヲ定ムルコトヲ得ヘキ乎、ヱ-ヘ-ラ-ル-ト、ホ-メ氏

ノ説ニ従ヘハ、人身血球ノ直径ハミルリメ-テル〔一曾尓ノ千分一〕即チ英国兊母《ドイム》ノ五千分一ナルヘシ、此人鼠ニ就ヒテ其血球ノ直径ヲ度リテミルリメーテルノ百八十分ノ一トシ、鱝ニ在リテハ其七十分ノ一ナルコトヲ證セリ、是レ実ニ然ルコトアラハ温血動物〔殊ニ冷血動物〕ノ血球ノ如キハ人身ノ血球ニ比スレハ稍ヤ大ナリトスヘシ

レ-ー-ユ-ー-ヱ-ン-フ-ー-ク氏曰く血球ハ其形球状ニシテ其至小ノ度ヲ計ルニ一兊-母ノ百萬分一ナリトヘ-ウ-ソ-ン氏曰ク其小球環状ニシテ其中央ニ小乳アリト又タ或人之レヲ平扁ナルレ-ン-スニ此シ而シテ以憶フ其中央ニ黯色ノ班點アリト

其小球冷血動物ニ於テハ其形卵圓ナリ、鳥類ニ在リテハ楕圓ナリ、人類ノ如キモ亦タ全ク圓ナラス而シテ其表面一ノ光點アリ、或人ノ小孔ト思ヘル者是レナリ、ス-ミッ-ト氏ノ説ニ従ヘハ其小球全ク圓ナリ、然レトモベ-ク-ラ-ル-ド」プ-レ-ホ-ス-ト」ジュ-マ-ス」〔共ニ人名〕ハ其形ヲ謂フテ平扁ニシテレ-ン-ス状ナリトス此諸氏ノ説ニ依レハ其小球ハ稍ヤ強固ナル紅赤ノ仁ヲ以テ成リ、之レヲ被包スルニ膜状ノ小胞アリ、ホ-メ氏等ノ説ニ従ヘハ血ノ染質ハ唯々其小球ノ表面ヲ覆フノミニシテ、決シテ其中チニ攙入スルコトナシ」テ-ニ-ス氏モ亦タ血中ニ其小球アルヲ目撃スト雖トモ未タ繊維質ノ仁アルヲ知ラス、而シテ其小球ハ全ク染質ヨリ成リ、繊維ヘ溶解シテ血中ニアル者ナリトス

ラ-ス-パ-イ-ル氏〔顕微鏡ヲ以テ至微ノ小物ヲ検視スルニ甚タ長セリ〕古来唱フル所ノ血球ノ諸説ヲ排擯シテ曰ク、人此ノ血球ヲ検スルコト未タ精詳ナラス、而シテ其小球定形ナク定圍ナク染質シ以テ被包サレシ者ニアラス、且ツ無色ニシテ恰モ粉末ノ如シ、是レ本ト凝固セル蛋白血ノ運動ニ因リテ以テ圓形ヲ得ル者ナリト、又タ曰ク其小球容易ニ水ニ和スルカ故ニ水ヲ以テ之レヲ稀薄ニスレハ忽チ溶解シテ消散スト、而シテホ-ト-グ-キ-ン」リ-ス-テ-ル」〔共ニ人名〕ニ反シテ其著書中此説ノ的実ナルコトヲ確證シ加之ホ-デ-ラ氏ノ語ヲ採用セリ、其語ニ曰ク、血球ニ就ヒテ諸家ノ論説スル所悉ク過テリト、然レトモ誰カ能ク黙シテ之レニ答ヘサルコトヲ得ンヤ、ド-ン-ネ氏〔同シ顕微鏡ヲ以テ微物ヲ検

スルヲ勉メリ〕其小球ノ水ニ溶解サセルコトヲ證シ、デ-ス-パ-イ-ル氏ノ所謂此物ノ消散シテ巳ニ視ルコトヲ得サルモ仍ホ溶解シタルニアラス、而シテ小球ハ蜂巣状繊維質ノ者ニシテ其窠中少量ノ蛋質殊ニ染質ヲ含有スト謂ヘリ

憶フニ其小球ノ外更ニ又タ稍ヤ小ナル他ノ球アリトヒュ-ン-テ-ル氏之レヲ漿液《ウエイ》中ニ見タリ、バ-ユ-ヱ-ル氏之レヲ動脉腫《スラフアーデルゲズウェル》ノ嚢中ニ見タリト思ヘリ、人之レヲ漿液球ト名ツク、然レトモ其球ノ有無未タ詳ナラス、尚ホ後證ヲ俣ツ方今ニ至リテモ人或ハ彼ノ血球ヲ有ルコトナシトセリ、故ニシキュルツ氏ノ説ニ依レハ血ハ同質ノ活液ニシテ本ト微分ノ互ニ相放チ又タ相引キ断ヘス離合スル者ヨリ成レリト、然レトモジュ-ト-ロ-セッ-ト氏之レヲ離シテ曰ク、是レ単竟顕微鏡ヲ以テセル検査ノ謬誤ニ因リテ此惑ヲ致セリト

血ヲ脉外ニ放チ以テ之レヲ検スルニ灰汁ニシテ膠質ヲ帯ヒ且ツ其味ノ鹹ナルコト倶ニ顕著ナリ、何ントナレハ血ハ胃液小便ノ如キ酸性ノ諸液ヲ泌別スル本源ナレハナリ、血色ハ本ト火紅ナリト雖トモ種々ノ気類《ガスゾールテン》之レニ和合スルニ従フテ其変化モ亦タ一ナラス

血愈々寒冷ナルニ従フテ其烈臭ノ水蒸気モ亦タ愈々飛散ス、モ-ス-カ-チ」ロ-サ」〔共ニ人名〕等ノ説ニ従ヘハ、此蒸気ハ總ヘテ血ノ活性ヲ主トル一種ノ気《ガス》ナリ、故ニ此気全ク消失スレハ血忽チ無生ノ状態ニ変ス、而シテ血ノ解剖ニ於ケル恐クハ健康疾病ノ諸證ヲ釈明スルカ如キ勲績ヲ奏スルコトアラシト

血臭ハ肉食動物ニ於ヒテ最モ強烈ナリ、人類モ亦タ然リ、殊ニ動脉血ニ著シ、嘗テ膝動脉ヲ傷ツキ縛帯ヲ以テ之レヲ結フ、爾後第八日ニ縛帯緩柔シテ再タヒ失血ヲ致タス、此ニ於ヒテ復タ之レヲ緊括セント欲シテ全ク縛帯ヲ解ク、是レヨリシテ終日其臭ヲ咽中ニ覚ユ

血ノ臭分ハ動物汗ノ臭分ニ斉トシ、バ-ル-リュ-ヱ-ル氏嘗テ一法ヲ発明シテ曰ク、硫酸ヲ以テ血ニ注クトキハ其臭分忽チ離散スト、尚ホ鳩血ヲ検査シテ此臭分ノアルコトヲ確知セリ、然ルニソ-ユ-レ-イ-ラ-ン」デニス」ノ両氏之レヲ排斥シテ曰ク、硫酸ヲ注ヒテ発スル所ノ臭ハ其酸ノ血ヲ侵スヨリ致タス者ナリ、故ニ従前其臭分ヲシテ離散セシメタル者アルヲ聞カスト

凡ソ血凝固スルニ當テ愈々寒冷ナレハ其強固モ亦タ隨テ増加ス、而シテ血ヲ静止センムルトキハ則チ自カラ分離シテ二類トナル、其一水様ニシテ殆ント無色且ツ常水ヨリ稍ヤ重ク其味甚タ鹹ナル者血漿《ブルードウエイ》液是レナリ、此者タル水液ノ多ク諸質ヲ溶解シテ其中チニ含有セル者ヨリ成ル〔按ニ他ノ一分ハ紅赤ナル者血肝（傍点の5文字を抹消して「血肝」と訂正あり――筆者註）ヲ云〕

血漿液ハ蛋質ニ斉トシト雖トモ凝固スレハ稍ヤ軟柔ナル不同質ノ者トナルヲ以テ此レニ差異アルヲ知ル、蛋質ノ血漿液ノ中ニ在リテ傑列乙ト抱合ス、蓋シ傑列乙ハ透明ナル者ニシテ温ノ為ニ凝固スルコトナシ、蛋質ト酸素ハ其交力至親ナルカ故ニ今マ之レヲ推シテ以テ血漿液ハ肺ノ小胞中ヨリ酸素ヲ引ヒテ動脉血ヲ泡起セシムルコトヲ察スヘシ、而シテ泡沫ハ動脉血ノ一徴トス、此酸化温素ノ抱合ト竝行シテ血ノ聚力《サーメンハング》ヲ増加ス、然レトモ蛋質ハ凝固スルコトナシ、何トナレハ是レ居恒ニ血行ノ為ニ振動シ且ツ多量ノ水液之レヲ稀薄ニシ、加之動物ノ温度ニ依テ決シテ凝固スルコトナク〔動物ノ温度ハ列氏験温器ノ三十二或ハ三十四ヲ越エルコトナシ血五十度ヲ以テ初テ凝固スルコトヲ得〕尚且ツ血漿液中曹達ヲ含有スルヲ以テナリ、曹達ハ藍植液ヲシテ青色トナラシムルノ性アリ、亦タ能ク蛋質ヲ溶解セシムル者ナリ、故ニ蛋質已ニ諸酸、焼酒、或ハ温ノ為ニ凝固セシモ尚ホ此塩曹達ヲ以テ溶解スルコトヲ得ヘシ

血漿液ノ内部或ハ其表面ニ強固ニシテ且ツ海綿状ノ赤糕《クーク》〔按ニ糕ハ塊ナリ、其形チニ就ヒテ爾云〕洪游ス、其窠中染質及ヒ蛋質ヲ含メリ

血除々ニ凝固スルニ従テ其纎維質血糕《ブルードクーク》ノ表面ニ浮游シテ白皮ヲ結フ、之レヲ豕脂膜或ハ焮衝皮ト名ツク、焮衝ヲ患フ人ノ血ニ於ヒテハ其皮ヲ形成スルコト甚ク容易ナリ、是レ此病ニ因リテ増加セル纎維質ノ多量ニ拘ハラスシテ却テ血ノ凝固スルコト平常ヨリ遅々スルニ因ル者トス、多血質ノ人ニ於テハ其血糕ノ最モ強固ナルコト猶血ノ徐々ニ凝固セル者ノ如シ

抑々血糕ハ如何ノ原由ヲ以テ其形成ヲ得ルヤ、人知リ之ヲ血ノ寒冷トナルコトニ帰セシ、然レトモ夫レ実ニ然ラス、何ントナレバ一海魚ノ血ヲ其脉管ノ中チヨリ放テ気中ニ来タスモ仍ホ凝固スルヲ以テナリ〔気中ノ温度ハ脉管中ノ温度

ニ過越セルトス〕ヘ-ウ-ソ-ン氏等其血ヲ脉外ニ放チ直チニ寒気ニ触レシメ以テ之レヲ凝凍セシメ、而シテ又タ其血ノ溶解セル者モ自然ニ凝固スルコトヲ得、此故ニ血ノ凝固ハ実ニ温度ノ増減ニ拘ハラス、何ントナレハ血ハ死體ノ脉管中或ハ排気鐘内ニ於テモ凝固スルコトアルヲ以テナリ、然ラハ又タ静定ヲ以テ其原由トスル乎、是レ表見ニ在リテハ取用スヘキニ似タリ、何ントナレハ血、脉管中ニ在リテ断ヘス流動運行シ又タ之レヲ血中ニ容レテ蕩揺スルノ間常ニ流動スルヲ以テナリ、是レ実ニ然ルニアラス、或人四年前〔千八百三十一年〕ヱーデンピュルフ〔地名〕ニ於ヒテ之レヲ證シテ曰ク、久時間蘯揺セル血ニ於ヒテ大血糕ノ成ルヲ見スト雖トモ夥多ノ小血糕ノ散在セル者アリ、是レ血漿液ヨリ分離ス、而シテ其質ノ構成ニ於ヒテハ猶ホ徐々ニ凝固セル大血糕ニ斉トシキコト照々乎タリト

今マ其真源ヲ索ヌルニ是レ血生体ヲ離ル丶ヨリ他ナシ、例スルニ血六十日間莢膜ノ中チニ瀦溜セシモ尚ホ依然トシテ全ク流動セリ、又タ頭蓋骨ノ挫傷シテ血腫《ブルートボイル》ヲ生シ其始終〔此腫ヲ生スルヨリ吸収ニ因リテ治スル迄ノ時期ヲ云〕久時間血凝固スルコトナシ、尚且ツ蜞鍼ニ因リテ吸収サレシ血ヲ六週ノ後チ再タヒ泄出セシニ本ト脉管ノ中ヨリ来レル者ノ如シ、デ-ニ-ス氏ハ血ノ凝固ヲ其中チ固有セル生機ノ消失ニ因ル者トシ、而シテ又タ纎維質ハ生活ノ間生力ニ血中ニ溶解セルモ其生機ヲ失フニ至リテハ再タヒ凝固スト思ヘリ、蓋シ其纎維質脉管ノ中チニ在リテ毫モ固形ノ状態無カリセハ此説稍ヤ信拠スヘキニ以タリ、理理《（ママ）》家及ヒ分析家ノ如キモ亦タ之レヲ取用スル者居多シ血生活ノ間ニ在リテモ已ニ凝固スル者アリ、例スルニ脉管焮衝ノ初症ハ即チ血ノ凝固ナリ、寒疸ニ於ヒテ死部ヲ順行セル動脉血必ス凝固ス、是レ良能失血ヲ防禦スルノ一術ナリ、倘シ血凝固セサルトキハ死痂脱落シテ直チニ失血ヲ致タスヘシ、此血栓《ブルードブロップ》〔按ニ是レ亦タ塊ナリ、其形チニ爾云〕間々遠ク蔓延スル者アリ、ド-ム-ソ-ン氏曰ク、其血栓廃死セル股部ヨリ延ヒテ大動脈ニ達セリト、又タ近人心室中ニ其血栓ノ充塡セルヲ目撃ス、古人之レヲ心臓ノ剥列編《ポレイペン》ト思ヘル者ナリ、蓋シ血栓多クハ死後ニ生シ、稀ニ臨死ノ一二時尚且ツ二三日前ヨリ之レヲ得ル者アリ、

而シテ其死前ニ生スル者ハ稍ヤ強固ナリトス

血ノ凝固スル事件多端アリト雖トモ今マ、血生体ヲ離ル丶モ仍ホ依然トシテ流動ヲ保ツ者アリ、ヒュ-ン-テ-ル」ベ-グ-ラ-ル-ド」〔共二人〕等之レヲ證シテ曰ク、血劇死〔神経系ノ大ニ激動ヲ受タル者使令ハ電死、中毒、窒息後ニ於ケルカ如シ〕ノ後ニ在リテハ居恒ニ其流動ヲ保テリト、輓近ニ至リテ暴烈ノ枯列羅《コレラ》病ニ斃ホル丶者ノ血ヲ検スルニ凝固ノ力全ク失亡セリ

夫レ血ハ凝固スルノ間ニ在リテ実ニ温暖ヲ発生スル者乎、シェ-タ-モ-レ氏ハ確切ニ之レヲ論説スト雖トモ、ダ-ヘ-イ」デ-ニ-ス」〔共ニ人名〕等ノ如キハ之レト全ク相反セリ

ちなみに、以上の良哉抄訳の「血行篇」は第48章から始まり、適塾所蔵の蘭書原本（全574頁）の Derde Hoofdstuk（第３章）over den Bloedsomloop〔血行篇〕（pp. 346-416）は第50-68章である。抄訳の原本は適塾所蔵原本以前の版かも知れない。

2　良哉（良蔵）の紀州藩抱えの経緯をめぐって

山口良哉（良蔵）が適塾修行時代を終えてから、幕末最後の段階である慶応年間にいたって紀州藩に雇われるにいたった事情については、さきにもふれた紀州藩出身で慶応元年（1865）末の慶應義塾入学者組のひとり草郷清四郎の直話がある（前掲『福澤先生を語る』）。直話に入る前に、『和歌山県史』近代篇編集のさい、当時の慶應義塾史史料室のご好意で調査させて頂いた幕末の紀州から慶應義塾への入学者数について概論すれば、「入社帳」の実際にあたると、幕末期全国からの入学者総数261人のうち、その１割に相当する26人までを紀州藩士が占め、その中には小川駒橘（慶応２・11・28）、和田義郎（同前）、小泉信吉（同前）、草郷清四郎（同前）、松山棟庵（慶応２・11・）らの氏名が見え、とくに慶応２年（1866）末には10人がそろって入学している（会田倉吉「紀州と福沢諭吉」、『史学』第43巻第１・２号）。

このように、紀州から大勢の入学者があって、義塾内に一つの勢力を形成し、中津・長岡あるいは鹿児島出身者らとともに、義塾の「三藩」あるいは「四藩」とよばれ、慶応2年末ごろ「紀州塾」とよばれる寄宿舎が奥平藩邸内に建築されたほどであった。

さて紀州藩では、慶応2年（1866）5月から家老頭の津田出《いづる》が大いに国政改革にあたり、それは兵制改革と関連して禄制・財政・教育・殖産の各分野にわたるものであり、田中善蔵は儒者であったが、翻訳書によって西洋事情を研究した進歩派で、津田のうしろだてとなり、しきりに人材養成を図っていた。当時の紀州藩と福澤および義塾との関係について草郷清四郎の語るところによると、「其頃緒方の塾頭をして居た（福澤先生の後を継いで、緒方の塾頭になった人――これが誤りであることについては既述の通り、筆者註）山口良蔵と云ふ人が紀州へ抱へられ、彼の岩橋謹次郎の父岩橋轍輔と共に、田中善蔵の部下として、東京で働いて居たのを幸ひ、此両人に相談して福澤先生をお抱へに周旋しようと云ふことにな」った。しかし、「先生の如き者を紀州に連れて行くことは出来ぬから、六千石の禄で、客分として身は東京に居つて顧問役をすると云ふやうな条件で、先生を紀州に雇入れると云ふ相談が成立した」。しかし、「惜しい哉、田中善蔵が、紀州で暗殺されたので、たうたう此談は見合せとな」ったが、「紀州と先生との間は、山口良蔵が媒介者で」あったと語っている（前掲『福澤先生を語る』）。山中善蔵がうしろだてとする慶応2年5月からの津田の国政改革に対しては藩内にも反対勢力が台頭し、翌3年津田は罷免され、善蔵も同年11月12日に暗殺されたのである。

また草郷によると、「田中善蔵の暗殺以前に、会津出身の豊島喜平という人物が田中と非常に懇意で陸軍の事を研究しており、紀州陸軍の兵制改革に当り、ゲベル銃、ライフル銃に改め、全国兵と云う事を実行した。この改革には1年に10万両も消費したので福澤は陸軍に10万両を消費するのは惜しく、新制陸軍をつくっても余り効用がないから、陸軍に使う金の一部を時勢上必用切迫の洋学生養成に使う方が宜からうと述べたので、夫れで先きにも触れたごとく紀州

より多くの俊才を慶應義塾に送るようになったもので、これも山口良蔵が紀州の抱えとなって先生と紀州との間を連絡したのが大原因であった」と語っている（前掲書）。

以上の草郷の直話からすると、山口良蔵の紀州藩お抱えは、おそらく慶応2年5月の紀州藩の国制改革の開始ごろから、翌3年前年ごろまでの間であったと推測できる。これを少しく傍証し、実際に従事した活動内容をうかがわせる事例として、以下をあげることができよう。

すなわち、良蔵（良哉）は、ある日鉄砲洲の慶應義塾で福澤が書いた「長州再征に関する建白書」を見たので、早速、塾生の誰かに筆写させて、慶応2年（1866）秋、「良哉／嘉一郎君」と記し、国元紀州の岸嘉一郎宛に急送している（『福澤諭吉全集』第20巻、昭和46年、11頁）。この時、良蔵は同藩の「外事係」として田中善蔵の部下となって江戸で活動していたと西川俊作氏は記されているが（前掲「山口良蔵覚書」）、これは良蔵の内孫山口義男氏より富田正文先生に寄せられた資料中に「外事係」とあるようで、筆者は未見である。今のところ現存の紀州藩史料では「外事係」は確認されないが、当時の情勢において紀州藩が対外情報収集の専属者を置いていたのは当然であろう。

ところで、ここで筆者は、上記の良蔵と岸嘉一郎との関係に注目したい。岸嘉一郎は、適塾「姓名録」に万延元年（1860）10月1日備前岡山・花房虎太郎に続いて「同日　紀藩　岸嘉一郎」と署名している適塾生である（入門番号558）。嘉一郎は適塾入門以前、緒方洪庵の推薦によって紀州藩和歌山蘭学所（安政3～4年開設）を主宰した池田良輔に学んだ。おそらく良輔の勧めで適塾に入門したと思われる。したがって、嘉一郎は適塾生として良蔵の後輩である。嘉一郎は文久3年（1863）9月、津田出が同藩農兵総裁となったとき、その補佐役として活躍し、後述するように明治に入り少参事・孛人伝習御用総括を歴任した（『南紀徳川史』第13冊）。この嘉一郎はもと塩路霍堂（画を能くした）の長男として塩路家に生まれ、のち崖恪助の養子となったが（文久3年9月、津田出の指揮下に入ったとき「格助養子」とある）、慶応元年に養父恪助が急死したため許可が遅

れ、翌２年になってから正式に離縁し塩路姓にもどった（以下、西山智雄「専念寺過去帳の書き込みについて」、『和歌山県史研究』13、昭和61年）。

塩路姓にもどってのちの嘉一郎については、芝哲夫氏の調査がある（「適塾門下生に関する調査報告・11」、『適塾』24号、平成３年）。これによると、備後出身の神植格之助（嘉永２年５月／入門番号145）は、適塾在塾中、洪庵とも親交のあった山口寛斎に見込まれてその娘いく（良哉の姉）と結婚し、長女そのが生まれた。しかし格之助は病いを得て帰郷し療養に努めたが、嘉永６年３月、数え年26歳で死亡した。逝去の場所は大坂山口家であったようである。妻いくの弟・山口良哉も適塾に入ったので、格之助の忘れ形見そのは叔父の良哉に連れられて適塾へ遊びに行き、塾生たちに可愛いがられた。やがて、いくは紀州藩士出身の適塾生塩路嘉一郎と再婚した。そのは祖父寛斎に養育され、成人後、河内の医者中村文氏の弟譲之と結婚し、その間に生まれた末子が中村順平である。芝氏は、紀州藩に出仕した良哉が未亡人となった姉いくを、離縁して生家にもどっていた後輩塩路嘉一郎に娶わす仲介を取ったに違いないとされている。この見解は当を得ていると筆者も確信する。さきの福澤の「長州再征に関する建白書」を送るにさいして「良哉／嘉一郎君」と認めたのは、単に適塾の先輩・後輩の関係にとどまらず、きわめて近い姻戚関係にあったことを知る必要がある。

山口良蔵（良哉）が、いつ、どのようにして紀州藩に雇われるにいたったかについて、藩政史料にも手掛りを見出すことができず、その経緯はわからない。しかし、上にもみたごとく、津田の慶応２年の改革、当時の長州再征をめぐる政治情勢との関連において雇用されるにいたったものであるということはいうまでもないが、良蔵（良哉）の雇用という具体的な人事としては紀州藩に安政年間より招聘されていた池田良輔と福澤との親交があり、また福澤と山口とは適塾同窓の心友であり、さらに慶応のころ「藩の有力者」で藩の少壮の子弟を福澤に托した岸嘉一郎（『福澤諭吉伝』第１巻、431頁）が山口の姻戚関係にあたるなど福澤を先輩とする適塾門下生の濃密な人脈関係が良蔵（良哉）の紀州藩お抱えを実現せしめるうえで大きく作用したといえるであろう。福澤みずからも

紀州藩と結びつき、藩の進取的政策への期待を良蔵に托すべく積極的に動いたのではなかったか。明治元年（慶応4年＝1868）閏4月10日付で良蔵あてに福澤が紀州藩からの塾生の動静を報じ、国元における少年を鼓舞して出府を促している書翰（『福澤諭吉全集』第17巻）にも、福澤の良蔵に寄せる信頼と期待の大きさを看取できよう。

［付記］ 慶応3年9月7日付福澤の山口良蔵宛書翰（『福澤諭吉全集』第17巻）の追而書に「尚々御病後時候折角御自重可被成、乍憚御大人様始皆々様へよろしく御伝声奉願候。紀州の方御都合如何相成候哉、御様子相伺度候。御身分の事御取極にも相成候はゞ、又々御出府御待申上候」とある。このころ良蔵は病後で大坂にいたと思われる。「紀州の方御都合」とは、当時紀州藩への正式の召抱えが問題になっていたことと思われるが、この結末や身分のことはわからない。なお、この書翰で福澤が「良蔵様」と名宛に書いているのは「良哉」を「良蔵」と山口が改めた結果であろうか。

3　山口良蔵の和歌山藩出仕の経緯

前節末に福澤の慶応3年9月7日付山口良蔵宛書翰にふれたが、それより3か月後の同年12月9日（1868年1月3日）には、いわゆる「王政復古の大号令」が発せられた。このクーデターは、京都での隠微のうちに進められた政治工作で、その実態はもとより江戸では知られず、クーデターに先立つ前月11月3日より5日にわたり、紀州藩江戸藩邸の将士が明確に佐幕の立場を主唱してその藩邸に親藩および帝鑑間詰諸藩の重臣を集め、慶喜の大政奉還後といえども、幕府を扶《たす》け政権回復を協議していたものである。

そのうちに江戸にも討幕の密勅の風聞が達し、佐幕派の主戦論が高揚した。在坂の幕閣も、このように関東が主戦論に帰したことを知って心動き、ことに会・桑2藩の薩・長に対する憤激を鎮めがたく、慶喜も決心して慶応4年正月2日、遂に「討薩の表」を発した。

この討薩の檄に接した紀州藩では4日、和歌山から紀州家付家老水野大炊頭はじめ家老山高石見守・軍事奉行田宮儀右衛門らの主従が騎馬で急遽上坂した

が、先発の水野大炊頭が未だ大坂城に到着しないうちに、鳥羽・伏見の戦いの勝敗が決していた。慶喜は6日夜、夜陰に乗じて大坂城を脱し、江戸へ帰った。

やがて8日朝から鳥羽・伏見の戦いの幕軍敗兵が続々と和歌山へ入り込んだ。紀州藩ではこれら幕軍兵の東帰には船の準備などあらゆる便宜を図り、大体12日中に加太や由良から送り出すのに全力を尽くした。やがて紀州藩主は、幕軍の敗兵を庇護したとして新政府より厳重な詰責と抑圧を受け、朝廷に恭順の誠意を示すため、病いを押して2月13日入京した。そののち4月13日には在京の諸藩主で定職ある者以外はすべて帰国を許されたにかかわらず、紀州藩主のみは許されず以前滞京を命じられた。これはあたかも紀州藩にとって藩主を人質にとられたと同然であった。さらに8月28日には、新政府軍に対する紀藩の出兵戦労が少ないという理由で軍資金15万両の献納を朝廷から命じられた。この上納の件は、のち陸奥宗光の工作努力で取消しとなり、12月29日にいたってようやく藩主茂承の帰藩が許された。そのほか、長い間用いられてきた御三家の称呼も7月14日に廃止となり、紀藩の政治的・社会的地位の凋落は、藩士らの間に悲哀とともに薩長政府への不満と憎悪の念を増大させていったものである。

以上のように、紀州藩の明治元年(1868)は、未曾有の政治的・社会的混乱のうちに経過した。

やがて、明治2年(1869)になると、紀州藩は、前年に味わった佐幕勢力敗北の屈辱をバネに他藩をはじめ新政府の目を奪う近代化政策を展開するのである。

すなわち、さきに幕末に蟄居を命じられていた津田出(又太郎)が再び登用されて明治2年(1869)2月には藩政の大改革案を発表し、同年7月には和歌山藩大参事となってこの改革を推進した。この大改革の中で最も注目すべきものが兵制改革で、世襲士族の禄制を廃止し、全国に先がけて徴兵制を実施し、プロシア国軍人カッペンを雇用するとともに同国から元込の針発銃(Zündnadelgewehr)を多数購入し、プロシア式兵制の新軍隊創設を急いだ。津田が陸奥宗光の協力のもとに、かかる画期的な兵制改革を断行した動機については、秘かに和歌山藩の実力を養って、将来薩長の専横に対して別に計画すると

ころがあったと考えられているし（岡崎邦輔「陸奥宗光」、『太陽』明治44年6月号）、当のカツペンも「薩長の兵隊などは何びとでもないと、よく豪語したといふ」ことである（渡辺幾治郎『陸奥宗光伝』）。

このような和歌山藩政の新動向において、その中心人物である大参事政事庁勤軍務総裁心得津田出の側近として活動したのが、少参事政事庁勤軍務局兼勤（発令は明治2年11月）の塩路嘉一郎であった（『南紀徳川史』第13冊）。和歌山藩史の「官員履歴」では、津田および塩路はともに明治2年が初めての任官で同じ37歳とある。その後、嘉一郎は同年11月、「普（孛）人御雇に付逗留中伝習御用総括」となり、さらに同年12月軍務局が廃止となり、代わって戍営が設置されると、嘉一郎は少参事兼戍営副都督となり、大参事津田の戍営都督兼任を助けた。

なお、幕末の和歌山蘭学所については史料を欠いているため『南紀徳川史』もほとんど触れるところなく、学制上あるいは教育機関としての実態は不分明であるが、先に述べたように、藩士の慶應義塾への入学が盛んに行われているから、蘭学所存在の意義はなくなっていたといえよう。しかし一応学制上、蘭学所の流れも汲むものとして、明治2年2月の藩政改革により、藩校学習館内に国・漢学とともに洋学寮（または洋学所）が置かれたが、翌3年2月新たに兵学寮設置により、これまでの洋学所は廃止となった。この兵学寮は岡山に設けられることになったが、その開業まで当分の間、塩路少参事宅で教授が行われた（『南紀徳川史』第13冊）。

以上みてきたような明治初年の和歌山藩政の動き、および主導的な役割を演じた人的配置を、以下に紹介する山口良蔵の経歴と考え合わすと、良蔵の和歌山藩出仕には塩路嘉一郎の周旋があずって力があったと推察してよかろう。また、明治2年正月ごろから2月にかけて、松山棟庵や浜口梧陵から紀州の英学校へ福澤を招聘しようという交渉があったときで、さきにもふれたように慶応3年秋ごろから「紀州の方御都合如何相成候哉」と心にかけていた福澤や、また当時津田の改革において信任厚く学習館知事として一藩の教育を司《つかさど》る地位

にいた浜口梧陵も陰に陽に良蔵を推すところがあったかも知れない。

次に山口良蔵の自筆履歴書を紹介する。

履　歴　書

大坂府下第一大区六小区

大坂府内本町一丁目

大坂府士族　元和歌山県

山口良蔵

明治十年三月三十八年四ヶ月

天保九年戊十二月廿二日生

明治二年二月	
洋学所助教申付候事	和歌山藩
明治三年二月二日	
任和歌山藩兵学寮教授	和歌山藩
明治三年十月十七日	
任兵学少助教	兵部省
明治四年七月十三日	
軍事病院醫官申付候事	兵部省
明治四年十月廿五日	
當臺醫官申付候事	大坂鎮臺

この良蔵自筆履歴中の「明治十年三月三十八年四ヶ月」は一応書き上げたのちに挿記したもので、なんのためにこれを認めたかわからないが、明治10年3月に作成されたものであろう。いずれにしても明治2年より同4年にいたる短期間のものではあるが、はじめ和歌山藩に出仕、その後大阪兵学寮（明治2年12月設置、明治4年12月東京に移る）、ついで大阪軍事病院（明治4年7月設置、のち大阪鎮台病院）に勤務したことが判明する。

さて、良蔵の訳業である『日耳曼軍律《ゼルマン》』は、以下に紹介するように、「明治三年庚午四月」の緒言を有し、明らかに彼の和歌山藩兵学寮教授時代の所産であることが明白である。

4　山口良蔵訳述『日耳曼軍律』の内容とその典拠

山口良蔵訳述『日耳曼軍律』（日耳曼はゼルマン、Germane または German）は、松下芳男『明治軍制史論』上巻、小早川欣吾『明治公法史論』公法之部上・下、三橋猛雄『明治前期思想史文献』などにも触れることなく、わずかに藤田嗣雄『明治軍制』（1992年、信山社刊）が第11章軍法第3節軍人読法の部の註（311頁）において、「山口良蔵訳述『日耳曼軍律』明治四未春刊」は「〈此書ハ普魯《プロシア》生兵学寮ノ著述ニシテ軍律ノ大略ヲ記載スル者ナリ〉とある如く、1845年4月3日のプロイセン軍刑法を基礎とする Allerhöchster Erlass vom 9. Dez. 1852: Kriegsarikel für das Preußische Heer（全文52条）の翻訳であり、本書において51条だけが掲げてある」と記しているのが、管見の限り、唯一の言及である。このようにプロイセンの軍・兵制に関する文献が無視あるいは看過されてきたのは、幕末から明治初年にかけてわが国ではオランダないしフランスの軍・兵制の影響が顕著であったからと思われる。わが国における欧米軍制の研究の第一人者・藤田嗣雄先生であったればこそ、その存在に注目されていたものである。藤田先生も良蔵の緒言により「普魯生兵学寮ノ著述ニシテ軍律ノ大略ヲ記載スル者」を探査されたところ発見できず——筆者も今のところ該当書を発見できていない——プロイセン・ドイツの軍法令に明るいところから上記法令を原典とみなし訳文を比較対照されたうえ、上記の註を書かれたようである。以来、今日まで良蔵訳述の『日耳曼軍律』の全容やその成立の背景、その歴史的意義は明らかにされずにきたのである。それらにたちいるに先立ち、本訳書の所在につき、筆者の知るところの三本につき解説しておく。

（1）国立公文書館所蔵本（写真3・4参照）

明治4未春刊㊞（印文は「山口氏記」）、木版美濃半截判、本文18丁。奥付に

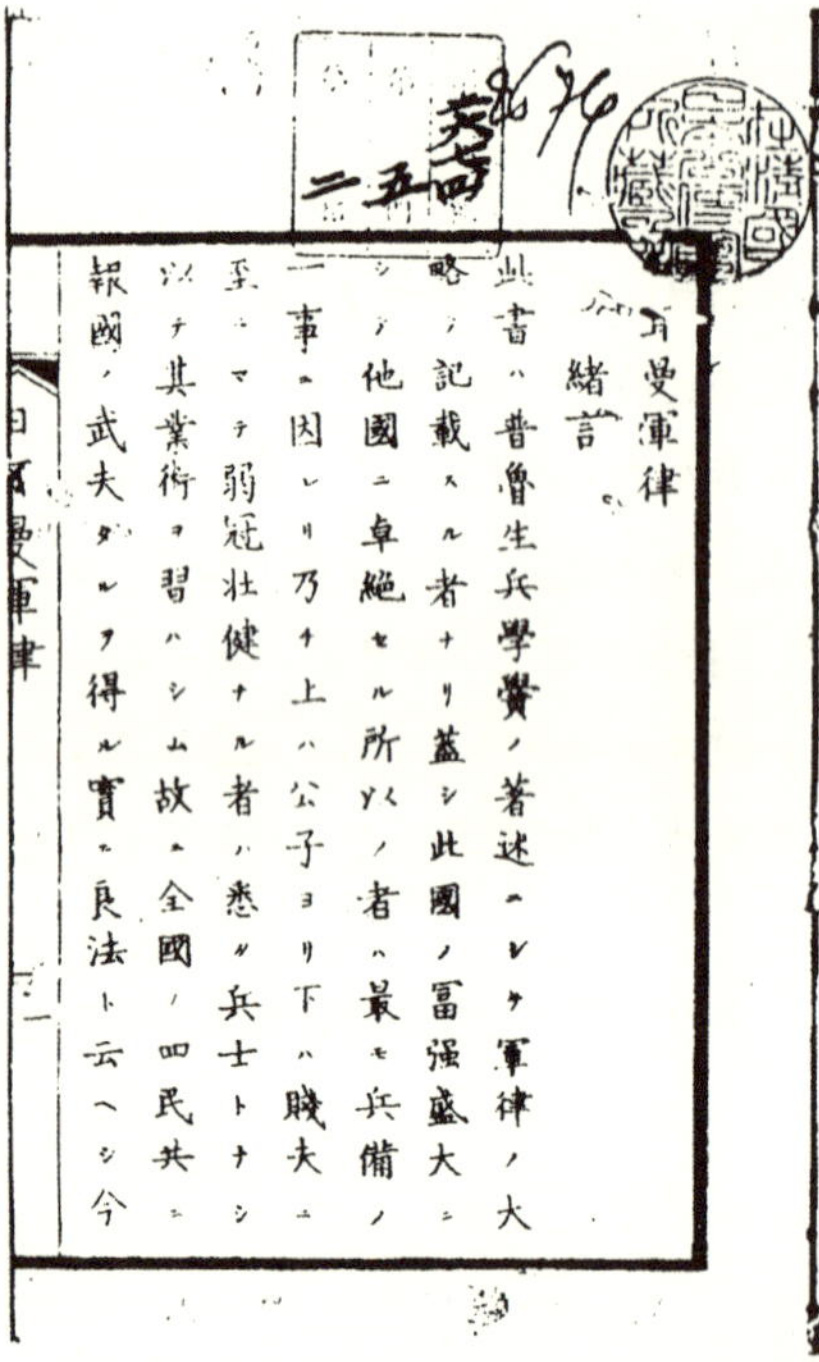
日耳曼軍律
緒言
此書ハ普魯生兵學賚ノ著述ニシテ軍律ノ大略ヲ記載スル者ナリ蓋シ此國ノ冨強盛大ニシテ他國ニ卓絶セル所以ノ者ハ最モ兵備ノ一事ニ因レリ乃チ上ハ公子ヨリ下ハ賤夫ニ至ルマテ弱冠壮健ナル者ハ悉ク兵士トナシ以テ其業術ヲ習ハシム故ニ全國ノ四民共ニ報國ノ武夫タルヲ得ル實ニ良法ト云ヘシ今

写真４

山口良藏譯述
日耳曼軍律
明治四年春刊

写真３

山口良蔵版印（印文は良蔵の字《あざな》「維永」)、発行書林東京芝神明前岡田屋嘉七・大坂心斎橋通唐物町河内屋吉兵衛とある。第１丁右肩に「在清国日本公使館所蔵記」の丸い所蔵印が押されている。

（２）東京大学綜合図書館所蔵本

旧南葵文庫本、内題・奥付は上記に同じ。

（３）『安土堂和洋古書目21号』掲載本

内題・奥付は上記に同じ。本書には、「水兵本部」「砲兵局蔵」「参謀本部軍事部図書之印」「海軍図書之印」「海軍省軍事部文庫印」など多くの所蔵印が押されている。本書の購入先はわからない。

以下、内容を紹介する（〔　〕は原文２行わり。(　)付の振仮名および読点は筆者。

漢字、下部のカタカナ振仮名は原文では左振仮名となっている)。

「緒言

此書ハ普魯生《プロイセン》兵学嚳ノ著述ニシテ軍律ノ大略ヲ記載スル者ナリ、蓋シ此国ノ富強盛大ニシテ他国ニ卓絶セシ所以ノ者ハ最モ兵備ノ一事ニ因レリ、乃チ、上ハ公子ヨリ下ハ賤夫ニ至ルマテ弱冠壮健ナル者ハ悉ク兵士トナシ、以テ其業術ヲ習ハシム、故ニ全国ノ四民共ニ報国ノ武夫タルヲ得ル、実ニ良法ト云フヘシ、今本邦兵事ニ至テハ専ラ西洋ノ長ヲ取リ、我短ヲ補フノ時ナレハ竊ニ以為ク日耳曼《ゼルマン》養兵ノ法ハ必ス採用ナカル可ラス、故ニ余自ラ揣《ハカリ》ミス敢テ此書ヲ譯シテ聊カ養兵ノ一助タラント欲ス、其是法ヲ用ル時ニ当テ取捨宜キヲ得ルカ如キハ敢テ在位君子ノ鑑裁ヲ望ムト云爾《シカイフ》

明治三年庚午四月

山口良蔵誌」

日耳曼軍律

山口良蔵譯

下士官及兵士ノ軍律

第一条

兵士タル者ハ其国君ニ忠節ヲ尽スヲ以テ第一ノ本務トス、勇気ノ充實セルト諸務ニ勤勉スルト戦ニ臨テ豪邁ナルト上官ニ対シテ順良ナルト勤ムルトキモ勤メサルモ其行状ノ常ニ方正ナルト同士ニ交ルニ礼讓アルヲ以テ第二ノ本務トス

第二条

兵士タル者治乱ニ拘ハラス常ニ其国君ノ危難ヲ救ハンカ為ニ啻々心力ヲ労スルノミナラス、又身命ヲ致シ以テ忠節ヲ尽サスンハアル可ラサルナリ

第三条

国事或ハ兵事或ハ軍士ノ事ニ就キ言語文書ヲ以テ之ヲ敵ニ内通シ、或ハ暗号ヲ告ル名ノ如キハ大ニ之ヲ罰セスンハアル可ラス、即其身ノ自由ト面目ニ拘ハル

ノ刑ヲ加ヘ、或ハ死刑ニ処ス可シ、又人ノ奸謀アルヲ知テ直ニ之ヲ我長官ニ告サル者ハ尚ホ刑ヲ同フスヘシ

第四条

旌旗《セイキ》ハ兵士ノ目標トスル者ナレハ常ニ其所在ヲ認メサル可ラス、又己レカ意ヲ以テ擅《(ホシイママ)》ニ軍役ヲ避ク可ラス、或ハ詐《(イツワ)》リテ其身ヲ毀傷シ、以テ其職務ヲ缺怠ス可ラサルナリ

第五条

斥候トナリ而敵ヲ見テ恐怖遁匿シ、或ハ圍城ヲ出テヽ敵ニ降ラントスル者ハ之ヲ射殺スヘシ、又戦ニ臨テ遁走スル者ハ第二等ニ下シ、且六年間砦刑《(サイケイ)》《フエストングストラフ》〔城砦内ニ禁錮シ置クヲ云〕ヲ以テ之ヲ罰シ、尚ホ数次之ヲナス者ハ直ニ射殺スヘシ

第六条

戦時ニ於テ二人ヨリ以上相率《(ヒキ)》ヒテ遁走スル時ハ兵士ヲ免シテ十年間砦刑兼徒刑《(トケイ)》《アーバイトストラフ》ヲ以テ之ヲ罰スヘシ、又之ヲ慫慂《(ショウヨウ)》スル者ノ如キハ須ク之ヲ射殺スヘシ

第七条

平時ニ在テ遁走スル者ハ第二等ニ下シ、且六月間砦刑兼徒刑ヲ以テ罰スヘシ、屢々犯ス者ハ罰スルニ十年間ヲ以テシ、終ニ其職ヲ免スヘシ、又党ヲ結ヒテ遁走スル者ノ如キハ尚ホ厳科ヲ以テ之ヲ処スヘシ、蓋シ怠勤ノ時間ト在刑ノ時間ハ勤役中ノ定時間ニ算入スヘカラサルナリ

第八条

他人ノ遁走ヲ謀スル者ハ其罰自ラ犯ス者ト同シカルヘシ、又他ニ遁走ノ企アルヲ知テ之ヲ告サル者ハ三年間砦刑兼徒刑ニ処スヘシ

第九条

疾病ヲ口実トナシ、或ハ他ノ虚欺ヲ設ケ、或ハ詐リテ其身ヲ毀傷シ以テ我職務ヲ免カレントスル者ハ第二等ニ下シ、厳囚或ハ二年間砦刑ヲ以テ之ヲ罰スヘシ

第十条

兵士タル者苟モ怯怖ノ為ニ其職務ヲ汚スヘカラス、故ニ怯怖ナルハ丈夫ノ耻ツヘキ者トシテ常ニ之ヲ軽蔑セサルヘカラス

第十一条

戦時間怯怖ニヨリテ遁走シ、或ハ暗号ヲ以テ同士ヲ誘走セシムル者ハ直ニ之ヲ射殺スヘシ

第十二条

敵ニ向ヒ危難ヲ見テ直ニ遁走シ、或ハ竊ニ止留シ、或ハ密ニ脱亡シ、或ハ潜伏シ、或ハ兵器ヲ投棄スル者及ヒ其危難ヲ避ケンカ為ニ病ヲ称シテ滞止スル者ハ共ニ第二等ニ下シ、厳囚或ハ呰刑ヲ以テ罰シ、尚ホ之ヲ犯スノ甚シキ者ハ死刑ニ処スヘシ、其他危難ヲ恐レテ其職務ヲ遂《（トゲ）》サル者ハ強テ其職務ヲ怠タル者ト其刑ヲ同フスヘシ

第十三条

長官タル者ハ勤ムル時モ勤メサル時モ恒ニ兵士ノ不平ヲ生スルアレハ能ク之ヲ鎮撫説諭シ、以テ人ノ信服尊敬ヲ要スヘシ、其他哨兵或ハ衛兵或ハ警兵《ゲン〔ス〕ダルメン》〔市街ヲ巡行シテ兵士ノ暴行ヲナス者ヲ警ムルヲ司ル〕ニ命令ヲ下スモ亦能ク順良ヲ以テナスヘキナリ

第十四条

命令ニ従ハス及ヒ長官ヲ敬セサル者ハ獄囚或ハ呰刑ヲ以テ之ヲ罰スヘシ

第十五条

言語ニ依リ或ハ出走ニ依テ我職務ヲ遂サルヲ察知セシムル者、又言語容貌等ニ因テ長官ニ抗シ、或ハ我職務ヲ議スル者ハ少クモ四週間厳囚ヲ以テ之ヲ刑シ、或ハ二十年間呰刑兼徒刑ヲ以テ之ヲ罰スヘシ

第十六条

長官ノ人ヲ襲ヒ、或ハ擅ニ之ヲ敺チ、或ハ兵器ヲ以テ之ニ迫ル者ノ如キハ、十年間呰刑兼徒刑ヲ以テ之ヲ罰スヘシ、其之ヲ犯スノ甚シキ者及軍中ニ於テ之ヲナス者ハ必ス死刑ニ処スヘシ、又戦時ニ臨ミ衆ヲ集メ或ハ兵ヲ進退スルノ時ニ当テ其長官ノ命ニ背ク者ノ如キハ其長官タル者須ク之ヲ死刑ニ行フヘシ

第十七条

凡ソ兵士タル者我職務ノ意ニ適セサルニ因リ、或ハ他ニ不平ノ事アリテ嫌厭ヲ抱クト雖トモ宜ク其職務ヲ遂ンヲ要ス、又同士ヲ誘テ嫌厭ノ伴トナス可ラス、加之《シカノミナラズ》之ヲ慫慂シテ騒乱ヲ起ス事勿ルヘシ、是故ニ在勤中決シテ其嫌厭ヲ唱フ事ナク致任ノ後始テ之ヲ訴フヘシ、然トモ同士ノ窘迫《キンハク》ニ逢フカ如キハ其宜キヲ量テ必ス之ヲ救ハスンハアル可ラサルナリ

第十八条

軍兵ノ中ニ在テ不敬ヲナス者、或ハ囂々歎訴シテ同士ヲ煽動党與シ以テ長官ニ逆カシムル者ハ、假令其理有リト雖トモ六年間呰刑兼徒刑ヲ以テ之ヲ罰シ、且戦時ニ在テハ死ヲ以テ之ヲ刑スヘシ、又他ノ事故ニ依リ同士ノ慫慂シテ其長官ニ背カシムル者ハ前ト刑ヲ同フス

第十九条

兵士公ケニ集会シ党ヲ結テ其長官ニ反逆シ、或ハ之ニ却迫シ、或ハ之ヲ敵視スルコトアルトキハ総テ其兵士ヲ第二等ニ貶《オト》シ、十年間呰刑兼徒刑ヲ以テ之ヲ罰スヘシ、尚ホ之ヲ犯スノ甚シキハ死刑ニ当ツヘシ、総テ此ノ如キ不良ノ謀主タル者及其之ヲ煽撥スル者ハ必ス死刑ニ処スヘシ

第二十条

兵士ハ勤ムル時モ兵制或ハ命令等ノ事ニ就テ自己ノ意ヲ以テ妄ニ他人ト議スルコト勿ルヘシ、又国君及司令ニ敵スル所ノ群党ノ中ニ加ハルヘカラス、若シ之ニ背ク者ハ四週間獄囚或ハ二年間呰刑兼徒刑ヲ以テ之ヲ罰スヘシ

第二十一条

兵器ヲ携テ自国ノ騒擾ヲ起ス者ハ其刑律猶第十九条ニ記ル所ノ如クスヘシ

第二十二条

兵器ヲ兵士ニ與ヘタルハ畢竟国家且君主ヲ護ルカ為メナリ、故ニ之ヲ以テ妄ニ暴殺スヘカラス、加之敵地ノ人民及捕虜ニ於テモ亦之ヲ以テ却迫ス可ラス、又敵地ニ在テ人民ノ所有ヲ掠奪残害スヘカラサルナリ

第二十三条

命ヲ待タスシテ妄ニ掠奪スル者ハ厳囚ニ下シ、或ハ二年間砦刑ヲ以テ之ヲ罰シ、又之ヲ犯スノ甚シキ者ハ尚ホ年月ヲ多クシ後第二等ニ下スヘシ、或ハ時宜ニ依リ死刑ヲ以テ之ヲ処スヘシ

第二十四条

乱妨或ハ強要《ムリドリ》スル者ハ第二等ニ貶シ二年間砦刑兼徒刑ニ処スヘシ、又之ヲ犯スノ甚シキ者ハ死刑ニ処ス可シ

第二十五条

疾病或ハ疲労ヲ名トシテ留止シ而住人ノ衣食貨財等ヲ掠取スル者ハ第二等ニ下シテ獄囚或ハ二年間砦刑兼徒刑ヲ以テ之ヲ罰スヘシ、却迫暴行ヲナス者ハ其罪乱妨ヲナス者ニ同シ

第二十六条

兵士タル者ハ常ニ兵器ヲ毀損セス且其利用ト又之ヲ用ルノ時トヲ能ク知ラスンハアル可ラサルナリ

第二十七条

兵器衣類等ヲ毀損シ或ハ等閑ニシ或ハ許可ナキニ他人ニ附與スルトキハ、獄囚或ハ一年間砦刑兼徒刑ヲ以テ之ヲ罰スヘシ、又之ヲ犯スノ甚シキ者ハ尚ホ之ニ加ルニ第二等ニ下スヘシ

第二十八条

総テ他人ノ物ヲ奪フ者ハ第二等ニ下シテ獄囚或ハ五年間砦刑兼徒刑ニ処スヘシ

第二十九条

兵士タル者専ラ其職務ニ勤勉シ、縦令《(タトエ)》他ニ利スヘキノ事アリト雖トモ決シテ其本務ヲ怠ル可ラス、又総テ記録並ニ言語ニ於テモ極メテ誠実ヲ尽スヘシ

第三十条

不正ノ記録及ヒ報知ヲナス者ハ、其伝承妄詐ニ論ナク、獄囚或ハ三年間砦刑兼徒刑ニ処シ、又時ニ依リ下士官ハ免職セシメ、兵士ハ第二等ニ下スヘシ

第三十一条

金ヲ他人ニ贈リ以テ我職務ヲ奉セサル者ハ、厳囚或ハ六月間砦刑兼徒刑ヲ以テ

之ヲ罰スヘシ、又時ニ依リ第二等ニ下スヘシ

第三十二条

許可ナク恣ニ番舎ヲ出テ或ハ号令中及進軍ノ時ニ当テ擅ニ其位地ヲ換ユル者ハ、獄囚或ハ六月間砦刑兼徒刑ヲ以テ之ヲ罰スヘシ、又其長官ノ之ヲ犯ス者アレハ獄囚或ハ五年間砦刑兼徒刑ニ処スヘシ、殊ニ戦時ニ於テ之ヲ犯ストキハ終身砦刑兼徒刑ヲ以テ之ヲ罰シ、尚ホ其甚シキハ死刑ニ処スヘシ

第三十三条

哨兵及或ハ職務ニ於テ恣ニ坐シ、或ハ臥シ、或ハ銃ヲ携ヘス、或ハ煙草ヲ喫シ、或ハ寐《(ネイ)》リ、或ハ、定界ヲ越ヘテ歩シ、或ハ交番ノ期ヲ錯《(アヤマ)》リ、或ハ命令ヲ犯ス者ハ少クモ十四日間厳囚ニ処シ、或ハ十年間砦刑兼徒刑ニ処シ、若シ戦時ニ於テ之ヲ為ストキハ尚ホ厳囚ニ下シ、或ハ之ヲ犯スノ至甚ナルニ於テハ死刑ニ当ツヘシ

第三十四条

哨兵ノ長官トナリ、或ハ哨兵、或ハ司刑ノ任ニ在テ兵士ニ必ス罰スヘキノ事アルモ、寛宥《(カンユウ)》シテ其悪ヲ遂ケシムル者ハ猶自ラ犯ス者ト同罪ニ処スヘシ、殊ニ貪冒《(タンボウ)》ヲ以テ之ヲナサシムル者ハ更ニ厳科ニ処スヘシ

第三十五条

我監守スル所ノ囚人ヲ脱逃シ、或ハ之ヲ佐佑シ、或ハ命ナキニ之ヲ許可スル者ハ、獄囚或ハ十年間砦刑兼徒刑ニ処スヘシ、尚ホ之ヲ犯スノ甚シキ者ハ至厳ノ砦刑二刑ニ処シ、或ハ第二等ニ下シ、或ハ死刑ニ当ツヘシ、又長官ノ命ニ依テ直ニ補フヘキヲ補ヘサル者ハ、尚ホ上ト同刑ニ処スヘシ、且許可ナクシテ擅ニ囚人ト談シ、或ハ密ニ物ヲ贈リ、或ハ其携ヘル所ノ者ヲ知テ、故《(コトサ)》ラニ看過スル者ハ厳科ヲ以テ之ヲ戒ムヘシ

第三十六条

兵士タル者常ニ善ク其生計ヲ治メ逋債ヲナス可ラス、又礼譲ヲ失フ可ラス、且平日休時及長官ノ命ナキトキハ常ニ帰鼓《タツプツー》〔外出ノ者ヲシテ必ス此刻限ニ帰ルヘキヲ知ラシムル号鼓〕ヨリ起鼓《リキイン》〔晨起ヲ告ル号鼓〕ニ至ルノ間必ス其宿所ニ

在ルヘキナリ

第三十七条

許可ナクシテ帰鼓後ニ至ルマテ宿所外ニ在リ、或ハ帰鼓ト起鼓ノ間ニ外出シ、又縦令許可ヲ得テ外出スルモ期ニ後ル丶者ハ厳囚或ハ六月間砦刑兼徒刑ヲ以テ之ヲ罰スヘシ

第三十八条

酒ニ酔テ出勤シ、或ハ酔テ其当務ヲ怠リ、或ハ出勤中飲酒スル者ハ厳囚或ハ三月間砦刑兼徒刑ヲ以テ之ヲ罰スヘシ、之ヲ犯スコト数次ニ及フ者ハ第二等ニ下スヘシ、又酔狂スル者ハ休時ト雖モ尚ホ之ヲ罰シテ、獄囚ニ下スヘシ、総テ飲食ハ不和争乱ノ基ヲナス、慎マスンハアル可ラサルナリ

第三十九条

無頼ニシテ生計ヲ治メス逋債ヲナス者ハ獄囚或ハ六月間砦刑兼徒刑ヲ以テ罰スヘシ、又博賭ヲナス者ハ厳囚ニ処スヘシ、尚ホ屢々之ヲ犯ス者ハ一年間砦刑兼徒刑ニ処スヘシ

第四十条

兵士ノ始メ其職務ニ就クヤ誓約アリテ必ス之ヲ守ラサルヲ得ス、若シ之ニ背ク者ハ三年間砦刑ヲ以テ之ヲ罰スヘシ、尚ホ改メサル者ハ則其約ノ如ク之ヲ処スヘシ

第四十一条

長官ノ免許ヲ得ス恣ニ結婚スル者ハ四週間獄囚、或ハ六月間砦刑兼徒刑ニ処スヘシ

第四十二条

兵士タル者同士ニ対シ、互ニ親接シテ恰モ一家ノ人ニ如クスヘシ、故ニ同士ノ争闘危難ヲ見テハ必ス之ヲ救助セスンハアル可ラス、然レトモ唯律理ニ稱《(カ)》ナヘル事情ヲ考ヘテナスヘキ者ナリ

第四十三条

兵士互ニ争闘シテ損傷セシムル者ハ獄囚ニ処スヘシ、下士官ノ如キハ之ヲ免職

ス

第四十四条

同僚ノ室ニ止宿シ妄ニ他人ノ飲食煙草器物等ヲ用ル者ハ、縦令強暴ヲ以テ之ヲ奪ハサルモ厳囚ニ処スヘク、若シ二回之ヲ犯シ、且強暴ヲ以テシ、或ハ下士官之ヲナス者アラハ小盗ノ罰ヲ加フヘシ、第四十六条ヲ見ルヘシ

第四十五条

長官タル者ハ沈実重正ニシテ深ク部下ノ信服ヲ得ヘク而徒ラニ部下ヲ役シ、且之ヲ哢《ロウ》シ、或ハ苛酷ヲ以テ之ヲ御シ、或ハ己ヲ利スル部下ノ財ヲ費サシムルカ如キハ獄囚若クハ呰刑ヲ以テ之ヲ罰スヘシ

第四十六条

盗奪欺詐及種々ノ暴悪ヲナスカ如キハ各々其軽重ト事理トニ従テ之ヲ罰スヘシ、尚ホ律令書中ニ詳載セリ

第四十七条

通常ノ過失モ軍時ニ於テ之ヲナストキハ更ニ其罰ヲ重クスヘシ

第四十八条

平生ノ職務ヲ差《タガ》ヒ、且之ヲ怠リ、其他前条ニ載セサル所ノ軍律ニ背ク者等ノ如キハ各其律ニ従テ之ヲ罰スヘシ

第四十九条

職務ヲ怠リ及他ノ法ヲ犯スコトアラハ其罪ニ準シテ之ヲ罰スヘシ、方正真勇ニシテ耻ヲ知ル者ハ敢テ是等ノコトヲナサヽルナリ

第五十条

兵士豪気勇猛他ニ勝ルヽ者、或ハ多年勤労シテ已ニ軍役ニ堪ヘサル者、或ハ戦時ニ敵ヨリ創傷ヲ被リ、或ハ勤中自傷シテ其職ニ稱《カナ》ハサル者ハ必ス其忠節勇敢ヲ褒賞スヘシ

第五十一条

凡ソ兵士タル者青雲ノ志ヲ達セント欲セハ、其職務ノ怠リ、或ハ罪ヲ犯ス等ノコト決シテアルヘカラス、専ラ常ニ方正ヲ守リ礼譲ヲ執リ、我国家軍兵ノ美名

ヲ内外ニ顕ハシ、以テ他ノ亀鑑トナスヘキナリ、国君タル者ハ、是等ノ事務ニ堪ル者ハ実ニ干城ノ良材ナリト依頼シ、其忠節ヲ尽ス者ニハ等級ヲ進メ、或ハ他ノ顕職ヲ命シ以テ其賞ヲ示スヘシ

日耳曼軍律終

次に、目下のところ良蔵訳述『日耳曼軍律』の一応原典と考えられる1852年12月 9 日の Kriegsartikel の全文を Bundes// Gesetzblatt des Norddeutschen Bundes. 1867（国立国会図書館所蔵）より引用し、続いて本稿のために格別のご協力を下さった大阪大学大学院文学研究科横内詩乃氏によるその邦訳を掲げて、良蔵訳文の検討・理解に資することにする。

Beilage Litt. G.

Allerhöchste Ordre

vom 9. Dezember 1852.

und

Cirkular- Erlab des Kriegsministeriums

vom 26, Januar 1853.,

betreffend

die Einführung der Kriegsartikel vom 9. Dezember 1852

Die in Folge der von Mir angeordneten Revision der Kriegsartikel vom 27. Juni 1844. entworfenen, Mir von Jhnen vorgelegten Kriegsartikel für die Unteroffiziere und Soldaten Meiner Armee habe Ich vollzogen und gebe sie Jhnen mit dem Auftrage zurück, die zur Einführung derselben erforderlichen Verfügungen zu treffen.

Zugleich bestimme Ich, daß diese revidirten Kriegsartikel

1) bei jeder Kompagnie. Schwadron und Batterie sogleich nach ihrer Bekanntmachung und demnächst alljährlich, einmal, sowie auch einem

jeden neu eintretenden Soldaten vor der Ableistung des Soldateneides langsam und deutlich vorgelesen werden sollen:

2) den der deutschen Sprache nicht kundigen Soldaten aber in ihrer Muttersprache vorzulesen und zu diesem Zwecke die nöthigen Uebersetzungen in das Polnische und Litthauische alsbald anzufertigen sind.

Diese Meine Ordre ist der Armee bekannt zu machen.

Charlottenburg. den 9, Dezember 1852.

(gez.) Friedrich Wilhelm

(gegengez.) von Bonin

An den Kriegs- Minister

* * *

Seit Einführung des im Jahre 1845. der Armee verliehenen Strafgesetzbuchs ist es der eigentliche Zweck der Kriegsaritikel, die Unteroffiziere und Soldaten mit den ihnen obliegenden Pflichten, den bei Pflichtverletzungen nach den bestehenden Gesetzen zu gewärtigenden Strafen und den bei treuer Pflichterfüllung zu erwartenden Belohnungen im Allgemeinen bekannt zu machen.

Diesem Zweck können die Kriegsartikel vom 27. Juni 1844. nicht mehr vollständig entsprechen, weil in Folge der neueren Gesetzgebung mehrere darin enthaltene Bestimmungen ihre Gültigkeit verloren haben.

Dies hat eine Revision derselben nöthing erscheinen lassen, nach deren Beendigung Se. Majestät der König die Einführung der in x. Exemplaren beifolgenden von Allerhöchstdemselben vollzogenen, revidirten Kriegsartikel anzuordnen und zugleich mittelst Ordre vom 9. Dezember v. J. zu bestimmen geruht haben:

daß sie zu diesem Behufe sogleich nach ihrer alsbald zu veranlassenden Bckanntmachung bei jeder Kompagnie, Schwadron und Batterie und

demnächst alljährlich einmal, sowie auch einem jeden neu eintretenden Soldaten (den der deutschen Sprache nicht kundigen in ihrer Muttersprache) vor der Ableistung das Soldateneides langsam und deutlich vorgelesen werden sollen.

Demgemaß ersucht das Kriegsministerium das Königliche General Kommando ergebenst, Behufs Ausführung dieser Allerhöchsten Ordre die beifolgenden Exemplare der Kriegsartikel nach Zurückbehaltung der zum eigenen Gebrauch erforderlichen Anzahl, nach Maaßgabe des anliegenden Verzeichnisses, den demselben untergebenen Militairbehörden und Truppentheilen zuzufertigen und zugleich darauf aufmerksam zu machen, daß die in die Kriegsartikel aufgenommenen Strafbestimmungen nur einen dem Zweek derselben entsprechenden Auszug aus den bestehenden materiellen Militair-Strafgesetzen bilden, wodurch die Gültigkeit dieser Gesetze und deren Anwendbarkeit auf Unteroffiziere und Soldaten bei Beurtheilung und Bestrafung der von ihnen verübten strafbaren. Handlungen in keiner Weise berührt wird.

Berlin, den 26. Januar 1853.

Kriegs-Ministerium.

(gez.) von Bonin

An die Königlichen General-Kommandos x.

* * *

Kriegsartikel

für

das Preußische Heer.

Seine Königliche Majestät von Preusen haben die bisher angeordnet gewesenen Kriegsartikel einer Revision unterwerfen lassen und hierauf für die Unteroffiziere und Soldaten Höchstihres gesammten Heeres die nachstehenden Kriegsartikel zu ertheilen geruht.

Artikel 1.

Jeder Preußische Unterthan, wes Standes er sei, ist durch die Verpflichtung zum Dienst im Heere zum Schutz und zur Vertheidigung des Thrones und des Vaterlandes berufen. Eingedenk dieses hohen Berufes muß ein Jeder, der in den Soldatenstand eintritt, die Pflichten des Soldaten zu erfüllen eifrig bemuht sein.

Artikel 2.

Seiner Königlichen Majestät und dem Vaterlande treu zu dienen, ist des Soldaten erste Pflicht. Nächstdem erfordert der Beruf des Soldaten Kriegsfertigkeit, Muth bei allen Dienstobliegenheiten und Tapferkeit im Kriege, Gehorsam gegen den Vorgesetzten, ehrenhafte Führung in und außer dem Dienste, gutes und redliches Verhalten gegen die Kameraden.

Artikel 3.

Die Pflicht der Treue gebietet dem Soldaten, bei allen Vorfällen, im Kriege und im Frieden, mit Aufbietung aller Kräfte, selbst mit Aufopferung des eigenen Lebens zu dienen, um jede Gefahr von Seiner Königlichen Majestät und dem Vaterlande abzuwenden.

Artikel 4.

Wer mit dem Feinde in schriftliche oder mündliche Verhandlungen oder Berathungen sich einläßt, die Seiner Königlichen Majestät, dem Heere oder den Preußischen Landen Gefahr oder Nachtheil bringen können; wer dem Feinde Parole. Feldgeschrei oder Losung offenbart, oder sonst zur Begünstigung des Feindes Seine Königliche Majestät, die Preußischen Lande oder das Heer durch Handlungen oder Unterlassungen in Gefahr, Unsicherheit oder Nachtheil versetzt, macht sich des Verraths schuldig.

Der Varräther wird mit den schwersten Freiheits=und Ehrenstrafen oder mit dem Tode bestraft.

Gleiche Strafe trifft denjenigen, der ein zu seiner Kenntniß gelangtes

verrätherisches Vorhaben nicht sogleich seinem Vorgesetzten anzeigt.

Artikel 5.

Dem Soldaten soll sein Fahne heilig sein. Er darf dieselbe niemals verlassen, noch sonst dem Kriegsdienste eigenmachtig sich entziehen oder durch Selbstverstümmelung sich zur Erfüllung seines Berufes unwürdig und unfähig machen.

Artikel 6.

Wer zum Feinde übergeht, oder vom Posten vor dem Feinde ober aus einer belagerten Festung entweicht, wird erschossen.

Wer sonst in Kriegszeiten der Desertion sich schuldig macht, wird mit Versetzung in die zweite Klasse des Soldatenstandes und Festungsstrafe nicht unter sechs Jahren bestraft; im Wiederholungsfalle tritt die Todesstrafe ein.

Artikel 7.

Haben in Kriegszeiten Zwei oder Mehrere ein Komplott zur Desertion gemacht, so trifft dieselben Ausstoßung aus den Soldatenstande und Baugefangenschaft nicht unter zehn Jahren; die Anstifter und Rädelsführer aber werden erschossen.

Artikel 8.

Wer in Friedenszeiten desertirt, hat Versetzung in die zweite Klasse des Soldatenstandes und Festungsstrafe nicht unter sechs Monaten, im zweiten Wiederholungsfalle aber Baugefangenschaft nicht unter zehn Jahren und Ausstoßung aus dem Soldatenstande verwirkt.

Die härteren Strafgrade treten besonders dann ein, wenn die Desertion im Komplott begangen ist.

Artikel 9.

Wer einem Deserteur zur Entweichung behülflich ist, wird ebenso bestraft, als ob er selbst desertirt wäre, und wer ein zu seiner Kenntniß gelangtes. Deser=

tionsvorhaben dem Vorgesetzten nicht anzeigt, hat Arrest order Festungsstrafe bis zu drei Jahren zu gewärtigen.

Artikel 10.

Wer durch fälschliche Vorschützung von Krankheiten oder andere betrügliche Mittel, oder durch Selbstverstümmelung dem Militairdienst sich zu eitziehen sucht, hat Versetzung in die zweite Klasse des Soldeatenstandes und sechswöchentlichen strengen Arrest oder Festungstrafe bis zu zwei Jahren verwirkt.

Ist er durch die Selbstverstummelung zu allen Dienstleistungen und Arbeiten für militairische Zwecke untauglich genworden, so tritt Baugefangenschaft von mindestens einjähriger Dauer und Ausstoßung aus dem Soldatenstande ein.

Artikel 11.

Der Soldat darf niemals durch Furcht vor persönlicher Gefahr von der Erfüllung seiner Dienstpflichten sich anwendig machen lassen und muß sich stets vergegenwärtigen, daß die Feigheit für ihn schimpflich und erniedrigend ist.

Artikel 12.

Wer im Kreige vor dem Feinde aus Feigheit zuerst die Flucht ergreist und die Kameraden durch Worte oder Zeichen zur Flucht verleitet, hat die Todesstrafe verwirkt und kann auf der Stelle niedergestoßen werden.

Artikel 13.

Wer sonst aus Furcht vor persönlicher Gefahr vor dem Feinde flieht, heimlich zurückbleibt, sich wegschleicht oder versteckt hält, Munition oder Waffen, von sich wirft oder im Stich läßt; oder irgend ein Leiden vorschützt, um zuruckzubleiben und der persönlichen Gefahr sich zu entziehen, wird mit Versetzung in die zweite Klasse des Soldatenstandes und strengem Arrest oder Festungsstrafe, bei erschwereden Umständen aber mit dem Tode bestraft.

Wer außerdem seine Dienstpflichten aus Furcht vor persönlicher Gefahr verletzt, hat dieselbe Strafe zu gewärtigen, wie derjenige, der seinen Dienstpflichten aus Vorsatz zuwider handelt.

Artikel 14.

Der Gemeine muß jedem Offizier und Unteroffizier, und der Unteroffizier jedem Offizier, sowohl bei dem Truppentheil, bei welchem er dient, als von jedem anderen Truppentheil Gehorsam und Achtung beweisen und ihren Befehlen pünktlich Folge leiften.

In gleicher Weise sind dieselben zum Gehorsam gegen die Anordnungen und Weisungen der Schildwachen und der zum Sicherheitsdienst Kommandirten, sowie der im Dienste befindlichen Gendarmen verpflichtet.

Artikel 15.

Ungehorsam gegen die Dienstbefehle und achtungswidriges Betragen gegen den Vorgesetzten haben Arrest oder Festungsstrafe zur Folge.

Artikel 16.

Wer die Absicht, einen erhaltenen Dienstbefehl nicht zu befolgen, durch Worte oder Geberden, durch Entlaufen, Losreißen oder ähnliche Handlungen zu erkennen giebt, sowie derjenige, der den Vorgesetzten durch Worte, Geberden oder Zeichen beledigt, oder ihn über einen erhaltenen Dienstbefehl oder Verweis zur Rede stellt, hat strengen Arrest von mindestens vier Wochen oder Festungsstarafe bis zu zwanzig Jahren verwirkt.

Artikel 17.

Wer einen seiner Vorgesetzten thätlich angreift, oder sonst vorsätzlich Thätlichkeiten gegen ihn verübt, oder ihn mit der Waffe anzugreifen versucht, hat Festungsstrafe nicht unter zehn Jahren, bei erschwerenden Umständen aber und in Kriegszeiten die Todesstrafe zu gewärtigen.

Auch ist bei thätlicher Widersetzung Einzelner oder Mehrerer, sowie in

Kriegszeiten bei Versammlung der Truppen, bei Allarmirungen, beim Anrücken in das Gefecht, im Gefechtte, bein Rückzuge und endlich bei Verwehrung der Plünderung und anderer schwerer Verbrechen jeder Offizier berechtigt, denjenigen, der seinen Befehlen beharrlich sich widersetzt, auf der Stelle niederzustoßen, wenn ihm kein anderes Mittel zur Erzwungung des durchaus nöthigen Gehorsams zu Gebote steht.

Artikel 18.

Glaubt der Soldat wegen nicht richtigen Empfanges dessen, was ihm gebührt, wegen unwürdiger Behandlung oder aus einem anderen Grunde zu einer Beschwerde Veranlassung zu haben, so ist er dennoch verbunden, seine Dienstobligenheiten unweigerlich zu erfüllen, und darf weder seine Kameraden auffordern, gemeinschaftlich mit ihm Beschwerde zu führen, noch sonst Mißmuth unter ihnen zu erregen oder sie aufzuwiegeln suchen. Auch darf der Soldat nicht während des Dienstes, sondern erst nach dessenn Beendigung seine Beschwerde anbringen. Dagegen kann er aber sich versichert halten, daß seiner Beschwerde, insofern sie begründet ist, abgeholfen werden wird, sobald er dieselbe in geziemender Weise auf dem vorgeschriebenen Wege anbringt.

Artikel 19.

Wer vor versammeltem Kriegsvolk in der Absicht, seine Kameraden zur Verweigerung des Gehorsams gegen ihren Vorgesetzten zu verleiten oder von demselben etwas zu erzwingen, sich ungeziemend beträgt oder laut Beschwerde führt, wird, selbst wenn letztere begründet wäre, mit Festungsstrafe nicht unter fechs Jahren, in Kriegszeiten aber mit dem Tode bestraft.

Gleiche Strafe trifft denjenigen, der auf andere Weise seine Kameraden zum Angehorsam oder zur Widersetzung gegen den Vorgesetzten zu verleiten sucht.

Artikel 20.

Wenn Soldaten sich öffentlich zusammenroften und die Absicht zu erkennen

geben, sich dem Vorgesetzten mit vereinter Gewalt zu widersetzen, oder etwas von ihm zu erzwingen, oder Rache an ihm zu nehmen, so haben dieselben Versetzung in die zweite Kalasse des Soldatenstandes und Festungsstrafe nicht unter zehn Jahren, bei erschwerenden Umständen aber die Todestrafe verwirkt.

Die Anstifter eines solchen militairischen Aufruhrs. sowie die Anführer und Rädelsführer, werden stets mit dem Tode bestraft.

Artikel 21.

Der Soldat darf weder in Deinst noch außer demselben mit Andern über militairische Einrichtungen, Befehle und Anordnungen eigenmächtig berathschlagen, noch an Vereinen oder Versammlungen sich betheiligen, die der Gewalt Seiner Majestät des Königs über Seine Lande ober den von Jhm eingesetzten Behörden feindselig entgegentreten.

Artikel 22.

Wer an einem Aufruhr im Innem des Landes mit bewaffneter Hand Theil nimmt, wird ebenso wie der Theilnehmer an einem militairischen Aufruhr bestraft.

Artikel 23.

Die Waffe ist dem. Soldaten zum Schutze und zur Vertheidigung des Thones und des Vaterlandes anvertraut. Er darf daher dieselbe und die ihm zustehende Dienstgewalt niemals, mithin selbst nicht gegen die Bewohner des seindlichen Landes oder gegen gefangene feindliche Soldaten mißbrauchen. Ebensoweing darf der Soldat eigenmächtig im feindlichen Gebiet Habe und Gut der Landesbewohner verwüsten oder sich zueignen.

Artikel 24.

Unerlaubtes Beutemachen hat strengen Arrest oder Festungsstrafe bis zu zwei Jahren, bei erschwerenden Umständen aber Festungsstrafe von längerer Dauer und Versetzung in die zweite Klasse des Soldatenstandes, oder selbft die

Todesstrafe zur Folge.

Artikel 25.

Plünderung und Erpressung werden mit Versetzung in die zweite Klasse des Soldatenstandes und Festungsstrafe nicht unter zwei Jahren bestraft. Bei besonders erschwerenden Umständen tritt die Todesstrafe ein.

Artikel 26.

Nachzügler und diejenigen, welche unter dem Vorwande von Krankheit oder Ermattung hinter den Truppen zurückbleiben und den Landesbewohnern Nahrungs=oder Bekleidungsgegenstände wegnelmen, haben wegen Marodirens Versetzung in die zweite Klasse des Soldatenstandes und Arrest oder Festungs=strafe bis zu zwei Jahren verwirkt. Wenn bei dem Marodiren Gewalt an Personen verübt worden ist, trifft die Schuldingen die Strafe der Plünderer.

Artikel 27.

Der Soldat soll seine Waffen und Montirungsstücke in gutem Stande erhalten und zur Erlangung der Kriegsstüchtigkeit unausgesetzt sich bemühen, den Gebrauch der Waffen, sowie die Vorschriften zur Ausrichtung seines Dienstes ganz und vollständig kennen zu lernen, um sie in jedem vorkommenden Falle sogleich anzuwenden.

Artikel 28.

Wer seine Waffen und Montirungsstücke, oder die ihm zur eigenen Benutzung gegebenen Dienstgegenstände verdirbt, verderben läßt, oder sich derselben ohne Erlaubniß entäußert, hat Arrest oder Festungsstrafe bis zu Einem Jahre, bei erschwerenden Umständen aber außerdem noch die Versetzung in die zweite Klasse des Soldatenstandes verwirkt.

Artikel 29.

Wer dienstlich ihm anvertraute, nicht zur eigenen Benutzung bestimmte Gegenstände veruntreut, hat Versetzung in die zweite Klasse des Soldatenstandes,

und Arrest oder Festungsstrafe bis zu fünf Jahren zu gewärtigen.

Artikel 30.

Der Soldat muß die ihm ertheilten Dienstinstruktionen genau verfolgen, und darf niemals, sei es durch Aussicht auf äußere Vortheile oder durch irgend einen anderen Grund, bei Ausrichtung des Dienstes zu Pflichtwidrigkeiten sich verleiten lassen. Auch muß er bei allen dienstlichen Meldungen und Aussagen sich der strengsten Wahrheit befleißigen.

Artikel 31.

Wer aus Vorsatz oder Fahrlässigkeit unrichtige Meldungen, Rapporte oder Berichte abstatte, wird mit Arrest oder Festungsstrafe bis zu drei Jahren und nach Umständen mit Versetzung in die zweite Klasse des Soldatenstandes bestraft.

Artikel 32.

Wer im Dienst, oder in Beziehung auf den Dienst durch Geschenke oder Zusicherung einer Belohnung zu Pflichtwidrigkeiten sich bereitwillig zeigt oder verleiten läßt, hat strengen Arrest oder Festungsstrafe bis zu sechs Monaten, auch, nach Umständen, die Versetzung in die zweit Klasse des Soldatenstandes verwirkt.

Artikel 33.

Wer ohne Erlaubniß von der Wache sich entfernt, oder bei Kommandos oder auf Märschen seinen Platz eigenmächtig verläßt, wird mit arrest oder mit Festungsstrafe bis zu sechs Monaten bestraft.

Thut dies der Befehlshaber einer Wache oder eines Kommandos, so hat derselbe Arrest oder Festungsstrafe bis zu fünf Jahren, im Kriege aber Festungsstrafe bis zu lebenswieriger Dauer, oder, bei besonders erschwerenden Umständent, die Todesstrafe verwirkt.

Artikel 34.

Den Schildwachen und einzelnen Posten ist verboten, sich niederzusetzen oder niederzulegen, das Gewehr aus der Hand zu lassen, Taback zu rauchen, zu schlafen, über die Grenzen ihres Postens hinauszugehen, denselben vor erfolgter Ablösung zu verlassen oder sonst ihre Dienstinstruktion zu übertreten.

Wer diesem Verbot zuwiderhandelt, hat strengen Arrest von mindestens vierzehn Tagen oder Festungsstrafe bis zu zehnjähriger Dauer, im Kriege aber noch härtere Festungsstrafe. oder, bei besonders erschwerenden Umständen, die Todesstrafe zu gewärtigen.

Artikel 35.

Wer als Befehlshaber einer Wache, als Schildwache oder als Posten eine stratbare Handlung, welche er verhindern konnte oder zu verhidern dienstlich verpflichtet war, wissentlich begehen läßt, wird ebenso wie der Thäter selbst bestraft und diese Strafe noch verschärft, wenn er die Handlung in gewinnsüch= tiger Absicht hat geschehen lassen.

Artikel 36.

Wer einen seiner Beaufsichtigung anvertrauten Gefangenen entkommen läßt, hat Arrest oder Festungsstrafe bis zu zehn Jahren, bei besonders erschwerenden Umstanden aber noch härtere Festungstrafe und Verstzung in die zweite Klasse des Soldatenstandes, oder die Todesstrafe zu gewärtigen.

Gleiche Strafe trifft denjenigen, welcher eine von seinem Vorgestzten ihm befohlene oder ihm dienstlich obliegende Arretirung nicht ausführt.

Artikel 37.

Der Soldat soll ein ordentliches Leben führen und darf weder Schulden machen, noch der Trunkenheit oder anderen Ausschweifungen sich ergeben. Auch mus er vom Zapfenstreich, bis zur Reveille in seinem Quartiere sein, wenn er nicht im Dienste sich befindet, oder von seinem Vorgesetzten Erlaubniß erhalten hat, sich anderwärts aufzuhalten.

Artikel 38.

Wer ohne Erlanbniiß bis nach dem Zapfenstreich aus dem Quartier bleibt, oder in der Zeit vom Zapfenstreich bis zur Reveille sich aus demselben entsernt, oder den ihm ertheilten Urlaub überschreitet, hat mittleren Arrest oder Festungsstrafe bis zu sechs Monaten verwirkt.

Artikel 39.

Wer betrunken in den Dienst kommt, oder durch Trunkenheit zur Ausrichtung des Dienstes, zu dem er kommandirt war, sich untauglich gemacht hat, oder im Dienst sich betrinkt, wird mit strengem Arrest bestraft. Auch Trunkenheit außer Dienst ist strafbar und hat Arrest zur Folge.

Artikel 40.

Wer ohne Genehmigung seines vorgesetzten Kommandeurs Schulden macht, hat Arrest oder Festungsstrage bis zu seches Monaten zu gewärtigen.

Artikel 41.

Wer Hazardspiele spielt, hat strengen Arrest, im Wiederholungsfalle aber Festungsstrafe bis zu Einem Jahre verwirkt.

Artikel 42.

Den Soldaten, der ohne Genehmigung seines vorgestzten Befehlshabers sich verheirathet, trifft Arrest von mindestens vier Wochen oder Festungsstrafe bis zu sechs Monaten.

Artikel 43.

Der Soldat soll mit seinen Kameraden in Eintracht leben, darf in Kampf, Noth und Gefahr sie nicht verlassen und muß ihnen nach allen Kräften Hülfe leisten, wenn sie in erlaubten Dingen seines Beistandes bedürfen.

Artikel 44.

Einfache Beleidigungen der Gemeinen unter einander und Schlägereien derselben unter sich, bei welchen schwere Körperverletzungen nicht

vorgekommen sind, werden mit Arrest, unter Unteroffizieren aber entweder mit Arrest oder mit Degradation bestraft.

Artikel 45.

Wer einem Kameraden, welchem mit ihm aus dienstlicher Veranlassung ein gemeinschaftlicher Aufenthaltsort angewiesen ist, Eßwaaren, Getränke, Taback oder Gegenstände zur Reinigung oder zum Ausbessern der Sachen, zum eigenen Gebrauch ohne Anwendung von Gewalt an Sachen, entwendet oder veruntreut, wird das erste Mal disziplinarisch mit strengem Arrest bestraft. Geschieht dies aber zum zweiten Mal, oder ist bei Verübung der That Gewalt an Sachen angewendet, oder ist die That von einem Unteroffizier verübt, so tritt die Strafe einfachen des Diebstabls ein.

Artikel 46.

Wer irgend eine Dienstgewalt über Andere auszuüben hat, soll durch ruhiges, ernstes und gesetztes Benehmen die Achtung und das Vertrauen seiner Untergebenen sich zu erwerben suchen und von denselben nur solche Geschäfte und Leistungen sordern, welche der Dienst mit sich bringt. Er darf seinen Untergebenen den Dienst nicht unnöthig erschweren und dieselben weder wörtlich beschimpfen, noch mißhandeln. Auch darf von ihm das Dienstansehen nicht gemißbraucht werden, um auf Kosten seiner Untergebenen sich Vortheile zu verfchaffen.

Die Verletzung dieser Pflichten hat Arrest oder Festungsstrafe zur Folge.

Artikel 47.

Diebstahl, Betrug, Fälschung und alle übrigen gemeinen Verbrechen und Vergehen werden nach den allgemeinen Strafegestzen geahndet.

Ist mit der darauf verwirkten Strafe nicht die Ausstoßung oder Entlassung aus dem Soldatenstande verbunden, so treten verhältnißmäßige Militairstrafen statt der dort angedrohten bürgerlichen Strafen ein.

Artikel 48.

Werden gemeine Verbrechen oder Vergehen im Kriege unter Mißbrauch der militairischen Gewalt verübt, so wird die sonst verwirkte Strafe verschärft.

Artikel 49.

Die in den Militairgesetzen für den Kriegszustand ertheilten einzelnen Vorschriften finden auch in Friedenszeiten Anwendung, wenn bei außerordentlichen Vorfällen der kommandirende Offizier bei Trommelschlag oder Trompetenschall hat bekannt machen lassen, daß diese Vorschriften für die Dauer des eingetretenen außerordentlichen Zustandes zur Anwendung kommen würden.

Artikel 50.

Während derjenige, welcher seine Dienstpflichten verletzt oder andere strafbare Handlungen verübt, die gesetzlich verordneten Strafen nach Massßgabe seiner Verschuldung zu gewärtigen hat, darf dagegen jeder rechtschaffene, unverzagte und ehrliebende Soldat einer ehrenhaften Behandlung sich versichert halten.

Artikel 51.

Auch soll der Soldat, der sich durch Tapferkeit und Muth vor Andern auszeichnet, sowie derjenige, der nach langjähriger, vorwurfsfreier Dienstzeit die Beschwerden des Dienstes nicht mehr zu ertragen vermag, in Folge vor dem Feinde erhaltener Wunden dienstunfähig wird, oder sonst im Dienste zu Schaden kommt, sich aller Wohlthaten und Begünstigungen zu erfreuen haben, die zur Belohnung für Tapferkeit im Kriege und treu geleistete Dienste bestimmt sind.

Artikel 52.

Ueberzeugt von dem Pflicht=und Ehrgefühl der Soldaten erwarten Seine Königliche Majestät, daß sie vor Pflichtverletzungen und anderen strafbaren

Handlungen sich hüten, ihre Pflichten treu und gewissenhaft erfüllen, durch ehrenhafte Führung in und außer dem Dienste ein Muster ordentlichen und rechtschaffenen Lebens geben und nach Kräften dazu beitragen werden, den guten Ruf des Preußischen Heeres im In=und Auslande zu bewahren.

Seine Königliche Majestät werden diejenigen, die diesen Erwartungen entsprechen, Ihres besonderen Schutzes würdigen, und ihnen für ihre treu geleisteten Dienste die verdiente Belohnung durch ehrende Auszeichnungen, oder durch Anstellung im Civildienste nach den darüber bestehenden Vorschriften, oder auf andere geeignete Weise zu Theil werden lassten. Auch soll ihnen nach Maaßgabe ihrer Fähigkeiten und Kenntnisse der Weg zu den höheren und selbft zu den höchsten Stellen in der Armee offen stehen.

Urkundlich haben Seine Königliche Majestät vorstehende Kriegsartikel eigenhändig unterfchrieben und mit Dero Insiegel bedrucken lassen.

Charlottenhurg, den 9. Dezember 1852.

(L. S.) (gez.) Friedrich Wilhelm

(gegengez.) v. Bonin.

添付文書G

最高訓令

1852年12月9日付

並びに

1852年12月9日付の軍人服務規程の導入に関する

1853年1月26日付の

陸軍省の通達

1844年7月27日付の軍人服務規程の、私が指示した修正に従って貴下が提示

された軍の下士官と兵士のための軍人服務規程に私は署名し、貴下に送付する。貴下は、その導入のために必要な措置を執られたい。

それと同時に私は、この修正された軍人服務規程が、

1）すべての中隊、騎兵中隊、砲兵中隊のもとで、この規程の公示後直ちに、毎年1回、また新しく入隊してきたすべての兵士に対して、兵士宣誓の遂行の前に、ゆっくり、そしてはっきりと読み上げられること

2）しかし、ドイツ語を解せない兵士に対しては母国語で読み上げられること、そしてその目的のために、ポーランド語、リトアニア語への必要な翻訳が迅速に作成されなければならないこと

を指示する。

私のこの命令は軍に公示されなければならない。

シャルロッテンブルグ　1852年12月9日

（署名）フリードリヒ・ヴィルヘルム

（連署）フォン・ボーニン

陸軍大臣　宛

1845年1月に軍に対して与えられた刑法典の導入以来、この軍人服務規程の本来の目的は、下士官や兵士に対し、自らに課せられている義務を、そしてまた義務違反に際して、現行の法律に則して予期されるべき刑罰と、また忠実な義務の遂行に際して期待され得る褒賞を広く周知せしめることにある。

この目的に、1844年7月27日付の軍人服務規程はもはや完全には合致しない。なぜなら、新しい立法の結果、そこに含まれた多くの規程がその効力を失ってしまったからである。

このことがその（1844年7月24日の軍人服務規程の）改正を余儀なくさせたのであり、その改正終了後、国王陛下は、同封された10部の畏くも自らが署名され改正された軍人服務規程を提示され、同時に、昨年12月9日付の訓令に従って規定し賜われたのである。

それ（軍人服務規程）はこの目的のために、すべての中隊、騎兵中隊、砲兵中隊のもとですぐに指示されるべき公示ののち直ちに、そしてその後は毎年1度、また新しく入隊してくるすべての兵士の前で、（ドイツ語を解さない兵士には母国語で）軍人宣誓の遂行の前に、ゆっくりと、明確に読み上げられるべきである。

それにしたがって、陸軍省は王国総司令部に対して、この陛下の訓令を実行するために、同封の軍人服務規程を、自らの使用に必要な部数を残した後に、添付した一覧表に従って、規程に拘束される軍管区や部隊に送付し、また同時に次の点に注意を喚起されんことを懇請するものである。つまり、この軍人服務規程に取り入れられた刑罰規程は、現行の実定軍刑法からの軍人服務規程の目的に相応しい部分の抜粋にすぎないこと、それによってこの刑法の有効性や適用範囲が、下士官や兵士たちの犯した犯罪行為の審判と処罰に際していささかも影響するものではないということである。

ベルリン　1853年1月26日

陸軍省

(署名)フォン・ボーニン

王国総司令部X宛て

プロイセン軍のための軍人服務規程

プロイセン国王陛下は、これまで定められてきた軍人服務規程の改正を命じられ、それに基づいて陛下の軍全体の下士官や兵士たちに対し、以下の軍人服務規程を公布された。

規定1

すべてのプロイセン臣民は、いかなる身分の者であろうとも、兵役の義務によって国王と祖国の守護と防衛のために招聘される。兵役に就く者はみな、この高貴な職務を心に銘じ、軍人の義務を果たすべく尽力しなければならない。

規定２

国王陛下と祖国のために忠実に勤めることは、兵士の第１の義務である。その次に、兵士の職務は、戦闘技能、すべての職責に際しての気概、戦闘での勇敢さ、上官に対する従順さ、勤務内外での立派な統率、同僚に対する善良、実直な態度を求めるものである。

規定３

忠誠の義務は、兵士に対し戦時であれ平時であれ、あらゆる事態に際して、全力でもって、それどころか自らの命の犠牲をもって国王陛下と祖国の危険を防ぐために努めることを求めるものである。

規定４

敵方との書面もしくは口頭での交渉または協議によって、国王陛下、軍隊、もしくはプロイセン王国に対して危険や不利益をもたらすかもしれないような事例に関わった者、符牒（Parole）、職場での合言葉（Feldgeschrei）、もしくは暗号（Losung）を漏らした者、そしてそれ以外でも、敵方を利するような形で国王陛下、プロイセン王国もしくは軍隊を、行動や不作為によって危険、不穏もしくは不利益へと導いた者は、背信の罪を犯したこととなる。

背信者は最も重い自由剝奪刑、名誉剝奪刑、もしくは死刑でもって罰される。

知るところとなった背信の企てを、直ちに上官に届け出なかった者に対しても、同一の刑罰が科せられる。

規定５

兵士にとって軍旗は神聖なるものでなければならない。兵士は軍旗を決して手離してはならず、その他勝手に軍務を離れてはならない。もしくは自損行為によって自らの使命の遂行に対して適格さと能力を欠くようなことがあってはならない。

規定６

敵方に寝返る者、また敵を前にして歩哨から、もしくは包囲された要塞から逃げ去る者は射殺される。

そのほか、戦時に逃亡の罪を犯す者は、軍人身分の第2等級への転属をもって、または6年以上の城塞禁固の刑をもって罰せられる。同じことが繰り返された場合には、死刑が適用される。

規定7

戦時中、2人、もしくはそれ以上の者が逃亡の陰謀をしたときは、軍人身分からの追放、そして10年以上の営倉禁固が科せられる。しかし悪事を教唆した者、首謀者は射殺される。

規定8

平時に逃亡した者は、軍人身分の第2等級への転属と、6ケ月以上の城塞禁固が科せられるが、2度目には10年以上の営倉禁固と軍人身分からの追放が科せられる。

逃亡が共謀して行われたときは、特により厳しい刑罰となる。

規定9

脱走兵の逃走を幇助した者は、あたかも自らが逃走したのと同じように処罰される。そして、逃亡の計画を知りながら上官に届け出なかった者は、営倉もしくは3年以下の城塞禁固を覚悟しなければならない。

規定10

仮病もしくは他の詐欺的な方法による偽りの口実によって、もしくは自損行為によって軍務から逃れようとした者は、軍人身分の第2等級へ転属、そして6週間の重営倉もしくは2年以下の城塞禁固が科せられる。

自損行為によって、軍事目的のためのあらゆる勤務と労役に対する適格性を失ったときは、少なくとも1年にわたる営倉禁固、そして軍人身分からの追放となる。

規定11

軍人は、個人的な危険に対する恐怖から、自らの職責の遂行を決して放棄することがあってはならない。そして、怯惰が自らを恥ずかしめ、自分らを貶めるものであるということを、常にありありと思い浮かべなければならない。

規定12

戦時に敵前で怯惰から最初に逃亡を図り、同僚を言葉や合図によって逃亡へと唆した者には死刑が科せられ、直ちにその場で刺殺される。

規定13

個人的な危険に対する恐怖で敵前から逃亡したり、密かに尻込みし後ろに残ったり、こっそりと立ち去ったり、もしくは隠れていたり、弾薬や武器を放棄し見捨てたり、あるいは後ろに残って個人的な危険を回避するために何らかの苦痛を口実にしたりする者は、軍人身分の第２等級への転属、並びに重営倉もしくは城塞禁固が科せられるが、しかし悪質な場合は死刑でもって罰せられる。

その他、個人的な危険に対する恐怖から自らの職責を怠る者は、自らの職責を故意に忌避する者と同じ罪を覚悟しなければならない。

規定14

兵卒は全ての将官と下士官に対して、そして下士官はすべての将官に対して、自分の配属部隊であれ、他のどんな部隊であれ、服従と尊敬を示さなければならず、彼らの命令を厳格に遂行しなければならない。

同じように彼らは、歩哨や、安全のための勤務を命じられている者や、勤務中の警官の命令や指示に服従する義務がある。

規定15

職務命令に対する不服従や、上官に対する無礼な振舞いは、拘留や城塞禁固を結果としてもたらす。

規定16

職務命令を受けていながらそれに従わないという意思を、言葉や態度によって、逃亡や戦線離脱、もしくは類似の行為によって表した者、並びに上官を言葉や態度もしくは仕草によって侮辱したり、受けた職務命令や戒告について上官に釈明を求めた者は、少なくとも４週間の営倉もしくは20年以下の城塞禁固が科せられる。

規定17

上官の１人に対し暴行に及んだ者、もしくはそのほか故意に上官に反抗した者、もしくは武器で攻撃しようとした者は、10年以上の城塞禁固が科せられるが、悪質な場合もしくは戦時には、死刑を覚悟しなければならない。

個人もしくは複数の者が暴力的な反抗を示した際には、戦時における部隊の集合、警戒態勢、戦闘の開始、戦闘、退却、そして最後に略奪もしくはその他の重大な犯罪の防止の際と同じように、士官の命令に頑強に反抗する者を、どうしても必要な服従を強制するほかの手段が残されていない場合には、その場で直ちに刺殺することが正当と認められる。

規定18

もし兵士が、自分には正当な事柄を正しく受け入れてもらえなかった理由で、つまり不当な取り扱いを受けた、もしくはその他の理由で苦情を申し立てるだけの動機があると思っても、それにもかかわらずその兵士は、自分の職務を必ず果たす義務を負っている。そして同僚に自分と一緒になって苦情をいうこと、さらには同僚の間に不穏な空気を掻き立てることを要請したり、同僚を煽動しようとしてはならない。また兵士は、職務の間は自分の苦情を持ち出してはならず、その職務が終了したのちに初めて苦情を申し立ててもよい。一方しかし、兵士は、自分の苦情を適切な方法で前述の手続きにそって申し当てるやいなや、それが根拠のある限り、身の安全を保障される。

規定19

集合した軍隊の前で、同僚に上官への服従を拒否させようとそそのかしたり、その上官から無理やり何かを手に入れようとしたりすることを意図して、不相応な振舞いをする者、もしくは大声で苦情を申し立てる者は、たとえその苦情が根拠のあるものであったとしても、６年以上の城塞禁固でもって罰せられ、戦時には死刑でもって罰せられる。

その他の方法で同僚を上官に対する不服従もしくは反抗へとそそのかそうとする者には、同じ刑罰が与えられる。

規定20

兵士が公然と徒党を組み、集団的暴力でもって上官に反抗しようとしたり、何かを上官から無理やり手に入れようとしたり、もしくは上官に報復しようとしたりする意図を公言するとき、彼らは第２等級の兵卒身分への転属、並びに10年以上の城塞禁固に処せられ、悪質な場合、または戦時には死刑に処せられる。

そのような軍事的反乱の主謀者、指導者、張本人は、常に死刑に処せられる。

規定21

兵士は勤務中、勤務外に拘わらず、他の者たちと軍事に関わる制度、命令、指示について勝手気ままに論議してはならない。また、王国に対する国王陛下の権力や、国王によって設置された当局に対し敵対するグループや集団に参加してはならない。

規定22

国内で武器を手にして反乱に参加する者は、軍事的反乱に参加する者と同じように処罰される。

規定23

武器は兵士に、王と祖国の守護と防衛のために託されている。したがって兵士は、武器、もしくは自分の委ねられている職権を、決して捕虜となった敵方の兵士もしくは敵国の住民に対してさえも乱用してはならない。同じように、兵士は勝手きままに敵方の地域で、その国の住民の財産を荒らしたり、自分のものにしてはならない。

規定24

許可されていない略奪行為は、重営倉、もしくは２年以下の城塞禁固に処せられるが、悪質な場合にはそれ以上の期間にわたる城塞禁固、軍人身分の第２等級への転属、もしくは死刑を結果とすることとなる。

規定25

略奪と恐喝は軍人身分の第２等級への転属、並びに２年以上の城塞禁固に処

せられる。特に悪質な場合には、死刑が科せられる。

規定26

落伍兵、もしくは、疾病や疲労を口実に前進を拒む者、または住民から食料や衣料を奪う者は、窃盗行為によって軍人身分の第2等級への転属、並びに2年以内の営倉もしくは城塞禁固が科せられる。その窃盗行為に際して人身に対して暴行を働いた場合、その犯罪者には略奪の処罰が与えられる。

規定27

兵士は、自分の武器や装具を良好な状態に保ち、戦闘準備が整った状態を獲得し、武器の使用、自分の職務の達成のための規定を遅滞なく知悉して、あらゆる事態に際してそれを適用できるよう、不断に努力を怠ってはならない。

規定28

自分の武器や装具、もしくは自分が使用するために与えられた装備を毀損したり、毀損させてしまった者、もしくはそれらを許可なしに譲渡した者は1年以内の営倉、もしくは城塞禁固に処せられる。しかし悪質な場合には、第2等級の軍人身分への転属が科せられる。

規定29

職務の上委ねられてはいても、個人的使用のために定められていないものを横領する者は、第2等級の軍人身分への転属、ならび営倉もしくは5年以内の城塞禁固を覚悟しなければならない。

規定30

兵士は、自分に与えられた職務上の指示に忠実に従わなければならない。そして、外面上有益かもしれないという期待によってであれ、もしくは何らかのその他の理由によってであれ、職務の達成に際して決して義務違反へと唆されることがあってはならない。また兵士は、あらゆる職務上の報告や発言に際して、あくまでも忠実に真実を述べるよう努めなければならない。

規定31

故意にもしくは不注意によって、間違った通報や復命、もしくは報告を行っ

た者は、3年以下の営倉もしくは城塞禁固に処せられ、また状況に応じて、第2等級の軍人身分への転属に処せられる。

規定32

職務上、もしくは職務の関係上、賄賂や褒賞の確約によって義務に反する行為をすすんでしようとするもの、もしくはそのような行為へとそそのかされた者は、6ヶ月以内の重禁固もしくは城塞禁固を覚悟しなければならない。しかし状況次第では、第2等級の軍人身分への転属を覚悟しなければならない。

規定33

許可なく歩哨任務から離れる者、もしくは、命令が発せられているとき、または行軍に際して自分の持ち場を勝手に離れる者は、6ケ月以内の拘留と城塞禁固に処せられる。

このことを、歩哨任務もしくは命令を発する司令官が行った場合、5年以内の拘留と城塞禁固を覚悟しなければならず、戦時では終身にわたる城塞禁固、もしくは、特別に悪質な場合には、死刑が科せられる。

規定34

歩哨もしくは個々の哨兵が、腰を下ろすこと、横になること、武器を手から離すこと、煙草を吸うこと、眠ること、自分の部署の境を越えること、交代が行われる前に哨所を去る、もしくはその他の職務上の指示を踏み越えることは禁止されている。

この禁止に違反する者は、少なくとも14日間の重営倉もしくは10年以内の城塞禁固に処せられるが、戦時にはさらに厳しい城塞禁固、もしくは特に悪質な場合には、死刑を覚悟しなければならない。

規定35

哨戒指令官、歩哨、哨兵として、防ぐことができた、もしくは職務上防ぐことが義務づけられていた処罰に値する行為をそれと知りつつ生じさせた者は、犯罪者と同じように罰せられる。もし彼が利欲追及の目的でその行為を生じさせた場合には、この刑罰はより厳しいものとなる。

規定36

監視の任を託されていた捕虜を逃した者は、10年以内の拘留もしくは城塞禁固、しかし特に悪質な場合はより厳しい城塞禁固、ならびに第２等級の兵卒身分への転属、もしくは死刑を覚悟せねばならない。

上官から命じられた、もしくは職務上義務づけられる逮捕を実行しない者にも、同じ刑罰が与えられる。

規定37

兵士は規律正しい生活を送らなければならず、借金をしてはならず、飲酒、もしくはその他の放埒に耽るようなことがあってはならない。そして、勤務中でない場合、もしくは上官から別の場所に滞在する許可を得ている場合にも、帰営の合図から起床の合図までは、自分の宿舎にいなければならない。

規定38

許可なく帰営の合図の後まで宿舎の外にいる者、もしくは帰営の合図から起床の合図までの時間に宿舎から離れていた者、もしくは、与えられた休暇期間内に帰営しなかった者は、中営倉もしくは６ケ月以内の城塞禁固に処せられる。

規定39

酩酊して職務に就いた者、もしくは酩酊のために命じられた職務の達成が不可能となった者、もしくは勤務中に飲酒した者は、重営倉に処せられる。勤務外の酩酊も処罰の対象となり、営倉に処せられる。

規定40

上官たる指揮官の了承なく借金をした者は、営倉もしくは６ケ月以内の城塞禁固に処せられる。

規定41

賭け事をする者は重営倉に処せられ、繰り返した場合には１年以内の城塞禁固が科せられる。

規定42

上司たる指揮官の了承なく婚姻を結ぶ兵士には、少なくとも４週間の営倉も

しくは6ケ月以内の城塞禁固が科せられる。

規定43

兵士は同僚と協調して生活しなければならない。戦闘中、苦境、また危機に際して同僚を見捨てることなく、もし許された事例において同僚が自分の援助を必要とする場合には、同僚を全力で助けなければならない。

規定44

兵卒の間の単純な名誉毀損や重大な傷害が生じなかった喧嘩は、営倉でもって罰せられる。しかし下士官の間の事件では、営倉もしくは降格でもって処罰される。

規定45

勤務上の理由で共同の宿舎を割り当てられた同僚から、食料、飲物、煙草もしくは清掃道具や修繕道具を、自分が使用するために、それらをめぐって暴力を用いずに盗んだり横領したりした者は、1回目には懲戒的に重営倉をもって罰せられる。しかし2度それが起こった場合、もしくは犯罪が行われた際にそれらをめぐって暴力が行使された場合、もしくは下士官によってこの犯罪が行われた場合には、単純に窃盗に対する刑罰が科せられる。

規定46

他者に対してなんらかの職務権限を行使する者は、穏やかで真摯な、分別のある振舞いによって部下の尊敬と信頼を得るよう努めなければならない。そして部下には、職務に伴うような仕事や業績だけを求めるようにしなければならない。部下に不必要に過酷な職務を課したり、罵りの言葉を浴びせたり、虐待したりしてはならない。また、勤務を考量する際に、それを悪用して部下の犠牲で自らの利益を図ることがあってはならない。この義務に違反する者は、営倉または城塞禁固に処せられる。

規定47

窃盗、詐欺、偽造など、他のあらゆる通常の犯罪や違反行為は、一般刑法的な罰則規定に従って覚悟されるべきである。

それに基づいて科せられる刑罰と、軍人身分からの追放と解雇は繋がっていない。したがって、それ相応の軍事刑罰法が、そこで脅されている市民の刑罰に代わって適用される。

規定48

戦時に一時的な犯罪や違反行為が軍事的権力の乱用のもとで行われた場合には、普段科せられる刑罰がさらに厳しく適用される。

規定49

軍事法の中で戦時用に公示された個々の規定は、平時においても適用されることがある。つまり、指揮を執る士官が異常事態に際して太鼓もしくはトランペットの合図で以って、異常事態が継続する期間これらの規定が適用されることを告示したときが、そうである。

規定50

職務上の義務を怠ったり、その他の刑罰に値する行為を行ったりする者は、法に則った刑罰を自らの責任にしたがって引き受けなければならない一方、それに対し実直で勇敢で名誉を愛する兵士は、然るべき栄誉を約束されているものと考えてよい。

規定51

勇気と勇敢さによって他より際立っている兵士、長年にわたる非難の余地のない職務期間ののち職務の困難にもはや耐え得なくなった兵士、敵前で受けた怪我のせいで職務遂行が不可能となった兵士、もしくはその他職務中に不利益を被った兵士は、戦闘における勇敢さと忠実に果たされた職務への報酬として定められている、あらゆる恩恵と優遇を享受しなければならない。

規定52

国王陛下は、兵士の責任感と矜持を確信しつつ、兵士が義務を怠ったり、その他の刑罰に値する行為から身を守ること、自らの義務を忠実に良心的に果たすこと、立派な指導を通して職務の内外において、規律正しく実直な生活の模範を示すこと、そして、全力を尽くして国内外におけるプロイセン軍の名声を

保持するべく貢献することを期待しておられる。

国王陛下は、これらの期待にそう者を、御自らの特別な庇護にふさわしい者とみなされ、彼らに忠実に果たされた職務に対して、栄誉ある勲章を授与されたり、また関連する規定に従って非軍事的任務に任命されたり、またはその他の然るべき方法によってそれに相応して褒賞をお与えになるであろう。さらに、そのような者に対しては、その能力と知識にしたがって、軍隊でのより高い、さらには最も高い地位への道が開かれているであろう。

信ずべき文書として、国王陛下はこの軍人服務規程に自らの手で署名され、印璽を押させられたものである。

シャルロッテンブルグ　1852年12月9日

(L. S.)　　(署名)フリードリヒ・ヴィルヘルム

(連署)フォン・ボーニン

さて上に掲げた日本語訳文の冒頭にあるプロイセン国の1852年12月9日付の最高訓令および1852年12月9日付の軍人服務規程（Kriegsartikel）の導入に関する1853年1月26日付の陸軍省通達の2文書によって、1852年の軍人服務規程の制定・公布（施行）にいたった経緯を知ることができる。

この部分については言及をひかえ、ただKriegsartikelの訳語について少しふれておく。Kriegsartikelは、さきの最高訓令の中に、「新しく入隊してきたすべての兵士に対して、兵士宣誓の遂行前に」、読み上げられるもので、この方式をそのまま明治初年より実施した日本陸軍でもKriegsartikelの訳語として「読法」の語を早くから用いている。独和辞典、例えば片山正雄『雙解独和大辞典』では「読法」「陸軍法規摘要」、あるいは戦前の『蘭和大辞典』（拓殖大学南親会、昭和18年）では、Kriegsartikelを「軍律」「陸海軍条例」としている。

法律学的に見れば、欧州において始めには絶対制的軍隊のもとでKriegsartikelは軍律そのものであったが、立憲制の採用とともにこれら軍律は法律の規定するところとなり、ドイツではKriegsartikelは本質的には一般的軍事倫理、教訓

および訓誡を包含し、すなわち軍律そのものでなく、軍律に基づく教訓であった（前掲藤田嗣雄『明治軍制』303-4頁)。

この意味で、良蔵によって『日耳曼軍律』と標題されているが、別にプロイセン軍隊では1845年１月制定公布の軍刑法典をもつところから厳密な意味での軍律そのものではなく、軍律に基づく教訓を含む「軍人服務規程」と理解するのが妥当である。

次に良蔵の訳文の検討であるが、総括的にいえば、もちろん原典の逐語訳ではないが、おおむね忠実に摘要しているといえる。しかし仔細にみると、数か所の相異を指摘することができる。表３は「プロイセン軍人服務規程（邦訳)」(以下、単に「原典」と略称する）と「良蔵訳」とを逐条ごとに対比したものであるが、まず、

(１)良蔵訳は、原典の規定１の訳を欠き、規定２を第１条として始め、第38条にいたる。従ってこの第38条は原典の規定39に相当する。良蔵が原典の規定１を省いたのは、それがプロイセン臣民一般の兵役義務の大切さを説いたものであり、すでに兵士である「下士官及び兵士」に対しては規定１は必要なしと考えたのではなかったか。あるいは「兵学黌の著述」には規定１が記されていなかったのかも知れない。

(２)良蔵の第７条は、規定８の訳文であるが、良蔵の訳文の末尾の「蓋シ怠勤ノ時間ト在刑ノ時間ハ勤役中ノ定時間ニ算入スヘカラサルナリ」は規定８にない。

(３)良蔵の第13条の内容は「長官タル者」の心得に関したもので、規定14は兵卒および下士官の心得を説いたもので、内容は全く異なる。「下士官及び兵士」向けにしては良蔵の第13条は適合せず、後考を要する。

(４)良蔵の第20条は、規定21を忠実に摘要したものであるが、文末の「若シ之ニ背ク者ハ四週間獄囚或ハ二年間砦刑兼徒刑ヲ以テ之ヲ罰スヘシ」は原典の規定21にない。

(５)良蔵の第39条は、規定40・41を合併して１条としたもの。

表3

プロイセン軍人服務規程(邦訳)	山口良蔵訳日耳曼軍律
規定　1	
〃　2	第1条
〃　3	第2条
〃　4	第3条
〃　5	第4条
〃　6	第5条
〃　7	第6条
〃　8	**第7条**
〃　9	第8条
〃　10	第9条
〃　11	第10条
〃　12	第11条
〃　13	第12条
〃　14	**第13条**
〃　15	第14条
〃　16	第15条
〃　17	第16条
〃　18	第17条
〃　19	第18条
〃　20	第19条
〃　21	**第20条**
〃　22	第21条
〃　23	第22条
〃　24	第23条
〃　25	第24条
〃　26	第25条
〃　27	第26条
〃　28	第27条
〃　29	第28条
〃　30	第29条
〃　31	第30条
〃　32	第31条
〃　33	第32条
〃　34	第33条
〃　35	第34条
〃　36	第35条
〃　37	第36条
〃　38	第37条
〃　39	第38条
〃　40 〃　41	**第39条**
	第40条
〃　42	第41条
〃　43	第42条
〃　44	第43条
〃　45	第44条
〃　46	第45条
〃　47	第46条
〃　48	第47条
〃　49	第48条
〃　50	第49条
〃　51	第50条
〃　52	第51条

(6)良蔵の第40条の「兵士の誓約義務違反には3年間砦刑云々」は、原典の規定に存在しない。

(7)良蔵の第41～51条は規定42～52に照応している。

以上、良蔵訳と原典規定との相違点は良蔵が「兵学釁の著述」に拠ったために生じたか、あるいは別の事情によるかは今後の調査に俟つことにし、良蔵訳述『日耳曼軍律』の内容紹介を終わることにする。

5　『日耳曼軍律』訳述・刊行の歴史的意義

最後に良蔵の『日耳曼軍律』訳述を可能ならしめた歴史的条件・背景に思い

をいたし、その訳述・刊行の歴史的意義におよびたい。

良蔵は明治2年(1869)2月、和歌山藩洋学所助教の地位についたが、洋学所の実態を示す史料を欠き、良蔵の動静はわからない。良蔵が幕末、適塾の塾頭としてすでに蘭学を良くし、福澤に親炙して英学にも関心をもって勉学にとりかかっていたであろうことは想像がつくが、ドイツ語の学力をどのように身につけたのであろうか。

さきに少しふれた、明治3年(1870)2月兵学寮が設置されてその寮長に任命された岡本兵四郎、また良蔵と同じく兵学寮教授となった遠藤泰道らは、明治2年11月、すでに和歌山藩への雇入れが決まり、大阪川口在留レーマン・ハルトマン商会で待機中のカッペンからプロシア式兵学を学んだとされている。あるいは兵学寮の設置で廃止の運命にあった洋学所の助教の良蔵にも、岡本・遠藤らと同様な機会があったかも知れない。さてここに注目すべき史料として富田正文先生収集「山口良蔵関係文書」の「其他雑文書」②山口良蔵書翰(馬島済治宛明治2年12月7日付)が存在する。それは以下のように書翰本文とそれに同封添付した痕跡をのこす紙片からなっている(写真5-a・b)。

〔本文〕

奉拝呈候、辰下酷寒之節ニ御座坐処、尊君不相変御安泰ニて御研学被成御坐候半と奉遙賀候、然ニ小生碌々起居仕候間、乍憚御放意可被成下候、さて此地確乎として相変り事件とてハ最早無御坐候得共、何分ニも内部不安人心も未ダ落付ノ姿ニも相運ひかたく御坐候、会侯ハ御勤慎御免之後先ツ其儘ニ御坐候、榎本は已ニ死を賜る処ニ御坐候得共、有志出議論ニよりて助命ニ相決し候事ニ御坐候、諸脱士等ハ夫々諸藩え御預ニ相成申候」尊君御旧里之御様子相伺候半と奉存候へ共、御旧里人大坂ニ無之候、依之江戸旧友之者え懇ニ相談し共ニ窃ニ御旧里之人ニ尋ねくれと申置候、相知れ候ハヽ御手帋ニても直ニ相届けくれ候様ニ御坐候ハヽ、直ニ以一書其趣奉申上候間、御状御遣し可被成下候、決して他人ニ相語り候事ハ決て無御坐候間、此段御安意可被成下候」江戸大坂ニも医学

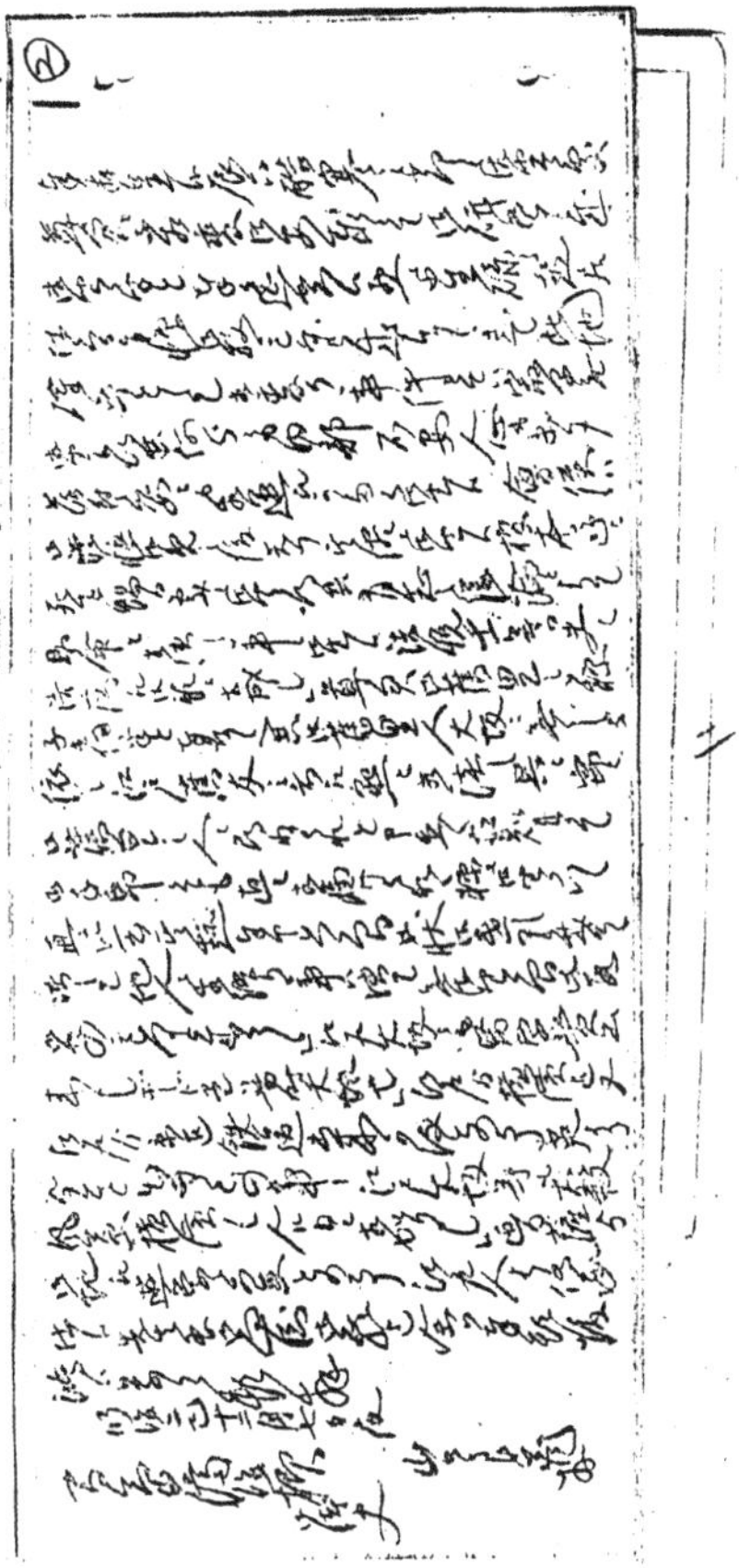

写真５－ａ

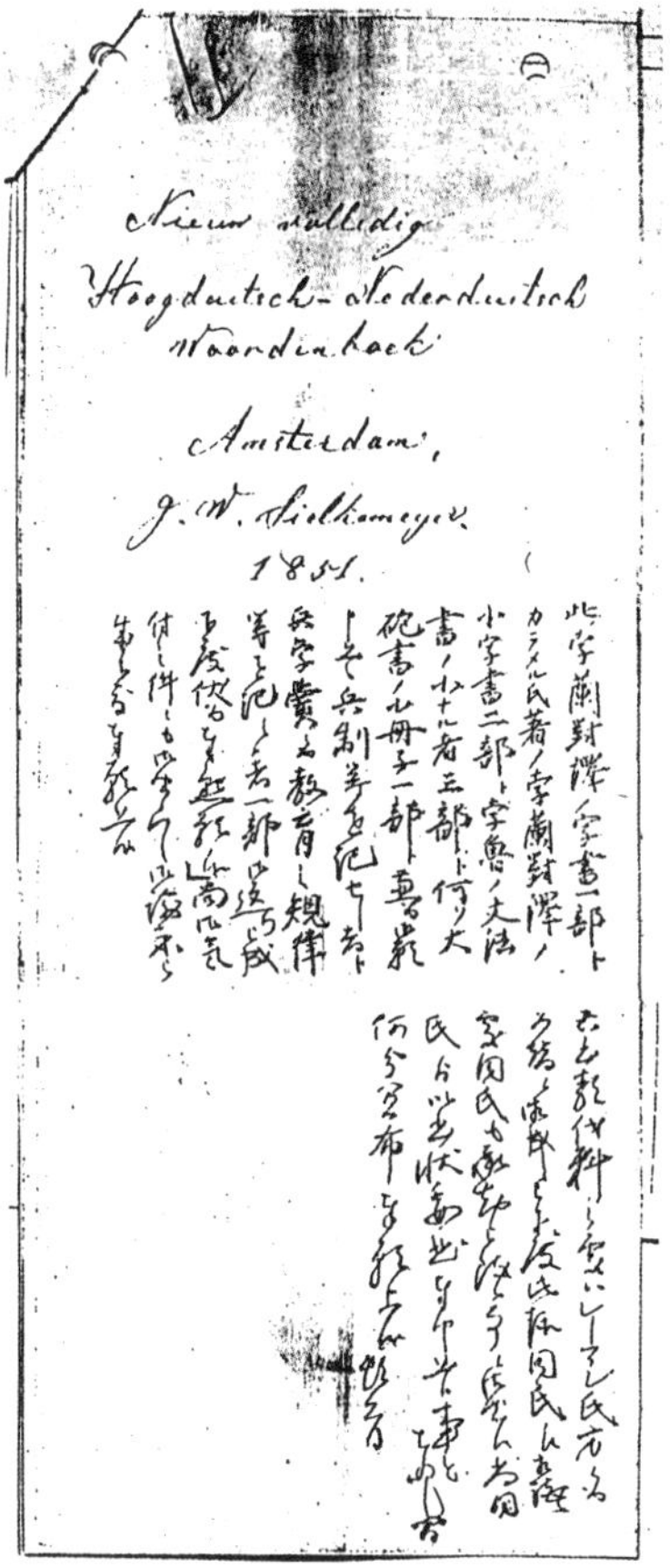

写真５－ｂ

釁出来申候、ボードヱンハ当時大坂也」江戸より横濱迄又江戸より京迄鉄道出来可致との事、英より金を出すとの事、江戸大坂等も大赦、風景横濱ノミ人に日ニ相加り申候」近日薩より御地え遊学ニ可参との事江戸人より伝承士候、先は右御面倒御願迄、余ハ奉期後鴻候、草々頓拝

明治二巳十二月七日夜　　　　山口良蔵拝

馬島済治様

御侍史

〔同封・添付文〕

Nieuw volledig Hoogdeutch-Nederdeuitsch Woorden-book Amsterdam, G. W. Sielkemeyer〔Tielkemeijer〕, 1851〔嘉永４〕

此ノ孛蘭対訳ノ字書一部トカラメル氏著ノ孛蘭対訳ノ小字書二部ト孛魯ノ文法書ノ小ナル者三部ト何ソ大砲書ノ小冊子一部ト兼て御願申上候兵制等を記せし者ト兵学黌ニて教育之規律等を記し候者一部御送被成下度伏て奉懇願候」尚御気付之件ニも御座候ハヽ御諭示被成下度奉願上候、右書類代料之処ハレーマン氏方ニて為替ニ相成し被下度、此趣同氏え相談候処、同氏も承知被致候事ニ御座候、尚同氏より御書状委曲奉申上候と奉存候間、何分宜布奉願候、頓首

上記の良蔵書翰の宛名人である馬島済治は、『和歌山市立博物館紀要』が1990～93年にわたってとりあげたカール・ケッペン研究において、彼の和歌山日記および回顧録にその人名が出る小松済治と同一人物である。

小松済治（1847-93）の履歴は次の通り。和歌山藩中之間席之廉。父謙瑞は紀州人で叔父馬島瑞園に従って会津に赴き日新館に入学。他方、蘭学を山本覚馬に学ぶ。また長崎に遊学し、ドイツ船に乗り込み、ドイツ語学に習熟し法律を研究。明治２年帰国。和歌山藩邸に叔父瑞園が幽閉されていた縁で、和歌山藩に雇われたという（『若松市史』下巻、昭和16年）。

ケッペン日記には、1870年９月10日和歌山にきたとある。また回想録によると、ハイデンベルクに数年留学し、ドイツ語が堪能で、ケッペンの助手として翻訳に従事した。明治４年兵部省七等出仕。のち外務省に転じ、二等書記官として岩倉使節団に随行。陸軍省に出仕後、同８年六等判事。他方、９年北畠道龍が創立した北畠講法学舎で独書講読を教授。11年大審院判事、18年司法省御用掛、司法書記官、20年民事局次長、司法省参事官、24年判事に転じ、従五位勲五等を賜う（以上、石川光庸・武内善信「カール・ケッペン日記及び回想録の人名索引」、『和歌山市立博物館紀要』７、1992）。近年、荒木康彦氏は「馬島済治のハイデ

ルベルグ大学留学および帰国」と題して、馬島済治は馬島瑞謙（のち小松済治と改名）であることを伍堂卓爾の「一世紀事」なる半世記にもとづいて明らかにし、馬島のドイツ滞在・留学当時のハイデルベルク大学学籍簿および当時の *Heiderberger Zeitung* 紙掲載記事、「従五位勲五等小松済治君之墓」碑文、池田謙斎宛緒方洪哉書簡（1868・3・8付）等にもとづき、新知見を提供された（『近代日独交渉史研究序説――最初のドイツ大学日本人学生馬島済治とカール・レーマン――』雄松堂、2003)。

荒木氏によると、馬島は、長崎の武器商人カール・レーマンが会津藩から受注の撃針銃1300挺を調達するため一時帰国する1867年5月15日（慶応3年4月12日）長崎出航に同行して渡欧した。しかし会津藩からの留学費が十分でなく、一年足らずで手元不如意となったが、レーマンより融資を受け、彼は1868年10月21日ハイデルベルク大学に登録でき、68年冬学期および69年夏学期に在籍。普仏戦争前にヨーロッパを離れて、1870年3月（明治3年2月）帰国しているとされている。

さて、この良蔵書翰の背景として、山口と馬島とがいつごろから知り合うようになったかは確証はないが、良蔵がいわゆる紀州藩の「外事係」として動いていた慶応3年ごろからではなかろうか。おそらく馬島の蘭学の師であった会津藩の山本覚馬や紀州藩の岩橋轍輔らが会津・紀州両藩発注の撃針銃の件で出張して長崎のカール・レーマンと交渉しているなかで（『南紀徳川史』第12冊）、良蔵も馬島と接触ないし連絡があったのかも知れない。

良蔵がかねてから馬島のドイツ留学を知っていたことは、文面に「尊君不相変御安泰ニて御研学」と記していることからもわかるし、馬島に対して維新後の会津藩の近状を鋭意情報収集してひそかに報告せんとしているのは、おそらく留学先から馬島が良蔵に頼んだものであったと思われる。ここからも両人が親友の間柄にあったことが推知できる。ほぼこのような背景のもとに良蔵が在独の馬島に宛てて目下自分の必要とする辞書・文法書・兵書の購入を頼んだものが同封の添付文であったと解され、これら書物の購入費の送金について大阪

川口のレーマン氏より為替にて処理されるむね承知ずみであるとしている。

さて本書翰には在独の馬島宛封筒を欠いていること、および在外の馬島宛書翰原本がどうして後裔の山口義男氏の手許に残ったか疑問なしとしない。馬島がドイツより帰国した1870年(明治3)の翌1871年に和歌山藩軍事教官カール・ケッペンは日本から故郷へ帰り、再び来日している。そのコースは、日本(横浜)—東印度—スエズ～アレキサンドリヤ(この間列車)—アフリカ—イタリア—ミュンヘン—ケルン—故郷(ビュッケブルグ)で、往路では1871年7月10日横浜発～1871年9月2日ミュンヘン着(9月5日ビュッケルブルグ)、帰路は1871年12月10日ビュッケブルグ発～1872年2月5日横浜着で、往復ともだいたい約2か月である(石川光庸訳「和歌山藩軍事教官カール・ケッペン回顧録」、『和歌山市立博物館紀要』7、1992)。正確にいつ馬島がハイデンベルグ大学留学を終わって離独したかわからないが、だいたい帰国に約2か月かかるとすると、良蔵が明治2年(1869) 12月7日付書翰を船便で出したとしても、はたして馬島が離独前に入手した確率はいたって少ないと想像する。この書翰が山口義男氏の手許にあったのは、離独前に馬島が本書翰を入手していたものを帰国後良蔵へ戻したと考えるよりも、良蔵がレーマン氏あたりから、この書翰を認めたのちに馬島帰国の情報をえて発信を思いとどまったものと見るべきではなかろうか。これは推測であるので今後とも検討しなければならない。

ともあれ、この同封・添付文は、良蔵が正式に兵学寮教授に任命される(明治3年2月2日)よりも2か月早い明治2年12月の時期における、来るべき新しい任務に積極的な関心・意欲を示している点で注目すべきものである。たとえ如上のごとく、この同封・添付文が発信されなかったとしても、この文から孛蘭対訳字書(1部)、カラメル氏著蘭対訳小字書(1部)、孛魯文法書(小3部)、大砲書(小冊子1部)の新注文は果たせなかったが、「兼て御願申上候兵制等を記せし者ト兵学黌ニて教育之規律等を記し候者一部御送被成下度伏て奉懇願候」と記しているから、これら二種の書物はすでに前便で馬島に購入を依頼したものの、明治2年12月現在未だ入手していなかったことを知ることができる。

しかし、これらすでに前便で頼んでいた兵制書や兵学釁教育規律書などを馬島が帰国時（明治3年2月）、良蔵に届けたため、良蔵は兵学釁教育規律書を『日耳曼軍律』訳述の原拠として、訳述をはじめたとも推察することができる。

さて、既述のように『日耳曼軍律』刊本には、明治3年4月の「緒言」、「明治四年未春刊」とあるが、これに関連する資料として下記の小幡篤次郎書翰①（「山口良蔵関係文書」）がある。

孟秋八日之玉翰並御蔵板三百部當十一日相達難有拝誦、先以愈御安泰被成御勤候趣奉恐賀候、 次ニ師家始弊宅相揃無異罷在候間、御安心可被下候、マーストルハ些と瘧ニ被相悩候へ共差して御気遣中候程之事も無之候間、御放念被為成〔度〕候、御蔵版ハ岡田屋江売捌相頼置候最も三削ニ無之てハ書林売出しニ力を尽し不申候故、却面版元之不利なりとマーストル被申候間、三割之所ニ申付置候、左様御承知可被下候、吉川君之尊書も幸便有之候間、相頼置候、右貴酬申上度、餘ハ後便之時ニ申上残候　謹言

（明治三年）
八月十六日　　　　　　　　　　　　　　　　小幡篤次郎

山口良蔵様

侍史

尚々時下秋冷折角御保様〔養〕専要ニ被存候、甚三郎よりも宜敷申上居度申出候

この小幡篤三郎の良蔵宛書翰は、富田正文先生の註にも文中「師家」「マーストル」は福澤諭吉を指す。「些と瘧ニ被相悩」云々は、明治3年5月から8月まで発疹チフスに罹ったことを指すとあり、明治3年のものであるとされている。富田先生は「蔵板三百部とは何の書なりや」としているが、これは、良蔵の訳述『日耳曼軍律』（発行書林東京岡田屋・大坂河内屋）に他ならず、良蔵がその売捌き方を小幡篤次郎に依頼したことが明白である。これによって良蔵の『日耳曼軍律』訳述は、「明治四年未春刊」とあるが、実はすでに明治3年8月上旬には出版ずみであったことが判明する。

以上の述べたところからもわかるように、良蔵の『日耳曼軍律』訳述の経過

は必ずしも明らかではなく、解明すべき部分を多く残しているが、やはりわれわれの関心事は、良蔵が蘭学ないし英語からどのようにしてドイツ語を習得したかという点である。それは、良蔵がカール・ケッペンというドイツ人軍事教官の指導のもとに兵制改革を明治初年に遂行した和歌山藩兵学寮教授に職を奉じた結果であることは明白で、ケッペンやレーマンとの接触や岡本兵四郎・遠藤泰蔵との交際も無視できないが、ハイデルベルク大学留学の経験をもつ馬島済治との密接な物心両面の協力が多大であったと見るべきではなかろうか。もっとも、これとても推測であって、良蔵の『日耳曼軍律』の訳述にさいして馬島がなんらかの助力をしたことを示す史料もない。しかし、さきの同封添付文の中で「尚御気付之件ニも御座候ハヽ御諭示被成下度」と書いているところからも、みずからのドイツ学の学習にあたって馬島を信頼し相談相手にしていたことは確かであろう。おそらく良蔵は、これまで身につけていたオランダ語の語学力を基礎に孛魯文法書・孛蘭対訳字書を使いこなし、明治３年２月ごろから約６か月後の同年８月ごろには『軍律』の訳業を完成させたのであろう。

なお、良蔵のドイツ語原書の訳述に関係があった人物として池田良輔も忘れるべきではないと考えられる。良輔は幕末安政以来、和歌山蘭学所を主宰し、良蔵にとっては20歳も年上の適塾の先輩である。良輔の旧蔵洋書類は他の関係史料とともに早稲田大学図書館洋学文庫中に池田良輔資料として入っている。上に示した写真５－ｂの上部に横文で記されたタイトルの孛蘭対訳字書（1851年）およびその下の文中に記されているカラメル氏著孛蘭対訳小字書は、次のごとく奇しくも池田良輔旧蔵資料中にある。

（１）	Neues vollständiges deutsch-holländisches und holländisch-deutsches
文庫８特	wörterbuch.
E143	T1,1-2. Amsterdam. G. W. Tielkemeijer. 1851.
	2 V.
（１）（２）	T1. 1. Deutsch

T1. 2. Holländisch

Dutch title: Nieuw volledig Hoogduitsch-Nederduitsch en Nederduitsch-Hoogduitschi woordenboek

（2）

文庫8特 Neues vollständiges Holländisch-deutsches und Deutsch-holländisches
E149 Taschen Wörterbuch, Aufl. Des Taschenwörterbuches von Johann Cramer.

T1, 1-2. Bielefeld Velhagen & Klasing. 1867

2 V.

Contents

T1. 1. Holländisch-deutsch

T1. 2. Deutsch-holländisch

この2種の字書をいつ良輔が入手していたか、今後調べてみたい。カッペン雇用下で池田良輔の名が出るのは、明治3年（1870）11月3日「法福寺道龍ハルム申合ドイツ字書可致翻訳事」と良輔に藩命が出ているが、その字書や稿本はみつかっていない。良蔵が明治2～3年ごろにすでに良輔入手の孛蘭対訳字書の借用やドイツ語の手引きを受けることはなかったのであろうか。今後、良蔵との関係を主軸にドイツ語方面――従来のフランス文典等中心にとどまらず――の池田良輔研究を進める必要がある。

ともかくカッペンの雇用、プロイセン軍・兵制にもとづく新制軍隊の建設にともない、和歌山藩にてこの事業に参画・実施に当った者の中には、後年ドイツ軍・兵制書ないしドイツ語学書を著わし、またメッケル招聘に象徴されるようにドイツに傾斜したわが参謀本部・陸軍大学校に籍をおいて活躍する者も出た。たとえば、兵学寮設置とともにその寮長となった岡本兵四郎は、プロシヤ陸軍中将ワルデルゼーの著書*LEITFADEN bei der Instruction der Infantrie*〔歩兵卒教導軌典〕の第57版を邦語訳して、明治11年（1878）8月『孛国陸軍歩兵教典

前編』を刊行している。この刊行には井関正方（長崎県士族）・井門重晴（熊本県士族）・崎山元吉（和歌山県士族）が協力している。このうち崎山はカッペンが一時帰国のさい、商法見習のため同行渡独した人物でドイツ語ができた一人である。兵四郎は廃藩後、陸軍にて昇進を重ね、陸軍大学校幹事を歴任、陸軍中将で予備役となっている。崎山もドイツ語の学力で明治12年東京外国語学校教員、同16年陸軍御用掛として参謀本部・陸軍大学校勤務、同19年陸軍教授陸大付教官を歴任。著書に陸軍教授崎山元吉著『独逸学捷径』（明治24年５月）がある。

このような例があるが、山口良蔵の場合は、誰よりも早く、兵学寮開校の２か月後の明治３年４月に『日耳曼軍律』の訳述を成し遂げている点で、和歌山藩のみならず、わが国におけるドイツ軍・兵制の移入史上の先駆者ともいうべきであろう。

周知のごとく普仏戦争は、明治３年７月19日に始まり、同年９月２日ナポレオン三世がセダンに追いこまれ全軍を率いてドイツ軍に降伏し、ドイツの勝利に終った。しかし、明治新政府は明治３年10月２日太政官布告によって、わが陸軍のフランス式、海軍のイギリス式採用を布告した。このため、政府の処置に反対し、敗戦国フランスの兵式を捨てて、戦勝国ドイツの兵式を採用すべしという意見が高まったが、政府は右布告より半年前からフランス軍事教官団の招聘を決定し交渉を準備していたので、既定方針を固守したものである。良蔵の訳業はかかる普仏戦争帰結後の状勢とは関係なく着手されているもので、むしろ和歌山藩兵学寮教授の職責に忠実であった所産というべきであろう。当時、陸軍建設を主宰していた山県有朋は、普仏戦争以前よりドイツ兵制を視察し、右布告以前に帰国し、ドイツ陸軍の優秀を認めてわが陸軍の組織を創定するに当ってはドイツ兵制を採用しようとする意志であったことが知られている。しかし、歴史はそれを許さず、明治11年（1878）の参謀本部の独立、いわゆる統帥権独立まではフランスの文民優位的軍制支配のもとに明治初期軍事史が展開した。そのために、明治初年の和歌山藩における、カッペン指導下のプロイセン軍・兵制による徴兵軍隊の建設、山口良蔵の訳業も忘れ去られるにいたったも

のである。

この良蔵の訳述『日耳曼軍律』が、明治３年２月達の「和歌山藩兵学寮規則」中の「教授士官職掌」「一、生徒中性質において各不同ありと雖も之を能く誘導し（中略）父母の国に対し忠節を尽すを目的とし教導す可し」あるいは「生徒の為厳法を設け教戒を加ふるは只生徒をして遊情浮薄の弊習に陥らさらしむる故なり」（『南紀徳川史』第13冊、292頁）とあるに副うべく、実際に兵学寮で使用されたかどうかも知るよしもない。

しかし、この良蔵の訳述『日耳曼軍律』はその後、全51条にわたり誰かによって訳文が改められ、「独乙陸軍刑律ケリーヒアルチクル」として残されている（国立公文書館内閣文庫所蔵、「左院蔵書」「史官之印」の蔵書印に消印が押され、「太政官記録印」「日本政府図書」の印がある）これには、

第一章

国君ニ対シ誠忠ニ奉公スル者ハ兵卒第一ノ務ナリ、之ヲ継テ兵卒ノ誉レハ戦ノ出来ル丈ケノコトト奉公道ニ出精シ且ツ戦ニ臨テ強ク規則ニ恭順シ公私共ニ行ヲ正シウセンコトヲ心掛ケ尚同列ノ人ニ対シ信親ヲ守ルヲ要ス

第二章

兵卒タル者国君ニ対シ誠忠ニ職分ヲ尽スト云フ事ハ治乱ノ間ニ於テ十分ニ力ヲ尽シ、加之命ヲ捨テ国君及ヒ父母ノ国ノ為ニナス可シ

などと、軍人勅諭成立前史の史料として注目すべき変容・展開がみとめられる。

宮内庁書陵部所蔵の「大島健一談話筆記」の中で、1881年（明治14）陸士教官でドイツに留学した大島は『明治天皇紀』の編修に関係していた竹越与三郎の「独逸の軍人精神は矢張り勅語みたようなものがありますか」との質問に、「勅語とは申しませんが軍人教条と称し、皇帝の名を署し、忠節、武勇、礼節、信義等の守るべきを諭し且つ非行を罰することを掲げたものがあり」ますと答えている。ドイツ陸軍に通じていた大島は明らかに明治15年（1882）の『軍人勅諭』の源流にドイツの Kriegsarikel を認識していたことを示すものである。明治11年以後、軍制においてドイツ化が進み、同14年、井上毅によるドイツ学の

奨励を経て、翌年には軍人勅諭の発布となるが、この歴史進行の観点からみれば早い時期でそれを予見し、その動きに点火した人物として山口良蔵を位置づけることができるであろう。 (2004. 9. 26)

〔追記〕

最近、慶應義塾大学福澤研究センターを訪問したさい、西澤直子氏より昭和51年（1976）8月に、山口義男氏より山口良蔵宛小幡篤次郎書翰（10通）、同中上川彦次郎書翰（4通）、同福澤諭吉書翰（11通、うち1通は良蔵夫人宛）ならびに山口良蔵履歴書がセンターへ寄贈されているとうかがった。下記の山口良蔵履歴書も同時に寄贈されたもので、この履歴書によって本文に記した山口良蔵履歴書の後半部分が明らかとなるので紹介する。 (2005年1月28日記す)

履　歴

大坂府士族

元和歌山藩士族

山《ヤマ》　口《グチ》　良《リョウ》　蔵《ゾウ》

天保九年戊十二月廿二日生

明治三年十月十七日	任兵学少助教	兵部省
仝四年七月十三日	軍事病院醫官申付候事	仝
	但月給四拾五圓	
仝年十月廿五日	當臺醫官申付候事	大坂鎮臺
	但月給七拾圓	
仝五年十月十三日	軍醫寮八等出仕申付候事	陸軍省
仝六年二月一日	帰京候様陸軍省ヨリ被相達候ニ付	大坂鎮臺
	此旨相達候事	
	二月廿八日発足三月十二日着京	
仝年十月廿日	補陸軍省八等出仕	陸軍省
仝年十二月廿八日	免出仕	仝

仝七年五月十五日	軍医略論ヲ翻譯候ニ付為慰労 仝書式部被下候事	仝軍醫部
仝七月廿七日	文部省へ相雇候事 但月給五拾円	文部省
仝日	準刻課勤務申付候事	仝
仝八年六月三十日	依頼雇相免候事	仝
仝年七月十日	補内務省八等出仕	内務省
仝日	第三局事務取扱申付候事	仝
仝年十月廿三日	免出仕 准刻局被廃	仝
仝九年十二月四日	補海軍省九等出仕	海軍省
仝日	兵学校第二科編輯掛申付候事	兵学校
仝十年一月十九日	補海軍省十等出仕	海軍省
仝年十二月廿七日〔廿七日棒線抹消シアリ〕	職務勉励ニ付金三拾五円下賜候事	仝
仝年十二月廿一日	補海軍九等出仕	仝
仝十四年十二月廿八日	職務勉励ニ付為慰労金弐拾円下賜候事	仝
仝十五年一月六日	砲術教授書編輯委員申付候事	兵学校
仝年十二月廿七日	補海軍省八等出仕	海軍省
仝日	編輯翻譯校閲掛申付候事	兵学校
仝十七年	大坂府江南小学校へ金拾円寄附ニ付 為其賞木杯壱個下賜候事	大坂府
仝十九年二月十七日	兵学校勤務ヲ命ス	海軍省
仝日	編修員ヲ命ス	兵学校
仝年仝月廿七日	任海軍属	海軍省
仝日	月俸金六拾円ヲ給ス	仝
仝日	兵学校勤務ヲ命ス	仝

全年三月廿九日　　　砲術及運用術教授書編修委員ヲ命ス　　海軍兵学校
全年五月四日　　　叙判任官一等給下級俸　　　　　　　　海軍省
□年三月一日兵学校へ出ス
　　　　　　　　元和歌山藩士族明治五年五月七日願済之上貫属

〔補説〕

山口良哉(のち良蔵)抄訳「利氏生理全書」の底本について

さきの本論中において、山口良哉抄訳「利氏生理全書」の原書は、緒方洪庵の手沢本（『病学通論』の典拠の一つ）として適塾所蔵史料の中にある次の蘭書、

A. RICHERAND'S NIEUWE GRONDBEGINSELEN DER NATUURKUNDE VAN DEN MENSCH DOOR A. VAN EPECUM, EERSTE DEEL. Te AMSTERDAM, bij C. G. SULPKE, MDCCXXV1. Tweede zeer vermeerderde en verbeterde uitgave.

すなわち、

リシュラン（仏）著『人身窮理新論』（フランス語第９版）のエルペクムによる蘭訳書、いわゆる利摂蘭土（リセランド、1779-1840）『人身窮理書』（1826年）第２増訂版である。

とはじめに記した。それは良哉が「於適々斎静處」と記しており、当然、上記蘭訳書を読んだと考えたからである。照合したところ、その抄訳文に相当する原文もこの洪庵手沢本に部分的に見出せるが、その逐語訳ではない。そのため、良哉の抄訳を紹介したあとに、良哉の語学力および蘭医学者としての評価を医史学研究の方々の関心に委ねるべく良哉が用いた蘭訳本の原文を紹介するとしながらも、それをなしえず、

ちなみに、以上の良哉抄訳の「血行篇」は第48章から始まり、適塾所蔵の蘭書原本（全574頁）の Derde Hoofdstuk（第３章）over den Bloedsomloop〔血行篇〕(pp. 346-416) は第50-68章である。抄訳の原本は適塾所蔵原本以前の版かも知れない。

と記した次第であった。その後、良哉の抄訳の底本はリセランドのいずれの版であるか調査を続けていたが、図らずも平成17年12月4日、千葉県立佐倉高等学校における「第3回鹿山文庫講演会」の講師にお招きを受けることになり、その後、鹿山文庫の医学蘭書を閲覧させて頂く機会が増えた。やがて、同文庫の「リセランド人身窮理」(拾三番三冊)の第2冊が良哉抄訳の底本に照応するのを初めて実見することができた(平成17年6月20日)。その第2冊のタイトルは、以下の通りである。

A. RICHERAND EN M. BÉRARD AINÉ, NIEUWE GRONDBEGINSELEN DER NATUURKUNDE VAN DEN MENSCH. NAAR DE TIENDE AANMERKELIJK VERMEERDERDE FRANSCHE UITGAVE VERTAALD DOOR A. VAN ERPECUM, HEELMEESTER TE AMSTERDAM. TWEÉDE DEEL. Derde, zeer vermeerderde en verbeterde uitgave. TE AMSTERDAM, Bij C. G. SULPKE, 1835.

リシュランおよびベラール・エネ(通称ベラール兄)著『人身窮理新論』(フランス語第10大増補版)のエルペクムによる蘭訳書第2冊。1835年発行。

ベラール・エネのファーストネームはPierre Honoré(ピエール=オノレ)で、その略歴は、伝記辞典・大百科辞典などによると、以下の通り。フランスの外科医・生理学者(1797-1858)。1797年、アルザス地方、バ・ラン県リシュタンベールで生まれ、1820年パリに移り、高名な解剖学者で外科医のベクラールに師事、インターンとなって治療や解剖の助手を務める。1926年、医学博士となり、1827年、外科の教授資格を得る。1831年、外科医として病院勤務、1832年、パリ医科大学生理学講座の正教授となる。1848年、医科大学長になる。1849年、医学アカデミーと医学協会のメンバーに選ばれる。1852年、医学高等教育総監になる。1848-55年、『生理学講座』4巻を出版。リシュランの『生理学』第10版の共著者となる。1858年、パリ郊外のシャラントン=サン=モーリスで死去。

本書は、冒頭のTWEEDE HOOFDSTUK *van de Opslurping*(第2章　吸収篇)に始まり(pp. 1-81)、次にDERDE HOOFDSTUK *van den Bloedsomloop*(第3章

血行篇）（pp. 82-232）、さらに VIERDE HOOFSTUK *van de Ademhaling*（第４章呼吸篇／ pp. 232-422）とつづく。良哉の抄訳は、本書のこの「血行篇」の約半分にあたる、48-50の中途、pp. 82-101の半ば（第18行）までに相当する（影印126頁参照）。以下、この相当部分の蘭訳翻訳本の原文を掲げて、その抄訳研究に資することにする。目下のところ、良哉が適塾所蔵の蘭書原本（1826年版）より９年後の、リシュランおよびベラール・エネ共著の蘭訳書1835年版をいつ、どこで底本とすることができたか、その経緯はわからない。この調査にさいし、千葉県立佐倉高等学校のご厚情にあずかり、また同校の外山信司氏には格別のお世話になった。衷心謝意を表する次第である。

DERDE HOOFDSTUK.

Van den Bloedsomloop.

48. Die beweging, waardoor het bloed, van het hart afkomende, bij aanhoudendheid door de ſlagaderen naar alle deelen des ligchaams wordt heengevoerd, en waardoor het, door middel der aderen, terug komt tot het middelpunt van waar het was afgevloeid, noemt men *Bloedsomloop* (*Circulation*).

Deze kringvormige beweging dient, om het door de lympha en de chyl veranderde bloed in de longen met de lucht in aanraking te brengen (*de ademhaling*); om hetzelve onderſcheidene ingewanden toe te voeren, die het aan verſchillende graden van zuivering onderwerpen (*de afſcheiding*); en om hetzelve heen te ſtuwen naar alle deelen des ligchaams, dat door het voedende gedeelte des bloeds, 't welk door die opvolgende bewerkingen volkomen ontwikkeld is, moet opwasſen en onderhouden, en welks verliezen daardoor moeten herſteld worden (*de voeding*).

De werktuigen van den bloedsomloop dienen niet zoozeer tot de bewerking, als wel tot de vervoering der vochten. Om zich een juist denkbeeld van dezelven te vormen, kan men ze vergelijken bij die daglooners, welke in eene uitgebreide werkplaats, die allerhande ſoorten van voortbrengſelen oplevert, gebruikt worden om de bouwſtoffen aan de werklieden,

met de bereiding de ſtoffen belast, aan te brengen; en even als er onder deze laatſten eenigen zijn, die de ſtoffen volmaken of zuiveren, welken anderen bereiden, zoo zijn ook de longen en de afſcheidende klieren onophoudelijk in werking, om alles van het bloed af te ſcheiden, wat daarin te vreemdaardig aan onze geſteldheid is, om aan onze deelen eigen-, en aan de zelfſtandigheid van dezen gelijk-gemaakt te worden, dat is, dezelven te voeden.

49. *Geſchiedenis.* Bij de beoefening van de ſchriften der oude Heelkundigen, treft ons hunne vrees voor de bloedſtorting, na het afzetten der ledematen en na groote operatien, zoodat wij bijna genoopt worden, om te gelooven, dat zij met de werktuigelijkheid van den bloedsomloop eenigermate bekend waren: ondertusſchen heeft volſtrekt het tegendeel plaats; en het lezen van de phyſiologiſche ſchriften, vóór den tijd van HARVEY uitgegeven, bewijst, dat zij ten aanzien van dit onderwerp in de diepſte onwetendheid verkeerden.

HIPPOCRATES heeft het allereerst geſproken van vaten, door hem φλέψ, en door ons aderen genoemd. Later zag PRAXAGORAS andere ledige vaten, de ſlagaderen, die hij meende dat bij het leven met lucht gevuld waren, en ἀρτηρίαι (van ἀὴρ, lucht, en τηρέω bewaren of bevatten) (*arteriæ*) noemde, en die bij ons den naam van ſlagaderen dragen. Men meende toen, dat de aderen de eenige werktuigen des bloedsomloops waren; dat het bloed dezelven met ſlingerende bewegingen doorliep, namelijk van het hart naar de ledematen en van de ledematen naar het hart.

GALENUS bevond, dat de ſlagaderen bloed bevat-

teden, dat zij door kloppingen werden aangedaan; maar wel verre van daaruit te beſluiten, dat deze kloppingen als het uitwerkſel van den ſchok, die het bloed op hare wanden te weeg bragt, moesten beſchouwd worden, meende hij, dat deze kloppingen het gevolg waren van de beweging, die het hart op de wanden der ſlagaderen al verder en verder deed overgaan; en om dit te bewijzen, deed hij de beroemde proef, die men HARVEY zoo dikwerf heeft tegengeworpen, en die evenwel geenerlei waarde bezat, omdat GALENUS niet *wel* had waargenomen. Hij ſneed eene ſlagader af, plaatſte eene pennenſchacht tusſchen de beide uiteinden der ſlagader, bond deze uiteinden op de buis, en beweerde, dat de kloppingen zich, voorbij de plaats waar de ſlagader was afgeſneden, niet meer deden gevoelen; eene dwaling die voorzeker door eene tweede proef, zoo men die genomen had, zou zijn te regt gebragt geworden. Op het tijdſtip, toen VESALIUS de ontleedkunde eene nieuwe vlugt deed nemen, ontdekte men een groot getal van klapvliezen in de aderen; en als men toenmaals hare rigting en haar gebruik had beoefend, zou men ongetwijfeld den loop des bloeds in deze vaten ontdekt hebben. Maar het was daarmede anders geſteld: men kende de haarvaten niet; zoodat men meende, dat het bloed, dwars door de poren van het hart, van de eene ſoort van vaten in de andere overging; en deze meening was zoo vast aangenomen, dat de Duitſche en Italiaanſche ontleedkundigen diegenen beſpottelijk maakten, die aan het beſtaan dezer poren in de middelſchotten van het hart ſchenen te twijfelen.

Ondertusſchen ontdekte SERVETUS den zoogenoem-

den kleinen bloedsomloop; hij toonde dat het bloed uit het hart door de longflagaderen naar de longen liep, en deze werktuigen doorkruiste, om van daar door de longaderen weder naar het hart te vloeijen. Daar hij in een jeugdigen leeftijd ftierf, maakte zijne theorie, geleeraard door lieden welke die aan zich zelven wilden toeeigenen, flechts weinig opgang. SPRENGEL tracht ergens te bewijzen, dat door CESALPINUS de ganfche theorie des bloedsomloops gegrondvest was. Wat daarvan zij, deze denkbeelden waren genoegzaam weder vergeten, toen HARVEY, een Engelsman van geboorte, de ontleedkunde in *Italie* onder den beroemden FABRICIUS AB AQUAPENDENTE beoefenende, het beftaan der klapvliezen leerde kennen. In 1602 werd hun gebruik hem door eigen onderzoek bekend, en hij begon den eigenlijken bloedsomloop te vermoeden. In *Engeland* teruggekomen, deed hij, gedurende zeventien achtervolgende jaren, in ftilte proeven en nafporingen omtrent den bloedsomloop, ten einde zekerheid van zijne ontdekking te verkrijgen. (*) Toen

(*) Zie hier het oordeel dat HUME, de beroemde Schrijver van de Geschiedenis van Engeland (p. 243. t. IX, van de Fransche vertaling van SUARD; eene uitgave door CAMPENON in 't licht gegeven) over hem strijkt: „ HARVEY komt de eer toe van „ door bloote redenering, zonder eenig inmengsel van toeval, „ tot eene wezenlijke ontdekking in eene der voornaamste dee- „ len der wetenschappen te zijn gekomen. Hij had tevens het „ geluk, van zijne theorie door de hechtste en overtuigendste „ bewijzen te bevestigen; en zij die na hem gekomen zijn, „ hebben bijna niets tot de bewijsgronden toegevoegd, welken hij „ alleen aan zich zelven verschuldigd was. Wijders is zijne verhan- „ deling over den bloedsomloop versierd door die warmte en dien „ adel van den stijl, welke zoo natuurlijk met den geest van uitvin- „ ding gepaard gaan..... Men zal bespeuren, dat geen Geneesheer „ in Europa, veertig jaren bereikt hebbende, gedurende het

86 VAN DEN BLOEDSOMLOOP.

ook maakte hij dezelven bekend; en gedurende negen jaren ging hij nog voort die met nieuwe bewijzen te ſtaven. HARVEY werd het doelwit van de hevigſte en onbillijkſte aanvallen; men trachte hem tot het voorwerp van ſpotternij en verachting te maken: de naam van *Circulateur* werd bijna een ſmadelijk ſcheldwoord. Ondertusſchen ſtond hij deze vinnige aanvallen met het geduld van eenen wijze en de vastheid van een Genie door, en in den jare 1652, namelijk vijftig jaren na zijne eerſte ontdekking, had hij de voldoening van zijne leer te zien zegepralen. De nederlaag van een groot man, die hem tot dus verre had beſtreden, maar nu openlijk zijn gevoelen omhelsde, bragt den laatſten ſlag aan zijne tegenpartij toe, en deed de leer van den bloedsomloop, zoo als wij die nog heden bezitten, algemeen aannemen. De naam van HARVEY verwierf eene vermaardheid, die hij altijd heeft behouden;

„ overige zijns leeftijds HARVEY's leer van den bloedsomloops
„ heeft aangenomen, en dat de praktijk van dezen grooten man,
„ in de hoofdstad, ten sterkste is verminderd, ten gevolge der ver-
„ wijten, die deze belangrijke ontdekking hem op den hals haal-
„ de. Zoo langzaam vordert de waarheid in alle wetenschap-
„ pen, dan zelfs, wanneer zij niet door vooroordeelen van
„ partijschap, of door het bijgeloof, wordt tegengewerkt. HAR-
„ VEY stierf in 1657, in den ouderdom van 79 jaren." Ik heb de begeerte niet kunnen wederstaan, om deze plaats van een der drie Geschiedschrijvers waarop Engeland roem draagt, over te nemen. HUME, ROBERTSON en GIBBON, zijn de eenigste Geschiedschrijvers, die de Nieuwen der Oudheid kunnen tegenstellen. VOLTAIRE zou hen welligt overtroffen hebben, indien hij zich bij deze soort van schriften bepaald had, en indien hij al de krachten van zijnen zoo vruchtbaren geest onverdeeld daaraan te koste gelegd had. Tot dus verre evenwel, is hij, onder de onzen, de eenige, dien men, in zekere mate, met hen vergelijken kan.

en zelfs bij de leken in de geneeskunde is HARVEY bekend door zijne ontdekking, even als JENNER door de ontdekking der koepokinenting.

HARVEY is gestorven, vóór dat zijne ontdekking van den bloedsomloop door de beschouwing met den mikroskoop werd bevestigd. Maar in 1661 maakte MALPIGHI zijne waarnemingen bekend, die hij, met eene eenvoudige glazen lens, op de longen, het darmscheil en de pisblaas der kikvorschen had gedaan. LEEUWENHOEK zag, in het jaar 1688, hetzelfde verschijnsel door middel van den mikroskoop, en sedert dien tijd hebben vele waarnemers hun getuigenis gevoegd bij dat der twee geleerden, van welken wij zoo even gesproken hebben. Van deze talrijke getuigen van den bloedsomloop, zal het genoegzaam zijn alleen den werkzamen HALLER te noemen, die, met een gewoon lensvormig geslepen glas, op den staart van de rivier-smeerling (*cobitis aculeata*) zag, dat de groote slagader zich omwendde, en terugliep onder de gedaante van eene ader, ruim genoeg om verschillende bloedbolletjes tevens den doorgang te verleenen. Zijne waarnemingen, die wij dikwijls hebben bevestigd gevonden, verdienen het grootste vertrouwen (*). Niet eveneens is het gelegen met

(*) *Sed etiam perinde ut* LEEUWENHOEKIUS, *vidi in sede caudae quae finis proxima est, majusculam arteriam ossiculi comitem, incurvatam, in venam reflecti, eamque multorum globorum capacem esse. Haec vidi, et microscopio solari adjutus, quod innormiter objecta auget, et vulgatoris lentis ope. Alii vero pisciculi aliis constantius extra aquas vivunt; mi cobitis aculeata ad haec experimenta aptior, et diutius superstes visa est.* (Maar ik heb ook, even als LEEUWENHOEK, op het einde van den staart eene groote slagader, naast het beentje, zien loopen, die, teruggebogen, tot eene ader overging, welke

die, welken WILLIAM COWPER op het darmſcheil van een hond en op het net van eene jonge kat zegt genomen te hebben. HALLER bekent, met zijne gewone openhartigheid, dat hij nooit gelukkig genoeg geweest is, om bij warmbloedige dieren den bloedsomloop, of zelfs de bloote beweging van het bloed, te beſpeuren.

Het zoude in onzen tijd overbodig zijn, zich met het bewijs van de naauwkeurigheid van de ontdekking van HARVEY te willen ophouden; en alleen de bloote begeerte van niets onaangeroerd te laten, doet mij hier herinneren, dat men de bevestiging verkregen heeft, dat de bloedsomloop de boven aangeduide wet volgt, door de rigting der klapvliezen van het hart, der ſlagaderen en der aderen, door de verſchijnſelen, die men waarneemt, wanneer men eene dezer laatſten opent, haar zamendrukt, onderbindt, of eenige vloeiſtof in dezelven inſpuit. Indien men eene ſlagader opent, dan komt het bloed, dat daaruit voortſpringt, van de zijde van het hart; het komt integendeel van de zijde der ledematen, zoo men eene ader gewond heeft. De zamendrukking of de onderbinding van eene ſlagader doet, onder de plaats waar men het bindſel heeft aangelegd, den loop des bloeds afbreken, en het vat zwelt boven die plaats. De ade-

zoo ruim was, dat zij vele bloedbolletjes bevatte. Dit heb ik gezien, door middel van een uitermate sterk vergrootenden zonmikroskoop, en met een gewoon oogglas. Sommige visschen kunnen zeker vrij lang buiten het water leven; doch ik heb bevonden dat de rivier-smeerling het best tot zulke proefnemingen geschikt was, en het langst buiten het water leven kan) *El. Phys.*, lib. III, §. 23, p. 240.

ren in tegendeel zwellen in het onderste gedeelte, wanneer men haar zamendrukt of onderbindt. Eindelijk doet eene zure vloeistof, die in de aderen is ingespoten, het bloed naar den kant van het hart tot stolling overgaan.

50. Aleer wij den loop des bloeds door de vaten, die het doortrekt, gadeslaan, zal het niet van belang ontbloot zijn, dat wij ons bezig houden met de natuur van deze vloeistof, en met de verscheidenheden, die dezelve in verschillende omstandigheden, naar het lichaamsgestel, de ziekten, den leeftijd, kan opleveren. Het bloed is in de vier klassen der gewervelde dieren eene roodkleurige vloeistof: het is insgelijks rood in de ringdieren, het is wit of wit-blaauwachtig in de weekdieren, het is wit en bezit de doorschijnendheid van water bij de insekten en de schaaldieren, eindelijk, het is geelachtig in sommige zeeblazen en eenige andere welvellooze dieren; bij den mensch verschilt de kleur des bloeds, meer of min donker, naar dat het uit de aderen of uit de slagaderen wordt genomen, wat de helderheid betreft, naar de verschillende graden van zwakte of sterkte.

Bij krachtige en levendige personen is het bloed helder rood; bij waterzuchtigen, en altijd bij eene meer of min verzwakte ligchaamsgesteldheid, is het bleeker. Men kan van alle deszelfs overige eigenschappen naar de kleur oordeelen: het bezit eene grootere lijmige kleverigheid, een sterkeren ziltigen smaak, een meer kennelijken bijzonderen en scherpen reuk, naarmate het eene meer heldere kleur heeft. Deze kleur hangt af van een zeer groot aantal van ronde of kegelvormige bolletjes, die in een waterachtig en zeer vloeibaar voervocht zwemmen. Als het bloed bleek

90 VAN DEN BLOEDSOMLOOP.

wordt, nemen deze bolletjes in aantal af, en het ſchijnt als werden zij opgelost bij kwaadſappige ongeſteldheden (*cachexies*).

Om zich een juist begrip van het bloed te vormen, moet men zich voorſtellen, dat al de zelfſtandigheden, die het dierlijk ligchaam zamenſtellen, aleer zij aan de werktuigen gelijk-gemaakt worden, deze vloeiſtof doortrekken, en dat alles wat naar buiten uitgeworpen wordt, uitgenomen de droeſem van het voedſel, vóórdat het uitgeworpen wordt, tot drekſtof hervormd, evenzeer een gedeelte daarvan heeft moeten uitmaken.

Stel u een ſnellen vliet voor, een ſtroom die van het hart uitgaat, en, zich door een aantal van kanalen verſpreidende, naar alle deelen des ligchaams vloeit, latende in elk van dezen eenigen der grondſtoffen achter, waaruit het is zamengeſteld; verbeeld u daarna, dat deze ſtroom, door andere buizen, naar zijne bron terug vloeit, en dat dezelve, op dien hertogt, nieuwe grondſtoffen ontvangt, 't zij die van buiten of wel van binnen worden aangevoerd.

Men heeft willen onderzoeken, hoe groot de hoeveelheid des bloeds in het ligchaam van een dier zij: om deze hoeveelheid te bepalen, plaatſte men een dier, een hond, een lam, enz., op de ſchaal, woog dit, en opende daarna een der groote vaten; men liet het bloed tot den dood van het dier uitvloeijen, en woog daarna de zorgvuldig opgevangene vloeiſtof. Door dit middel bepaalden ALLEN-MOULINS, LISTER, en anderen, de verhouding van de zwaarte des bloeds tot die des ligchaams, als 1 : 20. Volgens deze bepaling, zou de hoeveelheid bloeds, in het ligchaam van een volwasſen mensch bevat, 7 of 8 ponden bedragen. Verſchillende Natuurkundigen hebben deze proeven her-

vat; maar zij bevonden, dat de vroeger bepaalde verhouding des bloed tot het ligchaam te gering was: zij wilden dat het bloed het tiende gedeelte van de zwaarte des ligchaams zou uitmaken.

Maar al deze bepalingen zijn onnaauwkeurig; want door welk middel men een dier doe omkomen, er blijft altijd bloed in de vaten terug. Dus zijn wij, door proeven op honden, wier ingesnedene groote vaten wij geopend hielden tot het bloed te eene male had opgehouden te vloeijen, en door de lijkopening van geguillottineerde misdadigers, overtuigd geworden, dat de vaten, in alle gevallen, nog eene vrij aanmerkelijke hoeveelheid bloeds bevatteden.

Deze waarnemingen bewijzen, dat de bepalingen, door de boven aangehaalde Natuurkundigen opgegeven, minder zijn dan de wezenlijke hoeveelheid des bloeds, in het ligchaam eens diers bevat. Men heeft insgelijks getracht, om zich sommige ziekelijke bloedstortingen, bij den mensch waargenomen, tot de oplossing van dit vraagstuk ten nutte te maken. Men moet hier die bloedvloeijingen wel onderscheiden, die na vrij verwijderde tusschenpoozen, bij herhaling plaats hebben, (waarbij men 75 ponden bloeds in 10 dagen, en 202 ponden in een ruimer tijdsbestek verkreeg) van die plotselinge bloedstortingen, die in 24 uren 10 en zelfs 30 ponden bloeds hebben opgeleverd. In het eerste geval levert de verkregene hoeveelheid in geenen deele de maat op van het in de vaten bevatte bloed; want het bloed, zoo als wij nader zullen doen zien, wordt bijzonder spoedig hersteld: het is zelfs vermoedelijk, dat er bij die lijders, welke gedurende den tijd van 24 uren 30 ponden bloeds konden verliezen, in dien tusschentijd

eenige ponden bloeds hervormd moeten zijn. Wij zullen dus, met QUESNAY en FR. HOFFMAN, de hoeveelheid bloeds van een volwasſen mensch op 29 of 30 ponden ſtellen; hetwelk de verhouding des bloeds tot de gedaante des ganſchen ligchaams brengt gelijk 1 : 4 of 5.

De betrekkelijke hoeveelheid des bloeds is verſchillend, 1°. naar den leeftijd; zij is aanmerkelijker bij een kind, dan bij een volwasſene: men vindt toch bij het kind een groot aantal vaten, die in lateren tijd verdwijnen. Deze hoeveelheid neemt nog ſterker af bij in jaren gevorderde perſonen: de meeste ſlagaderlijke haarvaatjes zijn, gelijk de inſpuitingen aanwijzen, bij de grijsaards geheel geſloten. 2°. Naar gelang van het ligchaamsgeſtel, hebben ſommige perſonen, in een betrekkelijken zin, eene veel ruimere hoeveelheid bloeds dan anderen: zij bezitten alsdan het zoogenoemde bloedrijke temperament.

Als men het bloed met den mikroskoop onderzoekt, ziet men, dat het bolletjes bevat. Sedert LEEUWENHOEK, die dezelven ontdekt heeft, en MALPIGHI, die ze te zelfden tijde zag, zijn deze bolletjes waargenomen door allen, die ze gezocht hebben; zij zijn in het voedende ſap van al de vogels gevonden.

Getal. Zij zijn het talrijkst in het bloed der vogelen; daarna in dat der zoogdieren; daarna in dat der koudbloedige dieren; ook zijn zij in het ſlagaderlijke bloed talrijker, dan in het aderlijke.

Grootte. Zij zijn grooter in het bloed der koudbloedige, dan in dat der warmbloedige dieren.

Maar kan het met een mikroskoop gewapende oog, voor hetwelk zij alleen aanſchouwelijk zijn, hunne grootte bepalen? Indien men EVERARD HOME ge-

looven mag, dan zou de doormeter van een bloedbolletje van den mensch $\frac{1}{200}$ gedeelte van een *millimeter*, of $\frac{1}{5000}$ van een Engelſchen duim uitmaken. Dezelfde bolletjes zouden in de warmbloedige dieren, en vooral in de koudbloedige, in een zeker opzigt grooter zijn, zoo het waar was, gelijk dezelfde Schrijver (*) verzekert, dat de middellijn van een bloedbolletje bij de muis ſlechts $\frac{1}{180}$ van een *millimeter*, en bij den rog ſlechts $\frac{1}{70}$ daarvan uitmaakte.

Wat de *gedaante* der bloedbolletjes aangaat, LEEUWENHOEK, die ons een denkbeeld van hunne verwonderlijke kleinheid heeft gegeven, daar hij hunne grootte op één duizendmaal-duizendſte gedeelte van een duim ſchatte, geloofde dat zij bolvormig waren. HEWSON zegt dat zij ringvormig zijn en in het midden eene opening hebben. Anderen vergelijken hen bij eene platte lens, die eene donkere vlek in haar midden zou bezitten.

Het is blijkbaar dat deze bolletjes in het bloed der koudbloedige dieren eirond zijn; in dat der vogels elliptiſch; bij den menſch zijn zij rond: zij vormen echter geen volkomen kogel; op hunne oppervlakte hebben zij een lichtend punt, dat ſommige Ontleedkundigen als eene opening beſchouwden. Volgens SCHMIDT, zijn zij geheel rond; maar BÉCLARD, PRÉVOST en DUMAS zeggen, dat zij platgedrukt en lensvormig zijn.

Voor het overige hebben zij, volgens deze Schrijvers, eene zekere vastheid en beſtaan uit eene roode kern, die door een vliesachtig blaasje is bedekt, hetwelk zeer ligt gevormd en vernietigd ſchijnt te worden: volgens anderen, HOME bij voorbeeld, dringt het kleurende

(*) *Philosophical Transactions*, 1817.

94 VAN DEN BLOEDSOMLOOP.

beginſel des bloeds niet tot het inwendige der bolletjes door, maar het bedekt alleen hunne oppervlakte.

Dus ook ſtelt de H. DENIS het beſtaan der bolletjes, maar hij kent dezelven geene vezelachtige centrale kern toe; hij meent, dat zij geheel uit kleurſtof beſtaan, en dat de vezelſtof des bloeds zich in deze vloeiſtof in den ſtaat van oplosſing bevindt.

De H. RASPAIL, die in het onderzoek met den mikroskoop zeer ervaren is, ſchijnt zich ten doel geſteld te hebben, om al de vroeger geuite gevoelens ten aanzien der bloedbolletjes om verre te werpen: hij beweert, dat men deze bolletjes niet naauwlettend gezien heeft, dat zij noch bepaalde gedaante, noch bepaalden omvang hebben, dat zij niet met eene kleurende ſtof zijn omwikkeld, maar kleurloos zijn en naar meelkorreltjes gelijken; hij zegt dat het overblijfſelen zijn van geſtold eiwit, die door de beweging des bloeds gerond worden en hunne gedaante verkrijgen. Zij zijn, zegt hij, oplosbaar in water, en zij verdwijnen, als men de vloeiſtof, waarin zij zich bevinden, met water verdunt. De H. RASPAIL vordert, in zijne ſchriften, de oorſpronkelijkheid van deze denkbeelden tegen HODGKIN en LYSTER, en hij brengt, tot ſtaving der gevoelens die hij ſtaande houdt, eene plaats bij van den H. FODERA, waar deze beweert, dat *alles wat men omtrent de bloedbolletjes geſchreven heeft*, *wemelt van misvattingen*. Dit ſchrijven is niet onbeantwoord gebleven. De H. DONNÉ, die zich insgelijks veel met mikroskopiſche onderzoekingen heeft bezig gehouden, heeft bewezen, dat de bolletjes niet oplosbaar zijn; dat zij, zelfs in de gevallen, waar de

H. RASPAIL dezelven niet meer zigtbaar zeide te zijn, evenwel niet opgelost waren. De H. DONNÉ meent, dat de bolletjes beſtaan uit een middendeel van vezelachtigen, celvormigen aard, in welks mazen eiwitſtof in geringe hoeveelheid, en vooral kleurſtof, opgehouden worden.

Behalve de bolletjes, die ik hier heb beſchreven, ſchijnen er nog anderen, van geringeren omvang, te beſtaan. HUNTER vermeent die in de wei, BAUER in den zak van een ſlagadergezwel gezien te hebben. Men heeft dezelven den naam van weibolletjes gegeven. Hun beſtaan moet nog bewezen worden.

Sommige Schrijvers verwerpen nog tegenwoordig te eene male het beſtaan der bolletjes. Dus is, volgens SCHULTZ, het bloed eene gelijkſoortige, levende vloeiſtof, gevormd uit deeltjes die elkander afſtooten, aantrekken, zich ieder oogenblik met elkander verbinden en weder ontbonden worden. Maar hij is door den H. DUTROCHET wederlegd, die bewezen heeft dat deze Natuurkundige, door het bedrog van de mikroskopiſche naſporingen, in dwaling gebragt was.

Het bloed, buiten zijne vaten onderzocht, is lijmig, ziltig van ſmaak, loogzoutig: dit is wezenlijk opmerkelijk, dewijl het de bron is van de afſcheiding van zuurachtige vloeiſtoffen, als het maagſap, de pis. Zijne kleur is rood; maar deze kleur wordt door de vermenging met verſchillende gasſoorten gewijzigd.

Het laat, terwijl het zijne warmte verliest, een waterachtigen, ſterk riekende waſem ontſnappen, die, volgens ſommigen, (MOSCATI, ROSA, enz.) beſtaat uit een gas, waaraan het al deszelfs levenseigenſchappen te danken heeft, en welks verlies het tot den

levenloozen toeſtand doet overgaan: om deze reden kan, volgens deze Geneesheeren, de ontleding van het bloed geene nuttige uitkomſten opleveren, die op de verklaring der verſchijnſelen bij de gezondheid en ziekte toepasſelijk zouden zijn.

Deze reuk, die in de vleeschëtende dieren zeer ſterk is, is ook bij den mensch, vooral in het ſlagaderlijke bloed, vrij kennelijk. Ik herinner mij die gedurende een geheelen dag in de keel gehouden te hebben, na het wegnemen van een verband, om eene bloedſtorting te ſtillen, die af hing van de verſlapping der bindſels, welke acht dagen na de onderſchepping der knieholsſlagader gevolgd was.

Het riekend beginſel des bloeds is gelijkaardig aan dat van het dierlijk zweet: het kan vrijgemaakt worden, als men er zwavelzuur op ſtort. De H. BARRUEL, door wien deze ontdekking is gedaan, heeft het duivenbloed, dat men hem in de *Académie des Sciences* had voorgelegd, volkomen herkend: intusſchen zeggen de HH. SOULEIRAN en DENIS, dat de reuk, die zich alsdan ontwikkelt, het gevolg is van de werking van het zwavelzuur op het bloed; het eenigſte dat zeker is, is, dat men dit riekende beginſel tot hiertoe niet heeft kunnen vrij maken.

Indien men de ſtolling van het bloed niet door ſchudding voorkomt, vermeerdert zijne vastheid naarmate het koeler wordt, en, aan de rust overgelaten zijnde, ſcheidt het zich in twee zeer onderſcheidene gedeelten, waarvan het eene waterachtig, bijna kleurloos, zwaarder dan gewoon water en kennelijk ziltig van ſmaak is: dit is de *bloedwei* (*ſerum*), die beſtaat uit water, dat een groot aantal van zelfſtandigheden in den ſtaat van oplosſing in zich bevat.

Alhoewel gelijkaardig aan het eiwit, verfchilt de bloedwei evenwel daarvan, omdat zij, tot ftolling overgaande, eene minder gelijkaardige en minder vaste ftof uitmaakt. De eiwitftof is in dezelve dikwijls met eene zekere hoeveelheid gelei verbonden, die doorfchijnend is, en niet door de warmte ftremt. De groote verwantfchap van de eiwitftof met de zuurftof veroorlooft ons te vermoeden, dat de bloedwei, door de zeer dunne wanden van de luchtblaasjes der longen heen, dit beginfel aantrekt, en aan het flagaderlijke bloed dien fchuimenden ftaat mededeelt, welke eene van zijne kenmerkende eigenfchappen uitmaakt. Deze verzuring, gepaard met de binding der warmteftof, die haar verzelt, doet ook deszelfs zamenhang toenemen. Ondertusfchen ftremt de eiwitftof niet, omdat zij onophoudelijk door den invloed van den bloedsomloop geflingerd en bewogen wordt; omdat eene genoegzame hoeveelheid water haar verdeelt en verdunt; omdat de dierlijke warmte, die nooit boven 32 of 34 graden ftijgt, de eiwitftof niet tot ftremming kan doen overgaan, hetgene eerst op den 50ften graad van warmte (thermometer van RÉAUMUR) volgt, en eindelijk, omdat de bloedwei eene zekere hoeveelheid vrije foda bevat, welke haar de eigenfchap van het groen-kleuren der blaauwe plantenfappen geeft. Dit loogzout dient om de eiwitftof in oplosfing te houden, die door hetzelve ook vloeibaar wordt gemaakt, als zij door zuren, het alcohol, of door de warmte geftold of geftremd is.

In het midden der bloedwei en aan hare oppervlakte drijft een roode, vaste, fponsachtige koek

98 VAN DEN BLOEDSOMLOOP.

(*inſula*), die in zijne mazen kleurſtof en eiwitſtof beſloten houdt.

Als het bloed langzaam ſtolt, klimt de vezelſtof naar de oppervlakte van den bloedkoek, en vormt eene ſoort van huid, bekend onder den naam van ſpekhuid of ontſtekingskorst. De vorming daarvan, die in het bloed, genomen van aan ontſteking lijdende perſonen, het ligtst valt, is niet afhankelijk van de grootere hoeveelheid van vezelſtof, welke het bloed in dezen toeſtand zoude bevatten; maar wel daarvan, dat de ſtolling des bloeds nu trager is, dan in de gewone gevallen. De bloedkoek is, bij eene langzame ſtolling des bloeds, ook veel harder, gelijk hij ook harder is bij zeer volbloedige perſonen.

Wat is de oorzaak van de vorming des bloedkoeks? Men moest dit verſchijnſel aanvankelijk wel aan de bekoeling toeſchrijven; maar vele redenen verbieden ons dit gevoelen aan te nemen. Immers, men heeft bij een zeevisch het bloed in de vaten beneden de warmtemaat des dampkrings bevonden: het bloed, dat uit de vaten gevloeid is, hoezeer geplaatst in eene middenſtof van hoogere warmtemaat dan die van het ligchaam des diers, waaruit het genomen was, is niet te min tot ſtolling overgegaan. Wat meer is, HEWSON en anderen het bloed, op het tijdſtip toen het uit de vaten genomen was, plotſeling aan eene zeer lage temperatuur blootſtellende, deden hetzelve bevriezen; doch dit zelfde bloed, ontdooid en vloeibaar geworden zijnde, is daarna op de regelmatigſte wijze geſtold. De vermindering der warmtemaat des bloeds bevat derhalve de reden niet van de ſtolling dezer vloeiſtof. Ligt deze reden in de

toetreding der lucht? Even zoo weinig; want de ſtolling des bloeds heeft zelfs plaats in de vaten van een lijk, of onder de klok van de luchtpomp. Is de rust er dan de oorzaak van? Bij den eerſten opſlag ſchijnt dit gevoelen meer aannemelijk; want van den eenen kant is het bloed, dat vloeibaar in onze vaten blijft, aldaar immer in beweging, en van een anderen kant blijft het bloed, uit de vaten in eene ſchaal opgevangen zijnde en daarin geſchud wordende, zoo lang deze beweging aanhoudt, vloeibaar in de laatſte; edoch deze vloeibaarheid is ſlechts ſchijnbaar. Aldus heeft men, nu vier jaren geleden, (1831) te *Edenburg* bewezen, dat, hoezeer men in eene zekere hoeveelheid bloeds, dat langdurig geſchud was, wel niet eenen enkelen bloedkoek vond gevormd, er evenwel eene menigte kleine verſpreide, afzonderlijke bloedkoekjes gevormd waren, die, uit de bloedwei genomen, dezelfde zamenſtelling bleken te bezitten, als de groote bloedkoek, die bij de rustige ſtolling des bloeds verkregen wordt.

De ware oorzaak van dit verſchijnſel is de onttrekking des bloeds aan den invloed der levende deelen. Immers, men heeft waargenomen, dat het bloed gedurende 60 dagen in den ſcheederok bleef uitgeſtort, en evenwel zijne vloeibaarheid volkomen behouden had. Men weet, dat de bloedbuilen, die als gevolgen van de kneuzingen des bekkeneels voorkomen, dikwijls zeer laat kunnen opgeſlurpt worden; en echter, gedurende dit zeer lange tijdsbeſtek tusſchen haren oorſprong en hare opſlurping, verliest het bloed de vloeibaarheid niet. Daarenboven heeft men het bloed, dat door bloedzuigers ingezogen was, en 6 weken daarna weder uit het ligchaam dezer die-

100 VAN DEN BLOEDSOMLOOP.

ren ontlast werd, zien ſtollen, even als ware het uit de vaten gekomen, die het oorſpronkelijk bevatteden. De H. DENIS beſchouwt de ſtolling des bloeds als het gevolg van het verlies des levens, dat aan het bloed eigen was. De vezelſtof, die, naar zijne meening, bij het leven, door de levenskrachten, in het bloed in den ſtaat van oploſsing werd gehouden, neemt den ſtaat van vastheid weder aan, als het bloed het leven verloren heeft. Dit gevoelen zou aannemelijk zijn, als de vezelſtof zich niet reeds in den ſtaat van vastheid in het door de vaten bevatte bloed bevond: ook deelt de groote meerderheid der Natuur- en Scheikundigen in deze laatſte meening.

Er zijn gevallen, waarin het bloed reeds gedurende het leven tot ſtolling overgaat; dus beſtaat het eerſte verſchijnſel van de ontſteking eener ader in de ſtolling des bloeds, dat zij bevat. Bij het koudvuur moet het bloed der ſlagaderen, die de verſtorvene deelen doorloopen, noodwendig geſtold zijn; en dit is een der middelen, welken de Natuur te baat neemt, ter voorkoming der bloedſtorting, die op het afvallen der doode korst zoude volgen, als de ſlagaderen niet geſloten waren. Deze bloedproppen ſtrekken zich ſomtijds zeer verre uit. THOMSON zegt, dat de prop zich, in een geval waar de dije in verſterving was gevallen, tot de groote ſlagader uitſtrekte. De holten van het hart, eindelijk, vindt men opgevuld met bloedproppen, welke de Ouden als polypen beſchouden, maar wier waren aard door de Nieuwen ontdekt is. De meeste dezer proppen worden na den dood gevormd; maar enkelen, die meer vastheid bezitten, moeten ongetwijfeld reeds in

de laatſte uren, of zelfs in de laatſte dagen des levens het beſtaan verkregen hebben.

Tegenover de omſtandigheden, waarin men het bloed tot ſtolling ziet overgaan, zullen wij voorbeelden ſtellen, waarin het bloed vloeibaar blijft, hoezeer buiten den invloed der levende deelen geplaatst. HUNTER, BÉCLARD, en een aantal andere ſchrijvers, hebben bewezen, dat het bloed na een geweldigen dood, waarbij het zenuwgeſtel hevig geſchokt werd, b. v. na het treffen van den bliksem, zekere vergiftigingen, de verſtikking, enz., zijne vloeibaarheid behield. Eene nieuwe en wreede ondervinding heeft ons geleerd, dat het bloed het vermogen der ſtolling bij de ſlagoffers der cholera had verloren.

Wordt er gedurende de ſtolling des bloeds warmte ontwikkeld? SCUDAMORE heeft hierop een bevestigend antwoord gegeven; maar DAVY en DENIS hebben het tegendeel beweerd.

Eindelijk, er worden gasſoorten gevormd, die den bloedkoek van binnen met holten doorgraven, en aldaar op dezelfde wijze opgeſloten blijven, als het koolzuurgas gedurende de gisting in de cellen van het brooddeeg, welken hetzelve daarin uitholt.

De gedaante en dikte van den bloedkoek, die uit het bij de aderlating afgetapte bloed voortkomt, zijn aan zeer veel verscheidenheid onderworpen, en kunnen verſchillend zijn, naar dat het bloed in den aanvang, in het midden en bij den afloop der aderlating is genomen, naarmate hetzelve drupsgewijs of met een ſprong uit de ader komt, naar gelang van den vorm der ſchaal, waarin het wordt opgevangen, enz.; ook hechten de geneeskundigen aan de bezigtiging van den

■初出一覧■

第Ⅰ部

大阪近代医学の源流――洪庵と西洋医学の出会い―― 『阪大第二外科同窓会々誌』三十七号（二〇〇二年）

近代医学と適塾 『福井県医師会だより』五一七号（二〇〇四年）

適塾（緒方洪庵）と大阪 『日本病院会雑誌』（二〇〇三年）

洪庵夫人八重の話 『大阪大学医学部学友会会誌』十五号（一九九五年）

藤野恒三郎先生の弔辞「藤先生を偲んで」について 『適塾』四十号（二〇〇七年）

適塾記念会理事　司馬遼太郎氏を偲んで 『適塾』三十号（一九九七年）

故適塾記念会理事緒方正美先生を偲んで 『適塾』三十七号（二〇〇二年）

緒方洪庵先生塑像の亡失について 『適塾』三十六号（二〇〇三年）

適塾生・奥州手土の南三隆（入門番号六三二）について 『適塾』三十七号（二〇〇四年）

緒方富雄博士編『緒方洪庵のてがみ』その三（最終巻）の完成・刊行について 『適塾』二十七号（一九九四年）

『緒方洪庵のてがみ』その四・その五のあとがき 『緒方洪庵のてがみ　その四』『同　五』（菜根出版、一九九六年）

『緒方洪庵全集』の編集・刊行事業の発足をのぞむ 『適塾』三十七号（二〇〇二年）

『よみがえる適塾――適塾記念会50年のあゆみ』の補訂 『適塾』三十六号（二〇〇三年）

朝日放送株式会社新社屋建設に伴う福澤諭吉生誕地記念碑の一時撤去・保管について 『適塾』三十九号（二〇〇六年）

中天游と緒方洪庵 『適塾』三十号（一九九七年）

緒方洪庵母米寿の賀宴をめぐって 新稿

第Ⅱ部

『洪庵・適塾の研究』補遺四題 『適塾』二十六号（一九九三年）

藤野家文書・蘭学者関係書翰の紹介　『適塾』二十七号（一九九四年）
長崎修行中の緒方洪庵（のち惟準）にあてた母八重のてがみ（二通）　『適塾』二十八号（一九九五年）
緒方惟準・収二郎・銈次郎関係書翰等の紹介　『適塾』二十九号（一九九六年）
今治市河野美術館所蔵の緒方洪庵および適塾出身者の書簡　『適塾』三十号（一九九七年）
今治市河野美術館所蔵の緒方洪庵および適塾出身者の書簡（つづき、完）　『適塾』三十六号（二〇〇三年）
「緒方収二郎宛書簡他」紹介（1）　賀古鶴所より緒方収二郎あて書簡　『適塾』三十一号（一九九八年）
「緒方収二郎宛書簡他」紹介（2）　『適塾』三十三号（二〇〇〇年）
「緒方収二郎宛書簡他」紹介（3、完）　『適塾』三十四号（二〇〇一年）
緒方家旧蔵の四史料について　『適塾』三十二号（一九九九年）
杉立義一氏旧蔵・現適塾記念会所蔵『緒方収二郎宛書簡・葉書』ほかの紹介　『適塾』三十五号（二〇〇二年）
佐貫藩侍医の『三枝俊徳日記』記事抜粋　『適塾』三十八号（二〇〇五年）
緒方洪庵のてがみ（拾遺1）　『適塾』三十九号（二〇〇六年）
緒方洪庵のてがみ（拾遺2）　新稿
緒方章公裁稿「脚気説」について――付、穆私篤別里別里篇――　『適塾』四十号（二〇〇七年）

第Ⅲ部

クリストフ・ヴィルヘルム・フーフェランド
――緒方洪庵がその医学・思想に傾倒したドイツ名医の生涯――　『適塾』三十四号（二〇〇一年）
適塾門下生、のち和歌山藩兵学寮教授　山口良哉（のち良蔵）の二つの訳業をめぐって
――抄訳「利氏生理全書」と訳述『日耳曼軍律』――　和歌山市立博物館『研究紀要』十九号（二〇〇五年）
〔補説〕山口良哉（のち良蔵）抄訳「利氏生理全書」の底本について　新稿

◉正誤表◉

『洪庵・適塾の研究』

頁	箇所	行	誤	正
六	左	四	（宝塚市）	（西宮市）
二一	左	三	引化元年（一八四四）	嘉永元年（一八四八）
二一	左	三	六年後	十年後
四八	左	六	守庸に	庸庵に
四八	左	四	守庸に	庸庵に
六一	右	一	（名塩町）	（塩瀬町名塩）
八八	左	二	洪庵様如在	洪庵如在
八九	左	三	有難存じ候	有難存じまいらせ候
八九	左	一	嬉敷存奉候	嬉敷存じまいらせ候
九〇	右	八	思召すに	思召［さ］ずに
九〇	左	六	居候て、	居候か［が］、
九一	右	二	かけへたたり	かけへ（だ）たり
九一	右	三	涙の出ぬ間	涙の出の［ぬ］間

九一	右	九	御覧入	御覧［に］入
九一	右	一〇	待上奉候	待上まいらせ候
九一	左	九	思出、	思出［し］、
九一	左	七	どうそ［ぞ］	どふそ（ぞ）
九一	左	三	おか屋敷	おか屋様
九一	左	二	願上奉候	願上まいらせ候
九二	右	一一	参り度いなと、御［相］楽み	参り度、とふて［どうで］御互に、
九二	左	六	相成（不）申、困り入奉候	相成（不）申候、困り入まいらせ候
九二	左	五	居奉	居まいらせ
九四	右	四	奈島	真島
一〇二	右	五	享年六十二歳	享年六十五歳
一二八	左	七	別同喜	別而御同喜
一三〇	右	二	御見舞	御見廻
一三〇	右	八	一覧申候。	一覧申候、
一六九	写真		釜洞醇太郎	釜洞醇太郎先生
二二一	左	一	乃（而後□□）許、爾治一事	乃許爾（而後聴汝）治一事
二二二 左		七	而して後許さん、爾一事を治むれば	而して後汝を聴さん、一事を治むれば
二六一 下	写真右		β	Ⓑ
三〇三	右	三	五月二十九日	四月二十九日

三〇九	左	五	「大隈先生墓」	「萍堂大隈先生墓」
三六三	左	四～三	出来上がったのは、ちょうど文久三年 三月はじめのことであり、そこで	出来上がったのは、洪庵没後のことで、 当時はまだ普請中ながら
三七六	右	一〇	御上下指領	御上下拝領
三八二 下	右	六	同郷之人	同門之人
三八三 下	右	一四	死去二	死去
五一四 下	右	二	補結	補給
索引	わの部		渡辺華山	渡辺崋山

『よみがえる適塾——適塾記念会50年のあゆみ——』

九八	三	適塾周辺史跡講演計画	適塾周辺史跡公園計画
一九〇	二	それあわれみ	それをあわれみ

あとがき

私は本書の第Ⅰ部に収めました一文において、今より三年前の平成十六年（二〇〇四）、適塾記念会に『緒方洪庵全集』の編集・刊行事業の発足を提言いたしました。そのよって来たるところは、すでに書き記しましたので、ここに繰り返しませんが、この事業の究極の意義・目的は、あの幕末の政治・経済・思想・社会・文化などの各方面で非常にきびしい圧迫や制約下にありながら、医術をもって人々の病苦を救済しようとする思想を生涯貫く人生観として、医学者・医師、また教育者として、種痘の普及・コレラの治療につとめ、また日本近代化の人材の育成に大きな足跡をのこした洪庵先生の生き方を二十一世紀を生きる自分たちの生き方の指針として受け継ぎ、強く生き抜く力を享受することにあるといえます。

芝哲夫氏も平成十七年の『適塾』第三十八号に、「緒方洪庵生誕二〇〇年を五年後にひかえて」と題して、適塾資料館の設立とともに、私の提言に賛同して下さいました。

その後、適塾記念会幹事会や大阪大学適塾管理委員会においても本件が検討されたらしく、やがて、平成十八年八月、両会協議の末、『緒方洪庵全集』の刊行計画が発足することになったとの連絡を受けました。この報に接してご同慶の至りとよろこんでみたものの、反面、提言者の一人として傍観は許されず、なにほどのお手伝いができるかと心配が募るばかりでありました。そこでせめて今、居住の東京での史料調査の対象機関のみでもと思い、都内では国立国会図書館・国立公文書館（内閣文庫）・宮内庁書陵部・静嘉堂文庫や、東京大学医学図書館・順天堂大学医学部医学史研究室・慶應義塾大学信濃町メディアセンター（北里記念医学図書館）など、少し離れたところでは千葉県立佐倉高等学校鹿山文庫をこれまでに調査しました。

洪庵の「謨私篤牛痘説」の原本『モスト医事韻府』七冊は、洪庵の愛蔵書として適塾趾史蹟指定講演会（昭和十五年十二月十日）開催のときの遺品展に陳列されています（『医譚』第七号）。私は従来見たことがありませんでしたが、同原書は鹿山文庫にあって初めて閲覧させて頂き、巻五のVARIOLAE（pp.251-258）を撮影させて頂くことができました。こうした成果もありますが、近頃は小旅行でもなるべく家族同伴で出掛けるように医師から注意を受けている状況では、こうした史料調査は現役の方々にお任せして、私ごとき老兵は、これまで編集に関係した『緒方洪庵のてがみ』全五巻、『都道府県別適々斎姓名録』『適塾』その他に発表した論文・史料紹介について、できるだけ誤りを訂正し、『全集』編集にさいして正確な史料を残しておく責任があると考えるにいたりました。そこで、このたび、前著『洪庵・適塾の研究』（平成五年（一九九三）三月）以後、本年（平成十九年）にいたる十五年間の発表分に若干の新稿を加えて、今回『続　洪庵・適塾の研究』を発行することにいたしました。大方のご批正をお願い申し上げます。

なお、本書とは別に、緒方富雄先生の所蔵史料でありました『佐伯家文書』（洪庵の兄惟正の「書記」一点をのぞき、全て洪庵の父惟因の自筆史料）であります、以下の諸史料、すなわち、
○「書記　佐伯源兵衛義實（惟因）」
○「書記　佐伯馬之助惟正」
○「文化九申年八月十六日出立浪華に登る記」
○「文政八乙酉年十月ヨリ　大坂御留守居役手帳　佐伯瀬左衛門」
○「勤向日記（文化十癸酉年正月）」

○「由緒書（文化十癸酉年五月廿八日御目附進藤進え差出ス扣）」
○「由緒書（文政六癸未年正月）」
○「文政十丁亥九月　御参勤御用ニ付伏見京都記録」
○「文政十丁亥仲秋　御代香記録」

を『緒方洪庵伝史料』第一～三輯に分ち、ゼロックス・コピーによる原本を限定影印し、各輯二十部ずつ解読を附し、私家版として二〇〇六年に発行しました。洪庵先生の生いたち、足守藩史、同藩大坂蔵屋敷、佐伯家史、京都事情にご関心ある方々に披閲して頂ければ幸いです。

なお、第Ⅱ部に収録した新稿の一篇以外は、誤植の訂正および脱落の補正を行いましたが、初出掲載の『適塾』誌より復刻したものです。タイトルの形式の不統一や図版に一部不鮮明なものがありますが、ご寛容のほどお願いします。

終りになりましたが、本書所収の各稿は、いずれも多くの方々からご教示をいただき、お世話になった思い出深いもので、改めまして文中に掲げました芳名の各位に衷心感謝申し上げる次第であります。

私事ながら、ともかく健在で、このパヒール・キントを世に送り出すことができ、まず今日まで生きるいのちを与えて下された両親と、いつも夜更かしを心配そうに眺めていてくれる愛妻の霊前に本書を呈し、また老書生の介護に当たってくれている長男・長女の家族皆んなに感謝します。

本書の刊行には、思文閣出版の田中周二社主、長田岳士専務のご高配と、林秀樹氏の編集上の並々ならぬご尽力に厚くお礼申し上げます。

平成二十年一月二十一日

満八十七歳の誕生日に小金井の寓居にて　梅溪　昇

◎著者略歴◎

梅渓　昇（うめたに・のぼる）

大正10年（1921）生.
京都大学文学部卒. 大阪大学名誉教授. 適塾記念会理事.
主な著書に『増補明治前期政治史の研究』『お雇い外国人』『日本近代化の諸相』『緒方洪庵と適塾生』『大坂学問史の周辺』など多数.

続《ぞく》 洪庵《こうあん》・適塾《てきじゅく》の研究《けんきゅう》

2008（平成20）年2月1日発行

定価：本体9,500円（税別）

著　者　梅溪　昇
発行者　田中周二
発行所　株式会社　思文閣出版
〒606-8203 京都市左京区田中関田町2-7
電話 075-751-1781（代表）

印　刷
製　本　株式会社 図書印刷 同朋舎

ISBN978-4-7842-1388-7　C3021